[ensaios]

Truman CAPOTE

[ensaios]

1ª reimpressão

Tradução
Débora Isidoro

LeYa

Título original: *Portraits and observations: the essays of Truman Capote*

Direção editorial: Pascoal Soto
Editora: Mariana Rolier
Produção editorial: Suria Scapin

Tradução: Débora Isidoro
Preparação de texto: Luiz Carlos Cardoso
Revisão: Tulio Kawata
Diagramação: S4 Editorial
Capa: Retina 78
Imagem da capa: Getty Images

DADOS INTERNACIONAIS DE CATALOGAÇÃO NA PUBLICAÇÃO (CIP-BRASIL)
Ficha catalográfica elaborada por Oficina Miríade, RJ, Brasil.

C246 Capote, Truman, 1924-1984.
Ensaios / Truman Capote ; tradução: Débora Isidoro. – São Paulo : Leya, 2010.
608 p.

Tradução de: *Portraits and observations: the essays of Truman Capote.*
ISBN 978-85-62936-23-4.

1. Ensaios americanos. 2. Literatura americana – século XX. I. Título.

10-0038 CDD 814

TEXTO EDITORES LTDA.
[Uma editora do grupo Leya]
Av. Angélica, 2163 – Conj. 175/178
01227-200 – Santa Cecília – São Paulo – SP
www.leya.com

SUMÁRIO

TRUMAN CAPOTE

Truman Capote nasceu Truman Streckfus Persons em 30 de setembro de 1924, em Nova Orleans. Seus primeiros anos foram influenciados por uma vida familiar perturbada. Ele foi entregue aos cuidados da família materna em Monroeville, Alabama; o pai foi preso por fraude; os pais se divorciaram e disputaram uma amarga batalha pela custódia de Truman. No final, ele se mudou para a cidade de Nova York, onde foi morar com a mãe e seu segundo marido, um empresário cubano cujo nome ele adotou. O jovem Capote conseguiu um emprego como *office-boy* na redação do *The New Yorker* no início da década de 1940, mas foi demitido por ofender inadvertidamente Robert Frost. A publicação de suas primeiras histórias pela *Harper's Bazaar* estabeleceu sua reputação literária quando ele tinha pouco mais de 20 anos. Seu romance *Other Voices, Other Rooms* [Outras vozes, outros lugares] (1948), uma história gótica que ele descreveu como "uma tentativa de exorcizar demônios", e sua novela *The Grass Harp* [A harpa de erva] (1951), uma fantasia mais branda enraizada em seus anos no Alabama, consolidou sua fama precoce.

Desde o início da carreira, Truman associou-se com uma vasta gama de escritores e artistas, figuras da alta sociedade e celebridades internacionais, atraindo frequentemente a atenção da mídia por sua vida social exuberante. Reuniu suas histórias em *A Tree of Night* (1949) e publicou a novela *Ao começo do dia* (1958), mas dedicou cada vez mais suas energias ao palco – adaptando *The Grass Harp* para uma peça e escrevendo o musical *House of Flowers* (1954) – e ao jornalismo, cujos primeiros exemplos são "Local Color" (1950) e "Ouvindo as musas" (1956). Fez uma breve incursão pelos filmes escrevendo o roteiro para *O diabo riu por último*, de John Huston (1954).

O interesse de Capote pelo assassinato de uma família no Kansas o levou a uma prolongada investigação que forneceu a base para *A sangue-frio* (1966), seu livro mais aclamado e de maior sucesso. Ao "tratar um evento real com técnicas de ficção", Capote pretendia criar uma nova síntese: algo que fosse tão "imaculadamente factual" quanto um trabalho de arte. Por mais que tenha sido definido com relação ao gênero, no momento em que seu trabalho começou a aparecer em forma de série no *The New Yorker*, o livro passou a exercer fascinação em um público muito maior do que o alcançado por qualquer outro escrito anterior de Capote. O baile de máscaras amplamente divulgado no Plaza Hotel, com o qual ele comemorou a conclusão de *A sangue-frio*, foi um evento icônico dos anos 1960 e, por um tempo, Capote tornou-se presença constante na televisão e nas revistas, chegando a experimentar-se como ator de cinema em *Assassinato por morte*.

Trabalhou por muitos anos em *Answered Prayers* [Preces atendidas], um romance que nunca foi terminado e que pretendia ser a destilação de tudo o que havia observado na vida entre os ricos e famosos; um trecho extraído dessa obra e publicado na *Esquire* em 1975 desagradou a muitos amigos ricos de Capote por revelar segredos íntimos, e ele se viu excluído do mundo que antes dominara. Em seus últimos anos, publicou duas coletâneas de ficção e ensaios, *Os cães ladram* (1973) e *Música para camaleões* (1980). Morreu em 25 de agosto de 1984, após anos de problemas com drogas e álcool.

The Complete Stories of Truman Capote e *Too Brief a Treat: The Letters of Truman Capote* foram publicados em 2004. Em 2005, *Summer Crossing*, seu primeiro livro escrito e desaparecido por muito tempo, foi publicado pela primeira vez.

ENSAIOS

NOVA ORLEANS

(1946)

No pátio havia um anjo de pedra preta, e sua cabeça de anjo ficava bem acima de gigantescas folhagens; os olhos vítreos do anjo, brilhantes como o azul lavado dos olhos dos marinheiros, estavam voltados para o alto. Observava-se o anjo de um balcão verdejante – o meu, aliás, porque eu morava logo ali em um três cômodos completamente branco, cômodos com elaborados tetos de bolo de noiva, portas de correr, altas janelas francesas. Nas noites quentes, com aquelas janelas abertas, era agradável ficar ali conversando, e o vento soprava o interior como a brisa doce produzida por leques balançados por velhas senhoras. E nessas noites quentes a cidade era quieta. Eram só vozes: conversas familiares por trás da cortina de samambaias de uma varanda; uma mulher descalça cantarolando e balançando a cadeira, acalentando o bebê que amamenta em público; a queixa em língua estrangeira de uma mulher irritada que, sentada em seu balcão, depena um frango, as penas soltas pairando no ar e descendo preguiçosas até o chão.

Em uma manhã – era dezembro, acho, um domingo frio com um sol pálido e triste – subi pelo Quarter até o velho mercado, onde naquela época do ano havia exóticas frutas de inverno, satsumas doces por 20 centavos a dúzia, e flores de inverno, poinsétias de Natal e camélia japônica. As ruas de Nova Orleans têm perspectivas longas, solitárias; nas horas desertas, sua atmosfera é como a de Chirico e coisas inocentes, comuns (um rosto por trás de uma veneziana fechada, freiras caminhando ao longe, um braço gordo e negro balançando do lado de fora de uma janela, um menino negro e solitário acocorado em um beco, soprando bolinhas de sabão e observando triste enquanto elas sobem para a explosão final), adquirem qualidades de violência. Naquela manhã, eu parei de repente no meio de um quarteirão, porque havia notado pelo canto do olho uma passagem em túnel, um pátio cuja vegetação crescera demais. Um cão branco de aparência ensandecida estava parado na entrada do túnel de samambaias e eu me aproximei impelido por uma espécie de compulsão. Dentro do pátio havia uma fonte; a água jorrava delicadamente da boca da estátua de um macaco e produzia, ao cair sobre os pedregulhos do fundo, um som desolado que lembrava sinos. Ele pendia de um salgueiro, um homem com rosto de bandido e cabelos muito brancos; pendia flácido e encurvado, como o próprio salgueiro. Havia terror naquele jardim de silêncio sufocado. Janelas fechadas permaneciam cegas à cena; rastros de caracóis brilhavam prateados sobre as folhas maiores, nada se movia, exceto a sombra do homem. Ele balançava um pouco, para a frente e para trás, mas não havia vento. O anel de pedra em seu dedo cintilava ao sol, e em seu braço havia um nome tatuado: Francy. O cachorro levantou a cabeça para beber da fonte, e eu corri. Francy. Havia sido por ela que o homem se matara? Não sei. N. O. é um lugar de segredos.

Os olhos vítreos do meu anjo de pedra são como relógios de sol, porque revelam, pela quantidade de luz que os banha, que horas são: brancos ao meio-dia, eles vão escurecendo gradualmente, até ficarem escuros ao anoitecer, negros – olhos de anoitecer em uma cabeça de anoitecer.

Os lábios riscados de meninas de cabelos dourados insistem em sorrir na frente de casas desbotadas: Beba Dr. Nutt, Dr. Pepper, NEHI, Grapeade, 7-Up, Koke, Coca-Cola. N. O., como qualquer cidade sulista, é cheia de cartazes anunciando refrigerantes; as ruas de bairros desolados são pavimentadas por tampinhas de Coca-Cola e, depois da chuva, elas brilham ao entardecer como moedas perdidas. Cartazes se desprendem das paredes, balançando ao vento até uma tempestade soprá-los pela rua, como areia no deserto – e há os que pensam que eles são belos; há os que revestem suas paredes com beldades Dr. Nutt e Dr. Pepper, como garotas da Coca-

-Cola que, sorrindo sobre suas camas de aluguel, são anjos da noite e santas da manhã. Cartazes em todos os lugares, desenhados, pintados: Madame Ortega – Leituras, Poções do Amor, Literatura Mágica, Telefone para Mim; Se Você Não Tem o Que Fazer, Não Venha Fazer Aqui; Está Preparado Para Encontrar Seu Criador?; Cuidado, Cachorro Bravo; Tenha Compaixão dos Pobres Orfãozinhos; Sou Uma Viúva Surda & Tola Com 2 Bocas Para Alimentar; Atenção; Esta Noite em Nossa Igreja o Coral Blue Wing (assinado) O Reverendo.

Houve certa vez o seguinte anúncio em uma porta no bairro do Canal Irlandês: "Venha e Veja Onde Jesus Esteve".

– Pois não? – perguntou a mulher que abriu a porta quando eu bati.

– Gostaria de ver onde Jesus esteve – respondi.

Por um momento ela ficou parada como se não me entendesse; seu rosto, cortado por linhas de expressão muito finas, era branco como *marshmallow*; ela não tinha sobrancelhas, nem cílios, e vestia um quimono de algodão grosso.

– Você é muito pequeno, meu bem – respondeu, os seios flácidos sacudidos por sua risada. – É novo demais para ver onde Jesus esteve.

No meu bairro havia um certo café que não devia ter nada de divertido, porque era o café mais vazio de toda N. O., um verdadeiro funeral. Porém, a proprietária, a sra. Morris Otto Kunze, não parecia se incomodar com isso; ela passava o dia todo sentada atrás do balcão refrescando-se com um leque e raramente se mexia, exceto para espantar as moscas. Colados sobre um velho espelho rachado no fundo do bar havia sete cartazes iguais: Não se Preocupe Com a Vida... Você Não Vai Sair Dela Vivo.

3 de julho. Na semana passada chegou um cartão da srta. Y., por isso decidi visitá-la hoje à tarde. Ela é encantadora à sua maneira arcaica e é divertida também, embora não seja essa a sua intenção. Quando nos conhecemos, eu pensei: Edna May Oliver; e há uma semelhança, certamente. A srta. Y. fala com tons premeditados, mas o que diz é aleatório e seus olhos cor de *sherry* estão sempre vasculhando o ambiente. Sua postura é militar e ela usa uma bengala Malacca masculina, pois tem uma perna

mais curta que a outra, condição que dá ao seu caminhar um gingado que lembra o de um pinguim.

– Isso me fazia infeliz quando eu tinha a sua idade; sim, devo admitir que sim, porque papai tinha de acompanhar-me aos bailes e lá ficávamos sentados em delicadas cadeiras douradas, e continuávamos sentados. Nenhum dos cavalheiros jamais convidava a srta. Y. para dançar, ah, não, embora um rapaz de Baltimore, um certo sr. Jones, tenha estado aqui em um inverno e, por Deus, o pobre sr. Jones caiu de uma escada, quebrou o pescoço e morreu instantaneamente.

Meu interesse na srta. Y. é clínico e confesso constrangido que não sou exatamente o amigo que ela acredita que sou, porque não há como se sentir muito próximo da srta. Y.: ela é uma espécie de conto de fadas, alguém real – e improvável. É como o piano no salão de sua casa – elegante, mas um pouco desafinado. Sua casa, velha até mesmo para N. O., é guardada por uma velha e dilapidada cerca de ferro preto; ela mora em um bairro pobre, uma área coberta por cartazes de cômodos para alugar, postos de gasolina, cafés com *jukebox*. No entanto, nos tempos em que a família dela se mudara para ali – há muito tempo, é claro – não havia lugar melhor em toda N. O. A casa, cercada por árvores frondosas, tinha um exterior cinzento; mas, no interior, a fantasia da herança da srta. Y. ainda é visível em todos os lugares; as batidas de sua bengala quando ela desce a escada fazem tremer os cristais; seu rosto, um coração de seda amarrotada, reflete-se como névoa nos espelhos que vão do chão ao teto; ela se senta (noto, quando isso acontece, o cuidado com que preserva o conforto físico) na cadeira que foi do pai do pai do pai dela, um móvel austero com apoios para mãos no formato de cabeças de leão. Ela é bonita ali no interior fresco de sua casa, e ali está segura. Há as paredes, a cerca, a mobília de sua infância.

– Algumas pessoas nascem para ser velhas; eu, por exemplo, fui uma criança atroz sem nenhuma qualidade. Mas gosto de ser velha. A idade me faz sentir algo mais... – ela parou, indicando com um gesto o salão amplo – mais apropriado.

A srta. Y. não acredita no mundo além de N. O.; às vezes o isolamento resulta, como hoje, em comentários sem propósito. Eu havia mencionado uma viagem recente a Nova York e ela, erguendo uma sobrancelha, respondeu com tom gentil:

– Ah, sim? E como vão as coisas no campo?

1. Por que, eu me pergunto, todos os motoristas de táxi de N. O. soam como se fossem importados do Brooklyn?

2. Ouve-se falar tanto de comida ali, que deve ser verdade que restaurantes como o Arnaud's e o Kolb's são os melhores da América. Há uma atmosfera atraente, preguiçosa nesses restaurantes: os ventiladores girando devagar, as mesas enormes e a ausência de multidões, o silêncio, os garçons casuais, mas precisos, todos com aquele ar de filho do gerente. Um amigo meu discutia N. O. e Nova York certa vez, e apontou que refeições comparáveis no Leste, além de muito mais caras, eram servidas com os maneirismos do *chef*, com todo tipo de exagero elaborado e falsos acessórios. Como muitas coisas boas, a qualidade da culinária de N. O. derivava, ele acreditava, de sua simplicidade essencial.

3. Sou mais ou menos incomodado pela persistente expressão "velho charme". Você vai encontrá-la, suponho, na arquitetura local e nas lojas de antiguidades, ou na mistura de dialetos que se ouve na região do Mercado Francês. Mas N. O. não é mais charmosa que qualquer outra cidade do Sul, senão, na verdade, por ser a maior. A principal porção dessa cidade é composta por solo espiritual, ruas e bairros alheios ao cinturão do turismo.

(De uma carta para R. R.) Há novos moradores no apartamento de baixo, os terceiros inquilinos no último ano; um lugar de transição, esse Quarteirão, olá e adeus. Um malandro inofensivo morava lá quando eu cheguei. Ele era inescrupuloso, sujo e torto, uma espécie de sátiro dissimulado. O sr. Buddy, a banda de um homem só. É bem provável que já o tenha visto – não aqui, é claro, mas em alguma outra cidade, porque ele está sempre se mudando, ele e o velho banjo, a bateria e a harmônica. Eu costumava encontrá-lo tocando em várias esquinas, sempre cercado por um bando de vagabundos. Como ele era meu vizinho, esses encontros sempre me incomodavam. Para dizer a verdade, ele não era um mau músico – era extraordinário, de fato, quando, no final da tarde e por simples prazer pessoal, cantava embalado por seu violão, entoando baladas fantasmagóricas com sua voz chorosa e profunda; como era terrível para as pessoas apaixonadas.

– Ei, garoto, você! Você aí... – Eu era *você*, porque ele nunca soube meu nome e nunca demonstrou muito interesse em saber. – Desça aqui e me ajude a matar uma dupla.

Sua sacada, menor que a minha, era protegida por uma cortina natural de glicínias perfumadas; como não havia mobília, nós nos sentávamos no chão à sombra das plantas, bebendo uma marca de gim que era algo muito próximo de álcool puro, e ele tocava o violão, as notas agudas enfatizando o lamento profundo de sua voz.

– Estive em todos os lugares, entrei e saí, andei por aí; sessenta e cinco, e qualquer mulher que tenha estado comigo não serve para mais ninguém; sim, senhor, tive muitas mulheres e muitos filhos, mas não sei o que foi feito de nenhum deles – e nem estou interessado em saber –, exceto, talvez, por Rhonda Kay. Havia uma mulher, homem, doce como o mel silvestre, e ela ardia por mim! Em brasa o tempo todo, e era casada com um reverendo batista, mãe de quatro filhos – cinco, contando o meu. Sempre me perguntei o que nasceu, menino ou menina – menino, espero. Sempre dou meninos a elas... Mas isso tudo foi há muito tempo e aconteceu em Memphis, Tennessee. Sim, senhor, estive em todos os lugares, estive na penitenciária, estive em casas grandes e finas como as casas dos Rockefellers, entrando e saindo, andando por aí.

E ele conseguia prosseguir dessa mesma maneira até a lua aparecer no céu, a voz se tornando mais pastosa, as palavras se encadeando e formando uma canção.

Seu rosto, manchado e enrugado, tinha uma certa bondade enganosa, um brilho infantil, mas os olhos eram puxados como os dos orientais e ele mantinha as unhas longas, afiadas e polidas como as de um chinês.

– São boas para coçar, e também são úteis numa briga.

Ele sempre vestia uma espécie de fantasia: calça preta, meias vermelhas, tênis com as pontas cortadas para dar espaço aos dedos, um casaco matinal, um colete de veludo cinza que, ele dizia, havia pertencido a seu ancestral Benjamin Franklin, e uma boina coberta por broches com a mensagem Vote em Roosevelt. E não havia como negar – ele realmente mantinha amizade com muitas mulheres – uma diferente a cada semana, com certeza, mas raramente havia um tempo em que não houvesse uma mulher preparando suas refeições; e nessas ocasiões, quando eu ia visitá-lo, ele invariavelmente dizia:

– Esta é a sra. Buddy.

Certa noite, acordei com a sensação de que não estava sozinho; com certeza havia alguém no quarto e eu podia vê-lo no meu espelho banhado pelo luar. Era ele, o sr. Buddy, abrindo e fechando furtivamente as gavetas da cômoda, e de repente minha caixa de moedas caiu no chão, abrindo-se e espalhando moedas em todas as direções. Era inútil continuar fingindo, por isso acendi o abajur, e o sr. Buddy me encarou inabalável, tranquilo, até sorriu ao dizer:

– Escute, preciso sair daqui depressa.

Eu nunca o vira tão sóbrio antes.

Não sabia o que dizer, e ele olhou para o chão com o rosto levemente corado.

– Vamos lá, seja um bom menino. Tem algum dinheiro?

Eu apontei as moedas espalhadas; sem dizer mais nada, ele se ajoelhou, recolheu todas as moedas, levantou-se e saiu pela porta de cabeça erguida.

Na manhã seguinte ele havia partido. Três mulheres apareceram procurando por ele, mas não tenho informações sobre seu paradeiro. Talvez ele esteja em Móbile. Se o vir por lá, R., pode me mandar um cartão, por favor?

Quero uma mulher grande e gorda, sim sim! Os dedos de Shotgun, longos como bananas, grossos como pepinos em conserva, martelavam as teclas, e o pé acompanhava batendo no chão, fazendo tremer o café. Shotgun! O maior espetáculo da cidade! Não canta nada, mas, puxa, como toca aquele piano – ouça: *Ela é fresca no verão e quente no outono, uma mulher quatro estações, e isso não é tudo...* Ele continua, a boca gorda se abrindo como a de um crocodilo, a língua vermelha provando o sabor da nota, amando-a, fazendo amor com ele; geleia, Shotgun, geleia-geleia-geleia. Olhe para ele rindo, aquele rosto negro e louco todo marcado por buracos de bala, todo brilhante de suor. Existe algum vício humano que ele não conheça? Uma pena, porém... Poucos homens brancos vão ver Shotgun, porque aquele é um café para negros. A decoração empoeirada do Natal do ano anterior ainda colore as paredes descascadas. Tiras verdes, roxas e cor de laranja de papel, pendendo de lâmpadas nuas, balançando ao vento produzido por um ventilador exausto; o proprietário, um homem de aparência atraente com olhos azuis e leitosos, está debruçado sobre o balcão.

– Escute aqui, o que pensa que tenho aqui, algum tipo de instituição de caridade? Pague a conta, negro, e depressa.

E hoje é sábado. O salão está inundado pela fumaça de cigarro e pelo perfume do sábado à noite. Todas as engorduradas mesinhas de madeira têm círculos duplos de cadeiras e todo mundo conhece todo mundo, e por um momento o mundo está naquela sala, naquele ambiente escuro, terrível, jazzístico; nosso coração bate ao som do pé de Shotgun, todos os elementos alegres da vida de cada um ali estão focados no brilho de seus olhos maliciosos. *Quero uma mulher grande e gorda, sim sim!* Ele balança sobre o banquinho e ergue o rosto para olhar diretamente para nós, a voz soando como um grande uivo na noite: *Quero uma mulher grande e gorda com a carne balançando, sim!*

NOVA YORK

(1946)

É um mito, a cidade, os quartos e janelas, as ruas cuspidas. Para qualquer pessoa, todas as pessoas, um mito diferente, a cabeça de um ídolo com olhos de semáforos piscando um verde terno, um vermelho cínico. Essa ilha, flutuando em água de rio como um *iceberg* diamante, chame-a Nova York, chame-a como quiser; o nome pouco importa porque, chegando nela da realidade de qualquer outro lugar, o que se procura é só a cidade, um lugar para esconder, para perder-se ou encontrar-se, para criar um sonho no qual se possa provar que, talvez, você não seja um patinho feio, afinal, mas maravilhoso e digno de amor, como pensou do alto da coluna pela qual passaram os Fords; como pensou enquanto planejava sua busca por uma cidade.

Vi Garbo duas vezes na semana passada, uma no teatro, onde ela se sentou na poltrona vizinha à minha, e outra na loja de antiguidades da Third Avenue. Quando eu tinha 12 anos fui acometido por uma série de enfermidades exaustivas, por isso passei muito tempo na cama, ocupando-me de escrever uma peça que deveria ser protagonizada pela mulher mais linda do mundo, como eu descrevia a srta. Garbo na carta que acompanhava meu roteiro. Mas roteiro ou carta jamais foram reconhecidos e por muito tempo guardei um ressentimento desesperado, um sentimento que, de fato, não se desfez até a noite passada quando, com uma repentina e absoluta emoção, identifiquei a mulher sentada ao meu lado. Fiquei surpreso por ela ser tão pequena e tão vivamente colorida: como Loren MacIver comentou, ninguém espera encontrar cor também, além daquela silhueta.

Alguém perguntou:

– Acha que ela é inteligente?

A pergunta me pareceu ultrajante; francamente, quem se importa com ela ser ou não inteligente? Certamente, é o bastante que tal rosto possa existir, embora a própria Garbo deva ter lamentado a responsabilidade trágica de possuí-lo. Nem é piada a história de que ela quer ficar sozinha; é claro que quer. Imagino que essa é a única hora em que ela não se sente sozinha: se você percorre um caminho singular, carrega sempre uma certa quantidade de sofrimento e pesar, e não se chora em público.

Ontem, na loja de antiguidades, ela andou pelo lugar estudando tudo com atenção, sem demonstrar interesse verdadeiro por nada, e por um momento de loucura pensei que deveria ir falar com ela, só para ouvir sua voz; o momento passou, graças a Deus, e agora ela passa pela porta de saída. Fui até a janela e a vi correndo pela rua azulada pelo anoitecer, seus passos longos e saltitantes. Na esquina, ela hesitou, como se não soubesse em que direção seguir. As luzes da rua acenderam e um efeito luminoso criou repentinamente na avenida uma parede branca: o vento sacudindo seu casaco e, sozinha, Garbo, ainda a mulher mais linda do mundo, Garbo, um símbolo, caminhou diretamente para ela.

O almoço de hoje com o sr. Qualquer Coisa tem alguma coisa a ver com ela? Ela diz que o dinheiro acabou, afinal, e que, a menos que volte para casa, a família se negará a ajudá-la. Cruel, suponho, mas disse a ela que não via alternativa. Em um nível, é claro, não creio que ir para casa seja possível. Ela pertence àquela seita dos irreversivelmente presos na armadilha de Nova York, os talentosos sem talento; precisos demais para aceitar um clima mais provinciano, mas não suficientemente precisos para respirar livremente dentro daquele clima desejado, eles continuam alimentando de forma neurótica as franjas da cena de Nova York.

Só o sucesso, e assim mesmo em um pico perigoso, pode dar alívio, mas, para os artistas sem arte, tudo é sempre tensão sem alívio, irritação sem nenhuma pérola resultante. Possivelmente haveria, se a pressão para alcançar o sucesso não fosse tão tremenda. Eles se sentem compelidos a provar alguma coisa, porque a classe média americana, da qual a maioria deriva, tem palavras minguantes para seus homens sensíveis, para sua juventude de inteligência experimental, para aqueles que não mostram imediatamente que essas empreitadas resultam em pagamento em dinheiro. Mas, se uma civilização cai, o dinheiro dos herdeiros é encontrado entre as ruínas? Ou é uma estatueta, um poema, uma peça?

O que não quer dizer que o mundo deve a M., ou a alguém, a sobrevivência; aliás, a julgar por como estão as coisas, ela provavelmente não poderia fazer um poema, isto é, um bom poema; ainda assim, ela é importante, seus valores são equilibrados por mais que a medida usual de verdade, ela merece um destino melhor que o de passar da adolescência tardia à meia-idade prematura, sem nenhum período intermediário, e nada para mostrar.

Na rua há uma oficina de conserto de rádios comandada por um italiano idoso, Joe Vitale. No início do verão surgira na porta da oficina um anúncio estranho: *A Viúva Negra*. E em letras menores: ACOMPANHE COM ATENÇÃO ESTA VITRINA PARA OBTER NOTÍCIAS DA VIÚVA NEGRA. E a vizinhança começou a especular, cheia de expectativa. Alguns dias mais tarde, duas fotografias amareladas foram adicionadas à vitrina onde já estava o cartaz; as fotos, feitas aproximadamente vinte anos antes, mostravam o sr. Vitale vestindo traje de banho preto até o joelho, touca de natação também preta e uma máscara. Letras acrescentadas sob as fotos explicavam que Joe Vitale, o homem que todos conhecíamos como o triste e solitário italiano que consertava rádios, havia sido um dia, em uma encarnação mais soberba, um campeão de natação e salva-vidas em Rockaway Beach.

Fomos avisados para manter-nos atentos à vitrina; nossa recompensa chegou na semana seguinte: numa declaração ousada, o sr. Vitale anunciou que a Viúva Negra estava retomando a carreira. Havia um poema na janela, e o poema era intitulado “O sonho de Joe Vitale”; ele falava sobre como o homem havia sonhado novamente cortar as ondas, conquistar o mar.

No dia seguinte surgiu uma última nota; era um convite, na verdade, que dizia que todos seriam bem-vindos na Rockaway em 20 de agosto, porque nesse dia ele planejava nadar daquela praia até Jonas Beach, uma distância considerável. Nos dias de verão que antecederam a proeza, o sr. Vitale se sentava do lado de fora da sua oficina em um banquinho de acampamento, observando as reações dos transeuntes a suas diversas declarações, e ficava ali sentado, sonhador e distante, assentindo, sorrindo com cortesia quando um ou outro vizinho parava para desejar-lhe boa sorte. Um garoto metido a engraçadinho perguntou por que ele se chamava Viúva Negra, e ele respondeu que esse era um rótulo que não servia apenas para as mulheres.

Por um tempo nada mais aconteceu. Então, em uma certa manhã, o mundo acordou e riu do sonho de Joe Vitale. Sua história estava em todos os jornais; os tabloides estampavam sua foto na primeira página. E eram fotos lamentáveis aquelas, porque ele era retratado, não em um momento de triunfo, mas em agonia, em pé na praia em Rockaway ladeado por policiais. E, na verdade, esta é a atitude que a maioria dos jornais adota: uma vez havia por aqui um velho maluco e tolo que se esfregou com graxa e mergulhou no mar, mas, quando os salva-vidas o viram nadando para muito longe da praia, foram buscá-lo em seus botes e o levaram de volta à terra; tímido, esse velho cômico voltou para o mar no instante em que os salva-vidas viraram as costas, e mais uma vez eles remaram e levaram a Viúva Negra de volta à praia como um tubarão meio morto, resgatado para ouvir, não o canto das sereias, mas palavrões e xingamentos, gritos e apitos de policiais.

A coisa mais apropriada para se fazer seria ir dizer a Joe Vitale quanto se lamentava o fracasso da empreitada, quanto ele era corajoso, e dizer, bem, foi o que você conseguiu fazer; a morte de um sonho não é menos triste que a própria morte, e, de fato, exige daquele que o perdeu um luto igualmente intenso e profundo. Mas a oficina de consertos está fechada; foi fechada há algum tempo; não há sinal dele em lugar nenhum e seu poema caiu da vitrina, escorregou para algum lugar onde não pode mais ser visto.

Hilary me disse para ir e tomar chá antes de outros convidados chegarem. Apesar de ter um resfriado extravagante, ele insistiu em continuar com os planos da festa naturalmente, por que não? O papel de anfitrião é sua cura para tudo. Não importa de quem é a casa, Hilary está lá, a casa é dele, e você é seu convidado. Algumas pessoas consideram essa atitude arrogante, mas os verdadeiros anfitriões sempre ficam satisfeitos, porque Hilary, com sua presença grandiosa e espetacular, seus monólogos risonhos, confere até à mais árida das ocasiões um *glamour* efervescente. Hilary quer muito que todos sejam glamourosos, uma criatura de livro; de alguma maneira, ele se convence de que mesmo as pessoas mais cinzentas são revestidas de um brilho que pode criar verdadeiras fábulas; mais, ele as convence disso, também, e é a isso que se atribui, em parte, a ternura com a qual pessoas de coração reconhecidamente duro se referem a ele.

Outro ponto interessante é que Hilary é sempre o mesmo; sempre faz rir quem quer chorar; e há esse sentimento curioso de que, quando você vai embora, ele chora por você. Com um *robe* de veludo estendido sobre os joelhos, Hilary tinha um telefone em uma das mãos, um livro na outra, um rádio, uma caixa de música, outro telefone e um fonógrafo, todos ligados em salas adjacentes.

Quando cheguei para o chá, Hilary estava reclinado em sua cama, de onde pretendia conduzir sua festa. As paredes do quarto eram revestidas com fotos, quase todas de gente que ele nunca chegara a conhecer: mulheres solteiras, debutantes, a secretária de alguém, estrelas do cinema, professores universitários, coristas, artistas de circo, casais de Westchester, empresários: podiam se separar dele, mas ele não suporta perder ninguém; nada. Há livros empilhados nos cantos, caindo de prateleiras, entre eles os velhos livros de escola e antigos programas de peças de teatro, montes de conchas, discos quebrados, flores mortas, lembranças de parques de diversões, coisas que transformam o apartamento em um sótão do país das maravilhas.

Pode haver um tempo em que não haverá Hilary; seria fácil destruí-lo – e talvez alguém consiga. É possível que a transição da inocência à sabedoria aconteça naquele momento em que descobrimos que nem todo mundo nos ama? Muitos aprendem cedo essa lição. Mas Hilary ainda não a conhece. Espero que nunca a aprenda, porque eu odiaria se de repente ele descobrisse que está brincando sozinho no *playground*, desperdiçando seu amor com uma plateia que nunca esteve ali.

Agosto. Os jornais matinais diziam apenas que o tempo era firme e quente, mas, aparentemente, foi por volta do meio-dia que alguma coisa excepcional começou a acontecer e funcionários do gabinete, todos com aquela expressão desesperada de crianças vítimas de *bullying*, começaram a telefonar para os serviços de meteorologia. Por volta do meio da tarde, quando o calor oprimia como a mão do assassino sobre a boca de sua vítima, a cidade se debatia e contorcia, mas com seu grito sufocado, sua pressa contida, suas ambições dificultadas, e ela era como uma fonte seca, um monumento inútil, e assim mergulhava no coma. As vias ladeadas por carvalhos encurvados no Central Park eram como um campo de batalha no qual muitos haviam caído; fileiras de exaustas fatalidades permaneciam inertes à sombra imóvel, enquanto fotógrafos de jornais documentando o desastre se moviam num silêncio sepulcral entres elas. À noite, o tempo quente abre o crânio de uma cidade, expondo seu cérebro branco e seus nervos centrais, que chiam como o interior de uma lâmpada elétrica.

Eu provavelmente poderia produzir mais profissionalmente se saísse de Nova York. Porém, é mais provável que isso nem seja verdade. Até que se atinja uma certa idade, o campo é sempre tedioso; além do mais, gosto da natureza em particular, não de maneira geral. De qualquer maneira, a menos que se esteja apaixonado, ou satisfeito, ou compelido pela ambição, ou destituído de curiosidade, ou reconciliado (termo que parece ser o sinônimo moderno para felicidade), a cidade é como uma máquina monumental inquieta projetada para ilusões devoradoras, consumidoras de tempo. Depois de um tempo, a busca e a exploração podem se tornar sinistramente apressadas, docemente ansiosas, uma corrida de obstáculos de Benzedrine e Nembutal. Onde está aquilo que você procura? E, a propósito, o que você está procurando? É infelicidade recusar um convite; é comum que se viva recusando-os, só para aparecer de surpresa; afinal, é difícil ficar longe quando sussurros persistem de forma sombria em sugerir que, isolando-se, você deixou o amor escapar pela janela, perdeu sua resposta, perdeu para sempre aquilo que buscava: oh, pensar! Tudo isso o espera a meros dez quarteirões de distância; depressa, pegue seu chapéu, não perca tempo com o ônibus, pegue um táxi, depressa, corra, toque a campainha: oi, bobinho, primeiro de abril.

Hoje é meu aniversário e, como sempre, Selma lembrou: sua oferta habitual, uma moeda de 10 centavos embrulhada cuidadosamente em uma folha de papel comum, chegou com a correspondência matinal. Tanto em tempo quanto na idade, Selma é minha amiga mais velha; ela mora na mesma cidadezinha do Alabama há 83 anos; uma mulherzinha encurvada com pele ressequida e cinzenta e olhos encobertos, vivos, ela foi cozinheira na casa de minhas três tias por 47 anos; mas, agora que elas morreram, ela se mudou para a fazenda da filha, só, como diz, para ficar quieta e tranquila. Mas, acompanhando o presente, havia uma espécie de bilhete e, nesse, me dizia para ficar preparado, porque a qualquer dia ela tomaria um ônibus para aquela "cidade enorme". Isso não significa nada, ela nunca virá; mas tem ameaçado vir por tanto tempo quanto posso me lembrar. No verão anterior ao meu primeiro encontro com ela em Nova York, e isso foi há catorze anos, costumávamos nos sentar para conversar na cozinha e nossas vozes ecoavam por todo o dia de preguiça e calor; e conversávamos com mais frequência sobre a cidade para onde eu iria em breve. Ela me dizia que não havia árvores lá, nem flores, e ouvira dizer que a maioria da população morava no subsolo, ou, se não no subsolo, no céu. Além disso, não havia "comida que não fosse nutritiva", nem bons feijões brancos, ervilhas, quiabo, inhame, salsicha – como tínhamos em casa. E é frio, ela dizia, sim, senhor, vá para aquele lugar gelado e na próxima vez que o vir seu nariz terá congelado e caído.

Mas a sra. Bobby Lee Kettle apareceu com alguns *slides* de Nova York e depois disso Selma começou a dizer aos amigos que, quando eu fosse para o Norte, ela iria comigo. De repente, a cidade parecia cruel e murcha a seus olhos. Minhas tias compraram para ela uma passagem de ida e volta, pensando que ela iria comigo, me deixaria lá e voltaria para casa. Tudo ia muito bem até chegarmos à estação ferroviária; lá, Selma começou a chorar, dizendo que não podia ir, que morreria tão longe de casa.

Foi um inverno triste, por dentro e por fora. Para uma criança, a cidade é um lugar desprovido de alegria. Mais tarde, quando se está mais velho e apaixonado, é a visão dupla de compartilhar com o ser amado que confere à experiência textura, forma, significado. Viajar sozinho é excursionar por um terreno baldio. Mas, se você ama o suficiente, às vezes pode ver por você mesmo e pelo outro também. Era assim com Selma. Eu via tudo em dobro: a primeira neve, e os patinadores deslizando no parque, os casacos de pele dos filhos da engraçada terra do frio, o trem no parque de diversões em Coney, as máquinas de goma de mascar no metrô, a magia da lavanderia automática, as ilhas no rio e o brilho da ponte ao entardecer, a passagem de uma banda de Paramount em seu uniforme azul, o homem que entrava no pátio todos os dias e cantava sempre as mesmas velhas canções, o magnífico conto de fadas de uma loja de dez centavos aonde se ia depois da aula para furtar coisas; eu via, ouvia, arquivava para as horas tranquilas na cozinha quando Selma diria, e ela disse:

– Conte histórias sobre aquele lugar, histórias verdadeiras, nada de mentiras.

Mas eram basicamente mentiras que eu contava; não era minha culpa, eu não conseguia lembrar, porque era como se eu houvesse estado em um daqueles castelos sobrenaturais visitados por personagens nas lendas; longe dali, você não lembra mais nada, tudo o que resta é o eco fantasmagórico do fascínio que nos assombra.

BROOKLYN

(1946)

Uma igreja abandonada, um cartaz de aluga-se descaracterizando a fachada barroca, torres negras e quebradas no canto dessa praça perdida; ninhos de papagaios entre as flores de pedra entalhadas sobre a sua porta pichada (Kilroy Esteve Aqui, Seymour Ama Betty, Você Fede!); no interior, onde a luz do sol incide sobre os bancos quebrados, todo tipo de animal desgarrado encontra residência; é possível ver gatos espiando pelas janelas, ouvir gritos de animais estranhos, crianças do bairro que se desafiam a entrar no local, de onde saem carregando ossos que dizem ser humanos (sim, são de gente! estou dizendo; o homem era todo enrugado). Definitiva em sua feiura, a igreja simboliza, para mim, alguns elementos do Brooklyn: se uma estrutura similar fosse destruída, tenho a desagradável premonição de que outra, igualmente antiga e monstruosa, seria rapidamente erigida, porque o Brooklyn, ou a cadeia de cidades assim chamada, não tem, diferente de Manhattan, nenhum interesse em mudanças na arquitetura. Nem é branda com o indivíduo: em desespero se veem as intermináveis fileiras de bangalôs, o inevitável terreno baldio onde crianças tristes, doces, violentas, recolhendo folhas caídas e madeira de demolição, fazem fogueiras de outubro, as crianças tristes, doces, correndo por aquelas ruas vítreas de agosto para Matar o Kike! Matar o Wop! Matar o Dinge! – um hábito deste país em que a arquitetura mental, como a das casas, é imutável.

Amigos de Manhattan, avessos a enfrentar a desanimadora viagem de metrô (Oh, B., venha, juro que não leva mais que quarenta minutos e você só vai ter que trocar de trem três vezes), recusam todos os convites.

Por isso sempre sonhei alugar e reformar a igreja; quem poderia resistir a visitar uma residência tão curiosa? Atualmente, tenho dois cômodos em uma casa de pedras na praça dividida por vinte pessoas; o interior da casa é uma selva sombria de detalhes da era vitoriana; senhoras pálidas e de rosto gorducho vestidas em véus gregos se enroscam em poses tribais no papel de parede; no *hall*, um recipiente vazio e manchado para os cartões de visita e uma arara para pendurar chapéus são recordações elegantes dos dias menos obscuros do Brooklyn; o salão quase explode com a mobília empoeirada e cheia de franjas, uma história de família em paradas de daguerreótipos sobre um velho piano desafinado, e em todos os lugares as toalhinhas sobre braços e encostos dos estofados são como bandeiras de crochê declarando um estado de Respeitabilidade, e, quando uma corrente de ar penetra nessa sala, abajures de contas tilintam melodias orientais.

No entanto, há telefones: dois no andar de cima, três no de baixo e 125 no porão; porque é no porão que minhas senhorias ficam mais ou menos acorrentadas a um painel: a sra. Q., uma mulher atrofiada, bamboleante, com um rosto vermelho de buldogue, olhos nodosos na cor lilás e brilhantes, incríveis cabelos cor de laranja que, como os da filha, a srta. Q., são longos e estão sempre soltos, é desconfiada, e sua desconfiança, do tipo que combina com aqueles, desprezando tudo, está à procura de um motivo. A pobre srta. Q. é simplesmente cansada; suave e doce, ela opera sob uma fadiga que é essencialmente vitalícia, do nascimento à morte, e às vezes me pergunto se ela é realmente a srta. Q. ou Zasu Pitts. De qualquer maneira, estabeleceu-se entre nós uma ligação harmoniosa. Ela se baseia principalmente no fato de sermos ambos torturados por terríveis dores de cabeça. Quase todos os dias ela sobe sorrateira e, rindo de sua indecente ousadia, implora por uma aspirina; a mãe dela, devota de Bernarr MacFadden, proíbe aspirina e todos os medicamentos, que ela chama de "guisado do fogão do capeta". A história delas é antiga: o sr. Q., um "agente funerário decididamente proeminente", recentemente "faleceu sem aviso prévio enquanto lia o *New York Sun*", deixando a esposa e a filha solteirona "tendo que sobreviver sem meios visíveis para isso", porque "um canalha convenceu papai a investir todo o seu dinheiro em uma fábrica de coroas funerárias artificiais". Então, ela e a mãe instalaram no porão um serviço de atendimento telefônico. Dia e noite, por dez anos, elas atendiam transferências de chamadas telefônicas para pessoas que estavam fora da cidade, ou simplesmente fora de casa.

– Oh, é uma infelicidade! – diz a srta. Q. com desânimo e contrariedade, porque esse papel da mulher profissional é a ilusão mais real de sua vida iludida. "Vou dizer a verdade, perdi as contas de quantos anos faz que não tenho uma hora inteira de descanso. Mamãe também está sempre trabalhando, Deus a abençoe, mas ela tem muitas queixas, você sabe, e eu tenho que praticamente amarrá-la na cama. Às vezes, quando é tarde da noite e minha cabeça começa a doer – ai, eu olho para o painel, e é como se todos aqueles fios e cabos fossem dedos e braços me espremendo até a morte.

Ocasionalmente, a sra. Q. visita um banho turco perto de Borough Hall, mas o isolamento de sua filha exausta é absoluto; se é verdade o que ela diz, a srta. Q. só deixou o porão uma vez em oito anos, e nesse final de ano ela foi com a mãe assistir ao sr. MacFadden fazendo ginástica no palco do Carnegie Hall.

Apavorado, algumas noites escuto a sra. Q. subindo a escada com dificuldade, justamente para parar na minha porta; ali parada, vestindo um delicado quimono de seda, com o cabelo alaranjado solto à maneira viquingue, ela me olha com um brilho funesto nos olhos.

– Mais duas – diz, seu tom irreal de barítono sugerindo fogo e enxofre. – Nós os vimos pela janela, duas famílias inteiras em caminhões de mudança.

Quando ela termina de espremer o limão de seu azedume, eu pergunto:

– Famílias de quê, sra. Q.?

– Africanos – ela anuncia, com uma piscada indignada que me faz pensar em uma coruja. – Toda a vizinhança vai se tornando um pesadelo negro; primeiro os judeus, agora isso; ladrões e assaltantes, todos eles; faz meu sangue gelar nas veias.

Embora eu suspeite que a sra. Q. nem perceba, aquilo não é uma encenação, ela está seriamente amedrontada; o que está acontecendo lá fora não corresponde a nada que ela conheça; o marido cuja mente ela alimentou se foi, e ela mesma, tendo possuído apenas atitudes emprestadas, nunca teve uma ideia própria. Fixou em cada porta um número anormal de fechaduras e travas, algumas janelas têm grades, há um cachorro enorme com um latido ensurdecedor: alguém lá fora, alguém sem forma definida, quer entrar. Cada passo enfatiza seu peso quando ela desce a escada; lá embaixo, uma imagem, a dela, tateia o espelho: sem reconhecer a sra. Q., ela para, a respiração ofegante enquanto imagina quem a espera ali: um arrepio brota de seus ossos: mais duas hoje, outras amanhã, uma enxurrada se formando, sua Brooklyn é a Atlantis perdida, até mesmo seu reflexo no espelho (um presente de casamento, lembra? Quarenta anos: oh, o que aconteceu, meu Deus?), até aquilo é alguém, alguma coisa.

– Boa noite – ela diz. As fechaduras estalam, os portões são fechados; 125 telefones tocam no escuro, as damas gregas dançam nas sombras, a casa suspira, se aquieta. Do lado de fora, o vento traz o cheiro doce de biscoitos de uma padaria a alguns quarteirões, marinheiros a caminho de Sands Street atravessam a praça iluminada e olham para o esqueleto da igreja onde encontram o reconhecimento amarelo dos olhos frios dos gatos.

– Boa noite, sra. Q.

Ouço um galo cantar. Estranho, de início, ele parece mais comum, lembrando a cidade secreta e oculta, o continente de quintais, em nenhum lugar mais prósperos que ali: caixeiro de fitas e vendedor de sapatos, lavradores do solo:

– Nossos próprios rabanetes, você sabe.

Recentemente, uma mulher de Flatbush foi presa por manter porcos em seu quintal. Sem dúvida, a inveja causou a reclamação dos vizinhos. À noite, quando se chega de Manhattan, é um pouco enervante ver um céu no qual estrelas de verdade brilham, caminhar por ruas cobertas por folhas nas quais os aromas defumados do outono pairam integrais, e as vozes de crianças, patinando ao anoitecer, conferem ao silêncio mensagens de boas-vindas.

– Veja, Myrtle, a lua... Parece uma abóbora de Halloween!

No subsolo, o metrô chia; acima dele, luz néon corta a noite, sim, mas ainda ouço um galo cantar.

Como um grupo, os moradores do Brooklyn formam uma minoria perseguida; a persistência nada criativa de palhaços não muito urbanos tornou qualquer menção a sua região um sinal de gargalhadas compulsórias; seu dialeto, aparência e maneiras tornaram-se, por intermédio dessa propaganda divisória, sinônimo dos aspectos mais vulgares e toscos da vida contemporânea. Tudo isso, que talvez tenha começado de forma bem-humorada, tomou o caminho da malícia: um endereço no Brooklyn agora não é mais respeitável. Uma ironia peculiar, certamente, porque nessa região desafortunada o homem mediano, estando na periferia de uma ordem de proscritos, guarda a mediania com intensidade mórbida; ele faz, de fato, da respeitabilidade uma religião; ainda assim, a insegurança abre espaço para a hipocrisia, e desse modo ele cumprimenta O Grande Piadista com o mais alto de todos os gritos:

– Ei, o Brooklyn é demais... pura diversão!

Terrivelmente divertido, sim, mas o Brooklyn também é triste brutal provinciano solitário humano silencioso amplo barulhento perdido apaixonado sutil amargo imaturo inocente perverso terno misterioso, um lugar onde Crane e Whitman encontraram poemas, um domínio místico em cujas praias o mar de Coney Island envolve um elemento de inverno. Ali, quase ninguém consegue dar informações; ninguém sabe onde está nada; nem mesmo o mais antigo motorista de táxi parece ter certeza; felizmente, sou diplomado em andar de metrô e aprendi a percorrer aqueles trilhos que, enterrados na pedra, são como os veios encontrados em uma planta fossilizada; requer aplicação mais inabalável, tenho certeza, do que trabalhar por um mestrado. Balançar pelos túneis sem sol e sem estrelas é uma sensação que liga o passageiro ao exterior; o trem, viajando sob terra improvável, parece buscar a névoa e a neblina, e só o lampejar das estações familiares por onde passamos revela nossa identidade. Certa vez, passando sob o rio, vi uma menina, uma jovem de aproximadamente 16 anos, sendo iniciada em algum tipo de irmandade, eu acho, porque ela carregava um cesto cheio de pequenos corações recortados de papel vermelho.

– Compre um coração solitário – ela choramingava, andando pelo vagão. – Compre um coração solitário.

Mas os passageiros pálidos e inexpressivos não precisavam de um coração solitário e continuavam folheando seus exemplares do *Daily News*.

Várias noites por semana eu ia jantar no Cherokee Hotel. É um apart-hotel, um lugar muito antigo, tanto na decoração quanto em sua clientela:

o mais jovem cherokee, como os hóspedes se chamam, tem 66 anos e o mais velho, 98; as mulheres predominam, é claro, mas há uma variedade de viúvas magérrimas, também. De vez em quando eclode a guerra entre os sexos e é fácil deduzir quando isso aconteceu porque a sala de estar fica deserta; há uma sala masculina e uma sala feminina e os combatentes retiram-se para esses respectivos santuários, as mulheres num arfar contrariado, os homens, como sempre, silenciosos, taciturnos. As duas salas, como tantos outros santuários deprimentes, possuem rádios e, quando uma guerra está em andamento, as mulheres, que normalmente não se mostram nem um pouco interessadas, aumentam o volume tanto quanto é possível, tentando abafar, com essa estratégia, os jornais noturnos dos homens. É possível ouvir o barulho a três quarteirões de distância e o sr. Littlelow, o proprietário, um jovem nervoso por natureza, anda de um lado para o outro ameaçando abolir completamente os rádios, ou, pior ainda, telefonar para os parentes de seus hóspedes. De tempos em tempos ele precisa recorrer a essa medida; por exemplo, vejamos o caso do sr. Gilbert Crocker, que peca tão constantemente que o pobre Littlelow teve, afinal, de mandar chamar seu neto e, juntos, eles repreenderam o homem em público.

– Um eterno centro de dissensão – acusou Littlelow, apontando um dedo para o acusado –, ele espalha rumores maldosos sobre a administração, diz que lemos sua correspondência, que temos um acordo de porcentagem com a Funerária Cascades; disse à srta. Brockton que o sétimo andar é fechado porque o alugamos para um fugitivo da lei (um assassino da machadinha, ele especificou), quando todos sabem que o encanamento estourou. Ele assustou a srta. Brockton, agora sua palpitação é muito pior que antes. Estávamos propensos a relevar tudo isso, mas, quando ele começou a jogar lâmpadas pelas janelas, decidimos que havia chegado a hora de tomar alguma atitude.

– Por que jogou as lâmpadas, vovô? – perguntou o neto, olhando ansioso para o relógio e desejando que o velho já houvesse ido encontrar seu Criador.

– Não foram lâmpadas, filho – o sr. Crocker corrigiu com paciência. – Eram bombas.

– É claro. E por que jogou as bombas, vovô?

O sr. Crooker estudou a assembleia de companheiros cherokees; depois, com um sorriso triste, inclinou a cabeça na direção da srta. Brockton.

– Ela – disse. – Eu queria explodir essa porca fedorenta; ela e a cozinheira combinaram nunca me dar calda de chocolate para que ela possa enfiar tudo naquela barriga gorda.

As damas reuniram-se prontamente em torno da vítima, cujo coração palpitante parecia subitamente prestes a sair voando pelo teto; sobre a cacofonia ultrajada de vozes, a da sra. Allen T. Bonaparte era a que se ouvia com maior clareza.

– Minha querida srta. Brockton, já esteve no museu de cera em Londres? Sabe de qual estou falando: são muito parecidos, não são?

E ficou entendido que, naquela noite, os rádios fariam tremer as vidraças.

Entre os inquilinos, há uma tão formidável que impressiona até Littlelow. É a sra. T. T. Huett-Smith e, quando ela aparece na sala de jantar, cintilando com seus diamantes amarelados de bolor, sua entrada só carece do acompanhamento de uma fanfarra: com passos medidos ela avança em direção a sua mesa (aquela com uma rosa, a única com uma rosa: de papel, aliás), aceitando, ao passar, as homenagens dos socialmente ambiciosos; ela é a última lembrança que eles têm daqueles dias distantes quando também o Brooklyn abrigava uma sociedade de posição elevada. Mas, como muitas coisas que permaneceram além de seu legítimo desabrochar, a sra. T. T. tornou-se decadente, um exagero tragicômico: batom e ruge, dos quais ela usa uma quantidade extraordinária, parecem ranços em seu rosto pálido e enrugado, e seus prazeres são perversos: nada lhe agrada mais do que fazer algumas revelações sádicas. Quando a sra. Bonaparte se mudou para o hotel, a sra. T. T., ao vê-la entrar na sala de jantar, anunciou vociferando:

– Eu me lembro dessa criatura e da mãe dela, uma faxineira do banheiro mais *baixo* de Coney Island.

As tímidas e silenciosas irmãs Webster eram outro alvo:

– Malditas velhas solteironas, meu marido sempre as chamou assim.

Eu sei um segredo sobre a sra. T. T. Ela é uma ladra. Durante anos tem furtado os talheres da loja de quinquilharias do Cherokee e escondido os produtos em sua bolsa bordada, e um dia, durante o que sem dúvida foi uma ausência mental, ela apareceu na recepção para solicitar que sua coleção fosse trancada no cofre do hotel.

– Mas, minha cara sra. Huett-Smith – disse Littlelow, superando sua perplexidade inicial –, isso não pode ser seu; afinal, não se enquadra no seu padrão.

A sra. T. T. examinou facas e garfos com uma expressão confusa:

– É claro que não – concordou. – Não, é claro que não: sempre tivemos o melhor.

Estive no Cherokee pela última vez há semanas. Eu tive um sonho. Sonhei que uma das bombas do sr. Crocker os explodiu; para dizer a verdade, tenho um certo receio de ir lá ver.

Dezembro, dia 28. Um dia azul cristalino, perfeito demais para os aposentos abafados da sra. Q., por isso saí com um amigo para uma caminhada em Brooklyn Heights; Beacon Hill e Charleston, lugares que conheci, conseguem projetar um relativo sentimento de passado (o *vieux carré* de Nova Orleans não conta, porque sua qualidade é muito diretamente estrangeira); e, dos três, Brooklyn Heights parece ser o menos movimentado, e certamente o menos explorado. Está condenado, é claro; neste momento, um túnel é aberto, uma autoestrada é planejada; máquinas com dentes de aço devoram suas paliçadas, muitas das antigas mansões esperam em abandonada escuridão pela equipe de demolição; a novidade vermelha de placas anunciando *Perigo! Homens Trabalhando* brilha à sombra discreta das reduzidas ruas dickensianas: Cranberry, Pineapple, Willow, Middagh. A poeira de pedra dinamitada paira no ar. Quando começa a escurecer, compramos uma torta de noz-pecã; vamos nos sentar em um banco e observamos a colmeia de luzes acendendo nas torres do outro lado do rio. Ondas de crista branca na água fria entoam seu canto passando sob a ponte e gaivotas emitem seu som agudo descrevendo interessantes desenhos no céu. Eu como meu pedaço de torta e olho para Manhattan, especulando que tipo de ruínas poderia resultar dela: quanto ao Brooklyn, arqueólogos de outra civilização, como os motoristas de táxi da nossa era, jamais decifrarão os segredos de suas ruas, seu destino, seus meneios.

HOLLYWOOD

(1947)

Aproximar-se de Los Angeles, ao menos por ar, é como, eu imagino, atravessar a superfície da Lua: formas pré-históricas, corroídas e iminentes em ondas de pedra, olham para cima, e peixes paleozoicos nadam nas piscinas sombreadas entre montanhas do deserto: queimado e congelado, não há nada vivo, apenas rocha que um dia foi ave, ossos que são areia, samambaias transformadas em pedra resistente. Finalmente, um acolhedor bando de nuvens: esgueiramo-nos por uma passagem mágica, há neve sobre as montanhas, mas flores colorem a terra, e um sol de verão se justapõe ao mar de inverno de dezembro, enquanto o avião vai descendo e cortando o ar dourado, leve, incrível. Oh, suspira Thelma, eu não suporto isso, diz, e enfia na boca uma cascata de chicletes. Thelma embarcou em Chicago; ela é uma jovem negra muito bonita, bem-vestida, e essa viagem à Califórnia é a coisa mais maravilhosa que já lhe aconteceu.

– Eu sei que vai ser simplesmente fantástico. Há três anos trabalho como recepcionista no Lola Theater em State Street só para economizar o dinheiro. Minha tia lê cartas, e ela disse: Thelma, querida, vá para Hollywood, porque lá há um emprego de secretária particular de uma atriz do cinema esperando por você. Mas ela não disse que atriz. Espero que não seja Esther Williams. Não gosto muito de natação.

Mais tarde, ela perguntou se eu estava tentando entrar no mercado cinematográfico e, como a ideia parecia agradá-la, eu disse que sim. No geral, ela foi muito animadora e me garantiu que, assim que estivesse estabelecida como secretária particular, tendo, portanto, acesso aos ouvidos dos grandes do setor, não esqueceria de mim e me daria, de fato, toda a assistência.

No aeroporto eu a ajudei com sua bagagem e no final acabamos dividindo um táxi. Foi quando eu soube que ela não tinha um local específico para onde ir, só queria que o motorista a deixasse "no meio" de Hollywood. Foi uma longa viagem e ela passou todo o tempo sentada na beirada do banco, insuportavelmente observadora. Mas não havia tanto para ver quanto ela imaginara.

– Não parece certo – ela disse depois de um tempo, como se fôssemos vítimas de uma piada ou brincadeira, porque ali novamente, embora disfarçada, estava a superfície da Lua, o lugar nenhum de todo lugar; mas como era absolutamente correto, afinal, que ali no fim do continente devêssemos encontrar apenas um depósito de lixo para tudo o que é mais americano: bombas de petróleo bombeando como a pulsação dos demônios, avenidas repletas de lojas de carros usados, supermercados, motéis, uma quantidade espantosa de publicidade, o maior, mais largo, melhor, amplo e inegavelmente eterizado pelo sol imaculado e pelo som do mar e a doçura sobrenatural das flores desabrochando em dezembro.

Na viagem, o céu se tornara cinzento e, quando entramos no brilho artificial de Wilshire Boulevard, Thelma, tocando de maneira protetora seu chapéu de penas, resmungou alguma coisa sobre a possibilidade de chuva. De jeito nenhum, disse o motorista, só o vento soprando poeira do deserto. Ele nem havia acabado de pronunciar essas palavras e as palmeiras já se curvavam sob a força de uma violenta tempestade. Mas Thelma não tinha para onde ir, exceto a rua, por isso a deixamos ali, sob a chuva que destruía seu traje. Quando o semáforo nos fez parar na esquina, ela correu e enfiou a cabeça na janela.

– Escute, meu bem, lembre-se do que eu disse, se sentir fome ou qualquer coisa, só precisa me encontrar. – E depois, com um sorriso adorável, ela concluiu: – E escute, benzinho, boa sorte!

Dezembro, dia 3. Hoje, pelo esforço de uma amiga comum, Nora Parker, fui convidado para um almoço com a famosa srta. C. Há uma muralha fortalecida cercando a casa dela e no portão de entrada somos mais ou menos revistados por um guarda que, em seguida, usa um telefone para anunciar nossa chegada. Tudo isso foi muito satisfatório; era bom saber que alguém vivia como uma atriz famosa devia viver. Na porta, fomos recebidos por uma criança superalimentada de rosto vermelho com uma fita cor-de-rosa enfeitando seu cabelo.

– Mamãe acha que devo entretê-los até ela descer – a menina diz com apatia, antes de nos conduzir a uma sala ampla e, agora que penso nisso, absurda: era como se um velho e rico malandro houvesse decorado pessoalmente seu luxuoso esconderijo: sofás baixos, pilhas de almofadas de veludo e abajures com formas sinuosas, ondulantes. – Querem ver as coisas da mamãe? – sugere a menininha.

A primeira coisa que ela exibe é um armário de bibelôs iluminado.

– Este – ela explica apontando para uma peça de porcelana chinesa – é o vaso muito antigo pelo qual mamãe pagou 3 mil dólares. E aquela é sua coqueteleira de ouro e as xícaras de ouro. Não me lembro de quanto custaram, muito, certamente, talvez 5 mil dólares. E estão vendo aquele antigo bule de chá? Não acreditariam quanto custou...

Era um recital monstruoso e, perto do final do discurso, Nora, olhando em volta como se procurasse algum outro assunto para discutir, disse:

– Lindas flores, aquelas. São do seu jardim?

– Por Deus, não – a menina respondeu com tom desdenhoso. – Mamãe compra as flores todos os dias na florista mais cara de Beverly Hills. Eles mandam entregar a encomenda.

– Ah, é? – Nora respondeu aborrecida. – E qual é sua flor preferida?

– Orquídea.

– Não! Não acredito que prefira mesmo as orquídeas. Uma menininha como você!

Ela refletiu por um momento.

– Bem, na verdade não é mesmo. Mas mamãe diz que são as mais caras.

Nesse momento houve uma pequena comoção na porta; a srta. C. entrou na sala com o ar e a jovialidade de uma colegial: seu rosto famoso não ostentava nenhuma maquiagem e grampos pendiam aleatoriamente de seus cabelos. Ela usava um vestido simples de flanela.

– Nora, querida – disse, abrindo os braços. – Perdoe-me pela demora. Estava lá em cima arrumando as camas.

Ontem, tomado pela ganância, eu me lembrei de fabulosos arranjos de frutas na porta de um empório pelo qual passara algumas vezes. Laranjas enormes, uvas do tamanho de bolas de pingue-pongue, maçãs empilhadas em pirâmides vermelhas. Há uma certa distorção do conceito de distância por aqui, nada é tão próximo quanto se supunha, e não é anormal percorrer 15 quilômetros para comprar um maço de cigarros. Caminhei 3 quilômetros antes de conseguir ver o empório das frutas. Os balcões longos eram inclinados, de forma que, mesmo de longe, era possível ver a esplêndida mercadoria, maçãs, peras. Estendi a mão para uma das maçãs extraordinárias, mas ela parecia estar grudada em sua base. Uma vendedora riu.

– Gesso – ela disse.

E eu ri também, talvez de forma um pouco febril, depois a segui para o interior da loja, onde comprei seis maçãs bem pequenas e farinhentas e seis peras igualmente pequenas e farinhentas.

É semana do Natal. E agora a noite é longa. Sob a janela, um lago de lâmpadas elétricas ilumina o vale. Da assombrosa impermanência de suas casas no topo das colinas olhos impermanentes as observam, quase como se, de repente, elas pudessem se apagar como velas consumidas.

Hoje, mais cedo, peguei um ônibus de Beverly Hills para o centro de Los Angeles. As ruas estão enfeitadas com guirlandas, passamos por um trenó motorizado que girava espalhando uma esteira de brancos flocos de milho, e nas esquinas homens suados sob suas fantasias de lã sacodem sinos à sombra de árvores de Natal pré-fabricadas; canções de Natal brotam dos alto-falantes nos postes, espalhando sua doçura exagerada no ar, e lantejoulas brilhantes como um sol de 24 quilates pendem de todos os lugares como musgo no pântano. Não podia ser mais Natal, nem menos. Certa vez conheci uma mulher que importou uma vila cor-de-rosa da Itália, pedra a pedra, e a reconstruiu em uma modesta pradaria de Connecticut: o Natal é tão deslocado em Hollywood quanto a vila em Connecticut. E o que é um Natal sem crianças, se delas depende toda a diversão e o propósito da celebração? Na semana passada conheci um homem que concluiu uma sequência de observações dizendo:

– E, é claro, você deve saber que esta é a cidade que não tem crianças.

Tenho testado esse comentário há cinco semanas, no início de maneira casual, agora com alarme mórbido; absurdo, eu sei, mas, desde que comecei essa misteriosa campanha, não vi mais do que meia dúzia de crianças. Mas, antes, um ponto relevante: uma queixa primária aqui é a superpopulação; nativos da velha guarda me contam que o território incha com elementos "indesejáveis", hordas de ex-soldados, trabalhadores que se mudaram para lá durante a guerra e aqueles Okies espirituais, os jovens e livres; mas, andando por aqui, às vezes tenho a sensação de alguém que acordou em uma manhã sinistra e encontrou um mundo silencioso e deserto de onde, da noite para o dia, como os marinheiros a bordo do *Marie Celeste*, todas as almas desapareceram. Há um ar de vazio dominical; aqui, onde ninguém anda, carros deslizam num fluxo constante e brilhante e minha sombra movendo-se pela rua branca e radiante é como o único elemento vivo numa obra de Chirico. Não é o silêncio confortável que se encontra nas pequenas cidades americanas, embora a atmosfera física de encostas, quintais e cercas seja muito frequentemente a mesma; a diferença é que nas cidades de verdade você pode ter alguma certeza de que tipo de gente se esconde atrás daquelas portas numeradas, enquanto aqui, onde tudo parece transitório, efêmero, não há um padrão geral para a população e nada é intencional – aquela rua, essa casa, cogumelos de acidente e uma fresta na parede, coisas que em outro lugar podem ter seu charme, aqui só emitem uma nota feia profetizando a desgraça.

1. Uma professora aplicou recentemente uma prova de vocabulário na qual pediu aos alunos o antônimo de *juventude*. Metade da classe respondeu *morte*.

2. Nenhuma casa elegante de Hollywood é considerada adequada sem uma coleção de telas modernas adornando suas paredes. Um produtor possui o que se pode chamar de uma pequena galeria; ele se refere aos quadros simplesmente como bons investimentos. A esposa dele é menos modesta:

– É claro que sabemos sobre arte. Estivemos na Grécia, não? A Califórnia é como a Grécia. Exatamente. Você ficaria surpreso. Vá conversar com meu marido sobre Picasso; ele pode lhe dar a verdade nua e crua.

No dia em que vi a famosa coleção desse casal eu tinha comigo uma tela que levava para emoldurar, uma pequena litografia colorida de Klee.

– Interessante – disse cautelosa a esposa. – Você mesmo pintou?

Quando esperava um ônibus, encontrei P., a quem admiro muito. Ela tem o tipo de inteligência que exclui a malícia, e, o que é mais incomum, conseguiu manter o humor e a dignidade depois de trinta anos de vida em Hollywood. Naturalmente, ela não é muito rica. No momento, mora sobre uma garagem. É interessante, porque, pelos padrões locais, ela é um fracasso, o que, como a idade, é algo imperdoável ali; mesmo assim, o sucesso a respeita e homenageia e suas sessões dominicais de café são muito bem frequentadas, porque sobre aquela garagem ela cria um cenário momentâneo de segurança, uma sensação de que todos ali têm raízes. Ela é também um inesgotável álbum de recortes, e o ritmo de sua conversa se altera e modifica, e, enquanto ela olha para todos com seus olhos azuis, Valentino passa tocando levemente seu braço, a jovem Garbo espia por uma janela, John Gilbert surge no gramado e fica ali parado como uma estátua ao anoitecer, o Fairbanks pai entra com seu carro na garagem levando dois *mastiffs* como companheiros de viagem.

P. se oferece para levar-me para casa. Escolhemos o caminho que passa por Santa Mônica, porque ela quer aproveitar para deixar um presente para A., aquela mulher triste e agitada que, depois da partida do terceiro marido, atirou um Oscar no oceano.

O que mais me intrigava em A. era como ela aplicava sua maquiagem – uma performance tão brutalmente objetiva; dona de olhos frios, calculistas, ela usa pincéis e pós como se o próprio rosto pertencesse a outra pessoa, conseguindo apagar com isso as marcas deixadas pelo tempo.

Quando estávamos partindo, uma criada apareceu para dizer que o pai de A. queria nos ver. Nós o encontramos no jardim defronte ao oceano; um homem idoso, fleumático e complexo, com cabelos brancos e pele mais escura que iodo, ele estava deitado ao sol, os olhos fechados, nenhum som a perturbá-lo exceto o barulho das ondas do mar e o zumbido sonolento das abelhas. As pessoas idosas amam a Califórnia; elas fecham os olhos e o vento que sopra por entre as flores de inverno sussurra durma, o mar sussurra durma: é uma prévia do paraíso. Do raiar do dia ao anoitecer, o pai de A. segue o sol pelo jardim, e nos dias chuvosos ele passa o tempo criando pulseiras de tampas de garrafa de cerveja. Ele deu a cada um de nós uma dessas pulseiras e, com uma voz suave que quase nem viajava pelo ar morno e doce, disse: – Feliz Natal, crianças.

HAITI

(1948)

Hyppolite talvez seja um homem feio. Magro, de rosto encavado, escuro, ele parece (através das lentes de seus óculos de acadêmico) ouvir com a precisão mais constante e graciosa, os olhos refletindo uma compreensão sutil e básica. Com ele é possível sentir uma certa segurança; cria-se entre ele e o interlocutor aquela circunstância tão incomum, nenhuma sensação de isolamento.

Hoje de manhã eu soube que, durante a noite, a filha dele faleceu, uma menina de oito meses de idade; ele tem outros filhos, casou-se muitas vezes, cinco ou seis; mesmo assim, deve ser muito difícil, porque ele não é jovem. Ninguém me disse, especulo se haverá um velório. No Haiti, essas ocasiões são extravagantes, excessivamente estilizadas: os pranteadores, estrangeiros em sua maioria, arranham o ar, batem com a cabeça no chão, gemem em uníssono um choro baixo que lembra o uivo de um cão. Ouvidos à noite, ou vistos repentinamente em uma estrada do país, os gestos parecem estranhos a ponto de causar arrepios, e então se percebe que, em essência, tudo é só uma encenação.

Por ser o mais popular dos pintores primitivos do Haiti, Hyppolite pode pagar por uma casa com água encanada, camas de verdade, eletricidade; mas ele vive de lamparinas e velas e todos os vizinhos, velhas e enrugadas mulheres de cabeça de coco, belos jovens marinheiros e sapateiros encurvados, podem espiar seus assuntos como ele pode espiar os deles. Certa vez, há algum tempo, um amigo decidiu tomar a iniciativa de alugar outra casa para Hyppolite, um imóvel sólido com piso de concreto e paredes atrás das quais era possível se esconder, mas é claro que ele não ficou feliz ali, porque não precisa de privacidade ou conforto. É por isso que considero Hyppolite admirável, porque não há em sua arte nada que tenha sido transposto de maneira astuta, ele usa o que existe dentro dele mesmo, ou seja, a história espiritual deste país, suas canções e suas idolatrias.

Exibida de forma proeminente na sala onde ele pinta, há uma enorme concha em forma de trombeta; rosada e elaboradamente enrolada, ela é como alguma flor do oceano, uma rosa subaquática, e se você soprar nela ouvirá um gemido rouco e solitário, um som como o do vento: para os marinheiros, ela é uma corneta mágica que chama o vento, e Hyppolite, que planeja uma viagem em torno do mundo a bordo de seu próprio barco de velas vermelhas, pratica regularmente com a concha. Boa parte de sua energia e todo o seu dinheiro são investidos na construção desse navio; há em sua dedicação aquela qualidade frequentemente vista nos que supervisionam o planejamento do próprio funeral, a construção dos próprios túmulos. Quando ele içar velas e desaparecer de vista no mar, pergunto-me se alguém voltará a vê-lo.

Pelo terraço onde leio ou escrevo todas as manhãs, posso ver as montanhas ficando mais e mais azuis à medida que se aproxima o dia do trabalho. Lá embaixo fica Porto Príncipe inteiro, uma cidade cujas cores são pálidas em descascados pastéis históricos castigados por séculos de sol: a catedral cinza, a fonte de jacintos, uma cerca verde. À esquerda, e como uma cidade dentro da outra, há um grande jardim de pedra barroca; ali fica o cemitério e é ali que, entre holofotes planos de metal e monumentos que lembram gaiolas de passarinho, eles enterrarão a filha de Hyppolite; eles a carregarão colina acima, uma dúzia de homens vestindo negro e usando chapéu.

1. Diga-me, por que há tantos cachorros? A quem pertencem e para que servem? Sarnentos, de olhos tristes, eles vagam pelas ruas em pequenos grupos como cristãos perseguidos, todos inofensivos durante o dia, mas, à noite, voz e vaidade são exacerbadas nessas criaturas. Primeiro um, depois outro, depois todos, durante horas é possível ouvir seus latidos

raivosos, seus uivos para a Lua. S. diz que é como um despertador invertido, porque, assim que os cães começam sua sinfonia, e isso acontece bem cedo, é hora de ir para a cama. E não resta muito mais a fazer, mesmo; a cidade tem suas janelas fechadas às 10 da noite, exceto nos festivos finais de semana, quando tambores e bêbados superam o barulho dos cães. Mas eu gosto de ouvir o coro matinal dos galos; eles provocam uma sequência de reverberações transportadas pelo vento. Por outro lado, o que é mais irritante que a cacofonia de buzinas de automóveis? Os haitianos que têm carro parecem adorar buzinar; é de se suspeitar que essa atividade tenha algum significado político e/ou sexual.

2. Se fosse possível, eu gostaria de fazer um filme aqui; com exceção da música incidental, ele seria mudo, nada além de uma câmera enquadrando de maneira brilhante a arquitetura, os objetos. Uma pipa voando, e nela desenhado um olho, um apêndice que, solto, dança ao vento. A pipa enrosca em uma cerca e nós, o olho, a câmera, vemos uma casa (como a de M. Rigaud). Ela é alta, frágil, de certa forma uma estrutura absurda que não representa nenhum período específico, e parece ser de uma linhagem infinitamente bastarda: a influência francesa, e a Inglaterra à sombra do garbo vitoriano; há uma qualidade oriental também, toques que sugerem uma lanterna de papel dobrado. Ela é uma casa entalhada, com torres e pórticos adornados por cabeças de anjos, formas de flocos de neve, corações; enquanto a câmera vai traçando cada um desses contornos, ouvimos um fascinante tamborilar submusical de varas de bambu. Uma janela, muito repentinamente; um merengue de cortinas brancas como açúcar, um olho como um abajur, e depois um rosto, uma mulher como uma velha flor prensada, com adornos no pescoço e pentes no cabelo; passamos por ela, através dela, e entramos na sala, e dois camaleões verdes correm por cima do espelho que reflete a sua imagem. Como notas dissonantes de um piano, a câmera muda o enfoque com movimentos bruscos e tomamos consciência de acontecimentos que nossos olhos nunca percebem: uma pétala de rosa caindo, um quadro torto. Agora começamos.

3. Relativamente poucos turistas vêm ao Haiti e um bom número daqueles que vêm, especialmente os americanos típicos, acaba ficando em seus hotéis num mau humor superior. É uma pena, porque, de todas as

Índias Ocidentais, o Haiti é a parte mais interessante; porém, quando se consideram os objetivos desses veranistas, sua atitude não é desprovida de razão: a praia mais próxima fica a três horas de distância, a vida noturna é inexpressiva e não há restaurantes cujo cardápio seja muito distinto. Com exceção dos hotéis, só existem alguns poucos locais públicos nos quais se pode tomar um rum soda tarde da noite; entre os mais agradáveis estão os prostíbulos aninhados entre a folhagem às margens da Bizonton Road. Todas as casas têm nomes, todos bem egocêntricos: por exemplo, Paraíso. E são incondicionalmente respeitáveis, locais onde o decoro é observado com perfeição: as garotas, muitas delas da República Dominicana, ficam sentadas na varanda em cadeiras de balanço, abanando-se com imagens de Jesus coladas sobre papelão e conversando num tom delicado, risonho, conspirador; é como qualquer cena do verão americano. Cerveja, não uísque, nem mesmo champanhe, é a bebida considerada *de rigueur*, e se alguém quer causar uma impressão, esse é o pedido a ser feito. Conheço uma garota que é capaz de beber trinta garrafas; ela é mais velha que as outras, usa batom lilás, tem quadril de rumba e língua de víbora, e tudo isso faz dela uma criatura muito popular, embora ela mesma diga que não vai se sentir um sucesso enquanto não for capaz de pagar pela substituição de todos os dentes em próteses de ouro maciço.

4. O governo de Estimé aprovou uma lei que proíbe andar pelas ruas sem sapatos; é uma regra difícil, incongruente com a economia local, e desconfortável, também, especialmente para os camponeses que precisam ir a pé levar seus produtos ao mercado. Mas o governo, agora ansioso para fazer do país uma atração turística, acredita que os haitianos descalços podem prejudicar seu potencial comercial, que a pobreza do povo não deve ser escancarada. De maneira geral, porém, os haitianos *são* pobres, mas não há nessa pobreza nada da atmosfera dura e cruel que cerca a pobreza que exige manter as aparências. Fico sempre muito infeliz quando alguma sabedoria popular é comprovada por fatos; porém, é verdade, suponho, que os mais generosos dentre nós são aqueles que têm menos chances de exercitar sua generosidade. Quase todo haitiano que vai fazer uma visita a encerra oferecendo um presente delicado, pequenino, nor-

malmente estranho: uma lata de sardinhas, um rolo de barbante; mas esses presentes são dados com tanta dignidade e ternura que, ah!, sardinhas engoliram pérolas e o barbante foi tecido com a mais pura prata em fios.

5. Esta é a história de R. Há alguns dias ele foi ao campo para desenhar; de repente, quando se aproximava do pé de uma colina, ele viu uma garota alta, maltrapilha, de olhos puxados. Ela estava amarrada ao tronco de uma árvore por arames e cordas. No início, como ela sorriu ao vê-lo, R. pensou tratar-se de alguma brincadeira, mas, quando tentou soltá-la, várias crianças apareceram e começaram a cutucá-lo com varas; ele perguntou às crianças por que a menina estava amarrada à árvore, mas elas riam e gritavam sem oferecer uma explicação. Num dado momento, um homem idoso juntou-se ao grupo; ele carregava um cântaro cheio de água. Quando R. perguntou novamente da menina, o velho, com lágrimas nos olhos, disse:

– Ela é má, *monsieur*, não há o que fazer. É muito má. – E balançou a cabeça.

R. olhou para o topo da colina; quando se virou novamente, viu que o velho dava a água do cântaro à menina e ela bebia e cuspia em seu rosto; o homem se limpou com paciência e sem pressa, e só então se afastou.

6. Gosto de Estelle e devo dizer que gosto menos de S. agora que sei que ele não gosta dela; não há marca de intolerância tão exaustiva quanto aquela que resulta em condenar características que o próprio acusador possui: na opinião de S., Estelle é vulgar, insinuante, uma fraude; afirmo com segurança, excluindo apenas o insinuante, que S. tem mesmo essas características. Além do mais, ser inconscientemente vulgar demonstra uma natureza melhor do que ser conscientemente virtuoso. Mas é claro que S. está muito bem relacionado com a colônia americana local e a opinião dessas pessoas, com algumas exceções isoladas, são frequentemente cinzentas e sempre severas. Estelle não é apreciada por nenhum grupo.

– Quem se importa? – ela diz. – Escute, cabeça de ovo, não há nada errado comigo senão o fato de eu ser tão linda, e quando uma garota é bonita como eu e não vai para a cama com todo mundo que se aproxima, bom, o ataque é inevitável, entendeu?

Estelle é uma das mulheres mais altas que eu conheço, com certeza um metro e oitenta e dois; seu rosto é forte e marcante, tipicamente sueco, o cabelo é avermelhado, os olhos são verdes; de algum jeito, há sempre uma aura em torno dela que sugere que um furacão acabou de sacudi-la. Ela é várias Estelles, na verdade. Uma delas é a heroína do romance ruim: hoje aqui – amanhã ela se foi, olá, mundo de sofrimento, escola de bizarrices. Outra Estelle é um bichinho de estimação faminto de amor: ela sempre se certifica de que as pessoas mais improváveis recebam as mais honradas intenções. Uma terceira Estelle não é mais sombria que irreal: quem é Estelle? O que ela faz aqui? Quanto tempo pretende ficar? O que é que a faz levantar-se todas as manhãs? De vez em quando esse terceiro elemento da múltipla srta. E. refere-se ao seu "trabalho". Mas a natureza desse trabalho nunca é nomeada, rotulada. Na maior do tempo ela fica sentada em um café na Champ de Mars e, por 10 centavos a rodada, bebe ponches de rum. O *bartender* está sempre cochilando e, quando quer alguma coisa, ela se levanta e vai bater na cabeça dele como se lidasse com uma melancia madura. Há um cachorrinho maluco e de orelhas curvas que a segue a todos os lugares e normalmente ela tem uma companhia humana, também. O favorito é um homem pálido e magro que poderia ser um vendedor de Bíblias; mas, na verdade, ele é um artista itinerante que vai de ilha em ilha levando uma maleta cheia de marionetes e a cabeça cheia de bobagens. Nas noites claras, Estelle se acomoda em uma das mesas do lado de fora do café; muitas jovens nativas vão levar seus problemas amorosos àquela mesa; para tratar do amor de outras pessoas ela é séria e triste. Ela mesma já foi casada, quando e com quem eu não sei, porque é sempre muito vaga, mas, embora tenha apenas 25 anos, deve ter sido há muito tempo. Ontem à noite passei pelo café e, como sempre, lá estava ela sentada à mesa na calçada. Mas havia uma diferença. Ela estava maquiada, o que é raro, e com um vestido convencional e alinhado; dois cravos vermelhos adornavam seus cabelos, o tipo de adorno que nunca imaginei ver nela. Também nunca a tinha visto bêbada antes.

– Cabeça de ovo, oi, é você? Sim, sim, sim – ela disse, batendo com o indicador no meu peito. – Escute, garoto, vou lhe dar uma prova indiscutível, vou demonstrar que é um fato, é fato que quando você ama alguém essa pessoa pode fazer você comer *qualquer* coisa. Olhe só – e ela arrancou um cravo do cabelo –, ele é doido por mim – disse, aproximando a flor do focinho do cachorro sentado aos pés dela. – E vai comer o cravo só porque estou dizendo que deve comê-lo. Ah, se não vai!

Mas o cachorro farejou a flor e olhou para o outro lado.

Os últimos fins de semana aqui foram dedicados às festas que precedem o carnaval, e o carnaval, que começou ontem, se estende por três dias. Os rahrahs, como são chamadas essas festas, são prévias do carnaval; sábado, em algum momento depois do meio-dia, começam a soar os tambores, primeiro isoladamente, um no alto das colinas, outro mais perto da cidade, e esses sinais vão percorrendo as ruas, insinuantes, insistentes, até que se estabelece uma vibração que se infiltra, penetra, envolve e perturba a superfície do silêncio, movimenta-se como ondas de calor, e aqui estou eu, sozinho no quarto cor de arsênico, notando que toda ação parece derivar desse som: dum di dum, ali, olhe: leves ondulações na jarra de água, uma bola de cristal, posta em movimento, rola pela mesa, cai no chão, vendo, cortinas que balançam, o dum di dum. Ao anoitecer a ilha vai tomando progressivamente a forma de um som de tambor. Pequenas bandas percorrem as ruas; são grupos familiares, ou sociedades secretas, todos cantando melodias diferentes que parecem ser a mesma; o líder de cada banda usa penas no chapéu, uma roupa de colcha colorida, e cada um tem um par de óculos escuros barato; enquanto os outros dançam batendo os pés, ele gira, roda o quadril, balança a cabeça de um lado para o outro como um papagaio mau; todos riem e alguns se unem à dança, inclinando a cabeça para trás, entreabrindo os lábios, dum di dum, o ritmo envolve suas ancas, seus olhos são luas ricas, dum di dum.

Ontem à noite R. me levou para o meio do carnaval. Íamos assistir à cerimônia de um *boungan*, um sacerdote vodu, um menino extraordinário cujo nome eu nunca ouvi. O evento aconteceria em um local afastado da cidade, por isso teríamos que pegar um ônibus, ou melhor, um veículo que eles chamam de ônibus mas, na verdade, é só um pequeno carroção que pode transportar até dez passageiros; mas havia ali quase o dobro desse número, algumas dessas pessoas com fantasias, entre elas um anão usando um boné de sinos e um velho com uma máscara que lembrava asas de corvo; R. sentou-se ao lado do velho, que num certo momento perguntou:

– Você entende o céu? Sim, eu imagino que sim, mas fui eu quem o fez.

E R. respondeu:

– Suponho que tenha feito a Lua, também.

O homem assentiu.

– E as estrelas, elas são minhas netas.

Uma mulher barulhenta bateu palmas e anunciou que o velho era louco.

– Mas, querida dama – ele argumentou –, se sou louco, como poderia ter feito essas coisas tão belas?

Foi uma viagem lenta; o veículo era retido constantemente pela multidão que o cercava, os rostos escondidos por máscaras que balançavam no escuro, a arcaica iluminação de tochas e velas cobrindo-os como uma excêntrica chuva amarela.

Quando chegamos ao local da cerimônia do *boungan*, uma área acima da cidade, um lugar tranquilo em que o silêncio só é interrompido pelo som dos insetos noturnos, o ritual já havia começado, embora o *boungan* ainda não houvesse aparecido. Cercando o templo, um barracão comprido coberto por sapé com altares em salas nas duas extremidades (as portas dessas salas ficavam fechadas e atrás de uma delas o *boungan* esperava a hora de entrar em cena), havia talvez uma centena de haitianos solenes, silenciosos. No espaço aberto entre as salas, sete ou oito meninas descalças, todas vestindo branco e com bandanas envolvendo a cabeça, moviam-se em um círculo serpeante, batendo com as mãos no lado do corpo e cantando uma canção que dois tambores acompanhavam. Uma lamparina de querosene lançava sombras horizontais das dançarinas e os músicos, ambos muito compenetrados, também tinham as silhuetas projetadas na parede. De repente os tambores silenciaram, as meninas formaram um corredor conduzindo à porta de uma das salas. O silêncio era tamanho que quase se podia identificar a origem das variadas serenatas de insetos.

R. pediu um cigarro, mas eu não dei: quem fuma na igreja? E o vodu é, afinal, uma religião real e muito complexa, embora mereça, mesmo assim, o desdém da burguesia haitiana, que, quando tem alguma fé, é católica, e é por isso, como uma concessão, você pode pensar, que tantos conceitos do catolicismo foram integrados ao vodu: uma imagem da Virgem Maria, por exemplo, e uma imagem do Menino Jesus, que às vezes é representado por uma boneca artesanal, são encontradas adornando o altar de quase todos os *boungans*. E as funções primárias do vodu não parecem ser basicamente diferentes daquelas de outras religiões: apelar a certos deuses, símbolos, satisfazer a pressão do mal, o homem é fraco mas Deus o protege, há magia além da vida, os deuses a possuem, eles podem dar filhos à esposa de um homem ou permitir que o sol brilhe sobre a sua plantação, roubam o ar de seu corpo, mas recompensam pondo nele uma alma. No vodu, porém, não há limite entre os territórios de vivos e mortos; os mortos se levantam e andam entre os vivos.

Os tambores soam novamente, as vozes das meninas acompanham as batidas lentas e dramáticas, e então a porta da sala do altar é aberta: três meninos passam por ela, cada um deles carregando um prato que contém uma substância diferente – cinzas, fubá, pó preto – e velas, como as de um bolo de aniversário, queimam no centro dessas substâncias; equilibrando os pratos em uma pedra redonda, os meninos se ajoelham de frente para a porta. Os tambores soam mais suaves e se junta a eles um som repetitivo e mais agitado, produzido por uma cabaça contendo ossos de cobra, e rapidamente, como um espírito que se materializa de repente, o *boungan* aparece leve como um pássaro no corredor formado pelas meninas e contorna a sala como se os pés nem tocassem o chão, os tornozelos adornados por correntes prateadas que tilintam, as vestes soltas de seda escarlate flutuando como asas. Há um turbante de veludo vermelho envolvendo sua cabeça, e uma pérola brilha em cada orelha. De vez em quando para, como um beija-flor, e aperta as mãos de um fiel: ele segurou as minhas e olhei em seu rosto, um rosto espantosamente andrógino, lindo, realmente, uma combinação inquietante de pele negra e traços caucasianos; ele não podia ter mais que 20 anos, mas havia algo de muito velho nele, algo que jazia adormecido, transfixado.

Finalmente, pegando um punhado de fubá e cinzas, ele começa a desenhar no chão um *verver*; no vodu há centenas de *ververs*, que são desenhos complexos, um tanto surrealistas, cujos detalhes têm, cada um, implicações, e executá-los exige não só o tipo de memória acadêmica necessária a um pianista que poderia, digamos, executar um programa inteiro de Bach, mas também uma técnica incomum, um dom artístico. Os tambores atingem um ritmo frenético e explosivo e ele desenha, imerso em sua arte, como uma aranha vermelha que, em vez de fios, cospe uma feroz teia de riscos, coroas, cruzes, serpentes, formas fálicas, olhos, rabos de peixe. Então, completado o *verver*, ele volta à sala do altar e reaparece vestindo verde, trazendo nas mãos uma grande bola de ferro; ele para, e a bola pega fogo, é envolvida pelo mesmo azul santificado da atmosfera da terra; ainda com a bola nas mãos, cai de joelhos, rasteja, ovacionado por cânticos e gritos, e quando as chamas se extinguem ele se levanta, estendendo para o alto as mãos intocadas pelo fogo. Um tremor percorre seu corpo, como se um vento singular o atingisse, os olhos reviram nas órbitas, o espírito (deus e demônio) abriu como uma semente e germinou em sua carne; assexuado, inidentificável, ele reúne nos braços homem e mulher. Quem quer que seja a entidade, ela gira sobre as serpentes e os olhos do *verver*, misteriosamente sem desmanchá-los ou borrá-los, e, quando ele se transforma em outro, a entidade descartada mergulha no infinito, rasga seu peito, grita. E o jovem *boungan*, coberto de suor, o brinco de pérola solto, colide com a outra porta, ainda fechada; cantando, chorando, bate com as mãos abertas na porta até nela deixar marcas de sangue. É como se ele fosse uma mariposa e a porta uma enorme e brilhante lâmpada acesa, porque, além desse obstáculo, imediatamente depois dele, estava a magia: o segredo da verdade, a paz pura. Se a porta se abrisse, e ela nunca se abrirá, ele encontraria então esse inalcançável? O fato de ele acreditar que sim é tudo o que importa.

PARA A EUROPA

(1948)

Ficando bem quieto, era possível ouvir uma harpa. Subimos no muro e lá, entre as flores encharcadas de chuva no jardim do castelo, havia quatro figuras misteriosas sentadas, um rapaz que tocava uma harpa de mão e três homens idosos vestidos de preto: como contrastavam com o ar limpo e o verde deixado pela tempestade! E eles comiam figos, aqueles figos italianos tão gordos que o suco escorria de sua boca. Fazendo fronteira com o jardim havia a margem marmórea do lago di Garda, suas águas crispadas pelo vento, e eu soube então que teria sempre medo de nadar ali, porque, como distorções além da beleza de um vidro irregular, criaturas góticas deviam se mover nas profundezas do lago tão sinistramente límpido. Um dos idosos jogou uma casca de figo bem longe dele e um trio de cisnes, perturbados com o movimento, agitaram os juncos na margem.

D. pulou o muro e gesticulou para que eu o seguisse, mas eu não podia, não naquele momento; porque de repente era verdade e queria que a realidade da cena durasse um momento mais – jamais poderia senti-la tão absolutamente outra vez, um pequeno movimento de uma folha e tudo estaria perdido, exatamente como uma tosse arruinaria para sempre o tom agudo de Tourel. E que verdade era essa? Apenas a verdade da justificação: um castelo, cisnes e um rapaz com uma harpa, uma verdade histórica de livro infantil – antes da entrada do príncipe ou da maldição da bruxa.

Eu havia acertado ao ir para a Europa, nem que fosse apenas para olhar aquela cena maravilhosa. Depois de certa idade e de certas lições é difícil olhar com fascínio para alguma coisa; é mais fácil quando se é criança; depois disso, com sorte, você vai encontrar uma ponte da infância e passar por ela. Ir para a Europa foi mais ou menos isso. Era uma ponte da infância e ela me levava a mares e florestas que pareciam ter saído diretamente da minha imaginação de menino. De um jeito ou de outro, eu estivera em muitos lugares bons, do México ao Maine – e descobria então que havia sido necessário ir à Europa para voltar à minha cidade natal, à minha fogueira e ao meu quarto em que histórias e lendas pareciam viver sempre além dos limites da nossa cidade. E era ali que estavam as lendas: na harpa, no castelo, nos cisnes.

Naquele dia, uma louca viagem de ônibus levou-nos de Veneza a Sirmione, um vilarejo infinitesimal e encantado na ponta da península que sai do lago di Garda, o mais azul, mais triste, mais silencioso, mais lindo dos lagos italianos. Não fosse pela pavorosa circunstância de Lucia, duvido que tivéssemos deixado Veneza. Eu estava perfeitamente feliz lá, exceto, é claro, por ser um lugar incrivelmente barulhento: não era o barulho comum das cidades, mas um incessante soar de vozes humanas, remos contra a água, pés correndo. Certa vez, alguém havia sugerido que Oscar Wilde fosse para lá se refugiar do mundo.

– E tornar-se um monumento para os turistas? – perguntei.

Mas era um conselho excelente e outros além de Oscar o seguiram: nos *palazzi* ao longo do Grande Canal havia colônias de pessoas que não se mostravam publicamente havia décadas. A mais intrigante delas era uma condessa sueca cujos criados iam buscar-lhe frutas em uma gôndola negra enfeitada com sinos prateados; seu tilintar criava uma atmosfera musical, mas sinistra. Ainda assim, Lucia nos perseguiu de tal maneira que fomos forçados a fugir. Uma garota musculosa, excepcionalmente alta para uma italiana e sempre cheirando a miseráveis óleos de tempero, ela era líder de um bando de delinquentes juvenis, jovens desajustados e nômades que haviam viajado para o norte para a temporada veneziana. Alguns podiam ser encantadores, embora vendessem cigarros que continham mais palha do que tabaco, e apesar de levarem seu cérebro ao curto-circuito numa negociação cambial. Os negócios com Lucia começaram um dia na Piazza San Marco.

Ela se aproximou e nos pediu um cigarro; D., cujo coração não sabe que estamos longe do padrão ouro, deu-lhe um pacote fechado de Chesterfields. Nunca duas pessoas foram tão completamente adotadas. No início foi agradável; Lucia era nossa sombra aonde quer que fôssemos, dando-nos com abundância os benefícios de sua sabedoria e proteção. Mas havia constrangimentos seguidos; por exemplo, éramos sempre rejeitados nas lojas mais elegantes porque ela regateava incessantemente com os proprietários; além disso, era excessivamente ciumenta, tanto que era impossível fazermos contato com outras pessoas: certa vez arriscamos um encontro na *piazza* com uma respeitável e inofensiva jovem que viajara conosco do comboio a partir de Milão.

– Atenção! – Lucia nos prevenira com aquela voz ríspida. – Atenção! – E ela seguira argumentando até quase nos convencer de que aquela era uma mulher de passado infame e futuro desavergonhado. Em outra ocasião, D. deu a um dos colegas dela um relógio barato mas que o rapaz havia admirado. Lucia ficara furiosa; quando a vimos depois disso, ela trazia o relógio pendurado no pescoço por um cordão e comentava-se que o rapaz havia partido sem aviso ou explicação para Trieste.

Lucia tinha o hábito de aparecer no nosso hotel sempre que decidia, em qualquer horário (e não sabíamos onde ela vivia); com dezesseis anos, no máximo, ela se sentava, bebia uma garrafa inteira de Strega, fumava todos os cigarros que conseguia obter, depois caía num sono exausto; e só quando dormia seu rosto parecia pertencer a uma criança. Porém, num dia fatídico, o gerente do hotel a reteve no saguão e disse que ela não podia mais visitar nossos aposentos. Ele afirmava que o escândalo era intolerável. Então Lucia, ajudada por uma dúzia de companheiros, os mais violentos, com certeza, fecharam cerco ao hotel de tal forma que foi necessário baixar as portas de aço e chamar os *carabinieri*. Depois disso, passamos a fazer de tudo para evitá-la.

Mas evitar alguém em Veneza é como brincar de esconder em um apartamento de um dormitório, porque não existe cidade de composição mais compacta. É como um museu com nuanças carnavalescas, um vasto palácio sem portas, com todas as coisas conectadas, uma levando à outra. Muitas vezes em um dia os mesmos rostos se repetem como preposições numa longa sentença: você vira uma esquina e lá estava Lucia com o relógio pendurado no pescoço. Ela era apaixonada por D. Mas, depois do incidente no hotel, ela se voltou contra nós com aquela intensidade dos magoados; talvez merecêssemos, mas era insuportável: como nuvens de gafanhotos, a gangue nos perseguia pela *piazza* cuspindo infâmias; se nos sentávamos para um drinque, eles se reuniam na escuridão além da mesa e gritavam piadas ultrajantes. Na metade do tempo nem sabíamos o que estavam dizendo, embora fosse evidente que todo mundo sabia. Lucia não contribuía muito com essa perseguição; permanecia distante, dirigindo a operação de longe. Então, finalmente, decidimos deixar Veneza. Lucia sabia disso. Seus espiões estavam em todos os lugares. Na manhã em que partimos, estava chovendo; no instante em que nossa gôndola zarpou, um menino de olhar enlouquecido apareceu e arremessou em nós um embrulho feito com jornal. D. abriu o pacote. Dentro havia um gato morto e no pescoço do gato estava o relógio barato. Isso dá uma sensação infinita de fracasso. Então vimos Lucia; ela estava em pé sobre uma ponte em cima do canal e tinha os ombros tão encurvados que parecia prestes a pular.

– *Pardonami* – ela gritou –, *ma t'amo.* – Perdoe-me, mas eu amo você.

Em Londres, um jovem artista me disse:

– Como deve ser maravilhoso para um americano viajar pela Europa pela primeira vez; você não faz parte de nada disso, então os sofrimentos não podem ser seus, nunca terá de aturá-los. Sim, está ali somente pela beleza.

Sem entender o que ele queria dizer, eu me ressenti; porém, mais tarde, depois de alguns meses na França e na Itália, compreendi que ele estava certo: eu não fazia parte da Europa, jamais faria. Certamente, podia partir quando quisesse, e para mim havia apenas o ar sagrado e terno da beleza. Mas não era tão maravilhoso quanto o jovem imaginava; era desesperador sentir que jamais poderia fazer parte de momentos tão emocionantes, que se estaria para sempre isolado daquela paisagem e daquela gente; gradualmente, percebi que não precisava fazer parte daquilo: mas aquilo podia fazer parte de mim. O jardim repentino, a noite de ópera, crianças colhendo flores e correndo por uma rua envolta em sombras, uma coroa funerária e freiras à luz do meio-dia, música da *piazza*, uma pianola Paris e fogos de artifício em La Grande Nuit, a surpresa fabulosa de enxergar montanhas e água (lagos como vinho verde no cálice dos vulcões, o Mediterrâneo tremulando no fundo de penhascos), torres distantes e remotas envoltas pelo crepúsculo e velas iluminando o cadáver cravejado de joias de são Zeno de Verona – tudo isso era parte de mim, elementos para a criação da minha própria perspectiva.

Quando deixamos Sirmione, D. voltou a Roma e eu segui para Paris. Minha viagem era curiosa. Primeiro, eu conseguira por intermédio de um agente de viagens italiano um *wagonlit* a bordo do Expresso do Oriente, mas, quando cheguei em Milão, descobri que o arranjo havia sido inteiramente espúrio e que não havia acomodações para mim; na verdade, se eu não pisasse logo em alguns pés, acho que nem teria conseguido embarcar, porque todas as acomodações eram disputadas na temporada de férias. No final, consegui uma cadeira em um compartimento abafado e quente que tive de dividir com outras seis pessoas. O nome Expresso do Oriente me enchia de expectativas excitantes: pense nas coisas extraordinárias que aconteceram naquele trem, pelo menos se levarmos em conta os relatos da srta. Agatha Christie ou do sr. Graham Greene. Mas eu não estava preparado para o que realmente aconteceu.

No compartimento havia uma dupla de sombrios empresários suíços, um outro empresário mais exótico viajando desde Istambul, um professor americano e duas elegantes e grisalhas damas italianas com olhos altivos e traços delicados como ossos de peixe. Elas se vestiam como gêmeas, essas damas; babados negros e rendas brancas eram mantidos juntos no pescoço por ametistas incrustadas de pérolas. Sentaram-se com as mãos enluvadas unidas sobre as pernas e nunca falavam, exceto para dividir uma caixa de chocolates caríssimos. A única bagagem que levavam, aparentemente, era uma gaiola de passarinho; na gaiola, embora estivesse parcialmente coberta por um lenço de seda, era possível ver um papagaio verde e saltitante. De vez em quando a ave soltava gargalhadas que pareciam doentes; sempre que isso acontecia, as damas trocavam sorrisos. O professor americano lhes perguntou se o papagaio falava e uma das damas, com um sutil movimento afirmativo de cabeça, respondeu que sim, mas que a gramática da ave era terrível. Quando nos aproximamos da fronteira da Itália com a Suíça, oficiais da alfândega e fiscais de passaportes começaram a cumprir com seu cansativo dever. Pensamos que tinham concluído o trabalho no nosso compartimento, mas eles voltaram, vários deles, e ficaram do lado de fora das portas de vidro, olhando para as duas aristocratas italianas. Tudo indicava que estavam falando delas. Todos no compartimento ficaram muito quietos, exceto o papagaio, que ria de um jeito sobrenatural. As duas damas não prestavam nenhuma atenção ao que acontecia. Outros homens uniformizados uniram-se àqueles que já estavam no corredor. Então, uma das mulheres, puxando o broche de ametista, virou-se para todos nós e disse, primeiro em italiano, depois em alemão e finalmente em inglês:

– Não fizemos nada de errado.

Mas nesse momento a porta do compartimento se abriu e dois oficiais entraram. Não olharam para as duas mulheres, mas para a gaiola, cuja cobertura removeram.

– *Basta, basta* – gritou o papagaio.

Com um solavanco, o trem parou na escuridão das montanhas. O movimento brusco tombou a gaiola e o papagaio, repentinamente livre, voou gargalhando entre as paredes do compartimento, enquanto as duas damas, agitadas e apavoradas, tentavam pegá-lo. Os homens da alfândega desmontavam a gaiola; na bandeja do piso havia mais ou menos cem papelotes de heroína embrulhados como pó para dor de cabeça e na bola de metal unindo as grades no topo havia ainda mais. A descoberta não pareceu incomodar as duas mulheres; o que as perturbava era a perda do papagaio. Porque, de repente, encontrando o vão de uma janela abaixada, ele saiu do vagão e desapareceu na escuridão, enquanto as mulheres gritavam aflitas:

– Tokyo, você vai congelar! Volte, Tokyo! Volte!

Ele ria na escuridão. Havia uma lua fria e pálida e por um instante o vimos com as asas abertas contra o disco luminoso. Então, elas se viraram e olharam para a porta, agora tomada por curiosos. Altivas, desdenhosas, as duas mulheres se adiantaram para encarar pessoas que nem pareciam ver e ouvir vozes que nunca haviam escutado.

ISCHIA

(1949)

Esqueci por que vim aqui: Ischia. Era um lugar muito comentado, embora poucas pessoas realmente o conhecessem – exceto, talvez, como uma sombra azul e com reentrâncias vista além da água do alto de sua celebrada vizinha, Capri. Algumas pessoas me advertiram sobre Ischia e, conforme me lembro, davam razões assustadoras: sabe que há lá um vulcão ativo? E sabe do avião? Sim, um avião numa rota regular entre Cairo e Roma bateu no topo de uma montanha de Ischia; restaram três sobreviventes, mas ninguém jamais os viu com vida, porque foram apedrejados até a morte por pastores de cabras que queriam saquear os destroços.

Consequentemente, foi com alívio que vimos desaparecer o contorno de Nápoles. Era um dia típico, um pouco frio para o sul da Itália em março, mas revigorante e claro, e o *Princepessa* cruzava a baía com a graça de um golfinho. É um barco pequeno e civilizado, com um bar e uma clientela um tanto ou quanto *outré*; condenados a caminho da ilha penitenciária de Procida ou, no extremo oposto, rapazes prestes a ingressar no monastério de Ischia. É claro, há passageiros menos dramáticos: ilhéus que faziam compras em Nápoles, um ou outro estrangeiro – embora fossem poucos. Capri é o centro do turismo.

Ilhas são como navios eternamente ancorados. Pisar em uma delas é como subir por uma prancha de embarque; surge uma forte impressão de se estar encantado, suspenso no tempo – como se nada de ruim ou vulgar pudesse acontecer; e, enquanto o *Princepessa* penetra no porto côncavo de Porto d'Ischia, parece, ao ver a água clara e as cores desbotadas da linha-

-d'água, que o que acontece é tão íntimo e satisfatório quanto o pulsar do próprio coração. Na agitação do desembarque, derrubei e quebrei meu relógio – um ultrajante simbolismo, devo comentar: um olhar era suficiente para saber que Ischia não comportava a pressa das horas. As ilhas nunca comportam o correr do tempo.

Suponho ser possível dizer que Porto é a capital de Ischia; certamente, é a maior cidade e ainda a mais moderna. Muita gente que visita a ilha nem chega a sair dali, porque há vários hotéis de qualidade, praias excelentes e, empoleirado sobre uma colina como um gigantesco falcão, o castelo renascentista de Vittoria Colonna. As outras três cidades de tamanho considerável são mais escarpadas. Elas são: Lacco Ameno, Cassamiciola e, no extremo da ilha, mais longe do porto, Forio. Era em Forio que planejávamos ficar.

Seguimos para lá atravessando um crepúsculo verde e sob um céu salpicado de estrelas temporãs. A estrada passava bem acima do mar, onde barcos de pesca, iluminados por tochas, iam navegando lentamente como cintilantes aranhas-de-água. Pequenos morcegos peludos cortavam a penumbra. *Buena séra, buena séra*, vozes cumprimentavam ao longo do caminho, e rebanhos de cabras, correndo pelas colinas, baliam como flautas enferrujadas; o comboio seguiu para uma praça do vilarejo – não havia eletricidade e, nos cafés, a luz enganosa de velas e lamparinas de querosene envolvia rostos masculinos. Duas crianças corriam atrás de nós na penumbra além do vilarejo. Elas se agarraram ofegantes à carroça e começamos uma subida muito íngreme; perto do cume o cavalo exalava no ar frio uma nuvem de vapor. O condutor estalou o chicote, o cavalo seguiu em frente, as crianças apontaram: vejam! Lá estava Forio, distante, branca em seu banho de luar, o mar emoldurando suas margens, um som fraco de sinos da ave-maria se erguendo do vilarejo como um gorjeio de pássaros.

– *Molto bella?* – perguntou o motorista.

– *Molto bella?* – repetiram as crianças.

Quando se relê um diário, normalmente são as notas menos ambiciosas, os artigos aleatórios, acidentais, revistos, que provocam a memória. Por exemplo: hoje Gioconda deixou no quarto diversos pedaços de papel colorido. São presentes? Por que lhe dei o frasco de colônia? Eles serão deliciosos marcadores de livro. Isso reverbera. Primeiro, Gioconda. Ela é uma linda jovem, embora sua beleza dependa do humor; quando está triste, e isso parece ser constante, ela é como uma tigela de mingau de aveia frio; o mais provável é que se esqueçam a riqueza de seus cabelos e a suavidade dos olhos mediterrâneos. Deus sabe que ela trabalha demais: aqui na *pensione*, onde é camareira e garçonete, Gioconda se levanta antes do amanhecer e trabalha, alguns dias, até depois da meia-noite. Para ser bem franco, ela tem sorte por ter o emprego, porque esse é o maior problema da ilha: muitas jovens ali sonham ocupar o seu lugar. Considerando que não há água encanada (e tudo o que isso implica), Gioconda nos mantém consideravelmente confortáveis. É a *pensione* mais agradável em Forio e fizemos um bom negócio, também: temos dois quartos amplos de chão revestido de ladrilhos e portas altas que levam a pequenas sacadas de balaustrada de ferro com vista para o mar; a comida é boa e abundante – cinco pratos com vinho no almoço e no jantar. Com tudo incluído, isso custa a cada um de nós 100 dólares por mês. Gioconda não fala inglês e meu italiano é... bem, esqueça. Mesmo assim, somos confidentes. Com o uso extravagante e gestual de um dicionário bilíngue, conseguimos nos comunicar muito bem – razão pela qual os bolos são sempre solados: nos dias sombrios, quando nada mais há para fazer, nós nos sentamos na cozinha aberta e fazemos experiências com receitas da confeitaria americana, mas nunca temos sucesso, porque ficamos sempre muito ocupados folheando o dicionário e acabamos nos distraindo da receita. Gioconda:

– Ano passado, no quarto em que você está, havia um homem de Roma. Roma é mesmo como ele disse, tão maravilhosa? Ele disse que eu deveria ir visitá-lo em Roma e que não haveria problema, porque ele é veterano de três guerras. Primeira Guerra Mundial, Segunda e Etiópia. Pode calcular quanto ele é velho. Eu nunca estive em Roma. Tenho amigos que já estiveram lá e que me mandaram postais. Conhece a mulher que trabalha na *posta*? Deve acreditar em olho gordo. Pois ela tem. É, todo mundo sabe. Por isso minhas cartas nunca chegam da Argentina.

Não receber essas cartas da Argentina é a verdadeira razão da infelicidade de Gioconda. Um amante infiel? Não tenho ideia; ela se recusa a falar disso. Muitos jovens italianos migraram para a América do Sul em busca de trabalho; há esposas na ilha que esperam há cinco anos que o marido mande uma passagem. Todos os dias, quando chego com a correspondência, Gioconda corre ao meu encontro.

Ir buscar a correspondência é uma tarefa que eu mesmo escolhi. É a primeira vez que vejo outros americanos residentes ali: há quatro no momento e nós nos conhecemos no café da Maria na *piazza*. (Do diário: "Todo mundo sabe que Maria põe água em suas bebidas. Mas é água mesmo que ela usa para batizar os drinques? Deus, eu me sinto muito mal!".) Com o sol aquecendo seu corpo e as cortinas de bambu do café da Maria tilintando ao sabor da brisa, não há lugar melhor para esperar pelo carteiro. Maria é uma mulher baixinha e gorda com rosto de cigana e uma natureza cínica, distante; se você quer alguma coisa por ali, de uma casa a um pacote de cigarros americanos, ela pode arranjar; algumas pessoas afirmam que ela é a pessoa mais rica em Forio. Nunca há mulheres em seu café; duvido que ela permita. Perto do meio-dia, o vilarejo converge para a *piazza*: como bandos de aves, escolares em capas e tamancos de madeira percorrem as alamedas cantando e esquadrões de homens desempregados reúnem-se sob as árvores para conversar e rir. As mulheres que passam por eles baixam os olhos. Quando o carteiro chega, ele me entrega as cartas da nossa *pensione*; então, é hora de descer a colina e encarar Gioconda. Às vezes ela olha para mim como se eu fosse o culpado por essa carta nunca chegar, como se o olho gordo fosse meu. Um dia ela me preveniu para não voltar para casa de mãos vazias; foi quando lhe comprei o frasco de colônia.

Mas os pedaços de papel que encontrei no meu quarto não eram, como eu supunha, retribuição de um presente. A intenção era que eu os jogasse sobre uma estátua da Virgem que, recém-chegada na ilha, era exibida numa espécie de turnê pela maioria dos vilarejos. O dia da visita da Virgem encontrou todas as sacadas envoltas em finas rendas, tecidos ainda mais finos – um lençol velho, caso a família não tivesse nada melhor; guirlandas de flores enfeitavam as ruas lotadas, mulheres idosas portavam seus xales mais longos, homens pentearam o bigode, alguém pôs o idiota da cidade em uma camisa limpa e as crianças, todas vestidas de branco, tinham asas de anjo de papelão dourado presas aos ombros. A procissão devia entrar na cidade e passar por baixo da nossa sacada às quatro da tarde. Alertados por Gioconda, nós nos colocamos a postos no horário determinado, prontos para jogar os belos papéis picados e gritar, conforme as instruções, "*Viva La Vergenie Immacolata*". Começou a cair uma garoa persistente; às seis, a noite já roubava a luz do dia, mas, como as pessoas que esperavam lá embaixo tomando as ruas, nós nos mantínhamos irredutíveis. Um sacerdote, com o rosto contorcido pela contrariedade e a batina negra tremulando, gritou para um motociclista ir apressar a procissão. Já era noite e um caminho de lamparinas de querosene se acendeu na rota da procissão. De repente, numa incoerência, o retumbante *ratatá* de uma banda militar ecoou e, com um estalo assustador, ateou-se o caminho de chamas para saudar a Virgem que chegava; balançando sobre um andor enfeitado com flores, o rosto envolto por um véu negro e seguida por metade da ilha, ela era carregada por relógios de ouro e prata. E, quando passou, um silêncio cercou a área imediata de sua presença. Havia apenas o som irreal e inebriante das oferendas, os relógios *tiquetaquetiquetaque*. Mais tarde, Gioconda ficou muito aborrecida ao nos ver ainda segurando as tiras de papel colorido, que na excitação esquecemos de jogar.

"5 de abril. Uma caminhada longa e perigosa. Descobrimos uma nova praia." Ischia é de pedras, uma ilha escarpada que sugere a Grécia ou a costa da África. Há laranjeiras, limoeiros e terraços nas montanhas, parreiras verdes e prateadas: o vinho de Ischia é altamente considerado e é aqui que eles produzem o Lachrimae Christi. Quando se caminha além da cidade, logo se encontram os caminhos ramificados que sobem pelas plantações de uva onde as abelhas são como uma tempestade de neve e lagartos brilham verdes nas folhas. Os camponeses são marrons e grossos como cerâmica, e olham para o horizonte como marinheiros. Porque o mar está sempre com eles. O caminho para o mar passa por falésias vulcânicas vertiginosas; há momentos em que o melhor é simplesmente fechar os olhos: a queda seria imensa e as rochas lá embaixo são como dinossauros adormecidos. Um dia, caminhando sobre as falésias, encontramos uma papoula, depois outra, crescendo isoladas entre as pedras sombrias, como sinos chineses amarrados em uma corda esticada. A trilha de papoulas nos levou a outra trilha para uma praia escondida e desconhecida. Era cercada por falésias e a água era tão clara que se podiam observar a vegetação subaquática e os movimentos dos peixes; não muito longe da costa, rochas expostas e planas eram como plataformas de natação, e nós nadamos de uma para a outra: secando ao sol, podíamos olhar para trás, para o lado das falésias, e ver as parreiras e uma montanha envolta por nuvens. O mar esculpira uma cadeira em uma rocha e era um grande prazer sentar ali e se deixar lavar pelas ondas.

Mas não é difícil encontrar uma praia privada em Ischia. Conheço pelo menos três onde ninguém nunca vai. A praia da cidade de Forio é repleta de redes de pesca e barcos virados. Foi nessa praia que encontrei pela primeira vez a família Mussolini. A viúva do ditador e seus três filhos vivem aqui, no que presumo ser um silencioso exílio autoimposto. Alguma coisa neles é triste e simpática. A filha é jovem, loira, frágil e, aparentemente, espirituosa, os meninos locais que conversam com ela na praia parecem estar sempre rindo. Como qualquer outra mulher comum da ilha, a Signora Mussolini é muitas vezes vista vestida de preto, com simplicidade, e subindo uma encosta a carregar o peso de uma sacola de compras, sua figura encurvada. Ela é inexpressiva, mas uma vez a vi sorrir. Havia um homem passando pela cidade com um papagaio que pescava a sorte em cartõezinhos impressos tirados de um pote de vidro, e a Signora Mussolini, parando para consultá-lo, leu seu futuro com um sorriso sombrio nos lábios.

"5 de junho. A tarde é uma noite branca." Agora que o tempo quente chegou aqui, as tardes são como noites brancas; janelas são fechadas e a sonolência invade as ruas. Às cinco as lojas serão abertas novamente, uma multidão vai se reunir no porto para dar as boas-vindas ao *Princepessa*, e mais tarde todos vão passear na praça, onde alguém vai tocar um banjo, gaita, um violão. Mas agora é a sesta e só existe o céu azul sem nuvens, o canto de um galo. Há dois idiotas na cidade e eles são amigos. Um está sempre carregando um buquê de flores que, quando encontra o amigo, divide em partes iguais. Nas tardes silenciosas e sem sombras, só eles são vistos nas ruas. De mãos dadas e segurando as flores, passeiam pela praia e ao longo do muro de pedra que se projeta até a água. Da minha varanda posso vê-los ali, sentados entre as redes de pesca e os barcos que balançam lentamente, as cabeças raspadas brilhando ao sol, olhos claros como o espaço. A noite branca é feita para eles; é nesse momento que a ilha pertence aos dois.

Seguimos a primavera. Nos quatro meses desde que chegamos aqui, as noites se tornaram mais quentes, o mar ficou mais manso, a água, ainda verde e fria em março, adquiriu em junho aquele tom azulado, e as videiras, antes cinzas e estéreis com suas hastes retorcidas, engordam agora com seus primeiros ramos verdes. Há uma eclosão de borboletas e na montanha há muitas coisas doces para as abelhas; no jardim, após uma chuva, pode-se debilmente, sim, ouvir o irromper das novas floradas. E estamos acordando mais cedo, um sinal do verão, e dormindo mais tarde, outro sinal. Mas é difícil ficar em local fechado nessas noites: a lua está mais próxima, refletida na água com um brilho fascinante, e sobre o parapeito da igreja dos pescadores, o que aponta para o mar como a proa de um navio, jovens sussurrantes caminham de um lado para o outro e pela praça, em algum misterioso segredo. Gioconda diz que essa foi a mais longa primavera de que ela se lembra: a mais longa e a mais linda.

TÂNGER

(1950)

Tânger? Fica a dois dias de barco de Marselha, uma viagem deliciosa que o leva ao longo da costa da Espanha, e, se você é alguém fugindo da polícia ou simplesmente alguém querendo escapar, então esse é o seu lugar: cercada de colinas, de frente para o mar e lembrando um manto branco a envolver as costas da África, Tânger é uma cidade internacional, com um clima excelente em oito meses do ano, de março a novembro. Há magníficas praias e faixas extraordinárias de areia branca e macia, e ondas incríveis; se você aprecia esse tipo de coisa, a vida noturna, apesar de não ser particularmente inocente nem especialmente variada, vai do anoitecer ao amanhecer, o que, se se considerar que a maioria das pessoas cochila toda a tarde e raramente janta antes das dez ou onze horas, não é muito incomum. Quase tudo em Tânger é incomum, no entanto, e antes de vir aqui você deve fazer três coisas: ser vacinado contra febre tifoide, retirar suas economias do banco e dizer adeus aos seus amigos – o céu sabe que você nunca poderá vê-los novamente. Esse conselho é sério, tendo em vista o número alarmante de viajantes que desembarcaram aqui em férias mas acabaram se estabelecendo e deixando o tempo passar. Porque Tânger é um recipiente que o contém, um lugar atemporal; os dias passam menos notados que a espuma em uma cachoeira; essa, imagino, é a maneira como o tempo passa em um mosteiro, discreto e com chinelos nos pés; a propósito, as duas instituições, um mosteiro e Tânger, têm outro denominador comum: a autocontenção. O árabe comum, por exemplo, acredita que a

Europa e a América são a mesma coisa e no mesmo lugar, seja lá onde for, não faz diferença para ele, e frequentemente os europeus, hipnotizados pelo tilintar de um *oud** e pelo drama envolvente em torno deles, acabam concordando.

Perde-se muito tempo sentado no Petit Soko, um café lotado na praça ao pé da Casbah. À primeira vista, parece ser uma versão em miniatura do Galleria, em Nápoles, mas, olhando de perto, ele assume um caráter tão grotescamente individual que não se pode compará-lo de maneira justa com nenhum outro lugar no mundo. Não há hora do dia ou da noite em que o Petit Soko não esteja lotado; Broadway, Piccadilly, todos esses lugares têm seus momentos de tranquilidade, mas o pequeno Soko tem movimento constante. Vinte passos, e você é engolido pelas brumas da Casbah; as aparições que emergem desses nevoeiros e se dirigem ao clamor turbulento do Soko são um *show* à parte: é um palco de exibição para as prostitutas, um ponto de comércio para os traficantes de drogas, um centro de espionagem; e é também o lugar em que alguns homens comuns bebem seu aperitivo à noite.

O Soko tem suas próprias celebridades, mas é uma honra precária, um privilégio que pode ser removido a qualquer momento, porque a plateia do Soko, tendo já visto quase tudo, é demasiado inconstante. Atualmente, no entanto, eles apresentam Estelle, uma bela moça que caminha como uma corda se desenrolando. Ela é mestiça, uma mistura de chinês e negro, e trabalha em um bordel chamado Black Cat. Há rumores de que já foi modelo em Paris e de que ali chegou em um iate particular, planejando, é claro, voltar da mesma forma; mas parece que o cavalheiro dono do barco içou âncora uma bela manhã, deixando Estelle para trás. Por um tempo Maumi foi sua concorrente; o Soko apreciava os talentos de Maumi, tanto como dançarina de flamenco quanto como mestre na arte da conversação: onde quer que ela se sentasse, havia sempre explosões de riso. No final, pobre Maumi, uma jovem exótica que costumava se abanar com um leque

* Instrumento de cordas em forma de pêra comumente usado na música do Oriente Médio. O *oud* moderno e o alaúde europeu descendem de um ancestral comum, mas seguiram diferentes caminhos evolutivos. O *oud* é prontamente identificado pela falta de trastes e pelo pescoço menor. (N. T.)

de renda, foi esfaqueada numa noite dessas em um bar e agora está fora do páreo. Menos proclamada, mas, para mim, mais intrigante é Lady Warbanks e seus dois apêndices, um trio curioso que chega toda manhã e toma seu desjejum em uma das mesas na calçada: essa refeição matinal é invariável, um prato de lula frita e uma garrafa de Pernod. Alguém que deve conhecer bem a história diz que, no passado, a agora desclassificada Lady Warbanks foi considerada a maior beldade em Londres, o que provavelmente é verdade, pois seus traços são muito bem-feitos e ela tem, apesar da calça apertada de marinheiro em que se espreme, um estilo peculiar. Mas sua moral não é tudo o que poderia ser e o mesmo pode ser dito de seus companheiros. Sobre esses dois: um é um jovem de aparência audaciosa cuja língua é como colher mexendo um caldeirão de escândalo – ele sabe tudo; a outra é uma garota espanhola com cabelos lisos e curtos e olhos da cor do couro. Ela é chamada de Sunny e me disseram que, financiada por Lady Warbanks, está prestes a se tornar a única mulher em Marrocos com um bando organizado de contrabandistas: o contrabando é uma profissão de poder aqui, empregando centenas, e Sunny, ao que parece, tem um barco e uma tripulação que trabalha todas as noites entre o estreito de Gibraltar e a Espanha. A relação precisa desses três não é totalmente própria para divulgação; basta dizer que, entre eles, os três combinam todos os vícios conhecidos. Mas isso não interessa ao Soko, porque o Soko se atém muito mais a um outro ângulo: quando Lady Warbanks será assassinada e qual dos dois vai matá-la, o rapaz ou Sunny? A inglesa é muito rica e se é a ganância, como obviamente parece ser, a cola que mantém seus companheiros ligados a ela, então certamente há que se contar com a violência. Todo mundo está esperando. Enquanto isso, Lady Warbanks se senta saboreando inocentemente a lula e bebericando sua garrafa matinal de Pernod.

O Soko também é uma espécie de centro de moda, um campo de provas para as últimas tendências. Uma inovação que tem sido popular desde seu lançamento entre os tipos mais modernos são os calçados com cadarços que amarram até a altura do joelho. São horríveis, mas não tão lamentáveis quanto a paixão por óculos escuros que se desenvolveu nas mulheres árabes, cujos olhos, espiando por cima do véu, foram sempre tão provocantes. Agora, tudo o que se vê são essas lentes grandes e pretas embutidas como blocos de carvão numa bola de tecido branco.

Em uma a cada sete noites o Soko atinge o seu apogeu. É a movimentada hora do *apéritif*, quando pessoas de aproximadamente vinte nacionalidades se espremem na pequena praça e o zumbido de suas vozes é como o zunir de mosquitos gigantes. Uma vez, quando estávamos ali sentados, fez-se um silêncio: uma orquestra árabe, tocando em estilo muito animado, subiu a rua do café e passou pelo estabelecimento iluminado – aquela foi a única música moura alegre que eu jamais ouvi, todas as outras soam como um triste e fragmentado choro. Mas a morte, ao que parece, não é um acontecimento triste para os árabes, pois essa orquestra revelou-se a vanguarda de um cortejo fúnebre que veio em seguida serpenteando alegremente entre a multidão. O cadáver, um homem seminu transportado em uma liteira, passou balançando e uma senhora cheia de brilhantes se levantou de sua mesa e, emocionada, o saudou com um copo de Tio Pepe; um minuto depois ela ria e exibia os dentes de ouro, tramando, planejando. Assim era o pequeno Soko.

– Se você vai escrever algo sobre Tânger – disse uma pessoa a quem pedi informações –, por favor, deixe de fora a canalha; temos muita gente boa por aqui e nos incomoda a cidade ter má reputação.

Bem, embora eu não esteja certo de que nossas definições coincidem, há pelo menos três pessoas que acho eminentemente boas. Jonny Winner, por exemplo. Uma menina doce, divertida, Jonny Winner. É muito jovem, muito americana e você nunca acreditaria, ao olhar para seu rosto nebuloso e melancólico, que ela é capaz de cuidar de si mesma: para dizer a verdade, eu não acredito que seja. No entanto, ela vive aqui há dois anos, esteve em Marrocos e no Saara sozinha. Por que Jonny Winner quer passar o resto da vida em Tânger é, naturalmente, problema dela; é óbvio que ela está apaixonada:

– Mas você também não ama tudo isto? Acordar e saber que está aqui, que pode sempre ser você mesmo, nunca ser alguém que não é? E ter sempre flores, olhar pela janela e ver as colinas ao anoitecer e as luzes no porto? Não ama isso também? – Por outro lado, ela e a cidade estão em guerra; sempre que a encontro ela está enfrentando uma nova crise: – Você já sabe? A mais terrível confusão! Algum idiota da Casbah pintou sua casa de amarelo e agora todo mundo quer fazer a mesma coisa. Estou indo ver se ponho um ponto final nisso.

A Casbah, tradicionalmente azul e branca, como a neve ao anoitecer, ficaria horrível pintada de amarelo, e espero que Jonny consiga resolver o problema, embora ela não tenha tido sucesso em sua campanha para impedir a limpeza da Grande Soko, um negócio comovente que a reduziu a lágrimas no meio da rua. A Grande Soko é a praça do grande mercado árabe: berberes, que descem as montanhas com suas peles de cabra e suas cestas, ficam agachados em círculos debaixo das árvores ouvindo contadores de história, tocadores de flauta, mágicos; barracas cornucópicas derramam frutas e flores; fumaça de haxixe e o cheiro mentolado do *thé Arab* pairam no ar; especiarias queimam ao sol. Tudo isso logo será levado para outro lugar, presumivelmente abrindo espaço para um parque, e Jonny está aflita:

– Por que não deveria ficar aborrecida? Sinto como se Tânger fosse minha casa e ninguém gostaria que outra pessoa entrasse em sua casa e começasse a mudar os móveis de lugar.

Assim ela tem se dedicado a salvar o Soko em quatro idiomas, francês, espanhol, inglês e árabe; apesar de falar todos esses idiomas muito bem, o máximo que conseguiu em termos de apoio foi a simpatia do porteiro do consulado holandês, e seu único verdadeiro apoio emocional tem sido um motorista de táxi árabe que não pensa que ela é louca e a transporta de graça. Num fim de tarde há poucos dias vimos Jonny se arrastando por seu amado, dissoluto Grande Soko; ela parecia absolutamente esgotada e carregava um gatinho sarnento coberto de feridas. Jonny tem um jeito de ir direto ao que quer dizer, e disse:

– Eu estava me sentindo como se não pudesse continuar vivendo e então encontrei Monroe. Este é Monroe – ela afagou o gatinho – e ele me fez sentir vergonha: ele está tão interessado em viver! E se ele pode, por que não eu?

Olhando para eles, Jonny e o gatinho, ambos sujos e machucados, era possível ter certeza de que alguma coisa os faria seguir adiante: se não o senso comum, então o seu interesse pela vida.

Ferida Green tem muito senso comum. Quando Jonny falou com ela sobre a situação no Grande Soko, Miss Green disse:

– Oh, minha querida, você não deve se preocupar. Eles estão sempre demolindo o Soko, mas isso nunca acontece realmente; eu me lembro, em 1906 eles queriam torná-lo um centro de caça à baleia: imagine o cheiro!

A srta. Ferida é uma das três grandes damas Green de Tânger, um trio que inclui sua prima, a srta. Jessie, e sua cunhada, a sra. Ada Green; juntas, elas quase sempre conseguem ter a última palavra por ali. Todas já passaram dos setenta anos: a sra. Ada Green é famosa por sua elegância, a srta. Jessie pela força de vontade e a srta. Ferida, a mais velha, por sua sabedoria. Ela não visita sua Inglaterra natal há mais de cinquenta anos; ainda assim, observando o penteado austero e a fita negra que sustenta o *pince-nez*, é possível saber que ela sai sob o sol do meio-dia e nunca abriu mão do chá das cinco. Toda sexta-feira, em toda a sua vida, ela realiza um ritual chamado Manhã da Farinha. Sentada à mesa no jardim e julgando cada caso conforme é apresentado, ela distribui rações de farinha aos árabes que a solicitam, via de regra mulheres idosas que, de outro modo, morreriam de fome; com a farinha elas fazem uma pasta que deve durar até a próxima sexta-feira. Há muita brincadeira e gargalhadas, porque os árabes adoram a srta. Ferida e, para ela, todas essas mulheres idosas, essas anônimas trouxas de roupa suja para as outras pessoas, são amigas cuja personalidade ela comenta em um grande diário. "Fathma tem um temperamento ruim, mas não é má", ela escreve sobre uma, e sobre outra: "Halima é uma boa menina. É digna de confiança".

E isso, eu acho, é o que se pode dizer da srta. Ferida.

Qualquer pessoa em Tânger há mais de uma noite certamente ouviu falar em Nysa; como, aos 12 anos de idade, ela foi retirada das ruas por um australiano que, à maneira de Pigmalião, fez daquela criança árabe maltrapilha um personagem realizado, extremamente elegante. Nysa é, até onde sei, o único exemplo em Tânger de uma mulher árabe europeizada e por isso, estranhamente, ninguém a perdoa, nem os europeus, nem os árabes, que são abertamente ressentidos e, por ela viver na Casbah, têm a oportunidade constante de extravasar seu veneno: mulheres mandam os filhos rabiscar obscenidades na porta da casa dela, homens não hesitam em cuspir nela na rua, porque a seus olhos ela cometeu o mais grave de todos os crimes: tornou-se cristã. Essa situação deve causar uma sensação horrível, mas Nysa, pelo menos tanto quanto se pode perceber pela aparência, nunca demonstra ter conhecimento de algum motivo para ressentir-se. Ela é encantadora, uma menina calma de 23 anos; é um entretenimento sentar-se calmamente e apreciar sua beleza, os olhos amendoados e as mãos que parecem flores. Ela não se encontra com muitas pessoas e, como a princesa de um conto de fadas, fica atrás das muralhas e à sombra de seu pátio, lendo, brincando com seus gatos e com uma grande cacatua branca que imita o que ela faz: às vezes a ave voa para a frente e a beija nos lábios. O australiano mora com ela; desde que a encontrou ainda criança, ela nunca esteve nem por um momento separada dele; se alguma coisa acontecer com esse homem não haverá realmente outra fonte de apoio para Nysa: ela jamais poderia ser uma árabe novamente e não é provável que possa passar completamente para um mundo europeu, mas o australiano é agora um homem idoso. Um dia toquei a campainha na casa de Nysa, ninguém atendeu. Há uma grade na parte superior da porta e por ali a vi através de um véu de folhas de videira, em pé entre as sombras do pátio. Quando toquei novamente, ela continuou imóvel como uma estátua. Mais tarde eu soube que, à noite, o australiano havia sofrido um acidente vascular cerebral.

No final de junho e com uma nova lua apontando, tem início o Ramadã. Para os árabes, o Ramadã é um mês de abstinência. Quando chega a noite, um fio colorido é esticado no ar e, ao ficar invisível, trombetas anunciam para eles a comida e a bebida em que durante o dia não poderão tocar.

Esses banquetes noturnos criam uma atmosfera festiva que perdura até o amanhecer. De torres distantes, tocadores de oboé fazem serenatas antes das orações; tambores ocultos são ouvidos num tum-tum por trás de portas fechadas e as vozes dos homens entoando o *Alcorão* brotam das mesquitas para as ruas estreitas e iluminadas pelo luar brilhante. Até mesmo no topo da montanha sobre Tânger se pode ouvir o tocador de oboé e seu lamento na longínqua escuridão, uma melodia solene e sinuosa que parte da África para ir a Meca e voltar.

Sidi Kacem é uma praia imensa como o Saara, cercada por bosques de oliveiras; no final do Ramadã, árabes de todo o Marrocos chegam a Sidi Kacem em caminhões, montados em burros, a pé: por três dias o lugar parece uma cidade, uma frágil cidade de sonho com luzes coloridas e cafés sob árvores iluminadas com lanternas. Fomos de carro até lá por volta da meia-noite; o primeiro vislumbre da cidade foi como o de ver um bolo de aniversário iluminado por velas em uma sala escura, e a reação é também de fascínio e excitação: sabe-se que não se podem apagar todas as velas. Imediatamente nos separamos das pessoas com quem chegamos, porque era impossível permanecer juntos no meio daquele movimento, e depois dos primeiros momentos de medo nem nos preocupamos em procurar por eles; a noite nos pegou pela mão e nada mais havia a fazer senão tornar-se mais um daqueles mascarados, com o rosto em êxtase brilhando à luz das tochas. Em todos os lugares tocavam pequenas orquestras. Vozes doces e sensuais como fumaça de *kif** cantavam ao som dos tambores e em algum lugar, cambaleando por entre as árvores cor de prata, nos espremíamos em meio à multidão de dançarinos; um círculo de velhos homens barbados marcava o ritmo e os dançarinos, absolutamente concentrados, moviam-se como se fossem conduzidos pelo vento. De acordo com o calendário árabe, este é o ano 1370; vendo uma sombra através da seda de uma tenda, observando uma família fritar bolos de mel sobre uma fogueira de gravetos, movendo-se entre os bailarinos e ouvindo o trinado de uma flauta

* Outro nome para a maconha, qualquer droga ou agente que quando fumado é capaz de produzir uma condição eufórica. (N. T.)

solitária na praia, era fácil acreditar que se estava vivendo em 1370 e que o tempo jamais avançaria.

Às vezes tínhamos que descansar; havia esteiras de palha sob as oliveiras e, ao sentarmos em uma delas, um homem trazia um copo de chá de hortelã quente. Estávamos bebendo o chá quando vimos uma curiosa fileira de homens passando. Vestiam belas túnicas e o que ia na frente, velho como uma peça de marfim, carregava uma bacia de água de rosas que, ao som de gaitas de foles, aspergia de um lado e do outro. Levantamo-nos para segui-los e eles nos conduziram para fora do bosque, para a praia. A areia era tão fria quanto a lua; dunas se sucediam em direção à água e lampejos de luz explodiam na escuridão como estrelas caídas. No passado, o sacerdote e seus seguidores iam para um templo em que não poderíamos entrar, por isso vagamos pela praia. J. disse:

– Veja, uma estrela cadente – e em seguida contou as estrelas cadentes, pois havia muitas. O vento sussurrava na areia imitando o som do mar; figuras suspeitas se delineavam contra a lua baixa e alaranjada e a praia era tão fria quanto um campo nevado, mas J. disse:

– Oh, não consigo manter os olhos abertos por mais tempo.

Acordamos com uma luz azulada prenunciando o amanhecer. Estávamos no alto de uma duna e lá embaixo, espalhados pela praia, continuavam os celebrantes, suas roupas brilhantes tremulando à brisa da manhã. Quando o sol surgiu no horizonte ouviu-se um poderoso rugido e dois cavaleiros montando em pelo enfrentaram as ondas e percorreram a praia. Como se uma cortina se erguesse, o sol foi dominando todos os espaços da areia e estremecemos com sua gloriosa chegada, sabendo que, quando nos tocasse, estaríamos de volta ao nosso século.

UMA VIAGEM PELA ESPANHA

(1950)

Certamente, o trem era antigo. Os assentos eram serrados como os dentes de um buldogue, as janelas não existiam e tiras de fita adesiva sustentavam as que ainda estavam ali; no corredor, um gato rondava como se caçasse ratos e não era absurdo presumir que sua busca seria recompensada.

Lentamente, como se o motor houvesse sido aproveitado de velhas geladeiras, ele rastejava para fora de Granada. O céu do sul era branco e cintilante como um deserto; havia uma nuvem, e ela se movia como um oásis viajante.

Estávamos indo para Algeciras, um porto espanhol de frente para a costa da África. No nosso compartimento havia um australiano de meia-idade vestindo um terno de linho sujo; ele tinha dentes cor de tabaco e suas unhas eram insalubres. Informou-nos que era médico de um navio. Pareceu-me curioso, ali nas secas e sisudas planícies da Espanha, conhecer alguém ligado ao mar. Sentadas ao lado dele havia duas mulheres, mãe e filha. A mãe era uma mulher gorda, empoada, com olhos desaprovadores e um leve bigode. O foco de sua desaprovação variava; primeiro, ela me olhou intensamente, pois, como a luz do sol penetrava brilhante pelas janelas quebradas, inundando o trem com seu calor, eu tirei o paletó – o que ela considerava, talvez com razão, descortês. Mais tarde, ela revelou desagrado com o jovem soldado que também ocupava o nosso compartimento. O soldado e a filha não muito discreta daquela mulher, uma menina rechonchuda com traços faciais de um lutador, pareciam ter decidido flertar. Sempre que o gato errante aparecia em nossa porta, a filha fingia estar assustada e o soldado galantemente espantava o gato para o corredor: esse jogo dava aos dois oportunidades frequentes para se tocarem.

O jovem soldado era um de muitos no trem. Com seus quepes colocados em ângulos marcantes, eles reuniam-se nos corredores fumando cigarros pretos e doces e rindo com cumplicidade sigilosa. Pareciam estar se divertindo, o que aparentemente era errado, pois, sempre que chegava um oficial, eles olhavam fixamente pela janela, como se arrebatados pelas encostas de rochas vermelhas, pelos campos de oliveiras e pelas montanhas rochosas. Os oficiais estavam vestidos para uma parada, com muitas fitas e muito bronze, e alguns usavam improváveis espadas brilhantes presas na lateral do corpo. Não se misturavam com os soldados, mas se sentaram juntos em um compartimento de primeira classe, aparentando tédio e com um ar que lembrava atores desempregados. Foi uma bênção, suponho, que finalmente lhes fosse dada uma chance de exibir suas espadas.

O compartimento diretamente à frente foi ocupado por uma família: um homem delicado, contido, excepcionalmente elegante, com uma faixa de luto presa à manga, e viajavam com ele seis meninas magras, presumivelmente suas filhas. Eles eram bonitos, o pai e as filhas, todos eles, e da mesma forma: o cabelo com um brilho escuro, lábios da cor de pimenta, olhos como *sherry*. Os soldados espiavam aquele compartimento, depois desviavam o olhar. Era como se tivessem olhado diretamente para o sol.

Sempre que o trem parava, o homem e duas filhas mais novas desciam do carro e caminhavam protegidos por sombrinhas. Foram muitos passeios longos, porque o trem ficou boa parte da nossa jornada parado. Ninguém parecia irritado com isso, exceto eu. Vários passageiros pareciam ter amigos em cada estação, pessoas com as quais poderiam se sentar à beira de uma fonte e conversar sem pressa, preguiçosamente. Uma mulher de idade foi recebida por diversos pequenos grupos em uma dúzia de cidades diferentes, e entre esses encontros ela chorava com tal abandono que o médico australiano ficou alarmado: mas não, ela disse, não havia nada que ele pudesse fazer, pois ver os parentes a deixava muito feliz.

Em cada parada, ciclones de mulheres descalças e crianças, algumas nuas, corriam ao lado do comboio carregando cântaros de barro com água e gritando:

– Água! Água!

Por duas pesetas era possível comprar uma cesta inteira de figos escuros, e havia bandejas de curiosas rosquinhas doces revestidas por um creme branco que pareciam apropriadas para ser ingeridas por meninas vestidas para a comunhão. Perto do meio-dia, depois de comprarmos uma garrafa de vinho, um pão, uma salsicha e um queijo, estávamos prontos para o almoço. Nossos companheiros no compartimento estavam com fome, também. Pacotes foram aparecendo, o vinho foi aberto e por um tempo houve uma festa agradável, quase um congraçamento. O soldado dividiu uma romã com a menina, o australiano contou uma história divertida, a mãe com olhar de bruxa puxou da região entre os seios um peixe embrulhado em papel e o comeu com um deleite triste.

Mais tarde todos ficaram sonolentos; o médico mergulhou num sono tão profundo que uma mosca entrava e saía de sua boca aberta sem ser incomodada. A imobilidade anestesiava todo o comboio; no compartimento vizinho, as adoráveis meninas estavam levemente inclinadas, como seis gerânios caídos; até o gato havia deixado de espreitar para cochilar no corredor. Estávamos numa altitude mais elevada, o trem serpenteava por um platô amarelo de trigo, depois por entre as paredes de granito de ravinas profundas em que o vento, descendo das montanhas, fazia tremer estranhas árvores espinhosas. Uma vez, por um espaço entre as árvores, surgiu algo que eu teria gostado de ver, um castelo sobre uma colina, em cujo cume ele permanecia como uma coroa.

Era uma paisagem para bandidos. No verão anterior, um jovem inglês que eu conheço (ou melhor, de quem ouvi falar) viajava de carro por essa parte da Espanha quando, ao lado de uma montanha solitária, seu carro foi cercado por canalhas de pele morena. Roubaram tudo dele, depois o amarraram a uma árvore e cutucaram sua garganta com a lâmina de uma faca. Eu estava pensando nisso quando, sem aviso prévio, uma chuva de balas bombardeou o silêncio sonolento.

Era uma metralhadora. Balas atingiam as árvores com o som de centenas de castanholas e o trem, com um ranger de rodas feroz, desacelerou para parar. Por um momento não houve nenhum som, exceto a tosse da metralhadora. Então, anunciei com tom de pavor:

– Bandidos!

– Bandidos! – gritou a filha.

– Bandidos! – ecoou a mãe, e a palavra terrível percorreu o trem como alguma coisa batucada em um tantã. O resultado foi um alvoroço. Atiramo-nos ao chão, uma pilha confusa de braços e pernas. Apenas a mãe parecia manter a calma; em pé, ela começou a reunir seus tesouros de maneira sistemática. Escondeu um anel no meio do coque e, sem vergonha nenhuma, guardou um pente cravejado de pérolas na ceroula. Como o pio das aves ao crepúsculo, gorjeios fracos de medo ecoavam no vagão vizinho, o das meninas encantadoras. No corredor, os oficiais se atropelavam gritando ordens. De repente, silêncio. Lá fora havia o sopro do vento nas folhas, vozes. Quando o peso do corpo do médico já se tornava excessivo para mim, a porta externa do nosso compartimento se abriu e um jovem apareceu. Ele não parecia inteligente o bastante para ser um bandido.

– *Hay un médico en el tren*? – disse ele sorrindo.

O australiano, eliminando a pressão de seu cotovelo na minha barriga, ficou em pé.

– Eu sou médico – anunciou, espanando-se. – Alguém foi ferido?

– *Sí, señor*. Um homem velho. Ele está ferido na cabeça – disse o espanhol, que não era um bandido, apenas um passageiro. De volta a nossos lugares, escutamos, sem demonstrar constrangimento, o que havia acontecido. Aparentemente, nas últimas horas, um velho havia viajado de graça agarrado à parte traseira do trem. Porém, ele não conseguira mais se segurar e um soldado, vendo-o cair, começou a disparar a metralhadora como um sinal para o maquinista parar o trem.

Minha única esperança era de que ninguém se lembrasse de quem tinha mencionado pela primeira vez os bandidos. Eles não pareciam lembrar. Depois de conseguir uma das minhas camisas limpas, que pretendia utilizar como curativo, o médico saiu para ver o paciente, e a mãe, virando as costas com pudor carrancudo, recuperou o pente de pérolas. Sua filha e o soldado nos seguiram quando saímos do carro e caminhamos sob as árvores, onde muitos passageiros se reuniram para discutir o incidente.

Dois soldados apareceram carregando o velho. Minha camisa foi amarrada em torno da sua cabeça. Ele foi levado para baixo de uma árvore e reclinado no tronco, e todas as mulheres se espremeram a seu redor, disputando o privilégio de emprestar-lhe o rosário; alguém trouxe uma garrafa de vinho, o que agradou mais ao ferido. Ele parecia muito feliz e gemia muito. As crianças do trem o cercavam rindo.

Estávamos em um pequeno bosque que cheirava a laranjas. Havia uma trilha que conduzia a um promontório de sombras, de onde se viam, através de um vale, largas faixas de capim dourado com folhas que dançavam ao vento como se a terra tremesse. Admirando o vale e as mudanças de luz e sombras sobre as colinas e além dela, as seis irmãs, escoltadas por seu elegante pai, sentaram-se segurando as sombrinhas sobre a cabeça como convidadas de uma *fête champêtre*. Os soldados moviam-se por ali de forma vaga e ambiciosa, mas não ousavam aproximar-se, embora um deles, um jovem atrevido e brincalhão, tivesse se colocado na beirada do promontório e gritado:

– *Yo te quiero mucho.*

As palavras retornaram com a melodia de fundo de um eco perfeito e as irmãs, ruborizando, olharam mais intensamente para o vale.

Uma nuvem sombria como as montanhas rochosas se formara no céu e a relva se agitava à maneira do mar antes de uma tempestade. Alguém disse que achava que ia chover. Mas ninguém queria partir: nem o homem ferido, que já consumia uma segunda garrafa de vinho, nem as filhas, que, tendo descoberto o eco, estavam felizes cantando para o vale. Era uma festa e todos voltaram para o trem lentamente, como se cada um quisesse ser o último a sair. O velho, com a minha camisa como um grande turbante na cabeça, foi colocado em um vagão de primeira classe; várias senhoras se ofereceram solícitas para cuidar dele.

No nosso compartimento, a mãe morena e empoada continuava sentada no mesmo lugar em que a deixáramos. Ela não julgara apropriado participar da festa. Lançou-me um olhar demorado e radiante.

– Bandidos – disse, com um vigor ranzinza, desnecessário.

O trem se afastou tão lentamente que borboletas entravam e saíam pelas janelas.

FONTANA VECCHIA

(1951)

Fontana Vecchia, Fonte Velha. Assim a casa é chamada. *Pace*, paz: essa palavra está esculpida na soleira da porta de pedra. Não há nenhuma fonte; houve, penso eu, algo parecido com a paz. É uma casa cor-de-rosa dominando um vale de amendoeiras e oliveiras que mergulha no mar. Nos dias claros é possível ver do outro lado da água a ponta da Itália, a península da Calábria. Atrás de nós, um caminho serpenteante de pedra percorrido basicamente por agricultores, seus burros e cabras, contorna uma montanha e conduz à cidade de Taormina. É muito parecido com viver em um avião, ou em um navio balançando no pico de uma onda: há um sentimento intenso cada vez que alguém olha pela janela, uma sensação de estar suspenso, como pombas brancas, entre as montanhas, acima do mar. Essa vastidão reduz a um tamanho ínfimo os elementos da paisagem, os ciprestes são pequenos como pontas de caneta verde; cada navio que passa poderia caber na palma da mão.

Antes do amanhecer, quando as estrelas cadentes passam pela janela do quarto como gordas corujas, um barulho começa a soar ao longo do íngreme, em alguns momentos perigoso caminho que desce as montanhas. São as famílias de agricultores indo para o mercado em Taormina. Pedregulhos soltos rolam sob os cascos dos burros sobrecarregados, há ondas de riso, o balançar de lanternas, como se elas estivessem sinalizando para os pescadores lá embaixo, que agora preparam suas redes. Mais tarde, no mercado, os agricultores e os pescadores se encontram: um pequeno povo, não muito diferente dos japoneses, mas musculoso; na verdade, há algo quase exuberante em sua morena dureza de nozes. Se se questiona o frescor de um peixe, a maturação de um figo, eles são grandes exibicionistas. *Si, buono*: a cabeça de quem questiona é empurrada para cheirar o peixe; eles lhe dizem, revirando os olhos de forma ameaçadora e satisfeita, que tudo ali é delicioso. Sempre me sinto intimidado; mas não é assim com as pessoas do vilarejo, que cutucam determinadas os tomates pequeninos e nunca hesitam em cheirar um peixe ou apertar um melão. As compras, e os arranjos para as refeições, são um problema universal, eu sei; mas, depois de alguns meses na Sicília, até a mais competente dona de casa pode considerar a tarefa uma cilada; não, eu exagero: os frutos, pelo menos no início de sua temporada, são mais do que excelentes; o peixe é sempre bom, o macarrão também. Disseram-me que se pode encontrar carne de bom paladar; nunca tive essa sorte. Além disso, são poucas as opções de vegetais; no inverno, os ovos são raros. Mas, é claro, o verdadeiro problema é que não sabemos cozinhar; e receio que nossa cozinheira também não saiba. Ela é uma garota animada, muito charmosa, um pouco supersticiosa: nossa conta do gás, por exemplo, às vezes é astronômica, porque ela adora derreter enormes porções de chumbo sobre a chama do fogão, para depois transformar esse chumbo em imagens esculpidas. Desde que ela se limite aos pratos simples sicilianos, muito simples e realmente sicilianos, eles são, bem, comestíveis, de certa forma.

Mas deixem-me contar sobre o frango. Há pouco tempo Cecil Beaton veio para a Sicília passar um feriado conosco. Depois de alguns dias ele começou a se mostrar um pouco incomodado: percebemos que teríamos de fazer um esforço maior para alimentá-lo. Mandamos comprar um frango, que chegou vivo, trazido pela camponesa que mora na encosta da montanha. Era uma grande ave negra; eu disse que devia ser muito velha. Não, disse a mulher, não é velha, apenas grande. Seu pescoço foi torcido e G., a cozinheira, começou a cozinhá-la. Por volta do meio-dia ela apareceu para dizer que a galinha ainda estava *troppo duro*; em outras palavras, muito dura. Nós a aconselhamos a continuar tentando e nos sentamos na varanda com copos de vinho, prontos para esperar. Várias horas e vários litros de vinho depois, fui à cozinha e encontrei G. em estado crítico:

após ferver o frango, ela o assou e o fritou e agora, em desespero, voltava a fervê-lo. Embora não houvesse mais nada para comer, o frango nunca deveria ter ido à mesa, porque, quando posto diante de nós, tivemos que desviar os olhos: coroando aquela pilha fumegante estava a cabeça decepada do pobre pássaro, seus olhos murchos olhando para nós, sua crista enegrecida ainda presente. Naquela noite, Cecil, que já havia morado com outros amigos na ilha, informou-nos de repente que devia voltar para a casa deles.

Quando alugamos Fontana Vecchia pela primeira vez, na primavera de abril, o vale era verde, com os altos caules do trigo e lagartos correndo entre eles. A primavera siciliana começa em janeiro e progride até compor um buquê real, o majestoso jardim de um mago em que todas as coisas desabrocham e florescem: a hortelã fica novamente verde; árvores mortas são tomadas por flores rosadas; até os cactos brutais exibem flores delicadas. Abril, escreve Eliot, é o mês mais cruel; não ali. Ali ele brilha com a neve no cume do Etna. Crianças escalam as encostas enchendo sacos com pétalas nos preparativos para um dia santo, e pescadores, passando com seus cestos de *pesce* perolados, levam gerânios presos atrás da orelha. Em maio, a primavera chega ao crepúsculo: o sol cresce, lembra-nos que a África fica a apenas 120 quilômetros de distância; como uma sombra de bronze, as cores do outono caem sobre a terra. Em junho, tudo está pronto para a colheita. Ouvimos com certa melancolia as colheitadeiras trabalhando no campo dourado. Quando o trabalho termina, nosso senhorio, dono da plantação, oferece uma festa para os trabalhadores. Há apenas duas mulheres – uma jovem que fica sentada amamentando um bebê e uma velha, a avó da jovem. A velha adora dançar; descalça, rodopia com todos os homens – nenhum deles consegue convencê-la a descansar um pouco e ela salta no meio de uma canção para garantir um parceiro. Os homens, que se revezam tocando acordeão, dançam juntos, um costume rural na Sicília. Era o melhor tipo de festa; muita festa, muito vinho. Mais tarde, quando fui para a cama exausto, pensei na mulher idosa. Depois de trabalhar o dia todo no campo e dançar a noite inteira, ela tinha de começar uma caminhada de 7 ou 8 quilômetros encosta acima para a sua casa na montanha.

É uma caminhada até a praia, ou praias; são várias, todas de cascalho, só uma delas, Mazzaro, especialmente deserta. A mais atraente, Isola Bella, uma enseada protegida com águas claras e limpas, fica a 3 quilômetros em linha reta; subir de volta é que é o problema. Algumas vezes caminhamos até Taormina e pegamos um ônibus ou um táxi. Mas, na maioria das vezes, vamos a pé. É possível nadar entre março e o Natal (como dizem os nativos), mas confesso que não me animei muito até comprarmos a máscara de mergulho. A máscara tinha um visor redondo de vidro e um tubo de respiração que se fecha quando se mergulha. Nadando silenciosamente entre as rochas, é como se houvesse ali uma nova dimensão visual: na penumbra debaixo da água, um peixe vermelho e fosforescente nada numa proximidade alarmante; sua sombra paira sobre uma área de vegetação branca; bolhas brancas e azuis brotam de uma criatura de pernas longas que dorme sobre flores marinhas; e é como se um vento musical as movesse; as flores marinhas, as gavinhas javanesas gelatinosas e púrpuras. De volta à praia, o mundo superior parece estático, grosseiro.

Se não vamos à praia, só há outra razão para sair de casa: fazer compras em Taormina e tomar um *apéritif* na *piazza*. Taormina, na verdade uma extensão de Naxos, a mais antiga cidade grega na Sicília, tem uma existência contínua desde 396 a.C. Goethe explorou o local em 1787; ele o descreve assim: "Sentado agora no local onde anteriormente estiveram os mais elevados espectadores, é preciso confessar que nunca nenhuma plateia, em nenhum outro teatro, teve diante de si espetáculo como o que se vê agora. À direita, e sobre as rochas altas ao lado, torres de castelo no ar; mais adiante, a cidade se espalha lá embaixo e, embora todos os edifícios sejam modernos, ainda há, sem nenhuma dúvida, outros antigos no mesmo local. Depois disso o olhar encontra a longa faixa de Etna e à direita captura a visão do litoral até Catânia e até Siracusa, e depois a larga e expansiva paisagem é encerrada pelo imenso e fumegante vulcão, mas não é horrível, porque a atmosfera, com seu efeito suavizante, faz tudo parecer mais distante e ameno do que realmente é". O ponto de observação de Goethe, suponho, era o teatro grego, uma esplêndida ruína no topo de uma colina em que até hoje são apresentados ocasionalmente peças e concertos.

Taormina é extravagante no cenário, como afirma Goethe, mas é uma cidade curiosa. Na guerra abrigou o quartel-general de Kesselring, o general alemão; consequentemente, foi submetida a sua cota de bombardeio dos Aliados. O dano foi pequeno. Mesmo assim, a guerra foi o fim da cidade. Até 1940 ela foi, precedida apenas por Capri, o balneário mediterrâneo mais bem-sucedido ao sul da Riviera Francesa. Embora os americanos nunca a visitem, pelo menos em quantidade, a cidade tem uma reputação considerável entre ingleses e alemães. (Um guia da Sicília, escrito por um inglês e publicado em 1905, ressalta: "Taormina é cheia de alemães. Alguns hotéis mantêm mesas separadas para eles, porque os povos de outras nações não gostam de sentar com o povo da Alemanha".) Agora, é claro, os alemães não têm condições de viajar; devido às atuais restrições, nem os ingleses têm essa possibilidade. No ano passado o San Domenico, um antigo convento que no final do século XIX foi transformado em hotel de grande luxo, nunca teve mais que um quarto ocupado; antes da guerra era preciso fazer reserva com um ano de antecedência. Neste verão, talvez como uma medida desesperada, o hotel está inaugurando um cassino. Desejo que tenham sorte; é necessário que alguém chegue e compre todos aqueles chapéus e bolsas feitos à mão, toda a quinquilharia vendida nas lojas ao longo do Corso. Para mim, Taormina é boa como é; tem os confortos de um centro turístico (água encanada, uma loja com vários jornais estrangeiros, um bar em que se pode beber um bom martíni), sem os turistas.

Pequena, a cidade é delimitada por dois portais; perto do primeiro, Porto Messina, há uma praça arborizada com uma fonte e uma muralha de pedra sobre a qual os moradores ociosos se sentam enfileirados como pássaros em fio de telefone. Quando dei um dos meus primeiros passeios a pé por Taormina, espantei-me ao ver empoleirado sobre aquele muro um homem idoso vestindo calça de veludo e envolto em um manto negro; seu chapéu de feltro verde-oliva tinha três pontas e a aba criava uma sombra sobre seu rosto largo, amarelado, um tanto mongol. Era uma visão surpreendentemente teatral, até que, olhando de perto, percebi que aquele era André Gide. Durante a primavera e o início do verão eu o vira ali frequentemente, ou sentado sobre o muro, aparentemente só mais um dentre os idosos, ou caminhando perto da fonte, onde, coberto pela capa num estilo shakespeariano, ele parecia observar o próprio reflexo na água; *si jeunesse savait, si vieillesse pouvait.*

Sob as armadilhas do excesso, Taormina é uma cidade extraordinária e seu povo tem ambições e ocupações comuns. Porém, muitos deles, os homens jovens em particular, possuem o que considero a mentalidade das crianças de hotel, aquelas que passaram a vida morando em hotéis e que sabem que todas as coisas são transitórias, que não se deve ter apego a nada, porque a amizade não é mais que uma questão de dias. Os homens jovens ali vivem "fora da cidade", por assim dizer; interessam-se pelos estrangeiros, nem tanto por questões de ganho financeiro quanto pela distinção que acreditam conquistar relacionando-se com ingleses e americanos, e, como muitos deles têm um conhecimento primitivo de vários idiomas, passam os dias nos cafés da *piazza* conversando com estrangeiros num tom cortês, artificial.

É uma linda *piazza* em torno de um promontório com vista para o Etna e o mar. Burricos da Sardenha, atrelados a carroças preciosamente entalhadas, desfilam pela área com seus sinos tilintando, as carroças cheias de bananas e laranjas. Nas tardes de domingo, enquanto a banda da cidade executa um concerto excêntrico mas interessante, há uma grande parada e, se estou lá, procuro sempre a filha do açougueiro, uma garota gorda e forte que passa a semana inteira manejando o machado de carne com a mesma ferocidade de dois homens; mas, aos domingos, perfumada e penteada, sobre saltos de cinco centímetros e acompanhada pelo noivo, um rapaz magro e bem mais baixo que ela, aparece cercada por uma atmosfera de romance, um ar de triunfo que cala a língua satírica: ela tem a altivez, a autoconfiança que deve ser o espírito de qualquer passeio em público. Às vezes, artistas itinerantes aparecem na *piazza*: meninos que lembram bodes nas montanhas tocam, em gaitas cobertas de peles, melodias fantasmagóricas, cheias de longas notas agudas; ou, como na primavera, um cantor, um menino cuja família se sustenta apresentando-o por toda a ilha: seu palco é o galho de uma árvore e ali, com a cabeça inclinada para trás e a garganta tremendo com o esforço de suas notas de soprano, ele canta até a voz esgotar-se e morrer num sussurro triste.

Quando vou às compras, o *tabacchi* é minha última parada antes de me dirigir ao campo. Na Sicília, todos os donos de tabacaria são sujeitos irritáveis. Seus estabelecimentos ficam geralmente lotados, mas poucos clientes compram mais que três ou quatro cigarros soltos: com um ar solene e sério, os homens curtidos pelo sol deixam sobre o balcão suas minguadas liras, depois examinam minuciosamente os cigarros que recebem – parece que aquele é o momento mais importante do dia desses homens, essa visita à *tabacchi*; talvez por isso relutem tanto em dar a outro seu lugar na fila. Existem ali, possivelmente, vinte jornais sicilianos diferentes; grandes leques deles enfeitam a parte da frente do estabelecimento. Certa tarde, quando entrei na cidade, começou a chover. Não era uma chuva forte; mesmo assim, as ruas estavam desertas, nem uma vivalma andando por elas, até que cheguei à *tabacchi* – ali havia uma multidão reunida em torno dos jornais que, dominados por manchetes espalhafatosas, tremulavam na chuva. Meninos ainda novos, de cabeça descoberta, despreocupados, reuniam-se na porta, enquanto um garoto mais velho, seu dedo apontando para a foto de um homem estendido em uma poça de sangue, lia alto para eles: Giuliano morto, baleado em Castelvetrano. *Triste, triste*, uma pena, uma lástima, diziam as pessoas mais velhas; os jovens não faziam comentários, mas duas garotas entraram na tabacaria e saíram com cópias do *La Sicilia*, um jornal cuja primeira página era dominada por uma foto gigantesca do bandido assassinado; protegendo os jornais da chuva, as meninas corriam de mãos dadas escorregando pela rua cintilante.

Era agosto; sentíamos o sol antes mesmo que surgisse. Estranhamente, ali na montanha aberta, os dias eram mais frios que as noites, porque com grande frequência havia uma brisa soprando do mar; com o anoitecer, o vento virava, soprando da terra para o mar, para o sul, para a Grécia, a África. Via-se um cenário de folhas silenciosas, estrelas cadentes, luas vermelhas, uma temporada de insetos exóticos, lagartos sonolentos. Figos se abriam, ameixas inchavam, as amêndoas endureciam. Certa manhã, acordei ouvindo nas amendoeiras o chacoalhar dos bambus. No vale, nas encostas distantes, centenas de camponeses, trabalhando em grupos familiares, derrubavam as amêndoas das árvores, depois as recolhiam do chão;

e eles cantavam, uma voz liderando as outras. Vozes mouras, parecidas com as do flamenco, cujas canções começavam do nada, terminavam em lugar nenhum e ainda assim continham a essência do trabalho, do calor, uma colheita. Aquela gente passava uma semana derrubando as amêndoas e cada dia a cantoria atingia uma intensidade que não era normal. Eu não conseguia pensar por causa dela; havia em mim uma sensação poderosa e dominadora de viver algo maior que a vida. No final, nos loucos últimos dias, as belas vozes pareciam erguer-se do mar, das raízes das amendoeiras; ouvi-las era como se perder em uma caverna de ecos, e, quando a escuridão vinha com sua quietude, ainda assim eu tinha a impressão de escutar, na periferia do sono, o som da cantoria; essa, por mais que se tentasse ignorá-la e calá-la, contava uma história lamentável e triste, como se prestes a divulgar uma terrível informação.

Não são muitos os visitantes em Fontana Vecchia; ela fica afastada demais para que haja alguém passando por ali casualmente e os dias transcorrem sem que ninguém bata a nossa porta, exceto o menino do gelo. Loiro, espirituoso, o menino do gelo é uma criança de 11 anos e aparência acadêmica. Tem uma tia jovem e muito bonita, certamente uma das mulheres mais atraentes que já conheci, e frequentemente converso com o garoto sobre ela. Quero saber por que a tia não tem um namorado. Por que está sempre sozinha, nunca vai aos bailes nem aos passeios dominicais. O menino do gelo diz que é porque sua tia não se interessa pelos homens do lugar, está muito infeliz e só quer ir para a América. Talvez. Mas eu acho que os homens da família sentem tantos ciúmes dela que ninguém ousa aproximar-se. Os homens sicilianos sempre interferem muito no que sua mulher faz ou não faz; e, aparentemente, as mulheres gostam disso. Nossa cozinheira, por exemplo. G. tem 19 anos e um irmão pouco mais velho. Certa manhã ela apareceu com o lábio cortado, os olhos roxos, um corte no braço e coberta de hematomas da cabeça aos pés. Era impressionante; ela devia estar no hospital. Sorrindo com dificuldade, G. contou que havia apanhado do irmão; tinham discutido porque ele achava que G. ia muito à praia. É claro, para nós essa era uma objeção estranha; quando ela ia à praia? À noite? Eu a aconselhei a não se incomodar com o que dizia o irmão e lhe disse que ele era *bruto*, rude. Sua resposta, acreditem, foi que eu devia cuidar da minha vida; e ela afirmou que o irmão era um bom homem.

– Ele é bonito e tem muitos amigos, e só é *bruto* comigo.

Ainda assim, fui procurar nosso senhorio e lhe disse que o irmão de G. deveria ser prevenido, porque eu não ia admitir que G. chegasse para trabalhar naquelas condições. Ele pareceu intrigado: por que eu acusava o irmão? Afinal, um irmão tem o direito de reprimir sua irmã. Converso sobre isso com o menino do gelo e ele concorda com o senhorio, dizendo com firmeza que, se tivesse uma irmã e ela não lhe fosse obediente, também a espancaria. Em uma noite de agosto, quando a lua é simplesmente absurda, o menino do gelo e eu temos uma experiência mínima, mas transformadora. Ele me pergunta:

– O que acha do lobisomem? Tem medo de sair à noite?

Coincidentemente, naquele dia eu ouvira comentários sobre o medo de lobisomem: um menino que voltava para casa tarde da noite afirmara ter sido emboscado por um animal uivando, um humano de quatro. Mas eu rio. Não acredito em lobisomens. O garoto acredita? Ah, sim.

– Havia muitos lobisomens em Taormina – ele conta, seus olhos cinzentos fixos em mim; depois, com um encolher de ombros desdenhoso: – Agora são só dois ou três.

O outono chega, está presente neste momento, um vento ruidoso, um fantasma nebuloso movendo-se entre as árvores amarelas. Foi um bom ano para as uvas; paira no ar o cheiro doce das uvas caídas no tapete de folhas. As estrelas surgem às seis horas; mesmo assim, ainda não é frio demais para ir tomar um coquetel na varanda e ver, à luz brilhante das estrelas, os carneiros descendo do pasto e depois deles os bodes, cujo rebanho em movimento produz um som como o de pés se arrastando sobre folhas secas. Ontem os homens trouxeram para nós um carregamento generoso de madeira seca. Por isso não tenho medo da chegada do inverno; o que pode ser melhor do que ficar sentado diante da lareira acesa esperando pela primavera?

ESTILO: E OS JAPONESES

(1955)

A PRIMEIRA PESSOA QUE ME IMPRESSIONOU, ALÉM DO MEU CÍRCULO FAMILIAR, foi um velho cavalheiro japonês chamado sr. Frederik Mariko. O sr. Mariko administrava uma floricultura em Nova Orleans. Eu o conheci quando tinha uns 6 anos, talvez, e andava pela floricultura, e durante os dez anos da nossa amizade, ou até ele morrer subitamente em uma viagem de vapor a St. Louis, ele fez para mim uns vinte brinquedos, todos criados por suas mãos – peixes voadores pendurados em arames, uma maquete de um jardim cheia de flores minúsculas e animais medievais emplumados, uma dançarina com um leque de corda que abanava por três minutos; e esses brinquedos, delicados demais para se poder brincar *com* eles, foram minha primeira experiência estética – criaram um mundo e estabeleceram um padrão de gosto. Havia um grande mistério em torno do sr. Mariko, não como homem (ele era simples e sozinho e tinha dificuldades de audição, o que enfatizava seu isolamento), mas por não se poder nunca decidir, vendo-o trabalhar nos arranjos, o que o levava a escolher entre as folhas marrons e as treliças verdes, criando assim um efeito tão sofisticado, tão preciso. Anos mais tarde, lendo os romances de Lady Murasaki ou o *Livro de travesseiro de Sei Shonagon*, e posteriormente, mais tarde ainda, vendo os dançarinos *kabuki* e aqueles três filmes impressionantes (*Rashomon*, *O conto da lua vaga* e *Portal do inferno*), senti ampliada a lembrança do sr. Mariko, mas o mistério de seus brinquedos luminosos e buquês minúsculos se resumiu na percepção de que seus presentes eram a extensão de toda uma sensibilidade nacional: como músicos visuais, os japoneses parecem ter o tom exato nas áreas de forma e cor.

Perfeito: quando a cortina se abre para uma apresentação dos dançarinos *kabuki*, uma premonição do entretenimento, o *frisson* que ela vai provocar no final, tudo isso já está ali nos riquíssimos padrões de cor, nas posturas exoticamente solenes dos dançarinos ajoelhados em suas vestes, como estátuas de porcelana. Mais uma vez, uma cena, uma pantomima de *Rashomon*: a jovem noiva, viajando em uma liteira envolta por véus e atendida por seu marido, balança lentamente pela floresta, a câmera criando uma ameaça arrebatadora além das folhas e nos olhos sonolentos e sedutores de um bandido. É claro, *Rashomon* foi filmado em preto e branco; só em *Portal do inferno* surgiu a paleta completa, as cores como novas invenções: absinto e marrons que brilhavam como *sherry*. Tudo é uma cerimônia de estilo, um fenômeno que parece girar, de certa forma separado do conteúdo emocional, apenas em torno do estilo.

O alto estilo nunca foi um ponto forte do teatro ocidental; nunca desenvolvemos nada tão quimicamente puro e autocontido quanto isso. Uma meia comparação pode ser feita com a comédia da Restauração: existe pelo menos a mesma apreciação do artificial; e é verdade que nos *thrillers* de gângster e no gênero caubói os americanos produziram uma forma classicamente estilizada de código e comportamento. Mas esses são apenas fragmentos, explosões; o senso de estilo dos japoneses é o acúmulo do pensamento estético prolongado e seriamente belo. Embora, como Arthur Waley mencionou, uma base principal para esse pensamento seja o medo; medo do explícito, do enfático – daí a única folha de grama descrevendo todo o universo do verão, os olhos levemente baixos sugerindo a maior das paixões.

No Japão do século XIX, e antes disso, muita correspondência foi trocada sobre poesia: um japonês culto sabia várias centenas de poemas e escrituras das quais podia citar versos adequados a qualquer ideia ou ocasião – senão, ele criava os próprios, porque poesia era o entretenimento da época. A julgar pelo que temos visto do entretenimento desse povo ultimamente, suas danças e seus filmes, o costume ainda prevalece; certamente, o que temos recebido são poemas de comunicação.

OUVINDO AS MUSAS

(1956)

PARTE I

NO SÁBADO, 17 DE DEZEMBRO DE 1955, UM DIA NEBULOSO E MOLHADO EM Berlim Ocidental, o elenco da produção americana *Porgy and Bess* e outras pessoas associadas à companhia, um total de 94 indivíduos, foram chamados a se reunir na sala de ensaios da companhia para ouvir uma declaração do sr. Walter N. Walmsley, Jr., e do sr. Roye L. Lowry, respectivamente conselheiro e segundo secretário da Embaixada Americana em Moscou. O sr. Walmsley e o sr. Lowry haviam viajado de Moscou expressamente para orientar e responder a quaisquer perguntas dos membros da produção com relação às iminentes apresentações em Leningrado e Moscou.

Essa viagem à Rússia, a primeira dessa natureza jamais tentada por um grupo de teatro americano, seria o apogeu de uma turnê mundial de quatro anos de *Porgy and Bess*. Ela acontecia após quatro meses de complicadas, em algumas áreas ainda nebulosas, negociações entre a União Soviética e os produtores da ópera de Gershwin, Robert Breen e Blevins Davis, que operavam sob o nome Everyman Opera, Incorporated.

Os russos ainda não haviam emitido os vistos realmente, mas a enorme trupe, composta por 58 atores, sete funcionários de bastidores, dois maestros, várias esposas e trabalhadores variados, seis crianças e seus professores, três jornalistas, dois cachorros e um psiquiatra, estava pronta para viajar nas 48 horas seguintes, seguindo de trem de Berlim Oriental, via Varsóvia e Moscou, para Leningrado, uma distância aproximada de 1.700 quilômetros, a ser percorrida, aparentemente, em três dias e noites.

A caminho dessa reunião diplomática, dividi um táxi com a sra. Ira Gershwin e um homem musculoso chamado Jerry Laws, anteriormente um boxeador e atualmente cantor. A sra. Gershwin é, obviamente, a esposa do letrista, que, além de ser irmão do compositor da companhia, é coautor de *Porgy and Bess*. Periodicamente, nos últimos quatro anos, ela tem deixado o marido em casa em Beverly Hills para acompanhar a ópera em sua excursão mundial.

– Ira é muito enraizado. Ele odeia ir de um quarto a outro. Mas eu sou uma cigana, meu bem. Adoro rodas.

Conhecida pelos amigos como Lee, uma abreviação de Lenore, ela é uma mulher pequenina e frágil devotada aos diamantes, e os usa, em quantidade considerável, tanto no desjejum quanto no jantar. Tem cabelos com reflexos claros do sol e rosto em forma de coração. Os fragmentos fulgurantes de sua conversação, recitados numa voz de menina que acompanha um sussurro nada sigiloso, são anunciados com termos de tratamento afetuoso.

– Ah, querido – ela diz, e nós seguimos adiante pela garoa escura ao longo da Kurfurstendam –, já ouviu falar da árvore de Natal? Os russos vão nos dar uma árvore de Natal. Em Leningrado. Acho isso tão doce da parte deles! O Natal deles acontece mais tarde, porque eles seguem um calendário diferente. Querido, você acha que isso é verdade?

– O quê? Se eles acreditam no Natal? – pergunta Jerry Laws.

– Não, amor – diz a sra. Gershwin com impaciência. – Sobre os microfones. Sobre os fotógrafos.

Por vários dias houvera especulação entre a companhia em torno da questão da privacidade pessoal na Rússia. Essa dúvida baseava-se nos rumores de que suas cartas seriam censuradas, seus quartos de hotel teriam escutas e as paredes seriam incrustadas com câmeras escondidas.

Depois de um momento de reflexão, Laws respondeu:

– Eu acredito nisso.

– Oh, querido, não! – protestou a sra. Gershwin. – Não pode ser verdade! Afinal, *onde* vamos fofocar? A menos que permaneçamos no banheiro acionando continuamente a descarga. Quanto às câmeras...

– Também acredito nelas – insistiu Laws.

A sra. Gershwin seguiu num silêncio pensativo até a rua em que se localizava a sala de ensaios. Depois, num tom espirituoso, disse:

– *Ainda* acho doce a oferta da árvore de Natal.

Estávamos cinco minutos atrasados e tivemos dificuldades para encontrar nossos assentos entre as cadeiras dobráveis que haviam sido postas no fundo da sala espelhada. O lugar estava cheio e quente; mesmo assim, muitos presentes, como se pudessem já sentir os ventos frios das estepes, sentavam-se ali envoltos em uma parafernália, cachecóis e casacos de lã que tinham comprado especialmente para a viagem à Rússia. Um espírito competitivo permeara a compra desses trajes, dos quais boa parte tinha uma aparência esquimó.

A reunião havia sido convocada por Robert Breen. Além de ser o coprodutor de *Porgy and Bess*, ele é seu diretor. Após apresentar os representantes da Embaixada em Moscou, o sr. Walmsley e o sr. Lowry, que permaneciam sentados atrás de uma mesa de frente para nós, o sr. Walmsley, um homem forte e de meia-idade, com um corte de cabelo no estilo Mencken e maneiras secas, contidas, começou falando sobre a "oportunidade única" que a turnê oferecia e dando parabéns à companhia antecipadamente pelo "grande sucesso" que ele anunciava para as apresentações atrás da Cortina de Ferro.

– Como na União Soviética nada acontece sem antes ter sido planejado, e como é *planejado* que vocês tenham grande sucesso lá, sinto-me perfeitamente confiante para dar os parabéns a vocês agora.

Como se desaprovasse o cumprimento presumido do colega, o sr. Lowry, um homem jovem com o rosto austero de um acadêmico, interferiu para sugerir que, embora o que o sr. Walmsley houvesse dito fosse correto, também era verdade que havia um...

– ... autêntico ânimo na Rússia relacionado à chegada da companhia. Eles conhecem a música de Gershwin. De fato, um russo conhecido meu contou-me que uma noite esteve numa festa na qual amigos dele cantaram uma de suas canções, "Bess, You Is My Woman Now", e a cantaram inteira.

O elenco sorriu com gratidão e o sr. Walmsley prosseguiu:

– Sim, existem alguns russos agradáveis. Pessoas muito boas. Mas eles têm um governo ruim – disse em voz baixa. – Devem ter sempre isso em mente, seu sistema de governo é basicamente hostil ao nosso. É um sistema com regras e regulamentações, coisas como nunca viram antes. Certamente, na minha experiência, que é bem longa, não encontrei nada parecido.

Um membro do elenco, John McCurry, levantou a mão para fazer uma pergunta. McCurry tem o papel do vilão e sua aparência, pesada e imponente, de certa forma proibitiva, é adequada ao papel. Ele quer saber:

– Suponhamos que uma dessas pessoas nos convide para ir à sua casa. Isso acontece em muitos locais por onde passamos. Nesse caso, devemos aceitar o convite?

Os dois diplomatas trocaram um olhar divertido.

– Como bem podem imaginar – respondeu o sr. Walmsley –, nós na embaixada nunca fomos incomodados por esse problema. Nunca fomos convidados para lugar nenhum. Exceto oficialmente. Não posso afirmar que vocês não serão. E, se receberem algum convite, podem tirar proveito da oportunidade. Pelo que sei – ele continuou –, seus anfitriões planejam um extensivo programa de entretenimento. Alguma coisa a todo minuto. Um planejamento que os deixará esgotados.

Alguns dos mais jovens se animaram com a perspectiva, mas outros reclamaram:

– Não toco em uma gota de nada. Então, quando estiverem propondo todos aqueles brindes de que ouvimos falar, como posso recusar com elegância?

O sr. Walmsley encolheu os ombros:

– Não precisa beber, se não quiser.

– É claro, homem – o preocupado foi aconselhado por um amigo –, ninguém vai ter de beber o que não quiser. E o que não quiser, pode me dar.

As questões se sucederam rapidamente. Os pais, por exemplo, estavam preocupados com seus filhos. Eles teriam leite pasteurizado? Sim. Mas o sr. Lowry julgava adequado levar um suprimento de Starlac, que era o que ele usava para alimentar os dois filhos. E a água, é própria para beber? Perfeitamente segura, o sr. Walmsley sempre consumia água da torneira. Como se dirigir a um cidadão soviético?

– Bem – disse o sr. Walmsley –, eu não os chamaria de camaradas. Senhor e senhora são suficientes.

E quanto às compras? O custo é muito elevado?

– Ultrajante. – Mas não tinha importância, já que também não havia muito para comprar.

Como era o frio? Ah, podia chegar a 32 graus negativos. Nesse caso, o quarto de hotel seria aquecido? Sim, é claro. Superaquecido, para dizer a verdade.

Discutidos todos esses aspectos fundamentais, uma voz se ergueu no fundo da sala.

– Temos falado muito em mitos. Fomos informados, por exemplo, de que seremos vigiados o tempo todo.

– Vigiados? – O sr. Walmsley sorriu. – Talvez. Embora não da maneira como está imaginando. Se designarem alguém para segui-los, será para a sua própria proteção. Devem contar com uma atenção extraordinária, multidões onde quer que estejam. Não vai ser como andar pelas ruas de Berlim. Por isso, sim, talvez sejam vigiados.

– Afinal – disse o sr. Lowry –, o ministro da Cultura está ansioso para recebê-los; tanto, que é bem possível que tenham um tratamento muito generoso, isento dos problemas que enfrentaria um visitante estrangeiro comum.

A voz no fundo persistiu com um certo desapontamento desafinado.

– Ouvimos dizer que seremos rastreados. E que nossa correspondência vai ser aberta.

– Ah – respondeu o sr. Walmsley –, esse é um outro problema. Algo que vocês tomam por certo. Eu sempre presumi que minhas cartas poderiam ser abertas.

A plateia se agitou nas cadeiras, trocando olhares como se quisessem dizer "eu sabia, eu avisei". A secretária de Robert Breen, Nancy Ryan, levantou-se. A srta. Ryan estava com a companhia havia três meses e assumira o posto por ter certo interesse pelo teatro. Nova-iorquina, ela é loira, tem olhos muito azuis, pouco menos de um metro e setenta, e considera-se parecida com a mãe, uma celebridade muito fotografada, a sra. William Rhinelander Stewart. Ela queria fazer uma sugestão.

– Sr. Walmsley, se é verdade que nossas cartas serão censuradas, não seria, então, melhor resumir toda a nossa correspondência a cartões-postais? Quero dizer, se não tiverem de abrir para ler o que escrevemos, isso não vai evitar atraso na entrega da correspondência?

O sr. Walmsley não parecia pensar que o plano da srta. Ryan tinha muito mérito, fosse para economizar tempo ou para evitar problemas. Enquanto isso, a sra. Gershwin incentivava Jerry Laws a agir.

– Vá em frente, querido, pergunte sobre os microfones.

Laws chamou a atenção do diplomata.

– Estamos preocupados com a possibilidade de escutas em nossos quartos.

O sr. Walmsley assentiu.

– É claro, ninguém *sabe* realmente.

Houve uma pausa silenciosa, durante a qual a sra. Gershwin, ajeitando um broche de diamantes, parecia esperar que Jerry Laws abordasse também a questão das câmeras escondidas, mas ele não teve chance de falar antes de McCurry assumir o comando da situação.

McCurry inclinou-se para a frente, encurvando os ombros fortes. Disse que achava que era hora de parar de fazer rodeios e que deviam enfrentar logo o...

– ... grande problema. E o grande problema é saber o que devemos dizer quando nos interrogarem sobre questões políticas. Refiro-me à situação dos negros.

A voz profunda de McCurry fez a questão percorrer a sala como uma onda, atraindo o total interesse da plateia. O sr. Walmsley hesitou, como se não soubesse se devia surfar nessa onda ou mergulhar para deixá-la passar; de uma forma ou de outra, ele não parecia pronto para enfrentá-la abertamente.

– Vocês não precisam responder a questões políticas, como eles também não responderiam se vocês os submetessem a esse tipo de questionamento.

Walmsley pigarreou e acrescentou:

– Tudo isso é terreno perigoso. É pisar em ovos.

Murmúrios na plateia sugeriam que as pessoas consideravam inadequado o comentário do diplomata. Lowry sussurrou alguma coisa no ouvido de Walmsley e McCurry consultou a esposa, uma mulher melancólica sentada a seu lado com uma menina de 3 anos no colo. Então, McCurry disse:

– Mas eles vão nos perguntar sobre a questão dos negros. Eles sempre perguntam. No ano passado estivemos na Iugoslávia e em todo o tempo que passamos lá...

– Sim, eu sei – Walmsley interrompeu firme. – É sobre isso que estamos falando aqui. É essa a questão, não é?

A afirmação de Walmsley, ou talvez a maneira como foi feita, afetou negativamente várias pessoas ali, e Jerry Laws, uma lenda na companhia pelo temperamento combativo e rapidamente explosivo, levantou-se de um salto, o corpo tomado pela tensão.

– Então, como lidamos com isso? Devemos responder a isso de maneira honesta? Dizer a verdade? Ou vamos dourar a pílula?

Walmsley piscou. Tirou os óculos de aro de tartaruga e limpou as lentes com um lenço.

– Ora, digam a verdade. Acredite, senhor, os russos sabem tanto quanto vocês sobre a situação dos negros. E não se interessam por ela. Exceto pelas declarações, propaganda, qualquer coisa que possam usar em proveito próprio. Creio que devem ter em mente que as entrevistas que darão serão vistas pela imprensa americana e publicadas nos jornais de suas cidades.

Uma mulher, a primeira que havia falado, levantou-se de sua cadeira na primeira fileira.

– Todos nós sabemos que há discriminação em nosso país – ela anunciou, com voz tímida que todos ouviam respeitosamente. – Mas nos últimos oito anos os negros realizaram grandes progressos. Percorremos um longo caminho, e essa é a verdade. Podemos apontar com orgulho nossos cientistas e artistas. Se o fizéssemos [na Rússia] seria muito favorável.

Outros concordaram e abordaram o grupo com tom similar. Willem Van Loon, filho do falecido historiador e conhecedor do idioma russo, e uma das pessoas encarregadas da publicidade da Everyman Opera, anunciou que estava...

– ... muito, muito feliz por essa questão ser discutida tão amplamente. Outro dia ouvi uma entrevista de dois membros do elenco para uma emissora do Serviço Americano aqui na Alemanha e, ao abordar esse ponto, essa questão racial, eu sempre soube que devíamos ser muito, muito cuidadosos, por estarmos tão próximos de Berlim Oriental e por haver a possibilidade de sermos monitorados...

– É claro – disse Walmsley, interrompendo em voz baixa. – Suponho que perceba que somos monitorados neste momento.

Era evidente que Van Loon e todos os outros ali, a julgar pela consternação geral e por como olhavam em volta, não tinham antecipado o que Walmsley acabara de anunciar. Mas não havia nenhuma evidência aparente. Nenhum estranho misterioso. Mesmo assim, Van Loon não concluiu o que pretendia dizer. Sua voz morreu, como a reunião, cujo encerramento foi rápido. Os dois diplomatas receberam com gratidão o aplauso da plateia.

– Obrigado – disse Walmsley. – Foi um grande prazer conversar com vocês. O sr. Lowry e eu nem sempre temos contato com essa atmosfera cultural.

O diretor, Robert Breen, chamou então o elenco para o ensaio, mas, antes de começar a trabalhar, houve mais conversas paralelas e trocas de opinião sobre as informações que haviam recebido. Jerry Laws se restringiu a uma palavra.

– Inútil.

A sra. Gershwin, pelo contrário, parecia considerar a reunião bastante informativa.

– Estou perplexa, querido. Pense em viver desse jeito! Sempre presumindo. Nunca *sabendo*. Sério, querido, onde vamos fofocar?

Lá embaixo, Warner Watson, produtor assistente do sr. Breen, me ofereceu carona de volta ao hotel. Apresentou-me ao dr. Fabian Schupper, que também dividiu o táxi conosco. O dr. Schupper é um estudante americano no Instituto Psicanalítico Alemão. Soube que ele foi convidado para a turnê russa para "contra-atacar" o estresse que pode surgir entre os membros da companhia. No último instante, para sua grande decepção, o dr. Schupper não foi, porque o diretor decidiu que um psiquiatra não era necessário, afinal; porém, o fato de a psicanálise e seus praticantes não serem vistos com bons olhos na Alemanha pode ter contribuído para a decisão. Mas naquele momento, no táxi, ele aconselhava Warner Watson a relaxar.

Acendendo um cigarro com mãos trêmulas, Watson disse:

– Pessoas relaxadas não levam produções como essa ao circuito samovar.

Watson tinha quase quarenta anos. Seus olhos eram castanhos e tímidos e os cabelos eram grisalhos e curtos. Havia em seu rosto e em suas maneiras uma gentileza meio nebulosa, uma fadiga excessiva para a sua idade. Ator no passado, ele se associara à Everyman Opera desde a sua fundação em 1952. Em seu trabalho, ele se preocupava primariamente com o que chamava de "delimitar as coisas". Nas duas semanas anteriores em Berlim, quase se mudara para a Embaixada Soviética, tentando delimitar algumas coisas. Apesar do esforço, havia ainda uma multiplicidade de questões que escapavam do confinamento. Entre elas, a situação relacionada com os passaportes da companhia, que, àquela altura, ainda esperavam os vistos em mãos russas. Watson também enfrentava problemas com a questão do trem que levaria a trupe a Leningrado. A produção havia solicitado quatro vagões-dormitórios. Os russos responderam, de forma bem direta, que só podiam garantir três vagões de segunda classe com "camas razoáveis" (o termo russo para beliche). Além disso, haveria um vagão para a bagagem e outro para o cenário do espetáculo, ambos atrelados ao Blue Express, um trem soviético regular que percorria a distância de Berlim a Moscou. A dificuldade de Watson era que ele não conseguira obter com os russos um diagrama desses beliches, por isso não podia definir como seriam os arranjos na hora de dormir. Ele, portanto, imaginava que haveria no trem um *Walpurgischacht*: mais gente do que camas. Ele também não conseguira saber em quais hotéis em Moscou e Leningrado a trupe ficaria hospedada, e outros detalhes dessa natureza lhe eram ainda desconhecidos.

– Eles nunca vão dizer tudo sobre alguma coisa. Não de uma vez. Se disserem A, *talvez* digam B, mas entre um e outro há sempre uma longa espera.

Aparentemente, porém, os russos não tinham a mesma paciência que exigiam dos outros. Algumas horas antes um telegrama chegara de Moscou e produzira as mãos trêmulas de Watson. A MENOS ARRANJOS MUSICAIS ENTREGUES EMBAIXADA BERLIM ESTA NOITE ADIAREMOS TAXA REDUZIDA ESTREIA LENINGRADO. Os soviéticos exigiam os arranjos musicais semanas antes porque queriam que seus músicos ensaiassem previamente à chegada da companhia. Breen, temendo que essas orquestrações, uma cópia única, se perdessem em trânsito, recusara-se a enviar as partituras. Mas esse telegrama definitivo o fez mudar de ideia e agora Watson se dirigia à Embaixada Soviética para entregar os arranjos.

– Não se preocupe – disse Watson, limpando as gotas de suor sobre a boca. – Vamos delimitar todas essas questões.

– Relaxe – sugeriu o dr. Schupper.

Em meu hotel, o Kempenski, em que muitos membros da companhia estavam hospedados, eu parei no quarto de Breen para falar com sua esposa Wilva. Ela havia acabado de retornar em um voo noturno de Bruxelas, onde fora consultar um médico. Incomodada com dores que sugeriam a possibilidade de uma apendicite, voara no dia anterior para Bruxelas informada de que poderia ser submetida a cirurgia de emergência, o que cancelaria sua participação na viagem à Rússia. Em outubro ela passara dez dias em Moscou discutindo os arranjos para a turnê com o ministro da Cultura, uma experiência "fascinante" que a deixara ansiosa para voltar.

– Está tudo bem, o médico disse que posso ir. Eu nem sabia que queria tanto fazer essa viagem, até pensar que não poderia ir – ela comentou, sorrindo de maneira a expressar menos uma reação do que uma circunstância de sua personalidade ansiosa para agradar. A sra. Breen tinha covinhas e grandes olhos castanhos. Os cabelos castanhos estavam sempre presos por grampos que podiam ser usados como armas. Nesse momento, ela usava um vestido de lã roxa, a cor que dominava seu guarda-roupa.

– Robert é maluco por roxo.

Ela e Breen se conheceram na Universidade de Minnesota, em que eram alunos de teatro. Estavam casados fazia dezoito anos. A sra. Breen já atuara profissionalmente, tendo representado uma vez Julieta, de Shakespeare, mas sua verdadeira devoção, nas palavras de um de seus associados, era "a Robert e à carreira de Robert". Se pudesse conseguir papel suficiente, ela embrulharia o mundo para presente e lhe daria.

Aparentemente, a falta de papel não era um dos problemas da sra. Breen, porque ela vivia cercada por uma montanha itinerante de cartas, pastas e recortes. A correspondência internacional da Everyman Opera era uma de suas principais responsabilidades; isso, e cuidar para que a companhia fosse "mantida satisfeita". Nessa última atribuição, ela trouxe de volta de Bruxelas um pacote de brinquedos para distribuir aos filhos do elenco no Natal em Leningrado.

– Se eu conseguir tirá-los de Robert e embrulhar tudo de novo – ela comentou, apontando para o banheiro onde uma frota de barcos mecânicos flutuava na banheira cheia de água. – Robert é maluco por brinquedos. Francamente – ela suspirou –, é pavoroso pensar em enfiar tudo isso nas malas. – Vários objetos visíveis no quarto e na sala da suíte, que também funcionava como escritório, apresentavam óbvias dificuldades de embalagem, especialmente um grande aparato conhecido como Câmara de Relaxamento. – Não entendo por que não posso levar isso para a Rússia. Tenho levado o equipamento comigo para todos os lugares. Ele me faz muito bem.

A sra. Breen me perguntou se eu estava ansioso para embarcar no Blue Express e reagiu com satisfação exagerada quando respondi que sim.

– Oh, Robert e eu não perderíamos essa viagem de trem por nada no mundo! Todos no elenco são maravilhosos! Sei que vamos nos divertir e que a experiência vai ser daquelas inesquecíveis. Mas – ela acrescentou com um tom de pesar que não parecia inteiramente sincero – Robert e eu decidimos ir de avião. É claro que os levaremos à estação ferroviária para o embarque e estaremos na plataforma quando desembarcarem em Leningrado. Quero dizer, *espero* estar lá. Só não consigo acreditar que vai mesmo acontecer. – Ela parou e por um instante uma ruga marcou sua testa e apagou o entusiasmo de sua expressão. – Um dia contarei a verdadeira história por trás disso tudo. As pessoas não queriam que isso acontecesse! Ah, tivemos confrontos incríveis. – Ela inflou o peito. – Ah, verdadeiros confrontos físicos. E ainda estamos debatendo. Vamos enfrentar dificuldades até o último minuto – ela disse, olhando para a pilha de telegramas sobre a mesa.

Algumas atribulações de Breen já eram do conhecimento comum. Por exemplo, era fato aceito por todos, e divulgado pelos rumores e pela publicidade cercando a empreitada soviética, que os russos, por iniciativa própria e num impulso adequado ao espírito de Genebra, haviam convidado *Porgy and Bess* espontaneamente para essa turnê pelo país. A verdade disso tudo é que a Everyman Opera se convidara. Considerando uma viagem à Rússia a extensão lógica das viagens de "boa vontade" de sua companhia, Breen escrevera uma carta para o premiê soviético, o marechal Bulganin, afirmando, com efeito, que *Porgy and Bess* teria o prazer de realizar essa turnê se a União Soviética desejasse recebê-los. A solicitação deve ter impressionado Bulganin favoravelmente, porque ele repassou a carta ao ministro da Cultura, o monopólio do governo que, sob a direção de Nikolai Mikhailov, controla todas as facetas da vida artística na União Soviética. Teatro, música, filmes, publicações, pintura, cada uma dessas atividades se desenvolve sob a supervisão específica, nem sempre branda, do ministro da Cultura, cujo quartel-general se localiza em Moscou. Portanto, com as bênçãos de Bulganin, o ministro começou a negociar com a Everyman Opera, embora essa não tenha sido uma decisão casual. Casual, digamos, como as decisões que foram tomadas no caso da Comédie Française, cuja companhia se apresentara em Moscou um ano antes, ou em uma produção britânica de *Hamlet* que havia estreado em Moscou no outono de 1955. As duas trupes tiveram grande sucesso. Mas, de qualquer ponto de vista, fosse dos artistas em visita ou de seus anfitriões, os riscos envolvidos eram meramente estéticos. Molière e Shakespeare não se prestam às intenções da moderna propaganda política.

O mesmo não se pode dizer de *Porgy and Bess*. Nesse caso, os dois lados da cortina, americano ou soviético, tinham muito com que se preocupar, porque a ópera de Gershwin, quando analisada sob o microscópio da dialética, é um tubo de ensaio repleto do tipo de bactéria pela qual o atual governo russo é altamente alérgico. Ela é extremamente erótica, desanimador para uma nação com leis tão estritas, para um país em que as pessoas podem ser presas por trocar beijos em público. É temente a Deus; repetidamente, enfatiza a necessidade de fé em um mundo que existe sobre as estrelas, não abaixo delas, e demonstra em canções e diálogos os confortos que se pode extrair da fé religiosa ("o ópio do povo"). Além do mais, ela discursa, por uma veia destituída de crítica, sobre a questão da superstição, ou seja, "A canção do abutre". Como se já não houvesse suficiente anátema, ela também apregoa em alto e bom som que as pessoas podem ser felizes com um monte de nada, uma mensagem incômoda, realmente.

Certamente, o ministro da Cultura deve ter levado em consideração todos esses empecilhos e depois refletido que, embora a pílula estivesse definitivamente ali, pelo menos era revestida de açúcar. Afinal, e apesar de seu discurso sobre diversão popular, a situação da América Negra como era descrita em *Porgy and Bess*, uma raça explorada e à mercê dos brancos implacáveis e cruéis do Sul do país, castigada pela pobreza e segregada no gueto de Catfish Row, não poderia ter sido mais adequadamente imaginada se o ministro houvesse designado os próprios roteiristas para essa função. E assim, no meio do verão de 1955, o ministro informou a Everyman Opera que o país estava preparado para estender o tapete vermelho.

Seguro de uma acolhida na Rússia, Breen então enfrentara o problema de chegar lá, e isso exigia dinheiro, um valor estimado de 150 mil dólares. As primeiras notícias nos jornais americanos sobre o convite russo para as apresentações de *Porgy and Bess* sugeriam mais ou menos que o Departamento de Estado Americano não só era o centro espiritual desse "projeto sem precedentes", como Breen ocasionalmente chamava a empreitada, mas também seria seu patrocinador principal. Breen acreditava nisso, e com bons motivos. Ao longo dos últimos anos, o Departamento de Estado recebera elogios universais por patrocinar moral e financeiramente *Porgy and Bess*, que o *The New York Times*, entre outros, apontava com frequência como o "melhor embaixador" que o Departamento de Estado jamais tivera no exterior. Mas Breen logo descobriu, após uma série de viagens a Washington, que não podia contar com o patrocínio de seus amigos no governo. Na aparência, eles consideravam o projeto exageradamente sem precedentes, ou, em suas próprias palavras, "politicamente prematuro". Resumindo, nenhum centavo.

Em Nova York, os críticos de teatro teorizavam que o Departamento de Estado havia retirado seu apoio por temer que a ópera fosse vulnerável demais aos propósitos da propaganda soviética. Defensores da empreitada consideravam a atitude absurda. Na opinião desse grupo, o fato de aspectos criticamente sociais como os que a ópera continha poderem ser apresentados no teatro americano impedia as possibilidades de propaganda efetiva nessa frente. Outro argumento era que, na Rússia, a própria presença do elenco negro, sua aparição afluente, sua franqueza tão evidentemente não oprimida, suas atitudes sofisticadas e educadas ("Ora", dizia a sra. Breen, "alguns dos nossos atores falam três, quatro idiomas. Perfeitamente.") dariam ao povo russo uma imagem do negro americano bem diferente daquele estereótipo que continua fazendo de Harriet Beecher Stowe uma das autoras mais vendidas na União Soviética.

O *Variety*, o jornal do ramo teatral, relatou na forma de rumor uma explicação mais direta para a recusa do Departamento de Estado. De acordo com ele, o International Exchange Program, um braço do American National Theater and Academy (ANTA), cuja opinião sobre as questões teatrais tem grande peso em Washington, registrou sua oposição ao fato de o Departamento de Estado haver investido tanto dinheiro em *Porgy and Bess*, sugerindo que os fundos disponíveis deveriam ser divididos de forma a permitir um maior catálogo de eventos no panorama cultural.

Mesmo assim, o ANTA e o Departamento de Estado desejaram sorte à Everyman Opera. Eles não estavam repudiando, apenas deserdando. Mas os votos de sucesso pouco acrescentavam à conta bancária de Breen, e, enquanto ele considerava a possibilidade de angariar os fundos necessários nas esferas privadas, aconteceu algo inesperado. Os russos se adiantaram e se ofereceram para cobrir as despesas. Embora até o mais despreparado linguista pudesse traduzir o significado desse gesto, proposto, na verdade, com a intenção de constranger o Departamento de Estado, os partidários americanos da empreitada de Breen aceitaram com alegria a oferta pelo mesmo motivo que a produzira. Eles acreditavam que o arranjo causaria vergonha a Washington pela decisão mesquinha. Mas estavam enganados.

Consequentemente, com o tempo passando depressa, Breen tinha a escolha de abandonar os planos ou aceitar o patrocínio soviético. Um contrato, datado de 3 de dezembro de 1955, foi redigido em Moscou pelo ministro da Cultura da União Soviética ("designado de agora em diante por Ministério") e a Everyman Opera Inc. ("designada de agora em diante por Companhia"). O contrato consiste de três páginas e meia de texto denso e contém várias cláusulas – o Ministério se prontifica a fornecer um membro russo para o elenco, ou, em termos mais objetivos, "uma cabra domesticada". Mas o peso do contrato se encontra realmente no Artigo 5. Quando os meneios de linguagem nessa longa cláusula são desemaranhados, compreende-se que, durante a estada na União Soviética, a companhia receberá pagamentos semanais de 16 mil dólares, um valor bem inferior ao que costuma cobrar, especialmente se considerarmos que os pagamentos serão feitos "metade em dólares americanos e em depósito em um banco de Nova York, o restante em rublos no câmbio oficial pagos em dinheiro". (Como todos sabem, o câmbio oficial é de arbitrários 4 rublos por dólar. As opiniões divergem sobre qual seria um câmbio justo, mas no mercado negro de Moscou é possível conseguir 10 por 1 e, se uma pessoa se dispõe a correr o risco de levar o dinheiro para outro país, arriscando assim um período de detenção na Sibéria, pode obter na Suíça uma taxa de 1 dólar para cada 15 rublos.) Além desses detalhes monetários, o Artigo 5 promete que o Ministério fornecerá à Companhia "acomodações gratuitas e alimentação em hotéis de primeira classe, ou, quando em viagem, acomodações em vagão-leito e refeições no vagão-restaurante. Além do mais, fica compreendido e acertado que o Ministério vai pagar todas as despesas de viagem de todos os membros da Companhia e o transporte de equipamento cênico para a União Soviética, em seu território, e de volta à fronteira europeia da União Soviética".

Posto isso, os russos investiam aproximadamente 150 mil dólares. Nada disso deve ser entendido como filantropia cultural. Na verdade, para eles, tudo é uma sólida proposta empresarial. Se todas as apresentações lotassem, como era quase certo que aconteceria, o Ministério dobraria o valor investido, ou seja, teria uma renda bruta equivalente a 300 mil dólares. Da mesma forma, com base nesse contrato entre Ministério e Companhia, e aplicando as leis de rendimento *versus* custo operacional, calculava-se que a Everyman Opera teria uma perda aproximada de 4 mil dólares por semana. Presumivelmente, Breen havia imaginado uma fórmula para enfrentar esse prejuízo. "Mas não me pergunte qual é, querido", disse a sra. Gershwin. "Tudo é um mistério absoluto."

Enquanto a sra. Breen persistia no tema do "confronto físico", seu marido retornava ao estúdio onde estivera ensaiando o elenco antes da reunião com os diplomatas. Ela perguntou se ele gostaria de um drinque. Breen respondeu que sim, muito. Conhaque puro, por favor.

Breen tem aproximadamente 45 anos e é um homem de estatura mediana, excelente forma física e sempre atento ao caimento das roupas, porque é partidário declarado dos paletós Eisenhower e daquelas calças de corte reto e pernas justas conhecidas como calças *frontier*. Usa camisas feitas sob medida, de preferência nas cores preta e roxa. O cabelo claro está rareando e ele poucas vezes é visto sem sua boina preta. Dependendo da expressão, solene ou sorridente, seu rosto, pálido e com uma estrutura óssea um tanto encovada, sugere personalidades completamente opostas. Nos momentos solenes, que podem durar horas, seu rosto apresenta uma máscara de distanciamento carrancudo, como se ele posasse para um fotógrafo que o prevenira para não mover um músculo. Inevitavelmente, somos levados a lembrar que Breen, como sua esposa, também já representou Shakespeare – e que o papel era Hamlet, que ele fez em uma produção que, logo depois da guerra, percorreu a Europa e foi encenada até no Elsinore. Mas quando Breen relaxa, ou quando acontece alguma coisa que desperta seu interesse, ele tem uma alteração física completa na direção da extrema energia e do bom humor, ambos representados por um sorriso jovial. Um olhar tímido, vulnerável, inocente substitui a aparente autoconfiança remota. A natureza dupla da aparência de Breen pode explicar por que um integrante da Everyman Opera é capaz de reclamar de que, "com o sr. Breen, é impossível saber em que terreno pisamos", e em seguida afirmar que "qualquer um pode tirar proveito dele. Ele é muito bondoso".

Breen bebeu um gole do conhaque e me chamou ao banheiro, onde queria demonstrar como funcionava um dos barcos de brinquedo. Era uma pequena canoa com um índio que, movido a corda, remava.

– Não é maravilhoso? – ele disse, enquanto o índio remava pela banheira. – Você já viu alguma coisa assim antes? – Ele tem uma voz treinada de ator, "posta" em um registro tão profundo que torna a pompa automática, e ele fala e move as mãos de unhas feitas acompanhando as palavras, não naquele agitado estilo latino, mas de maneira graciosa, lenta, ritual, como se rezasse a missa. De fato, as primeiras ambições de Breen *eram* eclesiásticas. Antes de se interessar pelos palcos, ele passou um ano estudando para tornar-se sacerdote.

Perguntei-lhe como havia sido o ensaio.

– Bem, é um bom elenco – ele disse. – Mas são todos um pouco mimados, tomam tudo por certo. Cortinas subindo e descendo e ovações. Críticas fulgurantes. Vivo lhes dizendo que ir à Rússia não é como outro compromisso qualquer. Temos que fazer o melhor que pudermos.

Se Breen esperava realizar o desejo contido nessa última frase, então, na avaliação de alguns observadores, teria muito trabalho pela frente. Em 1952, quando ele e seu coprodutor Blevins Davis reviveram a ópera de Gershwin, com uma espécie de fracasso de bilheteria e crítica em sua apresentação original no Teatro Guild (1935), o programa relacionava William Warfield como Porgy, Leontyne Price como Bess e Cab Calloway no papel de Sportin' Life. Desde então, esses astros foram substituídos e até seus substitutos foram substituídos, nem sempre por artistas de qualidade comparável. É difícil manter um alto nível na performance de qualquer produção de longa duração, especialmente se o espetáculo está em turnê. O desgaste de noites agitadas, o fluir de salões e restaurantes como num sonho, o clima emocional elétrico cercando grupos que vivem e trabalham juntos continuamente são fatores que criam uma fadiga cumulativa que com frequência exibe reflexos. Horst Kugler, um crítico teatral de Berlim que, ao analisar *Porgy and Bess* três anos atrás (quando era então apresentada na Alemanha como parte do Festival de Música de Berlim), se entusiasmara tanto que assistira à exibição cinco vezes, agora sentia, depois de rever o espetáculo, que ainda era "cheio de energia e charme, embora a produção tenha deteriorado muito". Na semana passada, Breen ensaiou seu elenco até o limite do permitido pela Actors Equity; mas, podendo ou não levar a produção ao seu ponto máximo pelo esforço e pelo trabalho duro, Breen não tinha dúvida quanto à maneira como seria recebido na estreia em Leningrado. Seria uma "bomba"! Os russos ficariam "perplexos"! E, uma previsão indiscutível, "eles nunca viram nada parecido"!

Enquanto Breen terminava de beber seu conhaque, sua esposa telefonava da sala ao lado.

– É melhor se preparar, Robert. Eles estarão aqui às seis e reservei uma sala de jantar privada.

– Quatro russos da Embaixada – explicou Breen enquanto me acompanhava à porta. – Eles virão para o jantar. Sabe como é, relações amistosas. É a amizade que conta.

Quando voltei ao meu quarto no Kempenski, encontrei sobre a cama um grande pacote envolto em papel simples e marrom. Havia meu nome nele, o nome do hotel e o número do meu quarto, mas nada que identificasse o remetente. Dentro, havia meia dúzia de grossos panfletos anticomunistas e cartões manuscritos, sem assinatura, dizendo: *Caro Senhor – Você Pode Ser Salvo*. Salvo, presume-se, dos fatos descritos naquela literatura, muitos deles pretensas histórias de casos individuais, basicamente de alemães, que haviam ido para trás da Cortina de Ferro, voluntariamente ou pela força, e dos quais nunca mais ninguém tivera notícias. Era envolvente, como só histórias de caso conseguem ser, e eu teria lido tudo sem nenhuma interrupção se o telefone não tocasse.

Era a secretária de Breen, Nancy Ryan.

– Escute – ela disse –, o que acha de dormir comigo? No trem, quero dizer. Pelo que estou vendo, serão quatro pessoas no compartimento, por isso receio que tenhamos de fazer como fazem os russos. Eles sempre juntam rapazes e moças. Estou ajudando na distribuição dos beliches e é impressionante a quantidade de problemas que enfrentamos com essas questões de afinidade. Alguns querem ficar juntos e outros, definitivamente, não querem. É *assustador*. Por isso, simplificaria a situação se você e eu dividíssemos um compartimento com os pombinhos.

Os chamados "pombinhos" eram Earl Bruce Jackson, um dos três atores que se revezavam no papel de Sportin' Life, e Helen Thigpen, soprano que fazia o papel de Serena. Jackson e a srta. Thigpen eram noivos havia meses. De acordo com a publicidade da Everyman Opera, planejavam se casar em Moscou.

Eu disse que o arranjo seria satisfatório para mim.

– Brilhante – respondeu a srta. Ryan. – Bem, vejo você no trem. Se nossos vistos chegarem...

Na segunda-feira, 19 de dezembro, passaportes e vistos ainda não haviam sido liberados. Por volta das três horas daquela tarde, três ônibus fretados circulavam pelas ruas de Berlim pegando o pessoal da Everyman Opera em hotéis e pensões e levando-os à estação ferroviária em Berlim Oriental, de onde o trem soviético, o Blue Express, partiria às quatro, às seis ou à meia-noite, ninguém sabia com certeza.

Um pequeno grupo definido por Warner Watson como "nossos distintos convidados" esperava reunido no saguão do Hotel Kempenski. Os distintos convidados eram pessoas que não tinham nenhuma ligação direta com *Porgy and Bess*, mas que haviam, mesmo assim, sido convidados pela administração da trupe para acompanhar o grupo na viagem à Rússia. Eram eles: Herman Sartorious, um economista de Nova York e amigo próximo de Breen; um colunista de jornal, Leonard Lyons, descrito para os soviéticos no dossiê oficial da Everyman Opera como "historiador da companhia", omitindo o detalhe de que ele remeteria sua história para o *New York Post*; outro jornalista, esse um detentor do Prêmio Pulitzer, Ira Wolfert, acompanhado por sua esposa Helen. O sr. Wolfert faz parte da equipe da *Reader's Digest* e os Breen, que guardam extensos livros de recortes, esperavam que ele fizesse um artigo para essa publicação relatando suas aventuras russas. A sra. Wolfert também é autora, uma poetisa.

– Uma poetisa *moderna* – ela gosta de enfatizar.

O sr. Lyons andava pelo saguão, impaciente pela chegada do ônibus.

– Estou agitado. Não consigo dormir. Pouco antes de deixar Nova York, fui procurado por Abe Burrows. Moramos no mesmo edifício. Ele me perguntou se eu sabia como era frio em Moscou. Ouvira no rádio que a temperatura estava em quarenta graus negativos, e ouvira apenas dois dias antes. Por isso queria saber se eu estava levando na mala roupa de baixo comprida. Puxou o cós da calça para exibir o elástico de uma ceroula de lã vermelha. Normalmente um homem de porte físico normal e tamanho médio, Lyons se preparara de tal forma para aquela viagem que, resplandecente em um chapéu de pele combinando com casaco e luvas também forrados de pele, ele parecia inchado como uma dessas pessoas que furtam lojas escondendo os produtos sob as roupas. Disse: – Minha esposa Sylvia comprou três destes para mim. Na Saks. Não dão coceira.

O economista, Herman Sartorius, vestido com sobretudo e terno formal, como se estivesse de saída para Wall Street, revelou que não usava ceroulas compridas.

– Não tive tempo para comprar nada. Só um mapa. Já tentaram comprar um mapa das estradas da Rússia? É difícil! Tive de virar Nova York de cabeça para baixo antes de encontrar um. É bom ter um no trem. Precisamos saber onde estamos.

Lyons concordou.

– Mas – disse, baixando a voz e olhando de um lado para o outro com seus olhos negros e atentos –, é melhor mantê-lo fora de vista. Eles podem não gostar. Um mapa.

– Hummm – respondeu Sartorius, como se não conseguisse seguir a linha de raciocínio de Lyons. – Sim, vamos nos lembrar disso. – Ele tem cabelos grisalhos, é alto, encorpado e mostra uma reserva cavalheiresca que inspira o tipo de confiança desejável em um economista.

– Recebi uma carta de um amigo – continuou Lyons. – O presidente Truman. Escreveu me aconselhando a ter cuidado na Rússia, porque ele não tem mais poder para me resgatar. Rússia! Que coisa incrível! – Olhou em volta como se procurasse uma indicação de que sua euforia era compartilhada pelos outros.

A sra. Wolfert disse:

– Estou com fome.

O marido tocou em seu ombro. Os Wolfert, que têm filhos adultos, se parecem em alguns traços, como as bochechas rosadas e os cabelos prateados, e ambos expressam aquela calma acomodada de um longo casamento.

– Tudo bem, Helen – ele disse, entre tragadas de um cachimbo. – Assim que embarcarmos, vamos diretamente para o vagão-restaurante.

– É claro – concordou Lyons. – Caviar e vodca.

Nancy Ryan entrou correndo no saguão, o cabelo loiro balançando atrás dela, o casaco tremulando.

– Não me detenham. Temos uma crise. – Mas ela parou, é claro, e, como se gostasse de dar as más notícias, anunciou: – Agora eles nos dizem! Dez minutos antes da nossa partida! Não há um vagão-restaurante no trem. E não haverá, não até chegarmos à fronteira russa. Trinta horas!

– Estou com fome – disse a sra. Wolfert em tom choroso.

A srta. Ryan continuou correndo.

– Estamos fazendo o melhor possível. – Com isso ela queria dizer que a administração da Everyman Opera estava na rua, varrendo as *delicatessens* de Berlim.

Estava escurecendo e uma chuva fina caía quando o ônibus chegou e, com um grupo barulhento e risonho de passageiros, seguiu por Berlim Ocidental para o Portão de Brandenburg, onde começava o mundo comunista.

Sentei no ônibus atrás de um casal, uma jovem e bela artista do elenco e um rapaz emaciado que, me disseram, era jornalista na Alemanha Ocidental. Eles se conheceram em um bar de *jazz* em Berlim, presumivelmente, ele se apaixonara e agora a estava levando à estação ferroviária para despedir-se, e a viagem era marcada por sussurros, lágrimas e riso abafado. Quando nos aproximamos do Portão de Brandenburg, ele anunciou que precisava descer do ônibus.

– Seria perigoso para mim passar para o lado oriental.

Pensando bem, esse foi um comentário interessante. Porque, várias semanas depois, quem apareceria na Rússia todo feliz e saltitante, e sem nenhuma explicação plausível para como havia chegado ali, senão esse mesmo rapaz, ainda afirmando ser um alemão ocidental e dizendo ser jornalista e estar apaixonado?

Além do Portão de Brandenburg, viajamos por quarenta minutos pelas áreas escuras da bombardeada Berlim Oriental. Os dois ônibus adicionais, com o restante da companhia, chegaram à estação antes de nós. Juntamo-nos aos outros na plataforma em que o Blue Express esperava. A sra. Gershwin estava lá, supervisionando o transporte de sua bagagem para o interior do vagão. Vestia um casaco de pele de nútria e, sobre um braço, levava um casaco de mink fechado em uma bolsa plástica com zíper.

– Oh, o mink é para a Rússia, querido – ela disse. – Por que chamam o trem de Blue Express? Se não há nada azul nele?

O trem era verde, uma coleção reluzente de vagões verde-escuros atrelados a uma locomotiva a diesel. As letras CCCP foram pintadas em amarelo nas laterais de cada vagão e embaixo delas, em diferentes idiomas, as cidades de destino da composição: Berlim, Varsóvia, Moscou. Agentes ferroviários soviéticos surgiram muito elegantes em seus chapéus de carneiro persa pretos e exibindo casacos de corte impecável, e se posicionaram na entrada de cada vagão. Os que serviam nos vagões-dormitórios, mais humildemente vestidos, permaneciam ao lado deles. Tanto oficiais quanto ajudantes fumavam cigarros longos em reluzentes piteiras. Observando a confusão reinante, a agitação da trupe, eles conseguiam exibir um desinteresse estoico, apesar da atrevida atenção daqueles americanos que se aproximavam e olhavam para eles fascinados, até chocados, por descobrirem que os russos também tinham dois olhos corretamente posicionados.

Um homem do elenco aproximou-se dos oficiais.

– Diga-me uma coisa, rapaz – pediu, indicando as letras na lateral do vagão. – O que significa CCCP?

O russo apontou a piteira para o homem. Franzindo a testa, perguntou:

– *Sie sind Deutsch?*

O ator riu.

– Eu daria um alemão de aparência bem engraçada. É o que acho.

Um segundo russo, atendente no vagão, falou em voz alta:

– *Sind sie nicht Deutsch?*

– Homem – disse o ator –, vamos solucionar esse mistério. – Olhou para a plataforma e chamou Robin Joachim, um jovem nova-iorquino que falava russo e fora contratado como tradutor pela Everyman Opera especialmente para essa viagem.

Os dois russos sorriram satisfeitos quando Joachim começou a falar com eles em seu idioma; o prazer deu lugar ao espanto quando ele explicou que os passageiros que embarcavam naquele trem não eram alemães, mas "amerikansky" que iam apresentar uma ópera em Leningrado e Moscou.

– Não é interessante? – disse Joachim, virando-se para um grupo de ouvintes que incluía Leonard Lyons. – Ninguém lhes disse nada sobre nossa presença no trem. Eles nunca ouviram falar de *Porgy and Bess*.

Lyons, o primeiro dentre os americanos a recuperar-se do choque dessa revelação, muniu-se de um bloco de anotações e caneta.

– Bem, e o que eles acham? Como reagiram?

– Oh, eles não podiam estar mais felizes – respondeu Joachim. – Estão delirando de alegria.

Era verdade que os russos assentiam e riam. O oficial deu um sonoro tapa nas costas do auxiliar e gritou uma ordem.

– O que ele disse? – perguntou Lyons com a caneta preparada.

Joachim disse:

– Ele o mandou pôr um pouco de chá no samovar.

O relógio da estação marcava cinco horas. Havia sinais indicando a iminência da partida, apitos soando, um ranger de portas. Nos corredores do trem, um rádio começou a berrar música marcial e a companhia, agora a bordo, se pendurava nas janelas acenando para os desanimados alemães que trabalhavam como carregadores de bagagem, nenhum deles alvo do "insulto capitalista", como fomos informados que a Democracia do Povo costumava chamar uma gorjeta. De repente, em todas as janelas, um grito ou aplauso soou. Era para os Breen, Robert e Wilva, que corriam pela plataforma acompanhados por um vagão de carga repleto de suprimentos, comida, caixas de cerveja e vinho, *frankfurters*, pães salgados e doces, carnes frias, maçãs e laranjas. Só houve tempo para transportar as caixas para o trem antes de a fanfarra militar no rádio atingir seu ponto mais estridente, e os Breen, olhando com um sorriso corajoso e paternal, viram seu "projeto sem precedentes" afastar-se deles pelos trilhos até desaparecer na noite.

O espaço que me haviam designado ficava no Carro 2, Compartimento 6. Parecia maior que um compartimento normal de *wagon-lit* e tinha uma certa graça nele, apesar da presença de um alto-falante de rádio que não podia ser desligado completamente e de uma lâmpada azul ardendo no teto, outro aparato que não se podia desligar completamente. As paredes eram azuis, a janela era emoldurada por cortinas de veludo azul combinando com o estofamento dos bancos. Havia uma pequena mesa entre os assentos e sobre ela um abajur com uma cúpula de seda rosada.

A srta. Ryan apresentou-me aos nossos companheiros no Compartimento 6, Earl Bruce Jackson e sua noiva, Helen Thigpen, que eu não conhecia até então.

Jackson é alto e esguio, cheio de energia e com olhos escuros num rosto sombrio. Usa um cavanhaque e suas mãos são brilhantes de anéis, diamantes, safiras e rubis. Trocamos um aperto de mãos.

– Paz, irmão, paz. Essa é a palavra – ele disse, e voltou a descascar uma laranja, deixando a casca cair no chão.

– Não, Earl – disse a srta. Ryan –, essa *não* é a palavra. A palavra de ordem é: mantenha tudo limpo. Ponha suas cascas de laranja no cinzeiro. Afinal – ela olhou pela janela, para as luzes de Berlim Oriental, cada vez mais distantes –, esta será nossa casa por muito tempo.

– É isso mesmo, Earl. Nossa casa – concordou a srta. Thigpen.

– Paz, irmão, paz. Essa é a palavra. Diga aos rapazes lá em Nova York – disse Jackson, cuspindo uma semente.

A srta. Ryan começou a distribuir parte do piquenique de última hora que os Breen haviam providenciado. Com um suspiro, a srta. Thigpen recusou uma garrafa de cerveja e um sanduíche de salame.

– Não sei o que vou comer. Nada se encaixa na minha dieta. Desde que conheci Earl, comecei uma dieta e perdi 25 quilos. Cinco colheres de sopa de caviar somam cem calorias.

– Isso não é caviar. Pelo amor de Deus! – A srta. Ryan respondeu com a boca cheia de sanduíche de salame.

– Estou pensando no futuro – a srta. Thigpen argumentou desanimada. E bocejou. – Alguém se incomoda se eu vestir minha camisola? É melhor ficarmos confortáveis.

A srta. Thigpen, que era corista antes de se juntar ao *Porgy and Bess* quatro semanas atrás, é uma mulher pequenina e roliça, excessivamente empoada. Usa os saltos mais altos, os chapéus mais altos e generosas asper-sões de Joy ("O Perfume Mais Barato do Mundo").

– Ei, belezura – disse Jackson, admirando os esforços da noiva para ficar à vontade. – O número para jogar é sete sete três e paz é a palavra. Obi-du!

A srta. Thigpen ignorou os comentários.

– Earl – ela disse –, foi São Paulo, querido?

– O que tem São Paulo?

– O lugar onde ficamos noivos.

– Sim. São Paulo, Brasil.

Ela parecia aliviada.

– Foi o que eu disse ao sr. Lyons. Ele queria saber. É o homem que escreve para o jornal. Já o conheceu?

– Sim – disse Jackson –, já nos encontramos.

– Talvez você tenha ouvido – a srta. Thigpen especulou olhando para mim. – Sobre nos casarmos em Moscou. Foi ideia de Earl. Eu nem sabia que estávamos noivos. Perdi 25 quilos, mas não sabia que estávamos noivos até Earl ter essa ideia sobre nos casarmos em Moscou.

– Vai ser uma grande história – comentou Jackson, e, apesar de estalar seus dedos cintilantes, o tom de voz era sério, lento, como se pensasse longos pensamentos. – O primeiro casal de americanos negros a se casar em Moscou. Isso é primeira página. Isso é televisão. – Ele olhou para a srta. Thigpen. – E não quero que diga nada disso àquele gato do Lyons. Não, até termos certeza de que as vibrações magnéticas são ideais. Com uma coisa importante como essa, é necessário sentir as vibrações adequadas.

A srta. Thigpen disse:

– Devia ver o terno de Earl para o casamento. Ele mandou fazê-lo em Munique.

– Maluco, homem, maluco – disse Jackson. – Casaca de fraque marrom com lapelas de cetim champanhe. Sapatos combinando. E, para completar o conjunto, tenho um sobretudo novo com um – como vocês chamam aquilo? – ah, sim, uma gola de pele de carneiro persa. Mas, puxa, ninguém vai ver nada disso. Não antes do dia do casamento.

Perguntei quando seria e Jackson admitiu que nenhuma data havia sido definida.

– O sr. Breen está cuidando de todos os detalhes. Ele tem conversado com os russos. Vai ser uma coisa importante para eles, também.

– É claro – concordou a srta. Ryan, recolhendo as cascas de laranja do chão. – Isso vai pôr a Rússia no mapa.

A srta. Thigpen deitou-se de camisola e se preparou para estudar uma partitura musical; mas ela parecia perturbada, incapaz de se concentrar. – O que me incomoda é que não será uma união legal. Em nosso país, em vários estados, não é considerado legal um casamento realizado na Rússia.

– Em que estados? – suspirou Jackson, como se retomasse uma discussão tediosa com ela.

A srta. Thigpen pensou um pouco.

– Em vários – respondeu finalmente.

– É legal em Washington, D.C. – ele disse. – E essa é sua cidade natal. Portanto, se é legal na sua cidade natal, por que está preocupada?

– Earl – a srta. Thigpen disse com ar cansado –, por que não vai procurar seus amigos para jogar cartas? Tonk!

O tonk, um jogo popular entre alguns membros do elenco, é uma variação de cinco cartas de um jogo comum de combinação de naipes. Jackson respondeu que seria inútil tentar organizar um jogo.

– Não há um lugar onde possamos jogar. Todos os jogadores estão acomodados com pessoas que não jogam.

A porta do nosso compartimento foi aberta e Ducky James, um inglês loiro e de aparência juvenil, o administrador dos bens da produção, entrou anunciando com seu sotaque forte:

– Quem quiser uma bebida, montamos um bar no nosso compartimento. Martínis... Manhattan... *Scotch*...

– Aquele Ducky! – exclamou a srta. Thigpen. – Ele é mesmo um grande felizardo! Não me espanta que seja ele distribuindo as bebidas. Sabem o que aconteceu com ele? Pouco antes de embarcarmos neste trem, ele recebeu um telegrama. A tia morreu e deixou para ele 90 mil libras.

Jackson assobiou.

– Quanto vale isso em dinheiro de verdade?

– Duzentos e setenta mil dólares, aproximadamente – ela respondeu. Depois, ao ver o futuro marido se levantar para deixar o compartimento: – Aonde vai, Earl?

– Quero saber se Ducky joga cartas.

Recebemos a visita de Twerp, uma *boxer* branca que entrou no compartimento toda alegre e saltitante e logo demonstrou não ter sido treinada com relação ao local onde devia fazer suas necessidades. Ela pertencia à responsável pelo figurino, uma jovem do Brooklyn chamada Marilyn Putnam. A srta. Putnam apareceu, gritando:

– Twerp! Twerp! Ah, aí está você, cachorrinha. Ela não é uma cadelinha?

– Sim – disse a srta. Ryan, ajoelhando-se para esfregar o carpete com jornal molhado. – Temos que viver aqui. Pelo amor de Deus!

– Os russos não se incomodam – respondeu a srta. Putnam na defensiva. Ela pegou a cachorrinha no colo e beijou sua testa. – Twerp estava correndo pelo corredor do trem, não é, anjo? Os russos apenas sorriam. *Eles* compreendem que ela é só um bebê. – Quando se virou para sair, ela quase colidiu com uma garota parada na porta, chorando. – Ei, Delirious! Qual é o problema, meu bem? Está doente?

A garota balançou a cabeça. Seu queixo tremeu, os olhos grandes transbordaram mais lágrimas.

– Delirious, querida, não fique assim – confortou-a a srta. Thigpen. – Sente-se. Conte qual é o problema.

A menina se sentou. Seu nome era Dolores Swann; mas, como muitos no elenco, ela havia adotado um pseudônimo, no caso, o descritivo Delirious.

Corista, ela tinha cabelos vermelhos e cortados como os pelos de um *poodle*. Seu rosto dourado pálido era tão redondo quanto os olhos, ambos inocentes. Ela engoliu e chorou:

– Perdi meus dois casacos. Os dois. O de pele e o azul. Deixei na estação. E não tenho seguro, nada!

A srta. Thigpen balançou a cabeça.

– Só você poderia fazer uma coisa dessas, Delirious.

– Mas não foi minha culpa – defendeu-se a srta. Swan. – Eu estava com muito medo. Fui deixada para trás, sabe? Perdi o ônibus. E foi terrível ficar vagando sozinha, procurando um táxi que me trouxesse até a estação. Porque nenhum deles queria ir a Berlim *Oriental*. Bem, finalmente um inglês sentiu pena de mim e disse que me traria. Foi horrível. A polícia nos parou várias vezes para fazer perguntas e ver documentos e, oh... Eu tinha certeza de que seria deixada ali na escuridão, com a polícia, os comunistas e tudo aquilo. Tive medo de nunca mais ver nenhum de vocês outra vez.

O relato causou mais lágrimas. A srta. Ryan serviu um conhaque para ela e a srta. Thigpen segurou sua mão dizendo:

– Está tudo bem, benzinho.

– Mas pode imaginar como me senti, o alívio que foi chegar à estação – e lá estava todo mundo. Vocês não haviam partido sem mim. Eu quis abraçar todos, cada um. Deixei meus casacos em algum lugar para abraçar Ducky. Abracei Ducky e esqueci os casacos. E só me lembrei deles agora.

– Pense nisso tudo assim, Delirious – disse a srta. Thigpen, como se quisesse encontrar palavras reconfortantes –, apenas lembre, você é a única pessoa que jamais viajou para a Rússia sem levar um casaco.

– Sei de uma afirmação ainda mais singular que *todos* nós podemos fazer – acrescentou a srta. Ryan. – Não é só singular, mas maluca. Quero dizer, aqui estamos nós... a caminho da Rússia, sem passaportes. Nada de passaporte, nem visto... nada.

Meia hora mais tarde, a afirmação da srta. Ryan tornou-se menos válida, porque, quando o trem parou em Frankfurt a. d. Oder, que marca a fronteira da Alemanha com a Polônia, uma delegação de oficiais embarcou e, literalmente, jogou os passaportes da companhia, desaparecidos há tanto tempo, no colo de Warner Watson.

– Não entendo – disse Watson, desfilando pelo trem para distribuir os documentos a cada proprietário. – Esta manhã a Embaixada Russa me disse que os passaportes haviam ido para Moscou. Agora, de repente, eles aparecem na fronteira polonesa.

A srta. Ryan folheou rapidamente seu passaporte e encontrou vazia a página em que deveria ter sido carimbado o visto russo.

– Pelo amor de Deus, Warner! Não há nada aqui!

– Eles emitiram um visto coletivo. Emitiram, ou vão emitir, não sei bem – respondeu Watson, sua voz tímida e cansada soando ainda mais aguda. Sua pele era cinzenta e sob seus olhos havia olheiras de fadiga que se tornavam mais evidentes a cada dia.

– Mas, Warner...

Watson, protestando, ergueu a mão e disse:

– Não sou humano. Tenho de ir para a cama. Vou para a cama e vou ficar lá até chegarmos em Leningrado.

– Bem, é uma pena – comentou a srta. Ryan quando Watson escapou –, uma pena que não possamos ter o carimbo em nosso passaporte. Gosto de *souvenirs*.

O trem deveria permanecer na fronteira por quarenta minutos. Decidi descer e dar uma olhada em tudo por ali. No final do vagão encontrei uma porta de saída e comecei a descer a escada de ferro que levava à plataforma. Lá na frente eu podia ver as luzes da estação e uma nebulosa lanterna vermelha balançando de um lado para o outro. Mas ali onde me encontrava estava escuro, exceto pelos quadrados amarelos das janelas do trem. Caminhei ao longo dos trilhos, apreciando a sensação fresca do frio e tentando determinar se ali era a Alemanha ou a Polônia. De repente notei figuras correndo na minha direção, um conjunto de sombras que, de perto, descobri serem três soldados, homens de rosto pálido e inexpressivo com estranhos casacos longos e baionetas penduradas nos ombros. Eles me encararam em silêncio. Um deles apontou para o trem; resmungou alguma coisa, gesticulando para indicar que eu devia voltar ao vagão. Caminhamos juntos, nós quatro, e me desculpei em inglês, explicando que não sabia que os passageiros não tinham autorização para descer do trem. Não houve resposta, apenas um grunhido e um gesto para que continuasse andando. Subi a escada do vagão e me virei para acenar para eles. Não obtive nenhuma resposta.

– Querido, você não saiu – disse a sra. Gershwin, por cujo compartimento eu passei correndo. – Ou melhor, não deveria ter saído. Não é seguro. – Ela era uma das duas pessoas que estavam sozinhas em um compartimento. (A outra era Leonard Lyons, que obtivera privacidade ameaçando deixar o trem a menos que seus companheiros de viagem, Herman Sartorius e Warner Watson, fossem removidos. "Não é nada pessoal", ele dissera. "Mas sou um trabalhador. Tenho que produzir mil palavras por dia. Não consigo escrever com gente sentada do meu lado." Sartorius e Watson haviam sido, portanto, forçados a se acomodar com Ira Wolfert. Quanto à sra. Gershwin, viajava sozinha porque, aos olhos da administração, tinha esse direito. "Ela é uma Gershwin.") Sem tirar seus diamantes, a sra. Gershwin trocara de roupa, vestindo calça comprida e suéter; amarrara os cabelos com fitas e calçara chinelos macios.

– Deve estar gelado lá fora. Vejo neve no chão. Devia tomar um pouco de chá quente. Mummm, está delicioso – ela aprovou, bebendo o chá preto e forte de um copo alto que depositava sobre uma bandeja prata. – O homenzinho adorável o prepara em seu samovar.

Fui procurar o homem que fazia o chá, o atendente do Carro 2; mas, quando o encontrei, no final do corredor, ele se debatia com mais obstáculos do que um samovar fumegante. Twerp, a filhote de *boxer*, latia e pulava entre suas pernas, mordendo a bainha da calça. Além disso, ele havia sido submetido a uma intensa entrevista, com Lyons fazendo as perguntas e Robin Joachim atuando como intérprete. Pequeno e abatido, o russo tinha um rosto fundo, como o de um pequinês, marcado por rugas e linhas que deviam ser consequência mais da carência alimentar do que da idade. Sua boca era cheia de dentes de metal e as pálpebras eram baixas, como se cochilasse o tempo todo. Enquanto servia o chá e se defendia de Twerp, ele respondia ao interrogatório rápido de Lyons, agitado como uma dona de casa murcha falando com o censor. Dizia ser de Smolensk. Contou que os pés doíam, as costas doíam e que sempre tinha dor de cabeça pelo excesso de trabalho. E disse ganhar apenas 200 rublos por mês (50 dólares, mas muito menos quando usados para comprar pó) e se considerava mal pago. Sim, ele apreciaria muito uma viagem.

Lyons interrompeu suas anotações e disse:

– Eu não sabia que eles podiam reclamar desse jeito. Pelo que acabei de ouvir, tenho a impressão de que o rapaz está descontente.

O atendente me serviu o chá e ao mesmo tempo ofereceu, de um pacote amarrotado, um de seus cigarros. Era dois terços filtro e um terço tabaco, bom para sete ou oito tragadas, embora eu nem tenha fumado tudo isso, porque, quando comecei a caminhar de volta ao meu compartimento, o trem entrou em movimento com um solavanco tão forte que derrubei o cigarro e o chá.

Marilyn Putnam pôs a cabeça no corredor.

– Santa confusão! – disse, estudando a sujeira. – Twerp fez isso?

No Compartimento 6 as camas estavam prontas para a noite, ou para toda a jornada, de fato, já que nunca foram refeitas. Lençóis limpos, embora rústicos, um travesseiro cheio de caroços que cheirava a feno, um único cobertor fino. A srta. Ryan e a srta. Thigpen liam em suas camas, tendo antes ligado o rádio tão baixo quanto era possível mantê-lo e aberto a janela um dedo.

A srta. Thigpen bocejou e me perguntou:

– Viu Earl, querido?

Respondi que sim.

– Ele está ensinando Ducky a jogar Tonk.

– Ah – ela respondeu com um sorriso sonolento. – Então, ele não volta para cá antes do amanhecer.

Tirei os sapatos e me deitei em minha cama, pensando que em um momento terminaria de me despir. Havia uma cama sobre a minha e nela eu podia ouvir a srta. Ryan resmungando para si mesma, como se lesse em voz alta. Descobri que ela estudava russo e para isso usava um velho dicionário inglês-russo de frases prontas que o Exército americano distribuíra durante a guerra. A intenção era beneficiar os soldados americanos que pudessem entrar em contato com os russos.

– Nancy – disse a srta. Thigpen, como uma criança que pede uma história na hora de dormir. – Nancy, diga alguma coisa em russo para nós.

– A única coisa que aprendi é *Awr-ga-nih-ya raneen* – a srta. Ryan disse gaguejando. Respirou fundo. – ... *V-pa-lavih-yee.* Uau! Eu só queria aprender o alfabeto para poder ler as placas nas ruas.

– Mas isso foi ótimo, Nancy. O que significa?

– Significa "fui ferido nas partes privadas".

– Francamente, Nancy! – A srta. Thigpen espantou-se. – Por que se deu ao trabalho de memorizar essa frase?

– Vá dormir – a srta. Ryan respondeu, apagando sua luz de leitura.

A srta. Thigpen bocejou novamente e puxou as cobertas até o queixo.

– É o que vou fazer.

Em pouco tempo, tive uma sensação de quietude que se espalhava por todo o trem, dominando os vagões como a luz fria da lâmpada azul. O gelo se acumulava nos cantos das janelas; era uma teia de aranha tecida ao contrário. No rádio, uma orquestra de balalaicas produzia música animada; como um contraponto estranho e solitário, alguém por ali tocava uma harmônica.

– Escute – sussurrou a srta. Thigpen, chamando atenção para a harmônica. – É Junior – contou, referindo-se a Junior Mignatt, um membro do elenco ainda na adolescência. – Não sabe que esse garoto é sozinho? Ele é do Panamá. Nunca viu neve antes.

– Vá dormir – disse a srta. Ryan. O rugido do vento do norte na janela parecia um eco de sua ordem. O trem entrou em um túnel. Para mim, que já dormia inteiramente vestido, o túnel teve o tamanho da noite.

O frio me acordou. A neve entrava pela fresta da janela. Havia o suficiente ao pé da minha cama para formar uma bola. Levantei-me, feliz por ter me deitado vestido, e fechei a janela, que estava coberta de gelo. Esfreguei uma parte da vidraça com a mão para poder olhar para fora. Havia indicações dos primeiros raios de sol no céu, mas ainda continuava escuro e os traços da cor da manhã eram como peixes dourados nadando em tinta. Estávamos na periferia de uma cidade. Casas iluminadas por lâmpadas e cercadas por plantações davam lugar a blocos de cimento e prédios com apartamentos de aparência isolada, solitária. O trem atravessava uma ponte que passava sobre uma rua; lá embaixo, um automóvel de aparência frágil transportava várias pessoas para o trabalho, fazendo curvas suaves como um trenó em baixa velocidade. Momentos depois paramos em uma estação, que agora penso que devia ser Varsóvia. Na plataforma sombria e coberta de neve, homens se mantinham bem próximos batendo os pés e dando tapas nas próprias orelhas. Percebo que o atendente do nosso vagão, o rapaz do chá, se junta aos outros. Ele aponta para o trem e diz alguma coisa que os faz rir. Uma explosão de nuvens de vapor torna o ar mais denso. Ainda rindo, vários homens se aproximam do trem. Eu volto para a cama, porque é óbvio que eles pretendem espiar pelas janelas. Uma depois da outra, faces distorcidas se espremem na vidraça. Num dado momento ouço um grito rápido. O som vem de outro compartimento e a voz parece ser de Dolores Swann. O grito era compreensível, se ela acordou e se deparou com uma daquelas máscaras geladas coladas em sua janela. Nenhum dos meus companheiros acordou, mas esperei quieto, antecipando alguma comoção no vagão. A quietude se mantinha, exceto por Twerp, que começou a latir com uma regularidade monótona que me fez dormir outra vez.

Às dez horas, quando abri os olhos, estávamos em um largo mundo de cristal cheio de rios congelados e campos de neve. Aqui e ali, como estampas em um papel, faixas de abetos interrompiam a brancura. Bandos de corvos pareciam patinar em um céu duro e brilhante como gelo.

– Homem – comentou Earl Bruce Jackson, que acabara de acordar e se coçava sonolento espiando pela janela –, vou lhe dizer uma coisa: eles não plantam laranja por aqui.

O banheiro fica no Carro 2 e é um aposento sombrio, sem aquecimento. Há um lavatório enferrujado com as duas torneiras habituais, quente e fria. Infelizmente, as duas pingam um fio gelado de água. Naquela manhã, uma longa fila de homens esperava na porta do banheiro, escovas de dente na mão, barbeador na outra. Ducky James teve a ideia de pedir ao atendente, que estava ocupado alimentando o compartimento de carvão sob seu samovar, para compartilhar um pouco da água quente usada para preparar o chá e assim "permitir um barbear decente" a todos ali. Todo mundo achou a ideia excelente, menos o russo, porque, quando ouviu a tradução do pedido, ele olhou para seu samovar como se ali fervessem diamantes derretidos. E depois fez algo curioso.

Ele se aproximou de cada homem e passou a ponta dos dedos por suas faces, examinando a barba. Havia no ato uma ternura que o fez memorável.

– Puxa – disse Ducky James –, ele certamente é afetuoso.

Mas o atendente concluiu sua pesquisa com um movimento negativo de cabeça. Absolutamente não, *nyet*, ele não daria sua água quente. A condição da barba dos cavalheiros não justificava tamanho sacrifício e, além do mais, quando estava viajando, o homem "realista" devia contar com alguns dias sem se barbear.

– Minha água é para fazer chá – ele disse. – Quente, doce e bom para o espírito.

Um copo fumegante desse chá entrou comigo no banheiro. Usei a bebida para escovar os dentes e depois, misturando-a com sabonete, transformei a infusão em creme de barbear. Meio pegajoso, mas não de todo ruim.

Mais tarde, sentindo-me asseado e apresentável, comecei uma ronda de visitas. O ocupante do Compartimento 1, Leonard Lyons, tinha uma conversa profissional com Earl Bruce Jackson. Evidentemente, Jackson havia superado o temor de que Lyons não tivesse as "vibrações ideais", porque descrevia detalhes de seu casamento em Moscou.

– Isso é ótimo. Simplesmente ótimo, Earl – aprovou Lyons, anotando tudo. – Fraque marrom. Lapelas champanhe. Quem vai ser o padrinho?

Jackson contou que havia convidado Warner Watson. Lyons se mostrou relutante ao aprovar a escolha.

– Escute – ele disse, batendo no joelho de Jackson –, nunca pensou em convidar alguém importante?

– Como você, por exemplo?

– Como *Khrushchev* – Lyons sugeriu. – Como *Bulganin*.

Jackson o encarou por um instante com os olhos semicerrados, como se não conseguisse decidir se a sugestão de Lyons era séria ou só uma brincadeira.

– Mas eu já convidei Warner. Porém, talvez, nessas circunstâncias...

– É claro – apoiou Lyons. – Warner entenderia.

Mesmo assim, Jackson ainda tinha um último vestígio de dúvida.

– Acha que o sr. Breen pode arranjar tudo, aproximar-me de um desses homens?

– Ele pode tentar – disse Lyons. – E a simples tentativa pode ser suficiente para colocar seu nome nas primeiras páginas, entende?

– *C'est* obidu – aprovou Jackson, olhando para Lyons com grande admiração. – Realmente fantástico, homem. Vou agora mesmo cuidar disso.

Mais para a frente no corredor visitei os Wolfert, que dividiam um compartimento com Herman Sartorius e Warner Watson, a dupla que Lyons expulsara, o último em mais de uma variação. Mas Watson ainda dormia, sem saber de sua iminente dispensa do posto de padrinho de Jackson. Sartorius e Ira Wolfert estavam sentados com um grande mapa aberto sobre os joelhos e a sra. Wolfert, encolhida num casaco de pele, se debruçava sobre um manuscrito. Perguntei se ela estava criando um diário.

– Eu tenho um diário, mas isto é um poema. Estou trabalhando nele desde janeiro. Pensei em terminá-lo no trem. Mas a maneira como me sinto... – ela suspirou desanimada. – Não dormi nada nesta noite. Minhas mãos estão geladas. Minha cabeça está repleta de impressões. Não sei onde estou.

Sartorius indicou um ponto no mapa.

– Vou lhe dizer onde estamos. Passamos por Lidice. Agora, temos mais cinco horas de Polônia antes de Brest Litovsk.

Brest Litovsk seria a primeira parada na Rússia. Muita coisa estava programada para acontecer ali. As rodas do trem seriam trocadas para se adaptar aos trilhos mais largos da Rússia; um vagão-restaurante seria acoplado à composição, e, mais importante, representantes do Ministério da Cultura se reuniriam à companhia e viajariam com ela para Leningrado.

– Sei o que isso me lembra – disse Ira Wolfert, apontando para a paisagem severa. – Partes da América. O Oeste.

Sartorius assentiu.

– Wyoming no inverno.

De volta ao corredor, encontrei a srta. Ryan ainda vestida em traje de dormir, uma camisola de flanela vermelha. Ela pulava num pé só, porque o outro havia encontrado uma amostra do mau comportamento de Twerp.

Eu disse:

– Bom dia.

Ela respondeu:

– *Não fale comigo* – e seguiu saltando num pé só na direção do banheiro.

Fui ao Carro 3, onde os grupos familiares, crianças e seus pais, estavam instalados. A escola cumprira sua obrigação diária; resumindo, as crianças haviam terminado suas lições matinais e estavam, portanto, de bom humor. Aviões de papel cortavam o ar. Caricaturas eram desenhadas com os dedos nas vidraças congeladas. O atendente russo, que parecia ainda mais pesaroso e atormentado que seu colega no Carro 2, era mantido tão ocupado com o dever de proteger a propriedade russa que nem percebia o que estava acontecendo em seu samovar. Dois garotos haviam se apoderado do equipamento para assar salsichas de cachorro-quente. Um deles, David Bey, me ofereceu um pedaço.

– Bom, não é?

Respondi que sim, realmente. Bem, se eu havia gostado tanto, podia ficar com o que restava do sanduíche. Ele já tinha comido quinze.

– Vê os lobos? – ele me perguntou.

Uma amiga mais velha, Gail Barnes, lhe disse:

– Pare de inventar histórias, Davy. Não há nenhum lobo. Eram só cachorros.

– Eram lobos – insistiu Davy, um menino de nariz redondo e olhos inclinados e vivos. – Todo mundo viu. Pela janela. Eles *pareciam* cachorros. Cães policiais, mas menores. Eles se perseguiam e corriam na neve... Como se estivessem se divertindo. Eu podia ter matado um deles. Looooobos – ele uivou, cutucando meu estômago com uma pistola de caubói.

Gail disse que esperava que eu entendesse.

– Davy é só uma criança.

Gail, cujo pai, Irving Barnes, é um dos atores que se revezam no papel de Porgy, tem 11 anos e é a mais velha das crianças que acompanham a companhia, seis no total, algumas delas desempenhando papéis menores no espetáculo. Por ser a mais velha, ela desenvolveu uma estranha noção de responsabilidade com relação às outras crianças e trata todas elas com maturidade e boa vontade, com uma cortesia firme que poderia servir de exemplo para qualquer governanta.

– Com licença – ela pediu, olhando para o corredor, onde vários pequenos, tendo aberto uma janela, deixavam entrar rajadas de ar do Ártico. – Acho que tenho de dar um jeito naquilo.

Mas, antes de concluir a missão, Gail também voltou a ser criança.

– Ei, vejam! – ela exclamou, debruçando-se na janela que devia ter fechado. – Vejam, crianças... *gente*!

As pessoas que ela apontava eram duas crianças pequenas patinando no gelo de um lago às margens de um bosque branco. Elas patinavam em alta velocidade tentando acompanhar o trem e, ao serem ultrapassadas, ergueram os braços como se quisessem agarrar os cumprimentos gritados, os beijos jogados por Gail e seus amigos.

Enquanto isso, o atendente russo finalmente notava a coluna de fumaça que brotava de seu samovar. Ele tirou as salsichas queimadas do fogo e as jogou no chão. Depois, lambendo os dedos queimados e empregando um vocabulário que devia ser, a julgar pelo tom, mais do que apropriado para expressar a dor que sentia, correu para tirar as crianças da janela e fechá-la.

– Ah, não seja chato – disse Davy ao funcionário da ferrovia. – Estávamos nos divertindo tanto!

Os restos de um almoço de queijo e frutas podiam ser vistos sobre a mesa (e no carpete) do Compartimento 6. No meio da tarde, o sol se refletia na taça de Chianti na mão da srta. Ryan.

– Adoro vinho – ela disse com fervor. – Comecei a beber aos 12 anos de idade. Bebia muito. É surpreendente que não tenha me tornado uma alcoólatra. – Ela sorveu um gole e suspirou com um contentamento que refletia a disposição geral. A srta. Thigpen e seu noivo, também segurando taças de vinho, estavam aninhados em um canto do assento, ela com a cabeça apoiada no ombro do amado. O encantamento sonolento e manso foi quebrado pelas batidas na porta. Alguém anunciou:

– Rússia.

– Em seus lugares, por favor – disse a srta. Ryan. – As cortinas serão abertas.

Os primeiros sinais de uma fronteira se aproximando já podiam ser vistos: guardas severos e imóveis, não muito diferentes daqueles que cercam as penitenciárias agrícolas do Sul. Em intervalos regulares, as guaritas pontilhavam a planície desoladora como gigantescos postes de telefone. Na mais próxima delas eu vi um homem observando o trem pelo binóculo. O trem reduziu a velocidade para fazer uma curva e continuou desacelerando até parar. Estávamos em um território de inspeção, cercados por uma infinidade de caminhos e por carros retidos com seus ocupantes assustados. Era a fronteira soviética, quarenta minutos antes de Brest Litovsk.

Ao longo dos trilhos, hordas de mulheres com a cabeça envolta por xales, como uma versão de lã da cortina, empunhavam pás e picaretas, cavando a neve e parando apenas para enxugar o nariz nas mãos nuas e vermelhas. As poucas que ainda olhavam para o Blue Express eram submetidas aos olhares cáusticos dos vários vigias que as cercavam, todos andando por ali com as mãos enfiadas nos bolsos dos casacos.

– Se não é uma *vergonha...* – disse a srta. Thigpen. – Mulheres fazendo todo o trabalho, enquanto os homens simplesmente ficam olhando. Que coisa horrível!

– Aqui é assim, meu bem – respondeu Jackson, bafejando sobre um de seus rubis e limpando o anel na lapela. – Todo homem é um Sportin' Life.

– Queria ver alguém *me* tratar desse jeito – anunciou a srta. Thigpen com tom ameaçador.

– Mas devo dizer – interferiu a srta. Ryan – que os homens são lindos. – Seu interesse estava voltado para dois oficiais que passavam sob a janela, tipos altos, fortes e silenciosos de lábios finos e rostos queimados pelo vento, embrutecidos. Um deles olhou para cima e, ao ver os olhos azuis e os cabelos dourados da srta. Ryan, quase tropeçou no parceiro.

A srta. Ryan choramingou.

– Meu Deus, não seria horrível?

– O que, meu bem? – interessou-se a srta. Thigpen.

– Se eu me apaixonasse por um russo – respondeu a srta. Ryan. – Não seria o *fin* absoluto? Na verdade, minha mãe tinha esse receio. Ela disse que, se eu me apaixonasse por um russo, não precisava nem voltar para casa. Mas – ela acrescentou ainda olhando para o oficial –, se todos são *assim*...

De repente, o admirador da srta. Ryan não tinha mais tempo para flertar. Ele se juntou ao pequeno Exército russo que corria pela área perseguindo Robin Joachim. Joachim, fotógrafo ávido e apaixonado, havia desrespeitado as regras descendo do trem e tornara sua situação ainda pior tentando tirar algumas fotos. Agora ele corria em ziguezague pelos trilhos, escapando por pouco do golpe furioso da enxada de uma mulher, da mão gelada de um guarda.

– Espero que o peguem – a srta. Ryan manifestou-se com tom frio. – Ele e suas malditas câmeras. Eu sabia que ele ia nos meter em confusão.

Mas Joachim era um rapaz cheio de recursos. Escapando dos homens que o perseguiam, ele voltou ao trem, correu para um compartimento, jogou o casaco, a câmera e o boné sob um assento e, para alterar ainda mais a sua aparência, tirou os óculos de aros de tartaruga. Segundos mais tarde, quando os soviéticos irados embarcaram, ele assumiu tranquilamente seu papel de tradutor da companhia e os ajudou a procurar o acusado, uma busca que não deixou de fora nenhum compartimento. Warner Watson, despertado de um sono profundo, não achou a situação engraçada. E prometeu a Joachim que eles teriam uma conversa muito séria.

– Não é assim que se começa uma boa troca cultural – disse.

O incidente causou um atraso de 45 minutos e outras repercussões, uma delas envolvendo Twerp, porque os russos, durante a busca, haviam ficado chocados com certas condições no Carro 2, resultado direto da presença do filhote. Mais tarde, Marilyn Putnam, proprietária de Twerp, disse:

– Eu fui firme e clara. Se não podemos sair do trem nunca, o que eles esperavam que acontecesse? Isso calou a boca dos guardas.

Chegamos em Brest Litovsk num luminoso crepúsculo. Estátuas de heróis políticos, pintadas de uma prata barata como aquelas imagens de *souvenir* vendidas na Woolworth's, saudavam-nos ao longo dos últimos quilômetros de trilhos antes da estação. A estação ficava em um trecho elevado de onde era possível ter uma visão parcial da cidade azul e fosca, dominada por uma catedral ortodoxa que, bem longe dali, projetava suas cúpulas em forma de cebola e as torres de mosaico para o céu. Era possível ver suas cores orientais, apesar da luz minguante do anoitecer.

Comentara-se entre os membros da companhia que ali poderíamos descer do trem e talvez, durante o tempo necessário para a troca das rodas e a inclusão do vagão-restaurante, até fazer um passeio pela cidade. Leonard Lyons era o mais ansioso com essa possibilidade.

– Não posso escrever mil palavras por dia passando o tempo todo sentado em um trem. Preciso de ação. – Lyons chegara inclusive a debater com o elenco o tipo de ação que gostaria de viver. Ele queria que os atores caminhassem por Brest Litovski cantando *spitiruals.** – É uma boa história e um bom espetáculo. Fico surpreso por Breen não ter pensado nisso. – Quando o trem parou, as portas se abriram, realmente, mas foram imediatamente fechadas outra vez depois da entrada de uma delegação de cinco integrantes do Ministério da Cultura em Moscou.

Um desses emissários era uma mulher de meia-idade com cabelos desalinhados e aparência maternal, exceto pelos olhos. Eles eram cinzentos, frios, riscados por reflexos leitosos, e tinham um brilho embalsamado que não se misturava aos contornos cheios de alegria de sua expressão. Ela vestia um casaco preto e um vestido da mesma cor cujo decote pendia frouxo com o peso de uma rosa de marfim. Ao se apresentar e apresentar os

* *Spiritual* é um gênero musical criado pelos escravos negros norte-americanos, em geral executado ao som de palmas e acompanhado de movimentos corporais. (N. T.)

colegas, ela recitou os nomes numa sequência rápida, fazendo-os soar como uma canção folclórica.

– Quero que conheçam SaschaMenashaTiomkenKerinskyIvorsIvanovichNikolaiSavchenkoPlesitskyaGrutchenRickiSomanenko...

Com o tempo, os americanos aprenderiam a abreviar e simplificar esses nomes, até que seus donos se tornassem conhecidos como srta. Lydia, Henry, Sascha e Igor; os últimos, jovens aspirantes do Ministério que, como a madura srta. Lydia, haviam sido designados tradutores para a companhia. Mas o quinto membro do quinteto, Nikolai Savchenko, não era homem que se pudesse chamar de Nick. Importante oficial no ministério, Savchenko estava no comando da turnê *Porgy and Bess*.

Vítima de um leve recuo de mandíbula, com olhos saltados e uma tendência para a obesidade, ele ainda era uma figura formidável – com muito mais que um metro e oitenta de altura, uma atitude severa e firme e um aperto de mão que lembrava um quebra-nozes. Ao lado dele, seus jovens assistentes pareciam crianças doentes, embora dois deles, Sascha e Igor, fossem rapazes de ombros excessivamente largos para os casacos de gola de pele que vestiam; e Henry, magro e frágil, com orelhas enormes e tão vermelhas que pareciam roxas, compensava com a energia pessoal o que não tinha em estatura.

Era natural que a srta. Lydia e os rapazes reagissem com estranheza à situação, seu primeiro encontro com ocidentais; compreensível que hesitassem ao testar seu inglês, tão tediosamente aprendido no Instituto de Línguas Estrangeiras de Moscou, mas nunca antes praticado com estrangeiros de verdade; perdoável que, em vez disso, eles os estudassem como se os americanos fossem peões em um tabuleiro de xadrez. Mas Savchenko também dava a impressão de estar desconfortável, de preferir, de fato, um passeio em Lubyanka aos deveres atuais. O que era perdoável, também; embora um pouco estranho, considerando-se que durante dois anos na época da guerra ele havia servido como conselheiro na Embaixada Soviética em Washington. Mesmo assim, ele parecia tão constrangido com a novidade da presença americana que por um momento fingiu não falar inglês. Fez um breve discurso de boas-vindas num russo carrancudo e depois ouviu a tradução feita pela srta. Lydia.

– Esperamos que cada um e todos vocês tenham uma agradável jornada. É uma pena que tenham vindo no inverno. Não é uma boa época do ano. Mas costumamos dizer: melhor agora do que nunca. Sua visita é mais um passo na caminhada para a paz. Quando os canhões são ouvidos, as musas silenciam; se os canhões estão silenciosos, as musas são ouvidas.

A metáfora de canhões e musas, a favorita de Savchenko, frase principal de todos os discursos que ele faria no futuro, foi um sucesso imediato entre os ouvintes ("Que lindo." "Grande, sr. Savchenko." "Muito bom, homem.") e Savchenko, animado com o sucesso e começando a relaxar, decidiu que talvez não houvesse razões para manter a companhia confinada no trem. Por que não desciam à plataforma para assistir à troca das rodas?

Do lado de fora, Lyons ensaiava o grupo, tentando produzir uma canção comemorativa. Mas a temperatura, negativa naquele momento, não conduzia à disposição musical. Grande porcentagem dos que haviam demonstrado alívio e gratidão por poderem sair do Blue Express, agora, depois da breve exposição, se acotovelavam para voltar ao calor do trem. Os corajosos remanescentes viam trabalhadores de ambos os sexos desatrelarem os vagões e os elevarem até o nível da cabeça de um homem adulto. As rodas antigas, jorrando faíscas, eram então removidas do trem, enquanto, da direção oposta, as novas rodas com sulcos mais largos eram encaixadas no espaço. Ira Wolfert qualificou a operação: "muito eficiente"; Herman Sartorius a considerou "impressionante"; mas a srta. Ryan achou tudo uma "droga de aborrecimento" e disse que, se eu a acompanhasse ao interior do prédio da estação, me pagaria uma vodca.

Ninguém nos deteve. Atravessamos umas cem jardas de trilhos, caminhamos por uma via de terra entre depósitos e galpões e chegamos no que parecia ser uma combinação de estacionamento e mercado. Quiosques brilhantemente iluminados o contornavam como velas acesas em um bolo. Era intrigante descobrir que cada um dos quiosques vendia os mesmos produtos que os outros: latas de salmão Red Star, sardinhas Red Star, garrafas empoeiradas de perfume Kremlin, caixas igualmente empoeiradas de doce Kremlin, tomates em conserva, fatias de *bacon* cru entre pedaços de pão colorido pela fuligem, bebidas estranhas, pão de cruz (sem a cruz) do qual se tinha a impressão de que havia sido assado em julho. E, apesar de os quiosques atraírem um bom público, o item mais procurado não era vendido em nenhum deles. Essa mercadoria era encontrada no cesto de um vendedor ambulante, um chinês ambulante que carregava maçãs. As maçãs eram tão pequenas e enrugadas quanto ele mesmo, mas a fila de espera de clientes reagiu desconsolada quando a última fruta foi vendida. No final dessa área, uma escada levava à entrada principal da estação, e o chinês, carregando seu cesto, caminhou até lá e se sentou ao lado de um amigo. O amigo era um mendigo encolhido dentro de um velho casaco do Exército e com um par de muletas a seus pés. As muletas lembravam as asas quebradas de um passarinho ferido. Três de cada quatro pessoas que por ali passavam deixavam uma moeda em sua mão estendida. O chinês também deu algo ao pedinte. Uma maçã. Ele havia guardado uma fruta para o amigo e outra para si mesmo. Os dois comiam e se encolhiam um junto ao outro no frio cortante.

O lamento constante de um apito de trem parecia fundir os comedores de maçã, os quiosques e os passageiros cobertos por peles numa imagem única e enfumaçada de sons miseráveis.

– Nunca senti saudades de casa. Nunca em toda a minha vida – a srta. Ryan me contou. – Mas, às vezes... Pelo amor de Deus. Às vezes – ela disse ao subir a escada correndo e abrir a porta da estação – você se sente *muito* longe de casa.

Como Brest Litovsk é um dos centros ferroviários mais estratégicos da Rússia, sua estação está entre as maiores do país. Procurando algum lugar onde pudéssemos comprar uma bebida, exploramos corredores majestosos e uma série de salas de espera, a principal delas mobiliada com belos bancos de carvalho ocupados por passageiros com pouca bagagem. Viam-se crianças com embrulhos de papel no colo. O piso de pedra, sujo e molhado pela neve derretida levada pelas solas de muitos sapatos, era escorregadio demais e havia um odor estranho no ar, uma saturação tão intensa que parecia mais pressão do que cheiro. Pessoas que visitam Veneza frequentemente comentam os odores marcantes dessa cidade. Os locais públicos da Rússia, terminais e lojas de departamentos, restaurantes e teatros, também têm um cheiro ruim instantaneamente reconhecível. E a srta. Ryan, ao sentir esse cheiro pela primeira vez, disse:

– Meu Deus, eu não ia querer um vidro dessa fragrância. Meias velhas e um milhão de bocejos.

Na procura por um bar, começamos a abrir portas aleatoriamente. A srta. Ryan entrou e saiu por uma delas. Era um banheiro masculino. Depois, vendo dois bêbados que saíam por uma porta vermelha e estreita, ela decidiu:

– Aquele é o lugar que procuramos.

A porta vermelha se abria para um restaurante extraordinário. Do tamanho de um ginásio, ele parecia ter sido preparado para uma formatura de colégio e decorado por um comitê de gosto vitoriano. Estofados de veludo vermelho combinavam com as cortinas que cobriam paredes inteiras. Lustres muito antigos distribuíam uma luminosidade dos trópicos pelas surradas e manchadas toalhas sobre as mesas e pelas plantas de plástico. O *maitre d'hôtel* parecia inadequado àquela atmosfera de grandiosidade ultrapassada. Ele devia ter pelo menos oitenta anos, um patriarca de barbas brancas com olhos ferozes que nos espiavam através da densa névoa de fumaça de cigarro, como se questionasse nosso direito de estar ali.

A srta. Ryan sorriu para ele e disse:

– Vodca, *pjolista*.

O homem a encarou com mais hostilidade que compreensão. Ela tentou variar a pronúncia.

– Woedka... Wadka... Woodka – e até apresentou uma pantomima divertida. – O pobrezinho é surdo – disse antes de gritar: – *Vodca!* Pelo amor de Deus!

Apesar de manter a expressão neutra, como se não compreendesse mesmo o que queríamos, ele nos convidou a segui-lo e, de acordo com o costume de acomodar os estrangeiros em assentos próximos, nos colocou numa mesa em que já havia dois homens. Ambos bebiam cerveja e o velho apontou para a garrafa, como se perguntasse se era aquilo que desejávamos. Resignada, a srta. Ryan assentiu.

Nossos companheiros de mesa eram dois tipos muito diferentes. Um deles, um garoto corpulento com a cabeça raspada e usando um uniforme desbotado, caminhava a passos largos para o estado de embriaguez, uma condição compartilhada por uma porção surpreendente da clientela do restaurante, muitos deles homens, vários já ruidosos, ou debruçados sobre a mesa e resmungando coisas incompreensíveis para si mesmos. O segundo homem era um enigma. Sua aparência podia ser de um executivo de Wall Street, um colega de Herman Sartorius, o tipo de pessoa que se podia imaginar jantando no Pavillion, não bebendo cerveja em Brest Litovsk. Seu terno era bem passado e ficava claro que ele não o havia confeccionado sozinho. A camisa tinha abotoaduras de ouro e ele era o único ali usando gravata.

Depois de um momento, o soldado de cabeça raspada falou com a srta. Ryan.

– Lamento, mas não falo russo – ela respondeu. – Somos americanos. *Americansky*.

Sua declaração teve um efeito imediato. Os olhos avermelhados ganharam um certo foco, ele olhou para o colega bem-vestido e fez uma longa declaração, à qual o homem respondeu com algumas frases de som frio e cortante. Seguiu-se uma discussão intensa entre eles, depois o soldado pegou sua cerveja e foi se sentar em outra mesa, de onde ficou olhando com ar carrancudo para nós.

– Bem – suspirou a srta. Ryan sustentando aquele olhar hostil –, nem todos os homens são atraentes, isso é certo. – Porém, ela considerou nosso outro companheiro de mesa, o homem bem-vestido... – Muito atraente. Uma espécie de Otto Kruger. Engraçado, sempre gostei de homens mais velhos. Pare de olhar. Ele vai saber que estamos falando dele. Escute – disse, depois de chamar minha atenção para a sua camisa, as abotoaduras, as unhas limpas –, você acha que existem russos milionários?

A cerveja chegou. Uma garrafa de um quarto de litro e dois copos. O *maitre d'hôtel* serviu um centímetro de cerveja em um dos copos, deixou-o na minha frente e ficou parado, esperando. A srta. Ryan entendeu o significado do gesto antes de mim.

– Ele quer que você experimente, como vinho.

Peguei o copo me perguntando se a degustação de cerveja era comum entre os soviéticos, ou se aquilo era uma cerimônia, algum tipo de memória perturbada pela champanhe, uma lembrança da elegância czarista que o velho revivia para impressionar-nos. Bebi, movi a cabeça em sentido afirmativo e então o velho, orgulhoso, encheu nossos copos com o líquido quente e sem espuma. Mas a srta. Ryan disse de repente:

– Não toque nisso! É horrível! – Respondi que não havia achado tão ruim assim. – Estou dizendo que estamos encrencados. Meu Deus, esqueci completamente. Não temos rublos!

– Por favor, eu faço questão de pagar – disse uma voz suave com um belo acento britânico. Era o homem bem-vestido e, embora seu rosto continuasse perfeitamente composto e neutro, os olhos, de um azul nórdico e brilhante, cintilavam com um humor que era a medida exata do nosso desconforto. – Não sou um milionário russo. Eles existem, e conheço pessoalmente alguns, mas, mesmo não fazendo parte do grupo, seria um imenso prazer poder pagar sua bebida. Por favor, não se desculpem – ele disse, antecipando o esforço constrangido da srta. Ryan. – Tudo isso foi muito divertido. Muito incomum. Não é habitual encontrar dois americanos nesta parte do mundo. São comunistas?

Depois de dar uma resposta negativa, a srta. Ryan explicou o que fazíamos ali, para onde íamos e por quê. – Têm sorte de ir antes a Leningrado. Uma cidade encantadora – ele relatou. – Muito pacata, realmente europeia, único lugar na Rússia onde consigo me imaginar morando, não que seja essa a minha condição atual, mas... Sim, gosto de Leningrado. Não tem nada de parecido com Moscou. Estou a caminho de Varsóvia, mas acabei de passar duas semanas em Moscou. São equivalentes a dois meses em qualquer outro lugar.

Ele contou que era norueguês e que seu ramo de atuação, madeira, exigia que fosse visitar a União Soviética e passasse lá várias semanas no ano, exceto por um período na guerra, em 1931.

– Falo bem o idioma e entre meus amigos sou considerado uma autoridade em assuntos russos. Mas, para ser bem honesto, não posso dizer que entendo mais desse lugar agora do que entendia em 1931. Sempre que vou ao seu país, e já estive lá meia dúzia de vezes, penso que os americanos são os únicos dentre os povos do mundo que me lembram os russos. Espero que não se incomodem por eu dizer isso. Os americanos são generosos. Cheios de energia. E sob toda essa aparência de força eles querem ser amados, mimados, como cachorros e crianças, e querem ouvir dizer que são tão bons e até melhores do que o restante de nós. Bem, os europeus concordam com eles. Mas simplesmente não acreditam nisso. Preferem continuar se sentindo inferiores e isolados. Sozinhos. Como os russos. Exatamente como eles.

A srta. Ryan quis saber o que ele falara com o soldado que havia deixado a mesa.

– Ah, menino tolo – ele respondeu. – Coragem alcoólica. Por alguma razão estúpida, ele acredita que você o insultou. Eu disse que ele estava se comportando como um *nye kulturni*. Lembre-se disso: *nye kulturni*. Vai descobrir que a expressão é extremamente útil, porque, quando esses sujeitos são rudes e você precisa enfrentá-los, não serve de nada chamá-los de bastardo, filho de um cão ou qualquer outra coisa. Mas acusá-los de ser *sem cultura* causa impacto certeiro.

A srta. Ryan estava ficando ansiosa com o horário. Ela apertou a mão do cavalheiro e agradeceu pela cerveja.

– Foi muito *kulturni* – disse. – A propósito, acho que você é mais atraente que Otto Kruger.

– Vou me lembrar de dizer a minha esposa – ele respondeu rindo. – *Dasvedanya*. Boa sorte.

• • •

Uma hora depois de deixarmos Brest Litovsk, soou no trem o primeiro chamado para o vagão-restaurante. Era um evento pelo qual a companhia ansiava, com o apetite aguçado pela fome e pela convicção de que em breve estaria provando a primeira refeição genuinamente russa, um verdadeiro banquete, ou, como comentou alguém do elenco, um verdadeiro "rega-bofe".

Os desejos da srta. Thigpen eram os mais modestos.

– Cinco colheres de sopa de caviar e uma torrada. São 130 calorias.

Calorias eram a última preocupação da sra. Gershwin.

– Não pense que não vou me jogar no caviar, querida. Em Beverly Hills, meio quilo custa 35 dólares.

Os sonhos de Leonard Lyons incluíam *borscht* quente e creme azedo. Earl Bruce Jackson planejava se embriagar de vodca e se "entupir" de *shashlik*. Marilyn Putnam esperava que todos guardassem os restos para Twerp.

A primeira leva, cinquenta pessoas, entrou no vagão-restaurante e ocupou as mesas cobertas por toalhas de linho, cada uma acomodando quatro pessoas. As mesas eram postas com porcelana branca e prata ligeiramente gasta. O jantar parecia ser tão antigo quanto a prata e o aroma da comida pairava no ar como um vapor visível. Savchenko não estava presente, mas a srta. Lydia e os três funcionários do ministério eram anfitriões em mesas diferentes. Os rapazes olhavam em volta, como se apelassem em silêncio uns aos outros de suas ilhas distintas de exílio e miséria.

A srta. Lydia dividia uma mesa com Lyons, a srta. Ryan e eu. Era possível sentir que, para a mulher de meia-idade que dizia viver normalmente da tradução de artigos e morar em um cômodo em Moscou, a experiência única, a que pintava aquele rubor de animação em suas faces, não era a de conversar com estrangeiros, mas de estar sentada num vagão-restaurante a bordo de um trem. Algo na porta, nas toalhas limpas e no pequeno cesto com maçãs pequeninas como aquelas vendidas pelo chinês na estação ferroviária causava nela uma agitação que se refletia em seus trêmulos dedos rosa-marfim e na persistência com que ela empurrava o cabelo para trás das orelhas.

– Ah, vamos comer! – ela exclamou, olhando para um quarteto de garçonetes gorduchas que caminhavam pelo corredor carregando bandejas com o primeiro prato.

Os que antecipavam caviar gelado e garrafas foscas de vodca ficaram um pouco incomodados quando viram diante deles iogurte e garrafas de refrigerante de framboesa. A srta. Thigpen, sentada atrás de mim, era a única voz expressando entusiasmo:

– Eu seria capaz de beijá-las! Mais proteínas do que um filé e só metade das calorias.

Mas, do outro lado do vagão, a sra. Gershwin prevenia a srta. Putnam para não arruinar seu apetite com aquela bobagem.

– Não, querida. Tenho certeza de que o caviar virá em seguida.

Mas o segundo prato consistia de macarrão boiando como toras encharcadas em um caldo aguado. Logo depois foi a vez das costeletas de vitela à milanesa, batatas cozidas e ervilhas que tilintavam no prato como tiros; para beber, mais refrigerante de framboesa. A srta. Putnam disse à sra. Gershwin:

– Não é com o *meu* estômago que estou preocupada. É com o de Twerp.

A sra. Gershwin, cortando sua vitela, respondeu:

– Acha que podem estar reservando o caviar para a sobremesa? Com panquecas, talvez?

As bochechas da srta. Lydia estavam cheias, os olhos saltavam das órbitas, as mandíbulas trabalhavam como pistões e um fio de suor escorria por seu pescoço.

– Coma, coma – ela repetia. – Bom, não?

A srta. Ryan disse que sim, estava maravilhoso, e a srta. Lydia, limpando o prato com um pedaço de pão preto, assentiu com veemência:

– Não se pode encontrar melhor nem mesmo em Moscou.

Entre o prato principal e a sobremesa, ela se dedicou ao cesto de maçãs; empilhando caroços, parava de vez em quando para responder às perguntas. Lyons estava ansioso para saber em que hotel a companhia se hospedaria em Leningrado. A srta. Lydia se assustou por ele não saber.

– O Astoria. Reservamos os quartos há semanas – ela respondeu, passando em seguida a descrever o Astoria como "muito antigo, mas único".

– Bem – disse Lyons –, e a vida noturna em Leningrado? Alguma ação por lá?

A srta. Lydia respondeu dizendo que talvez seu inglês não fosse tão bom quanto ela imaginava, e continuou, de seu ponto de vista moscovita, descrevendo Leningrado como um nova-iorquino poderia descrever Filadélfia; "antiquada", "provinciana", "diferente de Moscou". No final de seu recital, Lyons manifestou-se com desânimo.

– Para mim, ela parece ser uma cidade para dois dias.

A srta. Ryan pensou em perguntar quando havia sido a última vez que a srta. Lydia visitara Leningrado. A srta. Lydia piscou.

– A última vez? Nunca. Nunca estive lá. Vai ser interessante conhecer, não?

Ela também tinha uma pergunta a fazer.

– Eu ficaria muito grata se me explicasse. Por que Paul Robeson não está com os atores? Ele é uma pessoa de cor, não é?

– Sim – respondeu a srta. Ryan; como outros 16 milhões de americanos. Certamente, a srta. Lydia não podia esperar que *Porgy and Bess* empregasse todos os negros!

A srta. Lydia reclinou-se na cadeira com uma expressão de astúcia.

– É por sua causa – disse sorrindo, apontando para a srta. Ryan. – Não permite que ele tenha seu passaporte.

A sobremesa chegou. Era sorvete de baunilha e estava excelente. Atrás de mim, a srta. Thigpen disse ao noivo:

– Earl, querido, eu não tocaria nesse sorvete. Talvez nem seja pasteurizado.

Do outro lado do vagão, a sra. Gershwin disse à srta. Putnam:

– Acredito que eles mandam tudo para a Califórnia. Meio quilo custa 35 dólares em Beverly Hills.

Em seguida serviram o café, e com ele uma discussão. Jackson e vários de seus amigos ocupavam uma mesa e jogavam Tonk. Os dois agentes mais jovens do ministério, Sascha e Igor, se levantaram e foram à mesa, baixando a voz para informar que o jogo era ilegal na União Soviética.

– Ei, ninguém está apostando dinheiro – protestou um dos jogadores. – Precisamos fazer *alguma coisa*. Se não podemos nem jogar, vamos acabar ficando malucos.

Sascha insistiu:

– É ilegal. Não é permitido.

Os homens jogaram as cartas sobre a mesa e Jackson, guardando tudo em uma caixa, disse:

– Lugar infernal. Casa de gatos mortos. O número aqui é zero. Diga isso aos rapazes em Nova York.

– Eles estão infelizes. Sentimos muito – disse a srta. Lydia. – Mas temos de lembrar dos nossos funcionários do restaurante. – Apontou com um gesto elegante do dedo uma das garçonetes que, exausta, tinha o rosto coberto por transpiração e os braços carregados de pratos sujos. – Espero que entendam. Não seria favorável se eles vissem nossas leis sendo desrespeitadas. – Ela reuniu as últimas maçãs e as enfiou em uma bolsa de tecido. – Agora – disse com alegria – vamos sonhar. Desdobrar as mangas da preocupação.

Na manhã de 21 de dezembro, o Blue Express estava a 24 horas de Leningrado, mais um dia e outra noite, mas a diferença entre um e outra parecia, na medida em que o trem ia penetrando mais e mais na Rússia, tênue, tão fraco era o sol, um fantasma pálido se erguendo às dez horas e voltando ao seu túmulo às três da tarde. E isso era tudo o que dividia dias e noites. O frágil leque de luz continuava revelando o inverno em seu momento mais duro: bétulas com os galhos quebrados pelo peso da neve; um vilarejo de cabanas de lenhadores, sem uma alma à vista e com os telhados cobertos de gelo, com pêndulos gelados tão longos que lembravam presas de elefante. Um cemitério em um vilarejo, um lugar pobre com cruzes simples de madeira, batido pelo vento e quase soterrado pelo manto branco da neve. Mas, aqui e ali, palheiros, resistindo nos campos desertos, eram a prova de que até aquela terra árida poderia, em uma primavera distante, tingir-se de verde outra vez.

No trem, entre os passageiros, o pêndulo emocional havia estabilizado no ponto do nirvana entre a tensão da partida e a ansiedade da chegada. E continuava interminável, atemporal, o nada que se chegava a aceitar como eterno, talvez, como o vento que soprava jatos brancos de neve no trem. Finalmente, até Warner Watson relaxou.

– Bem – ele disse, acendendo um cigarro com mãos que já não tremiam tanto –, acho que estou mais calmo.

Twerp cochilava no corredor, a barriga rosada virada para cima, as patas no ar. No Compartimento 6, agora uma confusão de camas por fazer, cascas de laranja, pó de arroz derramado e bitucas de cigarro boiando em chá frio, Jackson embaralhava cartas enquanto sua noiva lixava as unhas, e a srta. Ryan, dedicando-se ao estudo do russo, memorizava uma nova frase do velho livro do Exército:

– SLOO-*sha eess-ya ee-lee ya* BOO-*doo streel*-YAHT! Obedeça ou eu atiro!

Somente Lyons permanecia fiel às pressões de um mundo em que ainda havia expediente e trabalho.

– Ninguém analisa minha dedução do imposto olhando só o cenário – ele disse, e apontou com ar severo para uma nova coluna: "*Trem-show para Leningrado*".

Às sete daquela noite, quando os outros já tinham ido se sentar para a terceira rodada do dia de iogurte e refrigerante de framboesa, eu fiquei no compartimento e jantei uma barra de chocolate Hershey. Acreditava que Twerp e eu tínhamos todo o carro só para nós, até notar um dos intérpretes do ministério, Henry, o jovem com tamanho de criança e orelhas grandes, passar diante da porta e voltar, e olhar para mim com curiosidade cada vez que ia e voltava. Era como se ele quisesse falar, mas cautela e timidez o impedissem. Quando finalmente, depois de mais uma ou duas passadas, ele entrou no compartimento, a abordagem me pareceu oficial.

– Seu passaporte – ele disse, exibindo aquela rispidez que as pessoas tímidas costumam usar.

Henry se sentou na cama da srta. Thigpen e estudou o passaporte com aqueles óculos que insistiam em escorregar pelo nariz; como tudo o que usava, do terno preto com sua calça larga até os sapatos marrons e gastos, os óculos eram grandes demais para ele. Ofereci-me para ajudá-lo, se pudesse me dizer o que estava procurando.

– É necessário – ele resmungou, as orelhas vermelhas lembrando carvão em brasa. O trem deve ter percorrido vários quilômetros enquanto ele folheava o passaporte como um menino examinando um álbum de figurinhas; e, apesar de estudar todos os carimbos deixados como *souvenirs* por autoridades de imigração, sua atenção se detinha sempre por mais tempo nos dados que estabelecem a ocupação, a altura, a cor e a data de nascimento.

– Isto é correto? – perguntou, apontando para a minha data de nascimento. Eu disse que sim. – Temos três anos de diferença – comentou. – Eu sou novo... *mais novo*? Sim, mais novo, obrigado. Mas você já viu muita coisa. Eu conheci Moscou.

Perguntei se ele gostaria de viajar. Sua raiva começou como uma atitude física, uma estranha sequência de movimentos de ombro e uma crescente agitação, como se ele encolhesse dentro do terno de homem e gordo, respostas que pareciam significar sim e não, talvez. Empurrou os óculos para cima e disse:

– Não tenho tempo. Sou um trabalhador como ele e ele. Três anos, também pode acontecer de meu passaporte ter muitos carimbos. Mas estou contente com a cena – não, *cenário*, cenário da mente. O mundo é o mesmo, mas aqui – ele bateu na própria testa e bateu novamente com mais força –, *aqui* – ele abriu a mão sobre o coração – tudo é mutável? O que é correto, mutante ou mutável?

Respondi que ambos estavam certos; da maneira como ele usara, as duas palavras faziam sentido.

O esforço para formar essas frases e o excesso de sentimento por trás delas o deixaram ofegante. Ele se apoiou nos cotovelos e descansou um instante antes de, repentinamente, observar:

– Você é parecido com Shostakovich. Isso é correto?

Disse-lhe que nunca teria pensado nisso, não pelas fotos que já vira.

– Já falamos disso. O sr. Savchenko tem a mesma opinião – ele disse, como se isso fosse decisivo, porque, afinal, quem éramos nós para contestar Savchenko? O nome de Shostakovich levou à menção do nome de David Oistrakh, o grande violinista soviético que recentemente havia se apresentado em Nova York e Filadélfia. Ele ouviu meu relato sobre os triunfos de Oistrakh na América como se eu o estivesse elogiando; seus ombros encurvados se ergueram, de repente parecia preencher o terno largo, e os calcanhares dos sapatos, balançando pouco acima do chão, se uniram como se dançassem. Perguntei se acreditava que *Porgy and Bess* poderia ter sucesso na Rússia como Oistrakh tivera sucesso na América.

– Não tenho capacidade para dizer. Mas nós no ministério temos muita esperança. Mais que esperança. Esse é um trabalho importante para nós, esse *Porgy-Bess*. – Contou que, embora trabalhasse no ministério por cinco anos, essa era a única vez em que o trabalho o levara a sair de Moscou. Normalmente, disse, passava seis dias por semana no ministério ("tenho meu próprio telefone") e, aos domingos, ficava em casa e lia ("entre seus escritores, o mais poderoso é A. J. Cronin. Mas Sholokov é mais poderoso, sim?"). Sua casa era um apartamento na periferia de Moscou, onde ele morava com a família e, como era solteiro ("meu salário ainda não se iguala à aspiração"), dividia um quarto com o irmão.

A conversa prosseguia com facilidade cada vez maior; ele comeu um pedaço de Hershey, riu, bateu os calcanhares; e depois eu lhe ofereci alguns livros. Estavam empilhados sobre a mesa e seus olhos buscavam a pilha constantemente, interessado que estava na coleção vistosa de *thrillers* de 25 centavos misturados ao *Rumo à Estação Finlândia*, de Edmund Wilson, uma história sobre a ascensão do socialismo, e à biografia *Madame de Pompadour*, de Nancy Mitford. Eu lhe disse que poderia ficar com os livros, se quisesse.

De início, sua reação foi de contentamento. Depois, ao pegar os volumes, suas mãos hesitaram, recuaram e o tique pessoal retornou; mais movimentos de ombros, encolhimento generalizado, até ele ser novamente engolido pelas roupas largas.

– Não tenho tempo – decidiu, pesaroso. Depois disso, nada mais havia para dizer. Decidiu que meu passaporte estava em ordem e partiu.

Entre meia-noite e duas da manhã, o Blue Express ficou parado em uma ferrovia secundária perto de Moscou. O frio do exterior invadira os vagões, formando lentes de gelo na superfície interna das janelas; ao olhar para fora, viam-se apenas difusões espectrais, como se a visão fosse deformada por catarata. Assim que o trem deixou Moscou, uma disposição inquieta se espalhou pelos compartimentos; os que ainda dormiam acordaram, movendo-se como galinhas perturbadas por um falso amanhecer. Os que ainda não haviam ido dormir se serviram de mais um drinque e continuaram acordados. O pêndulo já oscilava na direção da ansiedade da chegada.

A srta. Thigpen acordou chamando:

– Earl! Earl!

Era como se despertasse de um pesadelo.

– Saiu – disse a srta. Ryan, que estava acomodada em sua cama bebendo um conhaque e lendo Mickey Spillane. – Está lá fora desafiando a lei. Alguém organizou uma partida de Tonk no vagão vizinho.

– Isso não é bom. Earl devia descansar – comentou a srta. Thigpen, mal-humorada.

– Atormente-o – aconselhou a srta. Ryan. – Ele vai se casar com você.

– Nancy, *quelle heure est-il?*

– Vinte para as quatro. – Às quatro a srta. Thigpen perguntou novamente; e de novo às quatro e dez. – Pelo amor de Deus, Helen. Arrume um relógio ou tome um Oblivon.

A srta. Thigpen chutou as cobertas.

– É inútil insistir. Acho melhor me vestir. – Ela levou uma hora e vinte e cinco minutos para escolher o traje e aplicar as porções corretas de cosméticos e perfume. Às cinco e trinta e cinco pôs na cabeça um chapéu de penas com um véu e se sentou em sua cama, completamente vestida, exceto pelas meias e os sapatos. – Não sei o que usar nas pernas. Não quero ser envenenada – disse. Seu medo tinha por base um memorando que os russos haviam distribuído entre as mulheres da companhia sobre a questão das meias de náilon. Em condições de frio severo, o náilon, eles anunciavam, tendia a se desintegrar, o que podia causar intoxicação por náilon. A srta. Thigpen tocou as pernas nuas e gemeu.

– Que tipo de lugar é esse para onde vamos? Um lugar onde uma meia feminina se desfaz no meio da rua e pode matar sua proprietária?

– Esqueça isso – sugeriu a srta. Ryan.

– Mas os russos...

– Como eles podem saber? Não há náilon aqui. Por isso eles dizem essas coisas.

Eram oito da manhã quando Earl voltou do jogo de Tonk.

– Earl – disse a srta. Thigpen –, é assim que vai se comportar depois do nosso casamento?

– Docinho – ele respondeu, caindo aturdido sobre a cama –, o gato miou pela última vez. Ele agora é zero ponto zero. Acabou o obidu.

A srta. Thigpen não parecia se solidarizar com as queixas.

– Earl, não se atreva a dormir agora. Estamos quase chegando. Se dormir por tão pouco tempo, vai acordar horrível.

Jackson resmungou alguma coisa e puxou um cobertor sobre a cabeça.

– Earl – a srta. Ryan interferiu com tom suave –, suponho que saiba que eles vão filmar cinejornais na estação, não?

Pouco tempo depois, Jackson estava barbeado, de camisa limpa e arrumado num casaco de pele cor de caramelo. Ele tinha um chapéu da mesma pele, uma peça que mandara fazer seguindo o estilo fedora. Enquanto calçava as luvas com buracos nos dedos para exibir seus anéis, deu à noiva instruções sobre como lidar com as câmeras já esperadas:

– Benzinho, não queremos aparecer no meio de um monte de gente imóvel. Isso é perda de tempo quando se está diante de uma filmadora.

Ele limpou a vidraça com o punho enfeitado e olhou para fora; eram nove e cinco e ainda estava completamente escuro; um cenário pouco favorável à prática da fotografia. Mas, passada meia hora, a escuridão se tornara aquele cinza nebuloso do amanhecer e já era possível ver o azul da neve caindo.

Um dos representantes do ministério, Sascha, passou pelo vagão batendo na porta dos compartimentos.

– Senhoras e senhores, em vinte minutos chegaremos a Leningrado.

Terminei de me vestir e fui para o corredor movimentado, onde a animação crescia a cada momento como a aceleração das rodas do trem. Até Twerp, envolta em um xale e nos braços da srta. Putnam, estava pronta para desembarcar. A sra. Gershwin estava mais preparada que Twerp. Ela ostentava mink e diamantes e seus cachos espiavam graciosos por baixo do chapéu de pele de marta.

– O chapéu, querido? Comprei na Califórnia. Estava guardado para uma surpresa. Verdade, meu bem? Que encanto, querido. *Querido...* – ela disse, fazendo uma pausa dramática que conferia volume à voz – chegamos!

Um instante perplexo de incredulidade, depois um movimento coletivo na direção da saída. O atendente de olhos tristes estava parado na porta do vagão esperando as gorjetas, mas foi ignorado e esmagado na parede. Alertas como cavalos na linha de partida, Jackson e John McCurry brigavam diante da porta pela supremacia. McCurry é o mais encorpado dos dois e, quando a porta se abre, é o primeiro homem a desembarcar.

E se depara imediatamente com uma multidão cinzenta, com a explosão de um flash.

– Deus a abençoe – diz McCurry quando uma mulher se aproxima distribuindo buquês de flores. – Deus abençoe suas cabecinhas pontudas.

"Quando chegamos, havia muitos pássaros voando por ali – pretos e brancos", escreveu Warner Watson quando mais tarde registrou a cena em seu diário. "Os brancos são *sakaros*. Anoto os nomes para os meus amigos observadores de pássaros. Fomos recepcionados por muitos russos simpáticos. As mulheres e os homens (da companhia) receberam buquês de flores. Fico me perguntando onde eles conseguiram as flores nesta época do ano. Ramalhetes pequenos e patéticos como aqueles feitos por uma criança."

A srta. Ryan, que também fazia um diário, escreveu: "O grupo oficial de recepção era composto por homens gigantescos e mulheres sérias vestidos mais para um funeral do que para dar as boas-vindas a uma companhia de teatro (roupas negras, rostos sombrios), mas talvez fosse isso que fazíamos. Minhas inúteis galochas de plástico saíam do pé, prejudicando meu progresso pelo mar de microfones e câmeras da imprensa, me impedindo de passar por aqueles que queriam chegar nos equipamentos. Os Breen estavam por perto, Robert ainda parecia meio sonolento, mas Wilva sorria. Na saída da estação, letras gigantescas de bronze anunciavam LENINGRADO – e então eu soube que era verdade".

A poetisa Helen Wolfert compôs para o seu diário uma longa descrição. Aqui vai um trecho: "Quando avançamos pela plataforma em direção à saída fomos aplaudidos por duas colunas de pessoas que formavam um corredor pelo qual caminhávamos. Chegando à rua, a massa de espectadores avançou sobre nós. Policiais empurravam as pessoas para abrir passagem,mas elas reagiam empurrando-os de volta com igual vigor. Os atores reagiram ao afeto e à comoção e receberam todo aquele carinho com gratidão, elegância, simpatia, e surpresa. Se os russos se apaixonaram pela companhia, não eram os únicos. Eu mesma me apaixonei por eles".

Talvez algumas notas de rodapé devam ser acrescentadas a esses registros. As pessoas a que a srta. Ryan se refere como "homens gigantescos e mulheres sérias" eram uma centena ou mais de artistas de renome do teatro de Leningrado, que se organizaram para ir esperar o trem. Há que se destacar que nenhum deles sabia que *Porgy and Bess* tinha um elenco negro e, antes de o comitê ter tempo para rearranjar a expressão perplexa e assumir um ar de boas-vindas, a companhia já se dirigia à saída da estação. A "massa de espectadores" mencionada pela sra. Wolfert era formada por cidadãos comuns cuja presença resultara de um artigo impresso na edição local do *Izvestia* do dia anterior. "Uma companhia americana de ópera chegará amanhã cedo de trem a Leningrado. Espera-se que se apresentem aqui." Essas duas linhas foram, aliás, a primeira publicidade que a imprensa soviética deu à empreitada de Breen; mas, apesar da falta de detalhes, o anúncio havia servido para atrair no mínimo aquele milhar de leningradenses enfileirados ao longo da estação, espalhados pela escada e amontoados na rua. Eu tinha menos consciência do "afeto e comoção" que impressionaram a sra. Wolfert. Exceto pelos aplausos contidos, a multidão, como eu a via, observava o elenco num imenso silêncio, um desdém quase catatônico que nos fornecia poucas indicações das suas impressões a respeito do grupo de americanos – a sra. Gershwin carregando mais buquês do que uma noiva; a pequena Davy-Bey dançando um Suzy-Q improvisado; Jackson distribuindo acenos típicos de um membro da realeza; e John McCurry caminhando com as mãos unidas sobre a cabeça como um lutador vencedor.

A reação do povo russo era inescrutável, mas o historiador oficial da companhia, Leonard Lyons, tinha uma opinião bem definida sobre tudo aquilo. Registrando a cena com profissionalismo, ele balançou a cabeça:

– Isso não foi feito da maneira correta. Não temos aqui um espetáculo como deveríamos ter. Se Breen conhecesse bem seu trabalho – ele disse quando passamos pela porta da estação –, teríamos desembarcado cantando!

PARTE 2

A ESTREIA DE *PORGY AND BESS* EM LENINGRADO, UM EVENTO PARA O QUAL se esperava publicidade internacional, foi planejada para a noite de segunda-feira, 26 de dezembro, o que dava à companhia cinco dias para preparar-se e ensaiar, tempo suficiente, considerando que o espetáculo estava em turnê pelo mundo por quase quatro anos. Mas Robert Breen, o diretor de produção, estava determinado a dar o melhor possível à plateia de Leningrado na noite da estreia da ópera negra. Breen e sua enérgica parceira e esposa Wilva, e seu assistente, o gentil mas altamente ferino Warner Watson, acreditavam que os russos ficariam "fascinados" com o con -to musical e que "nunca haviam visto nada parecido". Vários observadores, embora solidários, não tinham a mesma certeza. Vista de todos os ângulos, dos americanos ou dos patrocinadores russos, a noite de abertura prometia ser uma das mais cheias de suspense dos anais do teatro. Mas esse evento estava ainda, naquela manhã de chegada, a mais de cem horas de distância; e, depois de a companhia ter sido transportada em ônibus fretados do terminal de Leningrado ao Hotel Astoria, agora toda a ansiedade se voltava para as acomodações que ocupariam.

O Astoria, localizado na área impressionante da praça St. Isaac, é um hotel de turismo global, o que significa que é administrado pela agência soviética que controla todos os hotéis em que estrangeiros podiam se hospedar. Esse hotel apregoa ser, com bons motivos, o melhor de Leningrado. Alguns acham que o melhor é o Ritz da Rússia. Mas o local faz poucas concessões ao conceito ocidental de estabelecimento de luxo. Dentre essas, uma sala ao lado do saguão se anuncia como um *Institut De Beauté*, em que os hóspedes podem encontrar serviços de *Pedicure* e *Coiffeur pour Madame*. O *Institut*, com sua brancura imaculada, mais parece uma clínica de caridade supervisionada por poucas enfermeiras, e o *coiffure* que a madame recebe ali garante dar ao cabelo uma textura excelente para arear panelas. Há também no piso térreo três restaurantes, todos interligados, cada um deles um espaço cavernoso que lembra um hangar. O restaurante central é o melhor de Leningrado e à noite, das oito à meia-noite, uma orquestra toca *jazz* russo para o *haut monde* local que raramente dança, mas se senta contando preguiçosamente as bolhas em taças açucaradas de champanhe georgiana. O escritório de turismo internacional do hotel fica atrás de um balcão baixo no saguão principal; suas doze mesas são arranjadas de forma que os empregados tenham uma visão ampla, o que simplifica a tarefa de observar o vaivém dos hóspedes. Esse é um trabalho que eles tornam ainda mais simples, ou infalível, posicionando camareiras de meia-idade nos andares dos quartos, todas muito atentas e sempre vigilantes para que ninguém saia sem entregar a chave do quarto; revezando-se durante as 24 horas do dia, elas registram entradas e saídas num grosso livro de movimentação. Talvez Houdini pudesse escapar delas, mas é difícil imaginar como, porque elas se sentam em mesas de onde podem ver tanto a escada quanto o elevador, uma gaiola velha que range pendurada em seus cabos.

Na verdade, há uma escada nos fundos que não é vigiada e conecta os andares superiores a um saguão secundário; e, para o visitante clandestino, ou para o hóspede que deseja sair sem ser notado, essa seria a rota ideal. Seria, se não fosse cercada no alto e embaixo por barricadas de madeira reforçadas por armários e cadeiras. É possível que a administração não tenha encontrado outro lugar para guardar esses móveis. Certamente, não há mais espaço nos quartos. O espaço do Astoria lembra o anexo de um sótão vitoriano em que um parente pobre mora soterrado pelos restos descartados pela família; uma coleção de romântica estatuária de mármore, abajures enormes com cúpulas de tule como saias de bailarinas, mesas, várias delas, cobertas por tapetes orientais, cadeiras estofadas, sofás de veludo, armários que poderiam guardar vários baús, paredes revestidas com papel de estampas florais caleidoscópicas com pinturas emolduradas em ferro fundido retratando frutas e cenas idílicas do campo, camas escondidas em alcovas que mais parecem cavernas formadas por úmidas cortinas de veludo; tudo isso empilhado em uma área escura e sem ventilação (não se podem abrir as janelas no inverno e você não ia querer abri-las, mesmo que fosse possível), quatro vezes maior que o compartimento de um trem.

O hotel tem aposentos maiores, é claro, suítes com cinco ou seis cômodos, mas o efeito da decoração é o mesmo, apenas mais exagerado.

Ainda assim, a maioria da companhia envolvida com a produção de *Porgy and Bess* aprovou o Astoria, especialmente porque muitos haviam antecipado "coisa bem *pior*", e, em vez disso, encontraram aposentos "aconchegantes", "meio temáticos", ou, como colocou o sofisticado assessor de imprensa da produção, Willem Van Loon, "cheio de charme *art nouveau*. Combina comigo!". Mas, quando a trupe entrou pela primeira vez no saguão do hotel, já se misturando com os dignitários chineses e cossacos de botas de cano alto, a ocupação desses aposentos era, em alguns casos, distante e discutível.

A distribuição de quartos no Astoria, especialmente as suítes, parecia ser comandada por um protocolo, ou pela falta dele, que revoltava a maioria dos atores. Nancy Ryan expôs uma teoria de que os russos haviam chegado a esse sistema de distribuição de acomodações consultando a folha de pagamentos da Everyman Opera:

– Quanto menos você ganha, mais eles oferecem.

Qualquer que fosse a razão, vários papéis principais e personalidades de destaque que viajavam a convite da companhia consideraram "grotesco", "absurdo" que ajudantes de palco e camareiras, marceneiros e eletricistas fossem conduzidos imediatamente aos apartamentos VIP, enquanto eles, "os que realmente importavam", deviam se contentar com as sobras mais modestas do hotel.

– Isso é brincadeira? – irritou-se Leonard Lyons.

Outro convidado da companhia, o economista de Nova York Herman Sartorius, tinha motivo justo para reclamar; ele não fora acomodado em lugar nenhum. Nem a sra. Gershwin, que estava sentada sobre a própria bagagem no saguão, consolada por Wilva Breen e Warner Watson.

– Não se preocupe, meu bem – disse a sra. Breen, que chegara à noite de avião e estava instalada com o marido em seis cômodos do esplendor astoriano. – Os russos podem ser lentos, podem fazer uma certa confusão, mas no final tudo se ajeita. Veja o que aconteceu quando cheguei em Moscou – ela acrescentou, referindo-se a uma visita que fizera à capital russa em outubro passado, uma viagem relacionada com a turnê. – Levei nove dias para realizar o trabalho de duas horas. Mas, no final, tudo deu certo.

– É claro, Lee – disse Warner Watson, removendo linhas invisíveis de seu casaco com mãos agitadas. – É claro, meu bem, vamos resolver logo essa questão dos quartos.

– Querido, estou perfeitamente satisfeita, querido – a sra. Gershwin garantiu. – Acho simplesmente que é maravilhoso estar aqui.

– Realmente conseguimos – comentou a sra. Breen, explodindo de contentamento. – E que pessoas doces, bondosas, adoráveis. Não foi adorável quando o trem chegou?

– Adorável – disse a sra. Gershwin, olhando para a profusão de buquês murchos que ela recebera na estação.

– E o hotel é simplesmente lindo, não?

– Sim, Wilva – a sra. Gershwin concordou com ar inexpressivo, como se o entusiasmo da amiga começasse a cansá-la.

– Vocês terão um lindo quarto, Lee – disse a sra. Breen.

Warner Watson acrescentou:

– E, se não gostarem, podem trocar. Seja qual for a sua vontade, Lee, ela será acomodada.

– Querido, por favor, não é importante. Nem um pouco. Se me instalarem em *algum* lugar, eu nem vou sonhar em me mudar – disse a sra. Gershwin, que não imaginava que, nos dias seguintes, insistiria em mudar de acomodações três vezes.

A delegação do Ministério da Cultura, chefiada por Nikolai Savchenko, alto, formidável e sempre profissional, encontrava-se agora envolta em um turbilhão de gestos pacificadores, retificadores, prometendo a todos que cada um teria as acomodações adequadas e merecidas.

– Paciência – pediu um deles, a intérprete russa de meia-idade que todos chamavam de srta. Lydia. – Não contribuam para a infelicidade geral. Temos muitos quartos. Ninguém vai ficar na rua.

Nancy Ryan disse que não se importava de ficar na rua e se dirigiu a mim para sugerir que escapássemos da confusão no saguão dando uma caminhada pelos arredores.

A praça St. Isaac é delimitada de um lado por um canal que é afluente do Neva, um rio que, no inverno, atravessa a cidade como um Sena congelado, e do outro lado pela Catedral de St. Isaac, agora um museu antirreligioso. Caminhamos na direção do canal. O céu era cinzento, sem sol, e havia neve no ar, flocos pequeninos que giravam e caíam lentamente como partículas em um globo de cristal. Era meio-dia, mas não havia tráfego moderno na praça, exceto por um ou dois carros e um ônibus com seus faróis acesos. De vez em quando, porém, trenós puxados por cavalos deslizavam pelo pavimento gelado. Ao longo das margens do Neva, homens passavam esquiando silenciosamente e mães passeavam com seus bebês, puxando-os em pequenos trenós. Em todos os lugares, como aves negras errantes, crianças vestindo casacos pretos de um uniforme escolar passavam patinando no gelo das calçadas. Duas delas pararam para nos examinar. Eram gêmeas, meninas de 9 ou 10 anos, e usavam agasalhos de pele de coelho e boinas de veludo azul. Elas dividiam um par de patins, mas, de mãos dadas e dando impulso juntas, conseguiam se mover com perfeita harmonia. Olharam para nós com seus belos olhos castanhos cheios de curiosidade, como se tentassem determinar o que nos fazia diferentes. As roupas? O batom da srta. Ryan? As ondas suaves de seu cabelo loiro e solto? Muitos estrangeiros na Rússia logo se acostumavam com isso: a sutil estranheza dos transeuntes que, como que perturbados por alguma coisa que não conseguiam identificar, param, olham, olham para trás e muitas vezes se sentem impelidos a seguir o objeto de sua curiosidade. As gêmeas nos seguiram até o início da ponte sobre o Neva e ficaram nos observando enquanto, parados, nós apreciamos a paisagem.

O canal, não mais que uma vala de neve, era uma espécie de parque de diversão para crianças cujas gargalhadas agudas, combinadas a sinos, eram levadas pelo vento. Árvores esqueléticas, recobertas de gelo, cintilavam contra as fachadas austeras dos palácios que se enfileiravam pelas margens e se estendiam à distante Nevsky Prospekt. Leningrado, então com 4 milhões de habitantes, segunda maior cidade soviética e a última ao norte, havia sido construída de acordo com o gosto dos czares, e o gosto czarista passava pela arquitetura da França e da Itália, o que explica não só o estilo, mas também as cores dos palácios ao longo do Neva e outros distritos. Os negros e cinzas parisienses predominavam, mas de repente, aqui e ali, surgia a quente paleta italiana: um palácio verde brilhante, um ocre radiante, um azul-claro, um laranja. Alguns palácios haviam sido transformados em prédios de apartamentos, a maioria usada para escritórios. Pedro, o Grande, que é sempre muito reverenciado pelo atual regime por ter introduzido as ciências na Rússia, provavelmente teria aprovado a rede de fios de antenas de tevê que se enroscavam nos telhados de sua antiga cidade imperial.

Atravessamos a ponte e passamos pelos portões abertos de um palácio azul, entrando no pátio deserto. Aquele era o início de um labirinto, uma Casbah ártica em que um pátio levava a outro por arcadas e túneis e ruas estreitas cobertas de neve, silenciosas, exceto pelos cavalos que trotavam puxando trenós, pelo repicar de sinos, pela risada ocasional das gêmeas, ainda nos seguindo.

O frio era anestésico; aos poucos, comecei a me sentir entorpecido o bastante para ser submetido a uma importante cirurgia. Mas a srta. Ryan se recusava a voltar. Ela disse:

– Isto é St. Petersburgo, pelo amor de Deus. Não estamos simplesmente andando em um lugar qualquer. Quero ver tanto quanto for possível. E vou ver. De agora em diante, sabe onde eu vou estar? Trancada em um quarto datilografando um monte de bobagens para os Breen. – Mas percebi que ela não poderia suportar por muito mais tempo; seu rosto estava vermelho e a mancha branca na ponta do nariz já era uma queimadura de frio. Minutos depois, começando a sentir o ardor do ferimento, ela disse que podíamos voltar ao Astoria.

O problema era que estávamos perdidos. As gêmeas se divertiam muito vendo-nos rodar pelas mesmas ruas e pátios. Elas gritaram, riram e se abraçaram gargalhando quando, ao ver um homem que cortava madeira, nós fomos pedir-lhe informações balançando os braços, imitando os ponteiros de uma bússola e gritando:

– Astoria! Astoria!

O lenhador não entendia; ele depôs o machado e nos acompanhou até uma esquina, onde fomos solicitados a repetir a pantomima para três de seus amigos, que também não entenderam o que queríamos mas nos levaram a outra rua. No caminho, um garoto curioso e magro que carregava um estojo de violino juntou-se a nós e uma mulher que devia ser açougueira, porque usava um avental sujo de sangue sob o casaco, também nos acompanhou. Os russos falavam e discutiam; decidimos que eles nos levavam a uma delegacia de polícia e não nos incomodamos com isso, desde que o local fosse aquecido. Àquela altura, a umidade no meu nariz havia congelado e meus olhos perderam o foco. Mesmo assim, eu ainda enxergava o suficiente para ver que, de repente, estávamos novamente no início da ponte sobre o canal Neva. Eu quis agarrar a mão da srta. Ryan e correr. Mas ela dizia que nossa escolta havia sido fiel e merecia uma solução para o mistério. De lenhador a violinista, a procissão, liderada pelas gêmeas que iam patinando na frente do grupo, nos acompanhou pela praça até a porta do Astoria. Enquanto cercavam uma das limusines de turismo estacionadas diante do prédio, interrogando o motorista sobre nós, corremos para dentro do hotel e sentamos em um banco do saguão, inspirando o ar morno como mergulhadores que haviam passado tempo demais submersos.

Leonard Lyons aproximou-se.

– Estavam fora? – ele disse. A srta. Ryan assentiu e Lyons, baixando a voz, indagou: – Alguém seguiu vocês?

– Sim – confirmou a srta. Ryan. – *Multidões.*

Um quadro de avisos da companhia foi instalado no saguão. Preso nele estavam anúncios referentes ao horário de ensaios da companhia e uma lista de entretenimentos que os anfitriões soviéticos haviam planejado, incluindo, nos dias que antecediam a estreia, apresentações de balé e ópera, um passeio no novo metrô de Leningrado, uma visita ao Museu Hermitage e uma festa de Natal. Sob o título PONTUALMENTE também postaram os horários das refeições, que, influenciados pelo horário das apresentações do teatro russo, que tinha matinês começando ao meio-dia, e pelos espetáculos noturnos às oito, eram os seguintes: café às 9h30, almoço às 11h, jantar às 17h, lanche da noite às 23h30.

Mas às cinco daquela primeira tarde eu tomava um banho quente e nem pensava em jantar. O banheiro, integrando o quarto que me fora designado no terceiro andar, tinha paredes descascadas, um radiador frio e um vaso sanitário quebrado que rangia como um riacho correndo montanha abaixo. A banheira, uma peça de 1900, era cheia de manchas de ferrugem e a água que jorrava das torneiras era marrom de iodo, mas quente e abundante, e eu me deliciava, imaginando se lá embaixo, no sombrio salão de jantar, os membros da companhia finalmente saboreavam caviar e vodca, *shashlik*, *blinis* e creme azedo. (Ironicamente, como descobri mais tarde, eles recebiam o mesmo cardápio que havia sido servido no trem: iogurte e refrigerante de framboesa, caldo, vitela à milanesa, cenouras e ervilhas.) Meu banho foi interrompido quando o telefone tocou no quarto. Deixei tocar várias vezes, como faria se estivesse tomando banho em casa. Então, lembrei que não estava em casa, e lembrei também, olhando para o telefone, que aquele era um objeto inútil para mim na Rússia, tanto quanto se os fios estivessem cortados. Nu e pingando, fui atender ao chamado e ouvi a voz da intérprete, a srta. Lydia, informando que havia uma ligação para mim de Moscou. O telefone ficava sobre uma mesa ao lado da janela e na rua lá embaixo um regimento de soldados marchava cantando uma popular canção militar. Quando a ligação de Moscou foi transferida, eu mal podia ouvir o som robusto das vozes na rua. A pessoa do outro lado da linha era alguém que eu havia conhecido, Henry Shapiro, correspondente da United Press. Ele me perguntou:

– O que está acontecendo aí? Alguma coisa que eu possa transformar em matéria? – Contou que planejava viajar a Leningrado para "a grande história", a estreia de *Porgy and Bess*, mas agora não podia ir, porque tinha de cobrir "outra estreia", o Soviete Supremo, que aconteceria em Moscou na mesma noite. Portanto, ele ficaria grato se pudesse telefonar novamente na segunda-feira, depois da estreia, para ouvir meu relato dos fatos. Como foi, o que realmente aconteceu. Eu disse que sim, podia tentar.

O telefonema e o choque de ficar sem roupa em um quarto frio me levaram de volta à vida. A companhia era esperada para uma apresentação de balé e eu comecei a me vestir para o evento. Mas havia um problema.

Os Breen decretaram que os homens deviam usar *black-tie* e as mulheres vestidos de noite, mas não longos.

– É mais respeitoso – disse a sra. Breen. – Além do mais, Robert e eu gostamos sempre de gala.

Havia um grupo de opositores acreditando que, caso acatassem as determinações de Breen, todos seriam expostos ao ridículo em um país onde ninguém se vestia formalmente para nenhuma ocasião. Optei por um meio-termo vestindo terno de flanela cinza e gravata-borboleta. Enquanto me vestia, eu me movia pelo quarto endireitando algumas telas de frutas e flores que adornavam as paredes. Estavam tortas devido a uma visita de inspeção de Leonard Lyons, convencido da existência de escutas nos quartos do Astoria. As teorias de Lyon recebiam o apoio de vários membros da companhia, o que não era inusitado, considerando que os dois diplomatas americanos da Embaixada em Moscou lhes tinham contado numa reunião em Berlim que, em sua visita à Rússia, eles deveriam "presumir" que em seus quartos havia escutas e que suas cartas seriam abertas. Até Breen, que rotulara o conselho do diplomata de "monte de asneiras", encorajara sem querer as suspeitas da companhia ao declarar que, independentemente de opiniões pessoais sobre haver ou não escutas, ele esperava que na correspondência todos escrevessem apenas que a Rússia era "interessante" e que "se divertiam" lá; essa era uma contradição, alguém apontou, porque Breen pedia tal coisa embora também duvidasse da existência de microfones e do uso de vapor para abrir cartas.

Quando já estava saindo, parei na recepção do meu andar e entreguei a chave à camareira, uma mulher gorda com um sorriso de boneca Kewpie. Ela escreveu em seu registro: 224-1900. O número do meu quarto e a hora da saída.

Lá embaixo, uma discussão acontecia. A companhia, já vestida e pronta para ir ao balé, aguardava como uma coleção de estátuas mortificadas enquanto um membro do elenco, John McCurry, homem alto e forte, andava de um lado para o outro gritando:

– De jeito nenhum! Não vou pagar a uma criatura que nem conheço sete pratas e cinquenta por algumas horas de serviço! – McCurry reclamava do preço que uma babá russa cobrava para cuidar de sua filha de quatro anos enquanto ele e a esposa iam ao balé. Por 30 rublos por babá, o serviço do hotel fornecera um grupo de profissionais que atenderia a todos os pais das seis crianças que viajavam com a trupe; haviam arranjado até alguém para cuidar de Twerp, a cachorrinha da encarregada de figurino. Trinta rublos, ao câmbio de quatro para um, somavam 7,50 dólares, uma tarifa dura; mas, na realidade, para os russos, 30 rublos tinham um poder de compra equivalente a 1 dólar e 70 centavos, e os russos, que só tinham em mente essa tarifa modesta, não entendiam por que McCurry causava toda aquela cena. Savchenko, chefe do Ministério da Cultura, estava corado de indignação. A srta. Lydia estava pálida. Breen falou duro com McCurry, e a esposa deste, uma mulher tímida que mantinha os olhos quase sempre baixos, disse ao marido que, se se aquietasse, ela ficaria em casa com os filhos. Warner Watson e a srta. Ryan conduziram todos os outros para fora do saguão e para os dois ônibus que haviam sido fretados por todo o tempo de permanência em Leningrado.

Mais tarde, Breen se desculpou com Savchenko pela conduta de alguns membros da companhia. O pedido pretendia englobar mais do que o incidente com McCurry. Bebidas de graça não faziam parte do contrato que fora assinado entre o Ministério da Cultura e a Everyman Opera, Inc. Savchenko estava aborrecido porque várias pessoas pediram drinques nos quartos e se negaram a pagar por eles, brigaram e insultaram os garçons. Além disso, Savchenko também fora informado de que muitos americanos se referiam a ele e aos membros de sua equipe como "espiões". Breen também considerava esse tratamento "inconveniente e ultrajante" e Savchenko, aceitando suas desculpas, disse:

– Bem, é claro, em uma companhia desse tamanho é de se esperar que alguns não correspondam às expectativas de comportamento.

O balé seria apresentado no Teatro Mariinsky, que foi renomeado, embora ninguém o chame pelo novo nome, Kirov, uma homenagem ao velho revolucionário e amigo de Stalin cujo assassinato em 1934 é considerado o início do primeiro dos julgamentos de Moscou. Galina Ulanova, primeira bailarina do Bolshoi, fizera sua estreia naquele teatro e a Companhia de Ópera e Balé de Leningrado, que atualmente está instalada ali com uma base de repertório, é considerada de primeira classe pelos críticos soviéticos. Com exceção do Fenice em Veneza, um teatro que, de alguma forma, é semelhante àquele em seu tamanho e estilo típicos do século XVIII, do qual também data seu sistema de aquecimento, creio que nunca vi teatro mais belo. Infelizmente, os assentos antigos foram substituídos por novos, como os de auditório de escola, e sua cor, natural e crua, cria um contraste intenso com os tons de cinza e prata do simplificado interior rococó do Mariinsky.

Apesar do frio no teatro, todos nós, as damas inclusive, fomos solicitados a deixar casacos na chapelaria; até a sra. Gershwin se viu forçada a se separar de seu mink, porque na Rússia é considerado indelicado, *nye kulturni* ao extremo, entrar em um teatro, restaurante, museu, qualquer lugar desse tipo, usando casaco ou manto. No momento, quem mais sofria com a regra era a srta. Ryan. Loira alta e exuberante, ela usava um tomara-que-caia longo que se ajustava perfeitamente a suas curvas; quando caminhava pelo corredor, olhos masculinos se voltavam em sua direção como flores buscando o sol. Na verdade, a entrada da companhia criava uma certa comoção na plateia lotada. Pessoas se levantavam para ver melhor os americanos e seus trajes de gala, suas gravatas, sedas, seus brilhos. Boa parte da atenção era direcionada para Earl Bruce Jackson e sua noiva Helen Thigpen. Eles ocupavam o camarote real, em que a imagem da foice e do martelo encobria o brasão imperial. Jackson, debruçando-se sobre a mureta do camarote para exibir suas joias, inclinava lentamente a cabeça para a direita e para a esquerda, como a rainha Vitória.

– Eu estaria congelando se não estivesse tão envergonhada – disse a srta. Ryan, acompanhada até o seu assento por um recepcionista do teatro. – Veja só isso, eles me acham *indecente*. – Era impossível negar que havia um certo toque de crítica nos olhares que os ombros nus da srta. Ryan atraíam, especialmente das russas em torno dela. A sra. Gershwin, que usava um discreto e elegante vestido verde, manifestou-se:

– Eu disse a Wilva Breen que não devíamos vir tão arrumados. Sabia que pareceríamos ridículos. Bem, querida, nunca mais. Mas, francamente, o que *deveríamos* usar? – ela indagou, olhando em volta como se tentasse definir a moda local estudando os trajes melancólicos e sem forma da plateia. – Eu não trouxe nada que não seja bonito.

Sentada na poltrona da frente havia uma jovem cujo cabelo não era ondulado nem enrolado, muito menos liso; ela usava um corte de menino que combinava com seu rosto redondo, curioso, divertido. Vestia um cardigã preto sobre uma gola perolada. Apontei para ela ao falar com a srta. Ryan.

– Mas eu a *conheço* – respondeu animada a srta. Ryan. – Ela é de Long Island, frequentamos o Radcliffe juntas! *Priscilla* Johnson – disse em voz alta, e a jovem se virou assustada. – Pelo amor de Deus, Priscilla, o que faz aqui?

– Meu Deus! Caramba, Nancy – disse ela, empurrando para trás a franja de garoto. – O que *você* está fazendo aqui?

A srta. Ryan contou, e a jovem, que disse também estar hospedada no Astoria, explicou que conseguira um visto de estada prolongada na União Soviética, onde estudava a legislação russa, assunto pelo qual se interessava desde Radcliffe, onde também havia aprendido o idioma russo.

– Mas, querida – interferiu a sra. Gershwin –, como alguém pode estudar leis russas? Quando é que elas mudam tanto que tenham que ser estudadas?

– Ah! – riu a srta. Johnson. – Bem, não é *só isso* que estou fazendo aqui. Estou criando uma espécie de Relatório Kinsey. É muito divertido, sabe?

– Eu devia imaginar – disse a srta. Ryan. – A pesquisa.

– Ah, isso é fácil – respondeu a srta. Johnson com grande segurança. – Estou sempre direcionando a conversa para temas relacionados com sexo; ficaria surpresa com o que os russos pensam sobre o assunto. Nancy, você não imagina o número de homens que têm amantes! Ou que gostariam de ter. Estou enviando artigos para a *Vogue* e a *Harper's Bazaar*. Talvez se interessem em publicar.

– Priscilla é um gênio – cochichou a srta. Ryan para mim quando, com as luzes sendo gradualmente diminuídas, o maestro ergueu sua batuta.

O balé, uma produção em três atos com dois intervalos, era *Corsário*. Via de regra, o balé russo se preocupa menos com a dança do que com as produções estupendas, e *Corsário*, mesmo sendo um trabalho de menor importância em termos de repertório, exige tantas mudanças de cenário quanto os extravagantes *vaudevilles* no Radio City Music Hall ou no Folies

Bergère, dois teatros nos quais *Corsário* seria uma escolha perfeita, exceto pela coreografia e sua execução não estarem nos padrões do primeiro e o último jamais tolerar em seu palco uma cena com escravas bailarinas acorrentadas pelo pescoço. O tema de *Corsário* é muito semelhante ao de *A fonte de Bakhchisarai*, um poema de Pushkin que o Balé Bolshoi adaptou e transformou em uma de suas exibições mais premiadas. Na *Fonte*, uma jovem aristocrata é raptada por um chefe tártaro bárbaro e levada para seu harém, onde, por três horas de apresentação, muitas desventuras se desenrolam. Em *Corsário*, a irmã gêmea da menina sofre a mesma provação; nesse caso, é vítima de um naufrágio (simulado de maneira brilhante no pátio com trovões, relâmpagos, torrentes de água se chocando na embarcação atingida) e capturada por piratas. São três horas de espetáculo. Nas duas histórias, e em outras tantas como essas, vemos refletida uma tendência do teatro contemporâneo russo de recorrer à lenda e à fantasia; parece que o autor moderno que deseja perambular além do jardim da propaganda descobre que o único caminho seguro é o que o leva à floresta das histórias encantadas. Mas até mesmo a fantasia necessita de uma base realista, lembranças do reconhecível, do humano; sem ela, o poder de vida não está ali, não é arte, uma ausência dupla que ocorre com muita frequência no teatro soviético, cujos praticantes parecem crer que truques e efeitos e magia tecnológica podem suprir essa carência. O ministro da Cultura gaba-se frequentemente de que a Rússia é o único país a ter produzido uma arte-cultura *en rapport* com sua população. A reação da plateia a *Corsário* em nada desmentia essa afirmação; cada variação, cada solo provocava aplausos que faziam tremer os lustres.

Os americanos também estavam entusiasmados.

– Magnífico, um sonho – a sra. Bree disse à sra. Gershwin em um dos intervalos, quando elas se encontraram no café do saguão do Mariinsky. O marido era da mesma opinião. Porém, embora elogiasse o balé, Breen, um homem elegante cuja expressão facial alternava sorrisos juvenis e uma calma imperturbável, tinha um brilho perturbado nos olhos, como se talvez comparasse a complexidade física de *Corsário* com as três trocas simples dos cenários de *Porgy and Bess*; se a exuberância e o luxo eram os critérios por ali, então as plateias russas certamente se decepcionariam com a sua produção.

– Bem, *eu* não gosto – rebelou-se a sra. Gershwin quando os Breen se mudaram para outro grupo. – Mal consigo me manter acordada. E não vou dizer que gosto se não gosto. Eles, os Breen, enfiariam as palavras em sua boca, se pudessem.

Essa, certamente, era a dificuldade da posição ocupada pelos Breen. Como pais que haviam levado os filhos a uma visita aos vizinhos, eles estavam sempre temendo e antecipando gafes, rebeldia e mau comportamento.

Havia comida e bebidas à venda no café: cerveja, licores, refrigerante de framboesa, sanduíches, doces e sorvete. Earl Bruce Jackson disse estar morrendo de fome:

– Mas, homem, aquele sorvete custa um dólar a lambida. E adivinhe quanto pedem por um chocolate menor que seu dedo do pé. Cinco e cinquenta. – O sorvete, anunciado pelos soviéticos como uma iguaria inventada por eles, começou a se tornar paixão nacional na Rússia em 1939, quando a maquinaria americana foi importada para a sua fabricação. A maioria dos espectadores se reunia no salão para saborear a delícia servida em copos de papel e observava os americanos que posavam para fotografias, todas informais, equilibrando garrafas de cerveja na testa, fazendo divertidas imitações de Louis Armstrong.

No segundo intervalo, fui procurar a srta. Ryan e a encontrei em um canto do saguão, fumando um cigarro com uma longa piteira e tentando fingir que não era alvo da atenção de meninas e mulheres reunidas para rir e comentar seu vestido justo e os ombros nus. Leonard Lyons, que estava com ela, disse:

– Está vendo? Agora sabe como Marilyn Monroe se sente. Ela seria um sucesso aqui! Alguém devia dar um visto àquela mulher. Vou falar com ela.

– Ohhhhhh – gemeu a srta. Ryan –, se eu pudesse pegar meu casaco!

Um homem de quase 40 anos, rosto barbeado, digno, de porte atlético e ar acadêmico, aproximou-se da srta. Ryan.

– Gostaria de apertar sua mão – disse com tom respeitoso. – Quero que saiba quanto meus amigos e eu estamos ansiosos pela estreia de *Porgy and Bess*. Será um evento muito importante para nós, posso garantir. Temos ingressos para a primeira noite.

A srta. Ryan disse que ficava feliz por saber tudo isso e comentou a excelência de seu inglês, o que ele explicou dizendo ter passado vários anos de guerra em Washington como parte de uma Comissão Russa de Aquisição.

– Mas você consegue realmente me entender? Há tanto tempo não tenho uma oportunidade de falar... isso faz meu coração bater acelerado.

Era possível sentir, na intensidade admiradora de sua atitude com a srta. Ryan, que o ritmo de sua pulsação não tinha nenhuma relação com o uso da língua inglesa. Ele sorriu tímido quando uma luz trêmula anunciou o final do intervalo; e, com urgência, como se impelido por um impulso irresistível, disse:

– Por favor, deixe-me vê-la novamente. Gostaria de levá-la para conhecer Leningrado. – O convite era dirigido à srta. Ryan, mas, por necessidade política, ele olhou para Lyons e para mim como se nos incluísse. A srta. Ryan disse-lhe para nos procurar no Astoria e o homem anotou nossos nomes em seu programa, depois escreveu o dele e o entregou à srta. Ryan.

– Stefan Orlov – ela leu quando voltávamos para o último ato. – Muito amável.

– Sim – concordou Lyons –, mas ele não vai aparecer. Vai pensar demais e ficar com receio.

Depois do espetáculo, a companhia poderia ir aos bastidores conhecer os artistas do balé. A última cena de *Corsário* acontece parcialmente no convés de um navio onde se veem penduradas redes feitas com cordas, e no final da performance, quando os americanos foram aos bastidores, havia tal congestionamento, que metade dos bailarinos teve de permanecer ali, no convés cenográfico, ou subir nas redes de cordas para ver os colegas ocidentais cuja entrada aplaudiram por quatro minutos ininterruptos, antes de o silêncio permitir um discurso de Breen. Ele começou dizendo:

– Somos nós que devemos aplaudir vocês. Seu talento nos proporcionou uma noite que jamais esqueceremos, e esperamos poder recompensar ao menos uma parte desse embevecimento na segunda-feira à noite. – Quando Breen terminava seu discurso e o diretor do Mariinsky também falava, as pequeninas bailarinas, com a maquiagem borrada pelo suor, aproximavam-se sorrateiramente dos atores americanos, e seus olhos pintados reviravam, as pálpebras tremiam enquanto elas espiavam e admiravam os sapatos das visitantes, e, de início tímidas, depois com maior audácia, tocavam os vestidos, esfregando os dedos nas porções de seda e tafetá. Uma delas adiantou-se e abraçou uma integrante da companhia chamada Georgia Burke.

– Ora, ora, criança preciosa – disse a srta. Burke, uma mulher de natureza feliz –, abrace-me quanto quiser. É bom saber que alguém me ama.

Era quase meia-noite quando a companhia começou a viagem de volta no ônibus que a levaria ao Astoria. Os ônibus, geladeiras sobre rodas, tinham o mesmo arranjo de assentos daqueles que circulavam na Madison Avenue. Sentei-me no banco comprido atrás da srta. Ryan e da intérprete, srta. Lydia. As lâmpadas das ruas, amarelando a neve nas ruas desertas, piscavam além das janelas como pirilampos de inverno, e a srta. Ryan, olhando para fora, disse:

– Os palácios são lindos com essa iluminação pública.

– Sim – concordou a srta. Lydia cobrindo um bocejo. – As casas particulares são lindas. – Depois, como se repentinamente acordada, ela acrescentou: – As *antigas* casas particulares.

Na manhã seguinte fui fazer compras na Nevsky Prospekt com Lyons e a sra. Gershwin. Principal rua de Leningrado, a Nevsky não tem sequer um terço do comprimento da Quinta Avenida, mas tem o dobro de largura; atravessar suas pistas escorregadias de tráfego é uma tarefa perigosa e inútil, porque as lojas dos dois lados da rua são todas do governo e oferecem, em suas diferentes classificações, a mesma mercadoria pelos mesmos preços. Caçadores de barganhas, compradores curiosos procurando alguma "coisa diferente" descobririam que fazer compras em Nevsky é uma experiência desanimadora.

Lyons saíra do hotel cheio de esperança de encontrar um "belo Fabergé" para levar para a esposa em casa. Depois da revolução, os bolcheviques venderam para colecionadores franceses e ingleses quase todos os ovos de pedras preciosas e caixas que Fabergé havia criado para o entretenimento da realeza; os poucos exemplos desse trabalho de que se tinham notícia na Rússia estavam expostos no Museu Hermitage de Leningrado e no Arsenal do Kremlin. Hoje, no mercado internacional, o preço inicial de uma pequena caixa Fabergé é superior a 2 mil dólares. Nenhuma dessas informações impressionava Lyons, que acreditava que encontraria seu Fabergé rapidamente e por um preço muito baixo em uma Loja Comissionada. O que não era uma ideia totalmente absurda, porque, se tal objeto existia, então uma Loja Comissionada, uma corretora controlada pelo Estado e onde um camarada pode transformar as últimas peças de sua herança escondida em dinheiro, é provavelmente o único lugar em que é possível encontrá-lo. Visitamos várias, estabelecimentos sombrios com aquela triste atmosfera de perda das salas de leilão.

Em uma delas, a maior, um armário de vidro se estendia por todo o comprimento do salão e o espetáculo representado por seu conteúdo, a reunião de objetos tão diversos, parecia um experimento dadaísta. Fileiras de sapatos usados, tão gastos que a forma espectral dos pés do antigo proprietário podia ser pateticamente discernida, eram expostas organizadamente por trás do vidro como se fossem tesouros, e de fato eram, porque só se podia comprar os sapatos por preços que variavam entre 50 e 175 dólares o par; uma seleção de chapelaria vinha em seguida, gorros e chapéus femininos; depois deles, a variedade surreal e o valor absurdo do conteúdo do armário aumentavam: um leque quebrado ($30), uma esponja suja de pó facial ($7), um pente de âmbar com dentes quebrados ($45), bolsas manchadas (a partir de $100), um cabo de guarda-chuva de prata ($340), um excepcional jogo de xadrez de marfim no qual faltavam cinco peões ($1.450), um elefante de celulóide ($25), uma boneca de gesso cor-de-rosa rachada e desbotada como se tivesse sido deixada na chuva ($25). Todos esses artigos e muitos outros eram posicionados e numerados com um cuidado que sugeria uma exposição de mementos, objetos de um finado ente querido, e era isso, a reverência daquela exposição, que a tornava tão pungente. Lyons disse:

– Quem você acha que compra essas coisas?

Mas ele só precisava olhar em volta para ver que havia aqueles que, na falta de qualquer outra coisa, ainda se encantavam com o leque quebrado e comido por traças e com o resto de cabo de guarda-chuva, e os consideravam dignos de seu preço. De acordo com o calendário russo, faltavam duas semanas para o Natal, mas os russos preferiam dar presentes no Ano-Novo e as Lojas Comissionadas, como todas as outras ao longo da Nevsky, estavam cheias de consumidores. Lyons não encontrou nenhum Fabergé, mas um corretor se aproximou com uma caixa de rapé do século XIX, única, um imenso topázio vazio e cortado ao meio. O preço, porém, 80 mil dólares, era mais do que o cliente tinha em mente.

A sra. Gershwin, que planejava dar um presente de Natal "muito bom" para todos os membros do elenco de *Porgy and Bess* (afinal, querido, é o quarto Natal que passamos com a companhia e quero mostrar aos queridos minha apreciação), ainda tinha algumas pendências para resolver, mesmo tendo trazido muitos presentes de Berlim. E assim, caminhando por entre a multidão da Nevsky ("Não se pode negar que há muita vitalidade por aqui", disse Lyons), visitamos um peleiro em que a marta mais barata era uma jaqueta curta vendida, ou melhor, não vendida, por 11 mil dólares. Depois paramos em uma loja de antiguidades declarada pelo serviço de turismo do hotel como a mais elegante de Leningrado. As antiguidades eram, na verdade, aparelhos de televisão usados, uma caixa térmica para gelo, um velho ventilador elétrico americano, algumas peças castigadas de Biedermeier e um número colossal de pinturas a óleo retratando cenas de eventos históricos, embora sem nenhum valor.

– O que esperava, querido? – perguntou a sra. Gershwin. – Antiguidades russas não existem. Se existem, são francesas.

Procurando por caviar, fomos a duas lojas de comida requintada, as Vendômes locais; havia abacaxis da África, laranjas de Israel, lichias frescas da China; mas não havia caviar.

– De onde eu tirei a ideia de que caviar era a manteiga no pão do trabalhador? – lamentou a sra. Gershwin, que decidiu se contentar com uma xícara de chá, desejo que nos levou a uma versão soviética do Schrafft's. Ficava em um subsolo, uma masmorra em que garçonetes, calçando botas de cano até a altura dos joelhos e tiaras feitas de toalhas de papel, patinavam pelo piso enlameado carregando bandejas de sorvete e improváveis pães e tortas para grupos melancólicos de mulheres de meia-idade. Mas a sra. Gershwin teve de ficar sem o chá, porque não havia mesas disponíveis nem espaço para esperarmos em pé.

Até aquele momento, ninguém havia comprado nada. A sra. Gershwin decidiu tentar uma loja de departamentos. No caminho, Lyons, que tinha uma câmera, parava frequentemente para fotografar, registrando imagens de mulheres e meninas de faces cor de cereja arrastando árvores de Natal, de bancas de flores que, no inverno, vendiam na esquina rosas artificiais, tulipas de papel enfiadas em vasos, como se fossem reais. Cada investida fotográfica causava congestionamentos de pedestres, uma galeria de espectadores silenciosos e sorridentes, alguns carrancudos, especialmente quando eram eles os fotografados. Depois de um tempo, notei que havia um homem que aparecia continuamente entre os observadores, mas não parecia fazer parte deles. Ele estava sempre no fundo do grupo, era forte e tinha nariz torto. Estava encolhido num casaco preto e numa capa impermeável e metade de seu rosto estava escondido por óculos de lentes escuras como aqueles usados pelos esquiadores. Perdi-o de vista antes de chegarmos à loja de departamentos.

A loja me lembrava uma via tomada por celebrações carnavalescas, consistindo de alcovas e balcões cujas prateleiras pareciam ocupadas basicamente por prêmios de barracas de tiro ao alvo, bonecas baratas, urnas feias, animais de gesso. A sra. Gershwin, incomodada por um cheiro forte de cola rançosa, sentiu necessidade premente de sair do departamento dos "objetos de couro", e outra necessidade mais urgente de correr para o balcão de perfumes.

Uma multidão começou a nos seguir pela loja e quando, em uma área dedicada aos chapéus, comecei a experimentar bonés de carneiro persa, havia pelo menos trinta russos sorridentes à minha volta exigindo que eu comprasse um, esse, aquele, eles mesmos pondo e tirando os modelos na minha cabeça e exigindo que o balconista trouxesse outros, até os chapéus cobrirem todo o balcão. Alguém se abaixou para pegar um que caíra no chão; era o homem usando óculos de esquiador. O chapéu que comprei, escolhido aleatoriamente e com desespero, não serviu. Um *astrakhan* falso custou 45 dólares e, por causa do complicado sistema de pagamento utilizado nas lojas soviéticas, da mais humilde quitanda à GUM's em Moscou, foram necessários 45 minutos para completar a transação. Primeiro, o balconista dá ao cliente uma comanda de venda, que deve ser levada ao caixa, onde o cliente espera por um bom tempo enquanto o caixa faz suas contas em um ábaco, um método eficiente, sem dúvida, mas, ainda assim, algum soviético esperto devia inventar a caixa registradora; quando o dinheiro é entregue, o caixa carimba a comanda de venda e ela deve ser levada pelo cliente de volta ao balconista, que então está atendendo outras cinco pessoas; depois de um tempo, porém, o balconista vai pegar sua comanda carimbada, vai verificar sua autenticidade com o caixa, volta e entrega sua compra, e o orienta a procurar o balcão dos pacotes, onde se entra em outra fila. No final desse processo, recebi meu chapéu em uma caixa verde.

– Por favor, querido – a sra. Gershwin implorou a Lyons, que se mostrava tentado a comprar um chapéu também. – Não nos faça passar por tudo isso novamente!

O homem dos óculos de esquiador não estava por perto quando deixamos a loja. Mas logo ele apareceu, parado na periferia de um grupo que observava Lyons fotografar ambulantes que vendiam árvores de Natal em um terreno coberto de neve. Foi ali, naquele terreno, que deixei a caixa com o chapéu. Acho que a deixei em algum lugar para esfregar as mãos geladas, e só senti falta dela muitos quarteirões depois. Lyons e a sra. Gershwin até teriam voltado para procurar o pacote, mas não foi necessário. Porque, quando nos viramos para voltar, vimos o homem dos óculos de esquiador caminhando na nossa direção, e na mão dele estava a caixa verde com o chapéu. Ele me entregou o pacote com um sorriso que entortava ainda mais seu nariz. Antes que eu pudesse pensar em agradecer, ele tocou o chapéu sobre a sua cabeça e se afastou.

– Ora... vamos chamar isso de coincidência? – indagou Lyons, seus olhos iluminados por um brilho divertido. – Ah, eu já o tinha visto!

– Eu também – admitiu a sra. Gershwin. – Mas acho que é encantador. Adorável. Simplesmente adorável que todos eles cuidem tão bem de nós. Faz com que me sinta protegida. Bem, querido – ela disse, como se pretendesse convencer Lyons a aceitar seu ponto de vista –, não é um conforto saber que não se pode perder nada na Rússia?

No Astoria, depois do almoço, peguei o elevador com Ira Wolfert, o ex--correspondente de guerra que, supostamente, pretendia escrever um artigo sobre a turnê da Everyman Opera para a *Reader's Digest*.

– Mas ainda estou procurando uma história. Acho tudo muito repetitivo – disse-me Wolfert. – E não se pode conversar com ninguém por aqui. Com os russos, quero dizer. Isso está me causando claustrofobia. Cada vez que entro numa conversa sobre política, repito sempre as mesmas frases. Eu falava com Savchenko, supostamente um homem inteligente, e lhe disse, já que nossa conversa era privada, se ele acreditava *honestamente* em todas as coisas que estava dizendo sobre a América. Ele falava sobre como Wall Street comanda o país. Mas é impossível conversar com eles. Não existe realismo nesse realismo social. Ontem eu conversava com um russo – não vou defini-lo, é um desses sujeitos que encontramos por aqui – e ele me passou um bilhete. A mensagem me pedia para procurar a irmã dele em Nova York. Ele tem uma irmã que mora lá. Mais tarde, vi esse mesmo homem na rua. Levei-o para outra rua de pouco movimento e perguntei: que diabos acontece por aqui? E ele me disse que está tudo bem. Mas que é melhor tomar cuidado. Está tudo bem e ele me passa bilhetes? – Wolfert mordeu o cachimbo e balançou a cabeça. – Não há realismo. Estou ficando com claustrofobia.

Quando saí do elevador, ouvi o telefone tocando no meu quarto. Entrei apressado para atender à ligação. Era o homem que havíamos conhecido em um intervalo do balé, o admirador da srta. Ryan, Stefan Orlov. Ele disse que havia telefonado para a srta. Ryan, mas não obtivera resposta. Sugeri que ele tentasse a suíte dos Breen, porque a srta. Ryan usava um dos quartos como escritório.

– Não – ele disse, repentinamente nervoso e agitado. – Não devo telefonar novamente. Ainda é cedo. Mas quando poderei ver Nancy? E *você*? – ele acrescentou com grande tato. Perguntei se gostaria de ir ao hotel tomar um drinque. A pausa foi tão longa, que cheguei a pensar que a ligação havia caído. Finalmente, ele disse:

– Não seria conveniente. Mas pode me encontrar em, digamos, uma hora?

Respondi que sim e perguntei onde.

– Contorne a Catedral de St. Isaac. Continue andando. Eu o verei. – Desligou sem se despedir.

Fui à suíte dos Breen para contar à srta. Ryan sobre o convite. Ela ficou encantada.

– Eu sabia que ele ia ligar – mas desanimou em seguida. – Tenho seis cópias de um texto urgente para datilografar – explicou, introduzindo papel e carbono em uma máquina de escrever.

O texto urgente era uma carta de duas páginas escrita por Robert Breen e endereçada a Charles E. Bohlen, o embaixador americano na Rússia. Ela começava expressando gratidão pelo fato de o embaixador e a sra. Bohlen estarem a caminho de Leningrado para a estreia de *Porgy and Bess*; mas a maior parte da missiva tinha um tom pesaroso de queixa. Embora a turnê soviética da produção tivesse o consentimento e a aprovação do Departamento de Estado Americano, não tinha, ao contrário do que se acreditava de maneira geral, seu patrocínio oficial. Na verdade, a viagem se tornara financeiramente viável graças ao Ministério da Cultura da Rússia. Ainda assim, Breen considerava uma "tremenda vergonha" que nenhum membro da equipe do embaixador Bohlen fosse permanentemente designado para acompanhar a trupe e observar "os acontecimentos no dia a dia, minuto a minuto, os contatos individuais e os incidentes afetuosos, espontâneos", que Breen considerava necessários se a Embaixada pretendia "preparar adequadamente o tipo de relatório completo e válido que devia ser esperado para esse projeto sem precedentes". Breen escreveu: "A necessidade da documentação diz respeito não só a essa turnê de boa vontade, importante como ela é, mas também para possíveis trocas culturais futuras. Ninguém pode imaginar o extremo esforço que fizemos para que tudo corresse bem – ou a infinita quantidade de detalhes que devem ser antecipados e arranjados para esse tipo de intercâmbio poder frutificar de acordo com a sua promessa. A documentação deve registrar não só nossos sucessos, mas também aquelas facetas de relações públicas que podem ser melhoradas, e os possíveis fracassos".

– Mande lembranças minhas a Stefan – pediu a srta. Ryan quando me retirei para encontrar o russo. – E se esse for um daqueles incidentes afetuosos espontâneos, não esqueça de me avisar para que eu o inclua no registro de *Porgy and Bess* – ela acrescentou, referindo-se a um diário oficial com esse título mantido por seus empregadores.

O Astoria fica muito perto da massa semigótica da Catedral de St. Isaac. Saí do hotel às três e meia, exatamente, hora em que Orlov dissera que iria me encontrar. Mas, ao passar pela porta, deparei com um par de óculos de esquiador. Havia um automóvel do gabinete de turismo estacionado junto do meio-fio e o homem estava sentado no banco da frente conversando com o motorista. Por um momento pensei em voltar ao hotel; parecia ser a opção sensata, se Orlov estava preocupado em registrar o encontro e usar as informações de alguma forma. Mas decidi passar pelo carro e ver o que acontecia; e, quando passei, o nervosismo e uma persistente noção de etiqueta me obrigaram a cumprimentar o homem com um movimento de cabeça. Ele bocejou e virou o rosto. Não olhei para trás até terminar de atravessar a praça e encontrar a sombra da Catedral de St. Isaac. E então o carro havia desaparecido. Caminhei lentamente em torno da catedral, fingindo admirar a arquitetura, embora não tivesse motivos para fingir nada, porque as calçadas ali estavam desertas. Mesmo assim, eu me sentia desconfiado e exposto, como se cometesse alguma irregularidade. A noite ia encobrindo o céu como os corvos que voavam em círculos. Na terceira volta em torno da catedral, comecei a suspeitar que Orlov mudara de ideia. Tentei esquecer o frio contando meus passos e já somava duzentos e dezesseis quando, ao virar em uma esquina do edifício, deparei com uma cena que fez a sequência numérica parar como os ponteiros de um relógio quebrado.

Era assim: quatro homens de preto e um quinto homem encurralado, com as costas voltadas para a parede da catedral. Eles o esmurravam, puxando-o para a frente e agredindo-o com toda a força e todo o peso do corpo, como jogadores de futebol americano interrompendo uma jogada. Uma mulher, vestida de maneira respeitável e carregando um livro de bolso sob um braço, permanecia por perto como se estivesse esperando amigos concluírem uma conversa casual. Exceto pelo sobrevoo dos corvos, a cena era como um episódio de filme mudo; ninguém emitia sons e, quando os quatro agressores soltaram a vítima, deixando-a caída na neve, olharam para mim com indiferença, reuniram-se à mulher e seguiram seu caminho sem dizer uma única palavra entre si. Aproximei-me do homem desfalecido. Ele era gordo, pesado demais para que eu pudesse levantá-lo, e o álcool acumulado em seu hálito teria matado escorpiões. Não sangrava e, na verdade, não estava inconsciente, mas queria falar e não conseguia; e me olhava como um surdo-mudo tentando se comunicar com a expressão.

A luz dos faróis de um carro passou pela calçada. A faixa xadrez em preto e branco na lateral do veículo o identificava como um táxi. A porta traseira se abriu e Stefan Orlov chamou meu nome. Apoiado na porta, tentei explicar o que havia acontecido e pedi ajuda para o homem caído, mas ele estava impaciente, não queria me ouvir e continuava repetindo:

– Entre. Entre. – E depois: – Quer fazer o favor de entrar? – E no final, com uma fúria que me chocou: – Você é um idiota! – E me empurrou para dentro do automóvel.

O táxi partiu fazendo um retorno em *U* no meio da rua, a luz dos faróis a expor o homem caído na calçada, as mãos tentando agarrar o ar, como as garras de um inseto cruelmente virado de costas no chão.

– Desculpe – disse Orlov, recuperando um tom mais civilizado que também conseguia soar sinceramente pesaroso. – Mas são questões de outras pessoas. Não são tão interessantes, você deve entender. Agora, divirta-se. Vamos ao Eastern. – Ele comentou a ausência da srta. Ryan e lamentou "profundamente" que ela não tivesse podido aceitar o convite. – O Eastern é o lugar onde se deve levar uma garota como Nancy. Comida muito boa. Música. Uma certa atmosfera do Oriente. – Depois da natureza clandestina do nosso encontro, achei curioso que agora seguíssemos para um local tão público e alegre quanto o que ele descrevia, e lhe disse isso. Ele se ressentiu. – Não tenho temores, mas também não sou idiota. O Astoria é um local delicado. Entende? É incômodo estar lá. Por que não deveria encontrá-lo, se é isso que quero? – Era como se fizesse a pergunta a si mesmo. – Você é cantor, eu me interesso por música. – Ele acreditava que a srta. Ryan e eu éramos cantores do elenco de *Porgy and Bess*. Quando o corrigi e revelei ser um escritor, ele reagiu aborrecido. Havia acabado de acender um cigarro e seus lábios, unidos para soprar o palito de fósforo, adquiriram uma repentina tensão.

– Você é correspondente? – perguntou-me, deixando a chama arder no palito. Respondi que não, não o que ele entendia por correspondente. Ele então apagou a chama do fósforo. – Porque odeio correspondentes – disse, adotando um tom de aviso, quase ameaçador. Era como se me prevenisse de que era melhor não mentir para ele. – São sujos. E os americanos, lamento dizer, são os piores. Os mais sujos.

Agora que sabia que eu era escritor, talvez visse a situação de uma perspectiva diferente, menos danosa, e sugeri que, então, se o táxi pudesse me deixar a uma distância razoável do Astoria, poderíamos nos despedir amigavelmente ali mesmo. Ele interpretou minha sugestão como um protesto ao comentário sobre os correspondentes americanos.

– Por favor, você entendeu mal. Admiro muito o *povo* americano – disse, e me contou sobre os anos que havia passado em Washington. – Um período de uma felicidade que jamais esquecerei. Os russos que moravam em Nova York eram esnobes com os russos que tinham de morar em Washington; eles diziam: "Ah, meu Deus, Washington é tão sem graça e provinciana". – Ele riu da imitação de uma grande dama russa. – Mas eu gostava de lá. As ruas quentes no verão. O uísque *bourbon*. Gostava muito do meu apartamento. Eu abria as janelas e me servia de um *bourbon* – ele disse, como revivesse os gestos simples. – Ficava sentado de cueca bebendo *bourbon* e ouvindo o Vic alto, como gosto. Conhecia uma garota. Duas. Uma delas sempre aparecia.

O Eastern é um restaurante ligado ao Hotel Europa, logo depois da Nevsky Prospekt. A menos que algumas palmeiras plantadas em um vaso tenham a conotação oriental esperada, não consigo entender o comentário de Orlov sobre a atmosfera do estabelecimento. O clima é, na verdade, uma mistura de mesas vazias e desanimação. Orlov estava constrangido;

puxava a gravata e alisava o cabelo escuro. Quando atravessamos a pista de dança deserta, quatro músicos tocavam uma valsa. Subimos uma escada que levava a uma varanda onde havia discretas mesas de refeição.

– Tenho certeza de que considera o Astoria mais elegante – ele disse quando nos sentamos. – Mas aquele lugar é para estrangeiros e grandes esnobes. Aqui temos os esnobes menores. Eu sou um esnobe bem pequeno.

Fiquei com receio de que ele não pudesse pagar a conta do Eastern. Seu sobretudo tinha gola de requintada pele de marta e o chapéu era de reluzente couro de foca. Mesmo assim, o terno era pobre, fino, e a camisa branca e limpa tinha punhos e colarinhos puídos. Mas ele deu instruções suntuosas ao garçom, que nos trouxe uma garrafa de vodca e generosas porções de caviar servidas em taças prateadas de sorvete, guarnecidas com torradas e fatias de salmão. Com uma lembrança passageira da sra. Gershwin, consumi cada grão perolado e macio e Orlov, fascinado com a rapidez da minha façanha, perguntou se eu gostaria de outra porção. Respondi que não, que não poderia, certamente, mas ele percebeu que eu mentia e pediu mais caviar ao garçom.

Enquanto esperávamos, ele propôs brindes em homenagem à srta. Ryan.

– A Nancy – ele disse, esvaziando o copo em seguida. E, depois de enchê-lo novamente: – A Nancy. Ela é uma bela garota. – E com a terceira dose: – Àquela linda Nancy. Linda menina. Linda.

A sucessão de doses sorvidas rapidamente corava seu rosto pálido, quase bonito. Ele me contou que era capaz de beber muito e não ficar embriagado, mas uma gradual redução no brilho inteligente de seus olhos azuis o desmentia. Quis saber se eu acreditava que a srta. Ryan podia se interessar por ele.

– Porque – explicou, inclinando-se para a frente numa atitude de confiança excessiva – ela é uma linda jovem e gosto dela. – Eu disse que sim, já havia percebido sua consideração por ela. – Mas acha que sou um idiota? Porque tenho quase quarenta anos e sou casado há cinco? – Ele apoiou as mãos sobre a mesa para me mostrar a aliança de ouro. – Eu jamais prejudicaria meu casamento – disse com tom piedoso. – Temos duas filhas. – Ele descreveu a esposa como uma mulher desprovida de beleza, mas sua melhor amiga, e contou que, além das filhas, os interesses comuns faziam do casamento uma "composição séria". Entre as classes trabalhadoras da Rússia, é possível observar que as pessoas raramente fazem alianças com alguém alheio à sua esfera profissional. Médicos se casam com médicas; advogados, com advogadas. Os Orlov, pelo que eu entendia, eram matemáticos que lecionavam na mesma escola em Leningrado. Música e teatro eram seus principais prazeres; eles se revezaram, Orlov me contou, na fila para comprar ingressos para a noite de estreia de *Porgy and Bess*, mas, no final, só haviam conseguido uma entrada.

– Agora minha esposa finge que não quer ir. Para que eu possa ir, é claro.

No ano anterior haviam comprado uma televisão como presente de Ano-Novo para ambos, mas agora lamentavam ter gastado o dinheiro em algo tão "tedioso e infantil". Ele se expressava com o mesmo tom crítico sobre os filmes soviéticos. Mas sua esposa gostava de ir ao *kino*. Ele, porém, só se animaria se voltassem a exibir filmes americanos. ("Eu gostaria de saber: o que aconteceu com aquela bela jovem, Joan Bennett? E a outra, Ingrid Bergman? E George Raft? Que ator maravilhoso! Ele ainda está vivo?") Além desse detalhe com relação aos méritos de ir ao cinema na Rússia, as preferências de sua esposa pareciam concordar com as dele em todos os aspectos; eles até gostavam do mesmo esporte, navegação, e durante anos vinham economizando para comprar um pequeno veleiro, que pretendiam ancorar em um vilarejo pesqueiro perto de Leningrado onde passavam dois meses de férias todos os verões.

– Esse é o objetivo da minha vida – guiar um barco através da poesia das nossas noites brancas. Você precisa voltar quando as noites brancas acontecerem. Elas são uma verdadeira recompensa por nove meses de escuridão.

A vodca havia acabado e Orlov, depois de pedir mais uma garrafa, reclamou por eu não acompanhar seu ritmo. Disse que o aborrecia me ver apenas "experimentando" e exigiu que eu "bebesse como um sujeito decente ou saísse da mesa". Fiquei surpreso com quanto era fácil esvaziar um copo de um único gole, como era agradável, e como a extravagância parecia não me afetar, exceto por um calor formigante e uma leve sensação de recuo nas minhas faculdades críticas. Comecei a pensar que Orlov devia estar certo; afinal, o restaurante realmente possuía uma atmosfera oriental, um acolhedor clima mouro, e a música da orquestra, aguda como cigarras entre as palmeiras, adquiriu um tom nostálgico, envolvente.

Orlov, já no estágio de repetir-se, disse:

– Sou um bom homem e tenho uma boa esposa – e repetiu a declaração três vezes antes de passar para a frase seguinte. – Mas tenho músculos fortes. – Ele flexionou os braços. – Sou passional. Um dançarino sensual. Nas noites quentes, com a janela aberta e Vic tocando em volume bem alto como gostamos... e Vic tocando bem alto. Uma delas sempre aparece. E dançamos daquele jeito. Com a janela aberta nas noites quentes. Isso é tudo que eu quero. Dançar com Nancy. Linda. Uma linda mulher. Você entende? Só dançar. Só... Onde ela está? – A mão dele varreu a mesa. Os talheres caíram no chão. – Por que Nancy não está aqui? Por que ela não canta para nós? – Ele inclinou a cabeça para trás e cantou. – Mulher do Missouri no Missouri com seu avental amarrado mulher do Missouri leva os anéis de diamante presos aos cordões do avental pelo mau Missouri no *blues* do Mississippi... – A voz ia soando cada vez mais alta, ele passou para o idioma russo e continuou gritando alguma coisa cujo ritmo lembrava vagamente "St. Louis Blues".

Consultei meu relógio de pulso. Eram nove horas. Havíamos passado quase cinco horas sentados no Eastern, o que significava que eu não podia estar tão sóbrio quanto imaginava. Essa constatação e a prova da dedução se apresentaram simultaneamente, como assassinos à espreita. As mesas pareciam dançar, as luzes oscilavam e o restaurante era um navio cortando um mar revolto. Atendendo ao meu pedido insistente, Orlov pediu a conta, mas continuou cantando enquanto contava seus rublos, cantando escada abaixo e dançando sozinho pela pista, ignorando a orquestra e preferindo seguir a própria melodia.

– Mulher do Missouri você é uma mulher má do Missouri no *blues* do Mississippi...

Na frente do Eastern havia um ambulante vendendo animais de borracha. Orlov comprou um coelho, que pôs na minha mão.

– Diga a Nancy que Stefan mandou. – E me puxou por uma rua que saía da Nevsky Prospekt. Faixas de barro surgiam no lugar do pavimento, deixando claro que nosso destino não era o Astoria. Aquela não era uma área de palácios. Não, ali era como se eu caminhasse por entre as favelas de Nova Orleans, uma região de ruas de terra e cercas quebradas, de dilapidados barracos de madeira. Passamos por uma igreja abandonada onde o vento uivava nas cúpulas como uma viúva chorando sobre um túmulo. Não muito longe da igreja, as calçadas voltavam e com elas surgia também a fachada imperial da cidade. Orlov seguia na direção das janelas iluminadas de um café. A caminhada no frio o havia aquietado, devolvendo parte de sua sobriedade. Na porta, ele disse:

– Aqui é melhor. Um lugar de trabalhadores.

Era como entrar em uma jaula de ursos. O calor dos corpos, o hálito de cereja e o cheiro de pelo úmido de uma centena de clientes grunhindo e se acotovelando criavam a atmosfera do café iluminado. Centenas de homens se aglomeravam em torno de meia dúzia de mesas no interior do estabelecimento.

As únicas mulheres presentes pareciam ser as garçonetes, jovens fortes e altas, com rosto redondo e achatado como pratos. Além de servir, elas entretinham. Calmas, experientes, com uma estranha ausência de rancor e menos esforço do que teriam de fazer para bocejar, elas podiam dar socos que derrubavam um homem com o dobro de seu tamanho. E Deus ajudasse aqueles que decidissem reagir! Nesse caso, as três se uniam para punir o infrator, surrando-o até deixá-lo de joelhos, até literalmente limparem o chão com a vítima, arrastarem sua carcaça para a porta e jogá-la na rua. Alguns homens, clientes em potencial que eram considerados *persona non grata*, nunca podiam entrar no café, porque, assim que um desses indesejáveis aparecia na porta, as damas se uniam para expulsá-lo novamente com a mesma falta de delicadeza. Mas elas também podiam ser gentis. Pelo menos sorriam para Orlov, impressionadas, eu acho, com sua gola de pele de marta e seu chapéu caro. Uma delas nos levou a uma mesa e ordenou que os dois rapazes que a ocupavam, jovens com ar fanfarrão vestindo jaqueta de couro, se levantassem para ceder seus lugares. Um se preparou para deixar a mesa, o outro protestou. Ela o silenciou puxando seu cabelo e torcendo sua orelha.

De maneira geral, apenas os restaurantes de nível superior tinham licença para vender vodca, e, como o café não se enquadrava nessa categoria, Orlov pediu conhaque russo, um líquido quase negro servido em grandes copos de chá transbordando. Com a jovialidade de um homem que sorve a espuma de um copo de cerveja, ele esvaziou o terceiro copo de bebida e perguntou se o café me agradava, ou se eu o considerava "rústico" demais. Respondi "sim" às duas questões.

– É rústico, mas não é violento – ele explicou. – Os lugares onde se reúnem os encrenqueiros ficam quase todos na beira da água. Mas aqui é só um lugar simples. Um lugar de trabalhadores. Não há esnobes. – Tínhamos oito companheiros à mesa e eles estavam curiosos a meu respeito, cercando-me como aves famintas, tirando-me da mão um cigarro aceso, puxando-me o cachecol do pescoço, passando os objetos de um para o outro, examinando-os, rindo e mostrando, até os mais jovens, fileiras de dentes podres, rugas que nada tinham a ver com a idade. O homem mais próximo de mim era ciumento e queria minha atenção total. Era impossível imaginar quantos anos ele tinha, qualquer coisa entre quarenta e setenta. Faltava-lhe um olho e essa circunstância lhe permitia realizar um truque que ele me obrigava a observar. A intenção era apresentar uma paródia de Cristo na cruz. O homem bebia um gole de cerveja, abria os braços e deixava cair a cabeça. Um momento depois, uma lágrima de cerveja escorria do vazio avermelhado de sua órbita ocular. Seus amigos riam como se apreciassem a demonstração.

Outro queridinho do café era um garoto que perambulava com um violão. Se lhe pagavam uma bebida, ele retribuía cantando uma canção. Tocou para Orlov, que traduziu a letra para mim, dizendo que aquele era o tipo de música de que "nós" gostávamos. Era o lamento de um marinheiro saudoso do vilarejo onde passara a infância e de um amor perdido, uma mulher chamada Nina.

– O verde do mar é o verde dos olhos dela.

O menino cantava bem, com oscilações de voz típicas do flamenco. Porém, senti que ele não se concentrava na letra. Seu olhar permanecia fixo em mim, como sua atenção. O rosto pálido tinha uma tristeza que parecia pintada em seus traços, como a maquiagem de um palhaço. Mas eram seus olhos que mais me incomodavam. E eu sabia por quê. Aquele olhar me lembrava o apelo silencioso do homem que eu havia abandonado na calçada da catedral. Quando ele parou de tocar, Orlov lhe disse para tocar mais uma canção. Mas, em vez disso, o menino tentou falar comigo.

– Eu... você... mãe... homem. – Ele conhecia aproximadamente dez palavras em inglês e tentava pronunciá-las. Pedi a Orlov para traduzir e, quando eles começaram a conversar em russo, foi como se o menino cantasse de novo. Sua voz tinha naturalmente uma certa melodia triste, mesmo quando usada em prosa, e os dedos brincavam com as cordas do violão. Lágrimas surgiram em seus olhos e ele as enxugou com a palma da mão, deixando no rosto manchas de sujeira que eram tipicamente infantis. Perguntei a Orlov o que ele dizia.

– Nada muito interessante. Não me interesso por política. – Parecia inconcebível que o menino estivesse falando de política e, quando insisti, Orlov reagiu irritado. – Não é nada. Uma chatice. Ele quer sua ajuda.

Ajuda era uma palavra que o menino entendia.

– Ajuda [*help*] – disse, assentindo vigorosamente. – Ajuda.

– Ele não é um estorvo? – disparou Orlov. – Está dizendo que o pai era inglês, a mãe polonesa e, por isso, ele é muito maltratado no nosso país. Pede que você escreva para o embaixador britânico. Alguma coisa nesse sentido. Quer ir para a Inglaterra.

– Homem inglês – disse o garoto, apontando para si mesmo com orgulho. – Ajuda.

Eu não entendia como poderia ajudá-lo. Quando me olhou, o desespero já transbordava de seus olhos na forma de lágrimas. – Ajuda – ele repetia com tom reprovador. – Ajuda. Ajuda.

Orlov deu-lhe uma moeda e mencionou o nome de uma canção que queria escutar. Era uma composição cômica com refrões intermináveis e, embora o menino a percorresse sem nenhum empenho, até as garçonetes riam e repetiam os versos principais, que todos pareciam conhecer. O caolho, furioso por todos rirem tanto de alguma coisa que não era seu truque, subiu na cadeira e ficou ali parado como um Jesus espantalho, jorrando cerveja pela órbita ocular vazia. Cinco minutos antes da meia-noite, hora de fechar o café, as garçonetes começaram a apagar e acender as luzes, um sinal. Mas os clientes continuavam cantando, agarrando-se àqueles últimos minutos, como se odiassem a ideia de trocar a camaradagem do café pelo frio da rua, pelas difíceis e solitárias jornadas de volta para casa. Orlov disse que me acompanharia até a praça St. Isaac. Mas, antes, um último brinde. Ele propôs:

– A uma vida longa e alegre. É assim que dizem?

Sim, confirmei, é assim mesmo.

O garoto com o violão estava no caminho para a porta. Clientes se retiravam ainda cantando a sua última canção; era possível ouvir as vozes ecoando na rua. E no café as garçonetes expulsavam os últimos persistentes, apagando todas as luzes.

– Ajuda – disse o menino, segurando a manga do meu casaco com gentileza. – Ajuda – repetiu, olhando fixamente para mim. A pedido de Orlov, uma garçonete o empurrou para o lado, abrindo caminho para nós. – Ajuda, ajuda – ele gritava, agora do outro lado da porta, suas palavras soando abafadas até silenciarem por completo na noite acolchoada de neve.

– Acho que ele é maluco – disse Orlov.

– Nova York poderia ser bombardeada e nós não saberíamos – disse Leonard Lyons ao economista Herman Sartorius, que viajava sentado a seu lado no ônibus que levava a companhia para uma visita matinal ao Museu Hermitage. – Nunca estive em um lugar onde não pudesse ler um jornal, saber o que acontece no mundo. Um prisioneiro. É assim que me sinto.

Sartorius, um homem alto, grisalho, de uma cortesia solene, confessou que também sentia falta dos jornais ocidentais e especulou se não seria "correto" ele perguntar a um banco em Leningrado quais eram as atuais cotações e valores de câmbio na Bolsa de Nova York.

Na verdade, havia atrás deles um passageiro que poderia fornecer todas as informações que queriam. Seu trabalho era saber o que acontecia além da Cortina de Ferro, especialmente na América. Russo, seu nome era Josef ("Pode me chamar de Joe") Adamov e ele estava em Leningrado para gravar entrevistas com o elenco de *Porgy and Bess* para a Rádio Moscou, a estação que transmite boletins para países alheios à órbita soviética. Os talentos de Adamov são utilizados em programas feitos para americanos, ou para consumo dos interessados de língua inglesa. Esses programas consistem de boletins de notícias, musicais e novelas recheadas de propaganda. Ouvir uma dessas transmissões é uma experiência surpreendente, não pelo conteúdo, que é rústico, mas pela atuação, que não é. Na novela, as vozes fingem ser de americanos "medianos" e convencem: acredita-se piamente no homem que diz ser fazendeiro no Meio-Oeste, vaqueiro no Texas, operário de uma fábrica em Detroit. Até as vozes de "crianças" soam familiares como a crocância de Wheatis, o estalo de um taco em uma bola de beisebol. Adamov afirmava que nenhum daqueles atores jamais havia deixado a Rússia, seus sotaques eram fabricados em Moscou mesmo. Ator frequente nessas peças, o próprio Adamov era tão perfeito com um certo sotaque americano que enganava até um nativo da região, Lyons, que disse:

– Caramba, estou chocado, fico me perguntando o que ele faz tão longe do teatro.

De fato, Adamov parecia pertencer à esquina da Broadway com a Cinquenta e Um e trazer uma cópia da *Variety* dobrada sob um braço. Embora a gíria precisasse de atualização, ele a recitava com uma bizarra técnica de entortar os cantos da boca que conferia autenticidade ao sotaque.

– Não sou muito o tipo que visita museus – ele comentou quando já nos aproximávamos do Hermitage. – Mas, se vocês gostam de todas aquelas esquisitices sinistras, vieram ao lugar certo. Dizem que o acervo é magnífico.

Com um rosto redondo e escuro, trinta e poucos anos, uma animação risonha, agitada e nervosa que sugeria abuso de cafeína, ele ficava ainda mais agitado quando, sob pressão, confessava ter aprendido inglês em Nova York, onde viveu dos 8 aos 12 anos com o avô *émigré*. Preferia passar rapidamente por esse episódio americano.

– Eu era só uma criança – dizia, como se se justificasse: não sabia o que estava fazendo.

Um estrangeiro residente em Moscou, alguém que conhecia bem Adamov, o descreveu como "sagaz; um oportunista com dois dedos em cada torta". E um correspondente italiano, outro velho habitante de Moscou, contou:

– Ah, sim. Signor Adamov. O mais rápido com uma faca.

Resumindo, Adamov é um homem bem-sucedido, o que significa, como em qualquer outro lugar, embora ainda mais na Rússia, que ele aprecia privilégios desconhecidos do cidadão comum. O que ele mais valoriza é o apartamento de dois dormitórios na Gorky, uma rua de Moscou onde, de acordo com suas próprias palavras, ele leva a vida de um turco em seu harém.

– Telefone para mim quando vier a Moscou, se quiser conhecer algumas garotas bonitas.

Ele achava que alguns membros do elenco de *Porgy and Bess* eram garotas bonitas, especialmente a corista de olhos grandes, aquela jovem chamada Dolores ("Delirious") Swann. No museu, quando os visitantes foram separados em grupos de doze pessoas, Adamov fez questão de se juntar à srta. Swann no grupo que incluía, entre outros, os Wolfert, a sra. Gershwin, Nancy Ryan, Warner Watson e eu.

O Hermitage é parte do Palácio de Inverno, que recentemente foi pintado com a cor imperial, um *chartreuse-vert* gelado. Quilômetros de janelas prateadas pareciam olhar para um parque e um trecho considerável do rio Neva.

– O Palácio de Inverno começou a ser construído em 1764 e levou 78 anos para ser concluído – disse a guia, uma menina masculinizada com uma atitude enérgica, viva. – É formado por quatro edifícios e contém, como vocês podem ver, o maior museu do mundo. Este onde estamos era usado pelos embaixadores que vinham visitar o czar, uma espécie de rampa de acesso.

No rastro do ectoplasma daqueles embaixadores, nosso grupo seguiu a guia pela escada de mármore que se encurvava sob um teto de filigrana em branco e ouro. Passamos por um *hall* esplêndido de malaquita verde, como um corredor sob o mar, e nele havia janelas francesas em que algumas pessoas pararam para ver o Neva naquele cenário nebuloso que envolvia a famosa câmara de tortura, a Fortaleza de Pedro e Paulo.

– Venham, venham – a guia nos chamava. – Há muito por ver e não vamos conseguir percorrer todas as galerias se nos demorarmos com espetáculos inúteis.

Uma visita ao cofre do tesouro era o objetivo imediato da nossa guia.

– Era ali que eles guardavam os valores verdadeiros, as joias da coroa, todas essas coisas – disse Adamov à srta. Swann. Um pelotão feminino armado guardava as portas trancadas do cofre. Adamov, apontando para as guardas, disse a Warner Watson: – Aposto que não há mulheres policiais na América, hein?

– É claro – respondeu Watson com certa timidez. – Sim, nós temos policiais femininas, é claro.

– Mas – retrucou Adamov, seu rosto redondo e úmido vermelho de tanto rir. – Não tão gordas quanto essas!

Enquanto as complicadas portas de aço do cofre eram abertas, a guia anunciou:

– Senhoras, por favor, deixem suas bolsas com as policiais. – Depois, como que para contornar a implicação óbvia: – Queremos evitar danos causados pelo choque das bolsas com objetos frágeis que podem se quebrar. Já tivemos essa experiência.

O cofre era dividido em três pequenas salas iluminadas por lustres, as duas primeiras inteiramente ocupadas pela exposição mais singular do museu, um sofisticado panorama de Cítia, broches e braceletes, armas, folhas de papel e coroas fúnebres.

– Coisas do primeiro século – comentou Adamov. – A.C., d.C. e toda essa maluquice. – O terceiro espaço é intelectualmente mais aborrecido e muito mais impressionante. Uma dúzia de armários com portas de vidro ostentando a marca metálica de seu fabricante, Holland e Filhos, Mount Street, 23, Grosvenor Square, Londres, repletos de *souvenirs* aristocráticos. Bengalas de ônix e marfim, aves musicais que cantam mostrando a língua de esmeralda, um buquê de lírios feitos de pérolas, outro de rosas de rubi, anéis e caixas que tinham um brilho tão intenso que os reflexos ondulantes eram como ondas de calor.

A srta. Swann cantou:

– Mas di-*amantes* são os melhores amigos de uma garota – e respondeu a alguém que gritava procurando por Earl Jackson: – Ah, Earl... Ele nunca está acordado a esta hora do dia. Mas tenho certeza de que vai se arrepender de ter perdido tudo isso. Ele é louco por brilho.

Adamov plantou-se diante do armário que continha um dos poucos exemplares da coleção de Fabergé, uma versão em miniatura dos símbolos de poder do czar: coroa, cetro e orbe.

– É maravilhoso – suspirou a srta. Swann. – Não acha que é maravilhoso, sr. Adamov?

Adamov sorriu com indulgência.

– Se você diz que sim, criança. Pessoalmente, acho que é só lixo. Que proveito tem isso para alguém?

Ira Wolfert, mastigando seu cachimbo apagado, compartilhava da opinião de Adamov. Pelo menos ele disse odiar joalheria, e fez sua declaração olhando fixamente para uma peça cintilante.

– Não sei distinguir zircônio de diamante. E gosto mais de zircônios. São mais brilhantes. – Passou um braço pelos ombros da esposa, Helen. – Fico feliz por ter me casado com uma mulher que não gosta de joias.

– Oh, eu gosto de joias, Ira – disse a sra. Wolfert, uma mulher de aparência confortável propensa a expressar ideias decisivas num tom experimental. – Eu gosto de *criações*. Mas isso, *isso* é trapaça e exibicionismo. Isso me enoja.

– Também me enoja – concordou a srta. Ryan. – Mas de um jeito diferente. Eu daria qualquer coisa por aquele anel, o olho do tigre.

– Fico enojada – a sra. Wolfert repetiu. – Não chamo essas coisas de criações. – Isto – ela disse, tocando o próprio broche, um desenho clássico em prata mexicana – é que chamo de criação.

A sra. Gershwin também fazia comparações.

– Gostaria de nunca ter vindo aqui – ela se lamentou, tocando os próprios diamantes de um jeito desolado. – Sinto-me tão insatisfeita, que gostaria de ir para casa e abrir a cabeça do meu marido.

A srta. Ryan lhe perguntou:

– Se pudesse ter uma dessas peças, qual escolheria?

– Todas, meu bem – respondeu a sra. Gershwin.

A srta. Ryan concordou.

– E, quando eu chegasse em casa, espalharia todas as peças no chão, arrancaria a roupa e simplesmente *rolaria*.

Wolfert não queria nada, apenas desejava sair dali e ver algo interessante, um desejo que expôs à guia, que concordou conduzindo todo o grupo à porta e contando os indivíduos na medida em que iam saindo. Cerca de seis quilômetros mais tarde, o grupo, já reduzido por casos de fadiga, percorria com passos arrastados o último salão, todos já de pernas bambas após duas horas inspecionando múmias egípcias e Madonnas italianas, inclinando o pescoço diante de excelentes telas dos velhos mestres, espiando o interior do sarcófago de Alexandre Nevsky e exclamando diante de um par de botas enormes que haviam pertencido a Pedro, o Grande.

– Feitas – disse a guia – por esse homem progressista com suas *próprias* mãos.

Agora, no último salão, a guia nos induzia a ir até a janela e apreciar o jardim suspenso.

– Mas onde? – gania a srta. Swann. – Onde está o jardim?

– Sob a neve – disse a guia. – E aqui – ela anunciou, dirigindo nossa atenção para o último item da programação – está nosso famoso *O Pavão*.

O Pavão, uma exótica loucura mecânica construída por um relojoeiro do século XVIII, James Cox, foi levado à Rússia como um presente para Catarina II. Fica em uma redoma de vidro do tamanho de um caramanchão de jardim. O foco da peça é um pavão empoleirado entre as folhas douradas de uma árvore de bronze. Equilibrada em outro galho há uma coruja, um galo, um esquilo roendo uma castanha. Na base da árvore está uma profusão de cogumelos e um deles forma o mostrador de um relógio.

– Quando a hora chega, temos aqui um impressionante espetáculo – disse a guia. – O pavão abre a cauda e o galo canta. A coruja pisca e o esquilo mastiga com vontade.

Adamov bufou.

– Não me interessa o que isso faz. É embrutecido.

A srta. Ryan o questionou. Queria saber por que ele tinha essa opinião sobre um objeto artesanal tão criativo.

Ele encolheu os ombros.

– O que há de criativo nisso? Um amontoado de bobagens se empurrando para *milady* poder ver um pavão que abre a cauda. Olhe para aquelas folhas. Pense no trabalho que deu criar aquela árvore. E para quê? Um nada inútil. O que está fazendo? – ele perguntou, notando que a srta. Ryan começara a escrever em um bloco de anotações. – O que está fazendo? Escrevendo todas as tolices que eu digo?

Na verdade, como a srta. Ryan explicou ao ser surpreendida, ela estava escrevendo uma descrição do relógio.

– Huum – ele respondeu, a voz menos doce que o sorriso –, acha que sou muito estúpido, não é? Muito bem, pare com isso. Vou lhe dar uma boa razão pela qual não gosto dessa coisa. Porque esse pavão vai continuar abrindo a cauda quando eu virar pó. Um homem trabalha a vida toda e acaba em pó. É isso que os museus são, um lembrete da morte. Morte – ele repetiu, com uma risadinha nervosa que se transformou em gargalhadas incontroláveis.

Uma turma de soldados, parte de outro grupo, se aproximou do pavão justamente na hora em que o relógio soou anunciando a hora, e os soldados, garotos do campo com a cabeça raspada, o uniforme gasto e frouxo no traseiro como velhas fraldas, tiveram o duplo encantamento de olhar para os estrangeiros e observar os olhos dourados de uma coruja piscando, um pavão abrindo sua cauda de penas de bronze à luz esbranquiçada do Palácio de Inverno. Americanos e soldados se espremeram diante da redoma para ouvir o galo cantar. Homem e arte, por um momento vivendo juntos, imunes à velha mortalidade.

Era véspera de Natal. Os tradutores do Ministério da Cultura, sob a supervisão de seu chefe, Savchenko, haviam montado eles mesmos uma árvore esquálida no centro do salão de refeições do Astoria e a decoraram com cartões de papel coloridos à mão, tufos de ouropel. Os membros da companhia, sentimentais com seu quarto Natal juntos, não economizaram: um turbilhão de celofane e fitas formava um círculo de quase meio metro de altura em torno da árvore. Os presentes não deveriam ser abertos antes da meia-noite. Muito depois disso, a srta. Ryan estava ainda em seu quarto embrulhando pacotes e vasculhando suas malas na escolha entre seus pertences de lembranças para ocupar o lugar dos presentes que deixara de comprar.

– Talvez eu possa dar o coelho para uma das crianças – ela comentou, referindo-se ao coelho que fora enviado para ela por Stefan Orlov. O presente repousava entre os travesseiros sobre a cama. Ela havia riscado com canetas os bigodes em seu focinho e escrevera STEFAN – O COELHINHO na lateral do corpo.

– Acho que não – ela decidiu. – Se eu der o coelho, ninguém jamais vai acreditar que conquistei um admirador russo. *Quase* conquistei. – Orlov não voltara a telefonar.

Esperei que a srta. Ryan levasse seus presentes para o salão de refeições, onde ela chegou bem em tempo para o fim da distribuição de presentes. As crianças obtiveram permissão de ficar acordadas para a festa e agora, abraçando novas bonecas e brincando com pistolas de água cheias com refrigerante de framboesa, corriam pela sala tomada por papéis e fitas. Os adultos dançavam ao som de uma banda russa de *jazz*, que tocava no restaurante principal e podia ser ouvida dali. A sra. Breen passou por mim rodopiando, com um pedaço de fita de embrulho enrolado no pescoço.

– Não é o máximo? – ela disse. – Não está feliz? Afinal, não passamos *todos* os Natais em Leningrado!

As garçonetes, jovens estudantes de língua inglesa que se ofereceram para servir as mesas da trupe americana, recusavam timidamente os convites para dançar.

– Ah, vamos lá, benzinho – uma delas ouviu –, vamos derreter aquela cortina juntos, você e eu.

A vodca, bebida perfeita para o clima festivo da ocasião, já havia derretido a reserva dos representantes do Ministério da Cultura. Cada um deles recebeu presentes da companhia e a srta. Lydia, que ganhara um estojo de pó compacto, fez questão de beijar todos os que viu.

– É tão delicado, tão delicado – ela dizia, examinando incansável seu rosto rechonchudo no espelho do estojo.

Até o distante Savchenko, um Papai Noel glacial e sério, ou Pai Gelo, como o velhinho é conhecido na Rússia, pareceu, depois de um tempo, inclinado a esquecer sua dignidade e não protestou quando uma menina do elenco se jogou em seu colo, passou os braços em torno de seu pescoço e, entre beijos, disse:

– Como o senhor pode parecer um velho urso carrancudo quando é só um boneco? Um boneco vivo, é isso que é, sr. Savchenko.

Breen também tinha palavras de afeto para o executivo do Ministério da Cultura.

– Vamos todos brindar ao homem a quem devemos gratidão por essa maravilhosa festa – ele disse, segurando uma garrafa de vodca –, um dos melhores amigos que temos no mundo, Nikolai Savchenko.

Savchenko, limpando do rosto algumas marcas de batom, respondeu propondo outro brinde.

– À livre troca de cultura entre os artistas de nossos países. Quando os canhões são ouvidos, as musas silenciam – ele prosseguiu, citando sua máxima favorita. – Quando os canhões estão silenciosos, as musas são ouvidas.

O homem da rádio de Moscou, "Joe" Adamov, estava ocupado gravando em fita de áudio todos os aspectos da festa, sempre munido de seu gravador portátil. Davy Bey, do alto de seus 8 anos de idade, ao ser solicitado para fazer um comentário, disse ao microfone de Adamov:

– Olá, todo mundo, feliz Natal. Papai quer que eu vá para a cama, mas estamos todos nos divertindo muito, por isso eu não vou dormir. Bem, ganhei uma pistola e um barco, mas eu queria um avião e não queria todas aquelas roupas. Todas as crianças, quem quiser, venham brincar conosco. Temos goma de mascar e eu descobri alguns lugares onde podemos nos esconder.

Adamov também gravou "Silent Night, Holy Night" com o elenco, reunido em torno da árvore, cantando em um volume que superava o da banda de *jazz* no restaurante principal, ao lado do salão. Ira Wolfert e esposa juntaram suas vozes ao coro. Os Wolfert, pais de filhos adultos, haviam pedido uma ligação telefônica para a América.

– Nossos filhos estão reunidos hoje; amanhã, cada um irá para um lugar – disse a sra. Wolfert ao final da canção natalina. – Oh, Ira – ela afagou a mão do marido –, esse é o único presente que quero. Nosso telefonema. – Mas a ligação jamais se completou. Eles esperaram até as duas horas da manhã, depois foram dormir.

Depois das duas, a festa de Natal se infiltrou no salão vizinho, a "boate" do Astoria, que tem permissão para funcionar além da meia-noite aos sábados, única noite da semana em que o número de clientes é maior que o de empregados. O hábito soviético de acomodar desconhecidos na mesma mesa não incentiva a conversação desinibida, e o cavernoso restaurante, quase lotado pela elite de Leningrado, estava relativamente calmo, com os poucos oficiais da Marinha e alguns jovens militares e suas acompanhantes aproveitando os ritmos respeitáveis da orquestra. O restante da clientela, artistas e personalidades do teatro, grupos de militares chineses, comissários de papadas flácidas acompanhados por suas desinibidas esposas de dentes de ouro, permaneciam sentados e entediados como proscritos em um atol do Pacífico.

Earl Bruce Jackson deu uma olhada geral no ambiente e disse: – Parceiros, minha sugestão é a seguinte: vamos pôr as cobras para rastejar, vamos aumentar o fogo embaixo desse caldeirão, esfolar a besta e jogar pimenta em seus olhos.

Daí em diante, cinco membros da companhia ocuparam o palco onde tocava a banda. Os músicos do hotel não se opuseram à substituição. Todos eram admiradores do *jazz* americano e um deles, um discípulo de Dizzy Gillespie, havia acumulado uma grande coleção de discos ouvindo as transmissões estrangeiras e gravando as músicas em discos feitos com velhas placas de raios X. Junior Mignatt tocava o trompete, Lorenzo Fuller usava seus dedos de banana nas teclas de um piano. Moses Lamar, uma verdadeira casa de força com pulmões de lixa, batia o pé no chão e abria a boca como um crocodilo. "Pegue o chapéu e o casaco, não deixe preocupação na porta..." Era como se os proscritos houvessem identificado uma chance de resgate no horizonte. Sorrisos surgiam como bandeiras que se desenrolavam, mesas ficavam vazias na mesma proporção em que a pista de dança era ocupada. "... mova os pés..." Um cadete chinês batia o pé no chão acompanhando a melodia, russos se reuniam em torno da banda, encantados com a voz rouca de Lamar, com o ritmo pulsante que a embalava. "... ser alegre *alegre* ALEGRE..." Casais se sacudiam, balançavam, giravam abraçados. "... vá para a ruuuua!"

– Olhe para os zumbis! – disse Jackson, antes de gritar para Lamar. – Estão esfolados, homem, esfolados. Jogue a gasolina e queime-os vivos. Obidu!

A sra. Breen, uma pastora sorridente admirando seu rebanho, virou-se para Leonard Lyons.

– Está vendo? Nós nos superamos. Robert conseguiu fazer o que os diplomatas não puderam fazer.

Um Lyons cético respondeu:

– Tudo o que tenho a dizer é que a harpa soava enquanto Roma ardia.

Em uma das mesas notei Priscilla Johnson, a colega de faculdade da srta. Ryan, a estudante de legislação russa e produtora de artigos sobre a vida amorosa soviética. Era o que ela havia dito fazer ali. Ela se sentava com três russos, um dos quais, um gnomo barbudo e deformado com abundantes cabelos brancos, serviu champanhe em uma taça e a empurrou na minha direção.

– Ele quer que você se sente, e eu não me recusaria – aconselhou a srta. Johnson. – Ele é uma espécie de selvagem. Mas é fascinante.

O homenzinho era um escultor georgiano responsável pelas estátuas dos heróis no novo metrô de Leningrado e sua qualidade "selvagem" era exposta em afirmações repentinas e rudes.

– Está vendo aquele ali com a gravata verde? – ele perguntou em inglês, apontando um homem do outro lado do salão. – É um covarde podre. Um MVD. Ele quer me criar problemas. – Ou: – Gosto do Ocidente. Estive em Berlim e conheci Marlene Dietrich. Ela se apaixonou por mim.

O outro casal à mesa, um homem e sua esposa, ficaram em silêncio até a srta. Johnson e o escultor se levantarem para dançar. Então, a mulher, uma morena de rosto mortalmente pálido com faces altas e olhos verdes e amendoados, me disse:

– Que homenzinho interessante. Tão sujo! Georgiano, é claro. Esse povo do sul! – Ela falava inglês com a elegância espúria, a exatidão tensa de Liza Doolittle. – Sou Madame Nervitsky. Certamente conhece meu marido, o cantor – ela disse, apresentando-me ao cavalheiro, que tinha o dobro de sua idade, aproximadamente sessenta anos, e era um homem vaidoso, provavelmente belo na juventude, com um estômago inflado e um queixo caído e flácido.

Ele usava maquiagem – pó, lápis, um toque de ruge. Não sabia inglês, mas me disse em francês:

– *Je suis* Nervitsky. O Bing Crosby da Rússia.

A esposa se espantou por eu nunca ter ouvido falar nele.

– Não? *Nervitsky*? O famoso *crooner*?

Sua surpresa era justificada. Na União Soviética, Nervitsky é considerado uma celebridade, o ídolo de moças que sonham embaladas por sua interpretação de baladas populares. Nas décadas de 1920 e 1930 ele morara em Paris, desfrutando de uma certa popularidade como artista de cabaré. Ao final dessa temporada, partira em turnê pelo Extremo Oriente. Embora de ascendência russa, a esposa dele nascera em Xangai e ali conhecera e se casara com Nervitsky. Em 1943 eles se mudaram para Moscou, onde ela iniciara uma carreira pouco próspera como atriz de cinema.

– Na verdade sou pintora. Mas não posso me incomodar com a necessidade de agradar a todos. E isso é necessário se você quer que suas telas sejam expostas. Além do mais, pintar é muito difícil para quem está sempre viajando.

Nervitsky passa boa parte do ano se apresentando em locais variados da Rússia. Ele estava em Leningrado para uma série de espetáculos.

– Nervitsky tem lotação superior à dos negros – informou a esposa dele. – Vamos à estreia dos negros – ela contou, acrescentando que a noite seria certamente deliciosa, porque – ... os negros são muito divertidos e há pouca diversão por aqui. É só trabalho, trabalho. Estamos sempre cansados demais para nos divertirmos. Não acha Leningrado um local completamente morto? Um cadáver bonito? E Moscou. Moscou não é tão pacata, mas é feia. – Ela torceu o nariz e fingiu um arrepio de repulsa. – Suponho que, sendo de Nova York, nos considere pobres, sem graça?

De jeito nenhum, não era isso que eu pensava. Ela usava um vestido preto simples, algumas joias boas e uma estola de mink sobre os ombros. De fato, era a mulher mais bem-vestida, a mais bonita que eu vira na Rússia.

– Ah, está constrangido por ter que dizer. Mas eu sei. Quando olho para suas amigas, aquelas mulheres americanas, me sinto sem graça. Não há coisas bonitas me enfeitando. E não é que eu seja pobre. Tenho dinheiro... – Ela hesitou. A srta. Johnson e o escultor voltavam à mesa. – Por favor, gostaria de lhe dizer algo em particular. Podemos dançar?

A banda tocava "Somebody Loves Me" e a multidão na pista ouvia fascinada a voz rouca de Lamar. Todos estavam transfixados, hipnotizados. "... quem pode ser, ou talvez, meu bem, talvez seja você!" Madame Nervitsky dançava bem, mas seu corpo era tenso, as mãos estavam geladas.

– *J'adore le musique des Negres*. É tão indecente. Tão vil – ela disse e em seguida, emendando os comentários, começou a sussurrar rapidamente em meu ouvido: – Você e seus amigos devem achar a Rússia muito cara. Sigam meu conselho, não troquem seus dólares. Vendam suas roupas. É assim que se obtêm rublos. Vendam. Qualquer um pode comprar. Se for uma operação discreta. Estou hospedada aqui no hotel, quarto 520. Diga a suas amigas para me levarem sapatos, meias, acessórios, qualquer coisa – ela murmurava, apertando meu braço com as unhas. – Diga-lhes que compro *tudo*. De verdade – ela concluiu, retomando o tom normal e concluindo: – Os negros são incríveis!

Nas imediações da Nevsky Prospekt há um edifício de arcadas que tem marcada semelhança com a St. Peter. É a Catedral Kazin, o maior museu antirreligioso de Leningrado. Dentro dele, em uma atmosfera melancólica de vidro fosco, a administração produziu um grandioso manifesto Guignol contra os ensinamentos da igreja. Estátuas e retratos sinistros dos papas seguem-se nas galerias como uma procissão de bruxas. Em todos os cantos, eclesiásticos sorriem e olham fixamente para o observador, fazendo, em desenhos legendados, sugestões sátiras para mulheres que parecem freiras, participando de orgias, esnobando os pobres para se relacionar com os ricos decadentes. O museu demonstra *ad infinitum* sua tese favorita: a de que a Igreja, a Católica Romana em particular, existe apenas para proteger o capitalismo. Uma caricatura, uma enorme tela em óleo, mostra Rockefeller, Krupp, Hetty Green, Morgan e Ford mergulhando mãos ferozes em uma montanha de moedas e capacetes de guerra ensopados de sangue.

A Catedral Kazin é popular entre as crianças. É compreensível, considerando que a exposição é generosamente salpicada por cenas de horror e comicidade que retratam brutalidade e tortura. Os professores que levam diariamente centenas de alunos ao local têm dificuldade para arrastar as crianças para longe de atrações como A Câmara dos Inquisidores. A Câmara é um quarto de verdade ocupado por estátuas de cera em tamanho natural que retratam quatro inquisidores promovendo a agonia de um herege. A vítima nua, acorrentada a uma mesa, é marcada por carvões em brasa manipulados por dois torturadores mascarados. Os carvões são elétricos e brilham como lâmpadas. As crianças, mesmo quando são puxadas para longe dali, continuam olhando para trás.

Do lado de fora da catedral, nas inúmeras colunas que sustentam suas arcadas, há outro tipo de espetáculo. Desenhos rústicos feitos com carvão, o que costumamos chamar de grafite, nada digno de ser mencionado, exceto por parecer, num primeiro momento, um lugar estranho para desenhar; mas, depois de um instante, é possível perceber que nada há de estranho naquilo. O local é perfeito.

Museus antirreligiosos não estão entre os projetos turísticos que os anfitriões planejaram para entreter o elenco de *Porgy and Bess*. Pelo contrário, no domingo, dia de Natal, os soviéticos nos deram a opção de ir a uma missa católica ou a um culto batista. Onze membros da companhia, entre eles Rhoda Boggs, soprano que representava o papel da Mulher do Morango, decidiram ir à Igreja Batista Evangélica, cujos seguidores em Leningrado somavam dois mil. Mais tarde, vi a srta. Boggs sentada sozinha no restaurante do Astoria. É uma mulher de rosto redondo e alegre e cabelos cor de mel, sempre muito bem penteada, mas naquele momento seu chapéu dominical estava um pouco torto e o lenço com que ela seca os olhos estava molhado de lágrimas.

– Estou dilacerada – ela me disse com o peito arfando. – Vou à igreja desde que aprendi a andar, mas nunca senti Jesus como O senti hoje. Oh, Ele estava *lá*. Estava ali conosco, escrito em cada rosto. Ele cantava conosco e nunca antes se ouviu canto tão belo. Eram pessoas idosas, em sua maioria, e pessoas idosas não podem cantar daquele jeito sem a ajuda de Jesus. O pastor, um homem velhinho e muito doce, pediu a nós, pessoas de cor, que cantássemos uma canção *spiritual*, e todos nos ouviram em silêncio, fileiras e fileiras de rostos enrugados olhando para nós, como se lhes disséssemos que ninguém está sozinho quando Jesus está em todos os lugares desta terra, algo que eles já sabiam, mas que, tive a impressão, se sentiam alegres por ouvir novamente. Se existe alguém que duvida da presença do Nosso Salvador, essa pessoa devia estar lá. Pois bem, chegou a hora de encerrar o serviço, de dizer adeus. E sabe o que aconteceu? Eles se levantaram, toda a congregação. Tiraram lenços brancos do bolso e os balançaram no ar. E cantaram "Deus esteja com você até nosso próximo encontro". As lágrimas lavavam o rosto daquelas pessoas e nós também choramos. Ah, aquilo acabou comigo. Não consigo segurar nada no estômago.

Naquela noite, menos de 24 horas antes da estreia, as janelas do Astoria permaneceram iluminadas até tarde. Por toda a noite, passos apressados soavam nos corredores, portas eram abertas e fechadas e telefones tocavam, como se houvesse alguma calamidade em andamento.

Na suíte 415, o embaixador Bohlen e sua esposa recebiam um pequeno grupo de assistentes e amigos que chegaram pouco antes com eles no trem. A reunião, que incluía Roye L. Lowry, segundo secretário da Embaixada, e um dos dois diplomatas que nos haviam preparado naquela reunião em Berlim, era excepcionalmente quieta, já que os Bohlen não queriam divulgar sua presença no hotel até o último momento, quando fosse absolutamente inevitável. Eles se esconderam com tanta eficiência que, na manhã seguinte, Warner Watson, certo de que o contingente diplomático chegaria de avião, partiu para o aeroporto de Leningrado levando um buquê de flores para a sra. Bohlen. Diretamente abaixo do apartamento do embaixador, na suíte 315, a sra. Breen balançava em uma prancha de relaxamento, enquanto seu marido ensaiava o discurso de pré-estreia que planejava fazer. Alguém havia sugerido que seria melhor ele contornar a propaganda comunista, cujo potencial era evidente em *Porgy and Bess*, comentando que esse retrato dos negros americanos dizia respeito a um tempo muito distante, não ao presente, e acrescentasse a declaração: "*Porgy and Bess* é uma história que acontece no passado. Não reflete o presente mais do que o faria se retratasse a vida dos czares na Rússia". No quarto 223, Leonard Lyons datilografava a coluna que tratava da noite de estreia, material que ele pretendia enviar por telégrafo ao seu jornal, o *New York Post*. "No palco estavam as bandeiras dos dois países, União Soviética e Estados Unidos", ele escrevia, prevendo o evento. "A última vez em que a bandeira americana foi exibida aqui havia apenas 45 estados na União. Um representante do Ministério da Cultura telefonou para perguntar quantos eram os estados unidos atualmente. Ontem, uma senhora que trabalha com figurinos nos bastidores costurou mais três estrelas na velha bandeira." O assunto encerrava uma página. Lyons introduziu folhas limpas e carbono novo no carro da máquina. Em vez de jogar o carbono usado no cesto de lixo, ele o levou ao banheiro e jogou no vaso sanitário, empurrando-o descarga abaixo para o esquecimento. Era mais seguro, sentia, destruir carbonos usados; os soviéticos, ou talvez correspondentes rivais, poderiam resgatar as folhas e ler nelas o que havia sido escrito. E, de fato, o hotel fervia com a concorrência jornalística. O *Saturday Evening Post* estava ali representado por Charles R. Thayer, cunhado do embaixador Bohlen. Thayer e C. L. Sulzberger, do *New York Times*, chegaram com o grupo de Bohlen. O *Saturday Review* enviava Horace Sutton, *Time* e *Life* já tinham ali uma equipe de fotógrafos e a sra. Richard O'Malley, do gabinete da AP em Moscou, viajava para Leningrado a bordo do Red Arrow Express, o mesmo trem que, na noite anterior, transportara Dan Schorr, o correspondente da CBS.

Agora, no segundo andar, no quarto III, Schorr, um homem solteiro e encorpado de 30 e poucos anos, tentava, simultaneamente, corrigir um manuscrito, manter aceso um cachimbo e ditar pelo telefone um texto para a estenógrafa em Moscou.

– Muito bem. Esta é a história. Você coloca em sinais. Vamos lá – ele anunciou, antes de começar a ler as páginas datilografadas. – *A Companhia Porgy and Bess vírgula primeira trupe teatral americana a se apresentar na Rússia vírgula vai abrir amanhã à noite sua temporada soviética diante de uma plateia seleta de dois mil e duzentos* eu repito dois dois zero zero *no Palácio da Cultura de Leningrado vírgula mas fora dos palcos os atores e cantores negros já conquistaram um sucesso espetacular ponto Os sessenta membros do elenco vírgula simplesmente sendo quem são vírgula causaram tremendo impacto nessa cidade vírgula a segunda maior da União Soviética...* Isso está correto, não está? É a segunda maior? – Por mais vinte minutos, Schorr ditou anedotas e fatos. Longas filas de leningradenses haviam passado noites na neve para comprar os ingressos por 60 rublos (15 dólares), preço que duplicava e triplicava no mercado negro. – Ei, precisamos de um sinônimo para mercado negro, alguma coisa que passe pelos censores. Vamos ver... Já sei, preço secundário. – No final, ele estava dizendo: – *Eles deram a Leningrado um Natal provavelmente único diferente de todos na história local ponto Até as quatro da manhã de hoje estiveram reunidos em torno de uma árvore de Natal improvisada por um solícito governo soviético cantando canções de Natal e* spirituals *ponto.* Sim, eu sei que estou exagerando na história, mas me entusiasmei. Fiquei realmente entusiasmado. Você pode ver tudo claro. O impacto de uma cultura sobre a outra. Aliás, saiba que estou me divertindo muito. Eles são ótimos, esses atores de *Porgy and Bess*. É como viver em um circo.

Na manhã de segunda-feira, dia da estreia, o elenco se reuniu no Palácio de Cultura de Leningrado para um ensaio final com figurino e orquestra. Os soviéticos pretendiam apresentar a produção no atraente Teatro Mariinsky, mas a demanda por ingressos convenceu os responsáveis de que poderiam duplicar o lucro transferindo a obra para o amplo Palácio de Cultura. O palácio, uma pilha de concreto cor de barro, fora construído na década de 1930. Por fora não era muito diferente daqueles exemplos decadentes de arquitetura de supermercado espalhados por Hollywood e Vine. Vários aspectos no interior sugeriam um rinque de patinação. A temperatura, por exemplo. Mas Davy Bey e as outras crianças da companhia achavam que aquele era um "grande lugar", especialmente os bastidores com sua vastidão escura e os recantos perfeitos para se esconder, com suas cordas penduradas onde era possível se balançar, com todos aqueles trabalhadores, gente forte e embrutecida que os acariciava, enchia de doces e chamava de *aluchka*, um termo afetuoso.

Fui para o ensaio em um automóvel com dois dos intérpretes do ministério, a srta. Lydia e o alto e apresentável jovem chamado Sascha. A srta. Lydia, uma mulher que gosta muito de comer, estava bastante entusiasmada, como se fosse se sentar para saborear uma deliciosa refeição.

– Vamos ver, não é? Agora vamos ver esse *Porgy-Bess* – ela disse, se agitando no assento.

E então me ocorreu que sim, é claro, finalmente a srta. Lydia e seus colegas do ministério poderiam julgar por eles mesmos "esse *Porgy-Bess*", o mito que havia tanto tempo vinha consumindo suas horas e energia. Até Savchenko veria o trabalho pela primeira vez. Aqui e ali ao longo do caminho, a srta. Lydia apontava cartazes na rua anunciando o espetáculo. O nome de Breen, frequentemente repetido, aparecia em letras maiores e com mais destaque do que o de Gershwin, e o nome de seu ausente coprodutor, Blevins Davis, nem aparecia. Um dia antes, a sra. Gershwin comentara com Warner Watson que na Rússia o nome Gershwin parecia estar "viajando na segunda classe"; Watson tentara explicar:

– Lee, dessa vez o espetáculo vai ser de Robert. Ele quer assim. E ele vai fazer como quer.

– Como consegue ficar tão quieto? – a srta. Lydia perguntou a Sascha. – Agora nós vamos *ver*. E antes do público em geral. – Sascha estava quieto. Sua aparência era abatida, como a de alguém com forte enjoo no mar, e havia boa razão para isso. Naquela manhã Savchenko quase causara um colapso em Breen ao informá-lo de que os programas da produção ainda estavam na gráfica e não ficariam prontos senão em alguns dias. Era uma crise verdadeira, porque o programa continha uma sinopse da trama da ópera e Breen temia que, sem essa orientação, a plateia tivesse dificuldades para acompanhar a ação. Savchenko ofereceu uma solução. Por que não levar um dos tradutores do ministério ao palco antes de subir a cortina e, antes de cada ato, oferecer ao público um resumo do que ia acontecer? Sascha havia sido o escolhido para essa tarefa.

– O que vou fazer com meus pés? – ele perguntou, transfigurado pelo pavor de subir ao palco. – Como vou conseguir falar quando minha boca estiver seca?

A srta. Lydia tentava acalmá-lo.

– Pense apenas na honra! Muitas pessoas importantes estarão presentes. Você vai ser notado. Se fosse meu filho, Sascha, eu ficaria muito orgulhosa.

No interior do auditório escuro do Palácio de Cultura, Sascha e a srta. Lydia encontraram assentos na quarta fileira. Sentei-me atrás deles, entre Savchenko e "Joe" Adamov, ambos com palitos de dente na boca. Outros russos, uns trinta e poucos felizardos que haviam conseguido convites para o ensaio, estavam espalhados pelas primeiras fileiras. Entre eles estavam jornalistas de Moscou e fotógrafos que haviam sido designados para cobrir a estreia. A orquestra no fosso, uma importação do Teatro Stanislavski de Moscou, executava a abertura com tranquilidade e confiança. O maestro, Alexander Smallens, americano nascido na Rússia que fizera de *Porgy and Bess* o trabalho de uma vida, tendo regido cada apresentação, inclusive a produção original de 1935, disse que a Stanislavski era a sexagésima primeira orquestra que ele regia, e a melhor de todas. Eles amaram a peça e tinham o ritmo, a cadência. Tudo o que precisavam agora era de um pouco mais de *disposição*.

No palco, Breen, usando uma boina, um impermeável e uma calça *frontier* justa, posicionava os atores para a primeira cena. Luzes simples projetavam sombras no rosto das pessoas, prejudicavam a cor dos cenários e acentuavam os sinais de uso prolongado. O cenário, um trabalho simples e funcional, retrata uma esquina de Carfish Row com suas casas com varandas e janelas de venezianas. Respondendo a um sinal de Breen, uma cantora soprano se debruçou sobre uma sacada e começou a apresentar o tema de abertura, "Summertime". A srta. Lydia reconheceu a melodia. Balançava a cabeça e começou a cantarolar, mas Savchenko tocou seu ombro e grunhiu uma admoestação que a fez calar-se e encolher-se no assento. Na metade da apresentação, Adamov me cutucou com o cotovelo e disse:

– Falo um inglês muito bom, certo? Pois bem, não consigo entender nada do que eles estão gritando. Todo esse dialeto! Eu acho... – Mas eu não ouvi o que ele achava, porque Savchenko se virou com um olhar que estrangulou Adamov. A maioria dos russos se mantinha silenciosa, como Savchenko desejava. A sequência de perfis delineados pela luz do palco permanecia tão severamente imutável quanto caras cunhadas em moedas. No final, quando a última ária foi cantada, houve uma movimentação silenciosa na direção da chapelaria. Savchenko e a srta. Lydia, Sascha e os outros dois rapazes do ministério, Igor e Henry, esperaram juntos enquanto uma funcionária ia buscar os casacos. Aproximei-me e perguntei à srta. Lydia o que ela achava do que acabara de ver. Ela mordeu o lábio inferior, olhou para Savchenko, e ele respondeu:

– Interessante. Muito interessante.

A srta. Lydia assentiu, mas nem ela nem Sascha, nem Igor nem Henry, teriam usado adjetivo diferente.

– Sim – todos concordaram. – Interessante. Muito interessante.

A duração de *Porgy and Bess* é de aproximadamente duas horas e meia, mas esse ensaio final, que teve várias pausas para correções, se estendeu das dez da manhã às duas da tarde. O elenco, cansado, com fome e ansioso para voltar ao hotel, ficou aborrecido quando, depois de todos os espectadores russos terem deixado o teatro, Breen informou que o ensaio ainda não havia terminado. Ele queria repetir os cortes com cortinas.

Na verdade, e apesar de apenas os dois atores nos papéis-título se curvarem individualmente, o padrão de abertura e fechamento das cortinas já estabelecido exigia seis minutos para se completar. Poucas produções podem esperar que uma plateia sustente seis minutos de aplausos. Breen agora propunha estender esses seis minutos indefinidamente, planejando o que podia ser chamado de "um pequeno *show* à parte".

– Só uma pequena improvisação – ele disse. – Uma espécie de apêndice.

Esse espetáculo consistia de um solo de bateria e bongô acompanhando o desfile de todos os membros da companhia, um a um, pela frente do palco, o que convidaria a plateia a aplaudir mais. Até o diretor de palco, a responsável pelos figurinos, os eletricistas e o próprio diretor, é claro, teriam sua vez de receber as homenagens da plateia. Tinha-se a possibilidade de escolher entre duas conclusões: ou Breen contava com uma ovação de vigor vulcânico, ou temia o oposto, por isso fomentava aplausos prolongados encenando esse final. É claro que, naquelas delicadas circunstâncias diplomáticas, ninguém ousaria deixar a plateia enquanto os atores ainda estivessem, de certa forma, se apresentando.

Limusines privadas haviam sido postas à disposição dos atores principais. Martha Flowers, que alterna com Ethel Ayler no papel de Bess e que foi designada para atuar naquela noite, me ofereceu uma carona de volta ao Astoria. Perguntei se ela estava nervosa com a estreia.

– Eu? Não. Estou fazendo esse espetáculo há dois anos. A única coisa que me deixa nervosa é, talvez, estar arruinando minha voz para trabalhos sérios. – A srta. Flowers, jovem graduada em Juilliard, tem a ambição de construir sua fama como recitalista de concerto. Ela é pequenina e empertigada. Esteja sorrindo ou não, seus lábios são sempre encurvados para baixo, como se ela houvesse acabado de experimentar um caqui verde. – Mas estou cansada, isso é certo. Esse clima daqui não é bom para cantores. É preciso tomar muito cuidado com a garganta – ela comentou, massageando a dela. – A outra Bess, Ethel, está acamada com um terrível resfriado. Teve febre e tudo mais. Por isso vou ter de cantar amanhã na matinê e talvez à noite também. Bem, uma pessoa pode arruinar a voz *para sempre* com esse tipo de excesso. – Ela descreveu sua programação daquele momento até o encerramento da peça. – Preciso comer alguma coisa. Mas, antes, vou tomar um banho. Você consegue boiar na sua banheira? A minha é tão grande que posso flutuar nela. E vou cochilar um pouco, também. Saímos para o teatro às seis horas. Seis e meia, talvez. Então, vestirei meu figurino e prenderei aquela velha flor vermelha no cabelo. E, depois, acho que terei de enfrentar uma longa espera.

Às seis e meia, hora em que a srta. Flowers estava, presumivelmente, em seu camarim prendendo a flor de papel, a sra. Breen e a sra. Gershwin se encontravam na suíte de Bohlen, que as convidara para tomar um drinque antes de saírem para o Palácio de Cultura. O próprio Breen, ocupado demais para aceitar a hospitalidade do embaixador, já havia ido para o teatro.

As bebidas, uísque e água de torneira, eram servidas pelo ajudante de Bohlen, Roye L. Lowry, e pela sra. Lowry. Os dois formavam um casal perfeitamente harmônico com aquele distanciamento conservador, acadêmico. A amiga mais próxima da sra. Bohlen, Marina Sulzberger, a espirituosa esposa do homem do *Times*, também estava presente para ajudar a anfitriã com seus talentos sociais. Não que a sra. Bohlen, uma mulher de eficiência serena, pele clara e sensatos olhos azuis, não fosse capaz de sustentar uma conversação, por mais desconfortável que fosse o assunto. Mas havia, se lembrarmos a carta excessivamente reprovadora que Breen havia enviado a Bohlen alguns dias antes, um certo desconforto inerente nesse encontro de representantes da Everyman Opera e do Departamento de Estado dos Estados Unidos. Quanto ao embaixador, ninguém poderia imaginar, vendo sua atitude simpática, que ele recebera tal carta. Diplomata de carreira por mais de 25 anos, grande parte desses passados na Embaixada de Moscou, em que ocupara primeiramente o atual posto de Lowry, de segundo secretário, e em que fora nomeado embaixador em 1952, Bohlen ainda lembrava a fotografia tirada no ano (1927) da sua formatura em Harvard. A experiência intensificou sua beleza de esportista, prateou seus cabelos e reduziu, ou obliterou, uma ingenuidade sonhadora em seus olhos. Mas o ar juvenil de energia incontida permanecia com ele. Estava sentado, bebendo um uísque e conversando com a sra. Breen, como se estivessem em uma casa de campo com uma lareira e cachorros preguiçosos dormindo no chão.

Mas a sra. Breen não conseguia relaxar. Ela estava sentada na beirada da poltrona, como se fosse candidata a um emprego.

– Foi muita bondade sua ter vindo. Muito delicado de sua parte – ela disse a Bohlen com uma voz quase infantil, bem diferente da usual. – É muito importante para o elenco.

– Não pode ter pensado que eu perderia! – respondeu Bohlen.

Sua esposa acrescentou:

– Por nada no mundo! Esse é o ponto alto do inverno! Não temos pensado em outra coisa, não é, Chip? – ela perguntou, usando o apelido do embaixador.

A sra. Breen baixou os olhos com modéstia e um toque de cor tingiu suas faces.

– É muito importante para o elenco.

– É muito importante para *nós* – disse a sra. Bohlen. – Nossa vida não é tão divertida que possamos nos dar ao luxo de perder algo como essa apresentação. Teríamos vindo mesmo que tivéssemos de caminhar até aqui! Mesmo que viéssemos rastejando, engatinhando.

A sra. Breen levantou os olhos por um momento e encarou a esposa do embaixador com seriedade, como se suspeitasse de alguma intenção de sátira ou deboche; então, tranquilizada pela expressão honesta da sra. Bohlen, ela voltou a olhar para o chão.

– É muita bondade, realmente – murmurou. – E é claro que estamos todos muito animados com a festa em Moscou.

– Ah, sim... a festa – repetiu a sra. Bohlen com resignação evidente. Em uma homenagem à estreia da companhia em Moscou, o que aconteceria em duas semanas, os Bohlen haviam prometido oferecer uma recepção oficial na residência do embaixador, Spaso House.

– Robert e eu esperamos que o sr. Bulganin esteja lá. Queremos agradecer a ele pessoalmente por toda a cortesia que temos recebido. O Ministério da Cultura prestou um encantador tributo a Robert. Sete elefantes de marfim. – A sra. Breen se referia à parada de estatuetas plásticas que Savchenko dera de presente a Breen.

– Encantador – respondeu confusa a sra. Bohlen, como se houvesse perdido o fio da conversa. – Bem, é claro, não podemos saber ao certo quem vai comparecer à festa. Enviamos duzentos convites, mais ou menos, mas, como os russos nunca respondem a um R.S.V.P., é impossível saber quem ou quantos esperar.

– Exatamente – confirmou o embaixador. – Não se deve contar com eles até que passem pela porta. Nenhum deles. E, quando dão uma festa, é raro que convidem as pessoas com um mínimo de antecedência. É sempre no último minuto. No corpo diplomático, todos nós reservamos a noite quando sabemos que haverá um grande evento no Kremlin. Ficamos sentados, esperando o telefone tocar. Às vezes já estamos jantando quando somos convidados. Então, tudo tem que ser feito às pressas. Felizmente, nunca é preciso se vestir especialmente para essas ocasiões – ele resumiu, voltando a um assunto anterior e doloroso para a sra. Breen, que, mais cedo, ficara chocada ao saber que Bohlen não planejava ir à ópera em *black-tie*. De fato, impelida pela determinação de "tornar tudo um evento de gala", ela fora um passo além e imaginara o embaixador usando gravata branca e fraque, como o marido planejava apresentar-se. Mas...

– Não pensei em trazer o fraque – disse Bohlen, tocando o botão do terno escuro que considerava apropriado para a ocasião. – Ninguém veste essas coisas aqui. Nem mesmo para uma estreia.

Em um canto, a sra. Gershwin e a sra. Sulzberger discutiam a mesma questão.

– É claro que não devemos nos vestir com exagero. É o que tenho dito a Wilva o tempo todo. Fomos ao balé na outra noite e fizemos um papel absolutamente ridículo. Ah, é muita confusão por nada. Não sei por que tanta preocupação. Afinal, é *só* o velho *Porgy*.

– Na verdade – respondeu a sra. Sulzberger, uma grega cujos olhos vivos brilhavam com a travessura do Mediterrâneo –, talvez não seja ruim para os russos ver algumas pessoas bem-vestidas. Não há desculpa para andar por aí vestidos como eles. Quando chegamos, senti pena deles – ela contou, acrescentando que ela e o marido estiveram na União Soviética por duas semanas, hospedados na casa dos Bohlen. – Pensei que a maneira como se vestiam, a aridez e a sobriedade constante, era consequência de uma terrível pobreza. Mas, francamente, isso não é verdade. Eles têm essa aparência porque querem. Fazem de propósito.

– Sim – concordou a sra. Gershwin –, é o que eu penso.

– Tenho minhas dúvidas – resmungou a sra. Sulzberger. – Acha que os russos são tão horríveis porque sempre foram espancados? Ou eles sempre foram espancados por ser horríveis?

– Sim, eu acredito nisso – respondeu a sra. Gershwin.

Lowry atraiu o olhar do embaixador e olhou imperceptivelmente para o relógio. Do lado de fora do hotel, uma limusine com o motor ligado esperava para levar os Bohlen ao teatro. Outros veículos, uma fileira de um quarteirão, aguardavam a sra. Breen e a sra. Gershwin, Savchenko e Adamov, os empregados da AP, Time-Life, CBS. Logo os carros começariam a deslizar pela rua e atravessariam a praça como um cortejo fúnebre.

Bohlen acabou de beber seu uísque e acompanhou os convidados até a porta da suíte.

– Não creio que tenham alguma coisa com que se preocupar – disse à sra. Breen. – Os russos são pessoas muito musicais. Os rublos vão chegar como uma enxurrada em suas mãos.

– Homem adorável. Encantador – comentou a sra. Gershwin com a sra. Breen enquanto as duas desciam a escada.

– Adorável. Mas... – disse a sra. Breen, sua voz de menina tímida adquirindo repentina maturidade. – Robert e eu queríamos que fosse gala.

– Bem, minha querida, não podemos nos vestir em trajes de gala se pretendemos ser notáveis – observou a sra. Gershwin, cujos diamantes criavam a impressão de que ela se movia sob um holofote. – Francamente, acredito que seria muito bom se os russos pudessem ver gente bem-arrumada. Não há motivo para andarem daquele jeito. Quando chegamos aqui, senti pena deles, mas agora...

Do outro lado da cidade, no Palácio de Cultura, multidões salpicadas de neve se acotovelavam na calçada para ver a chegada dos que tinham ingressos e, no interior do teatro, um grande número de pessoas, submetidas ao calor abrasador das lâmpadas da televisão e dos *flashes* dos fotógrafos, já estavam sentadas. Cestos de flores amarelas e brancas ladeavam o palco e bandeiras cruzadas, num entrelaçamento de estrelas e listras e martelos e foices, flutuavam sobre o proscênio. Nos bastidores, onde a orquestra afinava os instrumentos e flautas e oboés soavam como sons da floresta, Martha Flowers, vestida e completamente calma, apesar do distante ruído da plateia, estava, como ela mesma havia previsto, pronta para a sua "longa espera".

E ela foi longa. As cortinas, cuja abertura era prevista para as oito horas, só se abriram às nove e cinco e se fecharam às onze e quarenta. À meia-noite eu estava de volta ao Astoria esperando por um telefonema de Henry Shapiro, o correspondente da U. P. em Moscou, que havia dito que ligaria para mim depois da estreia para saber "como foi, o que realmente aconteceu". Não há verdade absoluta nessas questões, apenas opinião, e, enquanto tentava formar a minha, enquanto tentava decidir o que diria a Shapiro, estendi-me sobre a cama e apaguei a luz. Meus olhos ardiam depois da exposição ao brilho intenso das lâmpadas, e eu tinha a impressão de ainda poder ouvir o ruído das câmeras e filmadoras. E realmente, deitado no escuro, era como se um filme passasse por minha cabeça, uma sucessão desconectada de imagens: Martha Flowers caminhando para a frente do palco e jogando um beijo para a plateia, Savchenko andando pelo saguão e ouvindo os comentários, o terror nos olhos de Sascha, a srta. Ryan cobrindo o rosto com as mãos. Fiz um esforço consciente para reduzir a velocidade do filme, visualizar a sequência desde a primeira cena.

O filme começava com a plateia, um exército silencioso e solene absolutamente atento enquanto a orquestra executava o hino nacional dos dois países: Savchenko insistira com grande cortesia que o hino americano fosse o primeiro. Depois, rostos iam ganhando foco individualmente: o embaixador e a sra. Bohlen, os Sulzberger, os Lowry, a srta. Ryan e Leonard Lyons, todos na fileira da frente. Perto deles, em uma plataforma que se estendia a partir da lateral do palco, um esquadrão de fotógrafos esperava impaciente até os hinos terminarem: então a plataforma ficou parecida com uma fortaleza sitiada, com fotógrafos disparando enquanto assistentes recarregavam as câmeras. Alguns, como Dan Schorr, da CBS, se alternavam desesperadamente entre câmeras fotográficas e gravadores de áudio enquanto documentavam as cerimônias que precediam a abertura das cortinas. Não havia necessidade de toda essa pressa. Os discursos, e suas traduções, duraram uma hora.

Os russos até foram breves. Konstantin Sergeev, o elegante e jovem mestre de balé do Teatro Leningrado, trocou um aperto de mãos com Breen e, falando por um microfone, disse:

– Queridos irmãos nas artes, bem-vindos. Nós na União Soviética sempre prestamos muita atenção e reverenciamos a arte nos Estados Unidos. Conhecemos e valorizamos muito esses maravilhosos artistas, gente como Mark Twain, Walt Whitman, Harriet Beecher Stowe, Jack London e Paul Robeson. Apreciamos os talentos de George Gershwin e é por isso que este encontro é tão alegre.

(Mais tarde, a propósito desse discurso, a sra. Gershwin disse: – Pensei que ia desmaiar quando ouvi o nome Gershwin no meio de todos aqueles comunistas.)

Breen se curvou para Sergeev e depois assumiu o microfone, uma figura impecável, ataviada, em seu *smoking* elegante e camisa engomada.

– Ele perdeu a coragem – disse a srta. Ryan, explicando por que, no último instante, seu empregador havia abandonado a ideia de usar gravata branca e fraque. Mas agora, vendo Breen reagir aos aplausos, era difícil imaginar que alguma coisa o deixava nervoso. Seu rosto relaxado, iluminado pelas fortes luzes cênicas e pelos *flashes*, possuía um distanciamento que parecia voltá-lo para o interior, como se houvesse sonhado por tanto tempo com a cena diante dele que a tratava como se ainda fosse um sonho; e, quando ele falou, o timbre comedido, sepulcral de sua voz de ator enfatizava a impressão de que pensava estar sozinho no palco, falando para uma plateia imaginária, ensaiando um momento que era alimento e satisfação para o ego, e um dia se tornaria realidade. Plateias imaginárias são reconhecidamente submissas, mas os espectadores do Palácio de Cultura começaram a se manifestar enquanto Breen falava, o tradutor russo tentando acompanhá-lo. Com gestos graciosos e movimentos de *grand seigneur*, ele apresentou o embaixador e a sra. Bohlen, que se levantaram de seus assentos para agradecer pelos aplausos. Esperava-se que o embaixador fosse fazer um discurso, mas, para grande alívio de Bohlen e para pesar de Breen, os soviéticos, extremamente sensíveis ao protocolo, haviam solicitado que essa parte do programa fosse cancelada, porque não tinham "eminência comparável" para fazer, do lado russo, uma réplica. A sra. Gershwin também foi apresentada, e o maestro Alexander Smallens. Este recebeu um suntuoso favorecimento quando Breen anunciou ter ele "nascido bem aqui em Leningrado". As apresentações continuaram com Breen nomeando membros do elenco que não atuariam naquela noite: Ethel Ayler, a segunda Bess, suficientemente recuperada de seu resfriado para sair da cama e se meter num tomara-que-caia justo e azul-escuro. E Lorenzo Fuller, o Sportin' Life alternativo, tinha algumas "poucas" palavras a dizer, entre elas uma frase russa que ele havia decorado, "*Dobro poshlavat, druzya*", que significa "bem-vindos, amigos". A plateia explodiu em aplausos. Mas, com os ponteiros do relógio se aproximando das nove, até os frenéticos fotógrafos começaram a olhar para o relógio.

– Jesus – disse um correspondente –, eles deviam ter um gongo por aqui.

E, como se Breen o escutasse, de repente o grupo cerimonial deixou o palco.

O teatro ficou mais silencioso que um galinheiro ao anoitecer quando a plateia se tornou acomodada e quieta, certa de que agora a cortina se abriria e revelaria o que todos ali haviam investido muitos rublos para ver, *Porgy and Bess*. Em vez disso, Sascha apareceu no palco. Ele atravessou o palco com passos hesitantes e rígidos, como se caminhasse pela prancha de um navio pirata. Um maço de páginas datilografadas tremia nas suas mãos e seu rosto, pálido e tenso, estava coberto de suor. No instante em que a plateia compreendeu que ele estava ali para ler o enredo da peça, o galinheiro silencioso se tornou uma colmeia de abelhas. Eles não poderiam tolerar nem mais uma sílaba *sobre* o espetáculo, queriam simplesmente vê-lo; e um motim que eclodiu no balcão, onde vozes rudes começaram a gritar, espalhou-se para a orquestra: as pessoas aplaudiam, assobiavam, batiam os pés no chão.

– Pobre Sascha, oh, pobre garoto – disse a srta. Ryan, cobrindo o rosto com as mãos. – Isso é terrível. Não suporto olhar.

Várias fileiras atrás da srta. Ryan, os dois amigos de Sascha, Igor e Henry, se encolheram no assento, mas a srta. Lydia, menos melindrosa, olhou em volta enfrentando os vizinhos, como se quisesse agredi-los com seu livro de bolso. No palco, Sascha continuava lendo, murmurando, como se sussurrasse uma prece contra o tumulto ensurdecedor; como

Breen anteriormente, ele parecia preso em um sonho, um pesadelo pavoroso, daqueles de andar nu no meio da rua. Smallens brandiu sua batuta e a abertura soou enquanto Sascha se retirava para os bastidores.

Logo ficou evidente que a plateia lamentava não ter ouvido com atenção as palavras de Sascha, porque ele resumira a história que a ópera contava em dois atos. A história, em linhas gerais, é a seguinte. Um mendigo aleijado, Porgy, se apaixona por uma mulher do Charleston, Bess. Mas essa jovem neurótica está sob a influência nefasta de dois outros cavalheiros. Um deles, um diabólico vendedor de drogas, Sportin' Life, a incitou ao vício, enquanto o segundo, um atraente e musculoso criminoso chamado Crown, monopoliza os libidinosos impulsos da heroína. Porgy se livra desse rival matando-o e, quando é enviado para a prisão pelo crime, Bess alivia o sofrimento abusando das drogas; nesse período, Sportin' Life a convence a esquecer Porgy e ir com ele para Nova York. "É lá nosso lugar, irmã", ele canta enquanto segue para as luzes açucaradas do Harlem. Na última cena, Porgy, absolvido da acusação do assassinato de Crown, parte para o Norte em uma carroça puxada por um bode, acreditando, e fazendo o espectador acreditar, que vai encontrar Bess e levá-la para casa. Embora a linha de narrativa pareça reta como uma régua, os complexos termos vocais e coreográficos nos quais ela se desenvolve confundiriam qualquer plateia em que houvesse a barreira da linguagem, especialmente se a música, o estilo da dança, a abordagem da direção são, cada um e todos, territórios desconhecidos, como era o caso para a esmagadora maioria dos espectadores reunidos no Palácio de Cultura.

"Summertime" chegou ao fim e ninguém aplaudiu. A entrada de Porgy não foi anunciada. Leslie Scott, ator que representava o papel, terminou "A Woman Is a Sometimes Thing" e parou para receber a aclamação que o número costuma receber. O fato de não haver nada além de um profundo silêncio causou uma momentânea paralisia no palco. Recuperando-se, o elenco iniciou a cena do jogo de dados em ritmo de *jazz*; sussurros corriam pela plateia, como se as pessoas perguntassem umas para as outras o que aquilo significava, aqueles homens agitando e jogando dados. Os sussurros ganharam intensidade e se transformaram em exclamações abafadas de choque quando Bess entrou em cena pela primeira vez e levantou a saia para ajeitar a liga. A srta. Ryan comentou com a sra. Lowry:

– Se eles acham que isso é muito ousado, que esperem. – As palavras mal haviam saído de sua boca quando os movimentos lascivos e espirituosos de Sportin' Life causaram uma nova onda de perplexidade na plateia. O jogo de dados termina com Crown matando um dos vizinhos de Porgy; segue-se uma cena de funeral: a viúva do homem assassinado canta um lamento, "My Man's Gone Now", e os moradores enlutados de Catfish Row dançam em torno do cadáver num círculo tribal. Nesse momento, um importante dignitário soviético virou-se para um correspondente e sussurrou em russo:

– Ah, agora entendo! Eles vão *comê-lo*!

O morto, em vez de ser devorado, é deixado em sua sepultura e a ópera progride com o otimista "I've Got Plenty of Nothing" de Porgy. Scott, um barítono grandalhão e de porte sólido, acompanhou a canção andando em torno do palco, exibindo um fervor que devia ter interrompido o espetáculo. Mas a apresentação prosseguiu.

O persistente silêncio da plateia não pareceu ser decorrente de apatia; pelo contrário, em sua maioria, pareceu resultar de uma concentração perturbada, de um desejo ansioso de entender; e assim, temendo perder aquela frase crucial, a pista significativa que desmascararia os mistérios diante deles, eles ouviam e olhavam com a intensidade carrancuda de estudantes em uma sala de aula. Mas o primeiro ato estava quase terminando antes de a vibração que deriva da compreensão varrer o teatro. A reação foi causada por "Bess, You Is My Woman Now", um dueto cantado pelos dois atores principais: de repente ficou claro que Porgy e Bess estão apaixonados, que a canção é uma reunião emocionada, e a plateia, também emocionada, surpreendeu os atores com aplausos breves mas intensos, como uma chuva de verão. Mas a seca retornou quando a música foi seguida pela fanfarra comemorativa de "I Can't Sit Down", o fim do primeiro ato. A cena é temperada com humor folclórico; e, ocasionalmente, risadas isoladas, sons solitários indicaram que havia pessoas que entendiam e apreciavam o que era feito no palco. A cortina desceu. Silêncio. As luzes do teatro começaram a acender; a plateia piscou, como se até aquele momento não soubesse que o ato chegava ao fim. Todos recuperaram o fôlego, como passageiros ao final de um passeio na montanha-russa, e começaram a aplaudir. O aplauso durou 32 segundos.

– Estão aturdidos – disse Lowry, repetindo as palavras, mas, de alguma forma, transformando a essência da profecia de Breen. – Eles nunca viram nada parecido com isso.

Se os russos estavam perplexos, não eram os únicos. Vários jornalistas americanos estavam reunidos, comparando anotações.

– Não há como explicar – um confuso Dan Schorr queixou-se com um perplexo fotógrafo da Time-Life. E a sra. Bohlen, seguindo o marido pelo corredor do teatro, ia pensativa e séria. Mais tarde ela me contou qual era o seu pensamento naquele momento:

– Eu estava pensando que... bem, pusemos um ovo. Agora, o que vamos fazer com isso?

No saguão movimentado, a sra. Breen, sorridente, expressava sentimentos de uma natureza mais alegre; de acordo com ela, a apresentação seguia "lindamente". Um correspondente perguntou por que, nesse caso, os russos pareciam estar "sentados sobre as mãos". A sra. Breen olhou para o autor da pergunta como se o considerasse completamente maluco.

– Mas ninguém espera que eles aplaudam! Robert planejou tudo dessa maneira. Para que não houvesse mesmo explosões de aplauso. Isso prejudica a concentração e arruína o clima.

Os Wolfert concordaram com a sra. Breen; também eles tinham a opinião de que a estreia era um triunfo completo.

– É a primeira vez que eu assisto ao espetáculo – relatou Wolfert. – Não gosto de musicais. Não vejo utilidade para eles. Mas esse é muito bom.

Outra americana, Priscilla Johnson, conhecedora do idioma local, passou todo o intervalo ouvindo o que diziam os espectadores.

– Estão absolutamente chocados – ela reportou. – Acham tudo isso horrorosamente imoral. Mas, Deus, não se pode culpá-los por não gostarem do que estão vendo. É uma produção de segunda classe! E é isso que me entristece. Se ao menos fosse *realmente* bom, então se poderia culpá-los. Que pena, que pena – ela lamentou, ajeitando a franja e balançando a cabeça. – Toda essa preparação: os Breen, a publicidade e tudo – ah, isso não contava com um fracasso.

Como a srta. Johnson, Savchenko e Adamov circulavam pelo saguão colhendo opiniões.

– É um enorme sucesso – Savchenko admitiu.

Mas Adamov, cujo vocabulário popular se enriquecia pelo contato constante com a companhia, disse:

– Alguns quadrados não conseguem engolir tanta novidade. Não sacodem a poeira. E daí, qual é a surpresa? Vocês também têm gente quadrada em Nova York, não têm?

Madame Nervitsky e seu marido cantor passaram pelo grupo.

– Oh, estamos fascinados – ela me disse, brandindo uma piteira do comprimento de uma espada. – Nervitsky acha que é *très dépravé*. Eu não. Adoro o clima vil disso tudo. O ritmo, o suor. Realmente, os negros são muito divertidos. E que maravilhosos são seus dentes! – Aproximando-se, ela acrescentou: – Falou com suas amigas? Quarto 520. Não telefonem, cheguem em silêncio, levem tudo. Eu pago muito bem.

Stefan Orlov estava em pé perto do bar, segurando um copo de água mineral.

– Meu amigo – ele disse, batendo calorosamente no meu ombro. – Que noite tivemos, não? Na manhã seguinte, minha esposa teve de me arrancar da cama. Ela amarrou meus sapatos e deu o nó na minha gravata. Não estava zangada, não! Ela riu de mim. – Ele tirou do bolso um binóculo para ópera e o colocou diante dos olhos. – Eu vi Nancy. Fiquei me perguntando se devia ir falar com ela. Mas decidi que não. Nancy estava sentada com gente muito elegante e moderna. Pode dizer a ela que eu a vi?

Respondi que sim e perguntei se ele estava gostando de *Porgy and Bess*.

– Gostaria de ter um ingresso para todas as noites. É uma experiência incrível! Como Jack London. Como Gogol. Jamais vou esquecer – ele resumiu, guardando o binóculo. Uma ruga surgiu em sua testa, ele abriu a boca para falar, mudou de ideia, bebeu um gole de água, mudou de ideia outra vez e decidiu falar. – A questão não é se vou esquecer. Ou o que nós, os mais velhos, pensamos. São os jovens que importam. É importante que tenham novas sementes plantadas em seu coração. Esta noite – ele disse, olhando em volta pelo saguão –, todos esses jovens ficarão acordados. Amanhã, vão assobiar as músicas. Um aborrecimento, assobiar na sala de aula. E, no verão, os jovens vão assobiar na margem do rio. Eles não vão esquecer.

Nos bastidores prevalecia um clima tranquilo enquanto os artistas se preparavam para o segundo ato. Leslie Scott, nem um pouco nervoso com a recepção do primeiro ato, ria ao dizer:

– Sim, eles são bem lentos. Mas muitas plateias não reagem realmente até o dueto ["Bess, You Is My Woman Now"], e isso é normal. De agora em diante, vamos navegar de vento em popa.

Martha Flowers, que retocava a maquiagem diante do espelho, manifestou-se:

– Essa plateia, aquele público, não vejo diferença. E você também não veria, está participando desse espetáculo há dois anos.

Mas Sascha, que não tinha o *savoir* profissional da srta. Flowers, era uma imagem alarmante enquanto esperava na coxia para repetir sua atuação de narrador da trama: de cabeça baixa e segurando-se a uma barra de balé como um lutador se agarra às cordas, ele ouvia atordoado seus colegas Igor e Henry sussurrarem palavras de estímulo e coragem.

Para surpresa de Sascha, seu retorno ao palco foi vitorioso. A plateia estava ansiosa por saber o que aconteceria no próximo ato e Sascha, que duas semanas antes se candidatara para uma bolsa de estudos de artes cênicas no Teatro de Arte de Moscou, relatou em êxtase o assassinato de Crown e a detenção de Porgy. Ele saiu de cena ovacionado por uma interminável explosão de aplausos; a srta. Lydia ainda aplaudia quando as luzes da plateia apagaram.

O elemento da ópera que mais parecia perturbar os soviéticos, sua sensualidade, atinge um pico de proporções gigantescas nos primeiros vinte minutos do Ato Dois. Uma canção, "I Ain't Got No Shame" ("doin' what I like to do"), e a marca balançante da coreografia que a acompanha demonstram ter títulos mais do que apropriados, graficamente ilustrados, excessivos para o conforto dos russos. Mas era a cena seguinte que continha, de um ponto de vista puritano, a verdadeira afronta. A cena, uma das preferidas do diretor e que ele sempre enfatizava no ensaio, começa com Crown tentando estuprar Bess – ele a agarra, aperta suas nádegas, seus seios, e termina com Bess violentando-o: ela rasga sua camisa, envolve seu corpo com os braços e cola o corpo no dele, fritando como *bacon* em uma frigideira; tudo fica escuro. Algumas áreas da plateia também sofrem uma espécie de blecaute.

– Jesus – disse um correspondente, sua voz soando clara no silêncio sepulcral –, eles não fariam isso na Broadway!

Outra jornalista americana respondeu:

– Não seja bobo. É a melhor parte do espetáculo.

Leslie Scott previra que o segundo ato seria "navegar de vento em popa"; sua previsão quase se confirmou nos quarenta minutos restantes de ópera. A canção da Mulher do Morango, um verdadeiro grito das ruas, começou com o vento soprando a seu favor. Novamente, como com o dueto de amor, a melodia e a situação, simplesmente uma vendedora ambulante vendendo morangos, eram algo que os russos podiam compreender, algo que os encantava. Depois disso, todas as cenas pareciam ser aceitas e, embora a performance não navegasse com facilidade, talvez porque muita água já havia entrado no barco, pelo menos flutuava, levada por uma correnteza de temperatura menos gelada.

Quando a cortina desceu e os agradecimentos começaram, cinegrafistas, descendo e subindo pelo corredor central do teatro, dividiam as cenas entre russos que aplaudiam freneticamente e atores que se curvavam com grande pompa.

– Estão perplexos – pronunciou Lowry mais uma vez.

E sua esposa fez a declaração inevitável:

– Eles nunca viram nada parecido.

O aplauso, que uma testemunha experiente descreveu como "nada comparado a uma noite de estreia no Bolshoi", suportou um número lógico de subidas e descidas da cortina, depois declinou suavemente. E foi então, quando as pessoas já começavam a deixar seus assentos, que Breen tentou provocar a demonstração mais impressionante levando ao palco os agradecimentos "extras" que havia ensaiado naquela tarde. Um a um vieram todos os integrantes do elenco, cada um deles embalado pela cadência de um bongô.

– Ah, não – gemeu a srta. Ryan. – Eles não deviam fazer nada disso. É praticamente implorar.

No teste de resistência que se seguiu, a plateia substituiu um padrão quase hipnótico de aplausos por aplausos verdadeiros. Três minutos se passaram; quatro, cinco, seis, sete. Finalmente, quando a srta. Flowers jogou o último beijo de cima do palco, e eletricistas e todos os operários haviam sido devidamente reconhecidos, Breen, executando a mesura final, permitiu que a cortina caísse.

O embaixador e a sra. Bohlen, e vários oficiais soviéticos, foram conduzidos aos bastidores para cumprimentar o elenco.

– Não sei por que tanta comoção – comentou a sra. Gershwin, alegre e emocionada enquanto se espremia pelo pandemônio que dominou a área atrás do palco. – É *só* o velho *Porgy*.

Savchenko aproximou-se da sra. Breen, tenso, estendeu a mão e disse:

– Quero dar os parabéns pelo grande sucesso.

A sra. Breen secou as lágrimas dos olhos, como se chorasse um pranto fantasma.

– Aquela ovação. Não foi glorioso? – perguntou, virando-se para olhar o marido que posava para uma fotografia com Bohlen. – Uma grande homenagem a Robert.

Do lado de fora, tive de percorrer uma certa distância até encontrar um táxi. Um trio, dois rapazes e uma garota, caminhava na minha frente. Deduzi que haviam estado na plateia de *Porgy and Bess*. Suas vozes reverberavam pelas ruas escuras, então silenciosas. Todos falavam ao mesmo tempo, uma gritaria animada que, de vez em quando, se misturava com uma canção; o grito da vendedora de morangos, uma frase de "Summertime". Então, como se não tivesse uma real compreensão das palavras, mas as houvesse memorizado foneticamente, a garota cantou:

– Há um barco que vai partir em breve para Nova York, venha comigo, esse é nosso lugar, irmã...

Os amigos juntaram-se a ela assobiando. Orlov havia dito:

– E no verão os jovens vão assobiar na margem do rio. Não vão esquecer.

A promessa desses jovens que não iam esquecer, que haviam sido estimulados a se abrir para novas visões: certamente, eu pensei, isso era suficiente para justificar minha declaração a Henry Shapiro afirmando que a estreia havia sido um sucesso. Não a conquista fabulosa e explosiva que a Everyman Opera esperava, mas uma vitória de significado mais requintado, uma conquista que amadureceria e se tornaria mais importante. E no entanto, quando estava em meu quarto pensando em tudo isso, a dúvida se apoderou de mim trazida pelo toque do telefone.

– Como foi? O que aconteceu realmente? – eram perguntas que exigiam respostas no nível nada sutil do jornalismo. Eu poderia, com toda a honestidade, dar a Shapiro um relato radiante sobre como a ópera fora recebida de maneira geral pelo público? Era o que eu preferia; e suspeitava que, naturalmente, era isso que ele queria ouvir. Mas deixei o telefone tocar enquanto uma coleção de *ses* desfilava por minha cabeça; se os russos houvessem tido a oportunidade de consultar um programa impresso, se alguns aspectos do cerimonial e do protocolo houvessem sido abreviados, se menos houvesse sido exigido da plateia, se... parei de procrastinar e peguei o telefone. A pessoa do outro lado da linha era a srta. Lydia, que se desculpou: alguém havia telefonado para mim de Moscou, mas a ligação caíra. Não havia mais nenhum telefonema para mim naquela noite.

As críticas sobre a produção foram publicadas por dois dos principais jornais da cidade, *Smena* e *Evening Leningrad*. Na opinião do embaixador Bohlen, os artigos eram, "de maneira geral, excelentes. Muito compenetrados. Demonstram que tudo foi considerado com grande seriedade".

O crítico do *Evening Leningrad* escreveu: "*Porgy and Bess* é um trabalho marcado por talento brilhante e mestria incomum... recebido calorosamente pela plateia". Mais umas mil e quinhentas palavras explicavam essa afirmação. Ele elogiava a partitura ("A música de Gershwin é melódica, sincera, intencionalmente recheada com o folclore musical dos negros. São muitas as melodias realmente expressivas e contrastantes"), a direção de Breen ("O espetáculo é dirigido com grande mestria e prende a atenção do espectador com seu ritmo dinâmico"), o maestro ("A parte musical do espetáculo é de altíssimo nível") e o elenco ("... atuam em conjunto com uma harmonia raramente vista..."). O libreto, porém, mereceu certa reprimenda, porque o crítico notou nele "alguns elementos de expressionismo e melodrama, e abundância dos habituais detalhes referentes à investigação criminal". O *Evening Leningrad* também não esqueceu de publicar o adendo político: "Nós, espectadores soviéticos, percebemos o efeito corrosivo do sistema capitalista na consciência, na mentalidade e na atitude moral de um povo oprimido pela pobreza. Isso eleva a peça de Heyward, conforme apresentada pela música de Gershwin, aos domínios do drama social". Mas esses comentários eram brandos comparados aos estridentes coros de propaganda que os oponentes da turnê de *Porgy and Bess* haviam antecipado.

O segundo crítico, U. K. Kovalyev, escrevendo para o *Smena*, mencionou um fator ignorado pelo *Evening Leningrad*. "A nuança espantosamente erótica de algumas cenas de dança é desagradável. E é difícil atribuir a culpa a uma dança nacional específica. Trata-se mais do gosto do diretor e, talvez, seu tipo de 'tradição' derivada de 'paródias' e 'revistas' da Broadway. Mas, no geral", continua Kovalyev, "*Porgy and Bess* apresenta um dos eventos mais interessantes desta temporada teatral. É uma produção excelente, colorida, cheia de movimento e música. Um atestado do elevado talento do povo negro. É bem possível que nem todas as músicas e a encenação sejam aprovadas por todas as plateias soviéticas, e nem tudo será, necessariamente, compreendido por elas. Não estamos acostumados com os detalhes naturalistas na dança, com o *jazz* excessivo na orquestra sinfônica, etc. Ainda assim, a performance alarga nosso conceito da arte da América contemporânea e nos familiariza com facetas até então por nós desconhecidas da vida teatral e musical dos Estados Unidos".

Essas críticas não apareceram senão na quinta-feira, três dias depois da estreia. A publicação foi, àquela altura, um anticlímax e a companhia estava propensa a recebê-las com um bocejo.

– Sim, é bom que escrevam coisas agradáveis, mas quem se importa? – disse um membro do elenco, expressando uma atitude dominante. – Não é o que os russos pensam. É o que estão ouvindo sobre nós em casa. *É isso* que importa.

A companhia já sabia o que a América estava ouvindo, porque, no final da tarde de terça-feira, no dia seguinte à estreia, Breen recebeu um telegrama sobre o assunto enviado pelo escritório da Everyman Opera em Nova York. A srta. Ryan datilografou cópias da mensagem e estava se preparando para fixar uma delas no quadro de avisos da companhia, quando nos encontramos no saguão.

– Olá – ela disse. – Adivinhe só! Stefan, o Coelhinho, telefonou. Ele quer me levar para dançar. Acha que é certo? Quero dizer, desde que ele só queira dançar...? Enfim, não interessa, eu iria dançar com Jack, o Estripador, qualquer coisa para me afastar de *Porgy and Bess* – ela decidiu, prendendo a versão datilografada do telegrama no quadro de avisos.

ROBERT BREEN HOTEL ASTORIA LENINGRADO URSS

MARAVILHOSOS ARTIGOS AQUI TODOS JORNAIS 27 DEZEMBRO PONTO TODOS MENCIONAM DEZ MINUTOS OVAÇÃO EM PÉ PONTO

MANCHETE JOURNALS – "LENINGRADO ENLOUQUECE COM PORGY AND BESS" PONTO

NOTÍCIA AP INCLUI GRANDE DEMANDA INGRESSOS E TAMANHO PLATEIA PONTO

TRIBUNE ENFATIZA CALOROSA RECEPÇÃO PLATEIA PONTO

MANCHETE TELEGRAM – "PORGY ARRANCA ELOGIOS DA RÚSSIA" PONTO

EDITORIAL MIRROR "CONFRONTO DIRETO DIPLOMACIA-ELENCO CONQUISTA LENINGRADO PELA CANÇÃO ESTAMOS ORGULHOSOS DELES" PONTO

NOTÍCIA AP EM ALGUNS JORNAIS DIZ RÁDIO MOSCOU CONSIDERA ESTREIA GRANDE SUCESSO PONTO

EDITORIAL TIMES HOJE POR SULZBERGER "ESTREIA PORGY AND BESS – OUTRA JANELA PARA O OCIDENTE"

EDITORIAL JOURNAL HOJE – "SUCESSO TREMENDO"

BOLETINS NBC CBS FABULOSOS

PARABÉNS A TODOS E CADA UM DE VOCÊS

– É claro – comentou a srta. Ryan, lendo o telegrama –, não foi *exatamente* assim que chegou. Os Breen leram e editaram a mensagem. Havia uma linha: "*Times* relata moderado sucesso". Pode apostar que Wilva a cortou! Bem – ela concluiu com um suspiro e um sorriso –, por que não tornar melhor algo que já é bom? Wilva só quer que todos se sintam felizes, e acho que isso é encantador.

Por toda a tarde, membros da companhia, passando pelo saguão, pararam para ler a mensagem de Nova York. Ela os fazia sorrir; todos se afastavam caminhando com passos mais leves.

– O que me diz, homem? – perguntou Earl Bruce Jackson a Warner Watson quando, lado a lado, terminaram de ler o telegrama. – Estamos fazendo história!

E Watson, esfregando as mãos, respondeu:

– É isso, sim. Acho que temos a *história* sob controle.

O DUQUE EM SEU DOMÍNIO

(1956)

A MAIORIA DAS JOVENS JAPONESAS TEM AQUELE RISINHO CONTIDO. A camareira no quarto andar do Miyako Hotel, em Kyoto, não era exceção. Hilaridade, e o esforço para contê-la, tingia de rosa suas faces (diferentemente dos chineses, é comum ver alguma cor na pele dos japoneses) e sacudia seu corpo roliço sob o quimono com estampa de flores. Não parecia haver nenhuma razão específica para tanta alegria; o risinho japonês ocorre sem motivação aparente. Eu só havia pedido orientação para chegar a um determinado quarto.

– Veio ver Marron? – ela ria, exibindo, como muitas de suas compatriotas, uma coleção de dentes de ouro. Depois, com aqueles passos miúdos e ligeiros necessários a quem se movimenta vestindo um quimono, ela me conduziu para um labirinto de corredores, prometendo:

– Eu bato Marron.

O som do "l" não existe em japonês e por Marron ela se referia a Marlon – Marlon Brando, o ator americano, que estava então em Kyoto fazendo um trabalho de locação para *Sayonara*, uma versão para o cinema da novela de James Michener. O trabalho era para a Warner Brothers--William Goetz.

Minha guia bateu à porta do quarto de Marlon Brando, gritou "Marron" e correu, as mangas do quimono tremulando como as asas de um periquito. A porta foi aberta por outra camareira delicada como uma boneca, e essa também sucumbiu imediatamente a um ataque de riso. De dentro do quarto, Brando perguntou:

– O que é, benzinho?

Mas a jovem, rindo com as mãos pequenas e gordas sobre a boca, não conseguia responder.

– Ei, benzinho, o que é? – Brando repetiu a pergunta e em seguida apareceu na porta.

– Oh, olá – ele disse ao me ver. – São sete, não é? – Tínhamos um encontro marcado para as sete horas. Um jantar. E eu estava atrasado quase vinte minutos. – Bem, tire os sapatos e entre. Já estou terminando aqui. E, benzinho – disse à camareira –, traga gelo para nós.

Então, vendo a garota sair do quarto, ele inclinou a cabeça para estudar seu quadril e, rindo, declarou:

– Elas me matam. E as crianças também. Não acha que são maravilhosas, não ama essas crianças japonesas?

O Miyako, onde metade da companhia *Sayonara* estava hospedada, é o mais proeminente dos hotéis de estilo ocidental em Kyoto; a maioria dos quartos é mobiliada com cadeiras, mesas, camas e sofás europeus, todos muito sólidos, embora comuns e pesados. Mas, para a conveniência dos hóspedes japoneses, que preferem a sua maneira de decorar, embora apreciem o prestígio conferido por uma estada no Miyako, ou para aqueles estrangeiros que anseiam pela atmosfera autêntica, mas são propensos a suportar o frio rigor de uma verdadeira hospedagem japonesa, o Miyako mantém algumas suítes decoradas de maneira tradicional, e foi em uma delas que Brando escolheu hospedar-se. A suíte consistia de dois quartos, um banheiro e uma varanda fechada por vidros. Sem a confusão dos pertences de Brando espalhados por todos os cantos, o lugar seria uma ilustração clássica da tendência japonesa para a esterilidade ostentosa. O piso era coberto por tatame bege, com algumas almofadas de seda crua; um pergaminho pendurado em uma alcova mostrava carpas douradas nadando e, embaixo dele, sobre um aparador, havia um vaso cheio de lírios altos e folhas vermelhas. O cômodo maior – o mais interno –, que o ocupante usava como uma espécie de escritório comercial em que também comia e dormia, continha uma longa e baixa mesa laqueada e uma esteira. Nesses cômodos, os conceitos divergentes de decoração japonesa e ocidental – uma buscando impressionar pela falta de coisas em evidência, pela ausência de posses, a outra se esforçando exatamente pelo resultado inverso – podiam ser ambos observados, porque Brando parecia preferir não fazer uso do espaço de armazenamento da suíte, escondido atrás de portas deslizantes de papel. Tudo o que ele possuía parecia estar espalhado por ali. Camisas, esperando pela lavanderia; meias, na mesma condição; sapatos, suéteres, paletós, chapéus, gravatas, tudo espalhado como a fantasia desmontada de um espantalho. E câmeras, uma máquina portátil de datilografar, um gravador, um aquecedor elétrico que funcionava com competência sufocante. Aqui, ali, pedaços de frutas mordidas; uma caixa dos famosos morangos japoneses, cada um do tamanho de um ovo. E livros, uma cascata de pensamentos profundos, entre eles *O Outsider*, de Colin Wilson, e vários trabalhos de budismo, meditação zen, respiração iogue e misticismo hindu, mas nada de ficção, porque Brando não lê esse gênero. Ele afirma nunca ter aberto um romance desde 3 de abril de 1924, dia em que nasceu em Omaha, Nebraska. Mas, embora não tenha se interessado por ler ficção, ele deseja escrever esse gênero, e a comprida mesa laqueada está repleta de cinzeiros cheios e páginas empilhadas contendo seu mais recente esforço criativo, um roteiro para o cinema chamado *A Burst of Vermilion*.

De fato, Brando evidentemente trabalhava nessa história no momento em que cheguei. Quando entrei na suíte, um homem jovem e de aparência subjugada que vou chamar de Murray, e que anteriormente me havia sido apontado como "o rapaz que está ajudando Brando com seu texto", estava agachado no tatame, folheando o manuscrito de *A Burst of Vermilion*. Pesando as páginas com a mão, ele disse:

– Tenho uma ideia, Mar. O que acha de eu dar uma olhada nisto no meu quarto e depois nos encontramos de novo por volta das dez e meia?

Brando franziu a testa, como se não apreciasse muito a ideia de retomar os esforços mais tarde, à noite. Por causa de uma leve indisposição da qual tomei conhecimento mais tarde, ele havia passado o dia no quarto e agora parecia letárgico.

– O que é isso? – perguntou, apontando para alguns pacotes sobre a mesa, no meio da papelada.

Murray encolheu os ombros. A criada os havia deixado; isso era tudo o que ele sabia.

– As pessoas estão sempre enviando presentes para Mar – ele me disse. – Muitas vezes não sabemos quem os mandou. Não é verdade, Mar?

– Sim – respondeu Brando, começando a abrir os pacotes, que, como muitos no Japão, até as compras mais comuns em lojas simples, eram lindamente embrulhados. Um continha doces, o outro, bolos brancos de arroz, que eram duros como cimento, embora parecessem nuvens fofas. Não havia nenhum cartão identificando remetentes. – Para onde quer que você se vire, há sempre um japonês oferecendo um presente. Eles são loucos por dar presentes – Brando observou. Segurando um bolo de arroz, ele passou as caixas para Murray e para mim.

Murray balançou a cabeça, compenetrado na tarefa de arrancar de Brando a promessa de encontrá-lo novamente às dez e meia.

– Ligue para mim por volta das dez – respondeu Brando finalmente. – Então veremos.

Murray, conforme eu soube depois, era apenas um dos membros do grupo da companhia *Sayonara* chamado por alguns de “gangue do Brando”. Além do assistente literário, a turma era composta por Marlon Brando Sr., que atuava como empresário do filho; uma secretária morena e bonita, a srta. Levin; e o maquiador particular de Brando. As despesas de viagem desse pessoal, e todas as despesas do grupo no período de locação, eram aprovadas pelo contrato do ator com a Warner Brothers. Diz a lenda que os estúdios cinematográficos nem sempre são tão complacentes com as questões financeiras. Um homem da Warner com quem conversei posteriormente explicou a tolerância com Brando dizendo:

– Normalmente, não aceitaríamos tal coisa. Todas essas exigências que ele faz. Porém... Bem, esse filme precisava de um grande astro. Seu astro... isso é tudo o que realmente conta na bilheteria.

Entre os integrantes da companhia havia alguns que acreditavam que a proteção social assegurada a Brando pelo círculo mais próximo os impedia de “conhecer o sujeito” como teriam gostado. Brando estava no Japão havia mais de um mês e nesse tempo se apresentara no *set* como um homem digno, aparentemente simpático, sempre pronto para cooperar e até incentivar os colegas – especialmente os atores –, porém, de maneira geral, ele não era socialmente disponível, preferindo, nos tediosos intervalos das cenas, sentar-se sozinho para ler filosofia ou escrever em um caderno comum que carregava. Depois de um dia de trabalho, em vez de aceitar os convites dos colegas para se juntar ao grupo e ir tomar uns drinques, comer peixe cru em um restaurante local ou passear pelo velho quarteirão das gueixas em Kyoto, em vez de contribuir para as reuniões quase familiares que sempre acontecem nesse período de locação, ele voltava para o hotel e ficava lá. Como os fãs mais fervorosos dos astros do cinema são, via de regra, as pessoas que trabalham no cinema, Brando era alvo de grande interesse por parte dos integrantes do grupo *Sayonara*, e esse interesse era alimentado por sua atitude de distanciamento amistoso, uma atitude que, em vista do interesse, acabava produzindo frustração generalizada. Até o diretor do filme, Joshua Logan, declarou, depois de ter trabalhado com Brando por duas semanas:

– Marlon é a pessoa mais interessante que conheci desde Garbo. Um gênio. Mas não sei como ele é. Não sei nada sobre ele.

A camareira havia retornado ao quarto do astro e Murray, a caminho da saída, quase tropeçou na barra de seu quimono. Ela deixou sobre a mesa uma vasilha com arroz e, com uma animação e um sorriso que a faziam saltitar sobre os pés nas meias brancas de dedos divididos, anunciou:

– Tortamaçã! Hoje à noite cardápio tortamaçã!

Brando gemeu.

– Torta de maçã. Era tudo de que eu precisava.

Ele se estendeu no chão e abriu a fivela do cinto, que machucava seu estômago.

– Eu devia estar de dieta. Mas as únicas coisas que quero comer são torta de maçã e pratos dessa natureza.

Seis semanas antes, na Califórnia, Logan o informara de que ele deveria perder 5 quilos para seu papel em *Sayonara*, e antes de chegar em Kyoto ele conseguira eliminar 3 quilos e meio. Desde que chegara ao Japão, porém, incitado não só pela torta de maçã americana, mas pela cozinha japonesa, com sua deliciosa ênfase nos pratos doces, caramelados, fritos, ele havia recuperado os quilos perdidos e os duplicara. Agora, afrouxando o cinto e massageando pensativo a região da cintura, ele leu o cardápio, que oferecia, em inglês, uma grande variedade de pratos ocidentais, e depois de dizer a si mesmo que precisava perder peso, pediu sopa, filé com fritas, três tipos de vegetal, espaguete, pão e manteiga, uma garrafa de saquê, salada, queijo e bolachas salgadas.

– E tortamaçã, Marron?

Ele suspirou.

– Com sorvete, benzinho.

Brando não é um abstêmio, mas seu apetite é mais frugal para o álcool. Enquanto espera pelo jantar, que viria para o quarto, ele me serviu uma generosa vodca com gelo e se serviu de uma mera dose de cortesia, só para me fazer companhia. Retomando sua posição no chão, apoiou a cabeça sobre uma almofada, fechou os olhos e ficou quieto por um instante, como se cochilasse e tivesse um sonho desconfortável; suas pupilas tremiam e, quando falou, sua voz – destituída de emoção, de certa forma educada e gentil, mas surpreendentemente adolescente, uma voz com uma qualidade curiosa e juvenil – parecia soar de uma distância sonolenta.

– Os últimos oito, nove anos da minha vida foram uma confusão – ele disse. – Talvez os últimos dois tenham sido um pouco melhores. Não me deixei levar tanto pela maré. Já fez análise? No início eu tinha medo. Temia que isso pudesse destruir os impulsos que me faziam criativo, um artista. Uma pessoa sensível recebe cinquenta impressões enquanto outra pessoa qualquer recebe apenas sete. Pessoas sensíveis são vulneráveis; são facilmente brutalizadas e magoadas simplesmente por ser sensíveis. Quanto mais sensível você é, mais tem certeza de que vai ser brutalizado, vai desenvolver escaras. Nunca evolui. Nunca se permite sentir nada, porque sempre sente demais. Análise ajuda. O processo me ajudou. Mesmo assim, nos últimos oito, nove anos, estive muito confuso, uma verdadeira bagunça...

• • •

A voz prosseguiu, como se ele falasse para se ouvir, um efeito que o discurso de Brando sempre criava, porque, como a maioria das pessoas absortas nelas mesmas, Brando fala sozinho – um fato que ele reconhece e explica.

– As pessoas à minha volta nunca dizem nada – ele conta. – Apenas parecem querer ouvir o que eu tenho para dizer. Por isso falo tanto.

Vendo-o naquele momento, com os olhos fechados, o rosto liso e branco sob a lâmpada no teto, senti-me como se o momento do meu encontro inicial com ele fosse recriado. Foi em 1947; era uma tarde de inverno em Nova York, onde eu tivera a oportunidade de assistir a um ensaio de *Um bonde chamado desejo*, de Tennessee Williams, no qual Brando faria o papel de Stanley Kowalski. Foi esse papel que lhe deu reconhecimento geral, embora entre muitos conhecedores do teatro em Nova York ele já houvesse despertado certa atenção, graças ao trabalho desenvolvido como aluno de Stella Adler e a algumas aparições em montagens da Broadway – uma delas em uma peça de Maxwell Anderson, *Truckline Café*, e outra como Marchbanks contracenando com a Cândida de Katharine Cornell, trabalho em que exibiu grande habilidade e pelo qual recebeu críticas favoráveis e muita atenção. Elia Kazan, o diretor de *Um bonde chamado desejo*, disse na época e repetiu recentemente:

– Marlon é simplesmente o melhor ator do mundo.

Mas há dez anos, na tarde que recordo agora, ele ainda era relativamente desconhecido; eu, pelo menos, não tinha ideia de quem ele poderia ser quando, ao chegar muito cedo para o ensaio de *Um bonde*, encontrei o auditório deserto e vi um jovem musculoso deitado sobre uma mesa no palco sob o brilho melancólico da iluminação normal, profundamente adormecido. Por ele vestir camiseta branca e calça de brim, por ter um físico característico de quem pratica exercícios físicos – braços de levantador de peso, peito de Charles Atlas (embora houvesse sobre ele um volume aberto de *Basic Writings of Sigmund Freud*) –, imaginei que fosse um operário de palco. E mantive essa impressão até olhar para seu rosto. Era como se uma cabeça estranha houvesse sido acoplada a um corpo forte, como em uma montagem fotográfica. Porque aquele rosto nada tinha de duro, sobrepondo um refinamento quase angelical e uma extrema gentileza à beleza máscula de mandíbula dura, quadrada: pele tesa, testa alta e larga, olhos marcantes, nariz aquilino, lábios cheios numa expressão relaxada, sensual. Não era nem de longe a sugestão do Kowalski destituído de poesia que Williams criara. Foi, portanto, uma experiência única observar, mais tarde, a facilidade de camaleão com que Brando adquiria as cores cruéis e duras do personagem, com que soberba, como uma salamandra sinuosa, ele se vestia com o papel, como sua *persona* evaporava – da mesma forma que, naquele quarto de hotel em Kyoto nove anos mais tarde, minhas lembranças de Brando em 1947 perdiam força, desapareciam no Brando de 1956. E o Brando atual, aquele deitado no tatame fumando cigarros com filtro e falando, falando, era, sem dúvida, uma pessoa diferente. Seu corpo era mais volumoso; a testa era mais alta, porque o cabelo era menos abundante; ele era mais rico (dos produtores de *Sayonara* ele podia esperar um salário de 300 mil dólares, mais uma porcentagem nos lucros do filme); e se tornara, como um jornalista havia colocado, "o Valentino da geração bop" – uma celebridade mundial de tal porte que, quando saía em público ali no Japão, escondia o rosto não só com grandes óculos escuros, mas com uma máscara de cirurgião, também. (Esse recurso de disfarce não é tão *outré* no Japão quanto pode parecer, já que numerosos asiáticos utilizam essas máscaras com a intenção de se prevenir de germes e contágio generalizado.) E essas são algumas das alterações ocorridas em uma década. Há outras. Seus olhos mudaram. Embora a cor de café seja a mesma, a timidez, qualquer traço da verdadeira vulnerabilidade que antes havia neles, agora desaparecera; agora ele olhava para as pessoas com segurança e com o que se pode chamar de expressão piedosa, como se habitasse esferas muito mais esclarecidas onde elas, infelizmente, não podiam entrar. (A reação das pessoas submetidas a esse olhar de constante comiseração variavam, indo do comentário de uma jovem atriz, que decidiu que "Marlon era uma pessoa realmente *espiritual*, sábia, e muito sincera, traços que podiam ser vistos em seus olhos", à declaração de um conhecido de Brando, que disse: "Ele olha para nós como se sentisse pena. Dá vontade de cortar sua garganta!".) De qualquer maneira, o sutil traço de ternura em seu rosto foi preservado. Ou quase. Porque nos anos seguintes ele sofreu um acidente que deu a seu rosto um aspecto mais convencionalmente masculino. Seu nariz sofrera uma fratura. E, com perspicácia e sutileza, eu perguntei:

– Como quebrou o nariz?

– ... e isso não quer dizer que eu seja *sempre* infeliz. Eu me lembro de um mês de abril em que estava na Sicília. Um dia quente, e flores em todos os lugares. Gosto de flores, das que têm perfume. Gardênias. Enfim, era abril e eu estava na Sicília, e saí sozinho. Deitei-me naquele campo florido. E dormi. Aquilo me fez feliz. Eu estava feliz *então*. O quê? Disse alguma coisa?

– Perguntei como quebrou o nariz.

Ele tocou o nariz e sorriu, como se recordasse uma experiência tão feliz quanto o cochilo na Sicília.

– Isso foi há muito tempo. Eu praticava boxe. Foi quando eu encenava *Bonde*. Nós – alguns operários dos bastidores e eu – costumávamos descer para a sala das caldeiras no teatro e trocar experiências, socializar. Uma noite eu estava lá socializando com aquele sujeito e... *crack*! Vesti o casaco e fui a pé ao hospital mais próximo – ficava perto da Broadway, em algum lugar por ali. Meu nariz estava realmente quebrado. Eles tiveram de me anestesiar para colocá-lo no lugar, e me puseram de repouso. Não que eu tenha lamentado. *Um bonde* estava em cartaz havia um ano e eu estava cansado daquilo. Mas meu nariz cicatrizou depressa e acho que teria voltado à peça praticamente em seguida, não fosse pelo que fiz a Irene Selznick. – O sorriso tornou-se mais largo quando ele mencionou a sra. Selznick, produtora da peça de Williams. – Aquela era uma mulher perspicaz, Irene Selznick. Quando queria alguma coisa, ela queria mesmo. E ela me queria de volta na peça. Mas, quando eu soube que ela ia ao hospital, fui trabalhar cheio de curativos, iodo e mercúrio, e, Cristo, quando ela entrou, eu parecia ter tido a cabeça arrancada! No mínimo. E minha voz sugeria que eu estava morrendo. "Oh, Marlon!", ela me disse. "Pobrezinho!" Eu disse para ela não se preocupar com nada, porque voltaria ao palco naquela noite. E ela respondeu: "Não se atreva! Podemos sobreviver sem você por... por... alguns dias". Mas eu insisti em ir trabalhar, disse que estava bem e pedi que ela avisasse à produção que eu estaria de volta naquela noite. Foi quando ela me proibiu de ir ao teatro. Então, fiquei no hospital e descansei.

Mais tarde, lembrando o incidente, a sra. Selznick declarou: "Eles não consertaram o nariz dele corretamente. De repente seu rosto mudou. Ficou duro. Por meses, estive convencida de que haviam *destruído* o rosto dele. Deviam ter fraturado novamente aquele nariz e arrumado. Mas, felizmente, Marlon não ouviu meus conselhos. Porque, honestamente, acho que aquele nariz quebrado fez sua fortuna no cinema. Deu-lhe um certo *sex appeal*. Antes ele era muito bonito".

Brando fez sua primeira viagem à Costa em 1949, quando representava o papel principal em *Espíritos indômitos*, um filme que tratava de veteranos de guerra paraplégicos. Ele foi acusado, nessa época, de conduta social grosseira, e foi criticado por seu gosto pessoal com as roupas, em um estilo jaqueta de couro preto, por preferir uma motocicleta a um Jaguar, e por preferir secretárias desconhecidas a atrizes do cinema; mais ainda, colunistas de Hollywood disparavam comentários hostis com relação à atitude dele com o cinema, que ele mesmo resumiu em uma ocasião ao declarar: "Só estou aqui por ainda não ter a coragem moral de recusar o dinheiro". Em entrevistas, ele afirmava repetidamente que se tornar "simplesmente um ator de cinema" era o que estava mais longe de seus pensamentos. "Posso fazer um filme de vez em quando", afirmou em uma ocasião, "mas pretendo trabalhar basicamente no palco." Porém, ele continuou com *Espíritos indômitos*, que foi mais um *succès d'estime* que um triunfo comercial, recriando Kowalski em uma produção cinematográfica de *Um bonde chamado desejo*, e esse papel, como havia acontecido na Broadway, o estabeleceu como um astro. (Definido de maneira prática, um astro do cinema é qualquer artista que possa garantir lucro nas bilheterias, independentemente da qualidade da produção em que aparece; é um exemplar tão raro que há menos de dez atores atualmente aptos ao rótulo. Brando é um deles; como fator de atração para sucessos de bilheteria, ele é superado apenas, entre os homens, por William Holden.) No decorrer dos últimos cinco anos ele representou um revolucionário mexicano (*Viva Zapata!*), Marco Antônio (*Júlio César*) e um delinquente juvenil motociclista (*O selvagem*); ganhou um Oscar no papel de um portuário (*Sindicato *de ladrões*); personificou Napoleão (*Désirée*); cantou e dançou no papel de um delinquente adulto (*Garotos e Garotas*); e assumiu o papel de um intérprete de Okinawa em *Casa de chá do luar de agosto*, que, como *Sayonara*, seu décimo filme, foi parcialmente rodado em locação no Japão. Mas ele nunca, exceto por um breve período no verão, voltou aos palcos.

– Por que deveria? – respondia quando era interpelado. – Os filmes têm potencial muito maior. Podem ser uma fábrica de coisas boas. De desenvolvimento moral. Pelo menos alguns podem – o tipo de filmes que quero fazer.

Ele parou, fingiu ouvir, como se sua afirmação estivesse gravada e agora a ouvisse várias vezes. Possivelmente, o som o deixava descontente; a mandíbula enrijecia, como se tentasse mastigar e engolir algum alimento de sabor ruim. Olhou para o espaço e, repentinamente, perguntou:

– O que há de tão interessante em Nova York? O que há de tão fabuloso em trabalhar para Cheryl Crawford e Robert Whitehead? – A srta. Crawford e Whitehead são dois dos mais destacados produtores teatrais de Nova York e nenhum deles jamais contratou Brando. – Além do mais, o que eu poderia fazer? Não há papéis para mim.

Empilhados, os roteiros que lhe haviam sido oferecidos em qualquer temporada por esperançosos agentes da Broadway poderiam ultrapassar de longe a altura do ator. Tennessee Williams o queria para o principal papel masculino de cada uma de suas últimas cinco peças, e a mais recente delas, *A descida de Orfeu*, ainda uma produção pendente na época em que conversamos, havia sido escrita expressamente como um veículo de coatuação para Brando e a atriz italiana Anna Magnani.

– Posso explicar com muita facilidade por que não fiz *Orfeu* – disse Brando. – Há coisas belas na peça, um dos mais belos textos de Tennessee, e o papel de Magnani é excelente; ela defende alguma coisa, é possível entendê-la – e ela me apagaria no palco. O personagem que eu deveria representar, esse garoto, esse Val, não tem a menor chance. Eu não sabia o que ele defendia ou rejeitava. Bem, não se pode atuar no vácuo. E eu disse isso a Tennessee. Ele continuou tentando. Reescreveu o papel para mim, talvez duas vezes. Mas... – Ele encolheu os ombros. – Bem, eu não tinha a intenção de pisar em nenhum palco com Magnani. Não naquele papel.

Eles teriam de me tirar de lá com um pano de chão. – Brando refletiu. – Eu acho – na verdade, tenho certeza – que Tennessee fez uma associação fixa entre mim e Kowalski. Quero dizer, somos amigos e ele sabe que como pessoa sou exatamente o oposto de Kowalski, que é tudo que reprovo – totalmente insensível, grosseiro, cruel. Ainda, a imagem que Tennessee tem de mim se confunde com o fato de eu ter desempenhado esse papel. Por isso não sei se ele é capaz de escrever para mim com nuanças diferentes. A única razão pela qual fiz *Garotos e garotas* foi trabalhar em uma tonalidade mais clara – amarela. Antes disso, a cor mais intensa em que eu havia trabalhado era o vermelho. E dele para baixo. Marrom. Cinza. Preto. – Ele amassou um maço vazio de cigarros e o jogou para cima como uma bola. – Não há muitos papéis para mim no palco. Ninguém os escreve. Vamos lá. Cite um papel que eu poderia fazer.

Na ausência de veículos de contemporâneos dignos, ele não poderia preferir o trabalho dos velhos escritores? Várias pessoas sérias que haviam aparecido com ele no filme admiraram sua leitura de Marco Antônio em *Júlio César* e o consideraram preparado, desde que houvesse a vontade, para representar muitos dos papéis do Monte Everest na literatura dos palcos – até Édipo, possivelmente.

Brando recebia de forma inexpressiva os lembretes desses elogios – ou melhor, parecia se entregar ao hábito de não ouvir. Mas, sentindo o silêncio novamente, ele o dissolveu.

– É claro, o cinema *envelhece* rapidamente. Eu vi *Um bonde* outro dia, já é um filme antigo. Mesmo assim, o cinema tem um grande potencial. Você pode dizer coisas importantes a muitas pessoas. Sobre discriminação, ódio e preconceito. Quero fazer filmes que explorem os temas atuais no mundo de hoje. Entretenimento. Por isso fundei minha própria companhia independente de produção.

Estendeu a mão para tocar com afeto *A Burst of Vermilion*, que será o primeiro roteiro filmado pela Pennebaker Productions – a produtora independente que ele fundou.

E *A Burst of Vermilion* satisfazia a esses objetivos que propunha?

Ele resmungou alguma coisa. Depois resmungou outra coisa. Solicitado a falar mais alto, disse:

– É um *western*.

Não conseguiu conter um sorriso, que se expandiu em risada. Brando rolava no chão e gargalhava.

– Cristo, o único problema é saber se algum dia vou poder olhar nos olhos dos meus amigos outra vez! – Um pouco mais sóbrio, continuou: – Mas o primeiro filme tem que fazer dinheiro. Caso contrário, não haverá outro. Estou quase falido. Não, não é brincadeira. Investi um ano e 200 mil dólares do meu dinheiro tentando convencer um escritor qualquer a produzir um roteiro decente. Um roteiro que usasse as minhas ideias. O último que vi era tão horrível, que decidi que eu mesmo podia fazer coisa melhor. E vou dirigir a produção, também.

Produzido, dirigido, escrito e protagonizado por ele. Charlie Chaplin havia conseguido esse feito e outro ainda maior compondo as próprias trilhas sonoras, também. Mas profissionais de vasta experiência – Orson Welles, por exemplo – sucumbiram sob um número de tarefas menor que o que Brando planejava assumir. Ele, porém, tinha uma resposta pronta para a minha sugestão de que talvez a carroça fosse pesada demais para o burro puxar.

– Vamos analisar a produção – ele disse. – O que um produtor faz, além de cuidar do elenco? Sei tanto sobre escalar um elenco quanto qualquer produtor, e isso é produzir. Escalar elenco. – No ramo, dificilmente se encontraria alguém que concordasse com essa opinião. Um bom produtor, além de escalar o elenco – isto é, de escolher o escritor, o diretor, os atores, os técnicos e os outros integrantes da equipe –, tinha de ser um diplomata das emoções, sempre alisando e ajeitando, e, acima de tudo, tinha de ser um mecânico talentoso para lidar com a máquina dos dólares e centavos. – Mas, falando sério – Brando continuou, agora muito sério –, *Burst* não trata apenas de caubóis e índios. É sobre um menino mexicano – sobre ódio e discriminação. Sobre o que acontece com uma comunidade quando essas coisas existem.

Sayonara também tem momentos em que se propõe atacar o preconceito de raça, contando, como faz, a história de um piloto americano que se apaixona por uma dançarina japonesa, para desânimo de seus superiores na Força Aérea e dos empregadores da jovem, embora estes não se oponham à nacionalidade ou raça de seu amante, mas ao fato de ela ter alguém, porque integra uma companhia feminina de ópera – baseada em uma organização da vida real, a Takarazuka Company – cujo empresário promove uma lenda sobre suas centenas de integrantes levarem uma existência celibatária fora dos palcos, quase como num convento, uma vida imaculada pela presença masculina de qualquer cor ou credo. A novela de Michener termina com os amantes se despedindo melancólicos, *sayonara*, palavra que significa adeus. Na versão para o cinema, porém, a palavra, e por consequência o título, perdeu o significado; nela, o desbotamento revela o par Oriente e Ocidente tão próximos que estão a caminho do cartório de casamentos. Em uma coletiva de imprensa que Brando presidiu depois de chegar a Tóquio, ele declarou a cerca de sessenta repórteres que havia sido contratado para aquela história porque "ela ataca com muita precisão os preconceitos que servem para limitar nosso progresso para um mundo pacífico. Por trás do romance, o roteiro ataca preconceitos que existem por parte dos japoneses e da nossa parte". Ele disse também que faria o filme porque seria para ele uma "oportunidade valiosa" de trabalhar com Joshua Logan, que lhe poderia ensinar "o que fazer e o que não fazer".

Mas o tempo passou. E agora Brando dizia com desdém:

– Oh, *Sayonara*, adoro! Essa maravilhosa bobagem de corações e flores que devia ter sido um filme sério sobre o Japão. Então, que diferença faz? Só aceitei por dinheiro, mesmo. Dinheiro para fazer decolar a minha própria produtora. – Ele mordeu o lábio, pensativo, e continuou: – Na Califórnia, suportei 22 horas de reuniões de roteiro. Logan me disse: "Estamos abertos a quaisquer sugestões que queira fazer, Marlon. Se quiser fazer mudanças, faça-as. Se há alguma coisa de que não gosta – bem, reescreva, Marlon, escreva à sua maneira".

Os amigos de Brando afirmam que ele é capaz de imitar qualquer pessoa depois de quinze minutos de observação; a julgar pela excelência sinistra com a qual ele imitou o sotaque vagamente sulista de Logan, sua maneira triste, melancólica, desprovida de entusiasmo, não há exagero na afirmação.

– Reescrever? – ele disse. – Homem, eu reescrevi o *script* inteiro. E agora eles vão usar umas oito linhas de tudo isso. – Bufou com desprezo. – Eu desisto. Vou representar o papel, e é isso. Às vezes penso que ninguém percebe a diferença, mesmo. Nos primeiros dias no *set*, tentei atuar. Mas depois fiz uma experiência. Nessa cena, tentei fazer tudo errado, tudo o que consegui imaginar. Fiz caretas, revirei os olhos, exagerei nos gestos e nas expressões; enfim, fiz tudo o que não tinha nenhuma relação com o papel que devia estar representando. E o que Logan disse? Disse: "Maravilhoso! É isso!".

Uma frase que sempre aparece na conversa com Brando, "eu só queria dizer quarenta por cento do que disse", provavelmente se aplica aqui. Logan, diretor de cinema e teatro com realizações amplamente reconhecidas e magnificamente recompensadas (*Mister Roberts*, *South Pacific*, *Picnic*), é um homem que se equilibra no entusiasmo, uma ave suspensa no ar. A necessidade de uma pessoa criativa acreditar no que está criando é axiomática; a crença de Logan em qualquer projeto no qual esteja envolvido beira a fé eufórica, protegendo-o, como parece ser o objetivo, do incômodo persistente da dúvida. A alegria por ele demonstrada com tudo o que se relacionava com *Sayonara*, um filme que vinha preparando havia dois anos, era tão impecável que quase não lhe permitia conceber que o entusiasmo de seu astro podia não ser igual ao dele. Longe disso.

– Marlon – ele anunciou em uma ocasião – diz nunca ter se sentido tão feliz em uma companhia quanto está com a nossa. – E: – Nunca trabalhei com outro ator tão animador, tão inventivo. Tão maleável. Ele aceita a direção lindamente e ainda assim sempre tem algo a acrescentar. Ele criou o sotaque sulista para o papel; eu jamais teria pensado nisso, mas é exatamente isso – é perfeito.

Mesmo assim, na noite em que jantei no quarto de Brando no hotel, Logan já havia começado a perceber que faltava alguma coisa nesse seu relacionamento com o ator. Atribuía essa carência ao fato de até aquele momento, quando a maioria das cenas filmadas se concentrava em cenários japoneses (ruas lotadas, paisagens, espetáculos) em vez de em atores, ele ainda não ter trabalhado com Brando de forma que um ou outro fosse posto à prova.

– Isso virá quando voltarmos para a Califórnia – disse. – As coisas do interior, as cenas dramáticas. Brando será fantástico – vamos nos dar muito bem.

Havia outra razão para a incapacidade de Logan, naquela altura dos acontecimentos, de dar ao seu principal ator o tipo de atenção que poderia ter estabelecido uma harmonia mais próxima: ele estava em séria desarmonia com os elementos japoneses que mais haviam contribuído para a sua decisão de fazer o filme. Apaixonado havia muito tempo pelo teatro japonês, Logan contava entremear *Sayonara* com sequências autênticas que pretendia extrair do teatro *kabuki* clássico, os dramas mascarados *nô*, as peças de marionetes *bunraku*; elas deveriam ser, por assim dizer, o ponto alto do filme. E para isso Logan e William Goetz, o produtor, haviam negociado durante um ano com a Shochiku, a gigantesca companhia cinematográfica que controla uma grande parte das atividades teatrais no Japão. O comandante do império Shochiku é uma pequenina e séria eminência de seus 80 anos de idade, um homem conhecido como sr. Otani; ele tem um *prénom*, Takejiro, mas poucos homens vivos dispõem da familiaridade com ele necessária para a ousadia de usar o prenome. Filho de um açougueiro (e, portanto, na sociedade budista do Japão, membro de um grupo proscrito), Otani, em parceria com um irmão já morto, fundou a Shochiku e nutriu a companhia até o ponto em que, há quatro anos, sua folha de pagamento é a maior de qualquer companhia particular no Japão. Empresário à altura de Kokichi Mikimoto, o falecido potentado da pérola cultivada, Otani lança sua sombra como um manto sobre toda a indústria japonesa do entretenimento; além de ter o controle monopolista do teatro clássico, ele é dono da maior cadeia de cinemas e casas de espetáculos musicais do país, produz muitos filmes e tem também influência no rádio e na televisão. Do ponto vantajoso de Otani, quaisquer transações com os senhores Logan e Goetz devem ter parecido saquê pequeno. Porém, ele se sentiu antes de tudo afeito ao projeto, em boa parte por se impressionar com o fervor da veneração de Logan pelo *kabuki*, *nô* e *bunraku*, as três pedras preciosas genuínas e inquestionáveis na coroa do velho, e as que ele mais apreciava. (De acordo com alguns especialistas, essas antigas artes devem sua saúde prolongada especialmente à generosidade desse homem.)

Mas Otani não é totalmente filantropo; quando as negociações da Shochiku com os responsáveis por *Sayonara* se concluíram, o primeiro concedia aos segundos, por um bom preço, o direito de fotografar cenas no famoso Teatro Kabuki de Tóquio; por honorários ainda mais elevados, eles obtiveram permissão para fazer uso livre da trupe do *kabuki*, atores do *nô* e manipuladores de bonecos *bunraku*. A Shochiku também concordou com a participação de sua companhia feminina de ópera – um fator necessário à produção do filme, já que a trupe Takarazuka retratada no romance havia se ressentido com Michener e sua "libélula" e se negara a cooperar. Quando partira para o Japão, Logan estava tão eufórico que teria sido capaz de chegar lá literalmente voando.

– Otani nos deu carta branca e vamos fazer a coisa como ela é, a coisa real, algo que nunca foi posto em um filme antes.

Nem seria posto, porque, do outro lado do Pacífico, Logan e seus associados eram aguardados por um Pearl Harbor pessoal. Otani raramente é visto; normalmente, é representado por assistentes impessoais, e, quando Logan e Goetz desembarcaram no aeroporto, um grupo desses assistentes estava lá para informar que a Shochiku cometera um erro em sua avaliação financeira; a conta era agora muito mais alta do que a estimativa inicial. O produtor Goetz protestou. Otani, certo de que tinha nas mãos as melhores cartas (afinal, ali estavam aquelas pessoas de Hollywood acompanhadas por um elenco caríssimo, uma equipe numerosa e equipamento valioso), respondeu elevando os números ainda mais. Goetz, ele mesmo um empresário muito duro, encerrou as negociações e disse ao diretor que eles teriam de produzir o próprio *kabuki*, *nô*, *bunraku* e uma companhia feminina de ópera usando o talento dos artistas *free-lance*.

Enquanto isso, a imprensa de Tóquio divulgava os contratempos. Vários jornais, o *Japan Times* entre esses, sugeriam que a Shochiku devia ser censurada por ter "agido de má-fé"; outros, adotando uma postura pró-Shochiku, ou simplesmente anti-*Sayonara*, manifestavam-se encantados porque os americanos não teriam uma oportunidade de "degradar nossas melhores tradições artísticas" representando-as em uma versão cinematográfica de uma "novela vulgar que não é nem de longe um cumprimento ao povo japonês". Os jornais contrários ao projeto *Sayonara* se regozijavam por publicar especialmente o fato de Logan ter no elenco um ator mexicano, Ricardo Montalban, no papel de um ator de *kabuki* (*kabuki* é, tradicionalmente, uma empreitada masculina; os papéis maiores, mais difíceis, são os de mulheres, representados por homens que se transformam, e Montalban seria um desses), e depois ter cometido a "afronta" de tentar contratar um genuíno astro do *kabuki* para substituir Montalban nas sequências de dança que, um comentarista japonês comentou, era o mesmo que "convidar Ethel Barrymore para ser dublê".

No geral, a imprensa local estava muito interessada no que aconteceria em Kyoto, cidade localizada 370 quilômetros ao sul de Tóquio, na qual – por causa da variedade de templos históricos, das colinas azuis fotogênicas e dos lagos envoltos em brumas, e de sua atmosfera tipicamente japonesa preservada com tanto cuidado, tendo o elegante quarteirão das gueixas e as ruas iluminadas por lanternas de papel – a equipe de *Sayonara* decidira filmar a maioria das cenas. E, no geral, em Kyoto a companhia encontrava tantas dificuldades quanto os antagonistas poderiam esperar e desejar. Em particular, os americanos consideravam um problema encontrar locais dispostos a aparecer no filme – um fenômeno interessante, considerando a avidez com que a maioria dos japoneses se presta a ser fotografada. Os produtores do filme haviam recolhido uma coleção de atores de *nô* e manipuladores de bonecos, apesar da quebra de contrato com a Shochiku, mas enfrentavam imensa dificuldade para recriar uma ópera feminina. (Essas peculiares instituições japonesas lembram uma espécie de Folies Bergère inocente, só para mulheres; estranhamente, poucos homens vão assistir a essas apresentações, sendo as plateias, de maneira geral, tão femininas quanto o elenco.) Na esperança de preencher essa lacuna, a produção de *Sayonara* distribuiu cartazes anunciando um concurso no qual seriam escolhidas as "cem mais belas garotas do Japão". A ocasião, para a qual se esperava um fabuloso retorno, estava marcada para as duas horas da tarde de uma quinta-feira no saguão do Kyoto Hotel. Mas não houve vencedoras, porque não houve concorrentes: não apareceu ninguém.

O produtor Goetz, um dos juízes desapontados, recorreu em seguida, e com algum sucesso, ao expediente de atrair mulheres dos cabarés e bares de Kyoto. A propósito, Kyoto – ou, na verdade, qualquer cidade japonesa – é a Valhalla dos frequentadores de bar. Proporcionalmente, o número de estabelecimentos que vendem bebida forte é maior do que em Nova York e é extraordinária a diversidade desses lugares – que variam de aconchegantes armários de bambu em que cabem quatro frequentadores a templos de néon e vários andares de diversão, de acordo com a aptidão japonesa para a imitação, bandas de *cha-cha-cha* e *rock* e quartetos de *hill-billy* e *chanteuses existentialistes*, além de vocalistas orientais que cantam Cole Porter com sotaque de negro americano. Mas, seja o estabelecimento luxuoso ou pobre, uma coisa é igual: o orgulho da anfitriã por atrair e controlar a clientela. Muitas dessas bem penteadas, bem-vestidas, incansavelmente vestidas *jolie jeunes filles* se sentam bebendo Parfaits d'Amour (um coquetel açucarado e de cor violeta atualmente em moda nesses estabelecimentos) enquanto cumprem os deveres de gueixa de homem pobre; isto é, o dever de iluminar o espírito, sem necessariamente corromper a moral, de homens casados cansados e tensos, ou solteiros ansiosos por diversão. Não é incomum ver quatro delas para um cliente. Mas, quando o pessoal do *Sayonara* começava a tentar abordá-las, era forçado a lidar com a circunstância de que trabalhadores noturnos, como aqueles com quem ele travava contato, não gostam nada de acordar cedo, condição fundamental para os que vão filmar. Para adquirir seus talentos e garantir que estariam no *set* de filmagem na hora apropriada, o pessoal da produção fez de tudo, menos distribuir anéis de noivado.

Outro aborrecimento para a produção de *Sayonara* envolvia a Força Aérea dos Estados Unidos, cuja cooperação era vital, mas que, apesar de antes ter prometido ajuda, hesitava, por se opor gravemente a elementos básicos da trama, como os que tratavam da Guerra da Coreia e de alguns homens da mesma Força Aérea que, depois de se casarem com jovens japonesas, foram mandados para casa. A Força Aérea alegava que essa podia ser a *prática*, mas não era a política oficial do Pentágono. Diante da possibilidade de cortar o elemento ofensivo e assim remover uma considerável parte do roteiro, ou mantê-la, abrindo mão do apoio da Força Aérea, Logan optou pelo corte.

Havia também o problema da srta. Miiko Taka, que tinha sido escalada como a dançarina da Takarazuka, capaz de despertar a paixão do oficial da Força Aérea representado por Brando. Tendo primeiro tentado contratar Audrey Hepburn para o papel, e descoberto que a srta. Hepburn não estava interessada, Logan começara a procurar uma "desconhecida", e encontrara a srta. Taka, elegante, agradável e sem nenhuma presunção, uma nissei muito atraente, sem nenhuma experiência de atuação, que havia deixado um emprego administrativo em uma agência de viagens americana para embarcar no que ela chamava de "essa fantasia de Cinderela". Embora sua habilidade como atriz, bem como a de outro importante ator do elenco de *Sayonara*, Red Buttons, ex-comediante, ex-piadista da televisão, que, como a srta. Taka, tivera pouco ou nenhum treinamento dramático, causassem ao diretor alguma preocupação, Logan, admiravelmente inabalável, animado, apesar de tudo, foi ouvido dizendo:

– Vamos conseguir. Tanto quanto for possível, vou manter o rosto deles perfeito e sua boca fechada. Além do mais, Brando será tão perfeito que vai nos dar tudo de que precisamos.

Ao saber disso, Brando anunciou:

– Eu desisto. Vou desistir. Vou me sentar e aproveitar o Japão.

Naquele momento, no Miyako, Brando se via diante de alguma coisa japonesa para aproveitar: um emissário da gerência do hotel, um rapaz que, se curvando e sorrindo e apertando as mãos, entrou no quarto e disse:

– Ah, shinhoro Marron Brando... – Ele se calou por um segundo, constrangido com a estranheza de sua missão. O pobre homem estava ali para recuperar os pacotes "presentes" de doce e bolos de arroz que Brando já abrira e experimentara avidamente. – Ah, shinhoro Marron Brando, foi um erro. Deviam ter shido enturegues em outro quarto. Discurupas! Discurupas!

Rindo, Brando entregou as caixas. Os olhos do emissário, observando o conteúdo revirado, tornaram-se graves, embora o sorriso se mantivesse

– na verdade, se fixasse. Ali estava uma situação que desafiava a corretamente denominada polidez japonesa.

– Ah – ele respirou, como se pensasse em uma solução que lhe alargava o sorriso –, como gostou tanto deres, deve ficar com uma caixa. – Ele devolveu os bolos de arroz. – E eres – provavelmente os legítimos proprietários – podem ficar com a outra. Assim, todos ficam satisfeitos.

Felizmente ele havia deixado os bolos de arroz, porque o jantar estava demorando muito. Quando chegou, eu estava respondendo a algumas perguntas que Brando fizera sobre um conhecido meu, um jovem discípulo americano do budismo, que por cinco anos levava uma vida de contemplação, embora não inteiramente desligada do mundo, em um local dentro do Templo Nishi-Honganji de Kyoto. A ideia de uma pessoa se retirando do mundo para viver uma existência espiritual – uma existência oriental, aliás – deu uma certa imobilidade ao rosto de Brando, um ar sonhador. Ele ouvia com atenção surpreendente o que eu podia contar sobre a vida atual daquele jovem, e estava intrigado – perplexo, realmente – que não fosse uma questão de retraimento, de silêncio, de joelhos esfolados de tanto rezar. Pelo contrário, por trás das paredes do Nishi-Honganji meu amigo budista ocupava três cômodos ensolarados e confortáveis repletos de livros e registros fotográficos; além de se dedicar a suas preces e realizar a cerimônia do chá, ele era perfeitamente capaz de preparar um martíni; tinha dois criados e um Chevrolet no qual sempre ia aos cinemas locais. E, falando nisso, ele ouvira dizer que Marlon Brando estava na cidade e queria conhecê-lo. Brando parecia se divertir com isso. O traço puritano nele, que tinha alguma intensidade, havia sido tocado; sua concepção do verdadeiro devoto não podia conceber ninguém como o jovem que eu acabara de descrever e ainda acreditar que era uma pessoa *du monde*.

– É como outro dia no *set* – ele disse. – Estávamos trabalhando em um templo e um dos monges se aproximou e me pediu uma fotografia autografada. O que um monge pode querer com a minha fotografia? Uma foto minha?

Ele olhou com ar de dúvida para os livros espalhados, muitos deles tratando de assuntos místicos. Em sua primeira coletiva de imprensa em

Tóquio, havia dito aos jornalistas que estava feliz por voltar ao Japão, porque, para ele, essa era outra chance de "investigar a influência do budismo no pensamento japonês, o fator cultural determinante". O material de leitura à mostra era prova de que ele se dedicava a esse programa acadêmico, embora um pouco obscuro.

– Eu gostaria muito de conversar com alguém que *sabe* realmente dessas coisas – ele disse. – Porque... – Mas a explicação foi adiada até que a camareira, que acabara de entrar equilibrando pratos variados e cheios, arrumasse tudo sobre a mesa laqueada e nós nos ajoelhássemos sobre almofadas nas duas extremidades dela. – Porque – continuou, limpando as mãos em uma toalha úmida e quente, prefácio para todas as refeições servidas no Japão – tenho considerado, tenho pensado muito *seriamente* em jogar tudo para o alto. Essa coisa de ser um ator de sucesso. De que adianta, se não evolui para nada? Tudo bem, você é um sucesso. Pelo menos é *aceito*, é bem-vindo em todos os lugares. Mas é isso, não há nada além disso, não leva a lugar nenhum. Você está apenas sentado sobre uma pilha de doces acumulando grossas camadas de... de *crosta*. – Ele esfregou o queixo com a toalha, como se removesse maquiagem ressecada. – Sucesso demais pode arruinar uma pessoa, da mesma forma que fracasso em excesso. – Baixando os olhos, ele estudou sem apetite a comida que a camareira, sem parar de rir, distribuía entre os pratos. – É claro – disse hesitante, como se virasse lentamente uma moeda para descobrir que lado era o mais brilhante –, você não pode ser um fracasso *sempre*. E sobreviver. Van Gogh! Esse é um bom exemplo do que pode acontecer quando uma pessoa nunca recebe reconhecimento. Ela para de se relacionar; exclui tudo e todos. Mas acho que o sucesso também tem esse efeito. Sabe, levei muito tempo para perceber que eu era isso – um grande sucesso. Estava tão voltado para mim mesmo, para os meus problemas, que nunca olhava em volta, nunca percebia outras coisas. Eu costumava andar por Nova York, quilômetros e quilômetros, andar pelas ruas tarde da noite, e nunca via nada. Não tinha certeza sobre atuar, se era isso mesmo que eu queria; ainda não tenho. Então, quando integrei o elenco de *Um bonde* e a peça ficou em cartaz vários meses, certa noite – fraco, distante – comecei a registrar uma comoção. Era como se eu dormisse e acordasse ali sentado na pilha de doce.

Antes de ocupar seu assento açucarado, Brando havia conhecido as vicissitudes de qualquer indivíduo sem conexões, sem dinheiro, parcialmente educado (ele nunca teve um diploma de ensino médio, tendo sido expulso antes da formatura da Shattuck Military Academy, em Faribault, Minnesota, uma instituição a que se refere como "o hospício"), um jovem que chega a Nova York vindo da área rural – no seu caso, Libertyville, Illinois. Morando sozinho em quartos mobiliados ou dividindo apartamentos sem mobília, ele havia passado seus primeiros anos na cidade entre aulas de teatro e atuação e uma inscrição no Serviço Social para trabalhos noturnos; a Best's já o teve em sua folha de pagamento como ascensorista.

Um amigo, que o via frequentemente nesses tempos pré-doce, corrobora em alguma medida o autorretrato sonâmbulo que Brando pinta.

– Ele era distante, é verdade – disse o amigo. – Parecia ter um esconderijo acoplado e estava sempre se refugiando nesse lugar para preocupar-se com ele mesmo e para se regozijar, também, como um miserável com seu ouro. Mas nem tudo era melancolia. Quando queria, ele podia sair de dentro de si. Então, era um tipo de sujeito maluco e divertido. Certa vez ele estava morando em um velho prédio na rua Cinquenta e Dois, perto de uns bares de *jazz*. Costumava ir para o telhado levando sacos cheios de água e os arremessava na rua, nos engomadinhos que saíam dos clubes. Havia um cartaz na parede do seu quarto que dizia: "Você não está vivendo se não conhece isto". Sim, havia sempre alguma coisa saltitando naquele apartamento – Marlon tocando bongô, alguma gravação, pessoas em trânsito, garotos do Actor's Studio e vários desfavorecidos que ele recolhia. E ele podia ser doce. Era a pessoa menos oportunista que jamais conheci. Ele nunca dava a menor importância a quem podia ajudá-lo; na verdade, acho que posso dizer que ele se empenhava para evitar essas pessoas. Sim, parte disso – o tipo de gente de quem ele não gostava e aquela que apreciava, também – derivava de suas inseguranças, do sentimento de inferioridade. Poucos dos seus amigos eram iguais a ele – indivíduos com quem Brando tivesse de *competir*, se você entende o que quero dizer. A maioria era gente que o idolatrava, criaturas que dependiam dele de uma forma ou de outra.

O mesmo valia para as garotas com quem se envolvia. Secretárias comuns – mulheres agradáveis, mas sem nada que pudesse fazer por merecer o carimbo de concorrência. (Essa última preferência de Brando era verdadeira desde a adolescência, como contou sua avó. Ela dizia que "Marlon sempre preferia as garotas vesgas".)

A camareira serviu o saquê em copos pequenos e se retirou. Conhecedores desse vinho de arroz pouco aromático fingiam ser capazes de discernir variações no sabor e na qualidade de seus cinquenta tipos. Mas, para o novato, todo saquê parece ter sido fermentado no mesmo tonel – no início é quase um ponche, agradável e suave, mas depois enfastia e dificilmente vai reverberar na sua cabeça, a menos que seja ingerido em grande quantidade, um hábito que muitos japoneses *bon-vivants* têm adotado. Brando ignora o saquê e vai direto ao filé. A carne é excelente; os japoneses se orgulham da qualidade de sua carne bovina. O espaguete, um prato muito popular no Japão, não estava bom; nem o restante – o conglomerado de ervilhas, batatas, feijões. O cardápio certamente era estranho e é um erro pedir comida ocidental no Japão, mas chega um momento em que se pode sentir náusea ao pensar em mais peixe cru, *sukiyaki* e arroz enrolado em algas, um momento em que, por mais que seja preparada com cuidado e apresentada de maneira tentadora, a culinária local provoca revolta no estômago de quem não está acostumado com ela, tornando repugnante a ideia de mais uma tigela de caldo de enguia, abelhas fritas, cobra em conserva e tentáculos de polvo.

Enquanto comemos, Brando retorna à possibilidade de renunciar ao *status* de astro do cinema pelas satisfações de uma vida que o "leve a algum lugar". Ele decide optar por um meio-termo.

– Bem, quando eu voltar a Hollywood, vou demitir minha secretária e me mudar para uma casa menor – anuncia. E suspira aliviado, como se já houvesse se livrado dos problemas e ingressado nas simplicidades de sua nova situação. Como se já se cercasse de seus encantos. Ele continua: – Não terei uma cozinheira ou camareira. Só uma faxineira que irá trabalhar duas vezes por semana. Mas... – Ele franziu a testa como se algo empanasse o brilho da glória que vislumbrava – a casa vai precisar de uma cerca, independentemente de onde estiver localizada. Por causa das pessoas com canetas. Você não imagina como é. As pessoas com canetas. Preciso de uma cerca para mantê-las do lado de fora. Suponho que não haja nada que eu possa fazer quanto ao telefone.

– Telefone?

– Grampeado. O meu é.

– Seu telefone é grampeado? Realmente? Por quem?

Ele mastigou o filé, como se relutasse em revelar o que pensava, embora tivesse certeza disso.

– Quando converso com amigos, falo em francês. Ou em algum idioma cifrado que inventamos.

De repente, ouvimos barulhos no teto do quarto, sobre nós – passos, vozes abafadas como água correndo por canos.

– Shhh! – cochichou Brando, ouvindo com atenção e olhando para cima. – Fale baixo. Eles podem ouvir tudo. – Eles, tudo indicava, eram seu colega e ator Red Buttons e esposa, que ocupavam a suíte de cima. – Este lugar é feito de papel – Brando continuou sussurrando, com a absoluta concentração de uma criança envolvida em um jogo, uma explicação do sigilo, do olhar constante sobre um ombro, da faceta das conversas cifradas de sua personalidade, um lado que, às vezes, faz a conversa com ele assumir uma qualidade de conspiração, como se a discussão tratasse de tópicos subversivos em território político perigoso. Brando não disse nada; eu não disse nada. Nem o sr. e a sra. Buttons – nada que pudéssemos distinguir.

Nesse período de silêncio, meu anfitrião localizou uma carta perdida entre os pratos de jantar e a leu enquanto comíamos, como um cavalheiro passando os olhos pelo jornal durante o café da manhã. Depois de um tempo, como se se lembrasse de que eu estava ali, ele comentou:

– É de um amigo meu. Ele está fazendo um documentário, a vida de James Dean. E quer que eu faça a narração. Talvez eu aceite. – Deixou a carta de lado e puxou a torta de maçã, servida com uma bola de sorvete de baunilha. – Talvez não. Eu me entusiasmo com alguma coisa, mas a disposição nunca dura mais do que sete minutos. Sete minutos exatamente. Esse é meu limite. Nunca sei por que saio da cama de manhã. – Terminando a torta, ele olhou com ar de especulação para a minha porção; empurrei o prato para ele. – Mas estou realmente considerando esse trabalho sobre Dean. Pode ser importante.

James Dean, o jovem ator do cinema morto em um acidente de automóvel em 1955, foi promovido durante toda a sua carreira cintilante como "o garoto confuso" tipicamente americano, o símbolo da juventude incompreendida com uma atitude violenta diante dos pequenos problemas da vida. Quando ele morreu, um filme caro que protagonizava, *Assim caminha a humanidade*, ainda seria lançado, e os divulgadores da indústria cinematográfica, tentando reduzir os possíveis efeitos negativos da morte de Dean sobre o resultado comercial do produto, se empenharam com sucesso na "glamourização" da tragédia e obtiveram uma consequência irônica, criando uma lenda Dean de apelo fortemente necrófilo. Embora Brando fosse sete anos mais velho que Dean e profissionalmente mais seguro, os dois atores acabaram associados na mente coletiva dos fãs do cinema. Muitas críticas ao primeiro filme de Dean, *Vidas amargas*, enalteciam a marcada semelhança ou imitação de seus maneirismos com os de Brando. Fora das telas, também, Dean parecia estar praticando a mais sincera forma de adulação; como Brando, andava montado em motocicletas, tocava bongô, usava roupas consideradas rústicas, tinha um confuso e rebuscado discurso intelectual, cultivava uma colorida e irritada personalidade pública que mesclava, num grau habilmente potente, o simples menino mau e a esfinge sensível.

– Não, Dean nunca foi meu amigo – disse Brando em resposta a uma pergunta que parecia surpreendê-lo. – Não é por isso que talvez eu aceite o trabalho de narração. Eu mal o conhecia. Mas ele tinha uma *idée fixe* sobre mim. Tudo o que eu fazia, ele também fazia. Estava sempre tentando se aproximar de mim. Costumava telefonar. – Brando ergueu um fone imaginário, aproximou a mão do ouvido e sorriu. – Eu ficava escutando a voz dele na secretária eletrônica, sempre procurando por mim, deixando recados. Mas nunca atendi. Nunca liguei de volta. Não, quando eu...

A cena foi interrompida pelo toque de um telefone real.

– Sim? – ele atendeu. – É ele. De onde?... Manila?... Bem, não conheço ninguém em Manila. Diga que não me encontrou. Não, quando finalmente conheci Dean – ele prosseguiu após desligar –, foi em uma festa. Ele se exibia e agia como um louco. Por isso fui falar com ele. Eu o puxei para um canto e perguntei se ele não percebia que estava doente. E precisava de ajuda. – A lembrança trouxe uma versão mais intensa da conhecida expressão de compaixão esclarecida de Brando. – Ele me ouviu. Sabia que estava doente. Dei-lhe o nome de um analista e ele foi procurá-lo. E pelo menos seu trabalho melhorou. No final, acho que ele estava começando a encontrar seu caminho como ator. Mas essa glorificação de Dean, isso não é certo. Por isso acredito que o documentário pode ser importante. Para mostrar que ele não foi um herói; para mostrar o que ele realmente foi – apenas um menino tentando se encontrar. Isso vai ter que ser feito e eu gostaria de participar – talvez como uma forma de expiar meus próprios pecados. Como o trabalho em *O selvagem*. – Ele se referia ao estranho trabalho no qual era apresentado como o Führer de uma tribo de delinquentes fascistas. – Mas... quem sabe? Sete minutos. Esse é o meu limite.

A conversa passou de Dean para outros atores e perguntei quais deles, especificamente, Brando admirava. Ele pensou: os lábios formaram vários nomes, mas ele parecia hesitar antes de pronunciá-los. Sugeri alguns candidatos – Laurence Olivier, John Gielgud, Montgomery Clift, Gérard Philipe, Jean-Louis Barrault.

– Sim – ele disse, como se adquirisse vida repentinamente. – Philipe é um bom ator. E Barrault também é. Cristo, que filme maravilhoso é aquele – *Les enfants du Paradis*! O melhor que jamais foi feito, talvez. Sabe, essa foi a única vez em que me apaixonei por uma atriz, por alguém na tela. Fiquei maluco por Arletty. – A estrela parisiense Arletty é sempre lembrada pelas plateias internacionais pelo encanto feminino e espirituoso que emprestou à heroína do celebrado filme de Barrault. – Estou dizendo que me apaixonei por ela de verdade. Em minha primeira viagem a Paris, o que aconteceu imediatamente, pedi Arletty em casamento. Fui vê-la como se me dirigisse a um altar. Minha mulher ideal. Uau! – Ele bateu com a mão sobre a mesa. – Que engano, que desilusão! Ela era uma criatura dura.

A camareira entrou para limpar a mesa; *en passant*, ela tocou o ombro de Brando num gesto fraternal, como se o recompensasse por ter comido tudo. Brando deitou-se no chão novamente, enfiando uma almofada sob a cabeça.

– Vou lhe dizer, Spencer Tracy é o tipo de ator que aprecio ver em ação. A maneira como ele recua, como *contém* – e depois se projeta para dar a fala, recua novamente... Tracy, Muni, Cary Grant. Todos sabem o que estão fazendo. É possível aprender com eles.

Brando começou a mover os dedos no ar, como se esperasse que gestos pudessem descrever o que ele não conseguia articular com precisão.

– Atuar é algo muito tênue – ele disse. – Uma coisa frágil, tímida, que um diretor sensível pode ajudar a extrair de você. No cinema, o momento importante, *sensível*, aparece na terceira tomada de uma cena; é então que você só precisa de um sussurro do diretor para cristalizar a atuação para você. Gadge – ele citou o apelido de Elia Kazan – costuma ser capaz disso. Ele é maravilhoso com os atores.

Outro ator, suponho, teria entendido imediatamente o que Brando estava dizendo, mas eu tinha dificuldades para acompanhar seu raciocínio.

– É o que acontece dentro de você na terceira tomada – ele disse, com uma ênfase cuidadosa que não diminuía minha falta de compreensão. Uma das cenas mais memoráveis de Brando no cinema está em *Sindicato de ladrões*, dirigido por Kazan; é a cena da corrida de carro na qual Rod Steiger, como o irmão contraventor, confessa estar conduzindo Brando para uma armadilha mortal. Pergunto se ele poderia usar o episódio como exemplo e me explicar, então, sua teoria do "momento sensível" aplicada a essa cena.

– Sim. Bem, não. Vamos ver. – Ele coça o olho e faz um som rouco com a garganta. – Essa foi uma cena de sete tomadas e não gostei de como ela foi escrita. Havia muita dissensão ali. Eu estava em guerra com o filme inteiro. Todas as externas eram rodadas em Nova Jersey e era inverno – que frio, Cristo! E eu tinha problemas na época. Problemas com mulheres. Aquela cena. Deixe-me ver. Foram sete tomadas porque Rod Steiger não conseguia parar de chorar. Ele é um desses atores que adoram chorar.

Ficamos repetindo, repetindo... Mas não me lembro de quando, somente como a cena cristalizou para mim. Na primeira vez que vi *Sindicato*, em uma sala de projeção com Gadge, achei aquilo tudo tão ruim que saí sem falar com ele.

Um mês antes, um amigo de Brando me dissera:

– Marlon sempre se volta contra aquilo em que está trabalhando. Ou contra algum elemento do trabalho. Ou o roteiro, ou o diretor, ou alguém no elenco ou na equipe. Nem sempre por alguma coisa muito racional – só porque isso parece deixá-lo confortável com sua insatisfação, permitir o alívio da pressão relacionada com alguma coisa. É parte do padrão dele. Veja *Sayonara*. Aposto um dólar contra dez como ele vai desenvolver uma aversão contra a produção em algum momento. Contra Logan, talvez. Talvez contra o Japão – o país inteiro. Ele ama o Japão *agora*. Mas, com Marlon, nunca se sabe o que o próximo minuto trará.

Eu me perguntava se devia mencionar esse suposto "padrão", perguntar se Brando considerava a observação válida. Mas foi como se ele antecipasse minha pergunta.

– Eu devia ficar de boca fechada – disse. – Por aqui, com relação a *Sayonara*, já andei comentando com algumas pessoas como me sinto. Mas nem sempre sinto a mesma coisa por mais de dois dias.

Eram dez e meia e Murray ligou pontualmente.

– Saí para jantar com as garotas – ele disse a Brando, sua voz tão alta no telefone que eu podia ouvi-la, também; ele falava embalado pelo ruído de um bar e pelo som de uma banda. Era evidente que não estava em um dos mais pacatos e tradicionais restaurantes de Kyoto, mas em um lugar onde os clientes usavam sapatos. – Já estamos terminando. E então? Já terminou aí?

Brando olhou para mim pensativo e, depois, para o meu casaco. Mas respondeu:

– Ainda estamos conversando. Ligue daqui a uma hora.

– Ah. Tudo bem... Escute, Miiko está aqui. Ela quer saber se você recebeu as flores.

Brando olhou sem pressa para a varanda fechada, onde um vaso com magnólias enfeitava o centro de uma mesa redonda de bambu.

– Sim, recebi. Diga obrigado por mim.

– Diga você mesmo. Ela está aqui.

– Não! Ei, espere um minuto! Cristo, não é assim que se faz isso. – Mas o protesto era inútil. Murray já havia passado o telefone e Brando reiterou: – Não é assim que se faz isso! – Sua voz soava estrangulada e ele estava vermelho como um colegial constrangido.

A voz que soou em seguida no fone pertencia à atriz principal de *Sayonara*, srta. Miiko Taka. Ela perguntou pela saúde de Brando.

– Melhor, obrigado. Comi uma ostra passada, só isso. Miiko...? Miiko, foi muita gentileza sua mandar as flores. São lindas. Estou olhando para elas agora. Magnólias – ele prosseguiu, como se declamasse timidamente um verso – são as minhas favoritas...

Retirei-me para a varanda, deixando Brando conversar em paz com a srta. Taka. Lá embaixo, os jardins do hotel, com seus arranjos simples e *soignés* combinando pedra e árvores, flutuavam nas brumas que pairavam sobre os canais de Kyoto, uma cidade cortada por riachos rasos e canais em cascatas, repleta de piscinas naturais tão quietas quanto serpentes enroladas, e pontuada por alegres cascatas que soam como o riso constante das jovens japonesas. Antes capital imperial e atualmente museu cultural do país, lar de tão valioso tesouro estético que os bombardeios americanos a pouparam durante a guerra, Kyoto é cercada por água, também; além das colinas que delimitam a cidade, as estradas cortam campos alagados de arroz que brilham ao sol como mantos de prata. Naquela noite, apesar da névoa úmida, as colinas azuis eram visíveis em relação ao céu escuro, porque o ar acima da neblina tinha pureza; o céu estava ali, salpicado de estrelas e sustentando uma fatia da lua. Alguns trechos da cidade podiam ser vistos. Perto dali havia um bairro de telhados encurvados, as fachadas escuras das casas aristocráticas entalhadas em madeira muito antiga e sedosa, mas austera, e de aparência tão secreta quanto qualquer palácio de pedra de Siena. Elas faziam parecer mais brilhantes as lâmpadas da rua. As lanternas nas portas as envolviam em cores de quimono – rosa e laranja, verde e vermelho. Mais distante via-se a modernidade plana – largas avenidas e néon, um arranha-céu de concreto aparente que parecia menos durável, mais perecível que as construções de papel que o cercavam.

Brando encerrou seu telefonema. Aproximando-se da varanda, olhou para mim e para a paisagem. E disse:

– Já esteve em Nara? É muito interessante.

Eu tinha estado e, sim, era mesmo. A "velha Nara", como o cicerone a ela se referira, fica a uma hora de carro de Kyoto – uma cidade de cartão-postal localizada em um parque espetacular. Ali está a apoteose da genialidade japonesa para hipnotizar a natureza e submetê-la a um comportamento nada natural. O grande parque infestado de altares é um salão verde em que carneiros pastam e rebanhos de cervos mansos passeiam sob pinheiros aparados, e, como pombos em Veneza, posam alegremente para fotos com casais em lua de mel; ali, crianças puxam a barba de bodes indiferentes; homens idosos com capas pretas de golas de mink passeiam pelas margens de lagos bordados por lótus e, batendo palmas, chamam cardumes de peixes, carpas vermelhas e estampadas, gordas como trutas, domesticadas a ponto de aceitar um afago em troca das migalhas de pão que os velhinhos jogam na água. Descobrir que esse paraíso sem serpente agradava Brando era surpreendente. Com seu gosto liberal pelo incomum e indomado, era de se esperar que não reagisse a uma paisagem tão subjugada e regrada. Então, como se isso tivesse alguma relação com Nara, ele disse:

– Bem, eu gostaria de me casar. Quero ter filhos. – Não era, talvez, o *non sequitur* que parecia ser; a segurança elegante de Nara podia, por uma associação livre de ideias, sugerir casamento, família. – Você precisa de amor – ele continuou. – Não há outra razão para viver. Os homens não são diferentes de ratos. Nasceram para desempenhar a mesma função. Procriar. – ("Marlon", para citar seu amigo Elia Kazan, "é uma das pessoas mais gentis que já conheci. Provavelmente, o mais gentil." O comentário de Kazan tem um significado quando se observa Brando na companhia de crianças. Por ele, a mais jovem geração de japoneses – crianças adoráveis, cheias de vida e com bochechas vermelhas, pernas tortas e franjas lisas –

era sempre bem-vinda no *set* de *Sayonara*. Ele era bom com crianças, tranquilo, brincalhão, atento; era como se fosse contemporâneo emocional delas, um conspirador. Além do mais, a expressão piedosa, quase de compaixão caridosa, peculiar no trato com alguns adultos, desaparecia quando ele olhava para uma criança.)

Tocando o buquê enviado pela srta. Taka, ele continuou:

– Que outro motivo existe para viver exceto o amor? Esse tem sido meu principal problema. Minha incapacidade de amar. – Ele voltou ao interior do quarto e parou, olhando em volta como se procurasse alguma coisa – um cigarro? O maço que pegou estava vazio. Bateu com as mãos nos bolsos das calças e dos paletós espalhados pelo aposento. O guarda-roupa de Brando já não tinha mais aquele ar de gangue de rua; agora ele adotara, ou retomara, um estilo de fora da lei chique, o da proibição elegante – chapéus pretos de abas curtas, ternos listrados e camisas George Raft em cores sóbrias com gravatas neutras. Os cigarros foram encontrados; inalando a fumaça, ele se deitou na esteira de dormir. Gotas de suor emolduravam sua boca. O aquecedor elétrico gemia. O ambiente era tropical; seria possível cultivar orquídeas ali. Lá em cima, o sr. e a sra. Buttons faziam barulho de novo, mas Brando parecia ter perdido o interesse neles. Ele fumava, pensativo. Depois, seguindo uma linha de pensamento, disse:

– Não posso. Amar alguém. Não consigo confiar em alguém o suficiente para me entregar. Mas estou pronto. Eu quero. E posso, estou quase lá, eu preciso... – Estreitou os olhos, mas o tom, longe de ser intenso, era indiferente, tediosamente objetivo, como se discutíssemos um personagem em uma peça – um papel que ele se cansara de representar, mas ao qual estava preso por contrato. – Porque... bem, o que mais existe por aí? É só isso. Tudo gira em torno disso. Amar alguém.

(Nessa época, Brando era, é claro, solteiro, mas já havia tido envolvimentos de natureza oficial – um deles com uma aspirante a autora e atriz, a srta. Blossom Plumb, e outro, esse submetido a maior atenção por parte do público, com Mlle. Josanne Mariani-Bérenger, filha de um pescador francês. Mas, em nenhum caso, os proclamas chegaram a correr. Um dia no mês passado, porém, em uma súbita e, de certa forma, secreta cerimônia em Eagle Rock, Califórnia, Brando se casou com uma jovem atriz pouco conhecida, uma morena de pele escura que se chamava Anna Kashfi. De acordo com os conflitantes relatos da imprensa, ela era uma budista nascida em Darjeeling, da mais pura linhagem indiana, ou nascera em Calcutá, filha de um casal inglês, os O'Callaghan, atualmente residentes em Gales. Brando ainda não fizera nada para esclarecer o mistério.)

– Enfim, tenho *amigos*. Não. Não, não tenho – ele disse, debatendo com a própria sombra. – Ah, é claro que tenho – decidiu, secando o suor sobre o lábio. – Tenho muitos amigos. Com alguns não mantenho muito contato. Eu os informo sobre o que está acontecendo. Você precisa confiar em alguém. Bem, não o tempo todo. Não há ninguém em quem eu confie a ponto de deixar me dizer o que fazer.

Perguntei se isso incluía aconselhamento profissional. Por exemplo, eu sabia que Brando dependia muito da orientação de Jay Kanter, um rapaz da equipe da Music Corporation of America, que é a agência que o representa.

– Oh, Jay – Brando dizia. – Jay faz o que *eu* digo. Essa é a medida da minha solidão.

O telefone tocou. Uma hora já se passara, porque era Murray novamente.

– Sim, ainda conversamos – Brando respondeu. – Escute, *eu* telefono para *você*... Ah, em uma hora, mais ou menos. Vai estar no seu quarto? Certo.

Ele desligou, olhou para mim e disse:

– Um sujeito simpático. Ele quer ser diretor – um dia. Mas eu estava dizendo alguma coisa. Falávamos de amigos. Sabe como eu faço um amigo? – Ele se inclinou na minha direção, como se tivesse um segredo divertido para compartilhar. – Trato a questão com muita delicadeza. Vou circulando, circulando. Eu circulo. Cerco. Depois, pouco a pouco, eu me aproximo. Depois estendo a mão e toco... ah, muito delicadamente... – Seus dedos se estendiam como antenas de insetos, roçando meu braço. Depois ele continuou, com um olho meio fechado, o outro, *à la* Rasputin, bem aberto e brilhante. – Eu recuo. Espero um pouco. Faço-os especular. E, no momento certo, eu me movo novamente. Toco. Cerco. – Agora sua mão, aberta e firme, viajava num padrão circular, como se segurasse uma corda com a qual ele prendia uma presença invisível. – Eles não sabem o que está acontecendo. Antes que percebam, estão envolvidos, emaranhados. Eu os tenho. E de repente, às vezes, eu sou tudo o que *eles* têm. Muitos são pessoas que não se ajustam a lugar nenhum, não são aceitas, foram magoadas, feridas de um jeito ou de outro. Mas eu quero ajudar essa gente e eles podem focar em mim; eu sou o duque. Uma espécie de duque no meu domínio.

(Um antigo inquilino na reserva ducal, ao descrever seu senhor e seus súditos, disse: "É como se Marlon vivesse em uma casa onde as portas nunca são trancadas. Quando ele vivia em Nova York, a porta estava sempre aberta. Qualquer um podia entrar, estivesse Marlon em casa ou não, e todo mundo entrava. Você chegava e havia dez, quinze pessoas andando por lá. Era estranho, porque ninguém parecia conhecer os outros de verdade. Estavam ali, simplesmente, como pessoas em um ponto de ônibus. Alguns dormiam na cadeira. Outros liam os jornais. Uma garota dançava sozinha. Ou pintava as unhas dos pés. Um comediante ensaiava o número que faria à noite em uma boate. Em um canto, há um jogo de xadrez em andamento. E tambores – bum, bam, bum, bam! Mas nunca houve bebida – nada desse tipo. De vez em quando alguém dizia: 'Vamos nos sentar ali e tomar um sorvete, ou um refrigerante'. Em tudo isso, Marlon era o denominador comum, o único elo de ligação. Ele se movia pela sala levando os indivíduos para um canto e conversando com cada um individualmente. Se você notou, Marlon não pode, não *consegue* conversar com duas pessoas simultaneamente. Ele nunca vai tomar parte de uma conversa *grupal*. Precisa ser sempre um aconchegante *tête-à-tête* – uma pessoa de cada vez. O que é necessário, imagino, se você usa o mesmo tipo de charme com todo mundo. Mas, mesmo quando se sabe que é isso que ele está fazendo, não importa. Porque, quando chegar a *sua* vez, ele vai fazer você se sentir a única pessoa na sala. No mundo. Faz você sentir que está sob sua proteção e que seus problemas e sentimentos o afetam de maneira muito profunda. Você precisa acreditar nisso; mais que todos que conheço, ele irradia *sinceridade*. Mais tarde você pode se perguntar: 'Isso é um ato?'. Se é, com que propósito? O que tem para lhe dar? Nada, exceto... e esse é o ponto – afeição. Afeição que lhe confere autoridade sobre você. Às vezes penso que Marlon é como um órfão que, adulto, tenta compensar a vida que teve tornando-se o chefe bondoso de um gigantesco orfanato. Mas, mesmo fora dessa instituição, ele quer que todos o amem". Embora existam várias testemunhas que podem contradizer essa opinião final, afirma-se que o próprio Brando declarou em uma entrevista: "Sou capaz de entrar em uma sala onde há cem pessoas – se houver ali *uma* pessoa que não gosta de mim, eu sei disso e tenho que sair". Como nota de rodapé, deve ser acrescentado que no grupo que Brando preside ele é estimado como um pai intelectual, assim como um grande irmão emocional. A pessoa que provavelmente o conhece melhor, o comediante Wally Cox, o declara "um filósofo criativo, um pensador muito profundo", e acrescenta que "ele é uma verdadeira força de libertação para os seus amigos".

Brando bocejou. Devia ser uma e quinze da manhã. Em menos de cinco horas ele teria de estar de banho tomado, barbeado, alimentado, no *set*, e pronto para ser maquiado, transformado pelo maquiador de homem pálido em mulato, uma exigência da Technicolor.

– Vamos fumar mais um cigarro – ele disse quando me levantei e peguei o casaco.

– Não acha que devia ir dormir?

– Isso só significa ter que acordar. E, na maioria das manhãs, nem sei por que acordo. Não consigo encarar tudo isso. – Ele olhou para o telefone, como se lembrasse a promessa de telefonar para Murray. – De qualquer maneira, posso trabalhar mais tarde. Quer beber alguma coisa?

Do lado de fora, as estrelas haviam desaparecido e garoava, por isso a ideia de um último drinque era agradável, especialmente se eu tivesse de voltar a pé para o meu hotel, que ficava um quilômetro e meio distante do Miyako. Escolhi vodca; Brando não quis beber comigo. Porém, depois de um instante, ele pegou meu copo e sorveu um gole dele, deixando-o entre nós, e de repente, com um tom distante como se nada afetasse seus sentimentos, disse:

– Minha mãe. Ela se quebrou como um objeto de porcelana.

Era comum eu ouvir amigos de Brando comentando que ele idolatrava a mãe. Mas, antes de 1947 e da estreia de *Um bonde chamado desejo*, poucos, talvez nenhum dos jovens atores de seu círculo havia conhecido os pais dele; e nada sabiam sobre seu passado, exceto o que ele mesmo decidia contar.

– Marlon sempre nos dá uma imagem muito colorida da vida que teve em Illinois – contou um de seus conhecidos. – Quando soubemos que sua família viria a Nova York para a estreia de *Um bonde,* todos ficamos muito curiosos. Não sabíamos o que esperar. Na noite de estreia, Irene Selznick ofereceu uma grande festa no 21. Marlon compareceu com os pais. Bem, é impossível imaginar duas pessoas mais atraentes. Altos, bonitos, encantadores como só eles poderiam ser. O que me impressionou, e acho que deve ter fascinado todo mundo, foi a atitude de Marlon com eles. Diante dos pais, ele não era o homem que conhecíamos. Era um filho exemplar. Reticente, respeitoso, muito polido, cheio de consideração em todos os sentidos.

Nascido em Omaha, Nebraska, onde seu pai era vendedor de produtos de calcário, Brando, terceiro filho da família e único menino, logo foi levado para morar em Libertyville, Illinois. Lá os Brando se instalaram em uma casa velha num bairro rural; pelo menos, havia terreno suficiente em volta da casa para que eles criassem gansos, galinhas e coelhos, um cavalo, um Great Dane, 28 gatos e uma vaca. Ordenhar a vaca era tarefa diária de Bud, apelido de Marlon naquela época. Bud parece ter sido um menino extrovertido e competitivo. Todos os que se aproximavam dele eram imediatamente forçados a participar de algum tipo de disputa. Quem come mais depressa? Quem fica mais tempo sem respirar? Quem conta a maior história? Bud era rebelde, também; com chuva ou sol, ele corria para longe de casa todos os domingos. Mas ele e as duas irmãs, Frances e Jocelyn, eram dedicados à mãe e muito próximos dela. Muitos anos mais tarde, Stella Adler, antiga professora de Brando na escola de teatro, descreveu a sra. Brando, que faleceu em 1954, como "uma criatura perdida, feminina, muito bonita". Sempre, onde quer que morasse, a sra. Brando desempenhara algum papel de destaque nas produções dos grupos teatrais locais, e sempre ansiara por um mundo de luzes mais brilhantes do que aquele em que vivia. Esses anseios inspiraram seus filhos. Frances se dedicou à pintura; Jocelyn, atualmente atriz profissional, se interessou pelo teatro. Bud também herdara as inclinações teatrais da mãe, mas, aos 17 anos, ele anunciou que pretendia se tornar padre. (Naquela época, como agora, Brando procurava uma fé. Como resumiu certa vez um de seus seguidores: "Ele precisa encontrar alguma coisa na vida, alguma coisa nele, que seja permanentemente verdadeiro, e precisa dedicar a vida a isso. Para uma personalidade tão intensa, nada mais vai servir".) Demovido de suas ambições clericais, expulso da escola, rejeitado pelo serviço militar em 1942 por ter joelhos tortos, Brando fez as malas e foi para Nova York. Ali, sai de cena Bud, o adolescente gorducho, infeliz, e surge o talentoso e homem feito Marlon.

Brando não esqueceu Bud. Quando fala do menino que foi, o garoto parece morar dentro dele, como se o tempo pouco tivesse feito para separar o homem da criança ferida, carente.

– Meu pai me tratava com indiferença – ele contou. – Nada que eu fazia despertava o interesse dele, ou era do seu agrado. Agora aceito tudo isso. Somos amigos. Nós nos damos bem. – Ao longo dos últimos dez anos, o Brando mais velho tem supervisionado as questões financeiras do filho; além da Pennebaker Productions, da qual o sr. Brando é empregado, eles estão juntos em uma série de realizações, entre elas uma fazenda de criação de gado e produção agrícola em Nevada, na qual foi investida boa parte dos rendimentos do jovem Brando. – Mas minha mãe era tudo para mim. O mundo inteiro. Eu me esforçava muito. Eu chegava em casa da escola... – Ele parou, como se esperasse a imagem se formar em sua mente; Bud, os livros sob um braço, caminhando lentamente sob o sol vespertino. – Não havia ninguém lá. Só uma caixa térmica. – Mais imagens; cômodos vazios, uma cozinha. – Então, o telefone tocou. Era alguém ligando de um bar. E eles diziam: "Temos aqui uma senhora. É melhor vir buscá-la". – De repente, Brando fica em silêncio. No silêncio, a imagem desaparece, ou, pelo contrário, torna-se mais clara: Bud ao telefone. Finalmente a imagem se move de novo, dá um salto no tempo. Bud tem 18 anos, e: – Eu pensava: se ela me amasse o suficiente, se confiasse em mim, poderíamos ir juntos para Nova York; moraríamos juntos e eu cuidaria dela. Uma vez, mais tarde, isso realmente aconteceu. Ela abandonou meu pai e foi morar comigo. Em Nova York, quando eu já estava atuando em uma peça. Eu me esforcei. E um dia... – A neutralidade em sua voz torna-se ainda mais neutra, mas há em seu tom uma nota emocional que se pode distinguir, como um som dentro de um som, uma exclamação dolorosa de espanto. – Eu não me importava mais. Ela estava ali. Em um quarto. Segurando-se em mim. E eu a deixei cair. Porque não suportava mais... vê-la desmoronar, diante dos meus olhos, como um objeto de porcelana. Saltei por cima dela. Saí de perto. Eu me tornei indiferente. Desde então, tenho sido indiferente.

O telefone tocava. O som pareceu despertá-lo de um torpor; ele olhou em volta, como se acordasse em um lugar desconhecido, depois sorriu cansado e sussurrou:

– Droga, droga, droga. – A mão tentou alcançar o fone. – Desculpe – ele disse a Murray. – Eu ia ligar para você... Não, ele já está indo embora. Mas, escute, vamos deixar isso para amanhã. Já passa da uma. São quase duas. Sim, é claro... Amanhã.

Enquanto isso, eu vestira o casaco e esperava para me despedir. Ele me acompanhou até a porta, onde calcei meus sapatos.

– Bem, *sayonara* – ele se despediu debochado. – Peça um táxi na recepção. – E, quando eu já estava na metade do corredor, ele gritou: – E escute! Não preste muita atenção ao que eu digo. Nem sempre sinto as mesmas coisas.

De certa forma, essa não foi a última vez que o vi naquela noite. Lá embaixo, o saguão do Miyako estava deserto. Não havia ninguém na recepção, nem do lado de fora, onde os táxis costumavam esperar em fila pelos clientes. Mesmo com a luz do sol, ao meio-dia, o complexo crochê das ruas de Kyoto me confundia; ainda assim, comecei a caminhar pelo labirinto gelado esperando estar na direção certa. Nunca antes me aventurara pela cidade tão tarde da noite, sozinho. Era um contraste com a luz do dia, quando a área central da cidade, dominada por multidões agitadas e festivas, vibra como o interior de um salão de *pachinko*; ou, no início da noite, o momento mais exótico de Kyoto, porque nessa hora há as flores da noite, lanternas iluminando as ruas secundárias, e resplandecentes gueixas com seus rostos de cerâmica branca e suas perucas redondas de laquê enfeitadas por sinos, seu caminhar de passos pequenos, a pressa com que se movem por entre as sombras na direção de orgias meticulosamente planejadas e de indiscutível bom gosto. Mas, às duas da manhã, tudo isso havia desaparecido e os cabarés estavam fechados; só os gatos me faziam companhia, e bêbados com suas damas da luz vermelha, e os inevitáveis grupos de velhos mendigos nas calçadas, e, por um ou dois instantes, um maltrapilho músico de rua que me seguiu tocando sua flauta, produzindo uma melodia medieval. Eu havia percorrido mais de um quilômetro quando, finalmente, uma entre centenas de alamedas conduzia a uma área conhecida – a região da rua principal, das lojas de departamentos e dos cinemas. Foi então que vi Brando. Alto, com uma cabeça tão grande quanto a do maior Buda, lá estava ele, em cores vibrantes, em um cartaz sob um cinema que anunciava *A casa de chá do luar de agosto*. Também semelhante à de um Buda era a sua pose, porque ele era retratado agachado, com um sorriso sereno no rosto, os dentes brilhando sob a garoa e a luz de uma lâmpada pública. Uma divindade, sim; mas, mais que isso, realmente, apenas um homem jovem sentado sobre uma pilha de doce.

DE OBSERVAÇÕES
(com Richard Avedon)

(1959)

RICHARD AVEDON

RICHARD AVEDON É UM HOMEM COM OLHOS DOTADOS. UMA DESCRIÇÃO adequada; mais, seria puro floreio. Seus olhos castanhos e enganosamente normais, tão enérgicos ao ver o escondido e capturar o espírito, perseguir a verdade em fuga, um humor, um rosto, são os traços importantes: eles, e sua absorção natural no ofício, fotografia, sem a qual seus olhos incomuns e a inteligência nervosa e sensível que provê seu poder não poderiam estender-se ao que captam e destilam. Porque a verdade é que, embora loquaz, generoso em suas conversações, o tipo de locutor que se locomove como uma abelha ambiciosa tentando polinizar uma dúzia de flores simultaneamente, Avedon não é muito articulado; ele encontra a própria língua em silêncio e, enquanto manobra uma câmera – sua voz, a que fala com admirável clareza, é o som suave do obturador cristalizando para sempre um momento isolado por sua percepção.

Ele nasceu em Nova York e tem 36 anos, embora não pareça; magro e radiante, um indivíduo que ainda não cresceu tudo o que tinha para crescer, animado como um potro na primavera, apenas um rapaz recém-formado. Mas ele nunca foi à faculdade, nunca, na verdade, sequer concluiu o ensino médio, embora pareça ter sido uma criança prodígio, um poeta de algum talento e desde os 10 anos proprietário de uma câmera de caixa, já dedicado sinceramente ao trabalho de sua vida: as paredes de seu quarto eram cobertas do teto ao chão por fotos recortadas de revistas, fotografias de Muncaczi, Steichen e Man Ray. Tais interesses, especiais em uma criança, sugerem que ele não era apenas precoce, mas infeliz; ele afirma ter sido muito feliz: veterano em fugir de casa. Quando não conseguiu o diploma do colégio, o pai, um homem sensato, disse-lhe:

– Vá em frente! Junte-se ao exército dos analfabetos!

Para contrariar, sem ser totalmente desobediente, ele se alistou na Marinha Mercante. Foi sob os auspícios dessa organização que encontrou o primeiro treinamento formal na área da fotografia. Posteriormente, depois da guerra, estudou na New School for Social Research, de Nova York, onde Alexey Brodovitch, então diretor de arte da revista *Harper's Bazaar*, conduzia um famoso curso de fotografia experimental. Uma conjunção de bom professor e bom aluno: em 1945, usando suas conexões editoriais, Brodovitch providenciou a estreia profissional de seu excepcional aluno. Em um ano o novato estava estabelecido; seu trabalho, agora visto regularmente na *Harper's Bazaar*, *Life* e *Theatre Arts*, bem como nas paredes em exposições, era consideravelmente discutido, elogiado por suas características inventivas, seus *insights* cáusticos, pela jovem noção de movimento e pela energia intensa que ele podia infundir em uma entidade tão estática quanto uma fotografia; simplesmente, ninguém jamais vira nada comparável, e assim, desde que começou a estabelecer seu poder e como era um trabalhador esforçado e, para resumir tudo, muito talentoso, a evolução foi natural e em uma década ele se tornou o fotógrafo americano mais bem pago e de maior sucesso de sua geração, e o mais influente esteticamente, como comprova o grande número de imitadores de Avedon.

– Meu primeiro modelo – Avedon relata – foi Rachmaninoff. Ele tinha um apartamento no prédio onde meus avós moravam. Eu devia ter uns 10 anos e costumava esconder-me entre as latas de lixo na escada dos fundos, e ficava lá horas seguidas ouvindo seus ensaios. Um dia decidi que precisava tocar sua campainha. Perguntei se podia fotografá-lo com minha câmera de caixa. De certa forma, aquele foi o começo desse livro.

Muito bem, então, esse livro. Sua intenção era preservar o melhor do trabalho já feito por Avedon, suas observações e algumas das minhas. Uma seleção final de fotos parecia ser impossível, primeiro porque o portfólio de Avedon era muito rico e vasto, segundo porque ele estava sempre tornando maior o problema da subtração, pensando incessantemente que precisava ir tocar a campainha dos Rachmaninoff desse tempo, pessoas que considerava interessantes e que até então haviam escapado de suas lentes onipresentes. Talvez isso implique um tema conectivo com relação à escolha das personalidades aqui incluídas, algum sistema de premiação baseado na estima pela capacidade ou beleza do sujeito; mas, não, nesse sentido a seleção é arbitrária, no geral o traço comum é apenas que essas são algumas das pessoas que Avedon fotografou e sobre quem fez, de acordo com seus cálculos, comentários válidos.

Porém, ele parece ter sido atraído muitas e muitas vezes pela simples condição de um rosto. É inevitável notar quantas vezes ele enfatiza os idosos; e, mesmo entre os de meia-idade, persegue implacável cada pé de galinha conquistado com muito esforço. Consequentemente, já houve algumas acusações de maldade.

– A juventude nunca me emociona – explica Avedon. – Raramente vejo algo de muito belo em um rosto jovem. Mas vejo a beleza na curva descendente dos lábios de Maugham. Nas mãos de Isak Dinesen. Tanta coisa foi escrita ali, há tanto por ser lido, se o observador souber ler. Sinto que a maioria das pessoas nesse livro são santos terrenos. Porque são obcecadas. Obcecadas pelo trabalho de um ou outro tipo. Dançar, ser bonito, contar histórias, resolver enigmas, se apresentar na rua. A boca de Zavattini e os olhos de Escudero, o sorriso de Marie-Louise Bousquet: todos são sermões de coragem.

Certa tarde, Avedon me convidou para ir ao seu estúdio, um lugar comum de luzes quentes e modelos úmidos, de assistentes apressados e telefones irritantes; mas, naquela tarde, um domingo de inverno, o lugar era um oásis branco de paz, quieto como as marcas de neve que lembravam patas de gato na claraboia.

Avedon calçava apenas meias e surfava por um brilhante mar de rostos, alguns sorridentes e animados pelo humor contagiante, pela total ausência de preocupação, outros empenhados em comunicar o clamor retumbante de seu eu interior, sua arte, sua beleza sobre-humana, ou rostos simplesmente humanos, ou solitários, ou insanos: uma coleção de expressões que colidia com a visão do observador e a espantava. Como imensas cartas de um baralho, os rostos eram postos em fileiras que se estendiam e preenchiam todo o piso do estúdio. Era a seleção final de fotos para esse livro; e, quando nós nos movemos cautelosamente por aquele pomar de ramas, andando por entre as fileiras (sempre, como se as pessoas ali exibidas pudessem gritar, tomando cuidado para não pisar em um nariz ou esmagar uma bochecha), Avedon disse:

– Às vezes penso que todas as minhas fotos são simplesmente fotos de mim. – Ele segurou o queixo, os olhos viajando do dr. Oppenheimer para o padre Darcy. – Odeio câmeras. Elas interferem, estão sempre no caminho. Eu gostaria... Se pudesse trabalhar somente com os meus olhos!

Ele apontou três revelações da mesma fotografia, um retrato de Louis Armstrong, e perguntou qual delas eu preferia; para mim, eram idênticas até ele mostrar as diferenças, indicar como uma era um tom mais escuro que a outra, enquanto na terceira uma sombra havia sido removida.

– Obter uma revelação satisfatória – disse, a voz tensa, com aquela intensidade induzida pelo perfeccionismo –, uma revelação que contenha todas as suas intenções, é frequentemente mais difícil que a própria sessão de fotos. Ao fotografar, sei imediatamente quando tenho a imagem que queria capturar. Mas tirar a imagem da câmera e expor o resultado é outra história. Faço até sessenta revelações de uma foto e faria cem se isso pudesse significar uma pequena melhoria, se pudesse ajudar a tornar visível o invisível, a exteriorizar o interior.

Chegamos ao fim da última fileira, paramos, examinamos o cintilante campo de preto e branco, uma colheita de quinze anos de semeadura. Avedon encolheu os ombros.

– É isso. Isso é tudo. Os símbolos visuais do que eu quero contar estão nesses rostos. Pelo menos – ele acrescentou, franzindo a testa numa expressão sincera, também o símbolo visual de uma natureza, num certo sentido, vaidosa, inquieta demais e muito questionadora para jamais poder conhecer satisfação autêntica –, pelo menos eu espero que seja.

JOHN HUSTON

É CLARO, EM SEU AUGE, OS FILMES SÃO ANTILITERATURA E, COMO UM MEIO, não pertencem aos escritores, nem aos atores, mas aos diretores, alguns deles, certamente um deles – John Huston –, antes disso aprendizes de redator de estúdio. Huston disse:

– Eu me tornei diretor porque não suportava mais ver meu trabalho destruído.

Mas essa não pode ter sido a única razão; esse sujeito esguio, calmo, que poderia ser um caubói como os que imaginou Aubrey Beardsley, tem em abundância aquele desejo de comandar que Zavattini tanto desaprova.

O trabalho de Huston e o jeito do homem que ele parece ser são inseparavelmente relacionados, seus filmes desenham os contornos de sua paisagem mental privada (como Eisenstein, Ingmar Bergman, Jean Vigo) num certo aspecto comum à profissão, sendo os filmes, a maioria deles, operações objetivas que não revelam as preocupações subjetivas de seus criadores; portanto, talvez seja permissível mencionar nesse estilo pessoal a pessoa estilizada de Huston – sua suavidade habilidosa exposta como inexperiência jocosa, o riso sincero que aflora e soa sem nunca atingir seus olhos cercados por rugas e tão duros, olhos entediados como lagartos ao sol; a sedução determinada de seus olhares confidenciais e de sua camaradagem do tipo homem para homem, tudo promovido tanto para seu próprio benefício quanto para o da plateia, para camuflar um vácuo refrigerado de sentimento ativo, porque, como é verdadeiro para todo sedutor clássico, ou encantador, se você preferir, o sucesso da sedução depende de o sedutor nunca sentir, nunca se tornar emocionalmente inserido; porque se envolver seria abrir mão do controle da situação, da "cena"; assim, ele é um homem de obsessões em vez de paixões, e um cínico romântico que acredita que toda empreitada, virtuosa ou diabólica ou simplesmente lenta, recebe os mesmos honorários: um cheque no valor de zero. O que isso tem a ver com seu trabalho? Alguma coisa. Considere a trama do primeiro e ainda melhor filme dirigido por Huston, *O Falcão Maltês*, no qual a motivação recebe a contribuição valiosa de um presente na forma de um falcão, um tesouro pelo qual os principais participantes traem uns aos outros, matam e morrem – só para descobrir que o falcão não é um item valioso e genuíno, mas uma farsa habilmente conduzida, uma trapaça. Esse é o tema, o *dénouement*, da maioria dos filmes de Huston, de *O tesouro de Sierra Madre*, no qual o ouro pelo qual o garimpeiro até matou é levado pelo vento, de *Moby Dick*, aquela temida afirmação sobre a derrota do homem. De fato, Huston parece raramente ter sido atraído por material que não aceitasse o destino humano como uma piada infeliz, um enredo confiante sem nenhum segredo escondido; até os roteiros que ele escreveu ainda jovem – por exemplo, *High Sierra* e *Juarez* – confirmam sua predileção. Como muita arte, a dele, e ele pode ser um artista quando quer, é em grande parte o resultado compensatório de uma falha no homem: a lacuna emocional que o leva a ver a vida como uma trapaça (porque quem engana também é enganado) é o fator irritante que produz a pérola; e seu pagamento tem sido, em termos humanos, ser ele mesmo uma espécie de falcão maltês.

CHARLIE CHAPLIN

Pouco antes de Chaplin deixar a América em 1952, uma licença de permanência deplorável, ele pediu a Avedon para fazer a foto de seu passaporte, tarefa que Chaplin decidiu, no meio da sessão, satirizar, e o produto dessa palhaçada, um duende com chifres debochando do universo dos desmancha-prazeres nas fronteiras governamentais (em território e pensamento), é certamente o tipo de fotografia que o adorável vagabundo teria colado em *seu* passaporte: um susto para os tediosos oficiais. É divertido lembrar a desbotada estrada dos dias silenciosos de Chaplin, a paisagem poeirenta e vazia pela qual, ao final de cada aventura, o vagabundo desaparecia com seu andar engraçado, a velha mochila nas costas: lembre, e perceba agora para onde levava a estrada: dentre todos os lugares, para a Suíça! E aquela mochila velha estava cheia de dólares! Dinheiro para comprar uma mansão digna de um rei sobre um lago azul, um reino de fantasia onde o vagabundo reformado, cercado pelas atenções de uma esposa-fada e sete lindos filhos-fadas, segue cheirando suas lindas flores. O que é como deveria ser (a pessoa responsável por *Luzes da ribalta*, *A corrida do ouro*, *Tempos modernos*, criações perfeitas e completas como um leão, como água, merece – aqui e agora – a recompensa), e é quase, mas não é; porque, nos anos mais recentes, Chaplin se deixou absorver pela petulância – ele acredita, talvez com justa razão, ter sido maltratado pela América, por sua imprensa, pelo Departamento de Estado, e assim caminha furioso por sua vila; o que é direito seu, mas ainda lamentável, porque é um desperdício: seu último filme, *Um rei em Nova York*, um cutucão irritado nas coisas dos Estados Unidos, foi um completo desperdício – a menos que tenha servido para extrair o fel de seu papo.

Chaplin teve acesso à genialidade, e outra vantagem ainda mais rara que essa: teve o benefício de ser o único proprietário de seu negócio – o patrocinador, produtor, diretor, escritor, astro. Um pai para um bebê é a ordem da natureza; a necessidade da produção colaborativa é a estranheza da arte do cinema, aquela fogueira voraz sobre a qual poucos gigantes, e igualmente poucos homens de crescimento medíocre, caminham: os que conseguem, merecem todas as honras.

UMA REUNIÃO DE CISNES

Do diário de um certo sr. Patrick Conway, 17 anos, durante uma visita a Bruges no ano de 1800: "Sentei-me sobre o muro de pedras e observei uma reunião de cisnes, uma armada distante, percorrendo as curvas do canal e se misturando ao crepúsculo, suas penas flutuando sobre a água como as caudas de brancos vestidos de baile. Veio-me à mente a lembrança de belas mulheres; pensei em Mlle. de V. e experimentei um estranho espasmo gelado, um arrepio, como se ouvisse um poema declamado, ou boa música. Uma bela mulher, lindamente elegante, nos impressiona como a arte, muda o clima do nosso espírito; e isso, é essa uma questão frívola? Eu acho que não".

O comboio intercontinental de cisnes flutuando por nossas páginas traz um par de filhotes, frutos da mais bela promessa e que um dia podem liderar o bando. Porém, como é geralmente consenso, uma bela menina de 12 ou 20 anos, embora possa merecer atenção, não merece admiração. Reserve essa homenagem para décadas mais tarde, quando, se ela houver mantido integralmente o conjunto de suas qualidades, se foi fiel aos votos que um cisne deve proferir, terá posto sua plateia de joelhos; porque tal conquista representa disciplina, exigiu a paciência de um hipopótamo, a objetividade de um médico combinada com o envolvimento de um artista, um cuja única criação seja seu eu perecível. Além disso, a área de realização deve ir muito além do externo. Mais importante que tudo é a voz, seu timbre, como é o que ela pronuncia; se é estúpida, uma mulher deve tentar esconder sua estupidez, não necessariamente dos homens (um toque de burrice raramente diminui o respeito masculino e em raras ocasiões, a despeito do mito, o torna ainda maior); mas das mulheres astutas, aquelas brilhantes com olhos de bruxa e que são, simultaneamente, inimigas mortais do cisne e suas mais convencidas adoradoras. É claro que a Giselle perfeita, aquela de pureza mais calma, é ela mesma uma mulher astuta. As mais sagazes são fáceis de identificar; e não por discursarem sobre política ou Proust, por içarem bandeirolas de sua inteligência; não pela presença de *qualquer* fator positivo, mas pela ausência de um: o autorreconhecimento. A própria natureza de sua capacidade pressupõe uma certa absorção pessoal; mesmo assim, se é possível perceber em seu rosto ou em sua atitude uma consciência da impressão que ela causa, é como se, ao comparecer a um banquete, o convidado tem o infortúnio de vislumbrar a cozinha.

Para fazer vibrar uma corda realista – e ela deve soar, nem que seja por justiça a suas primas de plumagem mais grosseira –, cisnes autênticos quase nunca são mulheres que a natureza e o mundo destituíram. Deus lhes deu bons ossos; algum personagem coadjuvante, um pai, um marido, alguém que as abençoa com o melhor creme de beleza, uma esplêndida conta bancária. Ser uma grande beldade, e *manter-se* assim, é caro; uma estimativa bastante precisa das despesas anuais envolvidas nesse processo poderia ser feita – mas, sinceramente, para que fomentar uma revolução? E se o dinheiro fosse tudo, uma grande população de pardais se transformaria em cisnes.

Pode ser que o cisne duradouro deslize sobre as águas do lucro liquefeito; mas isso não pode responder pela criatura propriamente dita – seu talento, como todos os talentos, é composto por substâncias que não se pode comprar. Um cisne é invariavelmente o resultado da aderência a algum sistema estético de pensamento, um código transposto para um autorretrato; o que vemos é o retrato imaginário projetado com precisão. É por isso que certas mulheres, embora não inteiramente belas, mas vencedoras sobre a falta de graça, podem, de vez em quando, criar a ilusão do cisne; a visão interna que elas têm de si mesmas é tão sólida, decorada com tal artifício externo e sagaz, que nos rendemos à sua afirmação e até nos convencemos de sua autenticidade: e ela é autêntica; num certo sentido, o cisne *manqué* (nosso portfólio contém dois excelentes exemplos) é mais atraente que o natural (do qual, na companhia atual, exemplos clássicos são Mme. Agnelli, o cisne europeu *numero uno*, e a soberba e insuperável americana sra. William S. Paley): afinal, uma criação forjada pela natureza humana é de interesse humano mais sutil, de fascinação mais refinada, do que outra em que só a natureza participou.

Uma palavra final: o advento de um cisne em um ambiente começa promovendo em algumas pessoas um sentimento decidido de desconforto. Se há entre os presentes algum "alérgico" a esses cisnes, sua hostilidade não deriva de inveja, mas, como eles sugerem, de uma sombra de "frieza" e "irrealidade" que o cisne projeta. Porém, não é verdade que uma impressão de frieza, normalmente falsa, acompanha a perfeição? E não é possível que o que os críticos sentem seja, na verdade, medo? Na presença do muito bonito, como na presença do imensamente inteligente, o terror contribui para a nossa reação geral, e é tanto medo quanto apreciação que causa o golpe gelado que por um momento nos assassina quando um cisne aparece deslizando.

PABLO PICASSO

Em 1981 nosso mundo, se ainda estiver em órbita, vai comemorar o centenário de Picasso. É claro, por ele ter esse tipo de sorte, o grande homem ainda estará por perto; e disponível, como sempre, a todos os meios de publicidade: provavelmente, nessa ocasião a televisão o mostrará nu, como convém a uma criatura que está muito além das leis do decoro humano. Nascido em Málaga, uma terra de figos e pedras e violões, Picasso foi uma criança prodígio que se manteve; isto é, permaneceu prodígio e criança, um homem habitado pela impaciência de um menino inquieto, pela curiosidade odiada pelo sistema. Citando um velho amigo seu, Jaime Sabartes, "Pablo é antes de tudo uma soma de curiosidades. Ele tem mais curiosidade que milhões de mulheres". Quando Pablo tinha 13 anos, seu pai, um rabugento professor de arte andaluz que produzia cartões com naturezas-mortas para a burguesia de Barcelona, deu ao filho sua paleta e seus pincéis e nunca mais pintou; e essa foi, à sua maneira, a primeira conquista de Picasso – ele seguiu espalhando pelo século pinturas com sua marca. Estranho, pensando bem. Por que alguns daqueles artistas não se uniram para matar esse polvo da arte? Porque, mesmo não tendo a mestria de um Matisse, nem a força de composição de um Braque, Picasso conseguiu, com uma ousadia cheia de energia e uma coleção sem fim de surpresas inventivas, superar todos eles: ele é *o* vencedor.

COCO CHANEL

Chanel, um pardal discreto e elegante, volúvel e vital como um pica-pau, disse certa vez, no meio de um de seus ininterruptos monólogos, referindo-se à caríssima aparência de órfã *pauvre* que ela desfilara em décadas:

– Cortem minha cabeça, e tenho 13 anos.

Mas sua cabeça sempre esteve bem firme no lugar, definitivamente, ela já a tinha no lugar antes, quando realmente tinha 13 anos, ou pouco mais, e um "bondoso cavalheiro" de posses, o primeiro de vários patronos imbuídos de gratidão e boa vontade, perguntara à pequena "Coco", filha de um ferreiro basco que lhe ensinara o ofício e tinha sua ajuda para ajustar ferraduras de cavalos, o que ela preferia: pérolas brancas ou negras? Nenhuma, ela respondera. O que preferia era abrir uma pequena loja. Assim surgiu Chanel, a visionária da moda. Se as produções de uma modista podem ou não ser consideradas importantes contribuições "culturais" (e talvez possam: um Mainbocher, um Balenciaga são homens de mais significado criativo autêntico do que vários pelotões de poetas e compositores que me afloram à mente), não vem ao caso; mas uma profissional impura e simples como Chanel desperta um interesse documentário, e a soma desse interesse é parcialmente totalizada nessas fotografias de seu rosto em constante transformação – de um ângulo, um bibelô pendurado em um pingente de coração; do outro, uma ávida arrivista e empreendedora. Observe a rigidez na coluna de seu pescoço: é possível pensar em uma planta, uma dessas espécies perenes e resistentes em constante crescimento, embora agora um pouco queimada pelo sol do sucesso que, para os talentosos inconsoláveis dotados de uma vontade e movidos pela vaidade, e cuja energia infinita mantém em funcionamento o motor que arrasta o restante letárgico de nós, invariavelmente floresce no céu frio da ambição. Chanel mora sozinha em um apartamento na frente do Ritz.

MARCEL DUCHAMP

DUCHAMP, NASCIDO EM ROUEN, TERCEIRO FILHO DE UMA NUMEROSA FAMÍLIA de classe média, com muitos membros inclinados para as artes, viveu em Nova York desde 1915. Durante esses 44 anos de residência americana, ele se dedicou a uma única pintura (*A noiva despida pelos seus celibatários, mesmo* – um óleo sobre vidro transparente do tamanho de uma janela de igreja) e não terminou nenhuma; para todos os efeitos práticos, ele abandonou a pintura em 1913, ano em que seu *Nu descendo a escada* (sobre o qual um crítico contemporâneo comentou: "Gire três vezes, bata a cabeça duas vezes na parede e, se você bater com força suficiente, o significado será perfeitamente óbvio") era a sensação embriagadora de uns 1.600 experimentos precursores apresentados no histórico Armory. "Mas", protesta Duchamp, "não pintar não significa que desisti da arte. Todos os bons pintores têm somente umas cinco obras-primas assinadas. As outras não são vitais. As cinco têm a força do choque. Choque é bom. Se fiz cinco coisas boas, é o suficiente. Ou você pode dizer que em vez de morrer aos 31 anos, como Seurat, sou um homem cuja inspiração para pintar cessou, não?" Sua inspiração, seu talento para brincar com a arte, onde reside o charme infantil e atual de suas pinturas, não desapareceu completamente; em seu infinito tempo livre ele tem criado frascos de perfume surreais, fez um filme abstrato pioneiro, envolveu-se em decoração de interiores (tetos revestidos por sacos de carvão), projetou um museu Duchamp portátil formado por miniaturas de seus trabalhos mais conhecidos (e uma ampola contendo "ar parisiense") e inventou para si mesmo outras formas fraudulentas de arte-brinquedo; mas o que o preocupa sinceramente, ao que parece, é o xadrez, um estilo mais sério de diversão, um assunto sobre o qual ele improvisou o volume mais *recherché* possível: mil cópias foram impressas em três idiomas, e (pasmem!) o título é *Opposition et Cases Conjuguées, Opposition und Schwesterfelder, Opposition and Sister Squares*. Duchamp explica que "tudo isso tem a ver com peões bloqueados, quando sua única possibilidade de vencer é movimentando os reis. Isso só acontece uma em mil vezes. E por que", ele acrescenta, "por que meu jogo de xadrez não é uma atividade artística? Um jogo de xadrez é muito plástico. Você o constrói. É escultura mecânica e com o xadrez se criam belos problemas, e essa beleza é feita de cabeças e mãos. Além disso, é mais socialmente puro do que pintar, porque ninguém ganha dinheiro jogando xadrez, certo?"

E, supondo que fosse possível, Duchamp sem dúvida não lucraria; ele sempre manifestou sentimentos antilucro equivalentes a uma alergia financeira ("Não! Pintura não devia se tornar uma coisa da moda. E dinheiro, o dinheiro entra, e a arte se torna um escritório de Wall Street"); certamente, pouco em sua moradia, um apartamento pequeno, velho e dilapidado no quarto andar de um prédio comum numa rua simples de Manhattan, implica padrões de limusine; o apartamento, construído em um período de arte moderna ainda mais simples, não ostenta nada que a chuva possa danificar, exceto um pequeno Matisse e um grande Miró; como um santuário, ele fala de um homem que era ele mesmo, razoavelmente livre e sem compromissos. Lá embaixo há uma caixa de correspondência com um nome impressionante: "Matisse-Duchamp-Ernst". Porque, entenda, a atual sra. Duchamp é ex-sra. Matisse, esposa do filho do grande homem Pierre; quanto ao Ernst, é o jovial Max Surrealista, que foi inquilino do apartamento em uma época. A ordem dos nomes parece um julgamento artístico apropriado.

JEAN COCTEAU E ANDRÉ GIDE

ANDRÉ GIDE, AQUELE IMORAL MORALISTA, ESCRITOR FAVORECIDO PELA SINceridade, mas sem nenhuma imaginação, desaprovava Jean Cocteau, cujos dons as musas malvadas haviam invertido, debochando dele, como homem e artista, tornando-o uma criatura muito imaginativa, mas sem nenhuma sinceridade. É interessante, então, que Gide tenha sido autor da mais precisa e, por alguma razão, mais simpática descrição de nosso mais velho menino terrível.

Gide escreve em seu diário; o tempo é agosto de 1914. "Jean Cocteau marcou um encontro comigo em uma 'sala de chá inglesa' na esquina da rue de Ponthieu com a avenue d'Antin. Não tive nenhum prazer em revê-lo, apesar de sua extrema gentileza; mas ele é incapaz de seriedade e todos os seus pensamentos, sua sabedoria, suas sensações, todo o extraordinário brilhantismo de sua habitual conversação chocou-me como um artigo de luxo exposto em um período de fome e luto. Ele se veste quase como um soldado e o estímulo dos atuais eventos o fez parecer mais saudável. Não abre mão de nada, apenas torce de maneira marcial sua disposição habitual. Quando fala do massacre de Mullhouse usa adjetivos e gestos divertidos; imita o toque da trombeta e o zumbido dos estilhaços. Depois, mudando de assunto ao perceber que não me faz rir, afirma estar triste; ele quer ficar triste com o mesmo tipo de tristeza que você sente, e de repente adota a sua disposição e a explica a você. Depois fala de Blanche, imita Mme. R. e fala da dama da Cruz Vermelha que gritava do alto da escada: 'Prometeram que eu teria cinquenta homens feridos nesta manhã; quero meus cinquenta feridos'. Enquanto isso, ele amassa em seu prato um pedaço de bolo de ameixa e vai comendo as migalhas; sua voz se eleva repentinamente e tem estranhas alterações; ele ri, se inclina para a frente, se aproxima de você e o toca. O estranho é que penso que ele seria um bom soldado. Ele confirma que sim e declara que seria corajoso, também. Tem a atitude descuidada do diabrete da rua; é na companhia dele que me sinto mais estranho, mais pesado, mais melancólico."

Na primavera de 1950, na *piazza* de uma cidade siciliana onde Gide passava férias (foi seu último ano de vida), ele teve outro encontro com Cocteau, um encontro de despedida que o redator destas notas testemunhou. Era costume de Gide passar as manhãs sonhando acordado sob o sol da *piazza*; lá ele se sentava bebendo de uma garrafa de água salgada retirada do mar; um mandarim imóvel envolto em uma capa preta de inverno e com um chapéu fedora de abas largas projetando uma sombra do tamanho dele; um santo-ídolo ocioso (mais ou menos) que não falava e não era abordado, exceto para consultas ocasionais com os Ganimedes do vilarejo com quem ele simpatizava. Então, numa manhã qualquer, Cocteau, girando uma bengala, surgiu no cenário da *piazza* e decidiu inter romper os devaneios do Il Vecchio (como os *ragazzi* do lugar se referiam ao distinto octogenário). Trinta e cinco anos haviam passado desde o chá nos tempos de guerra, mas nada mudara na atitude de um com o outro. Cocteau ainda queria agradar, ainda era a libélula de asas de arco-íris e ânimo inesgotável convidando o sapo não só a admirá-lo, mas, talvez, a devorá-lo. Ele se movia sem parar, sua alegria tilintando no ar como os sinos dos burros que passavam puxando carroças, espalhava raios de humor amargo que ardiam como o sol siciliano, incentivava, provocava, tocava o joelho do outro homem, afagava as mãos dele, apertava seus ombros, beijava suas faces enrugadas – não, nada despertava Il Vecchio; como se seu estômago se revoltasse com a ideia de digerir forragem tão colorida, ele permanecia um sapo inapetente sobre uma fronde espinhosa; até finalmente coaxar: "Fique quieto. Está prejudicando a vista".

Realmente: Cocteau prejudicava a vista. E ele vinha fazendo a mesma coisa desde a sua estreia como um prodígio fumador de ópio aos 17 anos. Por mais de quatro décadas esse eterno menino de rua conduzira um *vaudeville* gratuito com muitas trocas de roupa: poeta, romancista, dramaturgo, jornalista, *designer*, pintor, inventor de balés, produtor de cinema, conversador profissional. Muitos desses figurinos serviram bem, alguns de maneira brilhante. Mas é no disfarce de agente catalisador que ele tem sido mais competente: como um inovador para, e propagandista de, ideias e dons de outros homens – de Radiguet a Genet, Satie a Auric, Picasso a Bérard, Worth a Dior. Cocteau viveu absolutamente dentro de seu tempo, e mais do que ninguém formou o gosto francês no século XX. É a proximidade de Cocteau com sua época, sua preocupação exclusiva com o moderno, que está na base da aversão de Il Vecchio. "Não pretendo estar na minha época; quero transbordar minha época" era a ambição declarada de Gide; uma ambição admirável, também. Mas não é possível que um homem que tenha vivido tão plenamente nossa vontade atual, se não transbordado essa vontade, ao menos respingue no amanhã de alguém?

MAE WEST

ERA UMA VEZ UM JOVEM ULTRAJANTE QUE CONHECIA MUITA GENTE E pensou em oferecer um chá incomum. Seria em homenagem à srta. Mae West, que então se apresentava em um clube noturno de Manhattan. A Dama Edith Sitwell foi convidada para servir, uma tarefa que ela, sempre afeita ao incidente *outré*, aceitou. A nata de Nova York vibrava com a perspectiva de um encontro de duas mulheres tão diferentes e distintas, e não havia quem não quisesse ser convidado.

– Meu caro – o rapaz recebia congratulações antecipadas –, é o ponto máximo da temporada.

Porém, tudo desandou. Às quatro, a Dama, alegando laringite, telefonou lamentando não poder comparecer. Às seis, com a festa já em andamento, tudo indicava que a srta. West também desapontaria. Convidados resmungavam discutindo a possibilidade de uma farsa; às sete o anfitrião se retirou para um aposento privado. Dez minutos mais tarde a convidada de honra chegou, e os convidados que ainda restavam não se arrependeram por ter esperado. Não se arrependeram, mas ficaram estranhamente confusos. A parafernália conhecida estava toda ali: a peruca cor de bronze, os olhos de cimitarra com cílios longos como a lâmina de uma espada, a pele branca, tão branca quanto uma boca de *cottonmouth*,* a silhueta, aquela forma de ampulheta que provocava os sonhos... Tudo estava ali, menos a srta. West.

Porque aquela certamente não era a verdadeira Mae. Mas era a srta. West; desconfortável, tímida e vulnerável, uma mulher virginal e comum cuja entrada tardia era consequência de ter se demorado na rua, criando coragem para tocar a campainha. Diante de vários olhares, surge aquele sorriso que ameaça mas nunca se concretiza, bailando pelos lábios que sussurram "prazeremconhecer", e, como se sentindo vergonha demais para continuar, ela abandona imediatamente sua ponta na gangorra de qualquer conversação e a natureza *tour de force* de sua personalidade teatral, sua sinistra e absoluta completude, surge com força total. Removida do reino protetor de sua criação hilariante, seu símbolo assexuado de sexualidade desinibida, ela não tinha defesa: suas longas pestanas batiam como as antenas de um besouro de costas.

Só uma vez a Mae mais dura se revelou. A demonstração foi acarretada por uma jovem intensa que, aproximando-se da atriz, anunciou: "Eu vi *Diamond Lil* na semana passada; achei maravilhoso".

* Cottonmouth ou boca de algodão (*Agkistrodon piscivorus*) é uma cobra semiaquática venenosa encontrada na região Sudeste dos Estados Unidos, também conhecida como "water moccasin" ou "black moccasin". (N. T.)

– Você viu, querida? Onde?

– No Museu. O Museu Moderno.

E uma desanimada srta. West, buscando abrigo no sotaque sensual e rouco de sua famosa criação, indagou:

– Como assim, benzinho? Um *museu*?

LOUIS ARMSTRONG

CERTAMENTE O SATCH ESQUECEU, MAS ELE FOI UM DOS PRIMEIROS AMIGOS deste escritor. Eu o conheci quando tinha 4 anos, em 1928, e ele, um rígido, gorducho, beligerante e feliz Buda marrom, tocava a bordo de um vapor que navegava entre Nova Orleans e St. Louis. Não importa o motivo, mas eu tinha a oportunidade de fazer aquela viagem com grande frequência e para mim a fúria doce do trompete de Armstrong, a exuberância nebulosa de suas notas tão atraentes são um pedaço do bolo madeleine de Proust; fazem a lua nascer novamente em Mississippi, invocam as luzes foscas das cidades ribeirinhas, o som, como um bocejo de crocodilo, de coisas do rio – eu ouço o som do rio mulato correndo, ouço sempre a batida do pé do Buda sorridente enquanto ele reproduz sua versão de "Sunny Side of the Street" e os dançarinos em lua de mel, atordoados por bebidas contrabandeadas e molhando seu talco de suor, se abraçam e dançam pelo salão do navio. O Satch era bom para mim, ele me disse que eu tinha talento, que devia ser um saltimbanco; deu-me uma bengala de bambu e um chapéu de palha com uma faixa verde; e toda noite ele anunciava do alto do palco: "Senhoras e senhores, agora vamos apresentar a vocês um dos melhores garotos da América, ele vai sapatear para nós". Depois da apresentação, eu passava por entre os passageiros recolhendo no meu chapéu as moedas de valor variado. Isso se estendeu por todo o verão, eu fiquei rico e vaidoso; mas em outubro o rio engrossou, a lua empalideceu, os clientes desapareceram, as viagens de barco foram interrompidas, e com elas minha carreira. Seis anos depois, quando vivia em um colégio interno de onde queria fugir, escrevi para meu antigo e então famoso benfeitor e perguntei se poderia ir para Nova York, se ele me arrumaria um emprego no Cotton Club ou em algum outro lugar. Não obtive resposta, talvez ele nunca tenha recebido a carta, não importa. Eu ainda o amava. Ainda o amo.

HUMPHREY BOGART

Se alguém ouve atentamente o vocabulário de qualquer homem, vai notar a recorrência de certas palavras-chave. Com Bogart, esse pungente glossário pessoal era, de maneira geral, impossível de repetir e imprimir, sendo "vagabundo" e "profissional" dois desses sinais verbais. Referindo-se a um homem mais moral – com algum exagero se poderia dizer "afetado" –, ele empregava o termo "profissional" como uma medalha de platina a ser distribuída a pessoas cujo comportamento sancionava; "vagabundo", o reverso de uma homenagem, significava, quando empregado por ele, um desprazer quase escarificador. "Meu velho", ele certa vez falou referindo-se ao pai, que havia sido um médico de renome em Nova York, "morreu devendo 10 mil dólares e eu tive de pagar cada centavo. Um homem que não deixa esposa e filhos com meios de sobrevivência é um vagabundo." Vagabundos também eram os homens que traíam a esposa, que sonegavam impostos, e todos os fofoqueiros e chorões, a maioria dos políticos, a maioria dos escritores, mulheres que bebiam, mulheres que desdenhavam homens que bebiam; mas o verdadeiro vagabundo era qualquer um negligente no trabalho, qualquer um que não fosse meticulosamente profissional naquilo que fazia. Deus sabe que ele era. Não importava se podia jogar pôquer até o raiar do dia e engolir um conhaque no café da manhã; ele chegava sempre pontualmente no *set*, estava sempre maquiado e com o texto decorado na sua hora de filmar (sempre o mesmo papel, é claro, mas não há nada mais difícil de sustentar e manter interessante do que a repetição). Não, nunca houve uma acusação a Bogart; ele era um ator sem teorias (bem, uma: a de que devia ser muito bem pago), sem crises temperamentais, mas não sem temperamento; e, por entender que disciplina era a melhor parte da sobrevivência artística, ele durou, deixou sua marca.

EZRA POUND

NASCIDO EM 1885 EM IDAHO. LECIONOU, MAS FOI DEMITIDO DA ESCOLA por ser "muito o tipo do Bairro Latino". Logo buscou consolo entre almas semelhantes no mundo. Aos 23 anos, enquanto engordava e passava fome com uma dieta de batatas em Veneza, ele publicou *A Lume Spento*, um primeiro livro de poemas que instigou uma forte amizade com Yeats, que escreveu sobre ele: "Uma natureza endurecida e forte e sempre ferindo os sentimentos das pessoas, mas ele tem, na minha opinião, alguma genialidade e muito boa vontade". Boa vontade: para dizer o mínimo! – entre 1909 e 1920, quando morou primeiro em Londres, depois em Paris, ele defendeu solidamente a carreira de outras pessoas (foi a Pound que Eliot dedicou *A terra desolada*; foi Pound quem levantou o dinheiro que permitiu a Joyce concluir *Ulisses*). Sua generosidade nessa esfera é uma questão sobre a qual até Hemingway, que nem sempre celebra a bondade alheia, testemunhou: "Então, até aqui", escreveu em 1925, "temos em Pound o grande poeta que dedica, digamos, um quinto de seu tempo à poesia. Com o restante do tempo ele tenta fazer progredir a fortuna, tanto material quanto artística, dos amigos. Ele os defende quando são atacados, ele os leva às revistas e os tira da cadeia. Ele lhes empresta dinheiro. Vende seus quadros. Arranja concertos para eles. Escreve artigos sobre eles. Ele os apresenta a mulheres ricas. Consegue publicar seus livros usando contatos valiosos. Passa noites inteiras sentado com eles enquanto os ouve dizer que estão morrendo e testemunha seus testamentos. Ele adianta o valor das despesas para o hospital e os demove da ideia de cometer suicídio. E, no final, poucos retribuem quando têm a oportunidade".

Mesmo assim, ele conseguiu divulgar regularmente panfletos, entoar seus Cantos ("o épico das peças de uma mente literária", como definiu Marianne Moore, evidenciando sua habitual exatidão) e tentar com seriedade algumas produções no campo das artes plásticas, escultura e pintura, inutilmente. Mas foi o estudo da economia que se tornou seu interesse mais intenso ("História que omite economia é só bobagem"); ele desenvolveu estranhas ideias sobre o assunto e algumas o levaram à ruína: em 1939, então um italófilo mussolinizado, ele começou a divulgar pela Rádio Roma uma sequência de discursos de tom fascista que culminaram numa acusação de traição aos Estados Unidos; unidades do Exército americano avançando pela Itália o capturaram em 1945. Por várias semanas, como um animal de zoológico raivoso e descontrolado, ele esteve aprisionado em uma cela em espaço aberto em Pisa. Alguns meses depois, na véspera de seu julgamento, ele foi declarado insano, como poderia ser qualquer poeta em sua adequada disposição artística; assim, passou os doze anos seguintes trancafiado no St. Elizabeth Hospital, no Distrito de Columbia. Quando estava lá, publicou *The Pisan Cantos* e ganhou o Prêmio Bollingen, uma homenagem excessivamente criticada pelos altos círculos.

Porém, em um dia chuvoso de abril de 1958 em Washington, Pound, um velho de 72 anos, com sua barba inteiramente branca e seu rosto de sátiro riscado por linhas que contavam uma história desoladora, foi levado à presença de um certo juiz Bolitha J. Laws e declarado "irremediavelmente insano". Incurável, mas "inofensivo" o bastante para ser libertado. Pound então declarou: "Qualquer homem que consegue viver na América é insano" e preparou-se para partir para a Itália.

Fotos dele foram feitas poucos dias antes do embarque. Arrogante, debochado, ele mantinha os olhos fechados e cantava músicas insanas, balançando para a frente e para trás como se andasse por uma cela em Pisa; ou melhor, pela cela em que se transformara sua própria vida.

SOMERSET MAUGHAM

Diz o jovem e seguro Holden Caulfield, o Huckleberry Finn da Park Avenue que narra *O apanhador no campo de centeio*, de J. D. Salinger: "O que realmente me atinge é um livro que, quando você termina de ler, deseja que o autor que o escreveu fosse seu grande amigo e você pudesse telefonar para ele sempre que tivesse vontade. Veja aquele livro *Servidão humana*, de Somerset Maugham – eu não ia querer telefonar para Somerset Maugham. Não sei. Ele simplesmente não é o tipo de homem para quem eu ia querer ligar, só isso. Prefiro telefonar para o velho Thomas Hardy". Bem, o velho Holden tinha um ponto de vista, mas o perde: o sr. Maugham não queria que telefonassem para ele, queria ser lido; embora sua prosa seja impessoal, muito clara e sensata demais para gerar afeto dos leitores, ele consegue o que quer: recentemente uma equipe de auditores avaliou que ele ganha 32 dólares de *royalties* por minuto. O que não significa que ele é bom; mas ele é. Se Holden fosse um autor novato, valeria a pena telefonar para o garoto mais velho, ele poderia aprender muito, porque poucos mantiveram olhar mais atento para as regras douradas da criação de uma história, e é aconselhável conhecer essas regras, especialmente se, como muitos novatos, você pretende desmantelá-las.

Ao longo dos últimos vinte anos, o sr. Maugham fez mais aparições de despedida do que *Sir* Harry Lauder: cada novo livro é anunciado como o seu canto do cisne; e hoje, aos 85 anos de idade, ele ameaça constantemente embarcar na última e mais distinta das experiências. Se ele precisa mesmo fazer a jornada, então, tudo o que nos resta fazer é ficar no porto, gratos pelo prazer que nos proporcionou, e desejar-lhe um carinhoso *bon voyage*.

ISAK DINESEN

Rungsted é uma cidade marítima na estrada costeira entre Copenhague e Elsinore. Entre os viajantes do século XVIII, o vilarejo comum era bem conhecido pelas belezas de sua Inn. A Inn, embora não receba mais cocheiros e seus passageiros, ainda é famosa: como o lar do primeiro cidadão de Rungsted, a baronesa Blixen, vulgo Isak Dinesen, vulgo Pierre Andrezel.

A baronesa, magra e frágil como um buquê de *coquillage*, recebe os visitantes em um salão modesto habitado por cães adormecidos e aquecido por uma lareira e um fogão de porcelana: um aposento onde ela, uma imponente criação de um de seus contos góticos, se senta adornada de peles de lobo e *tweeds* britânicos, os pés calçados por botas de pele, as pernas, magras como os galhos de uma árvore, envoltas em meias de lá, e o pescoço, cuja circunferência poderia caber em um anel, protegido por delicados xales lilás. O tempo a refinou, a essa lenda que viveu as aventuras de um homem de nervos de aço: atirou em leões em fúria e búfalos perigosos, trabalhou em uma fazenda africana, voou sobre o Kilimanjaro nos perigosos primeiros aeroplanos, dominou o massai; o tempo a reduziu a uma essência, como uma uva pode tornar-se uma passa. Instantaneamente, mesmo para quem não conhecesse seu dossiê, ela se impõe como *la vraie chose*, uma verdadeira personalidade. Um rosto tão facetado, suas linhas exibindo um brilho orgulhoso de inteligência e compaixão educada, o que equivale a dizer sabedoria, não pode ser uma ocorrência acidental; nem aqueles olhos, contornados por fortes traços de lápis, profundos como animais de veludo no fundo de uma caverna, podem ser vistos em mulheres comuns.

Se um visitante é convidado para o chá, a baronesa serve com estilo: *sherry* antes, depois uma seleção de torradas e geleias variadas, carnes frias, fígados grelhados, crepes de laranja. Mas a anfitriã não pode comer, ela não está bem, não come nada, nada mesmo, oh, talvez uma ostra, um morango, uma taça de champanhe. Em vez de comer, ela fala; e, como a maioria dos artistas, certamente todas as antigas beldades, ela é suficientemente autocentrada para apreciar ser ela mesma o assunto da conversa.

Seus lábios, tocados de leve pela cor artificial, se distendem em sorrisos de contorno paralítico, e, falando um inglês pincelado por inflexões britânicas, ela pode dizer: "Ah, bem, sim, que coleção de histórias esta velha hospedaria pode contar. Ela pertenceu a meu irmão, eu a comprei dele; *Last Tales* pagou a última parcela. Agora ela é minha, absolutamente. Tenho planos para ela depois de minha morte. Será um aviário, o terreno, o parque, tudo será um santuário para os pássaros. Todos os anos na África, quando tive minha fazenda, nunca imaginei voltar a morar na Dinamarca. Quando soube, tive certeza de que a fazenda escapava por entre meus dedos; quando vi que a perderia, comecei a escrever minhas histórias, para esquecer o insuportável. Durante a guerra, também; a casa era uma espécie de estação para os judeus que fugiam para a Suécia. Judeus na cozinha e nazistas no jardim. Eu tinha de escrever para preservar minha sanidade mental, e escrevi *The Angelic Avengers*, que não era uma parábola política, embora me divertisse ver quantos decidiam o contrário. Homens extraordinários, os nazistas. Eu sempre discutia com eles, respondia com rispidez. Oh, não creio que quisesse parecer corajosa, eu não arriscava nada; aquela era uma sociedade tão masculina, que eles simplesmente não se importavam com o que pensava uma mulher. Outro *muffin*? Por favor. Gosto de comer com parcimônia. Hoje esperei pelo carteiro; esperava que ele trouxesse uma nova encomenda de livros. Leio tão depressa que é difícil manter um estoque. O que peço da arte é ar, uma atmosfera. E isso é muito escasso no cardápio hoje em dia. Nunca me canso dos livros que aprecio, sou capaz de relê-los vinte vezes – posso, e leio. *Rei Lear*. Sempre julgo uma pessoa pelo que ela pensa sobre *Rei Lear*. É claro, o que se quer é uma nova página; um rosto diferente. Tenho um talento para as amizades, amigos são o que mais aprecio: me envolver, conversar, conhecer novas pessoas e me relacionar com elas."

Às vezes a baronesa se move. Apoiada pelo braço afetuoso da solitariamente alegre srta. Clara Svendsen, sua dama de companhia e secretária de muitos anos ("Querida Clara. Eu a contratei como cozinheira. Depois de três refeições lamentáveis, eu a desmascarei: 'Minha querida, você é uma impostora. Diga a verdade!'. Ela chorou e revelou ser professora no norte da Dinamarca, e disse que adorava meus livros. Um dia ela vira um anúncio que eu havia colocado pedindo uma cozinheira. Ela se candidatou; e queria ficar. Como não sabia cozinhar, decidimos que ela seria minha secretária. Lamentei muito essa decisão. Clara é uma tirana"), ela viaja para Roma ou Londres, normalmente de navio ("Não se deve viajar de avião; é como ser despachado como um pacote!"). Em janeiro passado, inverno de 1959, ela fez sua primeira visita à América, um país pelo qual tem grande gratidão por lhe haver fornecido sua primeira editora e sua primeira gama de leitores. Sua recepção foi comparável à de Jenny Lind; superou de longe qualquer coisa registrada para um dignitário literário desde Dickens e Shaw. Ela foi televisionada e mostrada na *Life*, na "leitura" pública e na maratona de eventos de que participou, sendo ovacionada em pé com ingressos esgotados. Ninguém jamais havia sido convidado de honra em um número tão grande de festas ("Nova York foi deliciosa, ah! É lá que as coisas estão acontecendo! Almoços e jantares, champanhe, champanhe; todos foram muito gentis. Cheguei com 30 quilos e voltei pesando 25; os médicos não sabiam como eu estava viva, insistiam que devia estar morta, mas, ah, eu sei disso há anos. A morte é meu mais antigo flerte. Não, nós *vivemos,* e Clara – Clara ganhou uma pedra!").

Sua aceitação da avançada idade e de suas consequências não é estoicamente definitiva; surgem notas esperançosas relacionadas à saúde: "Quero terminar um livro, quero ver os frutos no próximo verão, e quero ver Roma outra vez, Gielgud em Stratford, talvez a América. Se eu pudesse... Por que sou tão fraca?", ela pergunta, torcendo o lenço lilás com mão magra e escura; e a pergunta, acompanhada pelo badalar de um relógio sobre o console da lareira e pela voz baixa da srta. Svendsen, convida o visitante a se retirar, permitindo que a baronesa cochile no sofá diante da lareira.

Quando sai, o visitante pode levar uma cópia de um de seus livros favoritos ("Porque trata de coisas reais"), o belo *A fazenda africana.* Um *souvenir* autografado "*Je repondrai* – Karen Blixen".

"*Je repondrai*", ela explica parada na porta e, ao despedir-se, oferece as faces para ser beijada, "Eu respondo – um lema adorável. Eu o tomei emprestado da família Finch-Hatton. Gosto dele porque acredito que todos temos uma resposta nele."

Sua resposta tem sido um sim para a vida, uma afirmação de que sua arte ecoa com um eco que vai ecoar.

UMA CASA NO HEIGHTS

(1959)

Moro no Brooklyn por opção.

Aqueles que desconhecem seus encantos têm o direito de perguntar por quê. Porque, vista como um todo, essa é uma comunidade inóspita. Um verdadeiro emaranhado de pobreza e feiura cujos *noms des quartiers* agravam: Flatbush ou Flushing Avenue, Bushwick, Browsville, Red Hook. Porém, na paisagem cinza e enfumaçada, surgem oásis, esplêndidas contradições, ecos de dias mais saudáveis. Dessas aparentes miragens, o exemplo mais puro é o bairro em que estou situado, uma área conhecida como Brooklyn Heights, Heights [pontos culminantes] porque fica no alto de uma colina de onde se tem a visão de um mar de gaivotas e das pontes de Manhattan e do Brooklyn, da parte baixa de Manhattan e das filas de barcos na água, do rio que se mistura ao oceano, que envolve e segue além da imponente Srta. Liberdade.

Não conheço muito bem a história do Heights. Porém, *acredito* (mas, por favor, não confiem em mim) que a casa mais velha, a mais antiga ainda existente e em funcionamento, pertence aos nossos vizinhos dos fundos, sr. e sra. Philip Broughton. Uma construção colonial de paredes cinzentas e janelas de madeira, cercada por árvores de folhagem densa, ela foi erguida em 1790 para ser a casa de um capitão do mar. Publicações da época, datadas de 1830, descrevem a área do Heights como um porto aconchegante repleto de velas infladas; e, de fato, muitas das melhores casas do bairro, especialmente aquelas em estilo Federal, foram planejadas para abrigar famílias de capitães de navios. Alegremente austeras, tão elegantes e antigas quanto cartões formais de visita, essas casas falam de uma era de criados capazes e sólido conforto ao lado da lareira; de cavalos em arreios musicais (as velhas garagens para carruagens abundam nessa área; atualmente, é claro, todas foram transformadas em agradáveis moradias, embora tenham aquele ar bonitinho de casa de bonecas); conjuram espectros de barbudos pais cujo sustento era tirado do mar e esposas domésticas com sua boina; pais dedicados a grandes proles de futuros banqueiros e noivas luxuosas. Por um século, aproximadamente, deve ter sido assim: uma época de ruas arborizadas, calçadas cheias de salgueiros, jardins de agosto dominados pelo revoar de abelhas e pelo cheiro de ervas, de navios no rio, velas ao vento e um prado verdejante descendo até o porto, um campo de vacas pastando e borboletas voando, um lugar onde crianças passavam longas tardes de verão, onde o som dos trenós ecoava na neve de dezembro.

Era assim? É possível que eu tenha uma visão muito romântica. De qualquer maneira, meu romantismo assume um aspecto mais austero de gravações em aço quando passeamos de mãos dadas com Henry Ward Beecher, cuja igreja certa vez dominou a vida espiritual do Heights na segunda metade do último século. A grande Ponte, aberta em 1883, agora equilibrada sobre o rio; e o porto, expandindo-se a cada ano, tornando-se um negócio maior, mais barulhento, expulsou as crianças do campo, invadiu-o, destruiu-o completamente para abrir espaço para os imensos depósitos negros repletos de tarântulas importadas e cheirando a banana podre.

Em 1910 a vizinhança, que comporta alamedas acanhadas e pátios cercados e ruas que às vezes são retas, mas também descrevem curvas e serpenteiam, havia suportado terríveis vicissitudes. Descendentes do austero rebanho do reverendo Beecher começaram a se mudar para outros pastos; e tribos imigrantes, que antes haviam perambulado pelas cercanias, se infiltraram imediatamente e em massa. Desse ponto em diante, o que restava da antiga população nobre, o sedimento no fundo da garrafa, abandonou suas casas, deixando-as para ser demolidas ou reformadas, transformadas em horrendos estabelecimentos de hospedagem.

Tanto assim que, em 1925, Edmund Wilson, num parágrafo dedicado ao que ele considerava o morto e moribundo Heights, relatou desgostoso: "As agradáveis casas de tijolos vermelhos e rosados ainda representam dignamente a geração de Henry Ward Beecher; mas um eterno domingo as habita agora; elas parecem mergulhadas em um silêncio final. Nas ruas é possível vislumbrar um solitário e velho cavalheiro bem-vestido se movendo lentamente por um longo caminho em direção à saída; mas, no geral, o respeitável desapareceu e só o vulgar sobrevive. A quietude vazia é quebrada pelos gritos de estridentes crianças italianas e pelos incessantes pianos mecânicos nas casas agora transformadas em apartamentos sombrios, sons acompanhados por vozes humanas que parecem tão mecânicas quanto o instrumento. À noite, por ruas sem iluminação, é possível ver bêbados deitados na calçada à sombra de portas escuras; e eu soube de um cavalo morto abandonado na estrada – a dois quarteirões do principal posto do correio e não muito longe de Borough Hall –, sem nenhum esforço feito para removê-lo, por três semanas".

Por mais gótica que seja essa visão, a vizinhança ainda possui, deixando de lado os cômodos de aluguel barato, um certo apelo que a brigada dos talentosos – artistas, escritores – começa a descobrir. Entre os que compunham essa onda inicial estava Hart Crane, cujo olhar de poeta, focado na paisagem de sua janela, produziu *A Ponte.* Mais tarde, logo após o sucesso de *Look Homeward, Angel*, Thomas Wolfe, conhecido frequentador da noite do Brooklyn, se mudou para lá, para um apartamento equipado com a mais divulgada geladeira dos arquivos literários, que ele manteve até sua "carcaça sobrecarregada" ser levada para as colinas da Carolina. Em uma determinada época, alguns anos no início da década de 1940, uma casa singular em Middagh Street anunciou uma relação de residentes que apregoava: W. H. Auden, Richard Wright, Carson McCullers, Paul e Jane Bowles, o compositor britânico Benjamin Britten, o empresário e projetista de palco Oliver Smith, uma autora de entretenimentos mortais, srta. Gipsy Rose Lee, e um chimpanzé acompanhado de seu treinador. Cada inquilino nessa casa de aluguel contribuía com sua manutenção, luz, aquecimento, o salário de uma cozinheira (ex-corista do Cotton Club), e todos estavam ali a convite do proprietário, o original editor, escritor, *fantaisiste*, um cavalheiro com uma língua de guilhotina, porém benevolente e dono de um coração de manteiga, o falecido, o recentemente chorado George Davis.

Agora George está morto e sua casa também desapareceu; as necessidades de algum absurdo projeto cívico provocaram sua demolição durante a guerra. De fato, os anos de guerra testemunharam a ruína da vizinhança. Muitas das mais sólidas antigas casas foram solicitadas pelo Exército para servir de abrigo, de bares com *jukebox*, e seu pessoal de origem rural as tratou como Sherman tratou aquelas mansões *dixie*. Não que tenha importado; não que alguém tenha se incomodado. Ninguém se importou; até que, pouco depois da guerra, o Heights começou a atrair uma brilhante e nova clientela, bravos pioneiros portando pincéis e latas de tinta; jovens casais urbanos, ambiciosos, em grande parte envolvidos com suas carreiras de Médico-Advogado-Wall Street-Qualquer Coisa, ansiosos para devolver ao Heights suas destruídas qualidades de charme circunspecto, confortável.

Para eles, a região tinha muito a oferecer; casas espaçosas prontas para ser reformadas, convertidas em residências familiares adequadas a famílias de tamanho antiquado; e essas famílias eram o que aqueles jovens haviam produzido ou produziam numa velocidade espantosa. Um bom lugar para criar filhos, também, essa vizinhança onde o tráfego era cauteloso e o ar tinha uma pureza típica do litoral; onde havia jardins para brincar, varandas tranquilas para relaxar, e onde, acima de tudo, existe a Esplanade onde patinar. (É proibido, mas os pirralhos insistem.) Longe de ser um campo enfeitado de borboletas, a Esplanade, uma calçada larga sobre o porto, faz o possível nesses tempos atuais para se equiparar àquele prado das meninas do passado e seus irmãos igualmente desaparecidos.

Assim, por uma década ou mais, continuou o experimento de reviver o Heights; até o ponto em que se pode sentir a tentação de considerá-lo um *fait accompli*. Floreiras nas janelas se enchem de gerânios; de acordo com a estação, as árvores pintam as ruas de verde, ou as folhas do outono são queimadas em uma esquina; carroças repletas de flores passam pela rua enquanto o vendedor anuncia seus preços; ao amanhecer é possível ouvir um galo cantar, porque há uma mulher cujo jardim abriga um galinheiro. Nas noites de inverno, quando o vento transporta o lamento distante dos barcos partindo e carrega pelos telhados a fumaça das chaminés de várias lareiras, há uma sensação, pálida mas autêntica, de tempo rodando em círculos, de antigas atmosferas recuperadas.

Embora eu conheça a região há muito tempo, tendo ido visitá-la de vez em quando, minha associação mais próxima começou há dois anos, quando um amigo comprou uma casa em Willow Street. Em uma agradável noite de maio ele me convidou para ir conhecê-la. Fiquei muito impressionado; e bastante invejoso. Eram 28 cômodos, todos proporcionais e com teto muito alto, e 28 lareiras funcionais, todas com console de mármore. Havia uma bela escada que parecia flutuar para o segundo andar em curvas simples e graciosas, e uma claraboia de vidro âmbar que acentuava o dourado do sol. Os pisos eram de madeira resistente e brilhante; e as paredes! Em 1820, quando a casa foi construída, os homens sabiam fazer paredes – grossas como um búfalo, imunes ao frio mais cruel e ao calor mais intenso.

Portas francesas abriam passagem para uma espaçosa varanda nos fundos, uma lembrança de Louisiana. Uma varanda coberta, completamente submersa, como num lago de folhas, por uma antiga mas admiravelmente forte trepadeira carregada de glicínias que lembravam cachos de uvas. Além da varanda, um jardim: uma árvore tulipa, uma pereira em flor, uma ave preta e vermelha empoleirada em um galho de sino-dourado.

Ao anoitecer, nós conversávamos, meu amigo e eu. Ficamos sentados na varanda bebendo martínis – eu o incentivei a tomar mais um, outro. Devia ser tarde e ele começou a entender meu ponto de vista: sim, 28 cômodos era muita coisa; e, sim, parecia justo que eu devesse ficar com alguns deles.

Foi assim que me mudei para aquela casa de tijolos amarelos em Willow Street.

É comum passar uma semana sem que eu "vá à cidade" ou "atravesse a ponte", como os vizinhos se referem a uma visita a Manhattan. Amigos espantados, suspeitando de estagnação provinciana, perguntam:

"Mas o que você faz lá?" Pois eu digo, a vida pode ser bem animada por aqui. Lembram-se do coronel Rudolf Abel, o agente secreto russo, o maior espião jamais capturado na América, chefe de todo o maldito aparato? Sabem onde ele foi pego? Bem aqui! Em Fulton Street! Encurralado em um edifício entre o armazém de comidas finas de David Semple e a loja de conserto de televisores de Frank Gambuzza. Frank, orgulhoso como se ele mesmo houvesse feito o trabalho, tivera sua foto estampada na *Life*; e a garçonete do Music Box Bar também, porque esse era o bar preferido do coronel. Invejosos, alguns de nós não conseguíamos imaginar por que não havíamos aparecido na *Life* também. Frank, a garota do Music Box Bar – bem, eles não eram os únicos que conheciam o coronel. Um cavalheiro tão elegante! Ninguém jamais teria *imaginado*...

Confesso, não pegamos espiões todos os dias. Mas muitos dias têm seus estímulos: um cargueiro suspeito a investigar no porto; uma ave de plumagem estranha descansando na glicínia; ou, e como é animadora essa ocorrência, um carregamento recém-chegado na Knapp's. Knapp's é uma coleção de lojas, na verdade um conglomerado de depósitos que mais parecem cavernas, amontoadas na Fulton perto da Pineapple Street. O proprietário – e essa é uma designação muito modesta para uma figura tão imponente – o czar, o Aga Khan desses empórios paradisíacos é o sr. George Knapp, conhecido por seus amigos como Pai.

Pai é um viajante do mundo. Os cartões chegam: ele está em Sevilha, agora em Copenhague, agora em Milão, semana que vem em Manchester, em todos os lugares, e sempre numa velocidade vertiginosa. Comprando: cerâmica azul de um castelo dinamarquês. Jarros cor-de-rosa de uma antiga farmácia em Londres. Bronze inglês, abajures de Barcelona, caixas de Battersea, pesos para papel da França, bolas de cristal de bruxas italianas, ícones gregos, *blackamoors** venezianos, santos espanhóis, armários coreanos; e bugiganga, gloriosa tranqueira, bonecas esfarrapadas, botões quebrados, um canguru de pelúcia, um aviário de corujas sob um grande sino de bronze, peças de jogos obsoletos, notas de dinheiro de governos

* *Blackamoors*: esculturas de figuras de ascendência africana, em geral criadas em pares.

defuntos, um cabo de guarda-chuva em marfim sem o guarda-chuva, penicos adornados e canecas e relógios sem conserto, violinos quebrados, um relógio de sol que pesa 320 quilos, crânios, vértebras de cobra, patas de elefante, sinos de trenó e espadas entalhadas de esquimós, bancos medievais de ordenha, armas de fogo enferrujadas e espelhos trincados dos tempos da valsa.

Então Pai volta ao Brooklyn trazendo seus tesouros. Fora das caixas, compondo a tranqueira já periclitante, os *blackamoors* espalham seu brilho maravilhoso, as espadas cintilam na poeira de profundidade atlântica do galpão. Com o tempo, tudo se vai: elegantes *antiquaires* e anônimos amantes da beleza virão para levá-las. Enquanto isso, dê uma olhada por ali. Você certamente vai encontrar uma ameixa; e pode ser um pêssego. O peso para papel – aquele que aprisiona uma libélula em Baccarat. Se você o quiser, pegue-o agora: amanhã, certamente depois de amanhã, você o verá na rua Cinquenta e Sete pelo quíntuplo do preço.

Pai tem uma sócia, sua esposa Florence. Ela é do Panamá, é bonita, alta, esguia o bastante para ficar bem nas calças que veste, uma mulher de postura orgulhosa e, no trato com os clientes, de uma frieza quase excêntrica, um desdém do tipo leve ou deixe – mas, pobre alma, ela está sob a disciplina de não poder vender, nem mesmo informar um preço. Só Pai, com sua memória fantástica, sua capacidade ofuscante de encontrar imediatamente qualquer objeto no meio da assustadora confusão, pode cuidar disso. Nascido no Brooklyn, criado no litoral, sempre de chapéu e ostentando um cigarro apagado, um homem baixinho e encorpado, uma espécie de casa de força com braços, com um caminhar cadenciado e uma voz áspera, olhos tímidos e nervosos que piscam quando a irritação o faz gaguejar, Pai é um esteta. Um esteta duro que não aceita barganhas, não abaixa seus preços. Os Knapp formam um casal excelente. Eu visito seu museu várias vezes por semana e perto de outubro, quando um fogão Franklin em forma de cabana de bruxa aquece o ar e Florence serve cidra e um delicioso pão de tâmaras que ela assa em latas de café descartadas, Pai olha em volta, pisca os olhos várias vezes com vaga incredulidade, como se seus acúmulos românticos o estivessem sufocando de um jeito ameaçador, e observa:

– Devo ser maluco. Colocar meu coração num negócio como esse! E o *investimento*. O dinheiro! Honestamente, em sua sincera opinião, você diria que sou louco?

Certamente, não. Se, porém, a sra. Cornelius Oosthuizen me fizesse a mesma pergunta...

Parece improvável que alguém da elevada posição da sra. Oosthuizen tenha se dignado a estabelecer relacionamento com alguém como eu. Devo tudo isso a meio quilo de carne para cachorro. O que aconteceu foi que o entregador do açougue levou uma encomenda minha, por engano, com carne de hambúrguer para a sra. O. Reconhecendo o nome dela no recibo de entrega e tendo admirado sua casa frequentemente, um *château* vermelho que lembra a velha mansão Schwab na Riverside Drive em Manhattan, penso em levar seu pacote pessoalmente, nem sonhando encontrar a fina dama, mas, na melhor das hipóteses, sonhando poder vislumbrar alguma coisa da residência. Esperava ser recebido por um mordomo, ou por algum criado da vasta criadagem. Não que aquela seja a única *maison de luxe* do Heights: somos brindados por vários expoentes da vida de limusine – mas, indiscutivelmente, a sra. O. é a *regina di tutti*.

Ao me aproximar da propriedade, noto uma pessoa em carneiro persa batendo à porta muito agitada, brandindo a argola de bronze contra a madeira.

– Maldição, Mabel – ela diz para a porta; depois se vira, olha para mim quando subo a escada – uma réplica alta e intimidadora da frágil srta. Marianne Moore (que, devemos lembrar, também é uma dama do Brooklyn). Olhos claros e sem cílios, lábios finos, cabelos de uma confusão prateada.

– Ah, você! Eu conheço você – ela me acusa, enquanto, atrás dela, a porta é aberta por uma irlandesa com um avental até o tornozelo. – Então, suponho que tenha vindo para assinar a petição? Muito bom. – Resmungando uma explicação, recitando civilidades servis, entrego o pacote do açougueiro nas mãos dela e ela, como se acabasse de receber um peixe podre, segura o embrulho com a ponta dos dedos até a criada comentar:

– Senhora, o bom homem trouxe a carne da srta. Mary.

– Realmente. Então, não fique aí parada, Mabel. Pegue o pacote. – E, olhando para mim com menos espanto, modificação que não se refletia em mim, diz: – Limpe as botas. Entre. Vamos discutir a petição. Mabel, mande Murphy com um pouco de Bristol e biscoitos... Oh? No dentista! E eu *pedi* para ele não mexer com aquele dente. Que absurdo infernal – ela reclama quando passamos ao vestíbulo. – Por que ele não foi ao hipnotizador, como sugeri? Mary! Mary! Mary! – ela chamou, ao ver uma cadela de aparência mansa e *pedigree* cruel: um misto de *spaniel* e *chow* sobre as patas de um *dachshund*. – Creio que Mabel já tem seu almoço. Mabel, leve a srta. Mary para a cozinha. Vamos esperar pelos biscoitos no Salão Vermelho.

O salão, no qual o vermelho podia ser encontrado apenas em um recipiente de porcelana com rosas e em um cesto de morangos de marzipã, tinha janelas com cortinas de veludo, agora abertas, de onde se tinha uma vista de acelerar a pulsação: céu, horizonte, ao longe uma fatia do bosque de Staten Island. Em outros aspectos, a sala, um ambiente pesado, entulhado, sem humor, uma verdadeira confecção de confeitaria Beidermeier, não tinha nada que a recomendasse.

– Era o quarto do meu avô; meu pai o preferiu como sala. Cornelius, o sr. Oosthuizen, morreu aqui. Repentinamente: quando ouviu um discurso de Roosevelt pelo rádio. Ataque cardíaco. Provocado pela raiva e pelos cigarros. Tenho certeza de que não vai me pedir permissão para fumar. Sente-se... aí não. Ali, perto da janela. Agora, vejamos, aqui... Deve estar aqui em algum lugar. Nesta gaveta? Lá em cima, talvez? Maldito Murphy, homem horrível, sempre mexendo nas minhas... Não, aqui está: a petição.

O documento estabelecia e se opunha aos planos de uma certa seita religiosa de pouca importância que havia adquirido meio quarteirão de casas nos Heights, imóveis que pretendiam unir e transformar em alojamentos para seus seguidores. Na petição já havia uma dúzia de assinaturas de protestantes: as srtas. Seeley, o sr. Arthur Veere Vinson, a sra. K. Mackaye Brownlowe – descendentes das crianças dos campos, velha guarda dos sobreviventes dos piores tempos de sua vizinhança, aqueles poucos felizardos que frequentavam regularmente os jantares *black-tie* da sra. O. Ela não desperdiçava eloquência com o mérito considerável de sua queixa; simplesmente, "assine", ordenava, uma espécie de Lady Catherine de Bourgh instruindo um sr. Collins.

A bebida foi servida, e com ela veio uma coleção de gatos. Vira-latas com pelo doente e olhos inchados. A sra. O., apontando o menos respeitável deles, um animal malhado e magro, me disse:

– Pode levar aquele para casa. Ele está conosco há um mês, conseguimos colocá-lo em excelentes condições, tenho certeza de que cuidará bem dele. Cachorros? Que tipo de cães você tem? Bem, não aprovo as raças puras. Qualquer um pode dar um lar para eles. Peguei a srta. Mary na rua. E Adorável Louise, Mouse e Doce William – meus cachorros, todos os meus gatos, todos os meus animais vieram das ruas. Olhe pela janela, lá no jardim. Sob a árvore. Aquelas marcas: o que vê são túmulos, alguns da minha infância. As conchas do mar são peixinhos dourados. Os corais amarelos, canários. A pedra branca é um coelho; aquela cruz de pedregulhos: meu favorito, minha primeira Mary – um anjo, foi se banhar no rio e pegou um resfriado fatal. Eu costumava atormentar Cornelius, o sr. Oosthuizen, dizendo que planejava enterrá-lo lá com meus queridos. Ele não achava graça nenhuma. Então, quero dizer, ter cachorros não significa nada: Billy, aqui, tem tanta disposição que pode se cuidar sozinho. Não, insisto que o leve. Porque não poderei mantê-lo aqui por muito mais tempo, ele é uma influência perturbadora; e, se o soltar, ele vai voltar à velha vida ruim no beco St. George. No seu lugar, eu não ia querer isso na minha consciência.

Sua tática de persuasão falhou; consequentemente, nossa despedida foi fria. Mas no Natal ela me mandou um cartão, uma gravura Cartier reproduzindo a árvore que protegia os ossos postos a seus cuidados. E uma vez, quando a encontrei na padaria, onde nós dois comprávamos *brownies*, discutimos a indecente falta de atenção que sua petição havia recebido: o abrigo já estava em plena construção. Na mesma ocasião, ela me informou com tom crítico que Billy, o gato, libertado de seu patronato, realmente voltara à vida pecaminosa do beco St. George.

O beco St. George, vizinho de um pequeno cinema, é um abrigo sombrio para vagabundos: gente das ruas atravessou a ponte vindo de Chinatown e divide o espaço com outras criaturas órfãs e livres; gatos, tantos quantos peixes em um cardume, que se reúnem em maior número ao anoitecer; com a chegada da escuridão, vão atrás deles no beco mulheres de olhar estranho, não muito diferentes daquelas fanáticas vestidas de preto que assombram as arenas felinas em Roma, munidas de sacos de lascas de salmão e sibilos doces com os quais atraem os gatos. (Não estou sugerindo que a sra. O. é uma das que se dedicam a esse *hobby* doentio: com relação aos animais, suas atitudes, embora talvez um pouco exageradas, são bem-intencionadas e nem tão atípicas para o Heights, onde uma elevada porcentagem da população de animais de estimação foi adotada nas ruas. É espantosa, realmente, a quantidade de animais perdidos que vagam pela vizinhança, como se o instinto os informasse de que ali pode haver alguém que não os deixaria seguir sob a chuva, mas, em vez disso, os levaria para casa, esquentaria leite e ligaria para o dr. Wasserman, Bernie, nosso jovem veterinário, cuja clínica imaculada ecoa sempre a música de Bach e os sons de animais em recuperação.)

Agora mesmo, com relação a estas anotações, eu vasculhava um amontoado de hieróglifos que chamo de meu diário. Rabiscos estranhos, os mais estranhos, realmente – cuja maioria esconde de mim seu significado. Deus sabe a que se refere "Trovão na rua Cobra". Ou "diarreia de tolices em dezessete idiomas". A menos que tenha servido para descrever algum morador muito aborrecido, um linguista terrivelmente falante em muitos idiomas, mas sem real articulação em nenhuma. Porém, "Levei T & G ao G & T" faz sentido.

As primeiras duas iniciais representam dois amigos; o último, dono de um restaurante não muito longe dali. Você já deve ter ouvido falar nele, o Gage & Tollner. Como o Kolb's e Antoine's em Nova Orleans, o Gage & Tollner é uma empreitada do século passado que manteve em grande medida seu caráter inicial. A dança trêmula de suas lamparinas a gás não é um truque contemporâneo; nem as mesas de madeira sólida e tampo de mármore, o magnífico arranjo de espelhos em moldura de ouro parecem afetações sentimentais – pelo contrário, tudo é uma declaração da seriedade dos proprietários, que nos agradaram deixando o lugar permanecer em boa parte como era no dia de sua abertura em 1874. Não é fácil de deduzir, porque a atmosfera ali nada tem da frivolidade salgada de tais aquários, mas a especialidade da casa é frutos do mar. Os melhores. Lagostas que agradariam Nero. Eu mesmo sou um apaixonado por siris: um prato de siris salteados, metade de um limão, uma taça de Chablis gelado – estou satisfeito. Os garçons, também, altivos mas sorridentes negros que se orgulham de seu trabalho, contribuem para o sucesso do Gage & Tollner; nas mangas de seus paletós muito limpos eles ostentam divisas ao estilo militar de acordo com o número de anos de serviço; e, se aquilo fosse um exército, alguns garçons seriam generais.

Perto dali há outro restaurante, um pouco menos distinto, mas de similar safra e praticamente o mesmo cardápio: Joe's – Joe sendo, a propósito, uma jovem muito atraente. Na periferia distante do Heights, pouco antes de o Brooklyn se tornar Brooklyn novamente, há uma rua de ciganos, com cafés ciganos (tenha seu futuro previsto e faça uma tatuagem enquanto bebe litros de chá mouro); também há um quarteirão árabo-armênio saturado de restaurantes salpicados de tempero onde se pode comprar, ainda quente do forno, um tipo crocante de panqueca coberta por semente de gergelim – de vez em quando eu levo a minha para a beira da água, disposto a dividi-la com as gaivotas; mas vou comendo pelo caminho, de forma que nunca sobre nada para as aves. Em uma noite de verão, um passeio pela ponte, com o vento fresco soprando por entre a estrutura de aço, com estrelas se movendo pelo céu e navios deslizando lá embaixo, pode ser inebriante, particularmente se você segue na direção dos aromas agridoces e apetitosos de Chinatown.

Outra anotação no diário relata: "Finalmente um rosto no hotel fantasma!". O que significa: após meses de observação, em todos os climas e em todas as horas, eu vira alguém em uma janela de um edifício aparentemente assombrado à margem do rio, um imóvel localizado em Water Street aos pés do Heights. Um hotel deserto que sempre transformo em destino das minhas caminhadas: por achá-lo romântico, nos momentos de insatisfação imagino me aposentar ali, porque é isolado como o Mt. Atos, mais afastado que o Krak Chevalier nas montanhas da Síria. Durante o dia a área, uma *piazza* sem saída que lembra uma tela de de Chirico e tem sua entrada voltada para o rio, é um pouco movimentada; à noite, não há nenhum movimento: nenhum som, exceto buzinas de neblina e um tráfego distante sussurrando na ponte que se encurva sobre a região. Paz, e o brilho metálico de balsas de passagem.

O hotel tem três andares. O sol desenha reflexos trêmulos da superfície do rio e de imagens fragmentadas da ponte nas vidraças; mas, além das janelas, nada se move: os quartos, apesar de evidências contraditórias, como garrafas de leite no parapeito, um chapéu no mancebo, camas desfeitas e lâmpadas acesas, parecem desocupados: nunca se vê uma alma por ali. Como os marinheiros do *Marie Celeste*, os hóspedes, ao ouvirem batidas na porta, devem tê-la aberto para um estranho que os engoliu inteiros. Poderia ter sido, talvez *tenha sido* o estranho que eu vi? "Finalmente um rosto no hotel fantasma!" Só o vi uma vez, em uma tarde clara e azul de abril; e ele, um homem calvo vestindo camiseta, se debruçou em uma janela, flexionou os braços peludos, bocejou, respirou a brisa do rio – e desapareceu. Não, pensando bem, nunca porei os pés naquele hotel. Porque, ou serei devorado, ou terei meu mistério esclarecido. Quando crianças somos sensíveis ao mistério: caixas trancadas, sussurros por trás de portas fechadas, o que quer que espreite por trás das árvores, a penumbra entre duas lâmpadas distantes na rua; mas, quando envelhecemos, tudo é muito fácil de explicar, a capacidade de inventar o alarme agradável diminui: que pena – devíamos passar a vida toda acreditando em hotéis fantasmas.

Perto do hotel começa uma estrada que corre paralela ao rio. Quilômetros silenciosos de depósitos com janelas fechadas, docas repousando sobre a água como aranhas do mar. De maio a setembro, *la saison pour la plage*, essas docas são fronteiras para trabalhadores que, potentados da beira da água, antes mergulhadores do píer, agora empurram carrinhos adaptados para dois tipos de mercadoria (banana e tomate). Tratores carregados de cana-de-açúcar e bolas de algodão e gado com ar infeliz transportam sua carga para navios que partirão para a Bahia, para Bremen, para postos que soletram seus nomes na caligrafia oriental. Desde que se tenham feito amigos ali, na beira da água, é possível às vezes embarcar em um cargueiro, conhecer suas dependências e se bronzear; você pode até ser convidado para almoçar – e eu, por exemplo, sempre aceito rapidamente, constrangedoramente, se os anfitriões forem escandinavos: eles costumam preparar uma mesa fabulosa com delícias de suas despensas repletas de "saborosas emoções" defumadas e aquavita. Evite os navios gregos, porém: a cozinha é pobre, não há nenhuma bebida a bordo, exceto *ouzo*, um xarope licoroso e pegajoso; e, pelo menos na opinião deste escriba, a comida nos cargueiros franceses não chega nem perto do padrão que dela se poderia esperar.

As pessoas do reboque geralmente são boas para uma xícara de café, e na época de muito vento, quando a superfície do rio fica agitada, é uma alegria se refugiar na cabine do reboque, aquecida por uma fornalha, e se deliciar com uma xícara do mais preto café. De vez em quando surgem praias pequeninas ao longo da rota e uma vez, perto do final da tarde de um domingo, vi uma que me fez olhar duas vezes, e mais duas vezes: e, ainda assim, ela parecia uma visão. Todo tipo de navegante é comum por aqui, até indianos vestindo sarongues, até os gigantes senegaleses, seus braços de ônix iluminados com tatuagens de flores amarelas e inscrições variadas (Je t'aime, Pouca Sorte, Mimi Chang, Adios Amigo). E russos também – é possível ver muitos deles por ali, sacudindo em suas roupas que lembram pijamas. Mas os marinheiros descalços na praia, os três que vi reclinados nela, recortados contra o sol poente, pareciam tão míticos quanto sereias – porque seus cabelos, iluminados por mechas quase brancas, eram longos como os de uma mulher, fibras selvagens que se estendiam até os ombros; e havia argolas douradas brilhando em suas orelhas. Se eram plenipotenciários do palácio de piso de pérolas de Poseidon ou simplesmente marinheiros, navegantes de cabelos viquingues naturais do Norte gótico descansando após uma viagem longa e sem barbeiros por perto, o fato é que foram incluídos permanentemente no meu arquivo de memória: um objeto a ser revolvido sob a luz, como aqueles losangos de cristal com inscrições secretas seladas em seu interior.

Pensando bem, "Trovão na rua Cobra" torna-se decifrável. No Heights não existe nenhuma rua Cobra, embora haja uma via pública que combina com o nome, uma ladeira que desce para o setor mais escuro das docas. Não é realmente parte do bairro do Heights, mas está, como uma serpente no portão, na parte mais externa de sua cercania. Lugares deteriorados, bares cheirando a cerveja azeda e amargas lojas de doce se misturam às casas velhas, habitações coletivas para muitas famílias cujo estilo arquitetônico varia desde construções de pedra enegrecida pelo tempo até conceitos ampliados da privacidade do Mississippi.

Ali, as calhas são marcadas por Cobras; isto é, uma gangue de delinquentes "juvenis": COBRA, a palavra é estampada em suas camisetas, pintadas, às vezes em letras que brilham com uma temerosa fosforescência, nas costas de suas jaquetas de couro. A rua inclinada está dentro de seu feio território, uma espécie de "área" deles, como os próprios meninos a denominam; uma fração infinitesimal, porque os Cobras, uma cabala poderosa, têm olhos voltados para acres de área metropolitana. Não sou corajoso – *au contraire*; francamente, esses sujeitos, de 12 ou 20 anos de idade, fazem meu coração disparar como o de um pecador no serviço dominical. Mesmo assim, quando me convém passar por essa área sob o seu domínio, obrigo meus nervos a enfrentarem o desafio.

Na última vez, e talvez ela siga sendo a última, eu carregava uma boa câmera. O sol estava encoberto no céu carregado, um céu que prenunciava chuva e trovões. Crianças brincavam de pular corda, enquanto um grupo de idade pouco mais avançada as observava com ar de tédio: um grupo de Cobras em botas de caubói pintadas de brim. Seus olhos, sonolentos olhos doentes e insolentes, se viraram na minha direção assim que comecei a subir a rua. Atravessei para a outra calçada; e soube, sem precisar olhar, que os Cobras se haviam desenrolado e rastejavam na minha direção. Ouvi quando assobiaram; e as crianças silenciaram, a corda repentinamente imóvel. Alguém – um bandido com a parte de baixo do rosto coberta por uma máscara e uma mancha roxa de nascença, disse:

– Ei. Você, Branco, quero ver a câmera.

Apressar o passo? Fingir que não ouvi? Todas as alternativas pareciam explosivas.

– Ei, Branco, ei, você, quer levar uma surra?

Um trovão marcou o momento. Um trovão que explodiu e rolou pela rua como um caminhão desgovernado. Todos olhamos para cima, para o céu preto e pronto para desabar em forma de tempestade. Gritei:

– Chuva! Chuva! – e corri.

Corri para o Heights, a cidadela segura, aquele pilar da burguesia. Rasguei caminho pela Esplanade – onde jovens mães empurravam carrinhos de bebê tentando fugir do desastre iminente. Prendendo o fôlego sob as folhas que caíam dos elmos sacudidos pelo vento, corri: vi o homem da carroça de flores tentando controlar o cavalo assustado pelo trovão. Vi vinte metros na minha frente, depois dez, depois cinco, depois nenhum, a casa amarela em Willow Street. Minha casa! E me senti feliz por estar ali.

LOLA

(1964)

Sim, parecia um presente curioso em todos os sentidos. Um presente espantoso, na verdade. Porque eu já tinha animais de estimação: dois cachorros, um buldogue inglês e um *blue terrier*. Mais, nunca havia me interessado por pássaros; de fato, sempre tivera uma certa aversão a eles: quando, na praia, as gaivotas mergulham repentinamente, eu me sinto (por exemplo) muito propenso a entrar em pânico e fugir. Certa vez, quando eu tinha 5 ou 6 anos, um pardal entrou pela janela do meu quarto e ficou preso lá: voou pelo quarto até eu quase desmaiar com uma emoção mista da qual a pena fazia parte, mas em que o medo predominava. Por isso foi com um certo desânimo que recebi o presente de Natal de Graziella: um horrível corvo jovem com as asas cruelmente cortadas.

Agora, mais de doze anos se passaram, porque esse Natal foi o de 1952. Eu vivia então na Sicília, na encosta de uma montanha; a casa, situada no meio de um pomar de oliveiras, era feita de pedras num tom pálido de rosa; tinha muitos quartos e um terraço de onde se podia ver o cume nevado do Etna. Lá embaixo, ao longe, nos dias ensolarados, via-se um mar azul como o olho de um pavão. Era uma bela casa, embora não muito confortável, especialmente no inverno, quando os ventos do norte cantavam, gritavam, quando se bebia vinho para aquecer, e ainda assim as pedras sob os pés eram frias como o beijo de um morto. Qualquer que fosse o clima, gelado pelo inverno ou escaldado pelo sol, a casa não teria sido habitável sem Graziella, uma jovem do vilarejo que trabalhava como doméstica, chegando sempre bem cedo e ficando até depois do jantar. Ela tinha 17 anos, uma moça forte e de estrutura sólida: suas pernas eram como as de um lutador japonês – levemente encurvadas, com panturrilhas salientes. O rosto, porém, era tão lindo quanto podia ser: olhos castanhos e dourados como o conhaque local; faces rosadas; lábios mais rosados ainda; sobrancelhas escuras; e cabelos negros e lisos que ela escovava e prendia num coque austero com a ajuda de pentes espanhóis. Sua vida era dura e de um jeito divertido, sem reclamar, ela falava de si constantemente: o pai era o bêbado do vilarejo, ou um deles; a mãe, uma histérica religiosa; e Paolo, o irmão mais velho – ela o adorava, embora ele a espancasse semanalmente e roubasse todo o seu salário. Éramos bons amigos, Graziella e eu, e era natural que, no Natal, trocássemos presentes. Dei-lhe um suéter, uma echarpe e um colar de contas verdes. E ela, como já disse, me deu um corvo.

Também já disse que era feio. E era. Um objeto horrível e patético. Mesmo correndo o risco de ofender Graziella, eu o teria libertado imediatamente se o corvo fosse capaz de alimentar-se sozinho. Mas as asas haviam sido cortadas quase totalmente e a ave não podia voar; ela só andava, o bico preto entreaberto como a boca de um idiota, os olhos inexpressivos e vazios. Graziella, que havia escalado as encostas vulcânicas sobre Bront, o capturara em uma ravina onde os corvos proliferavam, um vale de pedras e espinhos e de árvores deformadas. Ela disse:

– Peguei o corvo com uma rede de pescar. Corri entre as árvores. Quando joguei a rede no ar, dois deles ficaram enroscados. Um eu soltei. O outro é este. Eu o coloquei em uma caixa de sapatos. Levei o corvo para casa e cortei suas asas. Os corvos são muito espertos. Mais do que os papagaios. Ou cavalos. Se dividirmos sua língua ao meio, podemos ensinar um corvo a falar.

Graziela não era cruel; apenas compartilhava da indiferença do povo do Mediterrâneo com relação ao sofrimento dos animais. Ela ficou muito aborrecida quando a impedi de mutilar a língua da ave; de fato, perdeu completamente o interesse na pobre criatura, cujo bem-estar era agora minha infeliz responsabilidade.

Eu a mantinha fechada em um cômodo sem mobília; ficava lá trancada como um parente maluco. Logo suas asas vão crescer e então ela poderá ir embora. Mas o Ano-Novo chegou, semanas se sucederam e Graziella acabou confessando que seriam necessários seis meses antes que o meu presente de Natal pudesse alçar voo novamente.

Odiei a notícia. Odiava visitar o corvo; o aposento era o mais frio da casa e a ave tão solitária e abandonada era uma visão triste. Mas o conhecimento de sua solidão me obrigava a voltar lá – embora no início o corvo parecesse apreciar minhas visitas ainda menos do que eu: ele se retirava para um canto e virava de costas para mim, um prisioneiro silencioso encolhido entre uma vasilha com água e outra com comida. Com o tempo, porém, comecei a sentir que minha presença não era indesejada; a ave não me evitava mais, me encarava, e, com uma voz áspera e nada melodiosa, produzia sons que pareciam amistosos. Começamos a fazer descobertas relativas a nós: eu descobri que ele gostava de ter sua cabeça coçada, ele descobriu quanto as bicadas brincalhonas me divertiam. Logo ele aprendeu a se equilibrar na minha mão, depois a se empoleirar no meu ombro. E gostava de me beijar – isto é, de bicar delicadamente meu queixo, o rosto, a ponta de uma orelha. Mesmo assim, eu ainda me sentia, ou pensava me sentir, meio repelido pela ave: a cor fúnebre, a sensação das penas – tão repulsiva (para mim) quanto escamas de peixe ou de cobra.

Certa manhã – era final de janeiro, mas a primavera chega cedo na Sicília e as amendoeiras estavam em flor: uma mistura de perfume e flores se espalhando pela paisagem –, eu cheguei e descobri que o corvo havia fugido. O cômodo no qual ele ficava tinha portas francesas que se abriam para um jardim; durante a noite, as portas se abriram de alguma forma; talvez tenha sido o *sirocco*, que soprava naquele período (carregando com ele fragmentos arenosos do deserto africano), que as abriu. O pássaro havia desaparecido. Percorri o jardim; Graziella subira a encosta da montanha. A manhã chegou ao fim, e a tarde. À noite, havíamos procurado em "todos os lugares": no interior de um espinhoso bosque de cactos, entre os túmulos de um cemitério próximo, dentro de uma caverna fedendo a urina de morcego. Pouco a pouco, durante essa busca, um fato se fez evidente: eu gostava muito de Lola. Lola! O nome surgiu como a lua nova no céu, invisível, mas inevitável; até então, eu não quisera dar um nome à ave; nomeá-la, eu achava, seria admitir que ela era uma presença permanente.

– Lola?

Chamei da minha janela. Finalmente fui dormir. E não consegui, é claro. Visões me impediam: Lola com o pescoço esmagado pelos dentes de um gato; um gato vira-lata correndo com ela para o salão de banquetes de um covil sujo de sangue e coberto de penas. Ou Lola, indefesa e incapaz de voar, escondida em algum lugar até morrer de fome e sede.

– L-o-o-o-l-a-a-a?

Não havíamos procurado pela casa. Era possível que ela nem houvesse saído de lá, ou que houvesse saído pela porta francesa e entrado por outra. Acendi uma vela (nossa eletricidade raramente funcionava); fui de aposento em aposento; e em um deles, um salão que não era utilizado, a luz da vela iluminou um par de olhos familiares.

– Ah, Lola.

Ela subiu na minha mão; voltamos ao meu quarto, onde eu a deixei empoleirada na armação de bronze da cama. Ela se sustentou com as garras e enfiou a cabeça cansada sob uma asa desfigurada. Logo estava dormindo e eu também, e os cachorros (encolhidos juntos na frente da lareira vagamente iluminada pelas chamas românticas de um eucalipto).

Os cães não conheciam Lola e foi com certa ansiedade que eu os apresentei na manhã seguinte, porque ambos, especialmente o *blue terrier*, eram capazes de comportamento hostil. Mas, se ela pretendia viver conosco definitivamente, as apresentações tinham de ser feitas. Eu a coloquei no chão. O buldogue a farejou com seu focinho de trufa, depois bocejou, não por tédio, mas de vergonha; todos os cachorros bocejam quando sentem vergonha. Evidentemente, ele não sabia o que era aquilo. Comida? Um brinquedo? O *terrier* decidiu que Lola servia para brincar. Ele bateu nela com uma pata. E a encurralou em um canto. Ela o enfrentou, bicou seu focinho; seu crocitar era ríspido e violento como os mais cruéis palavrões. Ela assustou o buldogue, que correu para fora do quarto. Até o *terrier* recuou – sentou-se e ficou olhando para ela hipnotizado.

Daquele dia em diante, os cães sempre tiveram grande respeito por Lola. Eles a tratam com grande consideração; ela demonstra não ter nenhuma por eles. Usa a água dos cães como banheira; na hora das refeições, insatisfeita com a própria ração, ela sempre ataca a deles, pegando o que quer. O buldogue ela transformou em montaria particular; empoleirada em suas costas largas, ela trota pelo jardim como uma amazona circense montada em pelo. À noite, no *camping* diante da lareira, ela se encolhe entre os dois cachorros e, se eles ameaçam se mexer, ou perturbar seu conforto de alguma forma, ela os bica.

Lola devia ser muito nova quando Graziella a pegou – pouco mais que um filhote. Em junho seu tamanho havia triplicado, e ela era grande como uma galinha. As asas haviam crescido, ou quase. Mas ela ainda não voava. Na verdade, ela se recusava a voar. Preferia andar. Quando os cachorros iam dar uma volta, ela saltitava ao lado deles. Um dia me ocorreu a ideia de que Lola não sabia que era um pássaro. Ela pensava ser um cachorro. Graziella concordou comigo e nós dois rimos; consideramos a situação muito engraçada, sem antever que o engano de Lola acabaria em tragédia: o destino que espera por todos que rejeitam a própria natureza e insistem em ser mais do que eles mesmos.

Lola era uma ladra; caso contrário, talvez nunca chegasse a usar suas asas. Porém, o tipo de artigos que ela foi flagrada roubando – coisas brilhantes, uvas e canetas-tinteiro, cigarros –, todos ficavam localizados normalmente em locais elevados; então, para pegar alguma coisa que estava sobre a mesa, ela às vezes realizava (literalmente) um salto voador. Uma vez ela roubou uma dentadura. Os dentes pertenciam a um hóspede, uma amiga idosa e difícil. Ela disse que não via graça nenhuma naquilo e chorou. A propósito, não sabemos onde Lola esconde suas coisas (de acordo com Graziella, todos os corvos são ladrões e mantêm invariavelmente um depósito secreto para seus tesouros roubados). A única atitude sensata a tomar era tentar convencer Lola a revelar para onde levara os dentes. Ela admirava ouro: um anel de ouro que eu às vezes usava sempre provocava seu olhar ganancioso. Graziella e eu montamos, portanto, uma armadilha com o anel; nós o deixamos sobre a mesa do almoço, onde Lola recolhia algumas migalhas, e nos escondemos atrás da porta. No instante em que se imaginou sozinha, ela pegou o anel e correu para fora da sala de jantar, por um corredor que levava à "biblioteca" – um aposento pequeno e escuro cheio de edições baratas de clássicos em capa mole, propriedade do antigo inquilino. Ela saltou do chão para uma cadeira e desta para uma estante de livros; depois, como se ali houvesse uma fenda na encosta de uma montanha, o caminho secreto para uma caverna de Ali Babá, ela se espremeu entre dois livros e desapareceu atrás deles: evaporou, como Alice atrás do espelho. *The Complete Jane Austen* escondia seu tesouro, que, quando o descobrimos, incluía, além da dentadura perdida, as chaves do meu carro, desaparecidas havia um bom tempo (eu nunca culpara Lola: acreditava tê-las perdido), um maço de notas de dinheiro – milhares de liras picadas em pedacinhos, como se ela quisesse construir um ninho, velhas cartas, minhas melhores abotoaduras, elásticos, metros de barbante, a primeira página de um conto que eu havia parado de escrever porque não conseguia encontrar a primeira página, moedas americanas, uma rosa seca, um botão de cristal...

No início do verão Graziella anunciou seu noivado com um rapaz chamado Luchino, um garçom de cintura fina e cabelos encaracolados e gordurosos, dono de um perfil de astro do cinema. Ele falava um pouco de inglês, um pouco de alemão; usava sapatos de camurça verde e dirigia a própria Vespa. Graziella tinha razões para considerá-lo um ótimo partido; ainda assim, eu não estava feliz com isso. Acreditava que ela era muito simples e saudável, boa demais para um sujeito astuto como Luchino (que tinha uma profissão de gigolô semiprofissional dedicado ao atendimento de turistas solitárias: solteironas suecas, viúvas e viúvos alemães), embora, para ser justo, essas atividades não sejam raras entre os jovens do vilarejo.

Mas era difícil resistir à felicidade de Graziella. Ela prendia fotografias de Luchino por toda a cozinha, sobre o fogão, sobre a pia, dentro da porta da geladeira e até no tronco de uma árvore que crescia do lado de fora, perto da janela. O romance, é claro, interferia no trabalho dela: agora, à maneira siciliana, ela se dedicava a remendar as meias do noivo, lavar sua roupa (e não era pouca!), sem mencionar as horas que passava preparando o enxoval, bordando roupas de baixo, experimentando um véu de noiva. No almoço, era comum ela me servir um prato de espaguete duro e frio e comer ovos fritos frios no jantar. Ou nada; ela estava sempre correndo para ir encontrar o noivo na *piazza* para um passeio ao entardecer. Mas, pensando bem, não a censuro por toda aquela felicidade, nem a invejo. Aquilo era só o prelúdio para a mais amarga falta de sorte.

Em uma noite de agosto, o pai dela (muito amado, apesar das bebedeiras) foi convidado (por um turista americano) a beber um copo de gim puro e, instruído a bebê-lo de um gole só, aceitou a sugestão, e sofreu um derrame que o deixou paralisado. No dia seguinte, sorte ainda pior se abateu sobre a pobre Graziella. Luchino, que dirigia sua Vespa por uma estrada da área rural, fez uma curva fechada, atropelou e matou instantaneamente uma menina de 3 anos. Levei Luchino e Graziella ao funeral da criança; mais tarde, no caminho para casa, Luchino não vertia uma lágrima, mas Graziella gemia e chorava como se tivesse o coração rasgado ao meio: presumi que ela chorava pela criança morta. Não, era por ela mesma, pelas perspectivas sombrias que se descortinavam. Luchino corria o risco de ser preso e teria de pagar uma indenização considerável – e agora não haveria mais casamento, não nos próximos anos (se é que algum dia aconteceria).

A pobrezinha estava prostrada. Um médico a confinou ao leito. Um dia fui ver como ela estava. Levei Lola comigo pensando em alegrá-la, mas a visão do pássaro a aterrorizou; ela gritou. Disse que Lola era uma bruxa, que tinha o *malocchio*, o olho mau, e que a dupla tragédia, o derrame do pai e o acidente com Luchino, era obra de Lola, um castigo por ela a ter capturado e cortado suas asas. Ela dizia, sim, sim, é verdade: qualquer criança sabe que corvos são a encarnação dos espíritos negros, do mal. E "nunca mais voltarei à sua casa".

Ela não voltou. E nem outra empregada doméstica. Porque, a partir das acusações de Graziella, surgiu um mito sobre minha casa ter o olho mau: não só Lola, mas eu mesmo também possuía um poderoso *malocchio*. Não se pode dizer nada pior sobre alguém na Sicília. Além do mais, é uma acusação contra a qual não há defesa. No início eu brinquei com essa história, embora ela não tivesse graça nenhuma. Pessoas que me encontravam na rua se benziam; ou, assim que eu passava, faziam com a mão um gesto imitando chifres na cabeça de um touro – um gesto mágico cujo propósito era anular o poder do meu maléfico e místico olho por trás dos óculos de aro de tartaruga.

Uma noite acordei por volta da meia-noite e decidi (estalo!) ir embora. Partir antes do amanhecer. Uma decisão e tanto, porque morava ali havia dois anos e não gostava da ideia de me ver repentinamente sem teto. Sem teto com dois cachorros e uma ave peculiar fora da gaiola. Mesmo assim, carreguei o carro; ele parecia uma cornucópia ambulante: sapatos, livros e equipamento de pesca transbordavam pelas janelas; com alguns empurrões, consegui enfiar os cachorros lá dentro. Mas não havia espaço para Lola. Ela tinha de ir empoleirada no meu ombro, o que não era ideal, porque era uma passageira nervosa e qualquer curva mais brusca ou manobra repentina provocava seu crocitar agudo ou sujeira desagradável.

Do outro lado do estreito de Messina, pela Calábria, para Nápoles e Roma. É uma jornada agradável de rever em pensamentos: às vezes, quando estou pegando no sono, vejo *slides* dessa aventura projetados nas minhas pálpebras. Um piquenique nas montanhas calabresas: um céu azul, um rebanho de cabras lá embaixo, os sons doces que o pastor do rebanho emitia com sua flauta de bambu – e Lola devorando migalhas de pão embebidas em vinho tinto. Ou cabo Palinuro, uma distante praia calabresa delimitada por mar e floresta, um lugar onde todos nos bronzeávamos sob um sol de outubro ainda quente quando um porco selvagem apareceu do meio das árvores e correu atrás de nós, como que para atacar. Eu fui o único intimidado: corri para o mar. Os cães se defenderam e Lola os ajudou, batendo as asas, crocitando incentivos com sua voz estridente; juntos, eles afugentaram o porco de volta para a floresta. Naquela mesma noite viajamos até as ruínas em Paestrum: uma noite brilhante, o céu como outro mar, a meia lua como um navio ancorado balançando em ondas de estrelas, e à nossa volta o mármore prateado pelo luar, os restos dos templos de uma outra época. Dormimos na praia que faz fronteira com as ruínas; ou eles dormiram, Lola e os cachorros: eu fui atormentado pelos pernilongos e por ideias de mortalidade.

Passamos o inverno em Roma, primeiro em um hotel (cuja gerência nos expulsou em cinco dias, e nem era um estabelecimento de primeira classe), depois em um apartamento no número 33 da Via Margutta, uma rua estreita muitas vezes pintada por maus pintores e famosa pelo número de gatos que ali residem, gatos sem nome que se abrigam nos pátios de mato crescido e existem graças à caridade de mulheres velhas e meio malucas, criaturas que todos os dias percorrem a selva de gatos carregando sacos de restos de comida.

Nosso apartamento era uma cobertura: para chegar nele tínhamos de subir seis andares de escada escura e inclinada. Tínhamos três cômodos e uma varanda. Foi por causa da varanda que aluguei o imóvel; depois da imensidão da vista do terraço siciliano, a varanda oferecia, contrastando com aquela paisagem anterior, uma cena miniatura de tranquilidade e perfeição: vários telhados romanos, cor de laranja desbotada, ocre desbotado, e algumas janelas (por trás das quais se podiam observar episódios de vida familiar). Lola amava a varanda. Ela quase nunca saía de lá. Gostava de ficar empoleirada sobre a balaustrada, estudando o movimento na rua de pedras lá embaixo: as mulheres idosas alimentando os gatos da Margutta; um músico de rua que aparecia todas as tardes e tocava gaita de fole, até que alguém, se sentindo chantageado, jogava uma moeda para ele; um amolador de facas bonitão oferecendo seus serviços com uma canção que entoava em tom de barítono (as donas de casa corriam!).

Quando o sol surgia, Lola se banhava na balaustrada da varanda. Sua banheira era um prato de sopa prateado; após um momento de animada imersão na água rasa, ela se sacudia, inflava as penas criando a impressão de um manto de cristal; mais tarde, por longas horas de satisfação plena, ela ficava tomando sol, a cabeça inclinada para trás, o bico entreaberto, os olhos fechados. Observá-la era uma experiência relaxante.

O Signor Fioli parecia pensar a mesma coisa. Ele ficava sentado diante de sua janela, bem na frente da nossa varanda, e observava Lola atentamente enquanto ela permanecesse visível. O Signor Fioli me interessava. Eu me havia dado ao trabalho de aprender o nome dele e parte de sua história. Ele tinha 93 anos e, ao completar 90, perdera a capacidade de falar:

sempre que queria atrair a atenção da família (uma neta viúva e cinco bisnetos adultos), ele tocava uma pequena sineta de refeições. Com exceção desse detalhe, e embora ele nunca deixasse seu quarto, parecia estar no completo comando de si mesmo. Sua visão era excelente: ele via tudo que Lola fazia e, se ela fazia alguma coisa especialmente tola ou graciosa, um sorriso adoçava seu velho rosto azedo, viril. Ele havia sido marceneiro, fazia armários, e o negócio que fundara ainda funcionava no piso térreo do edifício em que morava; três de seus bisnetos trabalhavam lá.

Em uma manhã – uma semana antes do Natal, quase um ano depois de Lola ter entrado em minha vida – enchi o prato de sopa, a banheira de Lola com água mineral (ela preferia e, quanto mais gasosa, melhor), levei para a varanda, acenei para o Signor Fioli (que, como sempre, estava sentado diante da janela, esperando para assistir ao banho de Lola) e entrei. Fui me sentar à escrivaninha para escrever algumas cartas.

Logo ouvi o som do sino do Signor Fioli, um barulho conhecido que eu escutava vinte vezes por dia; mas ele nunca soara daquele jeito: um toque rápido como as batidas de um coração acelerado. Estranhei e fui espiar, e vi: Lola, uma estupefata adoradora do sol, empoleirada na balaustrada – e, atrás dela, um imenso gato amarelo, um gato que havia saltado por cima dos telhados e agora se arrastava sobre a barriga gorda pela balaustrada, os olhos verdes brilhando.

O Signor Fioli balançou a sineta. O gato saltou, as garras à mostra. Mas foi como se, no último instante, Lola sentisse o perigo. Ela saltou do poleiro para o espaço. O gato frustrado, o Signor Fioli e eu observamos a descida extraordinária.

– Lola! Voe, Lola, voe!

Suas asas, embora abertas, permaneciam imóveis. Devagar, como se estivesse presa a um paraquedas, ela descia lentamente; para baixo, para baixo.

Uma pequena picape passava pela rua lá embaixo. No início pensei que Lola ia cair na frente dela: o veículo parecia perigoso. Mas o que aconteceu foi pior, foi sinistro e horrível: ela aterrissou sobre uns sacos empilhados na carroceria da caminhonete. E ficou lá. E a picape seguiu viagem. Virou a esquina e deixou a Via Margutta.

– Volte, Lola! Lola!

Corri atrás dela; desci os seis andares de degraus escorregadios; caí; esfolei os joelhos; perdi os óculos (voaram do meu rosto e espatifaram-se numa parede). Do lado de fora, corri até a esquina na qual a picape desaparecera. Longe, através de um véu formado pela miopia e pelas lágrimas de dor, vi a picape parada em um semáforo. Mas, antes que pudesse alcançá-la, muito antes, a luz ficou verde e a caminhonete, levando Lola na carroceria, a tirou de mim para sempre, sumiu no tráfego que contornava a Piazza di Spagna.

Poucos minutos passaram desde o ataque do gato, uns quatro ou cinco. Mas eu levei uma hora para refazer o caminho, subir a escada, recuperar os óculos quebrados e colocá-los no bolso. E por todo o tempo o Signor Fioli estivera sentado diante de sua janela, esperando ali com uma expressão de perplexidade e pesar. Quando viu que eu havia voltado, ele tocou a sineta me chamando à varanda.

Eu lhe disse:

– Ela era única. E diferente.

Ele franziu a testa.

– Um cachorro.

A ruga tornou-se ainda mais pronunciada.

– Ela se foi.

Isso ele entendeu. E abaixou a cabeça. Nós dois abaixamos a cabeça.

JANE BOWLES

(1966)

ACHO QUE JÁ SE VÃO SETE OU OITO ANOS DESDE A ÚLTIMA VEZ QUE VI A lenda moderna chamada Jane Bowles; também não ouvi falar nela, pelo menos não diretamente. Porém, tenho certeza de que ela não mudou; de fato, pessoas que estiveram recentemente no norte da África, e que estiveram com ela em algum obscuro café da Casbah, me contaram que isso é verdade e que Jane, com seus cabelos curtos e encaracolados, o nariz empinado e os olhos brilhantes, com um certo toque de loucura, sua voz muito original (um soprano rouco), as roupas masculinas e o corpo de colegial, mancando ligeiramente, é mais ou menos a mesma de quando a conheci há uns vinte anos; naquela época ela já parecia a eterna diabrete de rua, interessante para os mais atraentes não adultos, mas com alguma substância mais fria que o sangue correndo nas veias, e com uma visão, uma sabedoria excêntrica que nenhuma criança, nem o mais estranho *wunderkind*, jamais possuíra.

Quando conheci a sra. Bowles (1944? 1945?), ela já era, em certos círculos, uma figura celebrada: embora tivesse apenas uns 20 e poucos anos, publicara uma novela muito comentada, *Two Serious Ladies*; ela se casou com o talentoso compositor e escritor Paul Bowles e foi, com o marido, inquilina na glamorosa pensão estabelecida em Brooklyn Heights pelo falecido George Davis. Entre os companheiros de pensão dos Bowles estavam Richard e Ellen Wright, W. H. Auden, Benjamin Britten, Oliver Smith, Carson McCullers, Gipsy Rose Lee e (eu me lembro) um treinador de chimpanzés que lá morava com uma de suas estrelas. Enfim, era uma casa fabulosa. Porém, mesmo no meio daquela singular assembleia, a sra. Bowles, em virtude de seu talento e das estranhas visões que o compunham, e por causa de sua personalidade, uma chocante mistura de candura brincalhona e infantil e sofisticação felina, ainda era uma imponente presença principal.

Jane Bowles é linguista de grande autoridade; ela fala, com a maior precisão, francês, espanhol e árabe – talvez seja por isso que os diálogos de suas histórias soem, ou soem para mim, como se fossem traduzidos do inglês para alguma deliciosa combinação de outros idiomas. Mais: ela aprendeu essas línguas sozinha, aprendizado decorrente da natureza nômade da sra. Bowles; de Nova York ela partiu para a Europa, que percorreu inteiramente, e de lá foi para a América Central, onde a guerra era iminente, e para o México, para depois relaxar um pouco na *ménage* histórica de Brooklyn Heights. Desde 1947 ela se tornou praticamente cidadã do mundo, residindo em vários lugares: em Paris ou no Ceilão, mas principalmente em Tânger – de fato, Jane e Paul podem ser definidos agora como residentes permanentes de Tânger, tal a aderência do casal àquele porto marítimo escarpado e enevoado. Tânger se compõe de duas partes diferentes, uma das quais é uma área moderna e sem graça ocupada por edifícios comerciais e prédios residenciais altos e sombrios, e a outra uma declinante Casbah com um emaranhado medieval de becos e alcovas e *piazzas* cheirando a menta e temperos até o porto repleto de marinheiros e marcado pelo som das buzinas dos navios. Os Bowles se estabeleceram nos dois setores – mantêm um apartamento esterilizado, *tout confort*, no novo distrito e também um refúgio no mais sombrio bairro árabe: uma casa nativa que deve ser uma das menores da cidade – com tetos tão baixos que é preciso, quase literalmente, engatinhar de um cômodo para o outro; mas os cômodos são como uma encantadora série de Vuillards em tamanho de cartão-postal – com almofadas mouras espalhadas sobre tapetes de estampas mouras, tudo aconchegante como uma torta de framboesa e iluminado com delicadas lanternas e janelas que deixam entrar a luz do céu e o ar, e vistas que incluem minaretes e navios e os telhados azuis das construções nativas, desaparecendo aos poucos como uma escada fantasma que desce para o litoral. Ou é assim que *eu* me lembro do lugar quando fui visitá-lo uma única vez em um final de tarde há quinze anos.

Uma frase de Edith Sitwell: *Jane, Jane, a luz da manhã range outra vez.* É de um poema que sempre apreciei sem entender completamente, o que é comum com essa autora em particular. A menos que "luz da manhã" seja uma imagem significando memória (?). Minhas lembranças mais satisfatórias de Jane Bowles giram em torno de um mês que passei em um quarto vizinho ao dela em um hotel agradavelmente modesto na rue du Bac durante um inverno gelado em Paris, em janeiro de 1951. Muitas noites frias foram passadas no quarto confortável de Jane (cheio de livros, papéis e comida e com um filhote de pequinês branco trazido por um marinheiro espanhol); longas noites ouvindo um fonógrafo e bebendo cidra quente enquanto Jane preparava guisados suculentos e maravilhosos sobre um fogão elétrico; ela é boa cozinheira, sim senhor, e uma espécie de glutona, como se pode suspeitar por suas histórias, que trazem sempre uma abundância de relatos envolvendo comida e seus artefatos. Cozinhar é só um de seus dotes extracurriculares; ela também é imitadora assustadoramente precisa, e pode recriar com admiração nostálgica as vozes de certas cantoras – Helen Morgan, por exemplo, e sua amiga próxima Libby Holman. Anos mais tarde eu escrevi uma história chamada *Among the Paths to Eden*, na qual, sem perceber, atribuí à heroína várias características de Jane Bowles: o andar manco, os óculos, as brilhantes e contundentes habilidades de imitadora. ("Ela esperava, como se ouvisse a música que a conduziria; então, '*Nunca mais me deixe, agora que está aqui! Este é seu lugar. Tudo parece tão certo quando você está perto de mim. Quando está longe, tudo é errado*'. E o sr. Belli ficou chocado, porque o que ouvia era exatamente a voz de Helen Morgan, e a voz, com sua doçura vulnerável, seu refinamento, seu tremor terno marcando as notas mais agudas, não parecia ser emprestada, mas própria de Mary O'Meaghan, uma expressão natural de alguma identidade oculta."). Não pensei em Jane Bowles quando criei Mary O'Meaghan – personagem com a qual ela não é parecida de nenhuma maneira essencial; mas é uma medida da poderosa impressão que Jane sempre deixou em mim o fato de algum fragmento dela emergir dessa forma.

Naquele inverno Jane trabalhava em *In the Summer House*, a peça que mais tarde foi produzida com tanta sensibilidade em Nova York.

Não sou grande apreciador do teatro; não consigo sequer assistir a muitas peças inteiras; mesmo assim, vi *In the Summer House* três vezes, e não por lealdade à autora, mas por ela ter uma qualidade espinhosa, o sabor de uma bebida refrescante e amarga, provada pela primeira vez recentemente – as mesmas qualidades que me atraíram inicialmente na novela da sra. Bowles, *Two Serious Ladies*.

Minha única queixa da sra. Bowles não é a falta de qualidade de seu trabalho, mas a falta de quantidade. O volume à mão constitui toda a sua estante, por assim dizer. E, gratos como somos por tê-lo, ainda desejamos que houvesse mais. Certa vez, discutindo um colega, alguém mais simples que nós dois, Jane disse:

– Mas é muito fácil para ele. Ele só precisa virar a mão. Apenas *virar* a mão.

Na verdade, escrever nunca é fácil; caso alguém não saiba, é o trabalho mais duro que há e, para Jane, creio que a dificuldade beirava a dor física. E por que não? Se tanto a sua linguagem quanto os seus temas são procurados ao longo de caminhos tortuosos e em terrenos inóspitos: os relacionamentos nunca realizados entre sua gente, o desconforto físico e mental de que ela os cerca e com que os satura – cada cômodo uma atrocidade, cada paisagem urbana uma criação de azedume ofuscante. No entanto, embora a visão trágica seja central em sua criação, Jane Bowles é uma escritora muito divertida, uma espécie de humorista – mas não, a propósito, da Escola Negra. A Comédia Negra, como a rotulam seus praticantes, é, quando bem-sucedida, toda adorável artifício e desprovida de qualquer medida de compaixão. Sua compreensão sutil da excentricidade e do distanciamento humano, como revelados em seu trabalho, requer que atribuamos a Jane Bowles elevada estima como uma artista.

EXTREMA MAGIA

(1967)

Agosto de 1966! A bordo do *Tritona*. Outros a bordo: Gianni e Marella Agnelli (anfitriões), Stash e Lee Radziwill, Luciana Pignatelli, Eric Nielsen, Sandro Durso, Adolfo Caracciolo, sua filha Allegra e seu sobrinho Carlo. Sete italianos, um dinamarquês, um polonês e dois de nós (Lee *et moi*). Humm.

Ponto de partida: Brindisi, um porto marítimo bem *sexy* no Adriático italiano. Destino: as ilhas da costa da Iugoslávia, um cruzeiro de vinte dias que terminaria em Veneza.

São onze horas da noite e esperamos zarpar à meia-noite, mas o capitão, um cavalheiro alemão muito sério, queixa-se de um vento progressivo e acredita que não é seguro se arriscar no mar antes do amanhecer. Tudo bem! O porto onde está ancorado o iate é repleto de luzes dos cafés e de sons dos pianos, e há marinheiros negros e noruegueses perambulando por entre brigadas de graciosas meretrizes e suas bolsinhas balançantes (uma delas, uma coisinha encantadora com cabelo cor de pimenta).

Rangidos. Gemidos. Oh oh oh segure-se à parede. E rasteje, Jesus, por favor. Por favor, Jesus. Devagar, devagar, um de cada vez. Sim, estou rastejando escada acima, fugindo da minha cabine (onde ondas verdes se quebram na escotilha), *rastejando* para a presumida segurança do salão.

O *Tritona* é uma embarcação luxuosa construída de acordo com o princípio de um caiaque grego de calado largo. Propriedade do *conte* Theo

Rossi, que o emprestou aos Agnelli para o cruzeiro, é mobiliado como o apartamento de um elegante e bem-humorado colecionador de arte. O salão é uma estufa de plantas desabrochando – um enorme Rubens domina a parede sobre um arranjo de sofás de veludo marrom.

Mas naquela manhã em particular, primeiro dia da nossa viagem, ao atravessarmos o mar entre a Itália e a Iugoslávia, o salão, quando finalmente consegui rastejar até lá, era um desastre em movimento. Um aparelho de televisão havia caído. As garrafas do bar rolavam pelo chão. Corpos jaziam por todos os lugares como no cenário de um massacre indiano. Um deles pertencia a Lee (Radziwill). Quando passei rastejando, ela abriu um olho mareado e murmurou com aquele tom de hospital:

– Ah, é *você*. Que horas são?

– Nove. Mais ou menos.

Gemido.

– Só *nove*? E isso vai durar o dia *inteiro*. Oh, eu devia ter ouvido Stash. Ele disse que não devíamos ter vindo. Como se sente?

– Talvez sobreviva.

– Você parece incrível. Amarelo. Tomou algum remédio? Talvez ajude. Um *pouco*.

Eric Nielsen, deitado de bruços e torto, como se tivesse sido atacado pelas costas por um assassino com um machado, diz:

– Cale a boca. Estou pior que qualquer um de vocês.

– O problema – diz Lee –, o problema com o remédio é que ele dá muita sede. Você fica desesperado por água. Mas, se beber água, o enjoo piora.

Era verdade – como constatei depois de engolir dois comprimidos. Sede não é a palavra; era como passar metade do ano preso no Saara. Ou mais.

Um tripulante havia arrumado um bufê com o café da manhã, mas ninguém chegava perto da comida – até Luciana (Pignatelli) aparecer. Luciana, impossivelmente serena e linda – vestindo uma calça impecável, com cada fio do cabelo dourado penteado, e o rosto, especialmente os olhos, um triunfo da precisão da maquiagem.

– Oh, Luciana – diz Lee, a voz sugerindo um náufrago pesaroso –, como consegue?

E ela, passando manteiga em uma fatia de torrada e acrescentando à mistura um pouco de geleia de damasco, responde:

– Consigo o quê, querida?

– Aplicar a maquiagem. Estou tremendo tanto, que não posso segurar o batom. Se tentasse fazer o que você fez com seus olhos – todas essas linhas *egípcias* –, acho que teria me cegado.

– Tremendo? – Luciana repete mastigando a torrada. – Ah, entendo. Está incomodada com o movimento do barco. Mas não é tão ruim, é?

Eric se manifesta.

– Cale a boca, menina. Estive em centenas de barcos e nunca fiquei enjoado antes.

Luciana dá de ombros.

– Como quiser. – Ela chama o tripulante, que continua servindo pratos e mais pratos de comida. – Pode me trazer um ovo, por favor?

Lee geme:

– Oh, Luciana, como você consegue?

No final do dia o mar se acalmou com o *Tritona* se aproximando da costa rochosa de Montenegro. Todos, já se sentindo muito melhor, estavam no convés e olhavam para a água cristalina do mar. De repente um trio de marinheiros, em pé na proa do navio, começou a gritar e gesticular: um imenso golfinho nadava acompanhando o barco.

O golfinho salta, descreve arcos no ar, desce gracioso e desaparece no oceano, salta como gargalhadas que se materializam, mergulha outra vez e dessa vez desaparece. Depois os marinheiros, debruçados na balaustrada, começam a assobiar de um jeito melodioso, e o assobio parece servir para atrair a criatura de volta. E ela volta! E salta envolta em um mato aquoso.

O golfinho nos conduz ao longo da costa até uma caverna, depois se vira e mergulha fundo no mar agora mais escuro.

As luzes do vilarejo brilham ao longe; mas só Gianni (Agnelli), sempre o espírito indagador, quer desembarcar. Todos nós temos mais bom senso.

Além do mais, prefiro sempre deixar o turismo pesado para os outros – nunca me interessei por igrejas e suas relíquias. Gosto do povo, dos cafés e das coisas nas vitrinas das lojas. Infelizmente, a Iugoslávia, por mais que felizmente difira da maioria dos estados socialistas, ainda é afligida pela mesma *tristesse*, a mesma atmosfera de paisagens vazias, de nenhum lugar para onde ir e nada para fazer quando você chega lá, uma sensação que começa logo do outro lado do Muro de Berlim.

Como é comum nesses países, as prateleiras das lojas estão repletas de mercadorias, mas não há nada que você poderia pensar em comprar, nem mesmo um presente para uma madrasta cruel. De vez em quando é possível encontrar um ambulante vendendo belos tapetes locais; e para quem gosta de licores, o melhor Maraschino do mundo, uma obra-prima da arte da destilaria, é uma criação iugoslava. Fora isso, nada, aquilo é o inferno do consumista.

Também não podemos elogiar os restaurantes; como na Rússia, o serviço é muito cada um por si, cada refeição vira um teste de resistência. O jantar no melhor restaurante em Dubrovnik é só uma ocasião mais ou menos. E o esquisito é que a qualidade dos produtos disponíveis no mercado é excelente. Nas maiores cidades da costa, como Split, por exemplo, os mercados se espalham como loucas colchas de retalhos, uma estampa composta por tomates, pêssegos, rosas, sabão, picles, pés de porco e carcaças cortadas e penduradas em ganchos. E sobre isso tudo, sobre todas as coisas, paira uma ruidosa e ardida nuvem de vespas. Essas vespas são como um símbolo político, uma ameaça sutil – raramente picam, mas não se pode fugir delas, porque são um fator constante na paisagem iugoslava: parte do ar, inevitáveis até mesmo a bordo do *Tritona*, onde, quando almoçamos no convés, as vespas dançam numa névoa amarela sobre os vinhos e o melão.

E melões bem incomuns foram servidos no almoço de ontem – com a cor do cantalupo, mas esponjosos e doces como um néctar. Marella disse:

– Absolutamente divino! De onde vêm esses melões?

E a bela princesa Pignatelli, que passara boa parte da viagem lendo um livro chamado *The Big Spenders* (de Lucius Beebe), ao ouvir a pergunta referente aos melões [*melons* em inglês] responde, referindo-se a uma das famílias citadas no livro:

– Os Mellon? – ela indaga como se despertasse de um transe. – Os Mellon? São de Pittsburgh.

– Uma semana é suficiente. Dez dias é o máximo absoluto – comentou Stash (Radziwill), referindo-se ao tempo que considerava possível passar confinado em um iate; e, aparentemente, muitas pessoas em posição de julgar concordavam com sua opinião – a de que dez dias era o tempo limite, independentemente do charme da companhia ou do encantamento pelo cenário. Mas não concordo com isso. Para mim, quanto mais tempo dura um cruzeiro, mais inebriante ele se torna – um estranho devaneio, como sonhar acordado, uma droga composta de sol e movimento e de paisagens flutuantes que tanto elevam quanto deprimem o espírito, levando-o a uma condição de cochilo alerta.

Além do mais, gosto da rotina no barco. As manhãs no *Tritona* são passadas no porto, em cidades portuárias ou vilarejos em ilhas; por volta do meio-dia todos nós, em grupos de dois e três, voltamos ao iate, e então partimos novamente levados por várias lanchas para enseadas e praias isoladas, onde nadamos e nos bronzeamos por uma hora. Quando todos se reúnem novamente, vamos saborear os drinques no convés superior, ao sol, e os atletas se dedicam a uma sessão de exercícios físicos conduzida por Luciana ("meu corpo melhorou setenta por cento desde que comecei a levantar peso").

Depois almoçávamos (*chef* italiano, muita massa, eu engordando meio quilo por dia, ah, que diabo). E quando começamos a almoçar, o iate zarpa; navegamos a tarde toda rumo ao nosso destino e geralmente ancoramos ao entardecer.

Ontem, abandonando os langores de um *fjord* tipicamente norueguês, fomos todos juntos em duas lanchas explorar as belas águas que cercavam uma pequena ilha rochosa. Foi onde encontramos o pescador desagradável.

Ele era um homem bonito, bronzeado, e estava praticamente nu, exceto pela calça de brim enrolada até os joelhos; não era jovem – mas um cinquentão jovial. Seu barquinho estava ancorado na enseada onde paramos para nadar. Ele e sua tripulação, três homens muito menores que seu capitão, estavam na praia montando uma fogueira sob uma grande panela de ferro. O capitão cortava grandes pedaços de peixe e os jogava na panela.

Foi Eric quem sugeriu comprar peixe deles, e então todos nadamos até a praia e Eric e eu fomos discutir o assunto com os pescadores. Nenhum deles reconheceu nossa presença. De um jeito muito esquisito, simplesmente fingiram que não estávamos ali. Finalmente, Eric, falando em italiano, língua que muitos iugoslavos parecem falar ou entender, os cumprimentou pelo pescado de boa qualidade e, apontando um *loup* em particular, perguntou seu preço. O capitão carrancudo respondeu:

– Trezentos dólares.

E em inglês!

Nesse momento Marella já havia chegado e nos disse:

– Ele pensa que somos todos americanos. Por isso está sendo tão rude. – Virando-se para o capitão, que ainda preparava seu ensopado despreocupadamente, ela anunciou: – Sou italiana.

E o capitão respondeu:

– Italianos também não prestam. Por que – ele se irritou, apontando para a panela borbulhante –, por que vocês vêm aqui e ficam olhando para a nossa comida? Nós vamos olhar para a sua comida? – Ele apontou para o iate ancorado longe da praia. – Entramos no seu belo barco enquanto vocês estão comendo?

– Bem – Marella comentou quando nos afastávamos –, ele tem uma certa razão.

– Pessoalmente, acho que ele devia ser denunciado ao Ministério do Turismo – sugeriu Eric.

• • •

Que novidade se pode contar sobre Dubrovnik? É como um trecho de Veneza drenado de seus canais e lavado de suas cores: cinza, medieval, italiano sem o brio italiano. No outono e no inverno, o lugar deve ser impressionante em sua desolação vazia; mas no verão é tão cheio de veranistas e excursões, que mal se pode andar pelas calçadas. E para esses veranistas o governo proporciona uma incrível vida noturna, totalmente diferente de tudo o que já vi em outros países chamados comunistas (que, com exceção de Albânia e China, são todos).

Sobre a cidade, boates com vistas panorâmicas do mar pulsam noite adentro; uma em particular, um lugar aberto que é parte integrante de um cassino completo, apresenta um espetáculo que lembra aquelas quadrilhas eróticas na Havana pré-Castro. E a estrela do espetáculo é, de fato, a velha lenda cubana: Super-Homem!

Todos que se lembram do Super-Homem de Havana vão se interessar por saber que a apresentação, que antes consistia de vigoroso intercurso sexual em um palco fortemente iluminado, mudou: ele é agora a parte masculina de um grupo de dança. Ele e sua parceira rodopiam ao som de tambores e bongôs, removendo gradualmente as roupas um do outro até exibirem tal nudez, que o Super-Homem parece pronto para se dedicar à rotina que um dia o fez famoso – mas aí ele para. É tudo muito engraçado, embora Deus saiba que a plateia não vê graça nenhuma: a resposta é uma espécie de estupor, a atenção aturdida de garotos curiosos em uma exposição de Ann Corio.

Agora, deixando o clima úmido e quente do sul, continuamos para o norte, para esferas onde o ar, embora seja final de agosto, já vibra com um frio cortante típico de setembro ou mais tarde. É como se uma fria bola de cristal houvesse descido sobre nós, envolvendo e detendo o mar verde, o céu, a costa cada vez mais verdejante: desapareceu a costa rochosa e cinza de Montenegro, o torpor semitropical, porque agora cada dia nos leva mais perto do norte e da cena mais frutífera, das árvores e campos de flores exuberantes e vinhedos carregados, de pastores marchando tão perto do limite do Adriático.

Eu me sinto tocado por alguma extrema magia, uma felicidade cheia de expectativa, como sempre me sinto quando chega aquele clima de outono, porque o outono nunca é para mim um fim, mas um começo, o verdadeiro início de todos os nossos anos novos.

E assim nossa viagem se encerra nas brumas de uma noite veneziana. Com a névoa do mar ofuscando as luzes de San Marco, e boias balançando como sentinelas melancólicas no oceano, o *Tritona* penetra na mais triste e mais linda das cidades e ancora *alla* Salute.

O clima a bordo do iate não é de tristeza; os marinheiros, muitos deles venezianos, assobiam e gritam com alegria enquanto jogam cordas e baixam âncoras. No salão, Eric e Allegra dançam ao som do fonógrafo. E eu, encolhido no escuro, no convés superior, estou muito satisfeito comigo mesmo – feliz com a promessa fria no ar, com as luzes trêmulas, com a ideia de uma visita iminente ao Harry's Bar.

Passara o dia todo com fome porque... Ah, que alegria era sair de noite para o calor barulhento das conversas no Harry's Bar e comer aqueles deliciosos sanduíches de camarão bebendo um martíni gelado... ou três!

FANTASMAS AO SOL:

A FILMAGEM DE *A SANGUE-FRIO*

(1967)

Numa tarde quente no mês de março passado em um tribunal nas altas planícies de trigo no oeste do Kansas, Richard Brooks olhou para mim, entre tomadas de um filme que estava fazendo, e perguntou com tom reprovador:

– Do que está rindo?

– Ah, não é nada – eu disse, mas a verdade é que havia me lembrado de uma pergunta muito antiga de Perry Smith, um dos dois assassinos cujo julgamento era encenado ali. Ele havia sido capturado alguns dias antes e sua pergunta fora: "Há algum representante do cinema aqui?". Imaginei o que ele teria pensado daquela cena: o grande arco de luzes arranjado no interior do tribunal onde ele e Richard Hickock haviam sido julgados, os bancos do júri ocupados pelos mesmos homens que os haviam condenado, os geradores roncando, as câmeras rodando, os técnicos cochichando e se movimentando por entre os rolos de grossos cabos elétricos.

A primeira conversa que tive com Perry Smith foi no início de janeiro de 1960. Era um dia frio, brilhante como gelo; Smith e eu conversávamos na delegacia, em uma sala cujas janelas eram castigadas pela ventania e faziam muito barulho. Eu estava muito agitado, porque trabalhava havia mais de um mês em um livro sobre o assassinato de Herbert Clutter e sua família, *A sangue-frio*, e, a menos que pudesse estabelecer contato próximo com esse jovem meio-irlandês, meio-indiano, teria de abandonar o projeto. Seu defensor público o convencera a falar comigo; mas logo ficou evidente que Smith estava arrependido de conceder a entrevista. Ele era distante, desconfiado, quase sonolento: levei anos, centenas de cartas e conversas, antes de conseguir me esgueirar para além daquela fachada. No momento, nada que eu dizia despertava seu interesse. Ele começou a questionar minhas credenciais de um jeito bem arrogante. Que tipo de escritor eu era, e o que escrevera? Bem, ele disse, depois de eu fornecer todos os meus dados, nunca ouvira falar de mim ou de meus livros; mas... eu escrevia filmes? Sim, escrevera um: *O diabo riu por último*. Os olhos sonolentos pareciam despertar.

– Ah, sim. Eu lembro. Só assisti porque Humphrey Bogart participava dele. Você conheceu Bogart? Pessoalmente?

Quando contei que Bogart era meu amigo próximo, ele sorriu daquele jeito frágil e acanhado que aprendi a conhecer tão bem.

– Bogart – falou, a voz tão baixa que quase não se podia ouvi-la com a ventania lá fora. – Sempre tive essa coisa com ele. Ele era meu ator favorito. Vi *O tesouro de Sierra Madre* muitas e muitas vezes. Um dos motivos pelos quais gostava tanto desse filme era que o velho... Walter Huston? Aquele que fazia o garimpeiro maluco? Sim, ele era exatamente como meu pai. Tex Smith. Exatamente como ele. Eu não conseguia superar. Aquilo mexeu comigo de verdade. – Depois ele perguntou: – Estava lá ontem à noite? Quando nos trouxeram?

Ele se referia à noite anterior, quando os dois assassinos algemados, escoltados por um regimento de policiais estaduais, haviam chegado de Las Vegas, onde foram presos, e levados ao tribunal em Garden City, Kansas. Centenas de pessoas haviam esperado por horas na noite escura e gelada, sob uma temperatura de zero grau, para vê-los; a multidão, ordenadamente, quase misteriosamente silenciosa, havia ocupado a praça. A imprensa estivera presente, representada por inúmeros repórteres de todo o Oeste e Meio Oeste; também havia várias equipes de televisão.

Eu disse que sim, estava lá – e tinha uma pequena pneumonia para provar. Bem, ele respondeu, lamentava muito por isso.

– Pneumonia não é brincadeira. Mas, diga-me... eu estava tão apavorado que não consegui ver o que acontecia. Quando vi toda aquela gente, pensei, meu Deus, essas pessoas vão nos arrancar membro por membro. Para o diabo com o algoz do Estado. Eles vão nos enforcar aqui mesmo. O que, talvez, não tivesse sido a pior ideia. Quero dizer, de que adianta enfrentarmos tudo isso? Julgamento e tudo. É uma farsa! Vão nos enforcar no final. – Ele sugou o lábio; algo tímido e envergonhado surgiu em seu rosto, aquela expressão de uma criança fascinada enterrando o dedão do pé no chão. – O que eu queria saber é... havia representantes do cinema ali?

Isso era típico de Perry – uma de suas patéticas pretensões linguísticas (a inserção cuidadosa de palavras como "cinema") e o tipo de vaidade que o levava a gostar do "reconhecimento", independentemente de sua natureza. Ele tentou disfarçar, deu de ombros, mas, ainda assim, ficou inegavelmente gratificado quando informei que, sim, o evento havia sido filmado.

Agora, sete anos mais tarde, eu ria sozinho dessa lembrança, evitando responder à pergunta de Brooks porque os rapazes que representavam Perry e Dick estavam perto de nós e eu me sentia muito desconfortável na presença deles. Constrangido. Vira fotos de Robert Blake (Perry) e Scott Wilson (Dick) antes de serem escolhidos para os papéis. Mas só os conheci quando fui ao Kansas para acompanhar a filmagem. E conhecê-los, ter de conviver com eles, não é uma experiência que desejo repetir. Isso não tem nada a ver com minha reação aos dois como indivíduos: ambos são homens sensíveis e talentosos. O problema é, simplesmente, que, apesar da clara semelhança física com o par original, suas fotos não me haviam preparado para a fantástica realidade.

Especialmente Robert Blake. Na primeira vez que o vi, pensei que um fantasma surgia diante de mim, com cabelos e olhos de sono. Não conseguia aceitar a ideia de que aquele era alguém fingindo ser Perry, ele era Perry – e a sensação que tive foi como uma queda livre em um poço de elevador. Lá estavam os olhos familiares, postos em um rosto familiar, me examinando com o distanciamento de um estranho. Era como se Perry houvesse ressuscitado, mas sofresse de amnésia e não se recordasse de mim. Choque, frustração, impotência – todas essas emoções, combinadas com uma gripe iminente, me mandaram para um motel na periferia de Garden City. O Wheat Lands Motel, um lugar onde fiquei várias vezes durante o tempo em que trabalhei em *A sangue-frio*. Uma lembrança acumulada daqueles dias, a solidão das intermináveis noites de inverno com desolados vendedores tossindo no quarto ao lado, se apoderaram de mim como um repentino ciclone no Kansas e me jogaram na cama.

A citação do meu diário: "Apaguei, depois de beber um quarto de litro de uísque em menos de trinta minutos. Acordei de manhã com febre, com a televisão ainda ligada e sem saber onde estava e por quê. Tudo irreal por ser real demais, como costumam ser os reflexos da realidade. Telefonei para o dr. Maxfield, que me deu uma injeção e receitou vários medicamentos. Mas o problema é minha cabeça (?)".

A expressão "reflexos da realidade" é autoexplanatória, mas talvez eu deva esclarecer minha interpretação dela. Realidade refletida é a essência da realidade, a verdade mais verdadeira. Quando eu era criança, tinha uma brincadeira pitoresca. Eu observava uma paisagem, por exemplo: árvores e nuvens e cavalos pastando; então, escolhia um detalhe do cenário geral – digamos, a relva se movendo ao vento – e o emoldurava com minhas mãos. Esse detalhe se tornava a essência da paisagem e adquiria, numa miniatura prismática, a verdadeira atmosfera de um panorama grandioso demais para ser analisado inteiramente. Ou, se estava em um ambiente estranho e queria entender o espaço e a natureza de seus ocupantes, eu deixava o olhar vagar seletivamente até ele encontrar alguma coisa – um raio de luz, um piano decrépito, um desenho no tapete – que parecia conter um segredo. Toda arte é composta de detalhes selecionados, sejam eles imaginários ou, como em *A sangue-frio*, uma destilação da realidade. Como com o livro, também com o filme – exceto que eu havia escolhido meus detalhes da vida, enquanto Brooks destilara os dele do meu livro: realidade transposta duas vezes, e mais verdadeira por isso.

Assim que o livro foi publicado, muitos produtores e diretores manifestaram o desejo de fazer dele um filme. Na verdade, eu já havia decidido que haveria um filme e queria que o escritor e diretor Richard Brooks agisse como intermediário de livro e tela. Além do meu antigo respeito por esse profissional tão imaginativo, ele era o único diretor que concordava com meu conceito de como o livro devia ser transferido para o filme e se dispunha a correr o risco de implementá-lo. Ele era a única pessoa que aceitava inteiramente dois pontos importantes: eu queria o filme feito em preto e branco e queria um elenco de desconhecidos – isto é, atores sem rostos "públicos". Embora Brooks e eu tivéssemos diferentes sensibilidades, ambos queríamos que o filme duplicasse a realidade, que tivesse atores parecidos com os protótipos tanto quanto fosse possível e tivesse cada cena filmada em seu local original: a casa da família Clutter, assassinada; a mesma loja de variedades no Kansas onde Perry e Dick compraram a corda e a fita usadas para imobilizar as quatro vítimas; e certos tribunais, prisões, delegacias, quartos de hotel, estradas e ruas – todos aqueles lugares que eles haviam percorrido no curso do crime e depois dele. Um procedimento complicado, mas o único que permitia a remoção de quase todos os elementos de fantasia e a obtenção do apropriado reflexo da realidade.

Senti essa necessidade especialmente forte no dia em que Brooks e eu fomos à casa dos Clutter, quando ele se preparava para filmar a sequência do assassinato. Citando novamente meu diário: "Passei a tarde na fazenda dos Clutter. Uma experiência curiosa, a de descobrir-me mais uma vez nessa casa onde estive tantas vezes, e até agora em circunstâncias tão silenciosas: a casa silenciosa, os cômodos simples, o piso de madeira que ecoa cada passo, as janelas de onde se veem pradarias solenes e campos dourados de trigo. Ninguém morou ali desde os assassinatos. A propriedade foi comprada por um texano que cultiva a terra e cujo filho às vezes se hospeda ali. Certamente, o local não está abandonado; mas parece desolado, um espantalho sem aves para espantar. O atual proprietário permitiu que Brooks filmasse na casa; boa parte da mobília original ainda estava no mesmo lugar e o assistente de Brooks, Tom Shaw, fez um excelente trabalho rastreando e recuperando as peças que haviam sido descartadas. Os quartos estão exatamente como eram quando os examinei em dezembro de 1959 – isto é, logo depois de o crime ter sido descoberto. O chapéu Stetson do sr. Clutter pendurado em um gancho na parede. A partitura de Nancy aberta sobre o piano. Os óculos do irmão dela sobre um bufê, as lentes brilhando ao sol.

"Mas o que notei foram as venezianas – elas é que 'emoldurei'. Elas cobrem as janelas do escritório do sr. Clutter, o cômodo por onde os assassinos entraram na casa. Ao entrar, Dick afastou as ripas da veneziana para ver se alguém ainda estava acordado na noite de luar; mais uma vez, ao sair, e depois do imenso barulho dos tiros, os olhos de Dick haviam estudado a paisagem por entre aquelas ripas, seu coração disparado de medo pelo estrondo que os quatro tiros podiam ter causado no campo. E agora o ator que representava Dick, e que é sinistramente parecido com Dick, se prepara para repetir as mesmas ações. Mas oito anos se passaram, a família Clutter se foi e Dick está morto; porém, as venezianas ainda existem, ainda fazem parte da mesma janela. Assim a realidade, por intermédio de um objeto, se estende para a arte; e é isso que é original e inquietante nesse filme: realidade e arte estão interligadas a ponto de não haver área de demarcação identificável.

"Quase toda a sequência do assassinato é fotografada em total escuridão – exceto pelo uso do *flash*. Isso nunca foi feito antes, porque, normalmente, um *flash* não produz luz suficiente para registrar uma cena sem o auxílio de iluminação extra. Nesse caso, porém, os técnicos da produção inventaram lâmpadas de *flash* equipadas com baterias especiais que geram colunas de luz branca – extremamente eficientes porque os raios cortam a escuridão e se cruzam.

"A atenção de Brooks com os detalhes chega a ser cômica. Hoje ele notou que vários membros da equipe estavam fumando entre os *takes* filmados na casa dos Clutter. De repente, ele bateu palmas e gritou: 'Parem com isso! O sr. Clutter nunca permitiu que ninguém fumasse nesta casa e eu também não vou permitir!'."

Alquebrado pela gripe e pelo estresse de recordar eventos dolorosos, deixei Brooks e sua equipe trabalharem sem minha vigilância crítica. Nenhum diretor suporta um autor olhando por cima de seu ombro; e, por mais cordata que fosse nossa relação, eu sentia que Brooks acreditava que minha presença deixava todos tensos, incluindo ele mesmo. Ele não ficou infeliz com minha ausência.

De volta a Nova York, surpreendi-me por tão poucas pessoas me perguntarem sobre a filmagem. O que todos queriam saber era como as pessoas da cidade haviam reagido ao fato de um filme estar sendo feito entre elas. A atmosfera era antagônica? Cooperativa? O quê? Para responder a essa pergunta, tenho de rever minhas próprias experiências nos anos que passei perambulando por Finney County, acumulando material.

Quando lá cheguei em 1959, não conhecia ninguém, e ninguém, exceto a bibliotecária local e vários professores da escola, ouvira falar de mim. A primeira pessoa que entrevistei foi o único inimigo genuíno que fiz naquele lugar – pelo menos, o único ao mesmo tempo aberta e dissimuladamente hostil (uma contradição, mas uma descrição precisa). Esse sujeito era, e é, o editor do jornal diário local, o *Telegram* de Garden City, e portanto ocupa uma posição que lhe permite publicar constantemente sua atitude beligerante comigo e com o trabalho que eu tentava realizar. Suas colunas eram assinadas por Bill Brown, e ele é tão comum quanto seu nome: um homenzinho magro e amarfanhado com olhos cor de barro e uma complexão bege. É claro, eu entendia seu ressentimento e no início fui solidário: lá estava eu, o escritor de "Nova York", como ele sempre me descrevia, invadindo seu território e tendo a pretensão de escrever um livro sobre um assunto "sórdido" que seria melhor apagar e esquecer. Seu tema contínuo era: "Queremos esquecer nossa tragédia, mas esse escritor de Nova York não deixa". Portanto, não foi nenhuma surpresa para mim quando Brown iniciou uma campanha para impedir Brooks de filmar as cenas do Kansas em Garden City e Holcomb. Agora seu tema era que o advento dessas "pessoas de Hollywood" atrairia "elementos indesejáveis" e tudo em Finney County mudaria para pior. O sr. Brown bufou e praguejou, mas seu esforço foi em vão. E o motivo é simples: a maioria das pessoas que conheci no oeste do Kansas era gente razoável e prestativa; eu não poderia ter sobrevivido sem a constante bondade daquelas pessoas, e fiz entre elas amigos que vão durar para sempre.

Isso aconteceu em março do ano passado. Em setembro, fui à Califórnia para ver uma cópia ainda rústica do filme terminado. Quando cheguei, tive uma reunião com Brooks, que exibiria o filme para mim no dia seguinte. Brooks é um homem muito cheio de segredos; ele aferrolha seus roteiros, tranca-os todas as noites e nunca permite que ninguém leia uma versão completa. A filmagem de *A sangue-frio* terminou em junho e desde então Brooks passou a trabalhar apenas com um editor e um técnico de projeção, sem jamais deixar ninguém ver um centímetro do filme. Enquanto conversávamos, ele parecia estar sob aquele tipo de tensão extrema que não se costuma associar a um homem tão assertivo e vigoroso.

– É claro que estou nervoso – ele disse. – Por que não deveria estar? É *seu* livro! E se você não gostar?

E se você não gostar? Excelente pergunta; e, estranhamente, uma que eu nunca fizera a mim mesmo, principalmente porque eu havia escolhido os ingredientes e sempre confio no meu julgamento.

No dia seguinte, quando cheguei aos estúdios da Columbia por volta do meio-dia, Brooks estava ainda mais nervoso. Meu Deus, ele estava sorumbático! E disse:

– Tive alguns momentos difíceis com esse filme. Mas hoje é o mais difícil de todos.

Entramos juntos na sala de projeção e a sensação não foi diferente de entrar em câmara mortuária.

Brooks pegou um telefone para dizer ao técnico de projeção:

– Tudo bem, vamos lá.

As luzes se apagaram. A tela branca se tornou uma estrada ao anoitecer: Rota 50, descrevendo curvas e cortando um campo vazio e desolado. No horizonte distante, um ônibus muito grande aparece, cresce na medida em que se aproxima, passa. Música: violão solitário. Agora os créditos começam e a imagem muda, dissolve-se no interior do ônibus. A sonolência é onipresente e pesada. Só uma garotinha agitada percorre o corredor, aproximando-se gradualmente do fundo escuro, atraída pelo solitário e desconectado som de um violão. Ela encontra o músico, mas nós não o vemos; ela diz alguma coisa, mas não podemos ouvir o que é. O violonista risca um fósforo para acender um cigarro e a chama ilumina parcialmente seu rosto – o rosto de Perry, os olhos sonolentos e distantes de Perry. A imagem se dissolve para Dick, depois para Dick e Perry em Kansas City, depois para Holcomb, e Herbert Clutter tomando o café da manhã em seu último dia de vida, depois de volta para aqueles que o matarão: a técnica de contraponto que eu usei ao escrever o livro.

As cenas se sucedem com fluidez espantosa, mas cada vez mais sou incomodado por uma sensação de perda; e um anel se forma em torno do meu coração, como a névoa pálida em torno da lua. Não por causa do que está na tela, que é muito bom, mas por causa do que não está. Por que omitir isso e aquilo? Onde está Bobby Rupp? Susan Kidwell? A funcionária do correio e sua mãe? No meio do meu dilema de não conseguir me concentrar de maneira reconhecida e apreciar o que está lá por causa do que não está, o filme pega fogo – literalmente. Era possível ver a pequenina chama queimando a tela, um zíper de fogo que abria as imagens e as enrugava. No silêncio que seguiu uma parada repentina, Brooks disse:

– Nada sério. Só um acidente. Já aconteceu antes. Consertamos em um minuto.

Um acidente fortuito, porque, no tempo em que o técnico de projeção trabalhou reparando o estrago e retomou a exibição, consegui resolver o dilema que vivia comigo mesmo. Veja, disse uma voz interior, você está sendo irrealista, injusto. Esse filme tem duas horas de duração e isso é tanto quanto se pode considerar razoável. Se Brooks incluísse tudo o que você gostaria de ver na tela, cada nuança pela qual chora agora, o filme teria nove horas! Portanto, pare de se preocupar. Veja-o como é: julgue a partir disso.

Foi o que fiz, e foi como nadar em um mar familiar para ser surpreendido por uma onda de altura sinistra, aprisionado e arrastado por uma corrente que me levou para o fundo do oceano, me acompanhou, me espancou até me deixar tonto, e me jogou em uma praia singularmente desolada – não, infelizmente, a vítima de um pesadelo, ou de "um filme, apenas", mas da realidade.

A tela voltou ao seu estado inicial. Branca. As luzes se acenderam. Mas, outra vez, como no quarto do hotel em Garden City, eu parecia acordar sem saber onde estava. Havia um homem sentado do meu lado. Quem era ele e por que me olhava tão intensamente, como se esperasse que eu dissesse alguma coisa? Ah, Brooks. Finalmente, eu disse:

– A propósito, obrigado.

PARÁGRAFOS GREGOS

(1968)

HÁ ALGUNS ANOS, NO VERÃO, AMIGOS ITALIANOS ME CONVIDARAM PARA UM cruzeiro pelas ilhas gregas a bordo de um iate especialmente gracioso. Partiríamos do Pireu em uma manhã de julho. O mar estava calmo, o iate brilhava, o capitão e sua tripulação nos esperavam em uniformes tão brancos quanto as igrejas de Mykonos; e eu estava lá, ah, sim. Infelizmente, uma repentina tragédia, uma morte na família retivera meus anfitriões; mas, mesmo sem poder me encontrar, eles insistiram que eu fizesse o cruzeiro. Imagine só! Um iate inteiro à disposição de um único passageiro. Só a pessoa mais louca, mais rica e egoísta teria concebido deliberadamente tal aventura. Mas, como ela aconteceu por acidente, eu não me sentia culpado nem hesitante. *Avanti*.

A seguir, algumas anotações da viagem.

PÊSSEGOS

NÃO GOSTO DOS VINHOS GREGOS; PORÉM, EXISTE UM VINHO BRANCO QUE É seco e leve como os melhores italianos. O nome dele é Rei Minos e, neste momento, sentado sob as estrelas no convés posterior, bebo meia garrafa dele enquanto como dois pêssegos enormes. Pêssegos do tamanho de melões e da cor da polpa de um cantalupo. Pêssegos deliciosos, macios, suculentos e doces como um licor. E pensar que são produtos de uma ilha grega, esses pedaços montanhosos de deserto cercado de mar! Eu não teria pensado que era possível produzir tais pêssegos nem no mais verde pomar persa, muito menos ali, naquelas pedras castigadas pelo sol. Mas é verdade, porque o cozinheiro os trouxe para o iate em Santorin, onde ancoramos para passar a noite.

A tripulação havia desembarcado: todos decidiram enfrentar a subida até o vilarejo de Santorin. Uma escalada e tanto, coisa de vários milhares de degraus e vistas estonteantes. Eu fui até lá esta tarde montado em um daqueles frágeis e corajosos burricos infestados de pulgas, que ele seja abençoado. Senti vergonha de mim, e também uma tremenda dor no traseiro, por isso desci a pé.

O céu, uma fogueira de estrelas, cintilava como o céu do Saara. O balanço de caiaques. O balanço de caiaques ancorados. Música de um café no porto. Um velho cheirando a uzo dançava na frente do café. O Rei Minos fresco aquecendo minhas veias, o sabor duradouro dos pêssegos, o perfume da casca dos pêssegos saturando o ar salgado, suave.

MELTEMI

Aquele vento maldito, o *meltemi*. Ontem fomos pegos por ele, um evento inevitável no mar do verão da Grécia, porque a maldição sopra praticamente o tempo todo em julho e agosto. Há alguns anos passei um verão nas Cyclades, na ilha de Paros, que é, certamente, o esconderijo favorito do *meltemi*: na verdade, ele raramente sai de lá, sempre uivando pela ilha como as vozes espectrais de marinheiros afogados, séculos de marinheiros jogados pela maré nas suas praias.

É um vento do mal, irritante, perturbador. E o que ele faz com a economia, a dieta dos ilhéus: quando os pescadores não podem pescar, como acontece quando o *meltemi* ruge, o cardápio já minguado de um ilhéu é reduzido à metade.

Abril é o melhor mês para visitar a região: campos floridos, anêmonas fabulosas, violetas brancas, e a água, verde como folhas na primavera, é suficientemente quente para um mergulho rápido. Abril... ou fim de setembro, quando a água ainda tem uma temperatura agradável (se você não se incomodar em dividi-la com os gansos migrantes que mergulham repentinamente do céu e nadam do seu lado) e o *meltemi* para de soprar.

Mas, até ontem, eu nunca o havia encontrado no mar. Estava na parte inferior do iate quando ele chegou; mesmo assim, pude ouvir sua aproximação pela água – um ruído sombrio que causava arrepios. O barco sacudia, girava, peixes espiavam pelas escotilhas; tive a impressão de que o mastro ia se partir; como estávamos próximos de nos juntar àquele grupo de marinheiros afogados! Ao anoitecer o vento morreu e nós corremos para nos refugiar em uma enseada.

UM CONTO TERRÍVEL

HÁ IUGOSLAVOS NA TRIPULAÇÃO, GREGOS, ITALIANOS NA MAIORIA. O CAPITÃO é italiano. Ele não gosta muito do iate porque não gosta de comandar iates, nem mesmo aquela pérola negra do Egeu, o *Creole* de Niarchos. Ele diz que são românticos, mas dão muito trabalho para a tripulação. O capitão fala inglês, fala bem, e é um homem ainda jovem com olhos dramáticos e uma voz de entonação sombria; poderia ter sido um ator, e todo ator é mentiroso, nunca conheci um que não fosse. Mas talvez o capitão não seja um mentiroso. Enfim, esta manhã passamos por Delos, mas não paramos, porque eu já havia estado lá duas vezes anteriormente e uma olhada para as ruínas de mármore envoltas em brumas lilás despertara no capitão a lembrança de uma história, que ele me contou no almoço jurando ser verdadeira.

– Aconteceu quando eu era um garoto de 17 anos e integrava a tripulação de um iate de propriedade de um inglês, Lorde Sickle. Lorde Sickle sempre fretava seu iate e em agosto daquele ano o alugou para uma bela mulher inglesa, uma viúva de seus 40 anos, muito alta, com uma cintura fina, muito elegante. Ela tinha um filho, um menino de uns 16 anos, também muito bonito e elegante. Mas o rapaz era aleijado: tinha uma das pernas atrofiada e presa a um aparelho e caminhava com duas bengalas. Mas era um gênio, aquele menino. Um estudioso. Era por ele que a mãe fazia o cruzeiro pela Grécia, porque ele queria ver os lugares que conhecia tão bem de seus estudos. Eles embarcaram acompanhados de uma criada e um empregado; além disso, estavam sozinhos, e eu sempre pensava que isso era uma pena. Talvez nada houvesse acontecido se amigos estivessem com eles.

O capitão me contava a história com ar compenetrado, mergulhado nas lembranças.

– Havia uma ilha estranha que o rapaz queria visitar. No norte de Delos. Sim, no norte. Não me lembro exatamente. Era uma ilha de poucos acres de extensão e praticamente desconhecida; mas ele sabia de sua existência e falava sobre um templo bem preservado ali. Chegamos *aprés midi* e, por causa das águas rasas, tivemos que ancorar mais de um quilômetro e meio distante da praia. O rapaz estava muito animado. Havia decidido preparar um lanche e passar a noite na ilha com a mãe, só os dois; queria ver o templo ao luar e dormir na praia. A mãe o amava muito. Demais. Rindo, ela pediu que o piquenique fosse preparado. Eu remei o barco para levá-los lá e os deixei na praia; e voltei na manhã seguinte para buscá-los. O menino estava morto, reduzido a um esqueleto; e a mãe, que encontrei boiando na água, estava irreconhecível, terrivelmente mutilada, meio enlouquecida. Só meses mais tarde, tempo que ela passou em um hospital em Atenas, a mulher conseguiu relatar em um tribunal, durante um inquérito, o que havia acontecido. Ela disse: "No início tudo era muito tranquilo e lindo. Caminhamos pelo templo até o anoitecer, depois ajeitamos nosso jantar nos degraus de uma escada; meu filho Eric disse que teríamos lua cheia. Podíamos ver as luzes do iate ao longe – eu me arrependi por não termos levado o marinheiro conosco. Porque, quando a lua surgiu, quando começou a brilhar no céu, a paisagem se transformou e passei a não confiar mais nela. E aos poucos tomei consciência do som. Garras. Um ruído assustador. E um enorme rato marrom pulou sobre o nosso piquenique. E muitos outros vieram atrás dele, todos com os dentes afiados. Uma horda de ratos saiu do templo, centenas correndo ao luar enquanto Eric gritava; ele tentou correr e caiu, e tive de arrastá-lo pelos braços, mas os ratos estavam em cima de nós, todos eles, e até nadaram atrás de nós quando entramos na água, levaram Eric de volta para a praia e ninguém me ouviu gritar a noite inteira, enquanto eu sangrava e chorava ali no mar".

O capitão acendeu um cigarro.

– Essa mulher ainda vive. Mora em Nice. Eu a vi sentada numa poltrona em uma esplanada. Ela usa um véu. Dizem que nunca fala com ninguém.

OBSERVAÇÕES

(1) NUMEROSOS GREGOS DE CONSIDERÁVEL EDUCAÇÃO COMPARTILHAM uma afetação esnobe – obcecados pelas unhas, eles cuidam delas o tempo todo, deixando a unha dos dois dedos mínimos bem comprida. É uma forma de anunciar aos homens que consideram inferiores que eles trabalham com a cabeça, não com as mãos. (2) Empresários gregos também têm em comum um *hobby* excêntrico: brincar com fios de âmbar ou contas de marfim, os dedos nervosos pulando de conta em conta, apertando, contando. Dizem que isso serve para aliviar a pressão dos negócios e prevenir úlceras. (3) E o que a maioria dos gregos, homens ou mulheres, tem em comum são as superstições médicas. O mais humilde vilarejo tem um vendedor de pequenas réplicas, copiadas em folhas de alumínio polido, de mãos, corações, pés, orelhas, olhos. Se, eles dizem, você se recupera de uma doença coronária, só precisa comprar um coraçãozinho, levá-lo sempre com você, e o órgão enfermo vai se curar de maneira mágica. Os verdadeiros crentes não estão somente entre os camponeses e as donas de casa da classe média, mas entre os intelectuais também. Certa vez, quando eu morava em Paros, comentei com o professor Calliope, um linguista de grande renome, que meu pai estava praticamente cego e que eu mesmo tinha um receio considerável de perder a visão. Ele comprou para mim um par de pequenos olhos e insistiu que eu andasse, sob o calor sufocante de agosto, até um convento nas montanhas onde residia uma famosa

abadessa dotada de poderes mágicos: se ela abençoasse meu amuleto, eu não teria mais razão para preocupação. No mosteiro, eu me senti como um missionário cativo em algum perigoso vilarejo hotentote: as freiras, que nunca recebiam visitantes, se reuniram à minha volta, todas rindo, cutucando e beliscando – realmente beliscando, como se tentassem determinar se eu seria suculento o bastante para ser levado à panela. Mas logo o professor as acalmou e elas nos serviram água fresca e um doce cristalizado que cheirava a rosas e tinha no interior de cada pedaço uma pétala de rosa. Quanto à abadessa, era tarde demais para nós; ela havia morrido na semana anterior.

UMA ENSEADA AZUL

O ÚNICO CENÁRIO QUE ME ABORRECE É AQUELE CUJAS PARTES NÃO CONsigo me imaginar comprando: normalmente, se um lugar me causa entusiasmo, mesmo que pequeno, considero imediatamente comprar uma casa ou uma parte dele. As centenas de propriedades que já construí mentalmente! Mas agora algo sério aconteceu. Nos últimos dias tenho navegado por Rodes, e passei algum tempo na pequena baía de Lindos. Um conhecido americano que tem uma casa em Lindos convidou-me para ver algo que, ele acredita, devia ser meu. Concordo com ele. É uma pequena casa situada dentro de uma enseada em forma de ferradura; a praia tem areia fina e branca e a água, inteiramente protegida, é tranquila como uma safira brilhando na vitrina de uma joalheria. O lugar pode ser meu por 300 mil dólares: mais um investimento de 5 ou 6 mil seria suficiente para deixar a casa deliciosamente em ordem. É uma proposta que provoca a imaginação.

À noite eu penso, sim, vou comprar, mas de manhã me lembro – política, mortalidade, inconvenientes compromissos emocionais, as impossibilidades do idioma grego, um trilhão de dificuldades. Porém, preciso ter coragem, porque nunca mais vou encontrar nada tão ideal.

EM UM CAFÉ

Deixei o iate em Rodes e hoje de manhã voei para Atenas. Agora, quase meia-noite, estou sentado sozinho em um café ao ar livre na praça Constituição. Não há muitos clientes, mas reconheço um deles, alguém que vi há alguns anos em Tânger, quando ela era a própria Rainha de Casbah (Versão Southern Belle): Eugenia Bankhead, a irmã ainda mais volúvel de Tallulah. Ela discute com o negro que a acompanha.

Pensando bem, muitas das meretrizes mundiais que antes viviam em Tânger agora frequentam Atenas. Do outro lado da rua, vejo considerável atividade, de musculosos estivadores a belezinhas egípcias rechonchudas usando perucas platinadas e onduladas.

Faz muito calor e a névoa branca onipresente do ar úmido de Atenas recobre a rua e minha mesa como a crosta áspera e clara de uma língua biliosa. Estou lembrando a casa de pedra na enseada azul. Mas isso é tudo o que jamais farei. Lembrar.

UMA VOZ DE UMA NUVEM

(1969)

Outras vozes, outros lugares (meu título: não é uma citação) foi publicado em janeiro de 1948. Levei dois anos para escrever e não foi meu primeiro romance, mas o segundo. O primeiro, um manuscrito que nunca submeti a apreciação e que se perdeu, chamava-se *Summer Crossing* – uma história limpa, objetiva, em um cenário de Nova York. Não era ruim, eu lembro: tecnicamente satisfatório, com uma história suficientemente interessante, mas sem intensidade ou dor, sem a qualidade de uma visão privada, as ansiedades que então controlavam minhas emoções e imaginação. *Outras vozes, outros lugares* foi uma tentativa de exorcizar demônios: uma tentativa inconsciente, totalmente intuitiva, porque eu não tinha consciência, exceto por alguns poucos incidentes e descrições, de estar envolvido em algum grau sério com uma obra autobiográfica. Relendo o texto agora, considero imperdoável essa mentira que contei a mim mesmo.

Certamente havia razões para essa flagrante ignorância, sem dúvida motivos de autoproteção: uma cortina de fogo entre o escritor e a verdadeira origem de seu material. Como havia perdido contato com o jovem problemático que escrevera aquele livro, como só uma sombra apagada dele ainda existe dentro de mim, é difícil reconstruir seu estado mental. Porém, vou tentar.

Na época em que surgiu *Outras vozes, outros lugares*, os críticos, que variavam do mais acolhedor ao mais hostil, comentaram que, obviamente, eu sofria forte influência de alguns artistas literários do Sul, como Faulkner e Welty e McCullers, três autores cujo trabalho eu conhecia bem e admirava. Mesmo assim, os cavalheiros estavam equivocados, embora o erro fosse compreensível. Os escritores americanos mais importantes para mim eram, sem nenhuma ordem particular, James, Twain, Poe, Cather, Hawthorne, Sarah Orne Jewett; e, no exterior, Flaubert, Jane Austen, Dickens, Proust, Chekhov, Katherine Mansfield, E. M. Forster, Turguêniv, De Maupassant e Emily Brontë. Uma coleção mais ou menos irrelevante para *Outras vozes, outros lugares*. Porque, claramente, nenhum desses escritores, com a concebível exceção de Poe (que era, então, um nebuloso entusiasmo de infância, como Dickens e Twain), era um antecedente necessário a esse trabalho em especial. Pelo contrário, *todos* eram, no sentido de que cada um deles havia contribuído para minha inteligência literária como ela era. Mas o verdadeiro progenitor foi meu eu difícil, subterrâneo. O resultado era tanto uma revelação quanto uma fuga: o livro me libertou e, em sua sentença final profética, eu olhei para trás, para o menino que havia deixado no passado.

Nasci em Nova Orleans, filho único; meus pais se divorciaram quando eu tinha 4 anos de idade. Foi um divórcio complicado, com muita amargura das duas partes, e essa é a principal razão pela qual passei boa parte da infância indo de casa em casa dos parentes em Louisiana, Mississippi e na área rural do Alabama (frequentei de forma intermitente escolas em Nova York e Connecticut). A leitura que fazia por conta própria era mais importante que a minha educação oficial, que foi uma perda de tempo e se encerrou quando eu tinha 17 anos, idade em que me candidatei a uma vaga na revista *The New Yorker* e consegui o emprego. Não era grande coisa, porque tudo o que eu fazia era separar tirinhas de humor e recortar jornais. Mesmo assim, foi uma sorte conseguir esse trabalho, especialmente porque já havia decidido que nunca pisaria em uma sala de aulas de faculdade. Minha opinião era que ou alguém era um escritor ou não era, e nenhuma combinação de professores poderia influenciar a decisão final. Ainda acho que eu estava certo, pelo menos no meu caso; porém, agora percebo que muitos jovens escritores têm mais a lucrar frequentando uma faculdade, nem que seja apenas para conquistar entre os professores e os colegas uma plateia cativa para seu trabalho; nada é mais solitário do que ser um aspirante a artista sem ter como sondar opiniões.

Fiquei na *The New Yorker* por dois anos e nesse período publiquei contos em pequenas revistas literárias. (Vários deles foram submetidos à leitura crítica dos meus empregadores e nenhum foi aceito, embora um tenha sido devolvido com o seguinte comentário: "Muito bom. Mas romântico de um jeito que a revista não é".) Além disso, também escrevi *Summer Crossing*. Na verdade, foi para concluir o livro que tomei coragem, me demiti do emprego, deixei Nova York e me instalei com parentes, uma família de agricultores de algodão que morava em uma parte distante do Alabama: campos de algodão, pastos, gado, pinheiros, estradas de terra, riachos e riozinhos lentos, gaios, corujas, urubus descrevendo círculos no céu vazio, apitos distantes de um trem – e, a oito quilômetros dali, uma pequena cidade do interior: a Noon City do livro.

Era início de inverno quando cheguei lá e a atmosfera da espaçosa casa de fazenda, inteiramente aquecida por fogões e lareiras, era muito adequada ao inexperiente romancista desejando quietude e isolamento. Todos acordavam às quatro e meia da manhã, tomavam café com a luz acesa e saíam para trabalhar antes de nascer o sol – deixando-me sozinho e, cada vez mais, em pânico. Porque, mais e mais, *Summer Crossing* parecia ser raso, fino, vazio. Outra linguagem, uma secreta geografia espiritual, desabrochava em mim, se apoderando das minhas horas de sono e dos meus sonhos, bem como dos momentos em que, acordado, me entregava a devaneios.

Em uma tarde gelada de dezembro eu estava longe de casa, caminhando por uma floresta ao longo da margem de um riacho misterioso, profundo e muito claro, rota que levava a um lugar chamado Hatter's Mill. O moinho, que cavalgava o riacho, havia sido abandonado fazia muito tempo; era um lugar em que os fazendeiros costumavam levar seu milho para transformá-lo em fubá. Quando criança, eu costumava ir lá com meus primos para pescar e nadar, e ao explorar a área sob o moinho fui mordido no joelho por uma *cottonmouth* – exatamente como acontece com Joel Knox. E agora deparo com o moinho abandonado com suas vigas cinzentas desmoronando, e a lembrança do choque da mordida da cobra retorna; e outras recordações, também de Idabel, ou melhor, a garota que lembrava Idabel, e como costumávamos brincar e nadar nas águas rasas, onde peixes coloridos e gordos reluziam nas piscinas naturais iluminadas pelo sol; Idabel passava o tempo todo tentando pegar um deles.

A excitação – uma variedade de coma criativo – se apoderou de mim. Quando voltava para casa, me perdi e fiquei andando em círculos pelo bosque, porque minha mente estava totalmente consumida pelo livro. Normalmente, quando uma história aparece para mim, chega, tenho a impressão, *in toto*: um longo e contínuo raio de luz que escurece o mundo tangível, chamado real, e deixa iluminada apenas essa paisagem pseudoimaginária recém-vista, um terreno vivo e habitado por figuras, vozes, cômodos, climas, tempo. E tudo isso, ao nascer, é como um furioso e atento filhote de tigre; é preciso acalmá-lo e domesticá-lo. E essa, é claro, é a principal tarefa de um artista: domesticar e dar forma à visão criativa bruta.

Estava escuro quando cheguei em casa, e frio, mas eu não sentia o frio por causa do fogo dentro de mim. Minha tia Lucille disse que estava preocupada comigo e ficou desapontada quando avisei que não queria jantar. Ela perguntou se eu estava doente; eu disse que não. Ela disse:

– Bem, você parece doente. Está pálido como um fantasma.

Eu lhe desejei boa noite, me tranquei no quarto, joguei o manuscrito de *Summer Crossing* no fundo de uma gaveta da cômoda, peguei vários lápis apontados e um maço novo de papel pautado, me deitei na cama inteiramente vestido e, com otimismo patético, escrevi: "*Outras vozes, outros lugares* – uma novela de Truman Capote". Depois: "Agora um viajante deve chegar a Noon City da melhor maneira possível...".

É incomum, mas, às vezes, acontece a quase todos os escritores de parecer simples escrever uma história em particular, não requerer esforço, algo que se dá fora dele mesmo; é como se o escritor fosse uma secretária transcrevendo as palavras que soam em uma nuvem. A dificuldade é manter contato com esse espectro que faz o ditado. Em algum momento a comunicação se torna mais intensa à noite, como as febres se tornam mais altas depois do anoitecer. Por isso passei a trabalhar à noite e dormir o dia todo, uma rotina que incomodou as pessoas da casa e provocava constantes comentários de desaprovação.

– Mas você virou tudo de cabeça para baixo. Está arruinando sua saúde.

Por isso, na primavera daquele ano, agradeci aos meus exasperados parentes pela generosidade, pela paciência, e comprei uma passagem de ônibus para Nova Orleans.

Lá aluguei um quarto no movimentado apartamento de uma família *creole* que vivia no Bairro Francês na Royal Street. Era um quarto pequeno e quente, quase inteiramente ocupado por uma cama de latão, e era barulhento como um moinho de aço. Os carros passavam bem embaixo da janela e as vozes constantes dos turistas passeando pelo bairro, aliadas aos gritos de marinheiros e soldados encharcados de uísque, criavam um pandemônio permanente. Mesmo assim, mantendo meu expediente noturno, eu progredia; no final do outono o livro estava quase concluído.

Eu não precisava ter ficado tão solitário. Nova Orleans é minha cidade natal e tenho muitos amigos por lá, mas, como não queria aquele mundo familiar e preferia me manter encerrado no universo autocriado de Zoo e Febre Jesus e Hotel Nuvem, não procurei nenhum conhecido. Minha única companhia era a família *creole*, gente da classe trabalhadora (o pai era trabalhador no porto, a mãe, costureira), ou os balconistas das lojas e dos cafés aonde ia de vez em quando. Curiosamente, porque Nova Orleans não é uma cidade grande, nunca vi ninguém conhecido. Exceto, por acidente, meu pai. O que era irônico, considerando que, embora eu nem tivesse consciência disso naquela época, o tema central de *Outras vozes, outros lugares* era minha busca pela existência dessa pessoa essencialmente imaginária.

Raramente comia mais do que uma vez por dia, normalmente quando terminava o trabalho. Naquela hora, início da manhã, eu percorria as ruas úmidas de muitas varandas, passava pela Catedral St. Louis e seguia para o Mercado Francês, um quadrado ocupado, naquele horário, pelos caminhões dos agricultores, pescadores da Costa do Golfo, vendedores de carne e floristas. O lugar cheirava a terra, ervas e temperos exóticos, e apitava, estalava, enchia os ouvidos de todos ali com os sons de variados comércios. Eu adorava aquilo.

O principal ponto de encontro do mercado era um café que servia apenas café de chicória preto e amargo e os mais deliciosos e crocantes *doughnuts* fritos. Eu descobrira o lugar quando tinha 15 anos e me tornei praticamente dependente dele. O proprietário do café dava um apelido a todos os frequentadores habituais; ele me chamava de Jóquei, uma referência ao meu tamanho. Toda manhã, quando eu chegava e pedia café e os *doughnuts*, ele me recebia com uma risada sinistra.

– Melhor tomar cuidado, Jóquei. Nunca vai chegar ao seu peso.

Foi nesse café que, cinco anos depois, conheci o protótipo do Cousin Randolph. Na verdade, o Cousin Randolph foi sugerido por duas pessoas. Uma vez, quando eu era uma criança ainda muito pequena, passei algumas semanas do verão em uma velha casa em Pass Christian, Mississippi. Não me lembro muito desse tempo, exceto que havia um homem idoso que morava lá, um asmático inválido que fumava cigarros medicinais e fazia impressionantes colchas de retalhos. Ele havia sido o capitão de um pesqueiro, mas a doença o forçara a se aposentar e viver em um quarto escuro. A irmã lhe ensinara a arte da costura; como resultado, ele descobrira em si mesmo o dom de criar peças lindíssimas. Eu sempre ia visitá-lo em seu quarto, onde ele espalhava suas colchas no chão para que pudesse admirá-las: eram praticamente tapeçarias com desenhos incríveis, buquês de rosas, navios com as velas abertas, um cesto de maçãs.

O outro Randolph, ancestral espiritual do personagem, era o homem que conheci no café, um sujeito loiro e gorducho que, comentava-se, estava morrendo de leucemia. O proprietário o chamava de Desenhista, porque ele ficava sempre sentado sozinho em um canto desenhando a clientela, os caminhoneiros e os vaqueiros, em um grande bloco de folhas soltas. Certa noite percebi que eu era o modelo de seu desenho; depois de desenhar por um tempo, ele se aproximou do balcão onde eu estava sentado e disse:

– Você é um *Wunderkind*, não é? Posso dizer pelas mãos.

Eu nem sabia o que era isso, *Wunderkind*; pensei que ele estava brincando ou fazendo um comentário de duplo sentido. Mas, então, ele definiu a palavra e fiquei satisfeito: o significado coincidia com minha opinião pessoal. Nós nos tornamos amigos; posteriormente eu o vi não só no café, mas também caminhando pela rua, e algumas vezes caminhamos juntos.

Não conversávamos muito, porque ele falava sozinho e era obcecado pela própria morte, por paixões traídas e por um talento não realizado.

Tudo isso aconteceu em um verão. Naquele outono fui para a escola no Leste e, quando retornei, em junho, e perguntei ao proprietário do café pelo Desenhista, ele respondeu:

– Oh, ele morreu. Eu vi na *Picayune*. Sabia que ele era rico? Pois era. O jornal contou tudo. A família dele é dona de metade das terras em torno do lago Pontchartrain. Imagine só. Ninguém ia imaginar.

O livro foi concluído em um cenário muito distante daquele em que foi iniciado. Eu me mudei muito e trabalhei na Carolina do Norte, Saratoga Springs, na Cidade de Nova York e, no final, em um chalé alugado em Nantucket. Foi ali, em uma mesa ao lado da janela, com uma vista de céu, areia e ondas, que escrevi as últimas páginas, concluindo-as com uma incredulidade de que o momento havia chegado, um fascínio ao mesmo tempo pesaroso e eufórico.

Não gosto muito de reler meus livros: o que está feito, está feito. Mais, tenho sempre um certo receio de descobrir que meus cruéis detratores estão certos e o trabalho não é tão bom quanto eu preferia pensar que fosse. Até surgir essa questão envolvendo o texto atual, nunca mais examinei *Outras vozes, outros lugares.* Na semana passada eu o li inteiro.

E? E, como eu já havia previsto, fiquei chocado com seus subterfúgios simbólicos. E também, embora existam passagens que me parecem bem realizadas, outras despertam desconforto. No geral, porém, era como se eu estivesse lendo o manuscrito recém-concluído de um total desconhecido. E fiquei impressionado com ele. Porque o trabalho tinha aquele brilho enigmático de um prisma estranhamente colorido exposto à luz – aquela intensidade suplicante e um pouco angustiada, como a mensagem de um marinheiro náufrago enfiada em uma garrafa e jogada ao mar.

CECIL BEATON

(1969)

Chamar um livro de *O melhor de Beaton* é intrigante, mas impreciso – a menos que um livro qualquer possa conter os melhores exemplos das muitas facetas de Beaton: seus cenários, seus figurinos, seus desenhos e suas pinturas, páginas reimpressas de seus impressionantes diários e várias amostras gravadas de seus dons de conversação, porque, com certeza, Cecil é um dos poucos artistas sobreviventes nessa área cada vez mais obsoleta.

Não sei, nunca lhe perguntei, mas suspeito que Cecil teria preferido ser lembrado por seus talentos em outros meios que não fossem a fotografia – um fenômeno bastante comum com pessoas que desenvolvem múltiplos dons: elas sempre preferem aquele mais original. Pode-se dizer que Beaton não possuía nenhum talento central até que, como um jovem muito ambicioso e de grande sensibilidade, ele começou a usar a câmera: foi a câmera, curiosamente, que deu vazão a toda a corrente de criatividade mais sutil.

E, apesar de todo o brilhantismo documentado de suas outras produções, é como fotógrafo que Beaton adquire importância cultural – não só por causa da excelência individual de seu trabalho, mas por causa de sua influência sobre o trabalho dos melhores fotógrafos das duas últimas gerações: se eles admitem ou não, ou mesmo se percebem tudo isso, o fato é que não há fotógrafo contemporâneo de primeira grandeza de qualquer nacionalidade que não tenha, em algum grau, uma dívida com Cecil Beaton. Por quê? Olhem para as fotografias. Até as mais antigas, as primeiras, já pressagiam influência futura em uma multidão de artistas das câmeras. Por exemplo, os retratos de Lady Oxford e Edith Sitwell feitos nos anos 1920: ninguém fotografou rostos daquela maneira antes, cercando-os de tal decoração neorromântica estilizada (vidro soprado, estátuas mascaradas, moldes de gesso e trajes extravagantes: todos os elementos do próprio surrealismo de Beaton), ou os iluminou com tal luminosidade. E o ponto é que esses retratos não "combinavam", nem mesmo num sentido técnico, com as chamadas fotografias "de moda". (A atitude dos fotógrafos com relação à fotografia de moda, e a posição que ela ocupa em sua carreira, é um assunto ambíguo. Com exceção de Cartier-Bresson, um homem de meios independentes, não consigo lembrar de um único fotógrafo ganhando a vida seriamente com esse ofício sem trabalhar extensivamente para revistas de moda ou agências de propaganda. E por que não? Isso disciplina o artista e reforça sua inventividade. Beaton, como muitos outros, deve um bom número de suas fotos a limitações impostas por fatores puramente comerciais. Mas os fotógrafos de maneira geral parecem não ter muita satisfação com o trabalho nessas safras – e não me refiro a Beaton: ele é um artesão, despretensioso demais para não sentir gratidão pelo mérito de seu trabalho, seja em que estilo for.)

Mas voltemos a essa questão da ausência do amarelamento, da qualidade atemporal dessas fotos. É claro, em alguns casos Beaton já pré-envelheceu suas fotos ambientando-as no passado – por exemplo, quando usa vários pastiches de daguerreótipo vitoriano: a combinação do moderno com o antigo cria seu próprio tempo – a suspensão. Mas, quando se fala do atemporal, não é a isso que ele se refere. Então, a que se refere? Bem, a qualquer foto na série que Beaton chama de Sequências de Tempo – sujeitos que ele teve a oportunidade de fotografar ao longo de períodos de até quatro décadas. Observa-se um Picasso em lento espessamento, mas sempre lustroso, de olhar meio maníaco; um Auden começando como um filhote enrugado de *bloodhound* e terminando como o velho pai do filhote; ou Cocteau, frágil, fresco e caro como um ramo de *muguet* em janeiro, depois, mais tarde, com seus dedos enfeitados por joias, aparentemente um animado *souvenir* proustiano. Nenhum desses estudos depende de sua relação com o restante da sequência para ter efeito; separadas, todas e cada uma das fotos parecem ser uma atemporal e definitiva imagem do homem. É sinistro, triste, mas é também fascinante ver esses rostos à medida que fluem no tempo – congelados pela luz e sombra manipuladas com sensibilidade.

Não é difícil discernir a influência de Beaton no trabalho de outros fotógrafos: uma tarefa mais difícil é identificar os que o influenciaram. Evidentemente, ele tem uma dívida com Baron de Meyer, aquele artista original e trágico cujas fotos de um estilo pioneiro estamparam os primeiros números da *Vanity Fair*. Beaton, com sua própria ideia de elegância, foi o primeiro descendente direto do falecido Baron. E Beaton admirava Steichen; mas cite um fotógrafo que não tenha admirado Steichen. Na minha opinião, o trabalho de Beaton não reflete fontes artísticas tanto quanto reflete seus interesses sociais privados e o temperamento da época. Por exemplo, em 1938 e 1939, Beaton fotografou um contingente de personalidades não entre flores e aparatos esqueléticos de um estúdio, mas pelas janelas quebradas de sinistras casas e fábricas abandonadas. Essas fotos são como gráficos febris do futuro, uma previsão de bombas que explodirão em breve.

Falando nisso, uma das mais distintas e versáteis realizações de Beaton é o trabalho composto por suas fotos de guerra, aqueles retratos nebulosos de Londres ao longe, de céus violentos e crianças cheias de bandagens: aqui o artista produz uma pungência brutal, com uma cor mais dura do que a normalmente associada a suas fotos. Isso também vale para as fotografias de Beaton da Índia e da China, países nos quais ele serviu durante a guerra. Uma pena, porque, embora não sejam fotos militares como as de Cim e Capa, elas são, mesmo assim, documentos de guerra de uma dolorosa visão poética e que ilustram um lado de Beaton insuficientemente reconhecido. Hoje em dia um fotógrafo profissional é, por necessidade, quase um viajante profissional: editores com tarefas a cumprir embarcam em jatos que os levam pelo mundo em busca de Deus sabe o quê. Até os mais fracos talentos são assim subsidiados (e posso dizer, de passagem, que noventa por cento – não, noventa e cinco por cento – dos fotógrafos atuantes e empregados são bem pouco talentosos: um grupo espantoso, realmente, e até alguns poucos dos poucos fotógrafos verdadeiramente talentosos consideram-se, em segredo, farsas). Mas Cecil sempre foi um viajante determinado e na juventude viajou em um cargueiro do Haiti ao Marrocos. Eu mesmo, também um sujeito sem parada, encontrei o sr. B. nos mais inesperados lugares. Na praia em Waikiki – com hula tocando ao fundo. Em um bosque de oliveiras na Sicília, em um monastério grego, no saguão do Ritz em Barcelona, na piscina do Hotel Bel Air, em um café na Casbah de Tânger, em um barco na baía de Hong Kong, nos bastidores de um musical da Broadway, em *téléphérique*, subindo os Alpes suíços, em uma casa de gueixas em Kyoto, entre as ruínas de Angkor Wat, os templos de Bangcoc, a bordo do iate de Daisy Fellowes, o *Sister Ann*, em uma boate no Harlem, em um *palazzo* veneziano, em um *antiquaire* parisiense, em uma sapataria em Londres e assim por diante. O que quero dizer é que observei Beaton em todos os climas, mentais e outros, muitas vezes tive o privilégio de observá-lo trabalhando com sua câmera – na verdade, até colaboramos algumas vezes: meu texto acompanha suas fotos. Tive essa experiência com outros fotógrafos, particularmente com Henri Cartier-Bresson e Richard Avedon – que respeito extremamente: com Beaton adicionado, considero que eles devem ocupar os três primeiros lugares de qualquer lista de melhores fotógrafos do mundo. Mas como é diferente a maneira de cada um operar! Avedon é antes de tudo um fotógrafo de estúdio; ele parece perfeitamente à vontade e criativo no meio de maquinário em pleno funcionamento e cercado de assistentes prestativos. Recentemente trabalhei com Avedon em uma matéria no Meio Oeste americano; ele não tinha assistente e usava uma câmera japonesa capaz de fazer mais de cem fotos antes de o filme ter de ser trocado. Trabalhamos como loucos a manhã toda, dirigimos quilômetros intermináveis por um caminho de terra e calor insuportável, e depois, quando voltamos ao hotel em que estávamos hospedados, Avedon, com uma risada nervosa, anunciou de repente que todo o nosso trabalho havia sido por nada; há muitos anos ele não trabalhava sem assistentes e eram eles que preparavam as suas câmeras. Resumindo, ele havia esquecido de pôr filme na sua poderosa máquina japonesa.

Cartier-Bresson é outra história – autossuficiente ao extremo. Eu me lembro de uma vez quando o vi trabalhar em uma rua de Nova Orleans – dançando pela calçada como uma libélula agitada, três Leicas penduradas pelas tiras em seu pescoço, a quarta posicionada diante de um olho: clique-clique-clique (a câmera parece parte de seu corpo), clicando com uma intensidade alegre, uma absorção religiosa. Nervoso, alegre e dedicado, Bresson é um "solitário" artístico, uma espécie de fanático.

Mas não Beaton. Esse homem com seus distantes (às vezes frios) olhos azuis e sobrancelhas erguidas é tão casual e remoto quanto parece: com uma câmera na mão, ele simplesmente sabe o que está fazendo, e isso é tudo, não há necessidade de muito temperamento ou atitude. Diferentemente de muitos de seus colegas, nunca ouvi Cecil falar de Técnica ou Arte ou Honestidade. Ele simplesmente fotografa e espera ser pago por suas fotos. Mas a maneira como trabalha é algo muito especial para ele. Uma coisa que salta imediatamente aos olhos no comportamento pessoal de Beaton é o jeito como ele cria uma ilusão de tempo sem fim. Embora esteja aparentemente sempre sob pressão de uma agenda desumana, descobre-se que ele é um cavalheiro de ritmo quase tropical: se tem dez minutos para pegar um avião e se está falando com você ao telefone, ele não faz nada para abreviar a conversa, mas continua falando com uma exuberância maravilhosa. E, ainda assim, é possível ter certeza de que ele vai pegar aquele avião. Como com o interlocutor, ele é igualmente polido com o modelo: uma pessoa que posa para Beaton tem uma sensação de estar à deriva no espaço – de não ser fotografado, mas pintado, e pintado por uma presença casual, quase invisível. Mas Beaton está ali, ah, sim. Apesar de sua quietude, ele é uma das pessoas mais focadas que conheço: sua inteligência visual é genial – jamais será inventada uma câmera capaz de capturar ou englobar tudo o que ele vê. Ouvir Beaton descrever uma pessoa, um cômodo ou uma paisagem em termos estritamente visuais é ouvir um relato que pode ser hilariante ou brutal, ou muito bonito, mas que certamente será brilhante. E isso – essa impressionante inteligência visual que se infiltra em suas fotografias, mesmo que diluída – é o que torna o trabalho de Beaton distinto, e a preservação desse trabalho vai causar nos historiadores do próximo século uma gratidão ainda maior do que a nossa.

A ROSA BRANCA

(1970)

Uma tarde prateada de junho. Uma tarde de junho em Paris há 23 anos. E eu no pátio do Palais Royal olhando para as altas janelas, me perguntando qual delas teria pertencido ao apartamento de Colette, a *Grande Mademoiselle* das letras francesas. E continuo olhando para o relógio, porque às quatro horas me encontrarei com essa lendária artista, um convite para o chá que Jean Cocteau conseguiu para mim depois de eu ter comentado com ele, com constrangimento jovial, que Colette era a única escritora francesa que eu respeitava inteiramente – e essa relação incluía Gide, Genet, Camus e Montherlant, sem mencionar M. Cocteau. Certamente, sem a generosa intervenção deste último, eu jamais teria sido convidado a conhecer a grande mulher, porque era só um jovem escritor americano que havia publicado um único livro, *Outras vozes, outros lugares*, do qual ela nunca ouvira falar.

Agora eram quatro horas e eu corri a me apresentar, porque havia sido prevenido para não me atrasar e não estender minha permanência, já que minha anfitriã era uma idosa parcialmente inválida que raramente deixava a cama.

Ela me recebeu em seu quarto. Fiquei perplexo. Porque ela parecia exatamente como Colette devia parecer. E isso era fascinante. Cabelos avermelhados, com um *frizz* que lembrava o dos cabelos africanos; olhos de gato contornados por lápis preto; um rosto fino e flexível como água... faces pintadas de ruge... lábios finos e tensos como arame, mas pintados de um escarlate realmente ousado.

E o quarto refletia o luxo enclausurado de seu trabalho mais conhecido – digamos, *Chéri* e *La fin de Chéri.* Cortinas de veludo impedem a entrada da luz de junho. Chamam a atenção as paredes sedosas. A luz rosada que emana de abajures envoltos por pálidas echarpes cor-de-rosa. Um perfume – uma combinação de rosas, laranjas, limas e almíscar – paira no ar como uma névoa.

E ela está apoiada sobre camadas de almofadas de renda, os olhos cheios de vida, bondade e malícia. Um gato cinzento está deitado sobre as suas pernas, quase como um edredom adicional.

Mas a cena mais impressionante no quarto não é o gato ou sua dona. Timidez, nervosismo, não sei o que é, mas depois desse primeiro estudo não consigo olhar realmente para Colette, e me sinto tenso a ponto de não poder falar. Em vez disso, concentrei-me no que parecia ser uma exposição mágica, algum fragmento de um sonho. Era uma coleção de pesos para papel feitos de cristal.

Havia talvez uma centena deles cobrindo duas mesas localizadas nos dois lados da cama: esferas de cristal aprisionando lagartos verdes, salamandras, buquês *millefiori*, libélulas, uma cesta de peras, borboletas alinhadas em uma folha de samambaia, lampejos de rosa e branco e azul e branco brilhando como fogos de artifício, cobras prontas para o bote, pequenos arranjos de amor-perfeito, magníficas poinsétias.

Finalmente, Madame Colette disse:

– Ah, vejo que se interessou por meus flocos de neve.

Sim, eu sabia a que ela se referia: aqueles objetos eram como flocos de neve permanentes, padrões fascinantes capturados para sempre.

– Sim – eu disse. – Lindos. Lindos. Mas o que são eles?

Ela explicou que os pesos eram o refinamento máximo da arte com cristal: joias de vidro criadas pelo artesão principal da maior fábrica de cristal da França – Baccarat e St. Louis e Clichy. Escolhendo aleatoriamente um daqueles pesos, uma beleza que explodia com as cores de mil flores, ela me mostrou a data da fabricação, 1842, escondida dentro de um dos pequeninos botões.

– Os melhores – ela me disse – foram fabricados entre 1840 e 1880. Depois disso, toda a arte se desintegrou. Comecei minha coleção há uns quarenta anos. Na época eram coisas fora de moda e se conseguia encontrar ótimos preços no mercado de pulgas. Paguei muito pouco por eles. Agora, é claro, um peso de primeira custa uma fortuna. Há centenas de colecionadores, e apenas uns trezentos ou quatrocentos mil pesos que merecem alguma atenção. Este, por exemplo. – Entregou-me um objeto de cristal do tamanho de uma bola de beisebol. – É um peso Baccarat. O nome dele é White Rose. Rosa Branca.

Era um peso facetado de pureza incrível, sem bolhas de ar, com uma única decoração: uma rosa branca com folhas verdes bem no meio da esfera.

– O que ele o faz lembrar? Que pensamentos passam por sua cabeça? – Madame Colette me perguntou.

– Não sei. Gosto da sensação que ele me causa. É frio e sereno.

– Sereno. Sim, é verdade. Muitas vezes pensei que gostaria de levá-los comigo no meu caixão, como um faraó. Mas que *imagens* ele provoca?

Virei o peso de um lado para o outro na luz rosada do quarto.

– Meninas jovens em seus vestidos de comunhão.

Ela sorriu.

– Encantador. E apropriado. Agora vejo que Jean me disse a verdade. Ele disse: "Não se deixe enganar, minha cara. Ele parece um anjo de 10 anos de idade. Mas não tem idade e tem uma mente muito travessa".

Nem tão travessa quanto a da minha anfitriã, que bateu no peso em minha mão e disse:

– Quero que fique com isto. Como uma lembrança.

E assim ela planejou para mim um destino de ruína financeira, porque daquele momento em diante me tornei um "colecionador" e ao longo dos anos tenho cumprido o árduo dever de procurar por belos pesos franceses em todos os lugares, de opulentas salas de vendas da Sotheby's a obscuros antiquários em Copenhague e Hong Kong. É um passatempo caro (atualmente, o custo desses *objetos*, dependendo da qualidade e da raridade, está entre 600 e 15 mil dólares, e em todo o tempo que passei procurando só encontrei duas pechinchas, mas ambas são verdadeiros troféus que compensam todos os desapontamentos cruéis).

A primeira eu achei em uma grande e empoeirada loja de bugigangas no Brooklyn. Estava olhando algumas coisas em um armário de vidro escuro quando notei um peso de St. Louis com uma flor e uma cobertura de porcelana cor de tomate. Quando abordei o proprietário e perguntei do objeto, ficou evidente que ele não tinha ideia do que era ou de quanto valia, cerca de 4 mil dólares. Vendeu-me o peso por 20 dólares e me senti um pouco desonesto, mas, ah, que diabo, foi a primeira e a última vez que levei a melhor num negócio.

Meu segundo grande troféu foi conquistado em um leilão em East Hampton, em Long Island. Eu havia acabado de entrar, não esperava muito, e tudo o que vi, de fato, foram pinturas ruins e mobília sem grande valor tirada de alguma casa velha na praia de Long Island. Mas, de repente, no meio de um monte de porcelana e pratos horrendos vi um espetáculo eletrizante: um *millefiori* absolutamente espetacular em forma de tinteiro. Eu sabia que era autêntico e, procurando com cuidado, encontrei a data, 1840, e a assinatura do criador, J. C., dentro do buquê mais baixo. Eram onze horas da manhã quando fiz essa descoberta e o tinteiro não chegou ao pódium do leiloeiro senão às três da tarde. Enquanto esperava, eu andava por ali tomado pela ansiedade, imaginando se o leiloeiro ou um de seus clientes tinha alguma ideia da raridade e do valor do tinteiro, que era suficiente para financiar filhos gêmeos até o fim da faculdade. Se tudo isso soa pouco interessante, e imagino que sim, só posso dizer que colecionar tem esse efeito nas pessoas.

Enfim, o leiloeiro anunciou como lance inicial para o tinteiro o valor de 25 dólares e eu deduzi imediatamente que ele não sabia o que estava vendendo; a pergunta agora era: alguém na plateia sabia? Devia haver umas trezentas pessoas ali, muitas delas com ar bastante sofisticado. E descobri, afinal, que uma pessoa ali tinha ideia do valor real do peso: um jovem negociante de Nova York que viera comprar móveis e sabia muito pouco de pesos para papel, mas era astuto o bastante para perceber que aquele era especial. Quando ele chegou em 300 dólares, os outros na plateia começaram a cochichar e estranhar; não conseguiam imaginar o que fazia aquele pedaço de vidro valer tanto dinheiro. Quando chegamos aos

600 dólares, o leiloeiro estava muito animado e meu rival suava; ele estava arrependido, não tinha muita certeza da compra. Com voz trêmula, ele ofereceu 650 dólares e eu respondi 700, e isso acabou com ele. Depois conversamos e ele me perguntou se eu achava que o peso valia 700 dólares. Respondi:

– Não, 7 mil.

Algumas pessoas, quando viajam, levam fotografias de familiares e amigos, de amores; eu também. Mas carrego ainda uma pequena bolsa preta que contém seis pesos, cada qual embrulhado em flanela, porque eles, apesar da aparente solidez, são frágeis e, como um bando de irmãos beligerantes, não convivem bem; uma das maneiras mais fáceis de quebrar ou lascar um peso é batê-lo em outro. Então, por que os carrego por aí em uma viagem de, digamos, dois dias para Chicago ou Los Angeles? Porque, quando são tirados da bolsa e espalhados, eles podem transformar o mais sinistramente anônimo quarto de hotel em um ambiente pessoal, aconchegante e seguro. E porque, quando faltam quinze minutos para as duas e o sono não chega, causa uma tranquilidade observar aquela rosa branca até ela se expandir na brancura do sono.

De vez em quando dou um peso de presente para um amigo muito especial, e é sempre um dos que mais aprecio, porque, como Colette disse naquela tarde tão distante, depois que protestei alegando não poder aceitar um presente que ela adorava tão claramente: "Meu caro, não há propósito nenhum em dar um presente, a menos que seja algo que quem oferece aprecia realmente".

AUTORRETRATO

(1972)

P: Se você tivesse de viver em um único lugar – sem nunca sair de lá –, onde seria?
R: Oh, céus. Que ideia devastadora. Ficar preso em um único lugar. Afinal, por trinta anos, vivi em todos os lugares e tive casas no mundo todo. Mas, curiosamente, qualquer que tenha sido o lugar onde morei, Espanha, Itália ou Suíça, Hong Kong ou Califórnia, Kansas ou Londres, eu *sempre* mantive meu apartamento em Nova York. Isso deve significar alguma coisa. Então, se eu realmente tivesse de escolher, diria Nova York.
P: Mas *por quê*? É sujo. Perigoso. E difícil em todos os aspectos.
R: Ah, sim. Mas, embora eu possa viver por longos períodos na solidão da montanha ou do litoral, sou antes de tudo um cidadão urbano. Gosto de *asfalto*. O som dos meus sapatos no pavimento, as vitrinas cheias; restaurantes que funcionam a noite inteira; sirenes no meio da noite – sinistro, mas cheio de vida; lojas de livros e discos que, num impulso, você pode visitar à meia-noite.

E, nesse sentido, Nova York é a única cidade *cidade* do mundo. Roma é barulhenta e provinciana. Paris é rabugenta, insular e, estranho dizer, extraordinariamente puritana. Londres? Todos os meus amigos americanos que foram morar lá incomodam alguém dizendo: “Mas é tão civilizada”. Não sei. Pode ser totalmente morta, inteiramente sem graça... isso é civilizado? E, para completar, Londres também é muito provinciana. As mesmas pessoas veem as mesmas pessoas. Todos sabem da vida de todo mundo. No máximo, só se pode ter *duas* vidas separadas por lá.

E essa é a grande vantagem de Nova York, a razão que faz dela *a* cidade. Lá se pode ser uma multidão de pessoas: dez pessoas diferentes ao mesmo tempo com dez grupos distintos de amigos, sem que nenhum círculo se sobreponha ao outro.

P: Você prefere animais às pessoas?

R: Gosto dos dois da mesma maneira. Porém, tenho descoberto que existe alguma coisa de sigilosamente cruel nas pessoas que sentem mais carinho por cachorros, gatos e cavalos do que por outras pessoas.

P: Você é cruel?

R: Às vezes. Em conversas. Vamos colocar assim: eu preferiria ser meu amigo que meu inimigo.

P: Tem muitos amigos?

R: Uns sete em quem posso confiar inteiramente. E uns vinte nos quais posso confiar mais ou menos.

P: Que qualidades você procura nos amigos?

R: Primeiro, eles não devem ser estúpidos. Estive apaixonado umas duas vezes por pessoas burras – e é possível se apaixonar por alguém sem ter nenhuma comunicação com essa pessoa. Deus, é assim que muitas pessoas se casam e é por isso que muitos casamentos são infelizes.

Normalmente, sou capaz de dizer relativamente depressa se é possível alguém ser meu amigo. Porque não é necessário concluir frases. Quero dizer, você começa dizendo alguma coisa e depois percebe, no meio do caminho, que o outro já entendeu. É uma espécie de atalho mental-emocional para todas as conversas.

Além da inteligência, atenção é importante: eu presto atenção aos meus amigos, me preocupo com eles e espero o mesmo em troca.

P: Você se decepciona frequentemente com um amigo?

R: Não realmente. Algumas vezes formei relações dúbias (não acontece com todos nós?); mas sempre me envolvi com os olhos abertos. A única dor que faz sofrer é aquela que nos pega de surpresa. Eu raramente sou surpreendido. Mas já me senti ultrajado algumas vezes.

P: Você é uma pessoa verdadeira?

R: Como escritor, sim, acho que sim. Em particular... bem, é uma questão de opinião; alguns dos meus amigos acham que, quando relato um fato ou evento, tenho a tendência de alterar e exagerar. Eu chamo essa propensão de "dar vida" a alguma coisa. Em outras palavras, é uma forma de arte. Arte e verdade não são necessariamente parceiras compatíveis.

P: De que maneira você mais gosta de ocupar seu tempo livre?

R: Não é sexualmente, embora eu tenha tido meus períodos mais entusiasmados. Porém, como mais do que um mero passatempo casual, o sexo prejudica o coração e é caro, seja qual for a sua interpretação para esse último adjetivo.

Na verdade, gosto de ler. Sempre gostei. Não há muitos escritores contemporâneos que eu aprecie muito. Porém, entre os nossos americanos, tenho gostado do falecido Flannery O'Connor, e Norman Mailer, William Styron, Eudora Welty, Katherine Anne Porter, o Salinger inicial. E muitos outros. Nunca gostei da ficção de Gore Vidal, mas considero sua não ficção de primeira classe. James Baldwin, idem. Mas, na última década, mais ou menos, tenho preferido ler escritores que já li. Vinho degustado. Proust. Flaubert. Jane Austen. Raymond Chandler (um dos *grandes* artistas americanos). Dickens (li tudo de Dickens antes de completar 16 anos e recentemente completei o ciclo de novo).

Sou seletivo com filmes, também – embora viva no meio. Mas só gosto de ir ao cinema sozinho e só durante o dia, quando as salas ficam vazias. Assim posso me concentrar no que estou vendo e me retirar quando quiser, sem ter que discutir os méritos do projeto com outra pessoa: comigo, essas discussões sempre levam a altercações e irritação.

Prefiro trabalhar de manhã, normalmente por quatro ou cinco horas, e depois, se estou sozinho em uma cidade, qualquer cidade, vou encontrar um amigo para almoçar em algum restaurante favorito (em Nova York: Lafayette, La Côte Basque, Orsini's, o Oak Room do The Plaza e, até seu infeliz fim, o Colony). Muitas pessoas dizem que odeiam almoçar; engorda, causa fadiga, estraga completamente o dia. Para mim, é o contrário. E há alguns homens com quem gosto de almoçar, mas, de maneira geral, prefiro as belas, ou pelo menos extremamente atraentes, atentas e *au courant* mulheres. Incluo nessa categoria diversas jovens damas (Lally Weymouth, Amanda Burden, Penélope Tree, Louise Melhado – esta última, aliás, casada com um corretor de ações honesto). Mas não considero que uma mulher mereça nota máxima até que ela atinja e mantenha qualidades de estilo e aparência e bom senso além da fácil ilusão da juventude: uma lista parcial delas, e uma lista enviesada, teria de incluir Barbara Paley, Gloria Guinness, Lee Radziwill, Oona Chaplin, Gloria Cooper, Slim Keith, Phyllis Cerf, Kay Meehan, Viola Loewy, D. D. Ryan, Evelyn Avedon, Pamela Harriman, Kay Graham – bem, a relação continua, mas os nomes certamente não somariam cinquenta. Perceba que as pessoas que mencionei são cidadãs privadas, não públicas; afinal, para certas personalidades públicas – Garbo (uma mulher egoísta e cansativa) ou Elizabeth Taylor (uma mulher sensível e autodidata com uma atitude dura, mas essencialmente inocente – se você dorme com um homem, puxa, isso significa que deve se casar com ele!) –, *encantar* é dever de ofício.

Sei que todos pensam que sou muito sociável e, embora algumas afirmações anteriores pareçam confirmar essa impressão, gosto de ficar sozinho. Gosto de carros bons, velozes, gosto de motéis solitários com suas máquinas de gelo e seu anonimato sombrio; então, às vezes, eu me sento atrás do volante e, sem planejamento, sem nenhum destino específico, dirijo sozinho por milhares de quilômetros. Só uma vez consultei um psiquiatra; em vez disso, devia ter ido dirigir um conversível com a capota baixa, o vento soprando e o sol brilhando.

P: Do que você tem mais medo?

R: Não é da morte. Bem, eu não quero *sofrer*. Mas, se uma noite eu for dormir e não acordar mais, essa é uma ideia que não me incomoda muito. Pelo menos seria algo diferente. Em 1966 eu quase morri em um acidente de automóvel – fui arremessado de cabeça pelo para-brisa e, apesar de ter sofrido ferimentos graves e pensado que o que Henry James chamou de A Coisa Distinta (morte) estava perto, fiquei completamente consciente deitado numa poça de sangue recitando para mim mesmo o número do telefone de vários amigos. Desde então, passei por uma cirurgia para remoção de um câncer, e a única parte que realmente me incomodou foi ter de passar uma semana sem propósito e sem rumo entre o dia do diagnóstico e a manhã da cirurgia.

Enfim, considero absurda e até obscena toda essa indústria cosmética e médica baseada na ânsia pela juventude, no medo do envelhecimento, no terror da morte. Quem quer viver para sempre? A maioria, aparentemente; mas é idiota. Afinal, existe o que se pode chamar de saturação da vida: o ponto em que tudo é puro esforço e total repetição.

Pobreza? Fanny Brice disse: "Já fui rica e já fui pobre. Acredite, ser rico é melhor". Pois bem, eu discordo; pelo menos não penso que o dinheiro faça alguma grande diferença ao ajuste ou (palavra imbecil) "felicidade" pessoal de alguém. Conheço bem um número razoável de pessoas muito ricas (não considero rico ninguém que não possa somar 50 milhões de dólares em dinheiro), e há quem diga, em momentos especialmente maldosos, que não conheço ninguém além desses (ao que se pode responder que eles ao menos pagam a conta e nunca pedem dinheiro emprestado). Mas a questão é: não consigo pensar em uma única pessoa rica que, em termos de contentamento, ou de redução da ansiedade geral da humanidade, tenha vivido melhor do que qualquer um de nós. De minha parte, sou capaz de aceitar uma coisa ou outra: um quarto mobiliado em alguma rua afastada de Detroit ou o velho apartamento de Cole Porter no Waldorf Towers, que o decorador Billy Baldwin transformou em uma ilha de luxo sublime e sutil. O que não suportaria é o meio-termo: o som dos regadores de grama e das fontes jorrando do lado de fora de uma casa rural com garagem para dois carros em Scarsdale ou Shaker Heights. Bem, eu nunca disse que não era esnobe. Só disse que não tenho medo de ser pobre.

Fracasso? Fracasso é o condimento que dá sabor ao sucesso. Não, eu já provei desse caldo especial, já sorvi do veneno (especialmente trabalhando no teatro) o suficiente para agora debochar dele. Francamente, não dou a mínima para o que dizem de mim, seja em particular ou na imprensa. É claro, isso não vale para quando eu era jovem e comecei a publicar. E não vale agora com relação a uma esfera da vida – uma traição do afeto ainda pode me incomodar de maneira traumática. Caso contrário, derrota e crítica são só uma questão de indiferença, remotas como as montanhas da Lua.

P: Então, o que o amedronta?

R: A ideia de que posso perder meu senso de humor. De que posso me tornar uma mente sem alma, caminhar pela estrada da loucura e assim, como sugere a doutrina Zen, passar o resto de uma vida arruinada ouvindo o som de um bater de palmas.

P: O que o choca? Existe alguma coisa capaz disso?

R: Crueldade deliberada. Crueldade por si mesma, verbal ou física. Assassinato. Pena de morte. Gente que espanca crianças. E gente que espanca animais.

Uma vez, há muito tempo, descobri que meu melhor amigo, então com 18 anos, estava vivendo um romance inteiramente concretizado com a madrasta. Na época fiquei chocado; nem é preciso acrescentar que agora, pensando nisso, não me choco mais, posso perceber que a situação era provavelmente benéfica para os dois envolvidos. Desde então, não tenho me surpreendido, para não dizer que não me sinto chocado, por nenhum tipo de arranjo sexual-moral. Se fosse diferente, eu teria de liderar o desfile dos milhões e milhões de hipócritas da nossa nação.

P: Você publicou *A sangue-frio* há seis anos. Em que tem trabalhado desde então?

R: Publiquei um conto longo como livro, "The Thanksgiving Visitor". Colaborei em um filme, *Trilogy*, baseado em meus contos ("A Christmas Memory", "Miriam", "Among the Paths to Eden"); fiz um documentário sobre a pena de morte, *Death Row U. S. A.*, encomendado pela ABC, mas nunca exibido neste país (em outros, sim; no Canadá, por exemplo) por razões ainda misteriosas e não explicadas. Recentemente, também concluí um roteiro de Fitzgerald, *O grande Gatsby* – um romance quase perfeito, mas difícil de encenar por consistir quase inteiramente de exposição muito antiga e, no original, de cenas de bastidores. Pessoalmente, gosto da minha adaptação, mas os produtores, a Paramount Pictures, têm outra opinião; minha piedade para todos os que tentem reescrever.

Levei cinco anos para escrever *A sangue-frio* e um ano para recuperar-me – se é que recuperação é a palavra; não há um dia em que algum aspecto daquela experiência não turve meus pensamentos.

Porém, antes de começar *A sangue-frio*, na verdade, logo depois de terminar *Breakfast at Tiffany's* em 1957, comecei a preparar as notas e a estrutura para um romance ambicioso então intitulado, e hoje intitulado, *Answered Prayers*, que deriva de um comentário de santa Teresa: "Mais lágrimas são derramadas por preces atendidas do que por preces não atendidas". Acho que isso é verdade: desejos atendidos são sempre substituídos por outros. É como aqueles cães de corrida e o coelho mecânico – é impossível alcançá-lo. E isso provoca o que há de melhor e pior na vida. Eu me lembro de uma amiga no funeral de Robert Kennedy, alguém muito próxima dele, e ela disse: "Era um dia muito quente. Escaldante. E o túmulo esperava aberto na relva verde sob aquela grande árvore verde e fresca. E de repente senti inveja dele. Invejei toda aquela paz verde. Eu pensei, Deus o abençoe, Bobby, você não precisa mais lutar. Está seguro".

Answered Prayers é tecnicamente complicado e é o trabalho mais longo que já fiz – o triplo do tamanho de todos os meus outros livros combinados. No último ano tenho estado sob grande pressão para terminá-lo; mas a literatura tem vida própria e insiste em dançar no próprio ritmo. *Answered Prayers* é como uma roda com uma dúzia de raios; o motor que faz a roda girar é uma mulher extraordinariamente jovem que teve cinquenta relacionamentos, poderia ter se casado com qualquer um, mas por doze anos amou um homem "mais velho" que não pode se casar porque já é casado, e não vai se divorciar porque espera, com bons motivos, ser o próximo presidente dos Estados Unidos.

P: Se você não houvesse escolhido escrever, ter uma vida criativa, o que teria feito?

R: Eu teria me tornado advogado. Pensei nisso muitas vezes e muitos advogados, incluindo um procurador-geral e um juiz da Suprema Corte, me disseram que eu teria sido um profissional de primeira, apesar de a minha voz, muitas vezes descrita como "aguda e infantil" (*entre* outras coisas), poder ser um ponto negativo.

Além disso, eu também não me incomodaria de ser sustentado, mas ninguém jamais quis me sustentar – não mais do que por uma semana.

P: Faz alguma forma de exercício?

R: Sim, massagem.

P: Sabe cozinhar?

R: Não para outras pessoas. Para mim, sempre preparo alguma coisa. Bolacha e sopa de creme de tomate. Ou uma batata assada recheada com caviar fresco.

P: Se a *Reader's Digest* encomendasse a você um artigo sobre o "Tipo Inesquecível", sobre quem escreveria?

R: Deus não permita que uma encomenda tão degradante surja no meu caminho. Mas, se eu tivesse de fazer... vejamos. Robert Frost, o Laureado Poeta Americano, foi bem memorável. Um velho bastardo, se algum dia houve algum. Eu o conheci quando tinha 18 anos e, aparentemente, ele não me considerou um adorador suficientemente humilde no altar de seu ego. De qualquer maneira, com uma carta indecente a Harold Ross, antigo editor do *The New Yorker*, onde eu trabalhava na época, ele conseguiu me demitir de meu primeiro e último emprego registrado. Talvez me tenha feito um favor; porque, então, eu me sentei e escrevi meu primeiro livro, *Outras vozes, outros lugares*.

Quando era criança, até os 10 anos de idade, mais ou menos, morei com uma parente idosa e solteirona em uma parte rural e isolada do Alabama. A srta. Sook Faulk. Ela mesma não tinha mais de 12 anos de idade mental, o que assegurava sua pureza, timidez, sua estranha e inesperada sabedoria. Escrevi duas histórias sobre ela, "A Christmas Memory" e "The Thanksgiving Visitor" – ambas filmadas para a televisão com Geraldine Page no papel da srta. Faulk, trabalho que ela desempenhou com beleza e precisão inquietantes.

A srta. Page é inesquecível, pensando bem: uma Jekyll e Hyde; dr. Jekyll no palco, sr. Hyde fora dele. É simplesmente uma questão de aparência; ela tem pernas mais bonitas que Dietrich e, como atriz, é capaz de projetar uma ilusão de encantamento infinito – mas em particular ela insiste, sabe Deus por quê, em se disfarçar com perucas de bruxa e fantasias de consumada excentricidade.

É claro, não me interesso muito por atrizes *ou* atores. Um amigo, agora não me lembro exatamente quem, disse: "Todas as atrizes são mais que mulheres e todos os atores são menos que homens". Uma observação meio verdadeira; mesmo assim, verdadeira o bastante para ser, na minha opinião, a principal causa da prevalecente neurose teatral. Mas o problema com muitos atores (*e* atrizes) é que são burros. E, em muitos casos, o mais burro é o mais talentoso. Sir John Gielgud, o homem mais bondoso que conheço, é um técnico incomparável, voz brilhante; mas todo o cérebro ficou na voz. Marlon Brando. Nenhum ator da minha geração possui maior talento natural; mas nenhum outro levou a falsidade intelectual a níveis mais elevados de hilária pretensão. Exceto, talvez, Bob Dylan: sofisticado enganador musical (?) fingindo ser um revolucionário de coração simples (?), mas um caipira sentimental.

Mas chega desse questionamento. Foi tolice começar.

P: Qual é a palavra mais cheia de esperança em qualquer idioma?

R: Amor.

P: E a mais perigosa?

R: Amor.

P: Alguma vez você quis matar alguém?

R: Você não? Não? Jura? Bem, ainda assim, não acredito em você. Todo mundo já quis matar alguém em algum momento. A verdadeira razão pela qual muitas pessoas cometem suicídio é que preferem se matar em vez de matar quem as atormenta. De minha parte, se o desejo alguma vez se houvesse transferido para a ação, eu estaria concorrendo com Jack, o Estripador. Enfim, é divertido pensar nisso: a trama, o planejamento, a surpresa e o arrependimento estampados no rosto do vilão transformado em vítima. Muito relaxante. Melhor que contar carneirinhos.

Há pouco tempo, um médico sugeriu que eu adotasse um *hobby* mais saudável do que degustar vinho e fornicar. Ele pensou se eu era capaz de pensar em alguma coisa. Respondi: "Sim, assassinato". Ele riu, nós dois rimos, mas eu não estava brincando. Pobre homem, mal sabia que morte perfeita e dolorosa eu havia imaginado para ele quando, depois de oito dias de cama com alguma coisa semelhante à peste negra, ele ainda se recusava a ir me examinar em casa.

P: Quais são seus interesses políticos?

R: Conheci alguns políticos de quem gostei, e coleção mais surreal não poderia ser imaginada. Adlai Stevenson era um amigo, e sempre muito generoso; éramos hóspedes na mesma casa quando ele morreu e eu me lembro de ver um criado arrumando as malas dele e depois, quando a bagagem ficou pronta mas ainda não havia sido fechada, eu me aproximei e peguei para mim uma de suas gravatas – uma espécie de roubo sentimental, porque na noite anterior eu havia elogiado aquela gravata e ele a prometera para mim. Por outro lado, também gosto de Ronald Reagan. Muitos dos meus amigos acham que estou brincando quando digo isso.

Não estou. Mesmo sendo tão diferentes em espírito, o governador Stevenson e o governador Reagan têm em comum uma modéstia, uma objetividade do tipo "olho no seu olho e estou dizendo a verdade", que é rara entre nós, imagine entre os políticos. Suponho que o senador Jacob Javits, de Nova York, e o governador Reagan sintam antipatia um pelo outro por razões puramente reflexivas. Na verdade, acho que eles se dariam muito bem e fariam uma interessante combinação política. (É claro, a verdadeira razão para eu sempre falar bem do governador Reagan e do senador Javits é que gosto da esposa deles, embora elas sejam ainda menos parecidas entre si que os maridos, sendo a sra. Javits uma criatura urbana armada de laquê, mas ainda indomada, uma criança-mulher de voz doce e olhar *sexy* com um vocabulário tão novo, picante e típico do Brooklyn quanto as ondas que espancam as praias de Coney Island. Quanto à sra. Reagan –não sei, há nela alguma coisa de cidade pequena americana, algo que causa nostalgia: a rainha da formatura passando a cavalo por um trono de rosas.)

Os dois políticos que conheci melhor foram o presidente Kennedy e o irmão dele, Robert. Eles também eram bem diferentes entre si e não eram tão próximos quanto se acredita; o irmão mais novo tinha muito medo do mais velho.

P: Temos mesmo que ouvir *alguma* coisa mais sobre *algum* Kennedy? Além do mais, você está se esquivando da pergunta, que não era sobre políticos, mas sobre seus interesses na política.

R: Não tenho nenhum. Nunca votei. Porém, se fosse convidado, creio que me juntaria a uma parada de protesto qualquer: Antiguerra, Libertem Angela, Liberação Gay, Liberdade para as Mulheres, etc.

P: Se pudesse ser qualquer coisa, o que mais gostaria de ser?

R: Invisível. Ser visível ou invisível de acordo com a minha vontade. Quero dizer, pense nas possibilidades: o poder, a riqueza, a constante diversão erótica.

P: Quais são seus principais vícios? E as virtudes?

R: Não tenho vícios. Esse conceito não existe no meu vocabulário. Minha principal virtude é a gratidão. Até onde eu sei, nunca traí ninguém que tenha sido bom para mim. Mas, como a arte é a compensação da vida para os falhos deleites do viver, reservo minha maior gratidão para os poetas, pintores e compositores que mais me compensaram. Um trabalho artístico é o mistério, a extrema magia; todo o resto é aritmética ou biologia. Acho que entendo muito sobre escrever; mesmo assim, quando leio alguma coisa boa, um trabalho de arte, na verdade, meus sentidos alçam voo para um universo de fascínio. Como ele fez isso? Como é possível?

P: Pensando bem, parece que algumas das suas respostas são incoerentes. Crueldade deliberada, você diz, é o pecado imperdoável. Depois confessa uma ou outra crueldade verbal, e adiante admite ter pensado em homicídio premeditado.

R: Qualquer um coerentemente coerente tem a cabeça feita de biscoito. Minha cabeça, o interior dela, pode ser de alguma coisa estranha, mas não é de biscoito.

P: Imagine que está se afogando. De acordo com a tradição clássica, que imagens passam por sua cabeça?

R: Um dia quente no Alabama em, oh, 1932, então devo ter 8 anos e estou em uma horta cantarolando com abelhas e ondas de calor, e estou colhendo nabos e tomates vermelhos e suculentos, que vou colocando em um cesto. Depois corro por um bosque de pinheiros para um riacho fresco, onde me banho e lavo os nabos e os tomates. Aves, canto de pássaros, farfalhar de folhas, o sabor forte de um nabo cru na minha língua: prazeres eternos, aleluia. Não muito longe uma cobra, uma *cottonmouth*, se movimenta na água sinuosa, fazendo ondas; não tenho medo dela.

Dez anos mais tarde. Nova York. Um bar de *jazz* nos tempos de guerra, um lugar na Rua 52: The Famous Door. Lá se apresenta minha mais adorada cantora americana – naquela época, hoje, sempre: srta. Billie Holiday. *Lady Day.* Billie, com uma orquídea no cabelo, os olhos esmaecidos por alguma substância percorrendo a luz lilás barata, a boca desenhando as palavras: *Good mornin', Heartache... You're here again to stay...*

Junho de 1947. Paris. Bebendo uma *fine l'eau* em um café com mesas na calçada com Albert Camus, que me diz que devo aprender a ser menos sensível a críticas. (Ah, se ele pudesse ter vivido para me ver agora!)

Parado diante da janela de uma *pension* em uma ilha do Mediterrâneo vendo o barco de passageiros da tarde chegar do continente. De repente, lá no píer, carregando a mala, vejo alguém que conheço. Muito bem. Alguém que me disse adeus, num tom que considerei definitivo, não muitos dias antes. Alguém que, aparentemente, havia mudado de ideia. Então: era mesmo de verdade? Ou só um deboche? Ou era, finalmente, o amor? (Era.)

Um homem jovem com cabelos lisos e engomados. Ele usa um arreio de couro que mantém seus braços presos ao corpo. Está tremendo; mas fala comigo sorrindo. Só consigo ouvir o pulsar do sangue no ouvido. Vinte minutos depois ele está morto, pendurado em uma corda.

Dois anos passados. Dirigindo de volta da neve dos Alpes para os vales de uma primavera italiana.

Visitando, no Père-Lachaise em Paris, o túmulo de Oscar Wilde – à sombra da estranha representação do anjo de Epstein: não acredito que Oscar teria gostado muito.

Paris. Janeiro de 1966. O Ritz. Um amigo incomum aparece, trazendo como presentes buquês de flores e um filhote de coruja em uma gaiola. Parece que a coruja deve ser alimentada com ratos vivos. Um garçom muito gentil do Ritz a mandou para ir viver com sua família em uma fazenda em Provence.

Oh, mas agora os *slides* mentais se movem muito depressa. As ondas estão se fechando. Colher maçãs em uma tarde de outono. Alimentando com mamadeira um filhote de buldogue doente. E ele sobrevive. Um jardim no deserto da Califórnia. O som do vento nas palmeiras. Um rosto, próximo. É o Taj Mahal que estou vendo? Ou apenas Asbury Park? Ou é finalmente o amor? (Não era – Deus, não, nunca era.)

De repente, tudo está girando para trás novamente; minha amiga a srta. Faulk está fazendo uma colcha de retalhos, um desenho de rosas e uvas, e agora ela puxa a colcha até meu queixo. Há uma lamparina de querosene ao lado da cama; ela me deseja feliz aniversário e sopra a chama de luz.

E à meia-noite, quando o sino da igreja badala, eu tenho 8 anos.

Mais uma vez, o riacho. O sabor do nabo cru na minha boca, o fluxo da água envolvendo minha nudez no verão. E ali, *bem* ali, sinuosa na superfície banhada de sol, a ágil e letal *cottonmouth*. Mas eu não tenho medo; tenho?

PREFÁCIO DE *OS CÃES LADRAM*

(1973)

Deve ter sido na primavera de 1950 ou 1951, já que perdi minhas anotações detalhando aqueles dois anos. Era um dia quente no final de fevereiro, auge da primavera na Sicília, e eu conversava com um homem muito velho de traços mongólicos, que usava um Borsalino de veludo preto e, apesar do clima quente e do ar cheirando a flor de amendoeira, uma grossa capa preta.

O velho era André Gide e estávamos sentados sobre uma mureta de praia olhando para a água azul e profunda.

O carteiro passou. Meu amigo, ele me entregou várias cartas, uma delas contendo um artigo literário bem hostil a mim (se fosse simpático, ninguém o teria enviado, é claro).

Depois de me ouvir reclamar um pouco do artigo e da insalubre natureza da mente crítica em geral, o grande mestre francês se curvou, derrubando os ombros como um sábio e velho... urubu, devemos dizer? E disse:

– Ah, bem, lembre-se de um provérbio árabe: os cães ladram, mas a caravana passa.

Eu sempre me lembro desse comentário – às vezes de um jeito maluco e romântico, pensando em mim mesmo como um andarilho do planeta, um turista do Saara se aproximando pela escuridão de tendas no deserto, e de fogueiras em torno das quais espreitam perigosos nativos ouvindo o latido de alerta de seus cães. Tenho a impressão de que passei muito tempo amansando ou fugindo de nativos e cachorros, e o conteúdo deste livro é prova disso. Penso neles, nesses parágrafos descritivos, nessas silhuetas e lembranças de lugares e pessoas, como um mapa em prosa, uma geografia escrita da minha vida ao longo das três últimas décadas, mais ou menos de 1942 a 1972.

Tudo aqui é factual, o que não significa que é a verdade, mas é o mais próximo que posso chegar dela. No entanto, o jornalismo nunca pode ser inteiramente puro, nem pode ser pura a câmera, porque a arte, afinal, não é água destilada: percepções pessoais, preconceitos, a ideia de seletividade do artista polui a pureza da verdade não contaminada.

Os primeiros trechos deste volume, jovens impressões de Nova Orleans e Tânger, Ischia, Hollywood, trens espanhóis, festivais marroquinos, etc., foram coletados em *Local Color*, uma pequena edição limitada publicada em 1951 e há muito tempo esgotada. Uso a ocasião atual para reeditar o conteúdo desse trabalho por duas razões: a primeira delas é a nostalgia, um lembrete de um tempo em que meu olhar era menos estreito e mais lírico; a segunda, porque essas pequenas impressões são os botões desabrochando, o impulso inicial de um interesse em escrever não ficção, um gênero que invadi de maneira mais ambiciosa cinco anos depois com *The Muses Are Heard* [Ouvindo as musas], que também apareceu separadamente em um pequeno livro.

Ouvindo as Musas é o meu trabalho que posso afirmar ter gostado de escrever, uma atividade que raramente associei com prazer. Imaginei essa obra como uma breve novela cômica; queria que fosse bem russa, não no sentido de ser remanescente da escrita russa, mas de um *objeto* czarista, uma criação Fabergé, uma de suas caixas de música, digamos, que tremia com uma melodia cintilante, precisa, travessa.

Muitos dos personagens, americanos e soviéticos também, consideraram *Ouvindo as musas* pura e simples travessura. Porém, em minha experiência jornalística é como se *nunca* tivesse descrito alguém de forma satisfatória para o sujeito; ou se, inicialmente, alguém não ficava infeliz com minhas revelações ou meus pequenos retratos, amigos e parentes logo falavam sobre o assunto levantando dúvidas cruéis, mesquinhas.

De todos os que mencionei, o mais aborrecido foi o assunto de *O duque em seu domínio*, Marlon Brando. Embora não tenha apontado nenhuma imprecisão, ele parecia achar que o artigo era uma invasão insensível, traiçoeira até, de um terreno secreto composto por sofrimento e sensibilidade intelectualmente fabulosa. Minha opinião? É só um relato muito bom e sensível sobre um jovem magoado que é um gênio, mas não é especialmente inteligente.

Porém, o perfil de Brando me interessa por razões literárias; de fato, foi por isso que o escrevi – para aceitar um desafio e enaltecer um ponto literário. Eu argumentava que um relato factual podia ser uma arte tão elevada e bela quanto qualquer outra forma de prosa – ensaio, conto, novela –, uma teoria pouco arraigada em 1956, ano em que o material foi impresso, como é hoje, quando sua aceitação se tornou, talvez, um pouco exagerada. Meu pensamento era: qual é o nível mais baixo de arte jornalística, aquela que é mais difícil de transformar de orelha de porco em bolsa de seda? A "entrevista" com o astro do cinema, coisas da *Tela Prateada*: certamente, nada podia ser mais elevado que aquilo! Depois de escolher Brando como o espécime do experimento, verifiquei meu equipamento (cujo ingrediente principal é um talento para gravar mentalmente longas conversas, uma habilidade que eu havia me esforçado para desenvolver enquanto trabalhava em *Ouvindo as musas*, porque acreditava piamente que as anotações – e mais ainda o uso de um *gravador*! – criam artifício e distorcem ou até destroem toda a naturalidade que pode existir entre o observador e o observado, o nervoso beija-flor e aquele que pretende capturá-lo). Era muito para lembrar, aquela longa sequência de horas de Brando resmungando e divagando, mas eu escrevi tudo na manhã seguinte à "entrevista", depois passei um mês dando forma ao material até chegar ao resultado final. O que mais aprendi com isso foi como controlar a escrita "estática", revelar personalidade e preservar o clima inalterado por uma linha narrativa – sendo esta última para um escritor o que a corda e uma picareta são para um alpinista.

Em *Os cães ladram*, dois artigos demonstram especialmente a diferença entre narrativa e escrita "estática". "Uma viagem pela Espanha" foi uma brincadeira; conduzida por sua natureza anedótica, ela jorrou da ponta de uma caneta Black Wing em questão de horas. Mas algo como "Uma casa no Heights", em que todo o movimento depende da própria escrita, é uma questão de como as frases soam, suspender, equilibrar e tombar; um artigo como aquele pode ser o inferno vermelho, por isso tenho mais carinho por ele do que por "Uma viagem pela Espanha", mesmo sabendo que o último é melhor, ou mais eficiente, pelo menos.

Boa parte da substância deste livro apareceu ao longo dos anos em diversas publicações, mas nunca antes esse material encontrou abrigo sob um único teto. Um deles, "Lola", tem uma história curiosa. Escrito para exorcizar o fantasma de um amigo perdido, o material foi comprado por uma revista americana, em que passou anos sem ser publicado porque o editor da revista decidiu que o odiava; ele dizia não saber sobre o que tratava o artigo e, mais, o declarou proibitivo, sombrio. Eu discordo; ainda assim, entendo o que ele queria dizer, porque instintivamente ele deve ter enxergado por entre os disfarces sentimentais daquela história real e percebeu, sem reconhecer inteiramente, o assunto real: os perigos, a desgraça de não ver e aceitar os limites de sua suposta identidade, as classificações impostas por outras pessoas – uma ave que acredita ser um cão, Van Gogh insistindo em ser um artista, Emily Dickinson uma poetisa. Mas, sem esses erros de julgamento e essas crenças, os oceanos dormiriam, as neves eternas continuariam imaculadas, sem rastros.

ELIZABETH TAYLOR

(1974)

HÁ ALGUNS ANOS, MAIS DE QUINZE, UM AMIGO E EU DECIDIMOS INCLUIR no currículo social de Nova York uma série de almoços com convidados-surpresa; a ideia parecia bem divertida para fevereiro, o pior mês em Nova York, e meu amigo e eu convidamos quatro pessoas para almoçar conosco em um apartamento privado. A ideia era que cada um dos seis adicionasse um membro ao grupo, um convidado "misterioso" – de preferência alguém interessante e conhecido, mas que não fosse conhecido pessoalmente por nenhum, ou pelo menos não por todos os outros. Minha escolha era o dr. J. Robert Oppenheimer, mas ele não estava disponível naquele dia; não consigo lembrar agora *quem* eu levei.

Mas me lembro da escolha de Lady Keith, então sra. Leland Hayward. Lady Keith, que os amigos chamam de Slim, é alta e alegre, uma aristocrata criada na Califórnia (norte da Califórnia, deve-se acrescentar) com pernas, tornozelos e pés lindos. Sua "surpresa", Elizabeth Taylor, era desajeitada ao lado dela – como a sra. Onassis, suas pernas eram curtas demais para o tronco, a cabeça era grande demais para o corpo; mas o rosto, aqueles olhos cor de violeta, é o sonho de um prisioneiro, a fantasia pessoal de uma secretária: irreal, inacessível e ao mesmo tempo tímido, totalmente vulnerável, muito humano, com um brilho de desconfiança cintilando constantemente nos olhos violeta.

Já havíamos nos encontrado uma vez antes – uma tarde de verão na fazenda de um amigo comum em Connecticut. Na época, seu terceiro marido, o duro, baixinho e muito sensual Mike Todd, ainda não havia sofrido o desastre de avião, ainda estava vivo e casado com aquela linda criança que parecia enfeitiçada por ele.

Frequentemente, quando um casal demonstra seu afeto de maneira física, sempre se beijando, tocando e afagando – bem, é comum que se imagine que o romance enfrenta sérias dificuldades. Mas não era assim com aqueles dois. Eu me lembro deles, naquela tarde, deitados ao sol em um campo de grama e margaridas, de mãos dadas e se beijando enquanto uma matilha de seis ou oito gorduchos filhotes de Newfoundland pulavam em cima deles, se enroscavam em seus cabelos.

Mas só quando a encontrei novamente como convidada de Slim Hayward é que Elizabeth Taylor me impressionou, pelo menos como pessoa; como atriz, sempre gostei dela – a começar de *A mocidade é assim mesmo*, mas, especialmente, como a menina rica em *Um lugar ao sol.*

Desde o nosso primeiro encontro, muitas coisas lhe haviam acontecido, mas as duas piores foram a morte de Mike Todd e o casamento com o "cantor" Eddie Fisher – um evento quase tão inadequado quanto as núpcias gregas da sra. Kennedy. Mesmo assim, nenhuma dessas ocorrências reduzira o encantamento agitado que Taylor radiava como uma luz trêmula.

O almoço foi longo, conversamos muito. Minha primeira descoberta sobre ela foi que, apesar de uma divertida abundância de palavrões com quatro letras, ela era, em vários aspectos, uma moralista, e das mais estritas, quase calvinista. Por exemplo, ela estava inquieta com a ideia de desempenhar o papel da heroína hedonista de *Disque Butterfield 8*, de John O'Hara; estava presa a uma indissolúvel obrigação legal de aceitar o papel (pelo qual mais tarde ganhou um Oscar), mas gostaria de poder se livrar dele porque "não gosto daquela garota. Não gosto do que ela representa. O vazio sonolento dentro dela. Os homens. O sexo inconsequente".

Nesse ponto me lembrei de uma conversa que tivera com Marilyn Monroe (não que esteja fazendo uma comparação entre Taylor e Monroe; elas eram diferentes, a primeira uma profissional do tipo pegar-ou-largar, a última uma primitiva morbidamente insegura, naturalmente talentosa).

Mas a atitude moral de Monroe era semelhante: "Não acredito em sexo casual. Certo ou errado, se me deito com um homem, sinto que devo me casar com ele. Não sei por quê. Estúpido, talvez. Mas é assim que me sinto. Ou, se não isso, ao menos deve ter algum significado. Não pode ser só algo físico. Engraçado, considerando minha reputação. E talvez eu a mereça. Mas não penso assim. Não mereço, quero dizer. As pessoas não entendem o que pode acontecer com você. Sem seu verdadeiro consentimento. Consentimento interno".

A segunda surpresa foi perceber que Taylor lia muito – não que ela fizesse alguma coisa com toda essa leitura, ou posasse de intelectual, mas era evidente que ela gostava dos livros e, num estilo aleatório, já havia lido muitos. E os discutia com considerável compreensão do processo literário; no geral, isso me levava a pensar sobre os homens na sua vida – com exceção de Mike Todd, que tinha um certo brilhantismo fulgurante, uma espécie de sabedoria resplandecente, os maridos dela, até aquele momento, não eram exatamente notáveis: Nicky Hilton, Michael Wilding, o sr. Fischer – o que essa jovem tão atenta e de mentalidade rápida podia ter para conversar com eles? "Bem, nem sempre se pode fritar o peixe que desejamos comer. Alguns dos homens de quem gostei não gostavam de mulheres."

E assim começamos a falar de um amigo comum, Montgomery Clift, o jovem ator com quem ela contracenara em *Um lugar ao sol* e por quem sentia um afetuoso impulso de proteção. Ela disse:

– Sabe, aconteceu na minha casa. Ou melhor, pouco depois de ele ter saído da minha casa. Ele havia bebido demais e perdeu o controle do carro. Estava bem, antes disso – antes do acidente. Bem, ele sempre bebia demais – mas foi depois do acidente, depois do hospital, dos tubos, de todos aqueles remédios. Ninguém enfrenta aquele ritmo para sempre. Não o vejo há um ano. Você o viu nesse período?

Eu disse que sim, que o vira. Ele havia telefonado alguns dias antes do Natal, e parecia bem. Queria saber quais eram meus planos para o almoço e eu não tinha planos, ia fazer compras de Natal, e ele me convidou para almoçar no Le Pavillon, se eu o levasse às compras. Ele bebeu dois martínis no almoço, mas estava lúcido e muito divertido; mas foi ao banheiro e lá deve ter tomado alguma coisa, porque vinte minutos depois estava voando.

Estávamos na Gucci e ele pegou e empilhou sobre o balcão umas duas dúzias de suéteres caríssimos. De repente, agarrou todos os suéteres e saiu, e chovia muito. Ele jogou as blusas na rua e começou a chutá-las.

O pessoal da Gucci lidou com a situação de uma maneira muito calma. Um dos funcionários providenciou caneta e um bloco de notas e me perguntou:

– De quem devo cobrar pelos suéteres?

Ele realmente não sabia. Disse que precisava de alguma identificação. Por isso fui até a rua, onde Monty ainda chutava os suéteres (observado por espantados transeuntes), e perguntei se ele tinha um cartão de apresentação. Ele olhou para mim com aquela altivez maníaca, distante, e disse:

– Meu rosto é meu cartão de apresentação!

Taylor, com os olhos sempre radiantes, adotou um tom emocionado.

– Ele não pode continuar desse jeito. Isso vai acabar com ele.

Ela estava certa; acabou, mesmo. Mas não antes de, graças à piedade de Taylor e sua insistência em um momento no qual os produtores relutavam em escalar Clift para um elenco, eles trabalharem juntos em *De repente, no último verão* – última performance digna de Clift e uma das melhores de Taylor, atrás apenas da sutileza e da rabugice com que ela temperou, muitos anos mais tarde, o papel da esposa alcoólatra em *Quem tem medo de Virginia Woolf?*, de Albee.

Alguns anos se passaram antes que nos encontrássemos novamente, nessa ocasião em Londres, onde ela estava por um tempo aguardando seguir para Roma e começar a produção de *Cleópatra*. Ela e Fisher moravam em uma cobertura na Dorchester.

Eu havia visitado aquela mesma cobertura muitas vezes, porque outro amigo morara lá. Oliver Messel decorara o lugar e o tornara muito bonito. Porém, durante a residência de Taylor, os cômodos se encheram de gatos e cachorros e havia no lugar uma atmosfera de parafernália desordenada em que não se podia mais identificar o toque de Messel.

Na primeira noite em que fui visitar Taylor naquele ambiente, ela fez o possível para me dar um charmoso gato bege que havia encontrado em uma rua qualquer.

– Não? É muita maldade sua. Não posso cuidar de tudo *isso*... – Ela abriu os braços, indicando a vastidão de suas responsabilidades – animais suficientes para estocar uma loja, um secretário servindo drinques, uma camareira que entrava e saía da sala exibindo vestidos entregues pouco antes ("Todos de Paris. Mas vou ter de mandar a maioria deles de volta. Não posso pagar. Não tenho dinheiro. *Ele* também não tem. Debbie Reynolds – se me perdoa a expressão – ficou com tudo"), sem mencionar Fisher, que permanecia sentado no sofá esfregando os olhos, como se quisesse despertar depois de um cochilo.

Ela disse a ele:

– Qual é o problema? Por que esfrega tanto os olhos?

– Deve ser toda essa leitura! – Fisher reclamou.

– *Que* leitura?

– Aquela *coisa* que você disse que tenho que ler. Eu tentei. Mas não consigo.

O olhar de Taylor se afastou dele com certo desdém.

– Ele se refere a *O sol é para todos*. Já leu? Acabou de ser lançado. Acho que é um livro realmente adorável.

Sim, eu lera; na verdade, disse a ela, a autora, Harper Lee, era minha amiga de infância. Crescemos juntos em uma pequena cidade do Alabama e o livro era meio autobiográfico, um *roman à clef*; de fato, Dill, um dos personagens principais, era eu.

– Está vendo? – ela disse ao marido. – Posso não ter tido uma educação muito específica, mas eu sabia, de alguma forma, que o livro era verdadeiro. Eu gosto da verdade.

O marido a olhou de um jeito estranho.

– Ah, sim?

Alguns dias depois, telefonei para ela e fui informado de que Elizabeth estava no hospital, uma circunstância que a imprensa de Londres confirmou naquela noite: LIZ EM ESTADO CRÍTICO.

Quando falei com o sr. Fisher pelo telefone, ele estava à beira do luto:

– Parece que vou perder minha garota.

Era esse mesmo seu destino, mas não da maneira como ele imaginava.

Taylor não morreu, afinal, e eu fui ao hospital levar alguns livros para ela. Para minha surpresa, fui imediatamente conduzido ao quarto. E fiquei muito impressionado com a simplicidade de tudo ali. Pelo menos ela não estava em uma enfermaria, mas aquele armário claustrofóbico, totalmente ocupado por uma estreita cama de ferro e uma cadeira de madeira, não parecia ser uma arena apropriada para o dilema de vida e morte de uma Rainha das Telas.

Ela estava muito animada, embora se pudesse perceber que havia passado por momentos difíceis. Estava mais pálida que os lençóis do hospital; seus olhos, sem maquiagem, pareciam inchados e vermelhos, como os de uma criança que havia chorado demais. Ela se recuperava de um quadro de pneumonia.

– Meu peito e meus pulmões pareciam cheios de fogo. Tiveram de abrir um buraco na minha garganta para extrair as chamas. Está vendo? – Ela apontou para um ferimento em sua garganta com um pequeno tampão plástico. – Se eu tirar o tampão, minha voz desaparece – ela o tirou e a voz realmente sumiu, efeito que me deixou nervoso, o que a fez rir.

Ela ria, mas só ouvi o som da risada quando de novo inseriu o tampão no orifício.

– Foi a segunda vez na minha vida que senti – eu *soube* – que estava morrendo. Ou a terceira, talvez. Mas essa foi a mais real. Foi como navegar em um mar revolto. E cair pela beirada do horizonte. Com o estrondo do oceano na minha cabeça. Suponho que fosse o barulho causado pelo esforço que eu fazia para respirar. Não – ela disse, respondendo a uma pergunta –, não tive medo. Não houve tempo para isso. Estava ocupada demais lutando. Não queria mergulhar no horizonte. E não vou querer nunca. Não sou desse tipo.

Talvez não; não como Marilyn Monroe e Judy Garland, ambas ansiosas pelo mergulho no horizonte, ou em algum arco-íris sombrio, tanto que, antes de conseguirem, as duas tentaram a viagem inúmeras vezes. Mas havia uma tendência comum entre as três, Taylor, Monroe e Garland – eu conheci bem as últimas duas e, sim, havia alguma coisa. Um extremismo emocional, uma necessidade perigosamente maior de ser amada do que de amar, a propensão intempestiva de um jogador incompetente de apostar dinheiro bom contra dinheiro ruim.

– Quer champanhe? – ela perguntou, mostrando uma garrafa de Dom Perignon em um balde de gelo ao lado da cama. – Não devia beber nada, mas... isso. Quero dizer, quando se passa pelo que eu passei... – Ela riu e removeu novamente o tampão da garganta, enviando o próprio riso para um esquecimento sem som.

Abri a garrafa e servi champanhe em dois horríveis copos de plástico branco.

Ela suspirou.

– Hummm, isso é bom. Francamente, só gosto de champanhe. O problema é que causa mau hálito permanente. Diga-me, alguma vez já pensou estar morrendo?

– Sim. Uma vez tive apêndice supurado. E outra vez, quando eu nadava em um riacho, fui mordido por uma *cottonmouth*.

– E sentiu medo?

– Bem, eu era só uma criança. É claro que senti medo. Não sei se sentiria medo hoje.

Ela refletiu, e:

– Meu problema é que não posso me dar ao luxo de morrer. Não que eu tenha algum grande compromisso artístico (antes de Mike, antes do que aconteceu com ele, eu planejava me afastar do cinema: estava farta de tudo isso). Só compromissos financeiros, emocionais: o que seria dos meus filhos? Ou dos meus cachorros, na verdade?

Ela terminou de beber a champanhe, eu servi mais um copo e, quando ela voltou a falar, parecia estar se dirigindo essencialmente a mim.

– Todo mundo quer viver. Mesmo quando *não* querem, só *pensam* que não querem. Mas eu acredito que algo vai acontecer comigo. Algo que vai mudar tudo. O que acha que pode ser?

– Amor?

– Mas que tipo de amor?

– Bem, ah... o de sempre.

– Não pode ser nada comum.

– Então, uma visão religiosa, talvez?

– Bobagem! – ela mordeu o lábio, preocupada. Mas, depois de um tempo, riu e disse: – Que tal amor combinado a uma visão religiosa?

Anos se passaram até que nos encontrássemos novamente, e então tive a impressão de que era eu quem tinha uma visão religiosa. Foi em uma noite de inverno em Nova York e eu estava em uma limusine com Taylor e Richard Burton, o talentoso filho de um mineiro que havia substituído Fisher.

O motorista de Burton nos levava, ou tentava nos levar, para longe de um teatro na Broadway onde Burton representava um papel em uma peça. Mas o carro não saía do lugar por causa dos milhares, e eram realmente milhares de pessoas andando pelas ruas, aplaudindo e assobiando, insistindo em ver mesmo que rapidamente o mais celebrado casal desde que a sra. Simpson se dignara aceitar o Rei. Rostos úmidos e pálidos se espremiam no vidro das janelas; garotas robustas, em exaltadas condições de excitação libidinosa, batiam no teto do carro; centenas de pessoas comuns, saindo de outros teatros, viam-se presas no meio daquela multidão exaltada de fãs de Burton-Taylor. A cena era como uma avalanche paralisada que nada conseguia mover, nem mesmo um batalhão de policiais montados investindo contra a multidão com seus cassetetes, não de forma agressiva ou violenta, mas com uma hesitação bem-humorada.

Burton, um homem de olhos claros com uma voz melodiosa e uma pele engrossada pela acne, se divertia com a situação.

– É um fenômeno – ele disse, sorrindo e exibindo os dentes caros. – Todas as noites Elizabeth vem me buscar depois da apresentação e elas estão sempre aí, todas essas... essas... essas...

– Maníacas por sexo – a esposa interferiu com frieza.

– Essas multidões *entusiastas* – ele a corrigiu com tom crítico –, esperando... esperando...

– Esperando para ver uma dupla de malucos pecaminosos. Pelo amor de Deus, Richard, não percebe que isso tudo só está acontecendo porque essa gente nos considera pecadores e doidos?

Um velho que havia subido no capô do carro gritava obscenidades quando, atirado longe pela arrancada repentina, caiu sob os cascos dos cavalos dos policiais.

Taylor estava perturbada.

– É exatamente isso que sempre me incomoda. Alguém pode se machucar.

Mas Burton parecia inabalável.

– Sinatra estava conosco há algumas noites. Ele não conseguia se refazer do choque. Disse que nunca viu nada parecido. Ele ficou realmente impressionado.

Bem, *era* impressionante. E deprimente. Taylor estava deprimida com aquilo e, assim que conseguimos chegar ao hotel onde eles estavam hospedados e onde havia outro grupo de fãs para recebê-los, ela se serviu de uma dose tripla de vodca. Burton bebeu a mesma coisa e na mesma quantidade.

Depois da vodca veio a champanhe e o serviço de quarto providenciou uma refeição não muito animadora, mas suficiente para o horário, mais de meia-noite. Burton e Taylor comeram com apetite: notei que atores e dançarinos parecem ter sempre fome incontrolável – mas permanecem no mesmo estranho e etéreo peso (até Taylor, que nunca pareceu tão roliça fora das câmeras quanto às vezes parece em algumas fotografias: a câmera sempre cria a impressão de 13 quilos a mais – nem mesmo Audrey Hepburn foi exceção).

Aos poucos, era possível perceber uma tensão excessiva entre os dois: constantes contradições no diálogo, uma divisão reminiscente do casal em *Quem Tem Medo de Virginia Woolf?*. Mas aquela era a tensão do romance, de duas pessoas que haviam assumido um compromisso físico e psicológico uma com a outra. Jane Austen certa vez dissera que toda literatura girava em torno de dois temas: amor e dinheiro. Burton, um homem excepcional na arte da conversação, englobava o primeiro tema ("Eu amo essa mulher. Ela é a mulher mais interessante e excitante que já conheci") e o segundo ("Eu me importo com dinheiro, nunca tive e agora tenho, e quero – bem, não sei o que considera ser rico, mas é isso que quero ser"). Esses dois assuntos, e literatura – não atuação, escrita: "Nunca quis ser um ator. Sempre quis ser um escritor. E é o que serei se esse circo acabar. Escritor".

Quando ele dizia isso, os olhos de Taylor brilhavam com orgulho. Seu entusiasmo pelo homem iluminava a sala como uma coleção de lanternas japonesas.

Ele deixou seu assento para abrir outra garrafa de champanhe.

Ela disse:

– Oh, nós discutimos. Mas pelo menos ele é digno de uma discussão. É realmente brilhante. Ele leu de tudo e posso conversar com ele, não há nenhum assunto sobre o qual não possa conversar com ele. Todos os amigos dele... Emlyn Williams lhe disse que era tolice se casar comigo. Ele era um grande ator. *Poderia* ser um grande ator. E eu não era *nada*. Uma estrela do *cinema*. Mas o mais importante é o que acontece entre um homem e uma mulher que se amam. Ou entre duas pessoas que se amam.

Ela foi até a janela e afastou a cortina. Havia começado a chover e a chuva lavava a vidraça.

– Chuva me dá sono. Não quero mais champanhe. Não, não. Não vá. Vamos bebê-la assim mesmo. E depois tudo será maravilhoso, ou teremos uma briga de verdade. Ele acha que bebo demais. E eu *sei* que ele bebe muito. Estou apenas tentando me manter no clima. Animada. Quero estar sempre *onde* ele está. Lembra-se de que, há muito tempo, eu disse que havia alguma coisa para a qual eu queria viver?

Ela fechou as cortinas e olhou para mim sem realmente me enxergar – Galateia observando algum horizonte final.

– Então, o que você acha? – Mas era uma pergunta com uma resposta já preparada. – O que acha que será de nós? Eu acho que, quando você encontra aquilo que sempre quis, não chega ao ponto em que o começo começa, mas sim onde o fim começa.

MÚSICA PARA CAMALEÕES

(1979)

Ela é alta e esguia, talvez setenta anos, grisalha, bem-arrumada, nem branca nem negra, de um tom pálido de rum dourado. É uma aristocrata da Martinica que mora em Fort de France, mas também tem um apartamento em Paris. Estamos sentados na varanda da sua casa, uma casa elegante e arejada que parece feita de renda de madeira: lembra-me certas casas de Nova Orleans. Bebemos chá gelado de hortelã com um leve toque de absinto.

Três grandes camaleões verdes correm pela varanda; um deles para aos pés de Madame, brandindo a língua bifurcada, e ela comenta:

– Camaleões. Criaturas excepcionais. A maneira como mudam de cor. Vermelho. Amarelo. Verde. Rosa. Lilás. E você sabia que eles gostam muito de música? – Ela me olha com seus belos olhos negros. – Não acredita em mim?

Durante a tarde ela me dissera várias coisas curiosas. Como à noite o jardim ficava cheio de enormes insetos noturnos. Que seu motorista, uma figura digna que me havia levado até a casa em um Mercedes verde-escuro, envenenara a esposa e fugira da ilha do Diabo. E ela descrevera um vilarejo no alto das montanhas do norte que é inteiramente habitado por albinos.

– Pessoas pequeninas de olhos cor-de-rosa e brancas como giz. De vez em quando se vê um deles pelas ruas de Fort de France.

– Sim, é claro. Acredito em você.

Ela inclina a cabeça grisalha.

– Não, não acredita. Mas eu vou provar.

Assim dizendo, ela entrou no salão caribenho, um aposento de sombras com ventiladores de teto que giravam lentamente, e se posicionou ao piano bem afinado. Ainda estou sentado no terraço, mas posso observá-la, essa mulher idosa, elegante, produto da mistura de vários sangues. Ela começa a executar uma sonata de Mozart.

No final, os camaleões se acumulavam: uma dúzia, mais, a maioria verde, alguns escarlates, lilás. Eles andam pelo terraço e entram no salão, uma plateia atenta e sensível para a música. De repente acabou, minha anfitriã bateu o pé e os camaleões correram em todas as direções como fagulhas de uma estrela que explodia.

Ela olha para mim.

– *Et maintenant? C'est vrai?*

– Sim. Mas é muito estranho.

Ela sorri.

– *Alors.* Toda a ilha flutua em estranheza. Esta casa é assombrada. Muitos fantasmas vivem aqui. E não é na escuridão. Alguns aparecem sob a luz brilhante do meio-dia, insolentes como só eles. Impertinentes.

– Isso também é comum no Haiti. Lá os fantasmas caminham à luz do dia. Certa vez vi uma horda deles trabalhando em um campo perto de Petionville. Eles tiravam pragas dos pés de café.

Ela aceita minha declaração como um fato, e continua:

– *Oui, oui.* Os haitianos fazem seus mortos trabalhar. São conhecidos por isso. Nós deixamos os nossos entregues à própria dor. E alegria. São rudes, os haitianos. Tão *creole.* E não se pode banhar lá, os tubarões são assustadores. E os mosquitos: o tamanho, a audácia! Aqui na Martinica não temos mosquitos. Nenhum.

– Eu notei. E tenho me perguntado por quê.

– Nós também. A Martinica é a única ilha no Caribe que não é amaldiçoada por pernilongos, e ninguém consegue explicar por quê.

– Talvez os insetos noturnos maiores os devorem todos.

Ela ri.

– Ou os fantasmas.

– Não. Acho que os fantasmas preferem os outros insetos.

– Sim, tem razão. Se eu fosse um fantasma faminto, comeria qualquer coisa que não fosse pernilongo. Quer mais gelo no seu copo? Absinto?

– Absinto. Isso é algo que não temos em casa. Nem mesmo em Nova Orleans.

– Minha avó paterna era de Nova Orleans.

– A minha também.

Ela serve o absinto de uma garrafa verde reluzente.

– Talvez sejamos parentes, então. Seu nome de solteira era Dufont. Alouette Dufont.

– Alouette? É mesmo? Muito bonito. Conheço duas famílias Dufont em Nova Orleans, mas não tenho parentesco com nenhuma delas.

– Pena. Seria divertido chamá-lo de primo. *Alors*. Claudine Paulot me diz que essa é sua primeira visita à Martinica.

– Claudine Paulot?

– Claudine e Jacques Paulot. Você os conheceu no jantar do governador há algumas noites.

Eu me lembro: ele era um homem alto, bonito, primeiro presidente do Tribunal de Apelações para a Martinica e Guiana Francesa, que inclui a ilha do Diabo.

– Os Paulot. Sim. Eles têm oito filhos. Ele é partidário da pena de morte.

– Você parece viajar muito. Por que não visitou a ilha antes?

– A Martinica? Bem, sentia uma certa relutância. Um bom amigo foi assassinado aqui.

Os olhos adoráveis de Madame se tornaram um pouco menos amistosos que antes. Ela faz um pronunciamento lento:

– Assassinato é uma ocorrência rara por aqui. Não somos um povo violento. Sério, mas não violento.

– Sério. Sim. As pessoas nos restaurantes, nas ruas, até nas praias têm uma expressão severa. Parecem muito preocupadas. Como russos.

– É preciso lembrar que a escravidão só terminou por aqui em 1848.

Não consigo estabelecer a conexão, mas não faço perguntas, porque ela já está falando outra vez.

– Além do mais, a Martinica é *très cher*. Uma barra de sabão comprada na França por cinco francos custa o dobro aqui. O preço de tudo é o dobro do que deveria ser porque tudo precisa ser importado. Se esses encrenqueiros conseguissem o que querem, se a Martinica se tornasse independente da França, então seria o fim. A Martinica não poderia existir sem o subsídio da França. Simplesmente pereceríamos. *Alors*, alguns de nós temos expressões sérias. Falando de maneira geral, porém, você acha a população atraente?

– As mulheres. Vi algumas espantosamente belas. Flexíveis, suaves, altivas; estrutura óssea fina como a dos gatos. Elas também têm uma certa agressividade atraente.

– É o sangue senegalês. Temos muitos senegaleses aqui. Mas os homens... Não acha que são interessantes?

– Não.

– Concordo. Os homens não são atraentes. Comparados a nossas mulheres, eles parecem irrelevantes, sem personalidade: *vin ordinaire*. A Martinica é uma sociedade matriarcal. Quando isso ocorre, como na Índia, por exemplo, os homens nunca são muito importantes. Vejo que está olhando para o meu espelho negro.

Estou. Meus olhos se distraem com ele, são atraídos por ele contra minha vontade, como às vezes são atraídos pelo faiscar insensato de um aparelho desregulado de televisão. Ele tem esse tipo de poder frívolo. Portanto, vou descrevê-lo demasiadamente – à maneira daqueles romancistas franceses que, escolhendo descartar a narrativa, personagem e estrutura, se restringem a parágrafos de página inteira de detalhes sobre o contorno de um único objeto, os mecanismos de um movimento isolado: uma parede, uma parede branca com uma mosca pousada nela. Então: o objeto na sala de estar de Madame é um espelho negro. Tem dezoito centímetros de altura e quinze de largura. É emoldurado por couro preto e tem a forma de um livro. De fato, a moldura está aberta sobre uma mesa, como se fosse uma edição de luxo para ser manuseada e admirada; mas nada há ali para ser lido ou visto – exceto o mistério da própria imagem projetada pela superfície do espelho negro antes de desaparecer em sua infinita profundeza, seus corredores de escuridão.

– Pertenceu a Gauguin – ela explica. – Você sabe, é claro, que ele vivia e pintava aqui antes de ir se instalar entre os polinésios. Era dele o espelho negro. Era um artefato bastante comum entre os artistas do século passado. Van Gogh usava um. Como Renoir.

– Não entendo. Para que eles usavam o espelho?

– Para refrescar a visão. Renovar a reação à cor, às variações de tom. Depois de um tempo trabalhando, a visão ficava fatigada e eles a descansavam olhando para o espelho escuro. Como *gourmets* em um banquete, entre pratos elaborados, despertam o paladar com um *sorbet de citron*. – Ela ergue o pequeno volume que contém o espelho e o entrega a mim. – Eu costumo usá-lo quando meus olhos são excessivamente expostos ao sol. É calmante.

Calmante e também inquietante. A escuridão, quanto mais tempo se passa olhando para ele, deixa de ser negra, tornando-se de um sinistro azul-prateado a soleira para visões secretas; como Alice, sinto-me prestes a iniciar uma viagem pelo espelho, e hesito em prosseguir.

Ouço a voz dela de longe – suave, serena, educada.

– Então, teve um amigo que foi assassinado aqui?

– Sim.

– Americano?

– Sim. Ele era um homem muito talentoso. Músico. Compositor.

– Ah, eu lembro... O homem que escrevia óperas. Judeu! Ele tinha um bigode.

– Seu nome era Marc Blitzstein.

– Mas foi há muito tempo. Quinze anos, pelo menos. Ou mais. Soube que está hospedado no novo hotel. La Bataille. O que está achando de lá?

– É muito agradável. Um pouco tumultuado, porque estão abrindo um cassino. O homem no comando do cassino se chama Shelley Keats. No início pensei que fosse uma piada, mas esse é realmente o nome dele.

– Marcel Proust trabalha no Le Foulard, aquele pequeno restaurante de frutos do mar em Schoelcher, o vilarejo de pescadores. Marcel é garçom. Ficou decepcionado com nossos restaurantes?

– Sim e não. São melhores do que todos os que conheci em outros lugares do Caribe, porém mais caros.

– *Alors*. Como eu comentei, tudo é importado. Nós nem plantamos nossos vegetais. Os nativos são muito preguiçosos. – Um beija-flor invade o terraço e paira no ar casualmente. – Mas nosso pescado é excepcional.

– Sim e não. Nunca vi lagostas tão enormes. Baleias; criaturas pré-históricas. Pedi uma, mas era insossa como giz e tão dura de mastigar que perdi uma obturação. Como frutas da Califórnia: esplêndidas para olhar, mas sem sabor.

Ela sorri, nada feliz.

– Bem, peço que me desculpe, e me arrependo da crítica, percebo que não estou me comportando de maneira muito grata.

– Almocei no seu hotel na semana passada. No terraço com vista para a piscina. Fiquei chocada.

– Como assim?

– Com os banhistas. As damas estrangeiras reunidas em torno da piscina vestindo nada em cima e pouco embaixo. Isso é permitido no seu país? Mulheres se exibindo praticamente nuas?

– Não em locais tão públicos quanto piscinas de hotel.

– Exatamente. E acho que não devia ser permitido aqui. Mas, é claro, não podemos nos dar ao luxo de aborrecer os turistas. Você se aborreceu com alguma das nossas atrações turísticas?

– Ontem fomos ver a casa onde nasceu a imperatriz Josefina.

– Nunca aconselho ninguém a visitar aquele lugar. Aquele velho, o curador, como fala! E não consigo decidir o que é pior – seu francês, seu inglês ou seu alemão. Um tédio. Como se a viagem para chegar lá não fosse suficientemente cansativa.

O beija-flor vai embora. Ouvimos ao longe bandas de metal e percussão, tambores, vozes embriagadas ("*Ce soir, ce soir nous danserons sans chemise, sans pantalons*" [Esta noite, esta noite vamos dançar sem camisa, sem calça]), lembrando que é semana de carnaval na Martinica.

– Normalmente – ela anuncia –, deixo a ilha no carnaval. É impossível. O barulho, o mau cheiro.

Quando planejei essa experiência na Martinica, que incluía viajar com três companheiros, não sabia que nossa visita coincidiria com o carnaval; como nativo de Nova Orleans, eu já tivera minha cota desses eventos. Porém, a variação Martinica era surpreendentemente vital, espontânea, e vibrante como a explosão de uma bomba em uma fábrica de fogos de artifício.

– Estamos gostando, meus amigos e eu. Ontem à noite houve um fabuloso desfile; cinquenta homens carregando guarda-chuvas pretos e usando chapéus de seda, com um esqueleto fosforescente pintado no corpo. Adoro as damas com perucas douradas e lantejoulas coladas no rosto. E todos aqueles homens vestindo os trajes de noiva das esposas! E milhões de crianças portando velas, brilhando como vaga-lumes. Na verdade, quase tivemos um desastre. Tomamos emprestado um carro do hotel e, quando chegamos em Fort de France e seguíamos lentamente pelo meio da multidão, um dos nossos pneus estourou e fomos cercados imediatamente por diabos vermelhos empunhando tridentes.

Madame parecia se divertir.

– *Oui, oui.* Os garotos que se vestem de demônios vermelhos. Isso começou há séculos.

– Sim, mas eles dançavam em cima do carro. E causaram grande dano. O teto do automóvel era praticamente uma pista de dança. E não podíamos abandoná-lo, porque temíamos que eles o destruíssem completamente. Então o mais calmo dos meus amigos, Bob MacBride, se ofereceu para trocar o pneu ali mesmo. O problema era que ele vestia uma camisa nova de linho branco e não queria arruiná-la.

– Portanto, ele se despiu. Muito sensato.

– Foi divertido. Ver MacBride, que é um sujeito do tipo solene, vestindo apenas cueca e tentando trocar um pneu com a loucura do Mardi Gras em torno dele e diabinhos vermelhos cutucando suas costas com tridentes. Eram de papel, felizmente.

– Mas o sr. MacBride conseguiu trocar o pneu.

– Se não houvesse conseguido, duvido que eu estaria aqui abusando da sua hospitalidade.

– Nada teria acontecido. Não somos um povo violento.

– Por favor, não estou sugerindo que corrêssemos algum perigo. Foi só... bem, parte da diversão.

– Absinto? *Un peu*?

– Uma gota. Obrigado.

O beija-flor retorna.

– Seu amigo, o compositor?

– Marc Blitzstein.

– Estive pensando. Ele veio jantar aqui. Madame Derain o trouxe. E Lorde Snowdon estava aqui naquela noite. Com seu tio, o inglês que construiu todas aquelas casas em Mustique...

– Oliver Messel.

– *Oui. Oui.* Meu marido ainda era vivo. E possuía um bom ouvido para música. Meu marido pediu ao seu amigo para tocar piano. Ele tocou algumas canções alemãs. – Ela agora está em pé, movendo-se para a frente e para trás, e percebo quanto a sua silhueta é delicada, como ela parece etérea no vestido de renda verde confeccionado em Paris. – Eu me lembro disso, mas não consigo lembrar como ele morreu. Quem o matou?

Por todo o tempo, o espelho negro está sobre minhas pernas, e mais uma vez meus olhos mergulham em sua profundeza. É estranho onde nossas paixões nos levam, como nos buscam de maneira nebulosa, impondo-nos sonhos indesejados, destinos indesejados.

– Dois marinheiros.

– Daqui? Da Martinica?

– Não. Dois marinheiros portugueses de um navio que estava atracado no porto. Ele os conheceu em um bar. Estava aqui trabalhando em uma ópera e havia alugado uma casa. Ele os levou para casa...

– Eu lembro. Eles o roubaram e espancaram até a morte. Foi horrível. Uma tragédia impressionante.

– Um acidente trágico. – O espelho negro zomba de mim: por que disse isso? Não foi um acidente.

– Mas nossa polícia pegou aqueles marinheiros. Eles foram julgados e condenados à prisão na Guiana. Imagino se ainda estão lá. Talvez pergunte a Paulot. Ele deve saber. Afinal, ele é o primeiro presidente do Tribunal de Apelações.

– Isso realmente não importa.

– Não importa! Aqueles assassinos deviam ter sido guilhotinados!

– Não. Mas eu não me incomodaria de vê-los trabalhando nos campos no Haiti, tirando pragas dos pés de café.

Erguendo os olhos do brilho demoníaco do espelho, notei que minha anfitriã se havia retirado momentaneamente do terraço para a sombra fresca do salão. Ecoa um acorde de piano, e outro. Madame brinca com a mesma nota. Logo os amantes da música se reúnem, camaleões verdes, vermelhos, lilás, uma plateia que, enfileirada no chão do terraço de cerâmica, parece um arranjo escrito de notas musicais. Um mosaico mozartiano.

ENTÃO TUDO DESMORONOU

(1979)

CENA: UMA CELA EM UM BLOCO DE SEGURANÇA MÁXIMA NA PRISÃO DE SAN Quentin, na Califórnia. A cela contém uma cama de alvenaria, apenas, e seu ocupante permanente, Robert Beausoleil, e o visitante é convidado a sentar-se em posições bem incômodas. A cela é livre de objetos que a entulhem; ali se vê um violão encerado em um canto. É o final de uma tarde de inverno e o ar contém um toque gelado, até uma certa nota úmida, como se a neblina da baía de San Francisco se houvesse infiltrado na prisão.

Apesar do frio, Beausoleil está sem camisa, vestindo apenas uma calça de brim, uniforme dos prisioneiros, e é evidente que está satisfeito com sua aparência, com o corpo em particular, esguio, felino, uma forma excelente, considerando que ele está preso há mais de uma década. O peito e os braços são um panorama de emblemas tatuados: dragões agitados, crisântemos encolhidos, serpentes sinuosas. Alguns o consideram excepcionalmente belo; ele é, apesar do estilo machão exibicionista. Nada surpreendente: ele trabalhou como ator na infância e apareceu em vários filmes de Hollywood; mais tarde, já um homem, embora muito jovem, foi por algum tempo o *protégé* de Kenneth Anger, o cineasta experimental (*Scorpio Rising*) e autor (*Hollywood Babylon*); de fato, Anger o escalou para o papel-título de *Lucifer Rising*, um filme que não foi terminado.

Robert Beausoleil, agora com 31 anos, é a verdadeira figura misteriosa do culto Charles Manson; mais exatamente – e essa é uma questão que nunca foi esclarecida nos relatos daquele grupo –, ele é a chave do mistério dos ataques homicidas da chamada família Manson, especialmente dos assassinatos Sharon Tate-Lo Bianco.

Tudo começou com a morte de Gary Hinman, um músico profissional de meia-idade que se tornara amigo de vários membros da fraternidade Manson e que, infelizmente para ele, vivia sozinho em uma pequena casa isolada em Topanga Canyon, Los Angeles County. Hinman havia sido amarrado e torturado por vários dias (entre outras indignidades, uma de suas orelhas foi cortada) antes de ter a garganta misericordiosa e finalmente rasgada. Quando o corpo de Hinman, inchado e coberto por moscas, foi achado, a polícia se deparou com pichações de sangue nas paredes da modesta casa ("Morte aos porcos!"), pichações semelhantes às que logo seriam encontradas na casa da srta. Tate e na do casal Lo Bianco.

Porém, alguns poucos dias antes dos assassinatos Tate-Lo Bianco, Robert Beausoleil, pego dirigindo um carro que havia pertencido à vítima, foi preso, acusado da morte do indefeso sr. Hinman. Foi então que Manson e seus seguidores, na esperança de libertar Beausoleil, conceberam a ideia de cometer uma série de homicídios semelhantes ao de Hinman; se Beausoleil ainda estava detido na época desses crimes, então, como poderia ser culpado da atrocidade Hinman? Era o que a fraternidade Manson argumentava. Isso equivale a dizer que foi por devoção a "Bobby" Beausoleil que Tex Watson e aquelas jovens assassinas, Susan Atkins, Patricia Krenwinkel, Leslie Van Hooten, seguiram em frente com suas tarefas satânicas.

RB: Estranho. Beausoleil. É francês. Meu nome é francês. Significa Sol Bonito. Dane-se. Ninguém vê muito o sol dentro deste *resort*. Ouço as buzinas de neblina. São como apitos de trem. Gemidos, gemidos. E elas são piores no verão. Talvez por haver mais neblina no verão do que no inverno. Clima. Dane-se, não vou a lugar nenhum. Mas escute. Gemidos, gemidos. Então, o que fez hoje?

TC: Estive por aí. Conversei um pouco com Sirhan.

RB (risos): Sirhan *B.* Sirhan. Eu conheci quando me puseram no Corredor. Ele é um sujeito doente. Não devia estar aqui. Devia estar em Atascadero.

Quer chiclete? Sim, bem, você parece conhecer este lugar. Eu o observei no pátio. Fiquei surpreso por ver que os carcereiros deixam você andar sozinho por lá. Alguém pode atacá-lo.

TC: Por quê?

RB: Pelo ataque, simplesmente. Mas você tem vindo muito aqui. Os rapazes me contaram.

TC: Talvez meia dúzia de vezes em diferentes projetos de pesquisa.

RB: Só há uma coisa aqui que nunca vi. Mas gostaria de ver aquela salinha verde. Quando me mandaram de trem para a audiência do caso Hinman e fui condenado à morte, bem, passei um bom tempo no Corredor. Até a corte abolir a pena capital. Nesse período, eu costumava pensar na salinha verde.

TC: Na verdade, são três salas.

RB: Pensei que fosse uma sala pequena com uma espécie de iglu de vidro no centro. Com janelas no iglu para as testemunhas que estão do lado de fora poderem ver a vítima sufocar até a morte com aquele perfume de pêssego.

TC: Sim, essa é a câmara de gás. Mas quando o prisioneiro é conduzido pelo Corredor da Morte ele sai do elevador diretamente para a "sala de espera", que é vizinha da sala das testemunhas. Há duas celas nessa "sala de espera", caso haja uma execução dupla. São celas comuns, como esta, e o prisioneiro passa sua última noite lá antes da execução na manhã seguinte. Ele pode ler, ouvir rádio, jogar cartas com os guardas. Mas o interessante foi descobrir uma *terceira* sala naquela suíte. Fica atrás de uma porta fechada, bem ao lado da "sala de espera". Eu simplesmente abri a porta, entrei e nenhum guarda tentou me deter. Foi a sala mais assustadora que já vi. Sabe o que há nela? Todas as sobras, a parafernália que os diferentes condenados levaram para a "sala de espera". Livros. Bíblias, *westerns*, Erle Stanley Gardner, James Bond. E velhos jornais amarelados. Alguns com vinte anos de idade. Palavras cruzadas que nunca foram concluídas. Cartas por terminar. Fotos de pessoas queridas. Crianças pequenas capturadas pelas lentes de uma Kodak. Patético.

RB: Já viu alguém morrer na câmara de gás?

TC: Uma vez. Mas ele fez parecer uma brincadeira. Estava feliz por partir, queria acabar logo com tudo aquilo; ele se sentou naquela cadeira como se fosse ao dentista para submeter-se a uma limpeza nos dentes. Mas, no Kansas, eu vi dois homens serem enforcados.

RB: Perry Smith? E qual era o nome do outro? Dick Hickock? Bem, quando chegam no fim da corda, duvido que sintam alguma coisa.

TC: Foi o que nos disseram. Mas depois da queda eles continuam vivos – quinze, vinte minutos. Sofrendo. Tentando respirar, o corpo ainda lutando pela vida. Eu não consegui evitar, vomitei.

RB: Talvez não seja tão frio, não é? Parece frio. E então, Sirhan reclamou por ser mantido na Segurança Especial?

TC: Mais ou menos. Ele está sozinho. Quer se misturar com os outros detentos, se juntar à população geral.

RB: Ele não sabe o que é bom para si mesmo. Do lado de fora, não vai durar muito, isso é certo.

TC: Por quê?

RB: Pelo mesmo motivo que levou aquele sujeito a matar Kennedy. Reconhecimento. Metade das pessoas que matam outras pessoas só quer a fama, ver sua foto nos jornais.

TC: Não foi por isso que você matou Gary Hinman.

RB: (Silêncio)

TC: Foi porque você e Mason queriam que Hinman entregasse dinheiro e o carro, e ele se recusou, e... bem...

RB: (Silêncio)

TC: Estive pensando. Conheço Sirhan e conheci Robert Kennedy. E conheci Lee Harvey Oswald, e Jack Kennedy. As possibilidades de acontecer... de uma única pessoa conhecer essas quatro... Bem, devem ser espantosamente pequenas.

RB: Oswald? Conheceu Oswald? De verdade?

TC: Eu o conheci em Moscou pouco depois de ele ter desertado. Certa noite eu ia jantar com um amigo, um correspondente de um jornal italiano, e, quando foi me buscar, esse amigo me perguntou se eu me incomodaria se, antes, fôssemos conversar com um jovem desertor americano, um certo Lee Harvey Oswald. Oswald estava no Metropole, um antigo hotel czarista perto da praça do Kremlin. O Metropole tinha um saguão imenso e desolador cheio de sombras e palmeiras mortas. E lá estava ele, sentado sob uma palmeira morta. Magro e pálido, de lábios finos e aparência faminta. Ele usava calça de brim e calçava tênis, e seu agasalho era uma jaqueta xadrez. E estava zangado. Rangia os dentes e seus olhos pareciam saltar agitados de um ponto ao outro. Ele estava furioso com tudo: o embaixador americano; os russos – estava zangado com eles porque não permitiam que ele permanecesse em Moscou. Conversamos com ele por meia hora, aproximadamente, e meu amigo italiano decidiu que o rapaz não merecia uma matéria no jornal, afinal. Era só mais um histérico paranoico; os bosques de Moscou eram repletos deles. Nunca mais voltei a pensar nele, não até muitos anos depois. Não até depois do assassinato, quando vi seu retrato exibido pela televisão.

RB: Isso faz de você o único que conheceu os dois, Oswald e Kennedy?

TC: Não. Há uma jovem americana, Priscilla Johnson. Ela trabalhava para a U. P. em Moscou. Conheceu Kennedy e Oswald na mesma época em que eu os conheci. Mas posso lhe dizer algo quase tão curioso. Sobre algumas daquelas pessoas que seus amigos assassinaram.

RB: (Silêncio)

TC: Eu as conhecia. Das cinco pessoas mortas na casa dos Tate naquela noite, eu conhecia quatro. Conheci Sharon Tate no Festival do Cinema em Cannes. Jay Sebring cortou meu cabelo algumas vezes. Almocei uma vez em San Francisco com Abigail Folger e o namorado dela, Frykowski. Em outras palavras, eu os conheci independentemente uns dos outros. Mas uma noite todos estavam lá, reunidos na mesma casa, esperando por amigos. Uma coincidência.

RB (acende um cigarro; sorri): Sabe o que eu diria? Diria que conhecer você não dá muita sorte. Merda. Escute isso. Gemido, gemido. Estou com frio. Está com frio?

TC: Por que não veste a camisa?

RB: (Silêncio)

TC: É estranha essa coisa das tatuagens. Conversei com várias centenas de condenados por homicídio – múltiplos homicídios, em muitos casos.

O único denominador comum entre eles eram as tatuagens. Pelo menos oitenta por cento desses homens eram muito tatuados. Richard Speck. York e Latham. Smith e Hickock.

RB: Vou vestir meu suéter.

TC: Se não estivesse aqui, se pudesse estar em qualquer lugar, fazendo qualquer coisa, onde estaria e o que estaria fazendo?

RB: Estaria viajando. Pilotando minha Honda pela estrada litorânea pelas curvas rápidas, vendo as ondas e a água, sentindo o sol. Sairia de San Fran, seguiria pela Mendocino, pelos bosques. Estaria fazendo amor. Estaria na praia fazendo amor ao lado de uma fogueira. Estaria fazendo música, me divertindo, fumando a erva boa de Acapulco e vendo o sol se pôr. Estaria por aí, viajando. Sexo, drogas, diversão.

TC: Você pode conseguir as drogas aqui.

RB: Sim, qualquer uma. Por um preço. Aqui se encontra tudo, menos patins.

TC: Sua vida era assim antes de você vir para cá? Só diversão? Não trabalhava?

RB: De vez em quando. Toquei violão em alguns bares.

TC: Soube que era um conquistador de peso. Praticamente dono de um harém. Quantos filhos teve?

RB: (Silêncio – mas um movimento de ombros, sorrisos, cigarro)

TC: Fico surpreso por ter um violão. Algumas detenções não permitem, porque as cordas podem ser removidas e usadas como arma. Um garrote. Há quanto tempo toca?

RB: Desde que era criança. Eu fui um daqueles garotos de Hollywood. Participei de alguns filmes, mas meus pais não aprovavam. Eram pessoas muito repressoras. De qualquer maneira, nunca quis ser ator. Só queria compor, tocar e cantar.

TC: Mas e o filme que fez com Kenneth Anger – *Lucifer Rising*?

RB: Sim.

TC: Como era a sua relação com Anger?

RB: Boa.

TC: Então, por que Kenneth Anger usa aquela corrente com o porta-retratos no pescoço? De um lado há uma foto sua; do outro, o retrato de um sapo com a inscrição: "Bobby Beausoleil transformado em sapo por Kenneth Anger". Um amuleto vodu, pode-se dizer. Uma maldição que ele lançou em você por tê-lo roubado. Você o deixou no meio da noite, partiu com seu carro... e algumas outras coisas.

RB (estreitando os olhos): Ele disse isso?

TC: Não a mim, porque não o conheço pessoalmente. Mas várias pessoas me contaram.

RB (pega o violão, toca alguns acordes, canta): "Esta é minha canção, minha canção, esta é minha canção sombria, minha canção sombria..." Todo mundo sempre quer saber como me juntei a Mason. Foi pela música. Ele também toca. Certa noite eu dirigia à toa com algumas das minhas mulheres. Pois bem, encontramos um bar na estrada, uma cervejaria com muitos carros do lado de fora. Entramos, e lá estava Charlie com algumas de suas mulheres. Nós conversamos, tocamos juntos; no dia seguinte Charlie foi me ver na van e nós todos, a turma dele e a minha, acampamos juntos. Irmãos e irmãs. Uma família.

TC: Você via Manson como um líder? Sentiu-se influenciado por ele de alguma maneira?

RB: Não. Ele tinha a sua gente, eu tinha a minha. Se alguém foi influenciado, foi ele. Por mim.

TC: Sim, ele se sentiu atraído por você. Apaixonado. É o que ele diz. Você parece ter exercido esse efeito sobre muita gente. Homens e mulheres.

RB: As coisas acontecem. Tudo é bom.

TC: Acha que matar pessoas inocentes é uma coisa boa?

RB: Quem disse que eram inocentes?

TC: Bem, vamos voltar a isso. Mas, por enquanto: Qual é a sua noção de moralidade? Como distingue entre o bem e o mal?

RB: Bem e mal? Tudo é bom. Se acontece, deve ser bom. Caso contrário, não estaria *acontecendo*. É só o fluxo da vida. O movimento das coisas. Eu sigo o fluxo. Não o questiono.

TC: Em outras palavras, você não questiona um assassinato. Acha que é "bom" porque "acontece". Justo.

RB: Tenho minha própria justiça. Vivo de acordo com minha lei, você sabe. Não respeito as leis dessa sociedade. Porque a sociedade não respeita suas leis. Eu faço minhas leis e vivo de acordo com elas. Tenho minha própria noção de justiça.

TC: E qual é sua noção de justiça?

RB: Acredito que o que vai, volta. O que sobe, desce. É assim que a vida flui, e eu fluo com ela.

TC: Não está fazendo muito sentido. Não para mim, pelo menos. E não creio que seja estúpido. Vamos tentar outra vez. Na sua opinião, é certo Manson ter enviado Tex Watson e aquelas garotas àquela casa para matar desconhecidos, pessoas inocentes...

RB: De novo: quem disse que eram inocentes? Eles queimavam pessoas em sessões de drogas, Sharon Tate e aquela gangue. Pegavam crianças na Strip e as levavam para casa e chicoteavam. E filmavam. Pergunte aos policiais; eles acharam os filmes. Não que dirão a verdade.

TC: A verdade é que os Lo Bianco, Sharon Tate e os amigos dela foram mortos para proteger você. Os assassinatos estavam diretamente ligados à morte de Gary Hinman.

RB: Estou ouvindo. Sei de onde vem tudo isso.

TC: Todas as mortes foram imitações do assassinato de Hinman – para provar que você não poderia ter matado Hinman. E assim tirá-lo da prisão.

RB: Para me tirar da prisão. (Ele assente, sorri, suspira – lisonjeado) Nada disso foi mencionado em nenhum dos julgamentos. As garotas testemunharam e tentaram dizer como tudo aconteceu realmente, mas ninguém ouviu. As pessoas não podiam acreditar em nada além do que a mídia contava. A mídia os programou para acreditar que tudo havia acontecido porque começávamos uma guerra. Havia negros cruéis caçando toda aquela gente boa e branca. Mas... foi como você disse. A mídia nos chamava de "família". E essa foi a única coisa verdadeira que eles disseram. Nós éramos uma família. Éramos pai, mãe, irmão, irmã, filha, filho. Se um membro da nossa família estava com problemas, não abandonávamos essa pessoa. E assim, por amor a um irmão, um irmão que estava preso por assassinato, todas aquelas mortes ocorreram.

TC: E não lamenta por isso?

RB: Não. Se meus irmãos e irmãs acharam que devia ser feito, então é bom. Tudo na vida é bom. Tudo flui. Tudo é bom. Tudo é música.

TC: Quando você estava no Corredor da Morte, se você fosse forçado a ir para a câmara de gás e sentir o perfume dos pêssegos, teria dado seu selo de aprovação?

RB: Se houvesse acontecido assim. Tudo o que acontece é para o bem.

TC: Guerra. Crianças com fome. Sofrimento. Crueldade. Cegueira. Prisões. Desespero. Indiferença. Tudo para o bem?

RB: Que olhar é esse para mim?

TC: Não é nada. Estava notando como seu rosto muda. Num momento, com uma sutil mudança na inclinação, você parece jovial, totalmente inocente, um encanto. E depois – bem, é possível vê-lo como um Lúcifer da rua Quarenta e Dois. Alguma vez viu *A noite tudo encobre*, um velho filme com Robert Montgomery? Não? Bem, é sobre um lindo e aparentemente inocente jovem que viaja pela área rural da Inglaterra encantando senhoras, depois cortando sua cabeça e levando-a com ele em caixas para chapéu.

RB: E o que isso tem a ver comigo?

TC: Eu estava pensando – se algum dia fosse refeita, se alguém americanizasse essa história, se transformassem o personagem Montgomery em um jovem andarilho com olhos cor de âmbar e voz suave, você ficaria muito bem no papel.

RB: Está tentando dizer que sou um psicopata? Não sou maluco. Se tenho de usar de violência, eu uso, mas não acredito em matar.

TC: Então eu devo ser surdo. Estou enganado, ou você acabou de me dizer que não importa que atrocidade uma pessoa cometeu contra outra, porque tudo é para o bem, tudo é bom?

RB: (Silêncio)

TC: Diga-me, Bobby, como você se vê?

RB: Como um condenado.

TC: Além disso.

RB: Como um homem. Um homem *branco*. E tudo o que um homem branco representa.

TC: Sim, um dos guardas me disse que você é o líder da Irmandade Ariana.

RB (hostil): O que você sabe sobre a irmandade?

TC: Sei que ela é composta por um bando de sujeitos brancos de nariz empinado. Que é uma fraternidade de mentalidade fascista. Que começou na

Califórnia e se espalhou por todo o sistema carcerário americano, norte, sul, leste e oeste. Que as autoridades carcerárias a consideram um culto perigoso, fonte de problemas.

RB: Um homem precisa se defender. Somos a minoria. Não tem ideia de como isso é duro. Todos nós temos mais medo uns dos outros do que dos porcos lá fora. É preciso estar sempre alerta para não acabar com uma faca nas costas. Os negros e *chicanos* têm as próprias gangues. Os índios também; ou devo dizer "nativos americanos" – porque é assim que os peles-vermelhas se chamam, que piada! Sim, aqui é duro! Com todas as tensões radicais, política, drogas, jogo e sexo. Os negros preferem os garotos brancos. Gostam de enfiar aqueles grandes paus pretos nos apertados traseiros brancos.

TC: Alguma vez pensou no que faria com sua vida se e quando pudesse sair daqui?

RB: Esse é um túnel cujo fim eu não vejo. Jamais deixarão Charlie ir embora.

TC: Espero que esteja certo, e acho que está. Mas é muito provável que um dia consiga a condicional. Talvez antes do que imagina. E depois?

RB (dedilhando as cordas do violão): Gostaria de gravar minhas músicas. Ouvi-las tocar no ar.

TC: Esse era o sonho de Perry Smith. E de Charlie Manson também. Talvez vocês tenham mais em comum que as tatuagens.

RB: Só entre nós, Charlie não tem muito talento. (Dedilhando cordas) "Esta é minha canção, minha canção sombria, minha canção sombria." Ganhei meu primeiro violão quanto tinha 11 anos. Na verdade, eu o encontrei no sótão da minha avó e aprendi a tocar sozinho, e desde então sou maluco por música. Minha avó era uma mulher doce e o sótão da sua casa era meu local favorito. Eu gostava de ficar lá deitado, ouvindo a chuva. Ou ia me esconder lá quando meu pai procurava por mim com a cinta na mão. Merda. Ouviu isso? Gemido, gemido. Isso é suficiente para deixar você doido.

TC: Escute, Bobby. E responda com cuidado. Suponha que, quando você sair daqui, alguém vá procurá-lo – Charlie, vamos dizer – e peça para você cometer um ato de violência, matar um homem. Você faria isso?

RB (depois de acender um cigarro e fumá-lo até a metade): Talvez. Depende. Nunca tive a intenção de... de... ferir Gary Hinman. Mas aconteceu uma coisa. E outra. E depois tudo desmoronou.

TC: E foi tudo para o bem.

RB: Foi tudo para o bem.

CAIXÕES FEITOS À MÃO

UMA HISTÓRIA NÃO FICÇÃO DE UM CRIME AMERICANO

(1979)

MARÇO, 1975. UMA CIDADE EM UM PEQUENO ESTADO DO OESTE. FOCO para as inúmeras grandes fazendas e ranchos de gado que a cercam, a cidade, com uma população inferior a 10 mil habitantes, comporta doze igrejas e dois restaurantes. Um cinema, em que nenhum filme é exibido há dez anos, ainda se mantém firme e sombrio na Main Street. Já houve um hotel, também, mas foi fechado e hoje em dia o único lugar onde um viajante pode encontrar abrigo é no Prairie Motel.

O motel é limpo, os quartos são aquecidos; e isso é tudo o que se pode dizer dele. Um homem chamado Jake Pepper mora lá há quase cinco anos. Ele tem 58 anos, é viúvo e pai de quatro filhos crescidos. Tem um metro e oitenta de altura, ótima forma física e parece ser quinze anos mais jovem do que é. Seu rosto é bonito, com olhos azuis e lábios finos que se retorcem nas formas mais estranhas e que às vezes sorriem e às vezes não. O segredo de sua aparência jovem não é a forma física impecável, nem as faces de maçã madura, nem os sorrisos misteriosos e travessos, mas o cabelo, que parece com o do irmão mais novo de alguém: loiro escuro, curto e tão cheio de ondas que é praticamente impossível penteá-lo; ele simplesmente o mantém molhado.

Jake Pepper é um detetive do Gabinete de Investigações do Estado. Nós nos conhecemos por meio de um amigo comum, outro detetive de outro estado. Em 1972 ele escreveu uma carta em que dizia estar trabalhando em um caso de assassinato, algo que achava que poderia me interessar. Telefonei para ele e conversamos por três horas. Realmente me interessei muito pelo que ele tinha para dizer, mas ele ficou alarmado quando sugeri ir até lá e analisar eu mesmo a situação; disse que isso seria prematuro e poderia pôr em risco sua investigação, mas prometeu me manter informado. Nos três anos seguintes, falamos por telefone regularmente de meses em meses. O caso, que se desenvolvia por linhas tão emaranhadas quanto um caminho de ratos, parecia ter chegado a um impasse. Finalmente, eu disse: deixe-me ir até aí e dar uma olhada.

Foi assim que me vi sentado com Jake Pepper em uma fria noite de março, em seu quarto de motel na gelada periferia da isolada cidadezinha do Oeste. Na verdade, o quarto era agradável, aconchegante; afinal, aquele havia sido o lar de Jake por quase cinco anos, entre idas e vindas, e ele construíra prateleiras para exibir as fotos da família, filhos e netos, e para ajeitar centenas de livros, muitos sobre a Guerra Civil e todos eles escolhas de um homem inteligente: gostava particularmente de Dickens, Melville, Trollope e Mark Twain.

Jake estava sentado no chão, de pernas cruzadas, com um copo de *bourbon* a seu lado. Diante dele havia um tabuleiro de xadrez; ele movia as peças distraído.

TC: O incrível é que ninguém parece saber nada sobre esse caso. Quase não há publicidade.

JAKE: Há razões.

TC: Nunca fui capaz de colocar isso na sequência adequada. É como um quebra-cabeça sem metade das peças.

JAKE: Por onde começamos?

TC: Pelo começo.

JAKE: Vá até a escrivaninha. Olhe na gaveta de baixo. Vê aquela pequena caixa de papelão? Dê uma olhada no que há dentro dela.

(O que achei na caixa foi uma miniatura de um caixão. Era um objeto muito bem-feito, bonito, entalhado em bálsamo claro. Não havia decoração; mas, quando se abria a tampa com dobradiças, descobria-se que o caixão não estava vazio. Havia nele uma fotografia – um retrato inocente, casual, de duas pessoas de meia-idade, um homem e uma mulher, atravessando uma rua. Não era uma foto posada; era possível sentir que as pessoas não tinham consciência de que eram fotografadas.)

Aquele pequeno caixão. Acho que se pode dizer que aquele foi o começo.

TC: E a foto?

JAKE: George Roberts e a esposa. George e Amelia Roberts.

TC: Sr. e sra. Roberts. É claro. As primeiras vítimas. Ele era um advogado?

JAKE: Ele era um advogado e uma manhã (para ser exato: dia 10 de agosto de 1970) ele recebeu um presente pelo correio. O caixãozinho. Com a foto dentro do caixão. Roberts era um sujeito feliz e despreocupado; mostrou o presente para algumas pessoas no tribunal e agiu como se fosse uma piada. Um mês depois George e Amelia estavam mortos.

TC: Quando você entrou no caso?

JAKE: Imediatamente. Uma hora depois de os corpos terem sido encontrados eu já estava a caminho do local com dois agentes do gabinete. Quando chegamos, os corpos ainda estavam no carro. E as cobras também. Jamais vou esquecer.

TC: Volte. Descreva exatamente.

JAKE: Os Roberts não tinham filhos. Nem inimigos. Todo mundo gostava deles. Amelia trabalhava para o marido, era secretária dele. Eles só tinham um carro e iam juntos para o trabalho. Na manhã do crime fazia calor. Muito calor. Por isso acho que eles foram surpreendidos quando saíram para trabalhar e encontraram o carro com as janelas fechadas. Enfim, eles entraram no carro por portas diferentes e, assim que entraram... *uau*! Um emaranhado de serpentes pulou sobre eles como um raio. Encontramos nove cascavéis grandes no automóvel. Todas haviam recebido injeções de anfetamina; estavam enlouquecidas e morderam os Roberts em todos os lugares: pescoço, braços, orelhas, rosto, mãos. Coitados. Tinham a cabeça inchada como abóboras de Halloween pintadas de verde. Devem ter morrido quase imediatamente. Espero que sim. Espero realmente.

TC: Cobras não são tão prevalecentes nesta região. Especialmente cascavéis desse tamanho. Devem ter sido trazidas para cá.

JAKE: Foram. De uma fazenda de cobras em Nogales, Texas. Mas este não é o momento para explicar como eu sei disso.

(Do lado de fora, uma camada de neve encobria o chão; a primavera ainda estava longe – o vento forte sacudindo a janela anunciava que o inverno continuava conosco. Mas o som do vento era só um murmúrio em minha cabeça sob o som dos guizos das cascavéis, das línguas sibilantes. Vi o carro escuro sob um sol quente, as serpentes sinuosas, as cabeças humanas ficando verdes, inchando com o veneno. Ouvi o vento, deixando que ele varresse a cena da minha cabeça.)

JAKE: É claro, não sabemos se os Baxter receberam um caixão. Tenho certeza de que sim; se não, eles não se enquadrariam nos padrões. Mas eles nunca mencionaram o caixão e nunca encontramos nenhum sinal dele.

TC: Talvez tenha se perdido no incêndio. Mas não havia alguém lá com eles? Outro casal?

JAKE: Os Hogan. De Tulsa. Eram amigos dos Baxter e estavam de passagem. O assassino nunca teve a intenção de matá-los. Foi um acidente.

O que aconteceu foi: os Baxter estavam construindo uma linda casa nova, mas a única parte que já estava realmente pronta era o porão. Todo o resto continuava em construção. Roy Baxter era um homem bem-sucedido; podia ter alugado este motel inteiro enquanto a casa era construída. Mas ele preferiu ficar no porão e a única entrada era por uma porta-alçapão.

Era dezembro – três meses depois dos assassinatos com cobras. Tudo o que sabemos com certeza é: os Baxter convidaram esse casal de Tulsa para passar a noite com eles no porão. Em algum momento pouco antes do amanhecer um incêndio extraordinário eclodiu no porão e os quatro foram incinerados. E estou falando literalmente: foram queimados até virar cinzas.

TC: Eles não poderiam ter escapado pela porta-alçapão?

JAKE (com uma careta): Ah, não. O incendiário, o assassino, havia empilhado blocos de cimento sobre ela. Nem King Kong a teria aberto.

TC: Mas, obviamente, haveria alguma ligação do incêndio com as cobras.

JAKE: É fácil dizer isso agora. Mas não consegui fazer nenhuma ligação. Tínhamos cinco homens trabalhando nesse caso; sabíamos mais sobre

George e Amelia Roberts, sobre os Baxter e os Hogan, do que eles mesmos jamais souberam. Aposto que George Roberts nunca soube que a esposa foi mãe aos 15 anos e deu o bebê para adoção.

É claro, em um lugar deste tamanho, todo mundo conhece mais ou menos todo mundo, no mínimo de vista. Mas não conseguimos encontrar nada que ligasse as vítimas. Ou motivações. Não havia razão, não que pudéssemos encontrar, para alguém querer matar todas aquelas pessoas. (Ele estudou o tabuleiro de xadrez; acendeu o cachimbo e tomou um gole de *bourbon.*) As vítimas, todas elas, eram estranhas para mim. Nunca eu tinha ouvido falar naquelas pessoas até estarem todas mortas. Mas o próximo era meu amigo. Clem Anderson. Norueguês de segunda geração; ele tinha herdado do pai um rancho nesta região, uma propriedade muito boa. Frequentamos a faculdade juntos, embora ele fosse calouro e eu, veterano. Ele se casou com uma velha amiga minha, uma mulher maravilhosa, a única que jamais vi com olhos lilás. Eram como ametistas. Às vezes, quando tomava um porre, eu falava de Amy e de seus olhos cor de ametista, e minha esposa não achava nada engraçado. Enfim, Clem e Amy se casaram, se instalaram nesta região e tiveram sete filhos. Jantei na casa deles uma noite antes de ele ser assassinado e Amy disse que seu único arrependimento na vida era não ter tido mais filhos.

Mas eu estava sempre encontrando Clem. Desde que vim para cá para investigar o caso. Ele tinha uma natureza selvagem, bebia demais; mas era sagaz e me ensinou muito sobre esta cidade.

Uma noite ele telefonou para mim aqui no motel. Sua voz estava engraçada. Clem disse que precisava me ver imediatamente. Eu o convidei a vir até aqui. Pensei que estivesse bêbado, mas não... estava amedrontado. Sabe por quê?

TC: Papai Noel havia mandado um presente.

JAKE: Exatamente. Mas ele não sabia o que era. O que significava. O caixão, e sua possível conexão com os assassinos das cobras, nunca havia sido tornado público. Mantínhamos todas as informações em segredo. Nunca falei disso com Clem.

Então, quando ele chegou aqui, neste quarto, e me mostrou o caixãozinho que era uma réplica perfeita daquele que os Roberts haviam recebido, eu soube que meu amigo corria grande perigo. O presente havia sido enviado em uma caixa embrulhada em papel marrom; nome e endereço estavam impressos em um estilo anônimo, com tinta preta.

TC: E havia uma foto dele?

JAKE: Sim. E vou descrevê-la com muito cuidado, porque ela é relevante para a forma da morte de Clem. Na verdade, creio que o assassino teve a intenção de fazer uma piada, uma indicação sutil de como Clem morreria.

Na foto, Clem está sentado em uma espécie de jipe. Um veículo excêntrico que ele mesmo inventou. Não havia capota ou para-brisa, nada que protegesse o motorista. Era apenas um motor com quatro rodas. Ele disse nunca ter visto a fotografia antes, e não tinha ideia de quem a tirara ou quando.

Eu estava diante de uma decisão difícil. Devia confiar nele, contar que a família Roberts recebera um caixão semelhante antes de morrer, e que os Baxter também haviam recebido o mesmo presente, provavelmente? Em alguns sentidos, seria melhor não dizer nada; assim, se mantivéssemos vigilância constante, ele poderia nos levar ao assassino, e isso seria mais fácil se ele não tivesse consciência do perigo.

TC: Mas você decidiu lhe contar.

JAKE: Sim, decidi. Porque, com aquele segundo caixão em mãos, eu tinha certeza de que os assassinatos estavam relacionados. E sentia que Clem precisava ser informado. Era *necessário*.

Mas, depois que expliquei o significado do caixão, ele entrou em choque. Tive de estapeá-lo. E ele reagiu como uma criança depois disso: deitou-se na cama e começou a chorar: "Alguém vai me matar. Por quê? Por quê?". Eu lhe disse: "Ninguém vai matar você. Eu garanto. Mas *pense*, Clem! O que você tem em comum com aquelas pessoas que *já* morreram? Deve haver alguma coisa. Talvez algo muito trivial". Mas tudo o que ele conseguia dizer era: "Não sei. Não sei". Forcei-o a beber até ficar suficientemente embriagado para dormir. Ele passou a noite aqui. Na manhã seguinte, estava mais calmo. Mas ainda não conseguia pensar em nada que o ligasse aos crimes, não era capaz de enxergar nada que o enquadrasse no padrão. Eu o orientei para não falar do caixão com ninguém, nem mesmo com a esposa; e lhe disse para não se preocupar – eu estava trazendo mais dois agentes só para protegê-lo.

TC: E quanto tempo depois disso o criador dos caixões cumpriu sua ameaça?

JAKE: Ah, eu acho que ele devia estar se divertindo com aquilo. Ele provocava e brincava, quase como um pescador com uma truta presa em um aquário. O gabinete chamou os dois agentes de volta e, finalmente, o próprio Clem deixou de dar importância àquilo. Seis meses se passaram. Amy telefonou e me convidou para jantar. Era uma noite quente de verão. Havia vaga-lumes no ar. Algumas crianças corriam pelo jardim perseguindo-os e colocando-os em potes de vidro.

Quando eu estava indo embora, Clem me acompanhou até o carro. Um rio estreito corria paralelo à estrada de terra em que ele estava estacionado, e Clem falou: "Sobre aquela história da conexão, outro dia pensei em alguma coisa. Foi de repente... O rio". Perguntei que rio e ele disse que era aquele rio, o que corria tão perto de nós. "É uma história meio complicada. E provavelmente tola. Mas prometo contá-la na próxima vez que nos encontrarmos."

É claro que nunca mais o vi. Não vivo, pelo menos.

TC: É quase como se ele houvesse escutado essa conversa entre vocês.

JAKE: Quem?

TC: Papai Noel. Quero dizer, não é curioso que depois de tantos meses Clem Anderson tenha mencionado o rio e, no dia seguinte, antes de ele poder lhe contar por que havia mencionado o rio, o assassino tenha cumprido a ameaça?

JAKE: Seu estômago é forte?

TC: Sim, normalmente.

JAKE: Vou lhe mostrar umas fotos, mas sugiro que beba alguma coisa antes. Vai precisar disso.

> (As fotos, três delas, eram em preto e branco e haviam sido feitas à noite com uma câmera dotada de *flash*. A primeira delas era do jipe caseiro de Clem em uma estrada estreita do rancho, onde havia tombado e permanecia de lado, com os faróis ainda acesos. A segunda foto era de um tronco sem cabeça caído na mesma estrada: um homem sem

cabeça vestindo Levis, jaqueta de pele de carneiro, e com botas nos pés. A última foto era da cabeça da vítima. Não poderia ter sido removida com mais precisão por uma guilhotina ou por um cirurgião habilidoso. Ela estava entre algumas folhas, como se um brincalhão a houvesse jogado ali. Os olhos de Clem Anderson estavam abertos, mas não pareciam mortos, apenas serenos, e, exceto por um corte na testa, seu rosto parecia tão calmo, tão preservado da violência quanto seus inocentes e claros olhos de norueguês. Enquanto eu examinava as fotos, Jake se debruçou sobre meu ombro, olhando para elas também.)

JAKE: Estava escurecendo. Amy esperava Clem em casa para o jantar. Ela mandou um dos filhos ir chamá-lo na estrada. Foi o menino que o encontrou.

Primeiro ele viu o carro tombado. Depois, uns cem metros adiante, ele encontrou o corpo. O garoto voltou correndo para casa e sua mãe telefonou para mim. Eu me xinguei de todos os nomes que consegui lembrar. Mas, quando chegamos lá, foi um dos meus agentes que encontrou a cabeça. Estava afastada do corpo. De fato, ela ainda estava no mesmo lugar onde fora atingida pelo arame.

TC: O arame, sim. Nunca entendi essa parte do arame. É tão...

JAKE: Astuta?

TC: É mais que astuta. É absurda.

JAKE: Não há nada de absurdo nisso. Nosso amigo simplesmente pensou em uma forma eficiente de decapitar Clem Anderson. Matá-lo sem nenhuma possibilidade de testemunhas.

TC: Suponho que esse seja o elemento matemático. E sempre fico perplexo com tudo que envolve matemática.

JAKE: Bem, o cavalheiro responsável por isso certamente tem uma mente matemática. Pelo menos, sabemos que ele fez medições bem precisas.

TC: Ele esticou o arame entre duas árvores?

JAKE: Uma árvore e um poste de telefone. Um cabo forte, mas afiado, fino como uma navalha. Praticamente invisível, mesmo à luz do dia. Mas ao anoitecer, quando Clem dirigia aquele carrinho maluco pela estrada estreita, era impossível perceber o arame. Ele o atingiu exatamente onde deveria acertá-lo: embaixo do queixo. E, como pode ver, cortou sua cabeça com a facilidade com que uma garota remove as pétalas de uma margarida.

TC: Muitas coisas podiam ter dado errado.

JAKE: E daí? Que importância tem um fracasso? Ele teria tentado novamente. E teria continuado até conseguir o que queria.

TC: É isso que considero absurdo. Ele sempre consegue.

JAKE: Sim e não. Mas voltaremos a isso mais tarde.

(Jake guardou as fotos em um envelope pardo. Fumou o cachimbo e passou os dedos pelos cabelos. Eu fiquei em silêncio, porque sentia a tristeza que o dominava. Finalmente, lhe perguntei se estava cansado, se preferia que eu fosse embora. Respondeu que não, eram apenas nove da noite e ele nunca se deitava antes da meia-noite.)

TC: Está sozinho aqui?

JAKE: Não, Jesus, eu ficaria maluco. Eu revezo com outros dois agentes. Mas ainda sou o principal homem no caso. E quero que continue assim. Tenho um investimento real aqui. E vou pegar nosso peixe, nem que seja a última coisa que eu faça. Ele vai cometer algum erro. Na verdade, já cometeu alguns. Porém, não posso dizer que a maneira como ele se livrou do dr. Parsons foi um deles.

TC: O perito?

JAKE: O perito. O perito corcunda e magro.

TC: No início você pensou que fosse um suicídio?

JAKE: Se houvesse conhecido o dr. Parsons, você também teria pensado em suicídio. Aquele era um homem com todos os motivos para se matar. A mulher dele era linda e ele a viciara em morfina; foi assim que a convenceu a se casar com ele. Ele era um agiota. Defensor do aborto. Pelo menos uma dúzia de velhas ricas o nomearam herdeiro em testamento. Um verdadeiro canalha, o dr. Parsons.

TC: Então, não gostava dele.

JAKE: Ninguém gostava. Mas o que eu disse antes estava errado. Eu disse que Parsons era um homem com todos os motivos para se matar. Na verdade, ele não tinha razão nenhuma. Deus estava em Seu paraíso e o sol brilhava sobre Ed Parsons 24 horas por dia. A única coisa que o incomodava era a úlcera. E uma indigestão permanente. Ele sempre carregava no bolso aqueles frascos grandes de Maalox. Bebia uma garrafa daquelas por dia.

TC: Ainda assim, alguém se surpreendeu ao ouvir que o dr. Parsons se matara?

JAKE: Bem, não. Porque ninguém pensava que ele se houvesse matado. Não no início.

TC: Desculpe, Jake. Mas estou ficando confuso outra vez.

(O cachimbo de Jake se apagara; ele o esvaziou no cinzeiro e pegou um cigarro, que não acendeu; era um objeto para mastigar, não para fumar. Um cachorro com um osso.)

Para começar, quanto tempo passou entre os funerais? Entre o funeral de Clem Anderson e o do dr. Parsons?

JAKE: Quatro meses, mais ou menos.

TC: E Papai Noel mandou um presente para o perito?

JAKE: Espere, espere. Está indo depressa demais. No dia em que Parsons morreu – bem, só pensávamos que ele havia morrido. Simplesmente. A enfermeira o encontrou caído no chão do escritório. Alfred Skinner, outro médico da cidade, disse que ele provavelmente sofrera um ataque cardíaco; só uma autópsia poderia confirmar.

Naquela mesma noite recebi um telefonema da enfermeira do dr. Parsons. Ela dizia que a sra. Parsons gostaria de falar comigo, e eu disse que iria vê-la imediatamente.

A sra. Parsons me recebeu em seu quarto, um quarto que, imagino, ela raramente deixa; vive confinada ali, suponho, pelos prazeres da morfina. Certamente não é uma inválida, não no sentido ordinário. É uma mulher adorável e de aparência bem saudável. Tem boa coloração nas faces, embora a pele seja pálida e suave como pérolas. Mas seus olhos eram muito brilhantes, com as pupilas dilatadas.

Ela estava deitada na cama, recostada sobre uma pilha de travesseiros em fronhas de renda. Notei suas unhas – muito longas e cuidadosamente pintadas; e as mãos eram muito elegantes, também. Mas o que ela segurava não tinha nenhuma elegância.

TC: Um presente?

JAKE: Exatamente igual aos outros.

TC: O que ela disse?

JAKE: Ela disse: "Creio que meu marido foi assassinado". Mas estava muito calma; não demonstrava nenhuma perturbação, nenhum estresse.

TC: Morfina.

JAKE: Mas era mais do que isso. Ela era uma mulher que já havia deixado a vida. Olhava de volta para ela por uma porta – sem nenhum pesar.

TC: Ela percebeu o significado do caixão?

JAKE: Não, realmente não. Nem seu marido. Mesmo sendo o perito da região e teoricamente integrando nossa equipe, nunca confiamos nele. Ele não sabia nada sobre os caixões.

TC: Então, por que ela achava que o marido havia sido assassinado?

JAKE (mastigando o cigarro, franzindo a testa): *Por causa* do caixão. Ela disse que o marido o havia mostrado algumas semanas antes. Ele não levara a sério; pensava ser apenas um gesto invejoso, um objeto enviado por um de seus inimigos. Mas *ela* disse – disse que, no momento em que vira o caixão e a foto dentro dele, havia sentido "uma sombra". Estranho, mas acho que ela o amava. Aquela bela mulher. Amava o corcunda magrelo.

Quando nos despedimos, levei comigo o caixão e a convenci da importância de não mencionar o objeto a ninguém. Depois disso, tudo o que podíamos fazer era esperar pelo relatório da autópsia. E o resultado foi: morte por envenenamento, provavelmente autoadministrado.

TC: Mas *você* sabia que havia sido assassinato.

JAKE: Eu sabia. E a sra. Parsons sabia. Mas todos os outros pensavam que havia sido suicídio. E muitos ainda acreditam nisso.

TC: E que veneno nosso amigo escolheu?

JAKE: Nicotina líquida. Um veneno muito rápido, puro e forte, sem cor e sem odor. Não sabemos exatamente como ele foi administrado, mas suspeito que tenha sido misturado ao Maloox que o doutor tanto amava. Um bom gole, e é o fim.

TC: Nicotina líquida. Nunca ouvi falar nisso.

JAKE: Bem, não é exatamente um nome conhecido, como arsênico. Falando no nosso amigo, outro dia encontrei algo, um texto de Mark Twain, que me pareceu bem apropriado. (Depois de examinar suas prateleiras e encontrar o volume que queria, Jake andou pela sala, lendo alto numa voz diferente da dele: uma voz grossa, zangada.) "De todas as criaturas que foram feitas, o homem é a mais *detestável*. De toda a criação, ele é o único, o único que possui malícia. São os mais básicos de todos os instintos, paixões, vícios – os mais detestáveis. Ele é a única criatura que causa dor por esporte, sabendo que é doloroso. Também em toda a criação, ele é a única criatura que tem uma mente suja." (Jake fechou o livro com um estrondo e o jogou na cama.) Detestável. Malicioso. Uma mente suja. Sim, senhor, isso descreve perfeitamente o sr. Quinn. Não todo ele. O sr. Quinn é um homem de talentos variados.

TC: Você nunca me disse seu nome antes.

JAKE: Eu mesmo só soube há seis meses. Mas é isso. Quinn.

(Várias vezes Jake bateu com o punho na mão aberta, como um prisioneiro furioso confinado até a morte, frustrado. Bem, ele estava mesmo aprisionado nesse caso havia muito tempo; a grande fúria, como um grande uísque, exige longa fermentação.)

Robert Hawley Quinn, Escudeiro. Um cavalheiro muito estimado.

TC: Mas um cavalheiro que comete erros. Caso contrário, você não saberia o nome dele. Ou melhor, não saberia que ele é *nosso* amigo.

JAKE: (Silêncio, ele não está ouvindo)

TC: Foram as cobras? Você disse que elas vieram de uma fazenda no Texas. Se sabe disso, deve saber quem as trouxe.

JAKE (raiva superada; bocejando): O quê?

TC: Aliás, por que injetaram anfetamina nas cobras?

JAKE: Por que você acha? Para estimulá-las, aumentar sua ferocidade. Foi como jogar um fósforo aceso em um tanque de gasolina.

TC: Fico me perguntando como ele conseguiu injetar anfetamina nas cobras e colocá-las no carro sem ser mordido.

JAKE: Ele aprendeu a lidar com elas.

TC: Quem ensinou?

JAKE: A mulher que vendeu as cobras.

TC: Uma *mulher*?

JAKE: A proprietária da fazenda de cobras em Nogales. Acha engraçado? Meu filho mais velho se casou com uma garota que trabalha para o departamento de polícia de Miami; ela é mergulhadora profissional. O melhor mecânico de automóveis que conheço é uma mulher.

(O telefone o interrompe; Jake olha para o relógio e sorri, e seu sorriso, tão real e relaxado, dizia não só que ele sabia quem estava ligando, mas que esperava para ouvir essa voz.)

Alô, Addie. Sim, ele está aqui. E diz que é primavera em Nova York. Eu disse que ele devia ter ficado lá. Não, nada. Só bebendo um pouco e discutindo você sabe o quê. Amanhã é domingo? Pensei que fosse quinta-feira. Devo estar perdendo o juízo. Sim, adoraríamos ir jantar, Addie... não se *preocupe* com isso. Ele vai gostar de qualquer coisa que você preparar. Você é a melhor cozinheira dos dois lados das Rochosas, leste e oeste. Não faça disso um problema. Sim, bem, talvez aquela torta de passas e maçã. Tranque as portas. Durma bem. Sim, sim. Eu sei que você também. *Buenas noches*.

(Quando ele desligou, seu sorriso tornou-se ainda mais largo. Finalmente, ele acendeu o cigarro e tragou com prazer. Apontou para o telefone, rindo.)

Esse foi o engano que o sr. Quinn cometeu. Adelaide Mason. Ela nos convidou para jantar amanhã.

TC: E quem é a sra. Mason?

JAKE: *Senhorita*. Ela é uma cozinheira incrível.

TC: Mas além disso?

JAKE: Addie Mason é a resposta que eu estava esperando. Minha grande descoberta.

Você sabe, o pai de minha esposa era ministro metodista. Ela tratava com muita seriedade a necessidade de toda a família ir à igreja. Eu escapava sempre que podia e, depois que ela morreu, nunca mais fui. Mas há cerca de seis meses o Gabinete já se preparava para encerrar esse caso. Já havíamos investido muito tempo e muito dinheiro. E não tínhamos nenhum retorno; nenhuma resposta. Oito homicídios, e nenhuma pista que unisse as vítimas para produzir algum esboço de motivo. Nada além de três miniaturas de caixão.

Eu disse a mim mesmo: Não! Não, não pode ser! Há uma *mente* por trás de tudo isso, uma razão. Comecei a frequentar a igreja. Não há nada para se fazer aqui no domingo, mesmo. Nem um campo de golfe. E rezei: Deus, por favor, não deixe esse filho da mãe escapar impune!

Em Main Street há um lugar chamado Okay Café. Todo mundo sabe que é possível me encontrar lá todos os dias entre oito e dez da manhã. Tomo meu café em uma mesa de canto e depois fico por lá lendo os jornais e conversando com pessoas diferentes, empresários locais, trabalhadores que passam para tomar uma xícara de café.

No último Dia de Ação de Graças, eu tomava meu café lá, como sempre. O lugar estava vazio, porque era feriado; e eu estava desanimado – o Gabinete me pressionava para encerrar o caso e sair da cidade. Não que eu não quisesse sair desta maldita cidade! Eu queria, é claro! Mas a ideia de desistir, de deixar livre aquele diabo para ir dançar sobre tantas sepulturas, bem, isso era algo que me enojava. Uma vez, pensando nisso, cheguei a vomitar. Vomitei mesmo.

Bem, de repente Adelaide Mason entrou no café. Ela caminhou diretamente para a minha mesa. Eu a encontrara muitas vezes, mas nunca havíamos conversado de verdade. Ela é professora, leciona para o primeiro ano. Mora com a irmã, Marylee, uma viúva. Addie Mason disse: "Sr. Pepper, certamente não vai passar o Dia de Ação de Graças no Okay Café? Se não tem planos, por que não janta em nossa casa? Somos só minha irmã e eu". Addie não é uma mulher nervosa, mas, apesar do sorriso e da cordialidade, ela parecia, bem, distraída. Eu pensei que talvez ela não considerasse apropriado uma mulher solteira convidar um homem sozinho, um mero conhecido, para ir a sua casa. Mas, antes que eu pudesse aceitar ou recusar o convite, ela disse: "Para ser franca, sr. Pepper, tenho um problema. Algo que preciso discutir com você. Isso vai nos dar uma chance. Meio-dia?".

Nunca comi comida melhor, e no lugar de peru elas serviram uma ave pequena com arroz e um bom champanhe. Por todo o tempo da refeição Addie manteve a conversa amena e divertida. Não parecia nervosa, mas a irmã dela estava.

Depois do jantar fomos nos sentar na sala de estar com café e conhaque. Addie pediu licença e saiu da sala, e, quando voltou, carregava...

TC: Dois palpites?

JAKE: Ela me entregou e disse: "Era isto que queria discutir com você".

(Os lábios finos de Jake formaram um anel de fumaça, e outro. Até ele suspirar, o único som na sala era o do vento sacudindo a janela.)

Você fez uma longa viagem. Talvez seja melhor encerrarmos a noite.

TC: Quer dizer que vai me deixar aqui com esse suspense?

JAKE (sério, mas com um daqueles sorrisos ambíguos): Só até amanhã. Acho que você deve ouvir a história de Addie dela mesma. Vamos, vou acompanhá-lo até seu quarto.

(Estranho, mas o sono me derrubou rapidamente; havia sido uma viagem longa, minha sinusite me incomodava e eu estava cansado. Mas minutos depois eu acordei; ou melhor, entrei em uma esfera entre o sono e o despertar, minha mente como um losango de cristal, um instrumento suspenso que captava os reflexos de imagens em espirais; a cabeça de um homem entre folhas, as janelas de um carro manchadas de veneno, os olhos de serpentes brilhando na névoa úmida do calor, fogo brotando da terra, punhos chamuscados batendo na porta do porão, arame esticado brilhando à luz do crepúsculo, um tronco na estrada, uma cabeça entre folhas, fogo, fogo, fogo, fogo fluindo como um rio, rio, rio. E um telefone toca.)

VOZ DE HOMEM: E então? Vai dormir o dia inteiro?

TC: (As cortinas estão fechadas, o quarto está escuro. Não sei onde estou, quem sou): Alô?

VOZ DE HOMEM: Jake Pepper falando. Lembra-se dele? O cara mau? O homem dos frios olhos azuis?

TC: Jake. Que horas são?

JAKE: Pouco mais de onze. Addie Mason nos espera em uma hora. Por isso, corra para o chuveiro. E vista algo quente. Está nevando lá fora.

(Era uma neve pesada, flocos densos que nem chegavam a flutuar; a neve caía e cobria o chão. Quando deixamos o motel no carro de Jake, ele ligou os limpadores de para-brisa. Main Street era um cenário de cinza e branco, um deserto sem vida, exceto por uma solitária luz de semáforo piscando suas cores. Tudo estava fechado, até o Okay Café. O silêncio sombrio, triste, nos contagiava; nenhum de nós falava. Mas eu sentia que Jake estava de bom humor, como se antecipasse eventos agradáveis. Seu rosto saudável estava radiante, e ele cheirava, talvez até demais, a loção pós-barba. Seu cabelo estava desalinhado como sempre, mas ele se vestira com cuidado – embora não como se fosse à igreja. A gravata vermelha era propícia para uma ocasião mais festiva. Um pretendente a caminho de um encontro? A possibilidade me havia ocorrido na noite anterior, quando eu o ouvira falar com a srta. Mason pelo telefone; havia um tom, um timbre, uma intimidade.

Mas, no instante em que conheci Adelaide Mason, bani essa ideia da mente. Jake podia estar entediado e sozinho, mas a mulher não tinha a menor graça. Quero dizer, essa foi minha primeira impressão. Ela era pouco mais jovem que a irmã, Marylee Connor, uma mulher de quase 50 anos; seu rosto era bonito, simpático, mas muito forte, masculino – cosméticos só teriam ressaltado essa qualidade e por isso ela, numa decisão muito sábia, não usava nenhuma maquiagem. A limpeza era seu traço físico mais atraente – o cabelo castanho e ondulado, as unhas, a pele: era como se ela se houvesse banhado em água mineral especial. Ela e a irmã eram a quarta geração de nativos da cidade e ela lecionava na escola local desde que deixara a faculdade; e era de se perguntar por quê: com sua inteligência, sua personalidade e sua sofisticação, surpreendia-me que não houvesse procurado plateia mais ampla para suas habilidades do que uma sala repleta de crianças de 6 anos de idade.

– Não – ela me disse –, estou muito feliz. Faço o que gosto. Lecionar para o primeiro ano. Estar lá no início. É disso que gosto. Com uma turma de primeiro ano, eu leciono todas as matérias. E isso inclui boas maneiras. Boas maneiras são muito importantes. Poucos dos meus alunos as aprendem em casa.

A velha casa onde as irmãs viviam, herança de família, refletia, com seu conforto aconchegante e relaxante, suas cores sólidas e seus "toques" arejados, a personalidade da irmã mais nova, porque a sra.

Connor, cordata como era, não tinha o olhar seletivo, a imaginação de Adelaide Mason.

A sala de estar, basicamente azul e branca, era cheia de plantas floridas e continha uma imensa gaiola vitoriana, residência de meia dúzia de canários musicais. A sala de jantar era amarela, branca e verde, com piso de tábuas de pinheiro, liso e brilhante, e com uma lareira onde ardia um fogo reconfortante.

Os dons culinários da srta. Mason eram ainda maiores do que Jake contara. Ela serviu um fabuloso guisado irlandês, uma incrível torta de passas e maçã; e havia vinho tinto, vinho branco, champanhe. O marido da sra. Connor a deixara numa confortável situação econômica.

Foi durante o jantar que minha impressão original de nossa mais jovem anfitriã começou a mudar. Sim, definitivamente, havia algum tipo de entendimento entre Jake e essa mulher. Eles eram amantes. E observando-a mais atentamente, vendo-a como era, mas pelos olhos de Jake, comecei a compreender seu inconfundível interesse sensual. Sim, seu rosto tinha falhas, mas o corpo, visível sob o vestido justo de jersey cinza, era adequado, nada mau, realmente; e ela *agia* como se fosse *sensacional*: uma rival para a estrela do cinema mais *sexy* que se pudesse imaginar. O movimento dos quadris, o balanço solto dos seios, a voz de contralto, a fragilidade dos gestos com as mãos: tudo ultrassedutor, ultrafeminino, sem ser efeminado. Seu poder estava na atitude: ela se comportava como se acreditasse ser irresistível; e quaisquer que houvessem sido suas oportunidades, o estilo da mulher sugeria uma história erótica completa com notas de rodapé.

Quando o jantar terminou, Jake olhava para ela como se quisesse levá-la diretamente para o quarto, a tensão entre eles tão intensa quanto a do arame que havia cortado a cabeça de Clem Anderson. Porém, ele tirou do bolso um charuto, que a srta. Mason se apressou em acender. Eu ri.)

JAKE: Que é?

TC: É como uma novela de Edith Warthon. *The House of Myth* – com as damas sempre acendendo os charutos dos cavalheiros.

SRA. CONNOR (defensiva): É o costume por aqui. Minha mãe sempre acendia os charutos do meu pai, mesmo não gostando do cheiro. Não é verdade, Addie?

ADDIE: Sim, Marylee. Jake, quer café?

JAKE: Sente-se, Addie. Não quero nada. Foi um jantar maravilhoso e agora é hora de você descansar. Addie, o que acha do aroma?

ADDIE (*quase* ruborizando): Gosto muito do cheiro de um bom charuto. Se fumasse, eu mesma os fumaria.

JAKE: Addie, vamos voltar ao último Dia de Ação de Graças. Quando estávamos sentados à mesa, como agora.

ADDIE: E eu lhe mostrei o caixão?

JAKE: Quero que conte sua história ao meu amigo. Como contou para mim.

SRA. CONNOR (empurrando a cadeira): Ah, por favor! Precisamos falar disso? Sempre! Sempre! Eu tenho pesadelos.

ADDIE (levanta-se e passa um braço pelos ombros da irmã): Tudo bem, Marylee. Não vamos falar disso. Vamos para a sala de estar, e você pode tocar piano para nós.

SRA. CONNOR: É tão *vil*. (Ela olha para mim) Deve estar pensando que sou uma covarde ridícula. E sou. De qualquer maneira, bebi vinho demais.

ADDIE: Querida, você precisa de um cochilo.

SRA. CONNOR: Um cochilo? Addie, quantas vezes já disse? Tenho *pesadelos*. (Ela se recupera) Claro, um cochilo. Com licença.

> (Quando a irmã se retira, Addie serve-se de uma taça de vinho tinto, que levanta para deixar a luz da lareira acentuar seu brilho escarlate. Seus olhos passam do fogo para o vinho, para mim. São olhos castanhos, mas as várias luminosidades – o fogo da lareira, as velas na mesa – os colorem, tornando-os amarelos como os de um gato. Ao longe os canários engaiolados cantam e a neve, flutuando diante das vidraças como cortinas de renda rasgadas, enfatiza o conforto da sala, o calor do fogo, o vermelho do vinho.)

ADDIE: Minha história. Hum-humm.

Tenho 44 anos, nunca me casei. Dei a volta ao mundo duas vezes, tento ir à Europa sempre que posso no verão, mas posso dizer que, com exceção de um marinheiro bêbado que ficou maluco e tentou me violentar em um navio sueco, nada de natureza bizarra aconteceu comigo até este ano – uma semana depois da celebração de Ação de Graças.

Minha irmã e eu temos uma caixa postal no correio – o que eles chamam de "gaveta" – mesmo não recebendo muita correspondência, porque assinamos revistas. Enfim, quando voltava para casa da escola, parei para pegar a correspondência e na nossa gaveta havia um pacote, meio grande, mas muito leve. Estava embrulhado em papel marrom e amarrotado, que parecia já usado antes, e estava amarrado com um barbante velho. O carimbo postal era local e estava endereçado a mim. Meu nome estava impresso com precisão em tinta preta. Antes mesmo de abrir, pensei: que tipo de bobagem é esta? É claro, você já sabe tudo sobre os caixões.

TC: Vi um deles, sim.

ADDIE: Bem, eu não sabia nada sobre eles. Ninguém sabia. Era um segredo de Jake e seus agentes.

(Ela piscou para Jake e, inclinando a cabeça para trás, engoliu o vinho de um só gole; era algo que ela fazia com graça surpreendente, uma agilidade que revelava uma garganta encantadora. Jake devolveu a piscada e lançou no ar um anel de fumaça, e o oval vazio, flutuando, parecia carregar uma mensagem erótica.)

Na verdade, não abri o pacote até tarde daquela noite. Porque, quando cheguei em casa, encontrei minha irmã ao pé da escada; ela havia caído e torcido o tornozelo. O médico veio vê-la. A comoção foi grande. Esqueci o pacote até bem mais tarde, quando já estava deitada. Decidi: Ah, bem, isso pode esperar até amanhã. Lamento não ter me apegado a essa decisão; pelo menos não teria perdido uma noite de sono.

Porque... Porque foi *chocante*. Certa vez recebi uma carta anônima, uma carta verdadeiramente atroz – especialmente perturbadora porque, cá entre nós, boa parte do que continha era verdade. (Rindo, ela encheu novamente o copo) Não foi realmente o caixão que me chocou. Foi a foto dentro dele – uma fotografia minha bem recente tirada na escada externa do posto do correio. Era como uma invasão, um roubo – fotografar alguém que não sabe que é fotografado. Chego a me solidarizar com aqueles africanos que fogem das câmeras, temendo que o fotógrafo lhes roube o espírito. Fiquei chocada, mas não senti medo. Foi minha irmã quem ficou amedrontada. Quando mostrei a ela meu presente, Marylee disse: "Não acha que isso pode ter alguma relação com as outras histórias?". Ela se referia ao que acontecia aqui nos últimos cinco anos – assassinatos, acidentes, suicídios, enfim: depende de com quem se está falando.

Eu dei de ombros, incluí o presente na categoria das cartas anônimas, mas, quanto mais pensava naquilo – bem, talvez minha irmã tivesse deparado com alguma coisa. O pacote não havia sido enviado por alguma mulher ciumenta, ou por uma encrenqueira qualquer desejando meu mal. Aquilo era obra de um homem. Um homem fabricara aquele caixão. Um homem com dedos fortes imprimira meu nome naquele pacote. E a coisa toda fora criada como uma ameaça. Mas por quê? Pensei: talvez o sr. Pepper saiba.

Eu havia conhecido o sr. Pepper. Jake. Na verdade, tinha uma paixão por ele.

JAKE: Atenha-se à história.

ADDIE: Estou me atendo. Só usei a história para atrair você para a minha toca.

JAKE: Isso não é verdade.

ADDIE (triste, sua voz um contraponto sombrio para a serenata dos canários): Não, não é verdade. Porque, quando decidi falar com Jake, eu havia concluído que alguém pretendia mesmo me matar; e tinha uma boa ideia de quem era, embora o motivo fosse improvável. Trivial.

JAKE: Não é improvável nem trivial. Não depois de você ter estudado o estilo da besta.

ADDIE (ignorando-o e, de forma impessoal, como se recitasse a tabuada para seus alunos): Todo mundo conhece todo mundo. É o que dizem sobre as cidades pequenas. Mas isso não é verdade. Nunca conheci os pais de alguns dos meus alunos. Todos os dias passo por pessoas que são praticamente estranhas para mim. Sou batista, nossa congregação não é tão grande; mas temos alguns membros – bem, eu não poderia dizer o nome deles, nem sob a mira de um revólver.

A questão é: quando comecei a pensar sobre as pessoas que haviam morrido, percebi que conhecia todas elas. Exceto o casal de Tulsa que se hospedava na casa de Ed Baxter e da esposa dele.

JAKE: Os Hogan.

ADDIE: Sim. Bem, eles não são parte disso, mesmo. Espectadores – que foram pegos no meio daquele inferno. Literalmente.

Não que as vítimas fossem amigas próximas – exceto, talvez, Clem e Amy Anderson. Lecionei para todos os filhos deles na escola.

Mas eu conhecia os outros: George e Amelia Roberts, os Baxter, o dr. Parsons. Eu os conhecia bem. E por uma única razão. (Ela olhou para a taça de vinho, observou os reflexos cor de rubi, como uma cigana consultando uma bola de cristal embaçada, fantasmagórica.) O rio. (Ela levou a taça aos lábios e novamente a esvaziou bebendo tudo sem esforço, de um só gole.) Viu o rio? Ainda não? Bem, esta não é a melhor época do ano. Mas no verão é muito bonito. O que temos de mais belo por aqui, com certeza. Nós o chamamos de rio Azul; é azul – não um azul caribenho, mas ainda assim muito claro e com um fundo arenoso e piscinas tranquilas e profundas para nadar. Ele nasce naquelas montanhas ao norte e corre pelas planícies e pelas fazendas; é nossa principal fonte de irrigação e tem seus afluentes – rios muito menores, um chamado de Big Brother, outro de Little Brother.

O problema começou por causa dos afluentes. Muitos fazendeiros, que dependiam deles, achavam que era necessário desviar o rio Azul para aumentar o Big Brother e o Little Brother. Naturalmente, os fazendeiros que tinham propriedades nutridas pelo rio principal eram contrários a essa ideia. Ninguém mais que Bob Quinn, proprietário do B. Q. Ranch, por onde passa o trecho mais largo e profundo do rio Azul.

JAKE (cuspindo no fogo): Robert Hawley Quinn, Escudeiro.

ADDIE: Era uma discussão que se estendia por décadas. Todos sabiam que alargar os dois afluentes, mesmo em detrimento do rio Azul (em termos de força e beleza), era a decisão justa e lógica. Mas a família Quinn e os outros fazendeiros ricos que contavam com o rio Azul sempre impediram, por meios diversos, que qualquer atitude fosse tomada.

Então, tivemos dois anos de seca e isso levou a situação a um ponto crucial. Os fazendeiros cuja sobrevivência dependia do Big Brother e do Little Brother começaram a criar confusão. A seca os atingia duramente; eles haviam perdido muito gado e agora estavam implacáveis exigindo a sua parte do rio Azul.

Finalmente, o conselho da cidade votou pela criação de um comitê especial para resolver o assunto. Não faço ideia de como os membros do comitê foram escolhidos. Certamente, eu não tinha nenhuma qualificação especial; lembro que o velho juiz Hatfield – ele agora é aposentado e mora no Arizona – me telefonou e perguntou se eu aceitaria participar; e isso foi tudo. Tivemos nossa primeira reunião na Sala do Conselho no tribunal, em janeiro de 1970. Os outros membros do comitê eram Clem Anderson, George e Amelia Roberts, o dr. Parsons, os Baxter, Tom Henry e Oliver Jaeger...

JAKE (para mim): Jaeger. Ele é o encarregado do correio. Um maluco filho da mãe.

ADDIE: Ele não é realmente louco. Você só diz isso porque...

JAKE: Porque ele é realmente maluco.

> (Addie estava desconcertada. Ela contemplou a taça de vinho, foi enchê-la novamente, encontrou a garrafa vazia e retirou de uma pequena bolsa, convenientemente aninhada em seu colo, uma linda caixinha de prata cheia de pílulas azuis: Valium; engoliu um comprimido e um gole de água. E Jake havia dito que Addie não era uma mulher nervosa...)

TC: Quem é Tom Henry?

JAKE: Outro maluco. Mais louco que Oliver Jaeger. Ele é dono de um posto de combustível.

ADDIE: Sim, éramos nove. E nos encontramos uma vez por semana por dois meses. Os dois lados, os que eram favoráveis e os que eram contra, enviaram peritos para testemunhar. Muitos fazendeiros apareceram pessoalmente – para conversar conosco, apresentar o caso, defender seu lado.

Mas não o sr. Quinn. Não Bob Quinn – nunca ouvimos uma palavra dele, embora, como proprietário do B. Q. Ranch, ele seria o maior prejudicado se votássemos pelo desvio do "seu" rio. Eu imaginei: ele é muito importante e poderoso para se incomodar conosco e com o nosso pequeno comitê; Bob Quinn tem estado ocupado falando com o governador, os congressistas, os senadores; ele pensa ter todos no bolso. Por isso, seja qual for nossa decisão, ela não importa. Seus amigos influentes a vetarão.

Mas não foi o que aconteceu. Votamos pelo desvio do rio Azul exatamente no ponto em que ele entrava na propriedade de Quinn; é claro que isso não o deixava sem um rio – ele só não teria mais a maior parte, como era antes.

A decisão teria sido unânime se Tom Henry não houvesse votado contra nós. Você tem razão, Jake. Tom Henry *é* maluco. Foram oito votos contra um. E foi uma decisão tão popular, um veredicto que não prejudicava ninguém e beneficiava muitos, que pouco sobrava fazer sobre isso para os amigos políticos de Quinn, mesmo se quisessem se manter em seus cargos.

Alguns dias depois da votação, encontrei Bob Quinn no correio. Ele fez uma tremenda questão de me cumprimentar tirando o chapéu, sorrindo, perguntando por meu bem-estar. Eu não esperava que ele cuspisse em mim, mas nunca havia sido tratada por ele com tanta cortesia antes. Ninguém poderia supor que o homem estava ressentido. Ressentido? Insano!

TC: Como ele é? O sr. Quinn?

JAKE: *Não diga a ele!*

ADDIE: Por que não?

JAKE: Porque não.

(Ele se levantou e andou até a lareira para jogar nas chamas o que restava de seu charuto. Depois deu as costas para o fogo, mantendo as pernas ligeiramente afastadas, os braços cruzados. Nunca pensei em Jake como um homem vaidoso, mas agora ele estava posando, era evidente, tentando, em vão, parecer atraente. Eu ri.)

TC: Agora é um romance de Jane Austen. Em seus livros, cavalheiros *sexy* estão sempre se aquecendo diante de lareiras.

ADDIE (rindo): Oh, Jake, é verdade! É verdade!

JAKE: Nunca li literatura feminina. Nunca! E jamais lerei.

ADDIE: Só por isso, vou abrir outra garrafa de vinho e beber tudo sozinha. (Jake retorna à mesa e se senta ao lado de Addie; segura uma de suas mãos e entrelaça os dedos nos dela. O efeito é constrangedoramente visível nela – seu rosto fica vermelho e manchas coradas se espalham também pelo pescoço. Ele parece nem perceber o que está fazendo ou que reação causa. Na verdade, está olhando para mim; era como se estivéssemos sozinhos.)

JAKE: Sim, eu sei. Depois do que ouviu, deve estar pensando: bem, agora o caso está resolvido. Foi o sr. Quinn.

Foi o que eu pensei. No ano passado, depois de Addie me dizer o que ela acabou de lhe contar, saí daqui como um urso com um espinho na pata. Fui diretamente para a cidade. Com ou sem Ação de Graças, naquela noite tivemos uma reunião de todo o Gabinete. Falei tudo: aqui está o motivo e esse homem é o culpado. Ninguém disse nada. Exceto o chefe, que disse: "Devagar, Pepper. O homem que está acusando não é um peso leve. E onde estão os argumentos? Isso tudo é especulação. Suposição". Todos concordaram com ele. E disseram: "Onde estão as provas?".

Eu estava tão furioso que gritava; disse: "Por que acham que estou aqui? Todos nós temos de nos unir para construir as evidências. Sei que Quinn fez isso". O chefe disse: "Bem, eu tomaria cuidado ao escolher para quem dizer isso. Cristo, vai nos fazer ser demitidos".

ADDIE: No dia seguinte, quando ele voltou aqui, lamentei não ter tirado uma fotografia de Jake. Na minha profissão eu tinha de disciplinar muitos meninos, mas nenhum deles jamais me pareceu tão triste quanto você, Jake.

JAKE: Eu não estava muito feliz. Isso é verdade.

O Gabinete me apoiou; começamos a investigar a vida de Robert Hawley Quinn desde o primeiro ano. Mas tínhamos de ser cuidadosos – o chefe estava nervoso como um condenado no Corredor da Morte. Eu queria um mandado para revistar o B. Q. Ranch, as casas, a propriedade inteira. Não consegui. Ele não me deixava nem interrogar o homem...

TC: Quinn sabia que você suspeitava dele?

JAKE (bufando): Desde o princípio. Alguém no gabinete do governo o alertou. Provavelmente o próprio governador. E gente do nosso próprio grupo – eles devem tê-lo prevenido, também. Não confio em ninguém. Ninguém que esteja ligado a esse caso.

ADDIE: A cidade inteira sabia de tudo antes que se pudesse dizer Rumpelstiltskin.

JAKE: Graças a Oliver Jaeger. *E* Tom Henry. A culpa é minha. Desde que ambos integraram o Comitê Rio, senti que devia confiar neles, discutir Quinn, preveni-los sobre os caixões. Os dois me prometeram que nossas conversas seriam confidenciais. Pois bem, falar com eles foi o mesmo que contar a história à cidade inteira, fazer um discurso.

ADDIE: Na escola, um dos meus alunos pequenos levantou a mão e disse: "Meu pai disse a minha mãe que alguém mandou um caixão para você, como os do cemitério. Ele disse que o sr. Quinn o fez". Respondi: "Bobby, seu pai estava apenas brincando com sua mãe, contando histórias".

JAKE: Uma das histórias de Oliver Jaeger. Aquele bastardo telefonou para todo mundo. E você diz que ele não é maluco?

ADDIE: Você acha que ele é maluco porque ele pensa que *você* é maluco. Ele acredita sinceramente que você está enganado. Que está perseguindo um homem inocente. (Ainda olhando para Jake, mas se dirigindo a mim) Oliver nunca ganharia nenhum campeonato, nem por charme, nem por inteligência. Mas é um homem racional – um fofoqueiro, mas de bom coração. Ele tem relações com a família de Quinn; Bob Quinn é primo dele em segundo grau. Isso pode ser relevante para a violência de suas opiniões. Oliver acredita, e várias pessoas concordam com ele, que, mesmo existindo alguma relação entre a decisão do Comitê Rio Azul e as mortes que aconteceram aqui, não há motivo para apontar o dedo para Bob Quinn. Ele não é o único fazendeiro que lamenta a perda do rio em suas terras. E Walter Forbes? Jim Johanssen? A família Throby. Os Miller. Os Riley. Por que escolher Bob Quinn? Que circunstâncias especiais o destacam dos outros?

JAKE: Foi ele.

ADDIE: Sim, foi ele. Sabemos disso. Mas você nem pode provar que ele comprou as cobras. E mesmo que pudesse...

JAKE: Gostaria de um uísque.

ADDIE: E o terá, senhor. Mais alguém?

JAKE (depois de Addie sair para buscar a bebida): Ela está certa. Não podemos provar que ele comprou as cobras, mesmo sabendo que as comprou. Sempre pensei que as serpentes eram de uma fonte profissional; criadores que produzem o veneno e vendem para laboratórios médicos. Os grandes fornecedores estão na Flórida e no Texas, mas há fazendas de cobras em todo o país. Ao longo dos últimos anos mandamos questionários para todos eles – e nunca recebemos uma única resposta.

Mas no fundo eu sabia que aquelas cobras vinham do Estado da Estrela Solitária. Era lógico – por que um homem iria até a Flórida quando podia encontrar o que queria no vizinho? Pois bem, assim que Quinn entrou em cena, decidi me concentrar nessa questão das cobras – fechei um ângulo que não havia fechado como devia, principalmente porque exigia investigação pessoal e despesas de viagem. Quando se trata de fazer o chefe gastar dinheiro – bem, é mais fácil quebrar nozes com os dentes. Mas eu conheço alguém, um investigador dos velhos tempos do Gabinete no Texas; ele me devia um favor. Então, mandei-lhe um material: fotos de Quinn que consegui reunir e fotos das cobras, também – nove delas penduradas em um varal depois de as termos matado.

TC: Como as mataram?

JAKE: Tiros.

TC: Já matei uma cobra uma vez. Com uma mangueira de jardim.

JAKE: Não acredito que pudesse ter matado aquelas desgraçadas com uma mangueira. Nem as teria ferido. A menor delas tinha dois metros.

TC: Eram nove cobras. E nove membros do Comitê Rio Azul. Bela coincidência.

JAKE: Bill, meu amigo do Texas, é um sujeito determinado; ele cobriu o Texas de uma fronteira à outra, passou a maior parte das férias visitando fazendas de cobras, conversando com os criadores. Agora, há cerca de um mês, ele telefonou e disse que acreditava ter localizado quem eu procurava: uma certa sra. Garcia, uma mexicana que era proprietária de uma fazenda perto de Nogales. Fica a umas dez horas de viagem daqui. Se você dirige um carro oficial a 140 quilômetros por hora. Bill prometeu me encontrar lá.

Addie foi comigo. Passamos a noite toda na estrada e tomamos café da manhã com Bill em um Holiday Inn. Depois visitamos a sra. Garcia.

Algumas daquelas fazendas de cobras são atrações turísticas; mas a dela não era uma dessas – ficava longe da estrada e operava de forma modesta. Mas ela com certeza tinha espécimes bem impressionantes. Durante todo o tempo que passamos lá ela segurou cobras enormes, enrolando-as no pescoço, nos braços, e rindo; ela tinha dentes de ouro. No início pensei que fosse um homem; ela tinha o físico de Pancho Villa e vestia calça de vaqueiro com jaqueta de zíper.

A mulher tinha catarata em um dos olhos; e o outro não parecia enxergar muito bem. Mas ela não hesitou ao identificar Quinn na fotografia que mostrei. Disse que ele estivera em sua fazenda em junho ou julho de 1970 (os Roberts morreram em 5 de setembro de 1970) e que aparecera acompanhado por um jovem mexicano; eles chegaram numa caminhonete com placas do México. Ela disse que nunca conversou com Quinn; de acordo com ela, ele nunca disse uma palavra sequer – apenas ouviu enquanto ela negociava com o mexicano. A mulher disse que não costumava questionar um cliente quanto aos motivos da compra de sua mercadoria; mas, ela nos disse, o mexicano deu a informação voluntariamente – ele queria uma dúzia de cascavéis adultas para usar em uma cerimônia religiosa. Isso não a surpreendeu; a mulher disse que as pessoas estavam sempre comprando cobras para utilizar em rituais. Mas o mexicano queria a garantia de que as cobras negociadas poderiam atacar e matar um touro de quinhentos quilos. Ela disse que sim, isso era possível – desde que as cobras recebessem uma droga injetável, uma anfetamina estimulante, antes de ser postas em contato com o touro.

Ela mostrou ao mexicano como aplicar a tal injeção e Quinn observou tudo. E ela nos mostrou também. A mulher usava uma vara com o dobro do comprimento de um chicote e maleável como um galho de salgueiro; havia um laço de couro em uma extremidade. Ela pegava a cabeça da cobra no laço, suspendia o animal no ar e espetava a seringa em sua barriga. Deixou o mexicano praticar um pouco e parece que o homem se saiu muito bem.

TC: Ela já tinha visto o mexicano antes?

JAKE: Não. Pedi-lhe que o descrevesse e ela me deu as características de qualquer morador da fronteira com idade entre 20 e 30 anos. Foi ele que pagou pelas cobras e as levou para a caminhonete nos contêineres individuais.

A sra. Garcia foi muito prestativa. Cooperou com a investigação. Isso até que fizemos a pergunta importante: ela nos daria um depoimento? Afirmaria sob juramento que Robert Hawley Quinn havia sido um dos homens que compraram dela uma dúzia de cobras venenosas em um certo dia de verão em 1970? Então, sua disposição se alterou. Ela disse que não assinaria nada.

Contei-lhe que aquelas cobras haviam sido usadas para matar duas pessoas. Devia ter visto a cara dela. A mulher entrou em casa, trancou as portas e fechou as janelas.

TC: Um depoimento. Isso teria tido um grande peso legal.

JAKE: Teria sido alguma coisa com que poderíamos confrontá-lo: o início do jogo aberto. Provavelmente, foi o mexicano quem pôs as cobras no carro dos Roberts; é claro, Quinn o contratou para isso. Sabe de uma coisa? Aposto que o mexicano está morto, enterrado em alguma planície remota. Cortesia do sr. Quinn.

TC: Mas, certamente, em algum lugar da história de Quinn deve haver alguma coisa indicando que ele é capaz de violência psicótica.

(Jake assentiu, assentiu, assentiu.)

JAKE: O cavalheiro sabia bem o significado da palavra homicídio.

(Addie voltou com o uísque. Ele agradeceu e a beijou no rosto. Ela se sentou ao lado dele e mais uma vez suas mãos se encontraram, os dedos entrelaçados.)

Os Quinn são uma das famílias mais antigas por aqui. Bob Quinn é o mais velho de três irmãos. Todos eles têm uma parte do B. Q. Ranch, mas ele é o chefe.

ADDIE: Não, a esposa dele é o chefe. Ele se casou com a prima, Juanita Quinn. A mãe dela era espanhola e ela é ardida como pimenta. O primeiro filho do casal morreu ao nascer e ela se recusou a ter outros. Sabe-se, porém, que Bob Quinn tem filhos. De outra mulher em outra cidade.

JAKE: Ele foi herói de guerra. Coronel na Marinha durante a Segunda Guerra. Ele mesmo nunca fala nisso, mas, de acordo com o que dizem outras pessoas, Bob Quinn matou sozinho mais japoneses do que a bomba de Hiroshima.

Logo depois da guerra ele cometeu outro assassinato nada patriótico. Uma noite, já bem tarde, ele chamou o xerife ao B. Q. Ranch para recolher dois corpos. Disse que surpreendera os homens roubando seu gado e os matara a tiros. Essa foi a sua versão e ninguém a desmentiu, não publicamente, pelo menos. Mas a verdade é que aqueles dois homens não eram ladrões de gado; eram jogadores de Denver a quem Quinn devia um bom dinheiro. Eles haviam viajado até a fazenda para receber o pagamento prometido. E o que receberam foi um punhado de balas.

TC: Você chegou a interrogá-lo sobre isso?

JAKE: Quem?

TC: Quinn.

JAKE: Falando honestamente, eu nunca o *interroguei* sobre nada.

(O sorriso cínico entortou sua boca; ele balançou o copo fazendo tilintar o gelo no uísque, bebeu um gole e riu – uma risada profunda e rouca, como um homem com pigarro.)

Recentemente, conversei muito com ele. Mas, durante os cinco anos em que estive no caso, nunca falei com o homem. Eu o via. Sabia quem era.

ADDIE: Mas agora eles são como duas ervilhas na vagem: parceiros de verdade.

JAKE: Addie!

ADDIE: Ah, Jake, estou brincando.

JAKE: Isto não é brincadeira. Tudo tem sido uma verdadeira tortura para mim.

ADDIE (afagando sua mão): Eu sei. Desculpe.

(Jake esvaziou o copo e o deixou sobre a mesa.)

JAKE: Olhar para ele. Ouvi-lo. Rir de suas piadinhas sujas. Odeio aquele homem. Ele me odeia. Nós dois sabemos disso.

ADDIE: Deixe-me acalmá-lo com mais um uísque.

JAKE: Fique aqui.

ADDIE: Talvez eu deva ir dar uma olhada em Marylee. Ver se ela está bem.

JAKE: Fique aqui.

(Mas Addie queria sair da sala, porque estava desconfortável com a raiva de Jake, com a fúria entorpecida que marcava seu rosto.)

ADDIE (olhando pela janela): Parou de nevar.

JAKE: O Café Okay fica sempre cheio nas manhãs de segunda-feira. Todo mundo passa por lá para saber das novidades do final de semana. Fazendeiros, empresários, o xerife e seu pessoal, pessoas do tribunal. Mas naquela segunda em particular – a segunda depois do Dia de Ação de Graças – o lugar estava cheio; havia gente em todos os cantos e todo mundo falava ao mesmo tempo.

Não é difícil imaginar o que estavam comentando. Graças a Tom Henry e Oliver Jaeger, que haviam passado o fim de semana espalhando a notícia, dizendo que aquele sujeito do Gabinete, aquele tal de Jake Pepper, estava acusando Bob Quinn de assassinato. Fiquei sentado no meu canto fingindo não notar. Mas não pude deixar de perceber quando o próprio Quinn entrou no café; foi como se todo mundo parasse de respirar.

Ele se espremeu em um banco ao lado do xerife; o xerife o abraçou e riu, e deu um daqueles gritos de caubói. Boa parte do pessoal ali o imitou, gritando urra, Bob... Sim, senhor, o Café Okay apoiava Bob Quinn. Tive a sensação de que, mesmo que pudesse provar sem sombra de dúvida que aquele homem era culpado de muitos assassinatos, eles me linchariam antes que eu pudesse detê-lo.

ADDIE (pressionando uma das mãos na testa, como se tivesse uma dor de cabeça): Ele tem razão. Quinn tem a cidade inteira do seu lado. Esse é um dos motivos pelos quais minha irmã não gosta de nos ouvir falando desse assunto. Ela diz que Jake está errado, que o sr. Quinn é um bom homem. Sua teoria é de que o dr. Parsons foi responsável por esses crimes, e por isso cometeu suicídio.

TC: Mas o dr. Parsons morreu muito antes de você receber o caixão.

JAKE: Marylee é doce, mas não é exatamente brilhante. Desculpe, Addie, mas é assim.

(Addie soltou a mão de Jake: um gesto de aviso, mas não muito severo. De qualquer maneira, libertava Jake para se levantar e andar pela sala, o que ele fez. Seus passos ecoavam nas tábuas de pinho polido.)

Então, de volta ao Café Okay. Eu estava saindo, quando o xerife me segurou pelo braço. Ele é um bastardo irlandês, um cínico dissimulado. Ele me disse: "Ei, Jake, quero que conheça Bob Quinn. Bob, este é Jake Pepper. Do Gabinete". Eu apertei a mão de Quinn. Quinn disse: "Já ouvi falar muito de você. Soube que é um jogador de xadrez. Não consigo encontrar muitos parceiros. O que acha de jogarmos um dia?". Respondi que sim, claro, e ele disse: "Amanhã está bem para você? Apareça por volta das cinco. Vamos beber alguma coisa e jogar".

E foi assim que eu comecei. Fui ao B. Q. Ranch na tarde seguinte. Jogamos por duas horas. Ele é melhor jogador que eu, mas eu venci várias vezes, o suficiente para tornar a disputa interessante. Ele é tagarela, fala muito e sobre tudo: política, mulheres, sexo, pescaria, intestino, sua viagem à Rússia, gado e agricultura, gim e vodca, Johnny Carson, seu safári na África, religião, a *Bíblia*, Shakespeare, a genialidade do general MacArthur, caça, as prostitutas de Reno e as de Las Vegas, o mercado de ações, doenças venéreas, cereal matinal e trigo integral, ouro e diamantes, pena de morte (é absolutamente favorável), futebol, beisebol, basquete – *qualquer coisa*. Qualquer coisa, menos por que eu estou aqui, preso nesta cidade.

TC: Está dizendo que ele não discute o caso?

JAKE (parando de andar): Não é que não discute o caso. Ele simplesmente se comporta como se o caso não existisse. Eu falo do assunto, mas ele nunca reage. Mostrei-lhe as fotos de Clem Anderson: esperava poder chocá-lo e provocar alguma reação. *Algum* comentário. Mas ele apenas olhou para o tabuleiro de xadrez, fez um movimento e me contou uma piada suja.

O sr. Quinn e eu temos jogado nossos jogos dentro de outro jogo várias tardes por semana nos últimos meses. Na verdade, vou até lá mais tarde. E você vai comigo (ele apontou um dedo na minha direção).

TC: Acha que serei bem recebido?

JAKE: Telefonei para ele hoje de manhã. A única coisa que ele perguntou foi: seu amigo joga xadrez?

TC: Eu jogo. Mas prefiro observar.

(Uma tora caiu e o barulho atraiu minha atenção para a lareira. Olhei para as chamas e tentei entender por que ele havia proibido

Addie de descrever Quinn, de me dizer como ele era. Tentei imaginá-lo; não consegui. Em vez disso, me lembrei da passagem de Mark Twain que Jake lera alto: "De todas as criaturas que foram feitas, o homem é a mais detestável... a única, a solitária, a que possui malícia... é a única criatura que tem a mente sórdida". A voz de Addie me resgatou do devaneio.)

ADDIE: Oh, céus. Está nevando outra vez. Mas é uma neve fraca, só alguns flocos flutuando. (Então, como se a volta da neve promovesse pensamentos de moralidade, a evaporação do tempo.) Sabe, já são quase cinco meses. É muito tempo para ele. Normalmente, ele não espera tanto assim.

JAKE (perturbado): Addie, o que é agora?

ADDIE: Meu caixão. Chegou há quase cinco meses. E, como disse, ele não costuma esperar tanto assim.

JAKE: Addie! Eu estou aqui. Não vai acontecer nada com você.

ADDIE: É claro, Jake. Estou pensando em Oliver Jaeger. Fico me perguntando quando ele receberá o caixão. Pense bem, Oliver é o responsável pelo correio. Ele vai separar a correspondência e... (A voz dela de repente tornou-se assustadoramente trêmula, vulnerável – frágil de um jeito que acentuava o canto festivo do canário.) Bem, não vai ser tão já.

TC: Por que não?

ADDIE: Porque Quinn terá de encher o meu caixão primeiro.

Passava das cinco horas quando partimos, o ar estava parado, livre de neve, e trêmulo com os resquícios de um sol poente e as primeiras radiações da lua se erguendo: cheia, ela pairava sobre o horizonte como uma roda branca, ou uma máscara, um rosto sem traços e pálido que nos espiava ameaçador pela janela do carro. No final da Main Street, pouco antes de a cidade se tornar campo, Jake apontou um posto de combustível: "Aquele é o posto de Tom Henry. Tom Henry, Addie, Oliver Jaeger; da formação original do Comitê Rio, eles são os únicos três sobreviventes. Eu disse que Tom Henry é maluco. E ele é. Mas é um maluco de sorte. Ele votou contra os outros. Isso o deixa limpo. Não vai haver caixão para Tom Henry".

TC: *Um caixão para Dimitrios.*

JAKE: O que é isso?

TC: Um livro de Eric Ambler. Um *thriller*.

JAKE: Ficção? (Eu assenti; ele fez uma careta.) Você lê mesmo essa porcaria?

TC: Graham Greene foi um escritor de primeira classe. Até o Vaticano pôr as mãos nele. Depois disso, ele nunca mais escreveu nada tão bom quanto *Brighton Rock*. Gosto de Agatha Christie. Adoro. E Raymond Chandler é um poeta de grande estilo. Mesmo que seus enredos sejam confusos.

JAKE: Lixo. São todos uns sonhadores – sentam-se diante de uma máquina de escrever e se autoestimulam, isso é tudo o que fazem.

TC: Então, não vai haver caixão para Tom Henry. E Oliver Jaeger?

JAKE: Ah, ele vai receber o seu. Uma dessas manhãs, ele estará separando a correspondência, esvaziando os malotes em seu posto, e lá encontrará uma caixa marrom com o seu nome no lugar do destinatário. Esqueça a história do primo; esqueça que ele andou pendurando halos sobre a cabeça de Bob Quinn. São Bob não vai deixá-lo escapar por causa de algumas repetições da ave-maria. Não sei se conheço bem são Bob. É bem possível que ele já esteja usando sua faca de entalhar, que já tenha começado seu trabalho artesanal, talvez até já tenha colocado a foto de Oliver Jaeger dentro dele...

(A voz de Jake parou de repente e, como se fosse uma ação correlacionada, seu pé pressionou o pedalo do breque: o carro derrapou, escapou ao controle, voltou ao centro da pista; nós seguimos em frente. Eu sabia o que havia acontecido. Ele havia lembrado, como eu, a queixa patética de Addie: "... Quinn terá de encher meu caixão antes". Tentei ficar quieto; a língua se rebelou.)

TC: Mas isso significa...

JAKE: Acho melhor acender os faróis.

TC: Isso significa que Addie vai morrer.

JAKE: Droga, não! Eu sabia que você ia dizer isso! (Ele bateu com a palma de uma das mãos no volante.) Construí uma muralha em torno de Addie. Dei a ela um .38 e lhe ensinei a usar a arma. Addie é capaz de meter uma bala entre os olhos de um homem a uma distância de cem metros. E ela aprendeu caratê suficiente para quebrar uma tábua com um único golpe da mão. Addie é inteligente; não vai se deixar enganar. E eu estou aqui.

Estou cuidando dela. Estou cuidando de Quinn também. E outras pessoas também estão.

(Emoção forte, receio que se encaminha para o terror, podem demolir a lógica até mesmo de um homem racional como Jake Pepper – cujas precauções não salvaram Clem Anderson. Eu não estava preparado para discutir essa questão com ele, não em seu atual humor irracional; mas por que, já que ele deduzira que Oliver Jaeger estava condenado, tinha tanta certeza de que Addie não estava igualmente condenada? Por que acreditava que ela seria poupada? Se Quinn se mantivesse fiel ao próprio estilo, teria de eliminar Addie, tirá-la de cena antes de começar o último passo de sua missão remetendo um pacote para seu primo de segundo grau e fiel defensor, o encarregado do correio local.)

TC: Sei que Addie já percorreu o mundo. Mas acho que chegou a hora de ela fazer outra longa viagem.

JAKE (truculento): Ela não pode sair daqui. Não agora.

TC: Ah, é? Ela não me parece ser do tipo suicida.

JAKE: Bem, ela trabalha, e a escola só entra em férias em junho.

TC: Jake! Meu Deus! Como pensar na *escola*?

(Apesar da escassa luminosidade, notei sua expressão envergonhada; ao mesmo tempo, surgiu uma repentina tensão em sua mandíbula.)

JAKE: Já discutimos esse assunto. Falamos dela e de Marylee partirem num longo cruzeiro. Mas ela não quer ir a lugar nenhum. Disse: "O tubarão precisa de isca. E, se vamos pegar o tubarão, a isca precisa estar disponível".

TC: Então, Addie é uma isca? Um petisco esperando pelo ataque do tigre faminto?

JAKE: Espere um minuto. Não sei se gosto de como está colocando a situação.

TC: Então, como você a colocaria?

JAKE: (Silêncio)

TC: (Silêncio)

JAKE: Quinn realmente tem Addie como alvo. Ele pretende manter seus planos. E é assim que vamos pegá-lo: na tentativa. Vamos pôr as mãos nele quando as cortinas subirem e todas as luzes se acenderem. Há um certo risco, é claro; mas precisamos enfrentá-lo. Porque... bem, para ser honesto, essa é a única chance que temos.

(Eu apoiei a cabeça na vidraça da janela: vi a delicada garganta de Addie quando ela inclinou a cabeça para trás e bebeu o vinho tinto e cintilante em um delicioso gole. E me senti fraco, frágil; e desgostoso com Jake.)

TC: Eu gosto de Addie. Ela é real; mas há um certo mistério. Fico me perguntando por que ela nunca se casou.

JAKE: Não conte a ninguém. Addie vai se casar comigo.

TC (meu olhar mental ainda estava em todos os lugares; ainda observava Addie bebendo o vinho): Quando?

JAKE: No próximo verão. Quando eu tirar minhas férias. Não contamos a ninguém, exceto Marylee. Então, agora entende? Addie está *segura*; não vou deixar nada acontecer com ela; eu a amo; vou me casar com ela.

(No próximo verão: uma vida para esperar. A lua cheia, mais alta, mais branca agora, e celebrada pelos coiotes, brilhava sobre as campinas cobertas de neve. Rebanhos de gado se amontoavam nos campos gelados tentando obter um pouco mais de calor. Alguns permaneciam em pares. Notei dois bezerros malhados encolhidos lado a lado, confortando um ao outro, protegendo-se: como Jake, como Addie.)

TC: Parabéns. Isso é maravilhoso. Sei que serão muito felizes.

Logo uma impressionante cerca de arame farpado, como as cercas altas de um campo de concentração, surgiu ao lado da estrada; ela marcava o início do B. Q. Ranch: dez mil acres, ou mais ou menos isso. Abri a janela e respirei o sopro de ar gelado, saboreando o aroma da neve fresca e de feno velho e doce. "Aqui estamos", disse Jake quando deixamos a estrada e passamos pelos portões de madeira abertos. Na entrada, os faróis iluminaram uma placa de letras cuidadosamente pintadas: *B. Q. Ranch/Proprietário R. H. Quinn*. Um par de machados cruzados ilustrava a placa, pintado sob o nome do proprietário; ficava-se imaginando se aquele era o logotipo da fazenda ou o brasão da família. De um jeito ou de outro, um sinistro par de machados indígenas parecia adequado.

A estrada era estreita, ladeada por árvores sem folhas, escura, exceto pelo brilho dos olhos de animais encolhidos entre os galhos. Atravessamos uma ponte de madeira que rangeu sob o peso do automóvel e eu ouvi o som de água correndo, de quedas profundas e caudalosas, e soube que devia ser o rio Azul, mas não podia vê-lo, porque estava escondido entre as árvores e bancos de neve; seguimos pela estrada, com o som nos acompanhando, porque o rio corria atrás de nós, ocasionalmente num silêncio quase sinistro, depois, de repente, borbulhando com a música estridente de suas cascatas.

A estrada tornou-se mais larga. Lampejos de iluminação elétrica brilhavam entre as árvores. Um menino bonito, uma criança com cabelos dourados acenou para nós de cima de seu cavalo. Passamos por uma fileira de chalés, todos iluminados e vibrando com o som de vozes na televisão: ali moravam os empregados da fazenda. Mais adiante, erguendo-se em isolamento distinto, ficava a casa principal, a casa do sr. Quinn. Era uma grande estrutura branca de dois andares com uma varanda coberta que se estendia por todo o seu comprimento; parecia abandonada, porque todas as janelas estavam escuras.

Jake buzinou. Imediatamente, como uma fanfarra de trombetas acolhedoras, a enxurrada de luz invadiu a varanda; lâmpadas se acenderam por trás das janelas. A porta da frente se abriu; um homem saiu para nos receber.

Fui apresentado ao dono do B. Q. Ranch e nem assim esclareci a questão sobre por que Jake não deixara Addie descrevê-lo. Ele não era um homem que passaria despercebido, mas sua aparência não era excessivamente incomum; mesmo assim, sua imagem me assustou: *Eu conhecia o sr. Quinn.* Tinha certeza disso, seria capaz de jurar que, em algum momento do passado, eu havia encontrado Robert Hawley Quinn e juntos havíamos vivido uma experiência alarmante, uma aventura tão perturbadora que a memória submergira.

Ele usava botas caríssimas de salto alto, mas sem elas devia ultrapassar um metro e oitenta de altura e, se permanecesse ereto, em vez de encurvar as costas e os ombros como fazia, alcançaria uma estatura impressionante.

Seus braços eram longos como os de um macaco, as mãos balançavam perto dos joelhos e os dedos eram compridos, eficientes, estranhamente aristocráticos. Lembrei-me de um concerto de Rachmaninoff; as mãos de Rachmaninoff eram como as de Quinn. O rosto de Quinn era largo sem ser grosseiro, de faces fundas e marcado pela exposição aos elementos – o rosto de um camponês medieval, o homem por trás do arado com todas as aflições do mundo em suas costas. Mas Quinn não era burro, não era um camponês miseravelmente sobrecarregado. Usava óculos de aros finos e esses óculos acadêmicos, e os olhos cinzentos atentos por trás das lentes, o traíam: eram olhos alertas, desconfiados, inteligentes, cheios de malícia, complacentemente superiores. Sua risada era hospitaleira, simpática como a sua voz. O homem era um idealista, um empreendedor; atribuía tarefas a si mesmo e essas eram sua cruz, sua religião, sua identidade; não, ele não era uma fraude – um fanático; e naquele momento, enquanto ainda estávamos reunidos na varanda, minha memória soterrada voltou à tona: lembrei-me de onde e de que forma havia conhecido o sr. Quinn.

Ele estendeu uma das mãos longas para Jake; sua outra mão ajeitava os cabelos grisalhos usados ao estilo dos pioneiros – um comprimento nada popular entre os fazendeiros, homens que pareciam visitar o barbeiro todo sábado para uma aparada e uma lavagem com xampu. Tufos de cabelos grisalhos brotavam de suas narinas e das orelhas. Notei a fivela do cinto; era decorada com dois machados indígenas cruzados feitos de ouro e esmalte vermelho.

QUINN: Ei, Jake. Eu disse a Juanita, disse: Meu bem, aquele patife vai se acovardar. Por causa da neve.
JAKE: Chama isso de *neve*?
QUINN: Estava só brincando, Jake. (Para mim) Devia ver a neve que temos aqui! Em 1952 tivemos uma semana inteira na qual eu só conseguia sair de casa pulando a janela do sótão. Perdi setecentas cabeças de gado, todo o meu Santa Gertrudis. Há há! Oh, eu lhe digo, foi um período e tanto! Então, senhor, joga xadrez?
TC: Da mesma forma que falo francês. *Un peu.*

QUINN (rindo, batendo com as mãos nas coxas para enfatizar quanto se divertia): Sim, eu sei. Você é o espertalhão da cidade que veio esfolar os caipiras. Aposto que pode jogar contra mim e Jake ao mesmo tempo e nos vencer com os olhos vendados.

(Nós o seguimos por um corredor largo e de teto elevado até uma sala imensa, uma espécie de catedral repleta de pesada mobília espanhola, armários e cadeiras e mesas, espelhos barrocos bem adequados ao ambiente. O piso era revestido por ladrilhos mexicanos vermelhos e alguns trechos eram cobertos por tapetes navajo. Uma parede inteira havia sido composta de blocos de granito de corte irregular e essa, parece, abrigava uma lareira grande o bastante para assar uma perna de touro; por isso o fogo nela aceso era insignificante como um graveto em uma floresta.

Mas a pessoa sentada ao lado da lareira não era insignificante. Quinn me apresentou a ela: "Minha esposa, Juanita". Ela assentiu, mas não se deixou distrair da tela da televisão diante dela: o aparelho estava ligado, mas sem som – ela olhava para a movimentação cintilante de imagens mudas, um desses programas de jogos de visual exuberante. A cadeira na qual estava sentada bem podia decorar a sala do trono de um castelo ibérico; ela a dividia com um *chihuahua* pequenino e trêmulo e com um violão amarelo, que descansava sobre suas pernas.

Jake e nosso anfitrião se acomodaram à mesa decorada com um esplêndido tabuleiro de xadrez feito em ébano e marfim. Eu observei o começo do jogo, ouvindo a conversa fluente e fácil, e foi estranho: Addie tinha razão, eles pareciam parceiros de verdade, duas ervilhas na mesma vagem. Mas, depois de um tempo, voltei para perto da lareira, interessado em explorar mais a quieta Juanita. Sentei-me perto dela na lareira e procurei por algum assunto que pudesse iniciar uma conversa. O violão? O cachorro trêmulo, que agora latia enciumado para mim?)

JUANITA QUINN: Pepe! Seu mosquito estúpido!

TC: Não se incomode. Gosto de cachorros.

(Ela olhou para mim. Seu cabelo, repartido no meio e preto demais para ser natural, era liso e colado à cabeça pequena. O rosto lembrava um punho: traços pequenos colados uns aos outros. A cabeça era grande demais para o corpo – ela não era gorda, mas pesava mais do que devia e a maior parte do sobrepeso estava distribuída entre os seios e a barriga. Mas as pernas eram torneadas e esguias e ela calçava mocassins bordados indianos muito bonitos. O cachorro latia, mas ela o ignorava. A televisão tinha novamente a sua atenção.)

Estava aqui me perguntando: por que deixa a tevê sem som?

(Os entediados olhos de ônix se voltaram para mim. Repeti a pergunta.)

JUANITA QUINN: Você bebe tequila?

TC: Bem, há um bar em Palm Springs onde servem margaritas fantásticas.

JUANITA QUINN: Um homem bebe tequila pura. Sem limão. Sem sal. Pura. Quer um pouco?

TC: Sim, é claro.

JUANITA QUINN: Eu também. Mas não temos nenhuma. Não podemos ter tequila em casa. Caso contrário, eu beberia tudo; meu fígado desintegraria...

(Ela estalou os dedos, sugerindo um desastre. Depois tocou o violão amarelo, dedilhou as cordas, desenvolveu uma melodia, uma canção desconhecida que, por um momento, cantarolou e tocou alegre. Quando parou, seu rosto se atou novamente em um nó.)

Eu costumava beber todas as noites. Toda noite eu consumia uma garrafa de tequila, ia para a cama e dormia como um bebê. Nunca adoecia; tinha uma boa aparência, me sentia bem, dormia bem. Agora tudo mudou. Agora vivo resfriada, tenho dores de cabeça, artrite; e não consigo dormir. Tudo porque o médico disse que eu tinha de parar de beber tequila. Mas não tire conclusões precipitadas. Não sou uma bêbada. Você pode pegar todo o vinho e o uísque do mundo e jogar no Grand Canyon. Mas eu gosto de tequila. A amarela. Gosto mais dela. (Ela apontou para o aparelho de televisão.) Perguntou por que deixo a tevê sem som. Só aumento o volume para ouvir a previsão do tempo. Caso contrário, apenas olho e imagino o que está sendo dito. Se ouço de verdade, adormeço imediatamente. Mas imaginar, apenas, me mantém acordada. E eu preciso ficar acordada – pelo menos até a meia-noite. Caso contrário, não consigo dormir nada. Onde mora?

TC: Em Nova York, na maior parte do tempo.

JUANITA QUINN: Costumávamos ir a Nova York a cada um ou dois anos. O Rainbow Room: que vista! Mas agora não teria graça nenhuma. Nada tem graça. Meu marido disse que você é amigo de Jake Pepper.

TC: Eu o conheço há dez anos.

JUANITA QUINN: Por que ele acha que meu marido tem alguma ligação com essa coisa?

TC: Coisa?

JUANITA QUINN (espantada): Você *deve* ter ouvido falar. Bem, por que Jake Pepper acredita que meu marido está envolvido?

TC: Jake *acredita* que seu marido está envolvido?

JUANITA QUINN: É o que algumas pessoas dizem. Minha irmã me falou...

TC: Mas o que você acha?

JUANITA QUINN (erguendo o *chihuahua* e aninhando o cachorro no peito): Eu lamento por Jake. Ele deve ser solitário. E está enganado; não há nada aqui. Tudo isso deve ser esquecido. Ele devia ir para casa. (Olhos fechados em sinal de cansaço) Ah, bem, quem sabe? *Ou* se importa? Não eu. Não eu, disse a aranha à mosca. Não eu.

Houve uma comoção em torno do tabuleiro de xadrez. Quinn, comemorando uma vitória sobre Jake, manifestava-se de maneira ruidosa. "Filho da mãe! Pensei que houvesse me pegado ali. Mas no momento em que você moveu sua rainha... Cerveja quente e xixi de cavalo para o Grande Pepper!" Seu tom rouco de barítono ecoava pela sala ampla com a potência de um astro da ópera. "Agora você, rapaz", ele gritou para mim. "Preciso de um jogo. Um desafio de verdade. O Velho Pepper aqui não serve nem para lamber minhas botas." Comecei a me desculpar, porque a ideia de uma partida de xadrez com Quinn era cansativa e intimidadora ao mesmo tempo; eu poderia ter me sentido diferente se acreditasse na possibilidade de vencê-lo, invadir triunfante aquela cidadela de vaidade. Certa vez ganhei um torneio de xadrez na escola preparatória, mas isso havia sido eras atrás; desde então, meu conhecimento do jogo estava guardado no sótão das lembranças. Porém, quando Jake se levantou e me ofereceu a cadeira que estivera ocupando, eu concordei, deixei Juanita Quinn com sua televisão silenciosa e fui me sentar diante do marido dela; Jake permaneceu em pé atrás da minha cadeira, uma presença incentivadora. Mas Quinn, analisando minha atitude hesitante, a insegurança nos primeiros movimentos, decidiu que eu não era digno de grande esforço e retomou uma conversa que estivera mantendo pouco antes com Jake, algo sobre câmeras e fotografia.

QUINN: As Krauts são boas. Sempre usei câmeras Krauts. Leica. Rolleiflex. Mas as japonesas estão engolindo todas elas. Comprei uma nova, não muito maior que um maço de cartas de baralho, que tira quinhentas fotos em um único rolo de filme.

TC: Conheço a câmera. Trabalhei com muitos fotógrafos e vi vários deles utilizando esse equipamento. Richard Avedon tem uma. Ele diz que não é boa.

QUINN: Para dizer a verdade, ainda nem experimentei a minha. Espero que seu amigo esteja errado. Eu teria comprado um touro premiado pelo que paguei por ela.

(Senti de repente a mão de Jake apertando meu ombro com urgência e interpretei o gesto como um sinal de que ele queria que eu insistisse no assunto.)

TC: Fotografia é seu *hobby*?

QUINN: Ah, não é constante. Vem e vai. Comecei porque estava cansado de pagar pelo trabalho de supostos profissionais para fotografar meu gado premiado. Preciso das fotos para enviar para os diferentes criadores e compradores. Imaginei que poderia fazer fotografias tão boas quanto aquelas e economizar meu dinheiro.

(Os dedos de Jake me apertaram outra vez.)

TC: Também faz retratos humanos?

QUINN: Retratos?

TC: Sim, de pessoas.

QUINN (bufando): Eu não os chamaria de *retratos*. Instantâneos, talvez. Além do gado, gosto de fotografar a natureza. Paisagens. Tempestades. As estações aqui na fazenda. O trigo quando está verde e, mais tarde, quando fica dourado. Meu rio – tenho fotos incríveis do meu rio na época da cheia.

(O rio. Fiquei tenso ao ouvir Jake pigarrear, como se fosse falar; em vez disso, seus dedos me apertaram novamente. Brinquei com um peão, tentando ganhar tempo.)

TC: Então, deve fazer muitas fotos coloridas.

QUINN (assentindo): Por isso eu mesmo faço a revelação. Quando você manda o material para um desses laboratórios, não sabe o que vai voltar.

TC: Ah, tem uma sala escura?

QUINN: Se quiser chamar por esse nome, sim. Não é nada requintado.

(Mais uma vez Jake pigarreou, dessa vez com mais seriedade.)

JAKE: Bob? Lembra-se das fotos de que lhe falei? As fotografias nos caixões. Foram feitas com uma câmera de ação rápida.

QUINN: (Silêncio)

JAKE: Uma Leica.

QUINN: Bem, não foi a minha. Perdi minha velha Leica para a África sombria. Algum negro a roubou. (Olhando para o tabuleiro, ele adotou uma expressão de desânimo bem-humorado.) Ah, seu patife! Maldição. Olhe isso, Jake. Seu amigo quase me colocou em xeque-mate. *Quase...*

Era verdade; com uma eficiência ressuscitada inconscientemente, eu havia movido meu exército com considerável, embora instintiva, competência, e conseguira manobrar o rei de Quinn para uma posição de perigo. De certa forma eu lamentava meu sucesso, porque Quinn o estava usando para se desviar do inquérito de Jake, para voltar ao xadrez e encerrar o tópico tão delicado; por outro lado, eu estava eufórico – se jogasse com perfeição, talvez agora pudesse vencer. Quinn coçou o queixo, os olhos cinzentos dedicados à tarefa religiosa de resgatar seu rei. Mas, para mim, o tabuleiro de xadrez perdera o foco; minha mente estava retida em um bolsão no tempo, entorpecida por lembranças adormecidas havia quase meio século.

Era verão, eu tinha 5 anos de idade e morava com parentes em uma cidadezinha do Alabama. Havia um rio cortando aquela cidade, também; um rio lamacento e lento que me causava repulsa, porque era repleto de cobras e peixes perigosos. Porém, por mais que detestasse os habitantes ferozes, eu gostava do peixe que ali era pescado e depois era frito e recoberto de *ketchup*; tínhamos uma cozinheira que servia esse prato com frequência. O nome dela era Lucy Joy e eu acho que não conheci pessoa menos alegre que aquela. Ela era uma negra encorpada, quieta, muito séria; parecia viver para os domingos, quando cantava no coro de alguma igreja no meio da floresta de pinheiros. Mas, um dia, uma mudança impressionante ocorreu em Lucy Joy. Enquanto eu e ela estávamos sozinhos na cozinha, ela começou a me falar sobre um certo reverendo Bobby Joe Snow, descrevendo-o com um entusiasmo que provocou minha imaginação: ele era um operador de milagres, um evangelista famoso, e logo estaria visitando aquela cidade; o reverendo Snow era esperado na semana seguinte e iria pregar, batizar e salvar almas! Implorei a Lucy que me levasse para vê-lo e ela sorriu e prometeu que levaria. O fato era que eu precisava mesmo acompanhá-la. Porque o reverendo Snow era um homem branco e suas plateias eram segregadas, e Lucy havia deduzido que a única maneira de ser bem-vinda seria se levasse um menino branco para ser batizado. Naturalmente, Lucy não revelou que tal evento era planejado para mim. Na semana seguinte, quando ela saiu para ir ao encontro com o reverendo, eu imaginava apenas o drama de ver um homem santo enviado do céu para ajudar um cego a ver e um aleijado a andar. Mas comecei a me sentir desconfortável quando percebi que íamos na direção do rio; quando lá chegamos e eu vi centenas de pessoas reunidas na margem, pessoas do campo, miseráveis brancos que gritavam e se sacudiam, hesitei. Lucy ficou furiosa – e me puxou para o meio da multidão alterada. Sinos, corpos se contorcendo; eu conseguia ouvir vozes sobre vozes, cânticos em barítono profundo. Lucy também cantava; gemia, se sacudia. Num passe de mágica, um desconhecido me levantou sobre os seus ombros e pude ver o homem de voz imponente. Ele estava plantado no rio, com água até a cintura e envolto em uma túnica branca; seu cabelo era grisalho, um emaranhado encharcado, e as mãos longas, estendidas para o céu, imploravam ao sol úmido do meio-dia. Tentei ver seu rosto, porque sabia que aquele devia ser o reverendo Bobby Joe Snow, mas, antes que conseguisse, meu benfeitor me pôs no chão, no meio da incômoda confusão de pés extáticos, braços ondulantes, tamborins trêmulos. Pedi para ir para casa; mas Lucy, embriagada pela glória, me mantinha perto dela. O sol queimava; senti o gosto do vômito na minha garganta. Mas não vomitei; em vez disso, comecei a gritar, a me debater e berrar. Lucy me puxava para o rio e a multidão se abria para formar um corredor por onde pudéssemos passar. Eu me debati até chegarmos à margem do rio; então, parei silenciado pela cena. O homem de túnica branca estava em pé dentro do rio, segurando uma menina reclinada; ele recitou uma escritura bíblica antes de mergulhá-la rapidamente na água, e depois a levantou: gritando, chorando, ela cambaleou para a margem. Os braços longos do reverendo se estenderam na minha direção. Mordi a mão de Lucy, tentando me soltar. Mas um caipira me agarrou e arrastou para a água. Fechei os olhos; senti o cheiro do cabelo de Jesus, experimentei a pressão dos braços do reverendo me tirando do chão, me afundando na água, e tive a sensação de que ele demorou muito para me levantar. Quando abri os olhos, deparei com os dele, cinzentos e maníacos. Seu rosto largo e magro se aproximou do meu e ele me beijou nos lábios. Ouvi uma gargalhada, uma erupção que lembrava um tiroteio: "Xeque-mate!"

QUINN: Xeque-mate!

JAKE: Droga, Bob. Ele está sendo delicado, apenas. Deixou você ganhar.

(O beijo se dissolveu; o rosto do reverendo desapareceu nas brumas da memória, substituído por outro praticamente idêntico. Então havia sido no Alabama, uns cinquenta anos atrás, que eu vira o sr. Quinn pela primeira vez. Ou melhor, sua contraparte: Bobby Joe Snow, evangelista.)

QUINN: Que tal essa, Jake? Pronto para perder mais um dólar?

JAKE: Hoje não. Vamos para Denver de carro amanhã cedo. Meu amigo aqui precisa pegar um avião.

QUINN (para mim): Pena. Não foi uma visita muito demorada. Volte em breve. Venha no verão e iremos pescar trutas. Não que seja como no passado. Antigamente, eu podia contar com pelo menos uma de seis quilos logo na primeira jogada de linha. Antes de arruinarem meu rio.

(Fomos embora sem dizer adeus a Juanita Quinn; ela estava dormindo profundamente, roncando. Quinn nos acompanhou até o carro: "Tomem cuidado!", ele nos preveniu, e ficou acenando até as luzes dos faróis desaparecerem na estrada.)

JAKE: Bem, graças a você, descobri mais uma coisa. Agora *sei* que ele revelou as fotos sozinho.

TC: Afinal... por que não deixou Addie me contar como ele era?

JAKE: Porque isso poderia ter influenciado sua primeira impressão. Eu queria que você o visse sem nenhum viés, com um olhar limpo, e que me dissesse o que viu.

TC: Vi um homem que já havia visto antes.

JAKE: *Quinn*?

TC: Não, não Quinn, mas alguém como ele. Seu irmão gêmeo.

JAKE: Fale minha língua.

(Descrevi aquele dia de verão, meu batismo – eram muito claras para mim as semelhanças de Quinn com o reverendo Snow, seus elos; mas eu falava de maneira muito emocional, metafisicamente, para comunicar o que estava sentindo, e percebia a decepção de Jake; ele esperava de mim uma série de percepções sensatas, cristalinas, *insights* pragmáticos que ajudariam a esclarecer seu próprio conceito do caráter e da personalidade de Quinn, as motivações do homem.

Fiquei em silêncio, triste por ter desapontado Jake. Mas, quando chegamos à estrada e tomamos a direção da cidade, Jake me informou que, mesmo confusa e distante, minha lembrança o ajudara a decifrar parcialmente o que eu expressara de maneira tão falha.)

Bem, Bob Quinn realmente acredita ser o Senhor Todo-Poderoso.

TC: Ele não acredita. Ele sabe.

JAKE: Alguma dúvida?

TC: Nenhuma. Quinn é o homem que entalha os caixões.

JAKE: E um dia vai ter de entalhar o dele mesmo, ou meu nome não é Jake Pepper.

Nos meses seguintes eu telefonei para Jake uma vez por semana, normalmente aos domingos, quando ele estava na casa de Addie, o que me dava uma oportunidade de conversar com os dois. Jake costumava começar nossas conversas dizendo: "Desculpe, parceiro. Nenhuma novidade a relatar". Mas, num domingo, Jake me disse que ele e Addie haviam marcado uma data para o casamento: 10 de agosto. E Addie acrescentou: "Esperamos que possa vir". Prometi que iria, embora a data entrasse em conflito com meus planos de uma viagem de três semanas pela Europa; bem, eu encontraria um jeito de conciliar tudo. Mas, no final, foram os noivos que tiveram de mudar os planos, porque o agente do Gabinete que deveria substituir Jake durante sua lua de mel ("Vamos para Honolulu!") caiu vítima de uma hepatite e o casamento foi adiado para 1º de setembro. "Que falta de sorte", eu disse a Addie. "Mas já terei voltado da minha viagem e estarei aí."

Assim, no início de agosto, voei pela Swissair para a Suíça e passei algumas semanas em um vilarejo nos Alpes, tomando banhos de sol entre a neve eterna. Dormi, comi, reli tudo o que tinha de Proust, o que foi como me jogar em uma onda sem saber para onde a maré me levaria. Mas meus pensamentos giravam constantemente em torno do sr. Quinn; às vezes, quando eu dormia, ele batia à porta e entrava em meus sonhos – como ele mesmo, seus olhos cinzentos brilhando por trás dos óculos de armação de metal, mas, de vez em quando, disfarçado de reverendo Snow em sua túnica branca.

Um breve sopro de ar dos Alpes é revigorante, mas férias estendidas nas montanhas podem se tornar claustrofóbicas, provocar inexplicáveis depressões. Enfim, um dia, quando um desses momentos sombrios se abateu sobre mim, aluguei um carro e segui pela passagem de Grand St. Bernard para a Itália e para Veneza. Em Veneza é como se todos estivessem sempre fantasiados e usando máscara; isto é, você não é você mesmo e não é responsável por seu comportamento. Não fui eu que cheguei em Veneza às cinco da tarde e antes da meia-noite embarquei em um trem para Istambul. Tudo começou no Bar do Harry, como ocorre com tantas outras aventuras venezianas. Eu havia acabado de pedir um martíni quando vi passar pela porta ninguém menos que Gianni Paoli, um jornalista cheio de energia que havia conhecido em Moscou quando ele era correspondente de uma revista italiana: juntos, ajudados pela vodca, havíamos animado vários restaurantes russos até então sem nenhuma graça. Gianni estava em Veneza a caminho de Istambul; pegaria o Expresso do Oriente à meia-noite. Seis martínis mais tarde ele me havia convencido a acompanhá-lo. Era uma jornada de dois dias e duas noites; o trem cortava a Iugoslávia e a Bulgária, mas nossas impressões desses países eram limitadas ao que podíamos ver pela janela de um vagão-leito, de onde nunca saíamos, exceto para renovar nosso estoque de vinho e vodca.

O quarto girou. Parou. Girou. Eu saí da cama. Meu cérebro, um amontoado de cacos de vidro, sacudia dolorosamente dentro da cabeça. Mas eu conseguia ficar em pé; conseguia andar; e me lembrava até de onde estava: o Hotel Hilton em Istambul. Devagar, fui à varanda, de onde se podia ver o Bósforo. Gianni Paoli estava lá, tomando banho de sol, saboreando seu desjejum e lendo o *Herald Tribune* de Paris. Piscando, olhei para a data no jornal. Era dia 1º de setembro. Por que isso me causava sensações tão variadas? Náusea; culpa; remorso. Maldição, eu havia perdido o casamento! Gianni não conseguia entender por que eu estava tão perturbado (os italianos estão sempre perturbados; mas nunca entendem por que outras pessoas também podem estar); ele misturou vodca ao seu suco de laranja, ofereceu-me o copo e disse para eu beber, me embriagar: "Mas, antes, envie um telegrama para eles". Segui seu conselho na íntegra. O telegrama dizia: *Inevitavelmente retido mas desejo toda a felicidade neste dia maravilhoso*. Mais tarde, quando repouso e abstinência devolveram a firmeza à minha mão, escrevi uma carta breve para eles; não menti, apenas omiti a explicação sobre o que me havia "retido inevitavelmente"; disse que seguiria para Nova York dali a alguns dias e telefonaria para eles assim que voltassem da lua de mel. Enderecei a carta ao sr. e sra. Jake Pepper e me senti aliviado quando a deixei na recepção para ser remetida; pensei em Addie com uma flor no cabelo, em Addie e Jake passeando ao entardecer ao longo da praia de Waikiki, com o mar ao fundo, estrelas no céu; tentei decidir se Addie era velha demais para ter filhos.

Mas não fui para casa; coisas aconteceram. Encontrei um velho amigo em Istambul, um arqueólogo que trabalhava em uma escavação na costa Anatólia ao sul da Turquia; ele me convidou a juntar-me a ele, disse que eu ia gostar, e estava certo, gostei. Nadei todos os dias, aprendi a dançar danças folclóricas turcas, bebi uzo e dancei ao ar livre noite após noite no bistrô local; passei duas semanas por lá. Depois fui de barco para Atenas e de lá embarquei em um voo para Londres. Era outubro, quase outono, quando abri a porta do meu apartamento em Nova York.

Um amigo, que visitava o apartamento para molhar as plantas, havia arranjado minha correspondência em pilhas perfeitas sobre a mesa da biblioteca. Havia diversos telegramas e os folheei antes de tirar o casaco. Abri um; era um convite para festa de Halloween. Abri outro; era assinado por Jake: *Telefone para mim urgente.* A data: 29 de agosto, seis semanas atrás. Apressado, sem me deixar acreditar na ideia que passou por minha cabeça, encontrei o número do telefone de Addie e liguei para lá; ninguém atendeu. Pedi uma ligação direta para o Prairie Motel: Não, o sr. Pepper não estava registrado; sim, a telefonista acreditava que ele poderia ser encontrado por meio do Gabinete de Investigação do Estado. Telefonei para lá; um homem – um bastardo mal-humorado – me informou que o detetive Pepper estava de licença, e não, ele não podia me informar seu paradeiro ("É contra as regras"); e, quando disse meu nome e disse que estava ligando de Nova York, ele não mudou de atitude; e, quando pedi para ele me ajudar porque o assunto era realmente importante, o filho da mãe desligou.

Eu precisava urinar; mas a vontade, que havia sido persistente desde o Aeroporto Kennedy, perdeu intensidade, desapareceu enquanto eu olhava para as cartas empilhadas sobre a mesa da biblioteca. Uma intuição me atraía até elas. Examinei os envelopes com a rapidez profissional de um funcionário do correio, procurando reconhecer a caligrafia de Jake. E consegui. O envelope havia sido selado em 10 de setembro; o papel tinha o timbre oficial do Gabinete e havia sido enviado da capital do estado. Era uma carta breve, mas o estilo firme e masculino da letra disfarçava a angústia do autor:

Sua carta de Istambul chegou hoje. Quando a li eu estava sóbrio. Agora já não estou mais. Em agosto passado, dia em que Addie morreu, enviei um telegrama pedindo para você telefonar para mim. Mas acho que estava fora do país. Era essa a notícia que eu tinha para dar – Addie se foi. Ainda não acredito nisso, jamais vou acreditar, não enquanto não souber o que realmente aconteceu. Dois dias antes do nosso casamento ela e Marylee foram nadar no rio Azul. Addie se afogou; mas Marylee não a viu se afogar. Não posso escrever sobre isso. Preciso me afastar de tudo. Não confio nos meus atos. Aonde quer que eu vá, Marylee Connor saberá como me localizar. Sinceramente...

MARYLEE CONNOR: Ah, alô! Sim, é claro! Reconheci sua voz imediatamente.

TC: Tenho ligado para você a cada meia hora, a tarde toda.

MARYLEE: Onde você está?

TC: Nova York.

MARYLEE: Como está o tempo?

TC: Chuvoso.

MARYLEE: Aqui também. Mas precisamos da chuva. Tivemos um verão muito seco. Era impossível tirar a poeira do cabelo. Disse que esteve ligando para mim?

TC: A tarde toda.

MARYLEE: Ah, eu estava em casa. Mas receio não ouvir mais como antes. E tenho passado muito tempo no porão e no sótão. Arrumando as coisas. Preparando a mudança. Agora que fiquei sozinha, a casa é grande demais para mim. Temos uma prima – ela também é viúva – que comprou uma casa na Flórida, em um condomínio, e vou morar com ela. Bem, como vai? Tem falado com Jake ultimamente?

(Expliquei que estava voltando da Europa e que não conseguira entrar em contato com Jake; ela disse que ele havia ido para a casa de um dos filhos em Oregon, e me deu o número do telefone.)

Pobre Jake. Ele sofreu um golpe terrível. De alguma forma, parece estar se culpando. Oh? Oh, você não sabia?

TC: Jake escreveu para mim, mas só hoje recebi a carta. Não posso expressar quanto lamento...

MARYLEE (com a voz embargada): Não sabia sobre Addie?

TC: Só soube hoje...

MARYLEE (desconfiada): O que Jake contou?

TC: Marylee escreveu sobre o afogamento.

MARYLEE (na defensiva, como se discutíssemos): Bem, foi isso mesmo. E não me interessa o que Jake pensa. Bob Quinn nem estava por perto. Ele *não podia* ter feito nada.

(Ouvi quando ela inspirou profundamente, depois fez uma pausa longa – como se tentasse controlar seu temperamento, como se contasse até dez.)

Se alguém tem culpa, sou eu. Foi minha ideia ir até Sandy Cove para nadar. Sandy Cove nem está na propriedade de Quinn. Fica na fazenda de Miller. Addie e eu íamos lá frequentemente; há muita sombra e é possível nadar sem se expor ao sol. É a parte mais segura do rio Azul; lá existe uma piscina natural e foi onde aprendemos a nadar quando éramos meninas. Naquele dia tínhamos Sandy Cove só para nós; entramos juntas na água e Addie comentou como, em uma semana, ela estaria nadando no oceano Pacífico. Addie nadava muito bem, mas eu me canso fácil. Por isso, depois de me refrescar, estendi uma toalha embaixo de uma árvore e comecei a ler uma revista que havíamos levado. Addie ficou na água; ouvi quando ela disse: "Vou nadar até a curva e me sentar na cachoeira". O rio flui além de Sandy Cove e faz uma curva; além dela, um patamar rochoso corta o rio, formando uma pequena queda – uma cachoeira curta, não mais que sessenta centímetros. Quando éramos crianças, nós nos divertíamos sentando na pedra e sentindo a água correr por entre as pernas.

Eu estava lendo, não notei o tempo passar, até sentir um arrepio e perceber que o sol começava a descer para as montanhas; não me preocupei – imaginei que Addie ainda se divertia na cachoeira. Mas, depois de um tempo, caminhei até a beira do rio e gritei o nome dela algumas vezes. Pensei que ela podia estar tentando brincar comigo. Então, subi na margem que se erguia sobre Sandy Cove; de lá eu podia ver a cachoeira e todo o rio seguindo para o norte. Não havia ninguém ali. Então, logo além da cachoeira, notei um lírio branco flutuando na água, balançando. Um minuto depois compreendi que não era um lírio, mas a mão de uma pessoa – com o brilho de um diamante ao sol: o anel de noivado de Addie, o diamante que Jake lhe havia dado. Escorreguei pela margem para dentro do rio e rastejei pela borda do patamar rochoso que formava a cachoeira. A água era muito limpa e pouco profunda: consegui ver o rosto de Addie abaixo da superfície e seu cabelo enroscado nos ramos de um galho de árvore, uma árvore submersa. Era inútil – agarrei a mão dela e puxei com toda a força, mas não consegui tirá-la do lugar. De alguma forma, jamais saberemos como, ela caiu da pedra e seu cabelo se enroscou na árvore, puxando-a para baixo. *Morte acidental por afogamento*. Foi esse o laudo do legista. Alô?

TC: Sim, estou aqui.

MARYLEE: Minha avó Mason nunca usava a palavra "morte". Quando alguém morria, especialmente alguém de quem ela gostava, ela sempre dizia que a pessoa havia sido "chamada de volta". Assim, ela sugeria que a pessoa não havia sido sepultada, que não estava perdida para sempre, mas que fora "levada de volta" para um lugar de uma infância feliz, um mundo de coisas vivas. E é assim que me sinto com relação a minha irmã. Addie foi chamada para viver entre as coisas que ela ama. Crianças. Crianças e flores. Pássaros. As plantas que ela encontrava nas montanhas.

TC: Sinto muito, sra. Connor. Eu...

MARYLEE: Tudo bem, querido.

TC: Se houver alguma coisa que eu possa...

MARYLEE: Bem, foi bom ouvi-lo. E, quando falar com Jake, diga que mandei lembranças.

Tomei banho, deixei uma garrafa de conhaque ao lado da cama, me enfiei sob as cobertas, peguei o telefone no criado-mudo, coloquei o aparelho sobre o estômago e disquei o número em Oregon que anotara pouco antes. O filho de Jake atendeu; disse que o pai havia saído, não sabia para onde, nem quando retornava. Deixei um recado para Jake ligar para mim assim que chegasse em casa, independentemente da hora. Enchi a boca com todo o conhaque que conseguia enfiar nela e usei o líquido como enxaguatório bucal, um remédio para impedir meus dentes de bater. Deixei o conhaque descer queimando a garganta. O sono, na forma de um rio sinuoso e murmurante, fluía por minha cabeça; no final, era sempre o rio; tudo voltava ao rio. Quinn podia ter provido as serpentes, o fogo, a nicotina, o arame; mas o rio inspirara todos esses atos, e agora ele havia levado Addie, também. Addie: seu cabelo emaranhado na vegetação subaquática boiava, no meu sonho, encobrindo o rosto morto como um véu de noiva.

Um terremoto sacudiu o quarto; o terremoto era o telefone vibrando sobre o meu estômago, onde ele ainda repousava quando cochilei. Eu sabia que era Jake. Deixei tocar mais uma vez enquanto me servia de uma dose para despertar.

TC: Jake?
JAKE: Então, finalmente voltou?
TC: Hoje cedo.
JAKE: Bem, não perdeu o casamento, afinal.
TC: Recebi sua carta, Jake...
JAKE: Não. Não precisa fazer um discurso.
TC: Telefonei para a sra. Connor. Marylee. Tivemos uma longa conversa...
JAKE (alerta): Sim?
TC: Ela me contou tudo o que aconteceu...
JAKE: Ah, não, não contou! Ela não contou mesmo!
TC (assustado com a rispidez da resposta): Mas, Jake, ela disse...
JAKE: Sim. O que ela disse?
TC: Disse que foi um acidente.
JAKE: E você acredita nisso?

(O tom da voz dele, debochado e sombrio, sugeria a expressão de Jake: os olhos duros, os lábios finos comprimidos.)

TC: Pelo que ela me disse, essa parece ser a única explicação.
JAKE: Ela não sabe o que aconteceu. Não estava *lá*. Estava sentada lendo uma revista.
TC: Bem, se foi Quinn...
JAKE: Estou ouvindo.
TC: Se foi, ele deve ser mágico.

JAKE: Não necessariamente. Mas não posso discutir isso agora. Logo, talvez. Aconteceu algo que pode apressar um pouco as coisas. Papai Noel chegou mais cedo este ano.

TC: Estamos falando de Jaeger?

JAKE: Sim, senhor, o homem do correio recebeu sua encomenda.

TC: Quando?

JAKE: Ontem. (Ele riu, não com alegria, mas com uma excitação que sugeria liberação de energia.) Más notícias para Jaeger, mas boa notícia para mim. Eu planejava ficar aqui até depois do Dia de Ação de Graças. Mas, puxa, estou ficando maluco. Só consigo ouvir portas batendo. Só consigo pensar que, bem, e se ele não for atrás de Jaeger? E se ele não me der essa última chance? Bem, pode ligar para mim no Prairie Motel amanhã à noite. Porque eu vou estar lá.

TC: Jake, espere um minuto. Deve ter sido um acidente. Addie, quero dizer.

JAKE (com a paciência de um santo, como se instruísse um aborígine retardado): Agora o deixo com alguma coisa para apenas pensar antes de dormir.

Sandy Cove, onde o "acidente" aconteceu, é propriedade de um homem chamado A. J. Miller. Há duas maneiras de se chegar lá. O caminho mais curto passa por uma estrada que corta a área dos fundos da fazenda de Quinn e leva diretamente à fazenda de Miller. E foi por lá que elas seguiram.

Adiós, amigo.

Naturalmente, o que ele me deu para pensar me deixou sem dormir até a manhã seguinte. Imagens se formaram, sumiram; era como se eu estivesse editando mentalmente um filme.

Addie e a irmã estão no carro delas, dirigindo pela estrada. Elas saem da pista principal e continuam por uma estrada de terra que faz parte do B. Q. Ranch. Quinn está na varanda de sua casa; ou talvez observando por uma janela: em dado momento, ele percebe o automóvel que passa por seu terreno, reconhece as ocupantes e deduz que estão a caminho de Sandy Cove para nadar. Decide segui-las. De carro? A cavalo? A pé? Seja como for, ele se aproxima da área em que as mulheres se banham utilizando uma rota que contorna o local. Lá ele se esconde entre as árvores que cercam Sandy Cove. Marylee descansa sobre uma toalha e lê uma revista. Addie está na água. Ele ouve Addie dizer à irmã: "Vou nadar até a curva e me sentar na cachoeira". Ideal; agora Addie estará sem proteção, sozinha, longe da vista da irmã. Quinn espera até ter certeza de que ela está completamente distraída na cachoeira. Então, desce até a margem (a mesma margem que Marylee usa para procurar a irmã mais tarde). Addie não o ouve; a água caindo da pedra faz um barulho que encobre todos os outros. Mas como ele pode evitar que ela o veja? Porque, certamente, no instante em que o vir, ela reconhecerá o perigo, protestará, gritará. Não, ele obtém o silêncio com uma arma. Addie escuta alguma coisa, se vira, vê Quinn se aproximando com o revólver apontado em sua direção – ele a empurra para a água, mergulha atrás dela, puxa-a para o fundo, segura-a lá: um último batismo.

Era possível.

Mas o nascer do dia, o início do barulho do tráfego de Nova York, reduziu meu entusiasmo por essa fantasia febril, jogou-me rapidamente no fundo daquele abismo desanimador – a realidade. Jake não tinha escolha: como Quinn, atribuíra a si mesmo uma missão apaixonada, e sua tarefa, seu dever humano, era provar que Quinn era o responsável por nove mortes, especialmente a de uma mulher afetuosa, prestativa, com quem ele desejara se casar. Mas, a menos que Jake tivesse uma teoria mais convincente do que a história criada por minha imaginação, eu preferia esquecer tudo isso; estava satisfeito por poder adormecer lembrando o laudo sensato do legista: *Morte acidental por afogamento.*

Uma hora depois eu estava acordado, vítima da confusão provocada pela diferença de fusos. Acordado, mas cansado, irritado; e faminto. É claro, devido à minha ausência prolongada, a geladeira não continha nada comestível. Leite azedo, pão velho, bananas pretas, ovos podres, laranjas murchas, maçãs secas, tomates pútridos, um bolo de chocolate coberto por fungos. Fiz uma xícara de café, adicionei conhaque e, com essa mistura para fortificar-me, examinei minha correspondência acumulada. Meu aniversário havia sido no dia 3 de setembro e alguns conhecidos mandaram cartões. Um deles era de Fred Wilson, o detetive aposentado e amigo comum que me apresentara a Jake Pepper. Eu sabia que ele tinha conhecimento do caso de Jake, que Jake o consultava com frequência, mas, por alguma razão, nós nunca discutíamos esse assunto, uma omissão que eu agora retificaria telefonando para ele.

TC: Alô? Posso falar com o sr. Wilson, por favor?

FRED WILSON: Está falando com ele.

TC: Fred? Sua voz sugere um resfriado monumental.

FRED: Nem me fale. É horrível.

TC: Obrigado pelo cartão de aniversário.

FRED: Ah, não. Não precisava gastar dinheiro só para isso.

TC: Bem, eu queria falar com você sobre Jake Pepper.

FRED: Ah, deve existir mesmo essa coisa que chamam de telepatia. Eu estava pensando em Jake quando o telefone tocou. Você deve saber que o Gabinete lhe deu licença, não sabe? Estão tentando tirá-lo do caso.

TC: Ele já está de volta.

(Depois que contei a conversa que tivera com Jake na noite anterior, Fred me fez várias perguntas, a maioria sobre a morte de Addie Mason e a opinião de Jake sobre isso.)

FRED: Estou muito surpreso com o Gabinete por terem permitido o retorno de Jake ao caso. Jake é o homem mais lúcido e justo que conheço. Não há ninguém na nossa profissão que eu respeite mais que Pepper. Mas ele perdeu a capacidade de julgamento. Está batendo com a cabeça na parede há tanto tempo que expulsou dela todo o bom senso. Sim, foi terrível o que aconteceu com a namorada dele, mas foi um acidente. Ela se afogou. E Jake não consegue aceitar. Está em cima do telhado gritando acusações de assassinato. Acusando o tal Quinn.

TC (ressentido): Jake pode estar certo. É possível.

FRED: Também é possível que o homem seja cem por cento inocente. De fato, esse parece ser o consenso geral. Falei com o pessoal do Gabinete de Jake e eles dizem que não podem espantar uma mosca com as provas obtidas. É embaraçoso. E o chefe de Jake me disse pessoalmente: Quinn não matou ninguém.

TC: Matou dois ladrões de gado.

FRED (risada seguida por um ataque de tosse): Bem, senhor, não chamamos esse tipo de coisa de assassinato. Não por essas bandas.

TC: Mas os homens não eram ladrões de gado. Eram dois jogadores de Denver; Quinn lhes devia dinheiro. E mais, não acredito que a morte de Addie tenha sido acidental.

(Desafiante, com autoridade surpreendente, relatei o "assassinato" como o havia imaginado; a teoria que eu rejeitara ao nascer do sol agora parecia bem convincente: Quinn havia seguido as duas irmãs a Sandy Cove, se escondido entre as árvores, descido pela margem, ameaçado Addie com uma arma, e a afogara.)

FRED: Essa é a história de Jake.

TC: Não.

FRED: Você pensou nisso?

TC: Mais ou menos.

FRED: Mesmo assim, *é* a história de Jake. Espere aí, preciso assoar o nariz.

TC: Como assim, essa história é de Jake?

FRED: Como eu disse, deve haver essa coisa que chamam de telepatia. Com algumas pequenas diferenças, alguns detalhes a mais ou a menos, essa *é* a história de Jake. Ele fez um relatório e me enviou cópia. No relatório, ele reconstruiu os eventos exatamente assim: Quinn viu o carro, seguiu as irmãs...

(Fred continuou. Uma onda de vergonha me atingiu em cheio; eu me sentia como um colegial flagrado colando na prova. De maneira irracional, em vez de me culpar, culpei Jake; estava zangado com ele por não ter produzido uma solução sólida, furioso por suas hipóteses não serem melhores que as minhas. Eu confiava em Jake, o profissional, e estava infeliz por sentir que essa confiança havia sido desmerecida. Mas a mistura era tão fatídica – Quinn, Addie e a cachoeira! Mesmo assim, independentemente dos comentários destrutivos de Fred Wilson, eu sabia que minha confiança básica em Jake era justificada.)

O Gabinete está numa posição difícil. Eles precisam tirar Jake do caso. Ele se desqualificou. Ah, ele vai resistir, vai lutar contra os superiores, mas é pela reputação dele mesmo. E por sua segurança, também. Certa noite, logo depois de ter perdido a namorada, ele me telefonou às quatro da manhã. Mais bêbado que cem índios dançando em um milharal. O ponto principal disso era: ele ia desafiar Quinn para um duelo. Liguei no dia seguinte para me certificar de que estava tudo bem. Bastardo, ele nem lembrava que havia telefonado para mim.

Ansiedade, como pode assegurar qualquer psiquiatra caro, é causada por depressão; mas a depressão, como o mesmo psiquiatra poderá informar numa segunda visita e pelo valor de mais uma consulta, é causada pela ansiedade. Girei em torno desse círculo a tarde toda. Ao anoitecer, os dois demônios haviam combinado: enquanto ansiedade e depressão copulavam, eu ficava sentado olhando para a controvertida invenção do sr. Bell, temendo o instante em que teria de telefonar para o Prairie Motel e ouvir Jake revelar que o Gabinete o estava removendo do caso. É claro, uma boa refeição poderia ter ajudado; mas eu já saciara a fome com o bolo de chocolate coberto de fungos. Ou eu poderia ter ido ao cinema e fumado um pouco de erva. Mas, quando se está nesse tipo de aflição, o único remédio duradouro é aceitar os sentimentos: aceitar a ansiedade, ficar deprimido, relaxar e deixar a correnteza levá-lo para onde quiser.

TELEFONISTA: Boa noite. Prairie Motel. O sr. Pepper? Ei, Ralph, viu Jake Pepper? No bar? Alô, senhor... ele está no bar. Vou transferir sua ligação.

TC: Obrigado.

(Eu me lembrava do bar; diferente do hotel, ele tinha um certo charme de tira cômica. Fantasias de caubói, selas e outros adornos típicos decoravam as paredes ao lado de pôsteres de garotas e *sombreros* mexicanos. Um banheiro para os TOUROS e outro para as BELAS, e uma *jukebox* recheada de *country* e *western*. Uma *jukebox* que anunciava a chegada do *bartender*.)

BARTENDER: Jake Pepper! Telefone para você. Alô, senhor, ele quer saber quem deseja falar.
TC: Um amigo de Nova York.
VOZ DE JAKE (distante, ganhando força à medida que ele se aproxima do telefone): Certamente tenho amigos em Nova York. Tóquio. Bombaim. Alô, meu amigo de Nova York!
TC: Sua voz está animada.
JAKE: Tanto quanto o macaco de um mendigo.
TC: Pode conversar? Ou prefere que eu ligue mais tarde?
JAKE: Tudo bem. Isto aqui é tão barulhento que ninguém pode me ouvir.
TC (hesitante, temendo abrir velhas feridas): E então... como vai?
JAKE: Nem tão animado.
TC: É o Gabinete?
JAKE (confuso): O Gabinete?
TC: Bem, pensei que eles podiam estar criando problemas.
JAKE: Eles não me dão problemas. Mas eu causo muitos a eles. Não, o que me incomoda é aquele cabeça-dura do Jaeger. Nosso adorado responsável pelo correio. Ele é covarde. Quer fugir. E não sei como impedir isso. Mas preciso impedir.
TC: Por quê?
JAKE: "O tubarão precisa de isca."
TC: Conversou com Jaeger?
JAKE: Por quatro horas. Ele agora está comigo. Sentado na mesa do canto, como um coelho branco pronto para correr para a toca.
TC: Acho que posso entender o que ele sente.
JAKE: Eu não posso me dar a esse luxo. Preciso segurar esse velho covarde. Mas como? Ele tem 64 anos; está se preparando para a aposentadoria e a pensão. É solteiro; seu parente mais próximo é Bob Quinn! Pelo amor de Deus. E escute esta: ele ainda não acredita que Quinn é o culpado. Diz que sim, talvez alguém queira prejudicá-lo, mas não pode ser Bob Quinn; sua carne, seu sangue! Só existe uma coisa que o faz parar para pensar.
TC: Alguma coisa a ver com o pacote?
JAKE: Hum hum.

TC: A caligrafia? Não, não pode ser. Deve ser a fotografia.

JAKE: Bom palpite. Essa foto é diferente. Foi tirada na Feira Estadual; Jaeger está desfilando em uma parada da Kiwanis – e está usando um chapéu Kiwanis. *Quinn tirou a foto.* Jaeger afirma que o viu fotografando; e se lembra disso porque pediu uma cópia, mas Quinn nunca atendeu ao pedido.

TC: Isso deve fazê-lo pensar duas vezes. Duvido que teria alguma utilidade em um tribunal.

JAKE: Na verdade, também é inútil com o chefe do correio.

TC: Mas ele está com medo suficiente para sair da cidade?

JAKE: Está apavorado, é claro. Mas, mesmo que não esteja, nada o retém aqui. Ele diz que sempre planejou passar os últimos anos de sua vida viajando. Meu trabalho consiste em adiar essa jornada. Indefinidamente. Escute, acho melhor não deixar meu coelho sozinho por muito tempo. Deseje-me sorte. E mantenha contato.

Desejei sorte, mas ele não a teve; uma semana depois, carteiro e detetive seguiram caminhos distintos; o primeiro rumo à sonhada viagem da aposentadoria, o último porque o Gabinete o removeu do caso.

As anotações seguintes foram extraídas dos meus diários pessoais, de 1975 a 1979.

20 de outubro de 1975: Falei com Jake. Muito amargo; cuspindo veneno em todas as direções. Ele disse que se demitiria "por duas insígnias e um dólar confederado", escreveria em sua demissão que ia para o Oregon trabalhar na fazenda do filho. "Mas enquanto eu estiver aqui no Gabinete ainda tenho um chicote para estalar." Além disso, se pedisse demissão agora, ele não teria sua aposentadoria, um *beau geste* que, tenho certeza, ele não podia se dar ao luxo de ter.

6 de novembro de 1975: Falei com Jake. Ele disse que havia uma epidemia de roubo de gado no norte do estado. Os ladrões agem à noite, levando os animais para caminhões em que os transportam para as Dakotas.

Ele disse que havia passado as últimas noites com alguns agentes em campo aberto, escondido entre os rebanhos, esperando pelos ladrões que nunca apareceram: "Homem, faz frio ali! Estou velho demais para esse trabalho de durão". Ele mencionou que Marylee Connor se mudara para Sarasota.

25 de novembro de 1975: Ação de Graças. Acordei esta manhã e pensei em Jake, e lembrei que foi há um ano que ele tivera a "grande revelação": fora à casa de Addie para jantar e ela falara de Quinn e do rio Azul. Decidi não telefonar; uma ligação poderia agravar, em vez de aliviar, as dolorosas ironias ligadas a esse aniversário em particular. Telefonei para Fred Wilson e a esposa para lhes desejar "*bon appétit*". Fred perguntou de Jake; eu disse que a última coisa que soubera era que ele estava ocupado com os ladrões de gado. Fred disse: "Sim, eles o estão matando de trabalhar. Tentando fazê-lo esquecer toda aquela história, o que os caras do Gabinete chamam de 'O Bebê Cascavel'. Designaram um jovem chamado Nelson para o caso; mas é só para preservar as aparências. Legalmente, o caso está aberto; mas, para efeitos práticos, o Gabinete já desistiu".

5 de dezembro de 1975: Falei com Jake. A primeira coisa que ele disse foi: "Você vai gostar de saber que o carteiro está são e salvo em Honolulu. Ele tem mandado cartões para todo mundo. Tenho certeza de que Quinn também recebeu um. Bem, ele conseguiu ir para Honolulu e eu não. Sim, a vida é estranha". Ele disse que ainda estava envolvido com "a questão do roubo de gado. E farto dela. Eu devia me juntar aos ladrões. Eles ganham cem vezes mais do que eu".

20 de dezembro de 1975: Recebi um cartão de Natal de Marylee Connor. Ela escreveu: "Sarasota é adorável! Este é meu primeiro inverno em um clima quente e posso dizer com franqueza que não sinto saudade de casa. Sabia que Sarasota é conhecida por ser o quartel de inverno do Circo Ringling Bros.? Minha prima e eu sempre vamos ver os ensaios da trupe. É a melhor diversão! Fizemos amizade com uma russa que é treinadora dos acrobatas. Que Deus o abençoe no novo ano e espero que goste do pequeno presente que envio com a carta". O presente era uma foto amadora de família em que Addie aparecia pequena, talvez com seis

anos, em pé ao lado de um canteiro de flores, usando um vestido branco com fita no cabelo na mesma cor e segurando nos braços, como se fosse tão frágil quanto a folhagem que a cercava, um gatinho branco; o gatinho bocejava. No verso da fotografia, Marylee escrevera: *Adelaide Minerva Mason. Nascida em 14 de junho de 1930. Chamada de volta em 29 de agosto de 1975.*

1º de janeiro de 1976: Jake telefonou: "Feliz Ano-Novo!". Ele soava como um coveiro cavando a própria sepultura. Disse que havia passado a véspera de Ano-Novo na cama lendo *David Copperfield.* "O Gabinete fez uma grande festa. Mas eu não fui. Sabia que, se fosse, acabaria me embriagando e batendo algumas cabeças umas nas outras. Talvez muitas cabeças. Bêbado ou sóbrio, sempre que estou perto do chefe, tenho de fazer um esforço enorme para não socar aquela barriga gorda." Contei-lhe que havia recebido um cartão de Marylee pelo Natal e descrevi a foto de Addie que o acompanhara, e ele contou que havia recebido uma foto semelhante e um cartão, também: "Mas o que significa? O que ela escreveu... Chamada de Volta?". Quando expliquei a frase como a entendia, ele me interrompeu com um grunhido; era delicado demais para ele; e comentou: "Eu amo Marylee. Sempre disse que ela era uma mulher muito doce. Mas simples. Só uma criatura simples".

5 de fevereiro de 1976: Na semana passada comprei uma moldura para a fotografia de Addie. Coloquei-a sobre a mesa no meu quarto. Ontem a guardei em uma gaveta. Era muito perturbadora, viva – especialmente o bocejo do gatinho.

14 de fevereiro de 1976: Três presentes de *valentines*: um de uma antiga professora da escola, a srta. Wood; outro do meu contador, e um terceiro assinado Amor, Bob Quinn. Uma piada, é claro. A ideia de Jake de humor negro?

15 de fevereiro de 1976: Liguei para Jake e ele confessou que sim, havia enviado o *valentine*. Eu disse, bem, você devia estar bêbado. Ele confirmou: "Eu estava".

20 de abril de 1976: Uma carta breve de Jake escrita no papel timbrado do Prairie Motel: "Estou aqui há dois dias coletando fofocas, principal-

mente no Okay Café. O chefe do correio continua em Honolulu. Juanita Quinn teve um derrame bem sério. Gosto de Juanita, por isso fiquei triste com essa notícia. Mas o marido dela continua saudável como um potro. E eu prefiro que seja assim. Não quero que nada aconteça com Quinn até eu dar o golpe final. O Gabinete pode ter esquecido essa história, mas não eu. Jamais vou desistir. Sinceramente..."

10 de julho de 1976: Telefonei para Jake ontem à noite, depois de mais de dois meses sem notícias suas. O homem com quem falei era um novo Jake Pepper; ou melhor, o velho Jake Pepper, vigoroso, otimista – era como se ele houvesse finalmente emergido de um sono ébrio, seus músculos descansados prontos para a ação. Logo eu descobri o que o havia despertado: "Peguei o diabo pelo rabo. Algo extraordinário". O extraordinário, embora contivesse um elemento intrigante, se mostrou um assassinato muito comum; ou eu tive essa impressão. Um homem ainda jovem, cerca de 22 anos, morava em uma fazenda apenas com o avô idoso. No começo da primavera o neto matou o velho para herdar sua propriedade e roubar o dinheiro que a vítima havia guardado com grande dificuldade embaixo do colchão. Vizinhos notaram o desaparecimento do fazendeiro e viram o jovem dirigindo um carro novo e reluzente. A polícia foi notificada e logo descobriu que o neto, que não tinha nenhuma explicação para o repentino e completo desaparecimento do parente, havia comprado o carro com o dinheiro do velho. O suspeito não admitia nem negava ter assassinado o avô, embora as autoridades tivessem certeza disso. A dificuldade era que não havia um corpo. Sem um corpo não poderia haver uma detenção. Mas, por mais que procurassem, a vítima permanecia invisível. A polícia local pediu ajuda do Gabinete de Investigação do Estado e Jake foi designado para o caso. "É fascinante. Esse garoto é muito esperto. O que quer que ele tenha feito com o velho, foi diabólico. E se não podemos encontrar o corpo, ele vai escapar impune. Mas tenho certeza de que está em algum lugar daquela fazenda. Todos os instintos me dizem que ele cortou o vovô em vários pedacinhos e enterrou as partes em locais diferentes. Só preciso da cabeça. E vou encontrá-la, nem que eu tenha que vasculhar o lugar acre por acre. Centímetro por centímetro." Depois de desligar, eu senti uma onda

de raiva; e ciúme; não só uma pontinha, mas um golpe intenso, como se eu houvesse acabado de saber da traição de um amante. Na verdade, não quero que Jake se interesse por nenhum caso que não seja aquele que me interessa.

20 de julho de 1976: Um telegrama de Jake. *Tenho cabeça uma mão dois pés ponto fui pescar Jake.* Estranhei que ele tivesse enviado um telegrama, em vez de telefonar. Ele imaginava que eu me ressentia do seu sucesso? Estou contente, porque sei que seu orgulho foi restaurado, ao menos em parte. Só espero que tenha ido pescar em algum lugar na região do rio Azul.

22 de julho de 1976: Escrevi uma carta dando parabéns a Jake e lhe disse que passaria três meses no exterior.

20 de dezembro de 1976: Um cartão de Natal de Sarasota. "Se algum dia vier para esta região, por favor apareça. Deus o abençoe. Marylee Connor."

22 de fevereiro de 1977: Um bilhete de Marylee: "Eu ainda assino jornal da minha cidade natal e achei que o recorte que envio interessaria a você. Escrevi para o marido dela. Ele me mandou uma carta encantadora na época do acidente de Addie". O recorte era o obituário de Juanita Quinn; ela havia morrido dormindo. Surpreendentemente, não haveria cerimônia ou funeral, porque a morta havia solicitado em vida que fosse cremada e que suas cinzas fossem espalhadas pelo rio Azul.

23 de fevereiro de 1977: Telefonei para Jake. Ele disse com um jeito meio tímido: "Olá, parceiro! Por onde tem andado?". Na verdade, eu havia escrito para ele da Suíça e ele nunca escrevera de volta; e, embora eu não tenha conseguido encontrá-lo, telefonei duas vezes durante os feriados do Natal. "Oh, sim, eu estava em Oregon." Depois fui direto ao ponto: o obituário de Juanita Quinn. Previsivelmente, ele disse: "Estou desconfiado"; quando perguntei por quê, respondeu: "Cremações sempre me deixam desconfiado". Conversamos por mais quinze minutos, mas foi uma conversa pouco confortável, um esforço da parte dele. Talvez eu o faça lembrar coisas que, apesar de toda a sua força moral, ele esteja começando a desejar esquecer.

10 de julho de 1977: Jake telefonou, eufórico. Sem preâmbulos, anunciou: "Como eu disse, cremações sempre me deixam desconfiado. Bob Quinn acaba de se casar! Bem, todos sempre souberam que ele tinha outra família, uma mulher e quatro filhos. Ele os mantinha escondidos em Appleton, um lugar 150 quilômetros a sudoeste. Ele se casou com a mulher na semana passada. Levou a esposa e os filhos para a fazenda, orgulhoso como um galo. Juanita se viraria no túmulo. Se *tivesse* um túmulo". Atordoado com a rapidez da narrativa de Jake, perguntei: "Quantos anos têm as crianças?". Ele disse: "A mais nova tem 10 e a mais velha, 17. Todas meninas. A cidade está em polvorosa. É claro, conseguem lidar bem com assassinato, dois ou três homicídios não os incomodam; mas ver seu cavaleiro na armadura brilhante, seu grande Herói de Guerra, desfilar com a meretriz arrogante e as quatro bastardas é demais para os olhares presbiterianos". Eu disse: "Lamento pelas crianças. E pela mulher, também". Jake respondeu: "Prefiro lamentar por Juanita. Se houvesse um corpo para ser exumado, aposto que o legista descobriria nele uma bela dose de nicotina". Eu argumentei: "Duvido. Ele não faria mal a Juanita. Ela era alcoólatra. Ele era o salvador daquela mulher. E a amava". Jake retorquiu em voz baixa: "E presumo que não acredite que ele esteja envolvido no 'acidente' com Addie?". Eu disse: "Ele queria matá-la. E teria tentado, em algum momento. Mas ela se afogou antes". Jake acrescentou: "O que o poupou do esforço! Muito bem. Explique Clem Anderson, os Baxters". Respondi: "Sim, tudo isso foi trabalho de Quinn. Ele precisava matá-los. É um messias com uma missão". Jake falou: "Então, por que ele deixou o chefe do correio escapar por entre seus dedos?". Eu devolvi: "Ele deixou? Pois eu acho que o velho sr. Jaeger tem um encontro marcado em Samarra. Um dia Quinn vai cruzar o caminho dele. E ele não vai descansar enquanto isso não acontecer. O homem não é normal, você sabe". Jake desligou, mas não antes de perguntar com tom ácido: "E você é?".

15 de dezembro de 1977: Vi uma carteira preta de couro de jacaré na vitrina de uma casa de penhores. Estava em boas condições e tinha as iniciais J. P. Comprei-a e, como nossa última conversa terminara num tom muito zangado (ele estava zangado, eu não), mandei-a para Jake como presente de Natal e oferta de paz.

22 de dezembro de 1977: Um cartão de Natal da fiel sra. Connor: "Estou trabalhando para o circo! Não, eu não sou uma acrobata. Sou recepcionista. É melhor que *shuffleboard*! Votos de um excelente Ano-Novo".

17 de janeiro de 1978: Um bilhete de quatro linhas escritas por Jake numa caligrafia rabiscada agradecendo pela carteira. Uma mensagem curta, inadequada. Sou receptivo a dicas. Não vou mais escrever ou telefonar.

20 de dezembro de 1978: Um cartão de Natal de Marylee Connor, só sua assinatura; nada de Jake.

12 de setembro de 1979: Fred Wilson e a esposa estiveram em Nova York, a caminho da Europa (sua primeira viagem), felizes como recém-casados em lua de mel. Eu os levei para jantar; nossa conversa se limitou às alegrias da iminente viagem, até que, quando escolhíamos as sobremesas, Fred disse: "Notei que não mencionou Jake". Fingi surpresa e comentei de forma casual que não tinha notícias de Jake havia mais de um ano. Fred quis saber: "Vocês brigaram?". Dei de ombros: "Não muito definido ou aberto. Mas nem sempre concordamos em tudo". Então, Fred contou: "Jake tem tido sérios problemas de saúde ultimamente. Enfisema. Ele vai se aposentar no final do mês. Eu sei que não é da minha conta, mas acho que seria um gesto de delicadeza se você ligasse para ele. Jake está precisando de apoio".

14 de setembro de 1979: Serei sempre grato a Fred Wilson; ele me ajudou a engolir o orgulho e telefonar para Jake. Falamos hoje de manhã; foi como se houvéssemos conversado ontem, e no dia anterior. Ninguém poderia acreditar que existira alguma interrupção na nossa amizade. Ele confirmou a notícia de sua aposentadoria: "Faltam só dezesseis dias!". Acrescentou que planejava viver com o filho em Oregon. "Mas, antes disso, fui passar um ou dois dias no Prairie Motel. Tenho tarefas para terminar naquela cidade. Há alguns registros no tribunal que quero incluir nos meus arquivos. Ei, escute! Por que não vamos juntos? Vai ser uma verdadeira reunião. Posso encontrar você em Denver e depois seguimos juntos de carro." Jake não precisou insistir; se não houvesse feito o convite, eu mesmo o teria sugerido: sempre sonhei, acordado ou dormindo, voltar àquele vilarejo melancólico, porque queria rever Quinn – encontrá-lo e falar com ele, só nós dois.

Era o dia 2 de outubro.

Jake recusou meu convite, mas me emprestou seu carro, e depois do almoço deixei o Prairie Motel para ir ao B. Q. Ranch. Lembrei-me da última vez em que havia percorrido aquele território: a lua cheia, os campos cobertos de neve, o frio cortante, o gado reunido em grupos, seu hálito formando nuvens densas no ar cristalino e gelado. Agora, em outubro, a paisagem era gloriosamente diferente: a estrada de macadame era como um brilhante mar negro dividindo um continente dourado; dos dois lados, o balançar dourado do trigo com seus reflexos em vários tons de amarelo, sombras cintilantes sob um céu sem nuvens. Touros caminhavam sem pressa pelos pastos; e vacas, algumas acompanhadas por seus bezerros, pastavam e cochilavam.

Na entrada da fazenda, uma menina se apoiava numa placa, aquela com os machados cruzados. Ela sorriu e acenou me pedindo para parar.

MENINA: Boa tarde! Sou Nancy Quinn. Meu pai me mandou recebê-lo.

TC: Ah, obrigado.

NANCY QUINN (abrindo a porta do carro e entrando): Ele foi pescar. Vou ter de mostrar onde ele está.

(Ela era uma alegre moleca de 12 anos. O cabelo castanho era curto e havia sardas cobrindo seu rosto. Vestia apenas um velho maiô. Um de seus joelhos exibia um curativo sujo.)

TC (referindo-se ao curativo): Você se machucou?

NANCY QUINN: Não. Bem, fui derrubada.

TC: Derrubada?

NANCY QUINN: Bad Boy me derrubou. Ele é um cavalo muito cruel. Por isso tem esse nome. Menino Mau. Ele já derrubou todas as crianças da fazenda. E boa parte dos adultos, também. Eu disse que apostava que conseguiria montá-lo. E montei. Por uns quatro segundos, eu acho.

Já esteve aqui antes?

TC: Uma vez, há anos. Mas era noite. Eu me lembro de uma ponte de madeira...

NANCY QUINN: É aquela ali!

(Atravessamos a ponte: finalmente eu vi o rio Azul; mas foi só uma imagem rápida e fugaz, como o voo de um beija-flor, porque árvores frondosas, sem folhas na última vez que eu as vira, encobriam boa parte da paisagem com sua exuberância verde.)

Já esteve em Appleton?

TC: Não.

NANCY QUINN: *Nunca?* Engraçado. Nunca conheci alguém que não tenha estado em Appleton.

TC: Perdi alguma coisa?

NANCY QUINN: Ah, tudo bem. Eu morava lá. Mas gosto mais daqui. É mais fácil sair sozinha e fazer as coisas que gosto de fazer. Pescar. Atirar em coiotes. Meu pai prometeu me dar um dólar por cada coiote que eu derrubar; mas, depois de me dar mais de 200 dólares, ele reduziu o pagamento a 25 centavos por coiote. Não me importo. Não preciso de dinheiro. Não sou como minhas irmãs. Sempre com o rosto colado em um espelho.

Tenho três irmãs e elas não estão felizes aqui. Não gostam de cavalos; odeiam quase tudo. Meninos. É só nisso que elas pensam. Quando morávamos em Appleton, pouco víamos meu pai. Uma vez por semana, talvez. Então, elas usavam perfume, batom e tinham muitos namorados. Minha mãe não se importa com isso. Ela é muito parecida com elas, em alguns aspectos. Gosta de se enfeitar e ficar bonita. Mas meu pai é muito severo. Ele não permite que minhas irmãs tenham namorados. Nem que usem batom. Uma vez um grupo de amigos delas veio de Appleton e meu pai os recebeu na porta com uma espingarda; disse que se os visse aqui novamente atiraria para matar. Puxa, aqueles meninos correram! As meninas choraram até passar mal. Mas eu ri muito de tudo isso.

Vê aquela bifurcação na estrada? Pare ali.

(Parei o carro; nós dois descemos. Ela apontou para uma abertura entre as árvores: um caminho escuro, estreito.)

Siga por ali.

TC (com um temor repentino de ficar sozinho): Você não vem comigo?

NANCY QUINN: Meu pai não gosta de ninguém por perto quando ele discute negócios.

TC: Bem, obrigado mais uma vez.
NANCY QUINN: Foi um prazer!

Ela se afastou.

Partes da trilha eram tão estreitas e cheias de vegetação, que eu tive de me abaixar para não ferir o rosto nos galhos inclinados. Espinhos estranhos se enroscavam em minha calça; no alto das árvores, corvos grasnavam. Vi uma coruja; é estranho ver uma coruja à luz do dia; ela piscou, mas não se mexeu. Uma vez, quase fui de encontro a uma colmeia. Era um tronco oco de árvore repleto de abelhas. O tempo todo eu podia ouvir o rio, um ruído constante e lento; e então, depois de uma curva no caminho, eu o vi; e vi Quinn também.

Ele usava uma roupa de borracha e segurava uma magnífica vara de pescar com a elegância e a leveza de um maestro empunhando sua batuta. Estava em pé com água até a cintura, a cabeça descoberta de perfil; seu cabelo não tinha mais os reflexos grisalhos de antes – agora era branco como a espuma que cercava seu quadril. Quis me virar e correr, porque a cena era uma lembrança muito forte de outro tempo, de um período no qual a cópia de Quinn, o reverendo Billy Joe Snow, havia esperado por mim com água até a cintura. De repente ouvi meu nome; Quinn me chamava e acenava para mim voltando à margem.

Pensei nos jovens touros que vira caminhando pelo pasto; Quinn, brilhando em sua roupa impermeável, me fazia pensar neles – vital, poderoso, perigoso; exceto pelo cabelo branco, ele não havia envelhecido nada; de fato, parecia anos mais jovem, um homem de 50 anos em perfeitas condições de saúde.

Sorrindo, ele subiu em uma pedra e fez um sinal para eu me juntar a ele. Quinn exibia uma truta que acabara de pescar. "É pequena, mas saborosa."

Falei de Nancy. Ele sorriu e disse: "Nancy, sim. É uma boa menina". E não estendeu o assunto. Não se referiu à saúde da esposa, ou ao fato de ter se casado novamente; presumia que eu já conhecia toda a história.

Ele declarou: "Fiquei surpreso quando telefonou para mim".

"Ah, é?"

"Sim, não sei. Apenas surpreso. Onde está hospedado?"

"No Prairie Motel. Onde mais?"

Depois de um período de silêncio, quase tímido, ele perguntou: "Jake Pepper está com você?"

Assenti.

"Alguém me disse que ele estava deixando o Gabinete."

"Sim. Ele vai morar em Oregon."

"Bem, não creio que volte a ver o velho bastardo. Pena. Poderíamos ser amigos de verdade. Se ele não tivesse todas aquelas suspeitas. Maldição, ele pensa até que eu afoguei Addie Mason!" Ele riu; depois franziu a testa. "A minha maneira de ver as coisas: foi a mão de Deus." Ele ergueu a mão e o rio, visto por entre seus dedos, parecia se entrelaçar neles como uma fita escura. "Obra de Deus. Sua vontade."

O TRABALHO DE UM DIA

(1979)

CENA: UMA CHUVOSA MANHÃ DE ABRIL, 1979. CAMINHO SOZINHO PELA Segunda Avenida na Cidade de Nova York, carregando uma sacola de compras cheia de produtos de limpeza pertencentes a Mary Sanchez, que caminha a meu lado tentando manter o guarda-chuva sobre nós dois, o que não é difícil: ela é mais alta que eu, uma mulher de mais de um metro e oitenta.

Mary Sanchez é faxineira profissional e trabalha por hora, a cinco dólares a hora, seis dias por semana. Ela trabalha aproximadamente nove horas por dia e visita, em média, 24 casas diferentes entre segunda-feira e sábado; geralmente os clientes solicitam seus serviços apenas uma vez por semana.

Mary tem 57 anos de idade, é nativa de uma pequena cidade da Carolina do Sul, mas "viveu no Norte" nos últimos quarenta anos. Seu marido, um porto-riquenho, morreu no verão passado. Ela tem uma filha casada que mora em San Diego e três filhos, um deles dentista, outro penitenciário, condenado a dez anos por assalto à mão armada, e um terceiro "desaparecido, Deus sabe para onde. Ele telefonou no último Natal e sua voz soou muito distante. Perguntei onde ele estava, mas Pete não disse, então informei que o pai dele havia morrido e ele respondeu que não poderia ter recebido melhor presente de Natal. Eu desliguei, bati o telefone e espero que ele não telefone nunca mais. Cuspir no túmulo do pai daquele jeito. Bem, é verdade que Pedro nunca foi bom com as crianças. Ou comigo.

Só sabia beber e jogar dados. Se envolvia com mulheres ruins. Ele foi encontrado morto em um banco do Central Park. Havia uma garrafa de Jack Daniels quase vazia entre suas pernas, dentro de um saco de papel; o homem nunca bebia nada que não fosse o melhor. Mesmo assim, Pete não tinha o direito de se declarar contente com a morte do pai. Afinal, ele deve a vida a esse homem, não? E eu também tinha uma dívida com Pedro. Não fosse por ele, eu ainda seria uma batista ignorante, perdida para o Senhor. Mas, quando me casei, a cerimônia foi realizada na Igreja Católica, e essa igreja trouxe uma luz para a minha vida que nunca se apagou, e nunca se apagará, nem mesmo quando eu morrer. Criei meus filhos na Fé; dois deles se tornaram bons homens, e acho que a igreja é mais responsável que eu por esse sucesso".

Mary Sanchez é musculosa, mas tem um rosto redondo e pálido, agradável, com nariz levemente empinado e uma pinta graciosa no alto da face esquerda. Ela não gosta da aplicação racial da palavra "preto". "Não sou preta. Sou marrom. Uma mulher de coloração marrom-clara. E vou lhe dizer mais uma coisa. Não conheço muitas outras pessoas de cor que gostem de ser chamadas de pretas. Talvez alguns dos mais jovens. E aqueles radicais. Mas não os da minha idade, nem mesmo os que têm metade da minha idade. Nem mesmo as pessoas que são realmente pretas gostam disso. Qual é o problema com negros? Sou negra, católica e me orgulho disso".

Conheço Mary Sanchez desde 1968 e ela trabalhou para mim, periodicamente, todos esses anos. Ela é responsável, tem um interesse mais do que casual pelos clientes, muitos dos quais quase não encontra, ou realmente não encontra, porque são homens e mulheres solteiros que não estão em casa quando ela chega para fazer a faxina; ela se comunica com eles, e eles com ela, por bilhetes: "Mary, por favor, molhe os gerânios e alimente o gato. Espero que esteja bem. Gloria Scotto".

Uma vez sugeri que gostaria de acompanhá-la durante um dia de trabalho e ela disse que, bem, não via nada de errado nisso e até apreciaria a companhia. "Esse é um trabalho que pode se tornar muito solitário, às vezes".

E foi assim que acabamos indo juntos para o seu trabalho naquela manhã chuvosa de abril. Estávamos a caminho de seu primeiro serviço: limpar a casa de um certo sr. Andrew Trask, que mora na rua Setenta e Três Leste.

TC: Que diabo carrega nesta sacola?
MARY: Pode me dar, eu carrego. Não quero que fique reclamando.
TC: Não. Desculpe. Mas é pesada.
MARY: Talvez seja o ferro.
TC: Você passa as roupas dessas pessoas? Nunca passou as minhas.
MARY: Algumas dessas pessoas não têm nenhum equipamento. Por isso tenho de carregar tanta coisa. Deixo bilhetes: providencie isso, providencie aquilo. Mas as pessoas esquecem. Parece que todos estão envolvidos com os próprios problemas. Como esse sr. Trask, para onde vamos agora. Trabalho para ele há seis, sete meses, e ainda não o vi. Mas ele bebe demais e a esposa o deixou por isso, e ele tem dívidas em todos os lugares, e, sempre que atendo o telefone na casa dele, é alguém cobrando alguma conta. Mas agora cortaram o telefone.

(Chegamos ao endereço e ela tira de uma bolsa pendurada em seu ombro uma argola de metal com uma dúzia de chaves. O edifício tem quatro andares e um pequeno elevador.)

TC (depois de andar em volta estudando o apartamento de Trask – um cômodo amplo com paredes verdes, uma cozinha e um banheiro com o vaso quebrado e vazando): Hummm. Entendo o que quer dizer. Esse homem tem problemas.
MARY (abrindo um armário cheio de roupas sujas e cheirando azedo): Não há um lençol limpo nesta casa! E olhe para aquela cama! Maionese! Chocolate! Migalhas, migalhas, chiclete, pontas de cigarro. Batom! Que tipo de homem se deitaria numa cama como essa? Não consigo trocar os lençóis há semanas. Meses.

(Ela acende vários abajures com cúpulas encardidas; e, enquanto trabalha para organizar a desordem geral, eu estudo o lugar com mais atenção. De fato, a impressão é de que um assaltante passou por ali, deixando gavetas da cômoda abertas, outras fechadas. Há uma foto sobre a cômoda, um retrato em moldura de couro, um homem forte e uma loira jovem e curvilínea, e três meninos bronzeados e risonhos, o mais velho com cerca de 14 anos. Há outra fotografia sem moldura presa no canto de um espelho embaçado: outra loira, mas não tão jovial quanto a primeira; é mais sensual, quase uma garota de calendário. Imagino que é seu batom que mancha o lençol da cama. Uma cópia da edição de dezembro da revista *True Detective* ficou esquecida no chão, e no banheiro, formando uma pilha impressionante ao lado do vaso sanitário, estão revistas masculinas de todos os tipos – *Penthouse*, *Hustler*, *Oui*; além disso, parece haver uma completa ausência de bens culturais. Mas há centenas de garrafas vazias de vodca em todos os lugares – miniaturas servidas em aeronaves.)

TC: Por que acha que ele só bebe essas miniaturas?

MARY: Talvez não possa pagar nada maior. Ele compra o que pode. Tem um bom emprego, se conseguir mantê-lo, mas acho que a família o sustenta.

TC: O que ele faz?

MARY: Aviões.

TC: Isso explica. Ele consegue as garrafinhas de graça.

MARY: Sim? Como? Ele não é comissário. É piloto.

TC: Oh, meu Deus.

(Um telefone toca, um ruído abafado, porque o aparelho está embaixo de um cobertor amarrotado. Com a testa franzida, as mãos pingando água com sabão, Mary o desenterra com a elegância de uma arqueóloga.)

MARY: Ele deve ter religado a linha. Alô? (Silêncio) Alô?

UMA VOZ FEMININA: Quem é?

MARY: Residência do sr. Trask.

VOZ FEMININA: *Residência* do sr. Trask? (riso) Com quem estou falando?

MARY: A empregada do sr. Trask.

VOZ FEMININA: Então o sr. Trask tem uma empregada, é? Bem, já é mais do que a *sra.* Trask tem. A empregada do sr. Trask poderia por favor dizer ao sr. Trask que a sra. Trask gostaria de falar com ele?

MARY: Ele não está em casa.

SRA. TRASK: Não me venha com essa. Ponha ele na linha.

MARY: Sinto muito, sra. Trask. Creio que ele está fora, voando.

SRA. TRASK (tom amargurado): Voando? Ele está sempre voando, querida. Sempre.

MARY: O que quero dizer é que ele está trabalhando.

SRA. TRASK: Diga a ele para telefonar para a casa da minha irmã em Nova Jersey. Diga para ligar assim que chegar, se ele sabe o que é bom pra ele.

MARY: Sim, senhora. Vou deixar o seu recado. (Ela desliga) Mulher horrível. Não é de estranhar que ele esteja na condição em que está. E agora desempregado. Não sei nem se ele deixou meu dinheiro. Sim, é isso. Em cima da geladeira.

(Espantosamente, passada uma hora, mais ou menos, ela conseguiu camuflar de alguma forma o caos e dar ao lugar uma aparência razoavelmente respeitável. Com uma caneta, ela escreve um bilhete e o coloca no espelho da cômoda. "Caro sr. Trask, sua esposa pediu para telefonar para a casa da irmã dela. Mary Sanchez." Depois ela suspira e se senta na beirada da cama, e retira da bolsa uma latinha contendo uma coleção de bitucas; ela escolhe uma, encaixa em uma espécie de piteira, acende, traga profundamente, segura a fumaça nos pulmões e fecha os olhos. Oferece-me uma tragada.)

TC: Obrigado. É muito cedo.

MARY: Nunca é muito cedo. E você devia experimentar. *Mucho cojones.* Consegui com uma cliente, uma senhora católica muito fina; ela é casada com um peruano. A família manda os cigarros para ele. Despacha pelo correio. É maconha, mas eu nunca uso para ficar alta. É só para deixar o mundo um pouco menos feio. Para diminuir o peso. (Ela traga novamente até a brasa queimar seus lábios) Andrew Trask. Pobre-diabo assustado. Ele pode acabar como Pedro. Morto em um banco de parque, sem que ninguém se importe. Não que eu não tenha me importado. Recentemente, tenho me surpreendido lembrando os bons tempos com Pedro, e acho que é isso que acontece com a maioria das pessoas que perdem alguém que já amaram; o ruim desaparece; e você se apega às coisas boas relativas a essa pessoa, ao que o fez gostar delas no início. Pedro, o jovem por quem me apaixonei, era um belo dançarino, sabia dançar tango, rumba, me ensinou a dançar e tirou meus pés do chão. Éramos frequentadores assíduos do velho Salão de Bailes Savoy. Ele era limpo, asseado

– mesmo quando se entregou à bebida ele tinha sempre as unhas limpas e curtas. E sabia cozinhar muito bem. Era assim que ganhava a vida, como cozinheiro de uma lanchonete. Eu disse que ele nunca fez nada de bom para as crianças; pois bem, ele arrumava a lancheira que elas levavam para a escola. Sanduíches de todo tipo embrulhados em papel de cera. Presunto, pasta de amendoim e geleia, salada de ovos, atum, e frutas, maçãs, bananas, peras, e uma garrafa térmica cheia de leite morno e mel. Agora me dói pensar nele no parque, em como eu não chorei quando a polícia chegou para me avisar; em como eu nunca chorei. Eu devia ter chorado. Devia isso a ele. E devia um soco no queixo, também.

Vou deixar as luzes acesas para o sr. Trask. Não faz sentido deixá-lo voltar para uma casa escura.

(Quando saímos do prédio a chuva havia parado, mas o sol estava encoberto e o vento soprava forte varrendo o lixo da calçada e obrigando transeuntes a segurarem seus chapéus. Nosso destino ficava a quatro quarteirões de distância, um apartamento modesto, mas moderno, com um porteiro uniformizado, endereço da srta. Edith Shaw, uma jovem de seus 20 e poucos anos que integrava a equipe editorial de uma revista. "Uma revista de notícias. Ela deve ter mais de mil livros. Mas não tem jeito de rato de biblioteca. É uma jovem muito saudável e tem muitos namorados. Muitos, como se não conseguisse passar muito tempo com o mesmo. Nós nos tornamos próximas porque... Bem, um dia eu cheguei na casa dela e ela estava doente, vomitando. Acabara de fazer um aborto. Normalmente, não aprovo esse tipo de coisa; é contra minhas crenças. Eu perguntei por que ela não se casou com aquele homem. A verdade era que ela não sabia com quem se casar; não sabia quem era o pai. Além do mais, a última coisa que ela queria era um marido ou um bebê.")

MARY (examinando o cenário da porta do apartamento de dois dormitórios da srta. Shaw): Não há muito o que fazer aqui. Tirar o pó. Ela sabe cuidar de si mesma. Olhe para todos aqueles livros. Do teto ao chão, nada além de livros.

(Exceto pelas estantes cheias, o apartamento era agradavelmente vazio, branco e limpo. Havia uma peça de antiquário: uma antiga mesa de tampo basculante com uma velha máquina de escrever em cima; uma folha de papel fora deixada na máquina; e eu olhei para o que estava escrito nela.)

Zsa Zsa Gabor tem
305 anos de idade
Eu sei
Porque seus anéis
Eu contei

Um espaço triplo, e depois:

Sylvia Plath, odeio você demais
E seu maldito papai.
Fico feliz, escute,
Feliz por ter metido sua cabeça
Em um forno a gás!

TC: A srta. Shaw é poetisa?

MARY: Ela está sempre escrevendo alguma coisa. Não sei o que é. Pelo que vejo, tenho a impressão de que ela fuma maconha. Venha cá, quero lhe mostrar uma coisa.

(Ela me leva ao banheiro, um cômodo surpreendentemente grande e radiante. Abre uma porta do armário e aponta para um objeto em uma prateleira: um vibrador de plástico cor-de-rosa na forma de um pênis de tamanho mediano.)

Sabe o que é isso?

TC: Você não?

MARY: Eu perguntei primeiro.

TC: É um vibrador.

MARY: Eu sei o que é um vibrador. Mas nunca vi um assim. Aqui diz "Made in Japan".

TC: Ah, bem, a mentalidade oriental.

MARY: Pagãos. Ela tem perfumes deliciosos, certamente. Para quem gosta de perfume. Eu só coloco um pouco de baunilha atrás da orelha.

(Mary começou a trabalhar, passando um pano no chão encerado e sem tapetes, tirando o pó das estantes com um espanador, e enquanto trabalhava ela mantinha aberta a caixa de bitucas e enchia sempre a piteira. Não sei quanto "peso" ela precisa remover, mas o cheiro era suficiente para me deixar alto.)

MARY: Tem certeza de que não quer experimentar umas tragadas? Está perdendo...

TC: Você me convenceu.

(Rapaz e homem, dei várias tragadas, não o suficiente para adquirir o hábito, mas o bastante para avaliar a qualidade e reconhecer a diferença entre maconha mexicana comum e contrabando luxuoso como os bastões Thai e a suprema Maui-Wowee. Mas, depois de fumar uma das bitucas de Mary e estar já na metade da segunda, senti-me dominado por um delicioso relaxamento, abraçado por uma louca e incrível alegria: o demônio fazia cócegas nos dedos dos meus pés, coçava minha cabeça, beijava-me com paixão com seus lábios vermelhos e doces, enfiava a língua feroz na minha garganta. Tudo brilhava; meus olhos eram como lentes de aumento; eu conseguia ler os títulos dos livros nas prateleiras mais altas: *A personalidade neurótica do nosso tempo*, de Karen Horney; *Eimi*, de e.e.cummings; *Four Quartets*; *The Collected Poems of Robert Frost*.)

TC: Eu desprezava Robert Frost. Ele era um bastardo cruel, egoísta.

MARY: Ei, se vai começar a xingar...

TC: Ele é aquele halo de cabelo desgrenhado. Um sádico egomaníaco. Destruiu toda a família. Vários deles. Mary, já discutiu isso com seu confessor?

MARY: O padre McHale? Discuti o quê?

TC: O néctar precioso que estamos devorando tão divinamente, minha adorável cigarra. Já informou o padre McHale dessa sua deliciosa empreitada?

MARY: O que ele não sabe não pode feri-lo. Aqui, pegue uma bala. É de hortelã. Faz essa coisa ter um sabor melhor ainda.

(Estranho, ela não parecia alterada, nem um pouco. Eu já ultrapassara Vênus, e Júpiter, o velho e alegre Júpiter, me chamava na distância planetária lilás e estrelada. Mary caminhou até o telefone e discou um número; ela deixou tocar muitas vezes antes de desligar.)

MARY: Não está em casa. Essa é uma coisa que merece gratidão. O sr. e a sra. Berkowitz. Se estivessem em casa, eu não poderia levá-lo lá. Eles são esses judeus ortodoxos, sabe? E deve saber quanto eles são *ortodoxos*!

TC: Judeus? Sim, são muito restritos. Deviam estar todos no Museu de História Natural. Todos eles.

MARY: Tenho pensado em me demitir da casa da sra. Berkowitz. O problema é que o sr. Berkowitz, que era do ramo de vestuário, se aposentou, e os dois estão sempre em casa. No meio do caminho. A menos que decidam ir para Greenwich, onde têm uma propriedade. Devem estar lá hoje. Outra razão para eu me demitir. Eles têm um velho papagaio – faz sujeira em todos os lugares. E é estúpido! Tudo o que aquele papagaio burro sabe dizer é "Vaca sagrada!" e "*Oy vey!*". Toda vez que você entra na casa ele começa a gritar "*Oy vey!*". Isso me dá nos nervos, é terrível. E então? Vamos fumar mais um e sair daqui.

(A chuva recomeçara e o vento soprava mais forte, uma mistura que fazia parecer um espelho estilhaçado. Os Berkowitz viviam em Park Avenue, na Eighties, e sugeri pegarmos um táxi, mas Mary disse não, que tipo de covarde eu era, podemos ir andando, e percebi que, apesar das aparências, ela também viajava por caminhos estelares. Caminhamos lentamente, como se fosse um dia tranquilo e quente de céu azul, e as ruas de piso duro e escorregadio fossem praias peroladas do Caribe. Park Avenue não é minha avenida favorita; é rica de falta de charme; se a sra. Lasker plantasse tulipas desde a Grand Central até o Harlem espanhol, seria inútil. Ainda assim, há certos edifícios que despertam lembranças. Passamos por um prédio onde Willa Cather, a escritora americana que eu tanto admirava, morara nos últimos anos de sua vida com sua companheira Edith Lewis; muitas vezes eu me sentara na frente da lareira delas e bebera Bristol Cream observando o fogo iluminar o azul límpido dos olhos serenos e geniais da srta. Cather. Na rua Oitenta e Quatro eu reconheci um prédio de apartamentos onde já havia estado para um pequeno jantar *black-tie* oferecido pelo senador e a sra. John F. Kennedy, então jovens e despreocupados. Mas, apesar dos simpáticos esforços de nossos anfitriões, a noite não foi tão esclarecedora quanto eu havia antecipado, porque, depois de as damas se retirarem e os cavalheiros permanecerem na sala de jantar para saborear suas bebidas e charutos havanas, um dos convidados, um costureiro chamado Oleg Cassini, dominou a conversa com um relato sobre Las Vegas e a coleção de coristas que ele submetera a testes recentemente naquele local: suas medidas, suas façanhas eróticas, necessidades financeiras – um recital que hipnotizava os ouvintes, e nenhum era mais atento e interessado que o futuro presidente.

Quando chegamos à rua Oitenta e Sete eu apontei para uma janela no quarto andar do número 1.060 da Park Avenue e informei: "Mary, minha mãe morou ali. Aquela janela era do quarto dela. Ela era bonita e muito inteligente, mas não queria viver. Tinha muitas razões – pelo menos acreditava ter. Mas, no final, era só o marido dela, meu padrasto. Ele era um homem que se fez sozinho, muito bem-sucedido – ela o idolatrava e ele era um homem bom, realmente, mas jogava, se meteu em encrencas e fraudes financeiras e perdeu o negócio e foi mandado para Sing Sing".

Mary balança a cabeça: "Como meu garoto. Exatamente como ele".

Estamos os dois em pé olhando para a janela, com a chuva nos encharcando. "Uma noite ela se arrumou toda e ofereceu um jantar; todos disseram que ela estava linda. Mas, depois da festa, antes de ir para a cama, ela tomou trinta Seconals e nunca mais acordou".

Mary está furiosa; volta a andar rapidamente sob a chuva: "Ela não tinha o direito de fazer isso. Não aceito esse tipo de atitude. Vai contra as minhas crenças".)

PAPAGAIO GRITANDO: Vaca sagrada!

MARY: Ouviu isso? O que foi que eu disse?

PAPAGAIO: *Oy vey! Oy vey!*

(O papagaio, uma colagem surreal de penas verdes e amarelas e cor de laranja, fica em um poleiro de mogno no salão formal do sr. e da sra. Berkowitz, uma sala que sugere ter sido feita inteiramente de mogno: os pisos de tacos, o revestimento da parede, e a mobília, todas as reproduções caras de grandiosa mobília de época – embora não se saiba de que época. Cadeiras de espaldar alto; sofás que teriam posto à prova a resistência de um professor de postura. Cortinas de veludo emoldurando as janelas, que eram incoerentemente fechadas por venezianas cor de mostarda. Sobre o console de mogno entalhado da lareira, um retrato em moldura de mogno mostrava o sr. Berkowitz, as bochechas caídas e flácidas, exibindo um traje típico de caça à raposa: casaco escarlate, gravata de seda, uma corneta sob um braço, um chicote de montaria sob o outro. Não sei como era o restante da casa, porque nunca vi mais nada além daquela sala e da cozinha.)

MARY: O que é tão engraçado? Do que está rindo?

TC: Nada. É só esse tabaco peruano, meu anjo. O sr. Berkowitz é um cavaleiro?

PAPAGAIO: *Oy vey! Oy vey!*

MARY: Cale a boca! Antes que eu torça seu maldito pescoço.

TC: Ei, se vamos xingar... (Mary resmunga; e faz o sinal da cruz) O papagaio tem nome?

MARY: Tem, sim. Tente adivinhar.

TC: Polly.

MARY (realmente impressionada): Como sabe?

TC: Então, é uma fêmea.

MARY: O nome é feminino, então ela deve ser fêmea. Seja o que for, é uma praga. Olhe só para toda aquela sujeira no chão. E eu tenho de limpar tudo.

TC: Vocabulário, vocabulário.

POLLY: Vaca sagrada!

MARY: Meus nervos. Talvez devamos animar um pouco. (Surge a latinha e todo o seu conteúdo, cigarros, piteiras, fósforos) E vamos ver o que conseguimos encontrar na cozinha. Estou com vontade de comer alguma coisa.

(O interior da geladeira dos Berkowitz é a fantasia de um glutão, uma cornucópia de guloseimas calóricas. Não é de estranhar que o dono da casa tenha as bochechas caídas. "Oh, sim", confirma Mary. "Os dois são gordos. A barriga dela... Parece que vai dar à luz as quíntuplas Dionne. E todos os ternos dele são feitos por encomenda; nada comprado em lojas serve. Hummm, estou mesmo com fome.

Aqueles *cupcakes* de coco parecem bons. E o bolo *mocha*, eu adoraria um pedaço. Podemos colocar sorvete em cima." Encontramos grandes tigelas de sopa e Mary as encheu com *cupcakes*, bolo *mocha* e grandes bolas de sorvete de pistache. Voltamos ao salão com esse banquete e o devoramos como órfãos famintos. Não há nada como erva para despertar o apetite. Depois de terminar a primeira porção e fumar mais um pouco, Mary voltou a encher as tigelas com porções ainda mais generosas.)

MARY: Como se sente?

TC: Eu me sinto bem.

MARY: Quanto?

TC: Muito bem.

MARY: Diga-me exatamente como se sente.

TC: Estou na Austrália.

MARY: Alguma vez esteve na Áustria?

TC: Não é Áustria, é Austrália. Não, mas é para onde eu vou agora. E todo mundo sempre disse que é um lugar tedioso. Isso mostra que não sabem de nada! O maior surfe do mundo. Estou no oceano sobre uma prancha de surfe, em cima de uma onda alta como, como...

MARY: Alta como você. Há-há.

TC: Ela é feita de esmeraldas derretidas. A onda. O sol é quente nas minhas costas e os respingos salgam meu rosto, e há tubarões famintos à minha volta. *Água azul, morte branca*. Não é um filme incrível? Devoradores de homens brancos e famintos em todos os lugares, mas eles não me preocupam – francamente, nem ligo...

MARY (os olhos arregalados de medo): Cuidado com os tubarões! Eles têm dentes assassinos. Você ficaria aleijado. Teria que mendigar pelas ruas.

TC: Música!

MARY: Música! Essa é a passagem.

(Ela cambaleia como um lutador grogue na direção de um objeto que até então havia escapado da minha atenção: um console de mogno combinando televisão, fonógrafo e um rádio. Ela mexe no rádio até encontrar uma estação que toca uma música latina pulsante.

Seus quadris se movem, os dedos estalam, ela é elegante, apesar do abandono, como se recordasse uma noite sensual da juventude e dançasse em suas lembranças com um parceiro alguma coreografia conhecida. E é mágico como seu corpo, agora desprovido de idade, responde aos tambores e violões, contorcendo-se no ritmo sutil; ela está em transe, o estado de graça que os santos supostamente alcançam depois de experimentar visões. E eu ouço a música, também; ela percorre meu corpo como uma anfetamina – cada nota soando com a clareza distinta de sinos de catedral num silencioso domingo de inverno. Eu me aproximo dela, de seus braços, e nós seguimos os passos um do outro, rindo, balançando, e mesmo quando a música é interrompida por um patrocinador falando um espanhol rápido como dezenas de castanholas, continuamos dançando, porque os violões estão agora em nossa cabeça e nós estamos presos em nossas gargalhadas, em nosso abraço cada vez mais alto, tão alto que nem percebemos o tilintar de uma chave, uma porta que se abre e fecha. Mas o papagaio ouve tudo.)

PAPAGAIO: Vaca sagrada!

VOZ FEMININA: O que é isso? O que está acontecendo aqui?

POLLY: *Oy vey! Oy vey!*

MARY: Ah, olá, sra. Berkowitz. Sr. Berkowitz. Como estão?

(E ali estavam eles, pairando como balões da Minnie Mouse e do Mickey em uma parada da Macy's no Dia de Ação de Graças. Não que haja algo que lembre ratos nesses dois. Seus olhos enfurecidos, os dela ardentes por trás de óculos pequeninos com armação de lantejoulas, absorvem a cena: nossos travessos bigodes de sorvete, o pungente cheiro de maconha poluindo o ambiente. O sr. Berkowitz se aproxima e desliga o rádio.)

SRA. BERKOWITZ: Quem é esse homem?

MARY: Não pensei que estivessem em casa.

SRA. BERKOWITZ: É evidente que não. Eu perguntei quem é esse homem.

MARY: Ele é só um amigo meu. Está me ajudando, porque hoje tenho muito trabalho.

SR. BERKOWITZ: Está bêbada, mulher.

MARY (enganosamente doce): O que foi que disse?

SRA. BERKOWITZ: Ele disse que você está bêbada. E eu estou chocada. Realmente.

MARY: Já que estamos dizendo verdades aqui, o que tenho para dizer sinceramente a vocês é: hoje é o último dia da negra por aqui – estou me demitindo.

SRA. BERKOWITZ: Você está *se* demitindo?

SR. BERKOWITZ: Saia daqui! Antes que chamemos a polícia.

(Sem mais, reunimos nossas coisas e Mary acenou para o papagaio: "Até logo, Polly. Você não é má. É uma boa menina. Eu só estava brincando". E na porta da frente, onde seus ex-patrões se haviam posicionado numa atitude austera, ela anuncia: "Só para constar, nunca bebi uma gota de álcool em toda a minha vida".

Lá embaixo, a chuva ainda caía. Caminhamos pela Park Avenue, depois atravessamos para a Lexington.)

MARY: Não disse que eram severos?

TC: Deviam estar em um museu.

(Mas boa parte da nossa animação havia desaparecido; o poder da erva peruana chegava ao fim, uma certa depressão se instalava, minha prancha de surfe afundava e, se eu visse um só tubarão agora, certamente me molharia de medo.)

MARY: Ainda tenho de ir à casa da sra. Kronkite. Mas ela é generosa; vai me perdoar se eu deixar para ir amanhã. Talvez eu vá para casa.

TC: Deixe-me parar um táxi para você.

MARY: Odeio andar de táxi. Os motoristas não gostam de gente de cor. Nem mesmo quando eles são de cor. Não, eu posso pegar o metrô bem aqui, na esquina da Lex com a Oitenta e Seis.

(Mary mora em um apartamento de aluguel controlado perto do Yankee Stadium; ela diz que o lugar era apertado quando havia uma família morando com ela, mas, agora que está sozinha, parece imenso e perigoso. "Tenho três fechaduras em cada porta e todas as janelas são travadas. Eu compraria um cachorro policial se não tivesse de deixá-lo sozinho por tanto tempo. Sei o que é ficar só e não faria isso com um cachorro.")

TC: Por favor, Mary, deixe-me pagar um táxi para você.

MARY: O metrô é muito mais rápido. Mas há um lugar onde quero parar. Fica perto daqui.

(O lugar é uma igreja estreita espremida entre prédios largos em uma rua secundária. Lá dentro há duas fileiras de bancos e um altar pequeno com uma estatueta de gesso de um Jesus crucificado pendurada sobre ele. O odor de vela e incenso domina o ambiente. No altar, uma mulher acende uma vela, sua luz tremulando como o sono de um espírito inquieto; além dela, somos os únicos suplicantes presentes. Nós nos ajoelhamos juntos no último banco; e da bolsa Mary retira dois rosários de contas – "Sempre carreguei alguns extras" –, um para ela, o outro para mim, embora eu nem saiba ao certo como manuseá-lo, porque nunca usei um rosário antes. Os lábios de Mary se moviam e ela sussurrava.)

MARY: Senhor, em sua misericórdia. Por favor, Senhor, ajude o sr. Trask a parar de beber e recuperar seu emprego. Por favor, Senhor, não deixe a srta. Shaw se tornar uma rata de biblioteca e uma solteirona velha; ela precisa ter filhos. E, Deus, eu peço que se lembre de meus filhos e filha e de meus netos, de cada um e de todos. E, por favor, não deixe a família do sr. Smith mandá-lo para aquela casa de repouso; ele não quer ir, chora o tempo todo...

(Sua lista de nomes é mais numerosa que as contas do rosário e os pedidos por essas pessoas têm o brilho justo das velas no altar. Ela para e olha para mim.)

MARY: Está rezando?

TC: Sim.

MARY: Não consigo ouvi-lo.

TC: Estou rezando por você, Mary. Quero que viva para sempre.

MARY: Não reze por mim. Eu já estou salva. (Ela pega minha mão e a segura.) Reze por sua mãe. Reze por todas aquelas almas perdidas por aí na escuridão. Pedro. Pedro.

DESLUMBRE

(1979)

Ela me fascinava.

Fascinava a todos, mas muitas pessoas tinham vergonha desse fascínio, especialmente as damas orgulhosas que presidiam algumas das maiores casas de Garden District em Nova Orleans, o bairro onde viviam os proprietários das grandes fazendas, de navios, e os operadores do mercado petrolífero, os profissionais mais ricos. As únicas pessoas que não faziam segredo de seu fascínio pela sra. Ferguson eram os empregados dessas famílias de Garden District. E, é claro, algumas crianças, jovens ou ingênuas demais para esconder esse interesse.

Eu era uma dessas crianças, um menino de 8 anos vivendo temporariamente com parentes de Garden District. Porém, eu guardava esse fascínio para mim, porque sentia uma certa culpa; tinha um segredo, algo que me incomodava, algo que estava me aborrecendo muito, de verdade, algo que eu tinha medo de contar, não contava a ninguém – não conseguia imaginar qual seria a reação das pessoas, era uma coisa estranha que me incomodava, que estivera me importunando por quase dois anos. Eu nunca ouvira falar de ninguém com um problema como o que me importunava. Por um lado, parecia meio bobo; por outro...

Quis contar meu segredo à sra. Ferguson. Não *quis*, mas senti que precisava. Havia comentários sobre a sra. Ferguson ter poderes mágicos. Algumas pessoas diziam, e outras muito sérias acreditavam, que ela era capaz de domar maridos errantes, forçar propostas de pretendentes relutantes, recuperar cabelos perdidos, refazer fortunas dilapidadas. Em resumo, era uma bruxa que podia fazer desejos se realizarem. Eu tinha um desejo.

A sra. Ferguson não parecia esperta o bastante para ser capaz de magia. Nem mesmo de truques com cartas. Era uma mulher comum que podia ter 40 anos, mas tinha, talvez, 30; era difícil dizer, porque seu rosto redondo irlandês, com aqueles olhos redondos de lua cheia, tinha algumas linhas e pouca expressão. Ela era lavadeira, provavelmente a única lavadeira branca em Nova Orleans, e uma artista em seu ofício: as grandes damas da cidade mandavam buscá-la quando finas rendas, belas sedas e puro linho precisavam de atenção. E mandavam buscá-la por outros motivos, também: realizar desejos – um novo amante, um certo casamento para uma filha, a morte da amante do marido, a confirmação do testamento da mãe, um convite para ser Rainha da Comunidade, o mais importante papel do Mardi Gras. Não era apenas como lavadeira que a sra. Ferguson era cortejada. A origem de seu sucesso e sua principal fonte de renda eram suas supostas habilidades de mover a areia dos sonhos até produzir algo sólido, realidades douradas.

Agora, sobre esse meu desejo, o que me preocupava desde que eu acordava até a hora em que ia dormir: não era uma coisa que eu podia simplesmente lhe pedir. Era necessário esperar o momento certo, um momento cuidadosamente preparado. Ela raramente ia à nossa casa, mas, quando isso acontecia, eu ficava por perto, fingindo observar os movimentos delicados de seus dedos grossos e feios cuidando dos guardanapos com acabamento de renda, mas, na realidade, tentando chamar sua atenção. Nunca conversamos: eu era muito nervoso e ela era muito estúpida. Sim, estúpida. Era só alguma coisa que eu sentia; bruxa poderosa ou não, a sra. Ferguson era uma mulher estúpida. Mas, de vez em quando, nossos olhares se encontravam e, mesmo sendo burra, a intensidade, o *fascínio* que ela via nos meus olhos manifestava minha vontade de ser um cliente. Ela provavelmente pensava que eu queria uma bicicleta, ou uma nova espingarda de ar; de qualquer maneira, não ia se preocupar com uma criança como eu. O que eu poderia lhe dar? Revirando os olhos, a mulher desviava sua atenção para outro lugar qualquer.

Mais ou menos nessa época, no início de dezembro de 1932, minha avó paterna chegou para uma visita rápida. Nova Orleans tem invernos frios; o vento úmido e gelado que vem do rio parece penetrar nos ossos. Minha avó, que morava na Flórida, onde era professora, tivera o bom senso de levar com ela um casaco de pele, um que ela havia tomado emprestado de uma amiga. Era feito de carneiro preto da Pérsia, o objeto de uma mulher rica, o que minha avó não era. Viúva jovem, deixada com três filhos para criar, ela não tivera uma vida fácil, mas nunca reclamara. Era uma mulher admirável; tinha uma mente vivaz, sólida, equilibrada. Devido a circunstâncias familiares, raramente nos encontrávamos, mas ela escrevia sempre e me mandava pequenos presentes. Ela me amava e eu queria amá-la, mas até ela morrer, e ela viveu até ter mais de 90 anos, mantive-me distante, me comportei com indiferença. Ela sentia, mas nunca soube o que causava minha aparente frieza, nem ninguém mais soube, porque o motivo era parte de uma culpa complexa, facetada como a fascinante pedra amarela que pendia de uma fina corrente de ouro que ela sempre usava no pescoço. Pérolas teriam combinado mais com ela, mas minha avó atribuía grande valor àquele acessório de certa forma teatral, um objeto que, eu ouvira, seu avô ganhara em um jogo de cartas no Colorado.

É claro que o colar não era valioso; como minha avó sempre explicava escrupulosamente a quem perguntasse, a pedra, que tinha o tamanho da pata de um gato, não era uma "gema" preciosa, nem um diamante canário, nem mesmo um topázio, mas um pedaço de cristal habilmente facetado e tingido de amarelo escuro. A sra. Ferguson, porém, desconhecia o verdadeiro valor do pingente e quando, uma tarde, estando minha avó em nossa casa, a bruxa gorducha chegou para lavar roupa, mostrou-se hipnotizada pelo brilhante pedaço de vidro pendurado na corrente fina no pescoço da dona. Seus olhos redondos e ignorantes brilharam, e isso é um fato: eles realmente brilharam. Agora eu não tinha dificuldade para atrair a sua atenção; ela me estudava com um interesse até então ausente.

Quando partiu, eu a segui até o jardim, onde havia uma árvore centenária, um lugar misterioso mesmo no inverno, quando sua folhagem murchava e caía, deixando despida a copa que normalmente formava um túnel sombrio. Ela caminhou até embaixo daquela árvore e me chamou.

Com voz macia, disse:

– Tem alguma coisa em mente?

– Sim.

– Alguma coisa que deseja realizar?

Eu assenti; ela assentiu, mas seus olhos vagavam nervosos; não queria ser vista conversando comigo.

Ela disse:

– Meu garoto virá. Ele lhe dirá.

– *Quando?*

Mas ela me disse para ficar em silêncio e saiu do jardim com passos apressados. Eu a vi desaparecer na penumbra. Minha boca secava quando eu pensava em todas as esperanças que depositava nas mãos daquela mulher estúpida. Não consegui jantar naquela noite; só dormi quando o dia já raiava. Além daquela coisa que me preocupava, eu agora tinha um novo conjunto de preocupações. Se a sra. Ferguson fizesse o que eu queria que ela fizesse, o que seria das minhas roupas, do meu nome, para onde eu iria, quem seria? Céus, era suficiente para deixar qualquer um louco! Ou eu já era maluco? Essa era uma parte do problema: eu devia ser maluco por querer que a sra. Ferguson fizesse aquilo que eu queria que ela fizesse. Essa era uma razão pela qual eu não podia contar a ninguém: eles iam pensar que eu era doido. Ou algo pior. Eu não sabia o que podia ser esse pior, mas, instintivamente, sentia que as pessoas me acusando de ser louco, minha família e seus amigos, as outras crianças, isso podia ser o menos importante.

Porque medo e superstição se combinavam com ganância, os criados do Garden District, algumas das mais esnobes mães e os mais altivos cavalheiros que jamais haviam encerado um piso de tacos falavam da sra. Ferguson com respeito. Essas pessoas também falavam dela com respeito não só por seus dons peculiares, mas por sua vida privada igualmente peculiar, da qual vários detalhes eu já conhecia por ter ouvido as histórias daqueles elegantes negros e mulatos, e dos *creoles* que se consideravam a verdadeira nobreza de Nova Orleans, certamente superiores a quaisquer empregados. Quanto à sra. Ferguson, ela não era uma madame, era só uma *mamselle*:

uma mulher solteira com filhos, no mínimo seis, gente do leste do Texas, um dos redutos caipiras do outro lado da fronteira com Shreveport. Aos 15 anos ela fora amarrada a um poste na frente do correio da cidade e chicoteada publicamente pelo próprio pai. O motivo desse terrível castigo fora um filho que ela tivera, um menino de olhos verdes mas, inegavelmente, produto de um pai negro. Com o bebê, que recebera o nome de Skeeter e tinha agora 14 anos, um menino que diziam ser o próprio diabo, ela chegou em Nova Orleans e conseguiu trabalho como governanta de um sacerdote católico irlandês, que ela seduziu, teve um segundo filho, foi abandonada por outro homem e continuou em frente, vivendo com uma sucessão de amantes bonitos, homens que ela só pode ter atraído pelo uso de poções que misturou ao vinho, porque, afinal, sem seus poderes específicos, quem era ela? Uma porcaria branca do leste do Texas que se envolvia com homens negros, mãe de seis bastardos, lavadeira, uma empregada. Mas eles a respeitavam, até Mme. Jouet, a matriarca da família Vaccaro, proprietária da United Fruit Company, sempre a tratava com civilidade.

Dois dias depois da minha conversa com a sra. Ferguson, um domingo, acompanhei minha avó à igreja e quando voltávamos para casa, a uma distância de alguns quarteirões, notei que alguém nos seguia: um menino forte com a pele cor de tabaco e olhos verdes. Soube imediatamente que aquele era o famoso Skeeter, o garoto cujo nascimento provocara o castigo da mãe em praça pública, e soube que ele tinha uma mensagem para mim. Senti enjoo, mas também euforia, vertigem, o suficiente para me fazer rir.

Minha avó indagou com alegria:

– Ah, você conhece uma piada?

Pensei: não, mas conheço um segredo. Porém, só disse: "Foi só algo que o ministro disse".

– Realmente? Fico feliz por ter achado engraçado. Achei o sermão muito seco. Mas o coro era bom.

Eu me abstive de fazer o seguinte comentário: "Bem, se eles vão apenas falar de pecadores e inferno, quando não sabem o que é inferno, deviam me pedir para fazer o sermão. Eu poderia ter dito a eles uma ou duas coisas".

– É feliz aqui? – minha avó perguntou, como se estivesse considerando a questão desde a sua chegada. "Sei que tem sido difícil. O divórcio. Morar aqui, morar ali. Eu quero ajudar; mas não sei como".

– Eu estou bem. Está tudo bem.

Mas eu queria que ela calasse a boca. E ela se calou, adotando uma expressão preocupada. Bem, pelo menos eu realizara um desejo. Um, e ainda faltava outro.

Quando chegamos em casa, minha avó, dizendo sentir o começo de uma enxaqueca, anunciou que ia tomar um comprimido e dormir um pouco, me deu um beijo e desapareceu. Corri para o jardim, para a velha árvore sem folhas, e me escondi dentro dela como um bandido em uma caverna, esperando por um cúmplice.

O filho da sra. Ferguson chegou logo. Ele era alto para a idade, pouco menos de um metro e oitenta, e era musculoso como um estivador. Não havia nele nenhuma semelhança com a mãe. Não era só a coloração escura; os traços eram bonitos, definidos, a estrutura óssea era precisa – o pai devia ter sido um homem bonito. E, diferentes dos da sra. Ferguson, seus olhos verdes não eram apenas pontos cômicos e redondos, mas fendas estreitas e ameaçadoras, armas, balas apontadas para um alvo e prontas para ser disparadas. Não me surpreendi quando, muitos anos depois, soube que ele havia cometido dois assassinatos em Houston e morrera na cadeira elétrica na Prisão Estadual do Texas.

Ele era garboso, vestido como um daqueles vagabundos adultos que perambulavam pelo porto: chapéu panamá, sapato bicolor, camisa de linho branco. A ponta de um impressionante charuto podia ser vista em seu bolso: um Havana Castle Morro, o charuto que os experientes cavalheiros do Garden District consumiam com seu absinto depois do jantar. Skeeter Ferguson acendeu seu charuto com um gesto grandioso de gângster de cinema, construiu um impecável anel de fumaça, soprou a fumaça no meu rosto e disse:

– Vim buscar você.

– *Agora?*

– Assim que me trouxer o colar da velha.

Eu sabia que era inútil, mas tentei:

– Que colar?

– Não desperdice seu fôlego. Vá buscar o colar e depois vamos a um lugar. Sem colar, não vamos a lugar nenhum. E você nunca terá outra chance.

– Mas ela está usando o colar!

Outro anel de fumaça, profissionalmente construído, projetado sem esforço.

– Como vai conseguir não é da minha conta. Vou ficar bem aqui. Esperando.

– Mas pode levar um tempo. E se eu não conseguir?

– Você vai conseguir. Eu vou esperar até você conseguir.

A casa estava silenciosa e parecia vazia quando entrei pela porta da cozinha, e realmente não havia ninguém, exceto por minha avó; todos haviam saído para visitar um primo recém-casado que morava do outro lado do rio. Depois de chamar por minha avó e obter apenas o silêncio como resposta, subi a escada na ponta dos pés e parei na porta do quarto dela, ouvindo. Ela devia estar dormindo. Disposto a correr o risco, abri a porta.

As cortinas estavam fechadas e a escuridão no quarto era quase total, exceto pelo brilho do carvão dentro de um fogão de porcelana. Minha avó estava deitada na cama, coberta até o queixo. Devia ter tomado o remédio para dor de cabeça, porque sua respiração era profunda, serena. Mesmo assim, puxei o cobertor com o cuidado meticuloso de um ladrão manipulando o disco numérico do cofre de um banco. Não havia nada no pescoço dela. Ela vestia apenas uma peça íntima, uma combinação rosa. Encontrei o colar na cômoda; estava diante de um retrato dos seus três filhos, um deles meu pai. Eu não o via fazia tanto tempo que esquecera como ele era – e, depois de hoje, provavelmente nunca mais voltaria a vê-lo. Ou, se o visse, ele não saberia quem eu era. Mas não tive tempo para pensar nisso. Skeeter Ferguson estava esperando por mim, em pé sob a árvore sem folhas, batendo o pé no chão e fumando seu charuto de milionário. Ainda assim, hesitei.

Jamais havia roubado nada antes; bem, algumas barras Hershey do balcão de doces no cinema e alguns livros que não devolvera à biblioteca pública. Mas isso era muito importante. Minha avó me perdoaria, se soubesse por que eu havia roubado o colar. Não, ela não me perdoaria; ninguém me perdoaria se soubesse *exatamente* por quê. Mas eu não tinha escolha. Era como Skeeter dissera; se não fizesse isso agora, a mãe dele jamais me daria outra chance. E o que me preocupava persistiria, talvez para sempre. Por isso peguei o colar. Coloquei a peça no bolso e saí correndo do quarto sem sequer fechar a porta. Quando me juntei a Skeeter, não lhe mostrei o colar. Apenas anunciei que o tinha, e seus olhos verdes ficaram ainda mais verdes e cruéis. Ele lançou no ar uma de suas argolas de fumaça e disse:

– É claro que tem o colar. Você é um patife nato. Como eu.

Primeiro caminhamos, depois seguimos num carro de aluguel pela Canal Street, normalmente cheia e alegre, mas sombria agora, com as lojas fechadas e uma quietude sabática pairando no ar como uma nuvem funerária. Na esquina da Canal com a Royal nós mudamos de veículo e seguimos pelo Quarteirão Francês, uma região familiar onde viviam muitas das famílias estabelecidas havia muito tempo, algumas com linhagem mais pura do que muitos nomes de Garden District. Depois de um tempo, desistimos do transporte e continuamos caminhando; percorremos quilômetros. Eu ainda usava os sapatos duros de ir à igreja e eles machucavam meus pés, e agora eu não sabia onde estávamos, mas, onde quer que fosse, eu não gostava. Era inútil interrogar Skeeter Ferguson, porque ele só sorria e assobiava, ou cuspia, sorria e assobiava. Fico me perguntando se ele assobiou quando foi levado para a cadeira elétrica.

Eu não tinha mesmo ideia de onde estávamos; aquela era uma parte da cidade onde nunca estivera antes. Mas não havia nada de incomum nela, exceto pelo fato de haver ali menos rostos brancos do que se podia estar acostumado, e, quanto mais andávamos, mais raros eles se tornavam; um branco ocasional cercado por negros e *creoles*. No mais, o que havia ali era uma coleção de humildes construções de madeira, casas dilapidadas com a pintura descascada, modestos lares de família, em sua maioria malconservados mas com algumas expectativas. A casa da sra. Ferguson, quando finalmente chegamos lá, era uma das exceções.

Era uma casa velha, mas *real*, com sete ou oito aposentos; não se tinha a impressão de que ela seria derrubada pela primeira brisa mais forte do Golfo. Ela era pintada de um marrom feio, mas a tinta não tinha bolhas nem descascava. Além da cerca havia um pátio bem cuidado com uma árvore e velhos pneus, muitos deles suspensos por cordas presas aos galhos; balanços para crianças. E havia outros brinquedos espalhados pelo pátio: um triciclo, baldes e pazinhas para fazer bolos de barro – evidência da prole sem pai da sra. Ferguson. Um cachorro era mantido preso por uma corrente atada a um poste, e começou a latir e pular assim que viu Skeeter.

Skeeter disse:

– Chegamos. É só entrar.

– Sozinho?

– Ela está esperando por você. Faça o que digo. E se a pegar no meio da diversão, fique de olhos abertos; foi assim que me tornei um mestre na arte.

O último comentário, embora sem nenhum significado para mim, terminou numa risada debochada, mas segui suas instruções e, quando me dirigi à porta da casa, olhei para trás. Parecia impossível, mas ele já havia desaparecido, e nunca mais o vi – ou, se vi, não me lembro.

A porta se abriu diretamente para a sala da sra. Ferguson. A mobília lembrava um salão (com sofá, poltronas, duas cadeiras de balanço, mesas laterais de madeira), mas o chão era coberto por um linóleo marrom de cozinha que talvez tivesse o propósito de combinar com a cor da casa. Quando entrei na sala, a sra. Ferguson se balançava para a frente e para trás em uma das cadeiras de balanço, enquanto um homem de aparência muito boa, um *creole* não muitos anos mais velho que Skeeter, se balançava na outra. Uma garrafa de rum repousava sobre a mesa entre eles e ambos bebiam de copos cheios com a bebida. O rapaz, que não me foi apresentado, vestia apenas uma camiseta e calça de marinheiro com a cintura aberta. Sem dizer nada, ele parou de balançar, levantou-se e foi para o corredor, levando a garrafa de rum. A sra. Ferguson ficou quieta até ouvir uma porta se fechar.

Então, tudo o que ela disse foi:

– Onde está?

Eu suava. Meu coração batia de um jeito engraçado. Era como se eu houvesse corrido mais de cem quilômetros e vivido mil anos nas últimas horas.

A sra. Ferguson parou sua cadeira e repetiu:

– Onde está?

– Aqui. No meu bolso.

Ela estendeu a mão de palma larga e vermelha e depositei nela o colar. O rum já havia alterado a habitual quietude de seus olhos; a pedra amarela contribuía para lhes dar vida. Ela virou o colar de um lado para o outro, examinando-o; eu tentava não olhar, tentava não pensar em outras coisas, e me descobri imaginando se ela teria cicatrizes nas costas, marcas deixadas pelo chicote.

– Devo adivinhar? – Ela perguntou, sem desviar o olhar da frágil bijuteria. – E então? Vou ter que lhe dizer por que está aqui? Qual é o seu desejo?

Ela não sabia, não podia saber, e de repente eu não queria que soubesse. Eu disse:

– Gosto de sapatear.

Por um instante sua atenção se desviou do brilho da pedra.

– Quero ser um sapateador. Quero fugir. Ir para Hollywood e participar dos filmes.

Havia alguma verdade nisso; fugir para Hollywood estava no topo da minha lista de fantasias de fuga. Mas não era isso que eu havia decidido dizer a ela, afinal.

– Bem, você certamente tem beleza para aparecer nos filmes. É mais bonito do que qualquer garoto deveria ser.

Então ela *sabia*. Eu me ouvi gritar:

– Sim, sim! É isso!

– É isso o quê? E pare de berrar. Não sou surda.

– Não quero ser um menino. Quero ser uma menina.

Começou como um som sufocado, um gorgolejar no fundo da garganta, depois explodiu numa gargalhada. Seus lábios finos se distenderam; o riso ébrio se derramava de sua boca como vômito e parecia respingar em mim – gargalhadas que soavam como o cheiro do vômito.

– Por favor, por favor, sra. Ferguson, não entende? Estou muito preocupado. Sou muito preocupado na maior parte do tempo. Há algo errado. Por favor, você precisa entender.

Ela balançava com as gargalhadas e a cadeira balançava com ela.

Depois eu disse:

– Você *é* estúpida. Burra e estúpida. – Tentei pegar de volta o colar.

O riso parou, como se ela fosse atingida por um raio; uma tempestade se formou em seus traços, fúria total. Mas, quando ela falou, sua voz era suave, sibilante, envolvente.

– Você não sabe o que quer, menino. Eu vou lhe mostrar o que quer. Olhe para mim, menino. Olhe aqui. Vou mostrar o que você quer.

– Por favor. Não quero nada.

– Abra os olhos, menino.

Em algum lugar da casa um bebê chorava.

– Olhe para mim, menino. Olhe aqui.

Ela queria que eu olhasse para a pedra amarela. E a segurava sobre a cabeça, balançando levemente o pingente de um lado para o outro. Era como se a joia houvesse reunido toda a luz da sala, acumulado um brilho devastador que lançava todo o resto na escuridão. Balançar, girar, fascinar, fascinar.

– Estou ouvindo um bebê chorando.

– É você que está ouvindo.

– Mulher estúpida. Estúpida. Estúpida.

– Olhe aqui, menino.

Girarfascinargirarfascinar.

• • •

Ainda era luz do dia, e ainda era domingo, e lá estava eu de volta ao Garden District, em pé diante da minha casa. Não sei como cheguei lá. Alguém deve ter me levado, mas não sei quem; minha última lembrança era o ruído da risada da sra. Ferguson.

É claro, uma grande comoção se formou em torno do colar desaparecido. A polícia não foi chamada, mas toda a casa ficou de pernas para o ar por dias; nenhum canto foi esquecido na varredura. Minha avó ficou muito perturbada. Mas, mesmo que o colar tivesse elevado valor, mesmo que fosse uma joia que pudesse ser vendida para garantir seu conforto pelo resto da vida, eu ainda não teria acusado a sra. Ferguson. Porque, se a acusasse, ela poderia revelar o que eu lhe havia dito, aquela coisa que nunca mais voltei a dizer a ninguém, nunca. Finalmente, ficou decidido que um ladrão invadira a casa e levara o colar enquanto minha avó dormia. Bem, essa era a verdade. Todos ficaram aliviados quando minha avó concluiu a visita e voltou para a Flórida. Esperava-se que o triste episódio do colar desaparecido logo fosse esquecido.

Mas não foi. Quarenta e quatro anos evaporaram e essa história nunca foi esquecida. Eu me tornei um homem de meia-idade, cheio de ideias curiosas e peculiares. Minha avó morreu, ainda lúcida e equilibrada, apesar da idade avançada.

Uma prima telefonou para informar-me de sua morte e perguntar quando eu chegaria para o funeral; eu disse que a avisaria. Estava doente de dor, inconsolável; e era absurdo, desproporcional. Minha avó não era alguém que eu havia amado. Mas como chorei! Mas não viajei para ir ao funeral, nem mesmo enviei flores. Fiquei em casa e bebi uma garrafa de vodca. Fiquei muito bêbado, mas posso me lembrar de ter atendido ao telefone e ouvido meu pai identificar-se. Sua voz de homem idoso tremia com algo mais que o peso dos anos; ele extravasava a fúria de toda uma vida e, quando me mantive silencioso, ele disse: "Seu filho da mãe. Ela morreu com sua fotografia nas mãos". Eu disse que sentia muito e desliguei. O que mais havia para dizer? Como eu poderia explicar que, ao longo dos anos, toda menção ao nome de minha avó, cada telefonema dela evocava a memória da sra. Ferguson? Sua risada, sua fúria, a pedra amarela balançando: girarfascinar.

JARDINS OCULTOS

(1979)

CENA: JACKSON SQUARE, CUJO NOME ERA HERANÇA DE ANDREW JACKSON – um oásis de trezentos anos complacentemente centrado no interior do velho quarteirão de Nova Orleans: um parque de tamanho moderado dominado pelas torres cinzentas da Catedral de St. Louis, e os mais antigos, em alguns sentidos mais sobriamente elegantes, prédios de apartamentos na América, o Pontalba Buildings.

ÉPOCA: 26 de março de 1979, um exuberante dia de primavera. Buganvílias exuberantes, azáleas coloridas, vendedores ambulantes (de amendoins, rosas, passeios em carruagens puxadas por cavalos, camarão frito em cestinhos de papel), as buzinas dos barcos que passavam pelo Mississippi e balões alegres nas mãos de crianças risonhas, tudo isso parecia buscar o ar azul prateado.

"Bem, eu declaro, um garoto certamente circula" – como teria dito meu tio Bud, que era um caixeiro-viajante quando conseguia se libertar da cadeira de sua varanda e do *gin fizz* por tempo suficiente para viajar. Sim, de fato, um garoto circula; nos últimos meses estive em Denver, Cheyenne, Butte, Salt Lake City, Vancouver, Seattle, Portland, Los Angeles, Boston, Toronto, Washington, Miami. Mas, se alguém me perguntasse, eu provavelmente diria, e realmente acredito nisso: Ah, não estive em lugar nenhum, passei o inverno todo em Nova York.

Mesmo assim, um garoto circula. E agora aqui estou eu de volta a Nova Orleans, minha cidade natal, o lugar onde nasci. Tomando sol em um banco do parque em Jackson Square, sempre, desde a infância, um lugar favorito para esticar as pernas e olhar e ouvir, bocejar e me coçar e sonhar e falar sozinho. Talvez você seja uma dessas pessoas que nunca conversam com si mesmas. Alto, quero dizer. Talvez ache que só os velhos malucos fazem isso. Pessoalmente, considero essa prática saudável. Fazer companhia a você mesmo desta maneira: ninguém para retorquir, ser livre para falar o que quiser, tirar muita coisa da cabeça.

Por exemplo, veja aqueles velhos Pontalba Buildings bem ali. Lugares bem elegantes, com suas fachadas de ferro fundido e as altas janelas de venezianas francesas. Os primeiros prédios de apartamentos construídos nos Estados Unidos; parentes dos ocupantes originais daqueles cômodos altamente aristocráticos ainda moram lá. Por muito tempo tive raiva do Pontalba. E vou dizer por quê. Uma vez, quando eu tinha 19 anos, mais ou menos, mantive um apartamento a poucos quarteirões dali na Royal Street, um lugar velho e insignificante, infestado de baratas, sacudido por pequenos terremotos cada vez que um carro passava pela rua embaixo da janela. Não havia aquecimento; no inverno, era terrível sair da cama, e durante o verão a vida ali lembrava um mergulho em uma piscina de *consommé* morno. Minha fantasia constante era um dia poder me mudar para o espaço celestial do Pontalba. Mas, mesmo que eu pudesse pagar pelo espaço, isso jamais teria acontecido. A maneira habitual de adquirir um imóvel ali é herdá-lo de um proprietário morto; ou, se um apartamento fica vago, geralmente o proprietário, cidadão de Nova Orleans, o oferece a outro distinto cidadão local por um valor simbólico.

Muitos visionários já pisaram aqueles corredores. Piratas. O próprio Lafitte. Bonnie Parker e Clyde Barrow. Huey Long. Ou, protegida por uma sombrinha rosa, a condessa Willie Piazza, proprietária de uma das mais requintadas *maisons de plaisir* no bairro da luz vermelha: sua casa era famosa pelas ofertas exóticas – cerejas frescas fervidas em creme adoçado com absinto e servidas no interior da vagina de uma beldade reclinada. Ou outra dama, muito diferente da condessa Willie: Annie Christmas, operadora de um veleiro, frequentemente vista carregando um barril de 45 quilos de farinha sob cada braço. E Jim Bowie. E o sr. Neddie Flanders, um cavalheiro elegante de seus 80 anos, talvez 90, que, até recentemente, aparecia na praça todas as noites e se fazia acompanhar por uma harmônica, sapateando da meia-noite até o amanhecer de um jeito delicado, quase como uma marionete. Os *personagens*. Eu poderia relacionar centenas.

Uh-uh. O que era isso que eu ouvia? Confusão. Barulho. Um homem e uma mulher, ambos negros: o homem é pesado, forte, bem penteado, mas com maneiras deploráveis; ela é magra, tem a voz estridente, mas é quase graciosa.

• • •

ELA: Filho da puta. O que quer dizer com entregue o dinheiro? Não vou dar dinheiro nenhum. Filho da puta.

ELE: Quieta, mulher. Eu vi você. Contei. Três homens. São sessenta pratas. Você vai me dar trinta.

ELA: Dane-se, negro. Devia meter a navalha na sua orelha. Devia cortar seu fígado e alimentar os gatos com ele. Devia fritar seus olhos em aguarrás. Escute bem, negro. Quero escutar você me chamando de mentirosa outra vez.

ELE (conciliador): Benzinho...

ELA: *Benzinho*. Vou lhe mostrar o benzinho...

ELE: Sra. Myrtle, eu sei o que vi.

ELA (lentamente, com um tom envolvente): Bastardo. Negro bastardo. Você nunca teve mãe. Nasceu do traseiro de um cachorro.

(Ela o agride com uma bofetada. Vira-se e se afasta de cabeça erguida. Ele não a segue, fica onde está tocando a face esbofeteada.)

Por um tempo fico observando as crianças com seus balões e as vejo se reunindo ávidas em torno do carrinho de um ambulante que vende uma guloseima chamada Boca Doce: sorvetes cobertos por caldas variadas. De repente percebo que estou com fome e sede. Penso em ir até o Mercado Francês e me entupir de rosquinhas fritas com aquele maravilhoso café de chicória tão típico de Nova Orleans. É melhor que qualquer coisa no cardápio do Antoine's – que, aliás, é um restaurante horrível. Como os outros, os mais famosos da cidade. O Gallatoire's não é mau, mas é sempre muito cheio; eles não aceitam reservas, tem-se sempre de esperar em longas filas, e nem vale a pena, pelo menos para mim. Quando finalmente decido ir ao mercado, eclode uma comoção.

Se há uma coisa que odeio é gente que se aproxima por trás de mim e diz:

VOZ (ruiva, sedutora, viril, mas feminina): Duas chances. (Silêncio) Vamos, arrisque. Você sabe que sou eu. (Silêncio; então removendo com certa petulância as mãos que cobriam meus olhos) Ah, vai dizer que não sabia que era *eu*? Junebug?

TC: Deixe-me respirar... Grande Junebug Johnson! *Comment ça va?*

BIG JUNEBUG JOHNSON (rindo com satisfação): Ah, não me deixe *commence*. Levante-se, menino. Dê um abraço na velha Junebug. Puxa, você está muito magro. Como na primeira vez que o vi. Quanto pesa, Jóquei?

TC: Sessenta e cinco. Sessenta e sete.

(É difícil abraçá-la, porque ela tem o dobro do meu peso; mais. Eu a conheço há uns quarenta anos – desde que eu morava sozinho no sombrio endereço da Royal Street e costumava frequentar um ruidoso bar na orla. Ela era a proprietária, e ainda é. Se tivesse olhos rosados, seria possível dizer que ela é albina, porque sua pele é branca como um lírio; e também é branco seu cabelo. [Certa vez ela me disse que seu cabelo havia embranquecido da noite para o dia, antes de ela completar 16 anos, e quando eu disse *Da noite para o dia?*, ela respondeu: "Foi o passeio na montanha-russa e o brinquedo de Ed Jenkins. As duas coisas aconteceram muito próximas. Uma noite eu estava em uma montanha-russa na margem do lago e estávamos no último carro. Bem, ele desengatou, se desgovernou, nós quase caímos dos trilhos, e na manhã seguinte meu cabelo já exibia algumas mechas brancas. Cerca de uma semana depois eu tive aquela experiência com Ed Jenkins, um garoto que eu conhecia. Uma das minhas amigas havia me contado que o irmão dela dissera que Ed Jenkins tinha o maior pênis que já se vira. Ele era bonito, mas muito magro, não muito mais alto que você, e eu não acreditei nisso, por isso um dia, brincando, eu lhe disse: 'Ed Jenkins, ouvi dizer que você tem um pênis muito grande', e ele respondeu, 'Sim, vou mostrar para você', e ele mostrou, e eu gritei, e ele disse: 'E agora vou pôr ele em você', e eu disse: 'Não, não vai!'. Era grande como o braço de um bebê segurando uma maçã. Misericórdia! Mas ele pôs. Pôs em mim. Depois de uma luta terrível. E eu era virgem. Mais ou menos. Então, você pode imaginar. Bem, pouco tempo depois meu cabelo ficou branco como o de uma bruxa."]

B. J. J. se veste como um estivador: aventais, camisas masculinas com as mangas enroladas, botas funcionais amarradas até os tornozelos e nenhuma maquiagem para reduzir sua palidez. Mas ela é feminina, uma figura digna, apesar do jeito simples. E usa perfumes caros, cheiros parisienses comprados na Maison Blanche em Canal Street. E tem um glorioso sorriso de dentes de ouro; é como o sol animador depois da chuva. Você provavelmente gostaria dela; a maioria das pessoas gosta. Os que não são proprietários dos bares rivais na orla, porque o de Big Junebug é muito popular, embora pouco conhecido fora daquela região. O bar contém três espaços – o salão principal com seu balcão de tampo de zinco, um segundo cômodo mobiliado com três mesas de bilhar sempre muito disputadas e uma alcova com uma *jukebox* para quem quiser dançar. Fica aberto 24 horas e fica tão cheio ao amanhecer quanto ao anoitecer. É claro, marinheiros e estivadores frequentam o lugar e os agricultores que vão em seus caminhões levar os produtos ao Mercado Francês para vender, tiras e bombeiros e jogadores e meretrizes, e quando o dia começa o lugar costuma estar repleto de comerciantes e artistas dos bares de turistas da Bourbon Street. Dançarinas de *topless*, *strippers*, *drag queens*, garçons, *barmen* e os barqueiros roucos que gritam tentando atrair passageiros para os passeios e mergulhos.

Quanto a essa história de "Jóquei", é um apelido que ganhei de Ginger Brennan. Há quarenta e poucos anos Ginger era o principal atendente no balcão de um velho café que funcionava a noite toda no Mercado; esse café já não existe mais e Ginger há muito foi morto por um raio quando pescava em um píer no lago Pontchartrain. Enfim, uma noite ouvi outro cliente perguntar a Ginger quem era o "pequeno *punk*" no canto, e Ginger, que era um mentiroso patológico, Deus o tenha, disse que eu era um jóquei profissional. "Ele é o máximo na pista de corrida." Era bem possível; eu era baixinho e magro e podia passar por um jóquei facilmente; o que aconteceu foi que me apeguei a essa fantasia: gostei da ideia de me confundirem com um sujeito respeitado nas pistas de corrida. Comecei a ler *Racing Form* e aprendi o jargão. A notícia se espalhou e, antes que eu pudesse dizer Bu!, todos estavam me chamando de "Jóquei" e pedindo dicas sobre os cavalos.)

BIG JUNEBUG JOHNSON: Perdi peso. Talvez uns 25 quilos. Desde que me casei, venho emagrecendo. Muitas mulheres começam a engordar quando enfiam a aliança no dedo. Mas, depois que fisguei Jim, fiquei tão feliz que parei de limpar a geladeira. A tristeza faz engordar.

TC: Big Junebug Johnson se casou? Ninguém me escreveu contando, pensei que fosse uma solteirona convicta!

BIG JUNEBUG JOHNSON: Não posso mudar de ideia? Quando superei o incidente com Ed Jenkins, quando consegui apagar aquela visão da minha memória, voltei a apreciar os homens como qualquer mulher. É claro que levei anos.

TC: Jim? É esse o nome dele?

BIG JUNEBUG JOHNSON: Jim O'Reilly. Mas não é irlandês. Ele vem de Plaquemine, e eles são principalmente *cajun*, seu povo. Não sei nem se esse é mesmo o nome dele. Não sei muito sobre ele. Jim é muito quieto.

TC: Mas um bom amante. Ou não a teria conquistado.

BIG JUNEBUG JOHNSON (revirando os olhos): Oh, querido, não me deixe *commence*.

TC (rindo): Essa é uma das coisas que lembro melhor sobre você. Não importa o que digam, se a conversa é sobre o clima ou qualquer outra coisa, você sempre diz: "Oh, querido, não me deixe *commence*".

BIG JUNEBUG JOHNSON: Bem. Isso serve para tudo, eu acho. Não concorda comigo?

(Algo que eu devia ter mencionado: ela tem um sotaque do Brooklyn. Se soa estranho, não é. Metade das pessoas em Nova Orleans não soam como gente do Sul; feche os olhos e você vai imaginar que está ouvindo um motorista de táxi de Bensonhurst, um fenômeno que deriva, supostamente, dos padrões do discurso idiossincrático de um setor da cidade conhecido como o Canal Irlandês, uma área habitada predominantemente pelos descendentes da Emerald Isle.)

TC: E há quanto tempo se tornou a sra. O'Reilly?

BIG JUNEBUG JOHNSON: Em julho serão três anos. Na verdade, não tive escolha. Eu estava muito confusa. Ele é muito mais jovem que eu, talvez vinte anos. E é bonito, céus. Um ímã para as mulheres. Mas ele era louco por mim, seguia todos os meus passos, estava sempre implorando para se deitar comigo, e ameaçava pular do alto da comporta se eu recusasse. E mandava presentes todos os dias. Um dia era um par de brincos de pérolas. Pérolas naturais. Mordi e elas não quebraram. E uma ninhada inteira de gatinhos. Ele não sabia que gatos me fazem espirrar, e fazem meus olhos inchar, também. Todo mundo me dizia que ele só queria meu dinheiro. Por que mais um bonitão como ele ia se aproximar de uma velha feia como eu? Mas isso não fazia sentido, porque ele tem um bom emprego na Streckfus Steamship Company. Mas as pessoas diziam que ele estava falido e muito encrencado com Red Tibeaux e Ambrose Butterfield e outros jogadores. Eu perguntei e ele disse que tudo isso era mentira, mas podia ser verdade, havia muita coisa que eu não sabia sobre ele, e ainda não sei. Tudo o que sei é que ele nunca me pediu um centavo. Fiquei muito confusa. Então, fui procurar Augustine Genet. Lembra-se de Madame Genet? A que podia ler os espíritos? Ouvi dizer que ela estava em seu leito de morte, por isso corri até lá, e ela estava realmente morrendo. Cem anos, completamente cega, mal podia sussurrar, mas ela me disse: Case com esse homem, ele é bom e vai fazer você feliz – prometa que vai se casar com ele. Eu prometi. Por isso digo que não tive escolha. Não podia ignorar uma promessa feita a uma mulher em seu leito de morte. E estou muito feliz por ter cumprido a promessa. Estou *muito* feliz. Mesmo com os gatos me fazendo espirrar. E você, Jóquei? Como se sente?

TC: Mais ou menos.

BIG JUNEBUG JOHNSON: Quando foi a última vez que esteve no Mardi Gras?

TC (relutando em responder, não querendo despertar lembranças do Mardi Gras; elas não eram eventos divertidos, as ruas cheias de bêbados cantando, figuras fantasiadas usando máscaras de dar pesadelo; sempre

tive pesadelos na infância depois de uma dessas excursões ao Mardi Gras): Não estive mais depois de adulto. Eu estava sempre me perdendo no meio daquela multidão. Na última vez que me perdi fui levado para a delegacia. Passei a noite toda chorando na delegacia até minha mãe me encontrar.
BIG JUNEBUG JOHNSON: A maldita polícia! Este ano não tivemos Mardi Gras porque a polícia entrou em greve. Imagine, entrar em greve em um momento como esse. A cidade teve um prejuízo de milhões. Isso é chantagem. Tenho alguns bons amigos na polícia, bons clientes. Mas são todos uns canalhas, todos eles. Nunca respeitei a lei por aqui e a maneira como trataram o sr. Shaw me fez sentir ainda pior. Esse suposto promotor de Justiça Jim Garrison. Que cretino patético. Espero que o diabo o asse lentamente. E ele vai. Pena que o sr. Shaw não vai estar lá para ver isso. Do céu, onde sei que ele está, o sr. Shaw não vai poder ver o velho Garrison apodrecendo no inferno.

(B. J. J. se refere a Clay Shaw, um arquiteto muito gentil e culto que foi responsável por boa parte da excelente restauração histórica de Nova Orleans. Shaw foi acusado por Jim Garrison, o abrasivo promotor de Justiça, um homem obcecado por publicidade, de ser a principal figura em um suposto plano para assassinar o presidente Kennedy. Shaw foi levado a julgamento duas vezes por essa acusação e, embora tenha sido absolvido nas duas vezes, acabou falido. Sua saúde sofreu o impacto dessa experiência e ele morreu há alguns anos.)

TC: Depois do último julgamento, Clay escreveu para mim e disse: "Sempre pensei ser um pouco paranoico, mas, depois de sobreviver a isso, sei que nunca fui e sei que agora jamais serei".
BIG JUNEBUG JOHNSON: O que é... paranoico?
TC: Ah, nada. Paranoia não é nada. Desde que você não a leve a sério.
BIG JUNEBUG JOHNSON: Sinto falta do sr. Shaw. Por todo o tempo em que ele enfrentou esse problema, houve uma maneira de saber quem era e quem não era um cavalheiro nesta cidade. Um cavalheiro tirava o chapéu ao passar pelo sr. Shaw na rua; os bastardos fingiam não vê-lo. (Rindo) O sr. Shaw era incrível. Ele me fazia rir muito sempre que ia ao meu bar. Chegou a ouvir aquela história de Jesse James que ele contava? Parece que um dia Jesse James estava assaltando um trem no Oeste. Ele e sua gangue invadi-

ram um vagão com as pistolas em punho e Jesse James gritou: "Mãos ao alto! Vamos roubar todas as mulheres e violentar todos os homens". E um sujeito respondeu: "Será que não se enganou, senhor? Não quis dizer roubar todos os homens e violentar todas as mulheres?". Mas havia aquela criatura graciosa no trem e essa respondeu: "Cuide da sua vida! O sr. James sabe como roubar um trem!".

(Duas, três e quatro: as badaladas do sino da Catedral de St. Louis marcam as horas. Cinco... seis... O som é grave, como o da voz de um barítono recitando, repetindo antigos episódios, um som que percorre o parque com a solenidade da escuridão que se aproxima: música que se mistura com a conversa risonha, as despedidas otimistas das crianças que vão embora, satisfeitas com seus sorvetes e com seus balões coloridos, mesclada à buzina distante e melancólica de um barco que passa longe e aos sinos alegres do carrinho do vendedor de sorvete. Num gesto redundante, Big Junebug Johnson consulta seu grande e feio Rolex de ouro.)

BIG JUNEBUG JOHNSON: Deus nos ajude. Eu devia estar no caminho para casa. Jim precisa ter o jantar à mesa às sete em ponto e ele não aceita que ninguém o prepare, só eu. Não me pergunte por quê. Não sei cozinhar. Nunca soube. Mas uma coisa que eu sempre fiz muito bem é tirar cerveja. Ah... Oh, bem, isso me lembra: esta noite estarei trabalhando no bar. Agora, eu normalmente só trabalho durante o dia e Irma fica lá o restante do tempo. Mas um dos filhos de Irma adoeceu e ela quer ficar em casa com ele. Esqueci de contar, mas agora tenho uma sócia, uma viúva com um excelente senso de humor, e trabalhadora também. Irma foi casada com um granjeiro e ele morreu, deixando a viúva com cinco filhos pequenos, dois deles gêmeos, e ela com menos de 30 anos. Ela tentava sobreviver daquela granja – criando galinhas, torcendo o pescoço delas e levando-as para vender no mercado. Tudo sozinha. E ela é frágil, embora tenha uma silhueta curvilínea e cabelos naturalmente vermelhos, encaracolados como os meus. Ela poderia ir para Atlantic City e ganhar um concurso de beleza, se não fosse vesga. Sim, Irma é tão vesga que não se pode dizer para onde ela está olhando. Ela começou a frequentar o bar com outros agricultores e criadores, a maioria mulheres. No início pensei que ela fosse lésbica, como a maioria daquelas mulheres que dirigiam seus caminhões transportando produtos. Mas me enganei. Ela gosta de homens e eles gostam dela, mesmo vesga. A verdade é que acho que meu homem tem um certo interesse por ela; eu o provoco por isso, e isso o deixa muito zangado. Mas, se quer saber, tenho mais do que uma leve impressão de que Irma fica agitada quando Jim está por perto. Nesses momentos é possível dizer para *quem* ela está olhando. Bem, não vou viver para sempre e, quando eu não estiver mais aqui, se eles quiserem ficar juntos, não me oponho. Já terei tido minha felicidade. E sei que Irma vai cuidar bem de Jim. Ela é uma garota maravilhosa. Por isso a convenci a se tornar minha sócia no bar. Bem, foi bom ver você de novo, Jóquei. Passe por lá mais tarde. Temos muito que conversar. Mas agora preciso ir.

Seis... seis... seis...: o som do sino anunciando as horas se demora no ar que escurece lentamente, tremendo até desaparecer no sono da história.

Algumas cidades, como caixas embrulhadas sob a árvore de Natal, escondem presentes inesperados, delícias secretas. Algumas cidades permanecerão para sempre embrulhadas, caixas contendo enigmas que nunca serão solucionados, nem mesmo para ser vistos por visitantes em férias, ou pelo mais inquisitivo e persistente viajante. Para conhecer essas cidades, desembrulhá-las, é preciso nascer lá. Veneza é assim. Depois de outubro, quando o vento do Adriático sopra para longe o último americano, e até mesmo o último alemão, expulsando-os e carregando também suas bagagens, outra Veneza se desenvolve: um grupo de *élégants* venezianos, frágeis duques exibindo coletes bordados, condessas espigadas apoiadas pelo braço de pálidos e alongados sobrinhos; criações jamesianas, românticos D'Annunzio que nunca pensariam em deixar as sombras de seus palácios em um dia de verão, quando os estrangeiros estão nas ruas, surgem para alimentar os pombos e caminhar sob as arcadas da Piazza San Marco, tomar chá no saguão do Danieli (o Gritti fica fechado até a primavera) e, o mais divertido, beber martínis e comer queijos quentes no aconchego do Harry's American Bar, até recentemente reduto exclusivo das hordas animadas do outro lado dos Alpes e do mar.

Fez é outra cidade enigmática de vida dupla, e Boston é outra – todos nós entendemos que aqueles intrigantes ritos tribais são encenados além dos exteriores bem cuidados e das janelas pintadas de vermelho da Louisburg Square, mas, exceto pelo que alguns poucos escolhidos e literatos nativos divulgaram, não sabemos quais são esses rituais cifrados e nunca saberemos. Porém, de todas as cidades secretas, Nova Orleans é a mais improvável, na verdade, de um forasteiro conseguir observar. As muralhas altas, de folhagem densa, de elevados portões de ferro sempre trancados, de janelas fechadas, de túneis escuros que conduzem a jardins fechados em que mimosas e camélias contrastam suas cores, e lagartos preguiçosos, brandindo suas línguas bifurcadas, correndo por entre folhas de samambaias e palmeiras – tudo isso não é mera decoração acidental, mas arquitetura deliberadamente projetada para camuflar, mascarar, como no baile de Mardi Gras, a vida daqueles que nasceram para viver entre esses edifícios protetores: dois primos, que entre eles têm uma centena de outros primos espalhados pelos emaranhados e entrelaçados relacionamentos familiares da cidade, cochichando sentados sob uma figueira ao lado de uma fonte murmurante que refresca seu jardim oculto.

Um piano soa. Não consigo determinar de onde vem o som: dedos fortes tocando o instrumento: "Eu quero... eu quero...". É a voz de um homem negro cantando; ele é bom. "Eu quero, eu quero uma mulher, uma grande mulher gorda, eu quero uma grande mulher gorda com carnes que balançam, sim!"

Passos. Passos de sapatos femininos de salto alto. Os passos se aproximam e param na minha frente. É a mulher magra, quase bonita, de voz estridente, aquela que horas antes eu ouvira gritar com seu "agente". Ela sorri, pisca para mim, só um olho, depois o outro, e a voz dela não soa mais zangada. Soa como o sabor das bananas.

ELA: Como vai?

TC: Bem.

ELA: Como está de tempo?

TC: Ah, vejamos... Acho que são seis horas, um pouco mais.

ELA (ri): Quero saber como está o *seu* tempo. Tenho um lugar bem perto daqui.

TC: Acho que não. Não hoje.

ELA: Você é bonitinho.

TC: Todo mundo tem direito a expressar sua opinião.

ELA: Não estou brincando. É sério. Você é bonitinho.

TC: Bem, obrigado.

ELA: Mas não parece estar se divertindo. Venha, vou lhe mostrar o que é ter bons momentos. Vamos nos divertir.

TC: Acho que não.

ELA: Qual é o problema? Não gosta de mim?

TC: Não. Eu gosto de você.

ELA: Então, qual é o problema? Dê um motivo.

TC: Há muitos motivos.

ELA: Tudo bem, me dê um. Só um.

TC: Ah, querida, não me deixe *commence*.

OLÁ, ESTRANHO

(1979)

TEMPO: DEZEMBRO DE 1977.
LUGAR: Um restaurante de Nova York, o Four Seasons.

O homem que me convidou para almoçar, George Claxton, sugeriu que nos encontrássemos ao meio-dia e não se desculpou por marcar esse horário tão cedo. Logo descobri a razão, porém; no tempo que eu passara sem vê-lo, um ano, mais ou menos, George Claxton, até então um homem moderadamente abstêmio, tornara-se um bebedor ávido. Assim que nos sentamos, ele pediu um Wild Turkey duplo ("puro, por favor, sem gelo") e quinze minutos depois pediu outra dose.

Fiquei surpreso, não só pela urgência de sua sede. Ele havia engordado uns 15 quilos, pelo menos; os botões de seu colete impecável pareciam prestes a se soltar. E a cor de sua pele, normalmente corada por longas partidas de tênis ou sessões de corrida, tinha agora uma palidez alienígena, como se ele houvesse acabado de sair de uma penitenciária. Ele usava óculos escuros, e eu pensei: Que teatral! Imagine o bom e velho George Claxton, solidamente entrincheirado em Wall Street, morador de Greenwich ou Westport ou outro endereço qualquer, com uma esposa chamada Gertrude ou Alice, ou qualquer outro nome, com três, quatro ou cinco filhos, imagine esse sujeito sorvendo doses duplas de Wild Turkey e usando óculos escuros!

Foi difícil conter o impulso de perguntar diretamente: Bem, que diabo aconteceu com você? Mas eu disse: "Como vai, George?".

GEORGE: Bem, bem. Natal. Jesus. Não consigo acompanhar. Não espere um cartão meu este ano. Não vou enviar nenhum.

TC: É mesmo? Seus cartões sempre foram uma tradição, eu acho. Aquelas coisas de família, com cachorros. E como vai a sua família?

GEORGE: Crescendo. Minha filha mais velha acaba de ter o segundo filho. Uma menina.

TC: Parabéns.

GEORGE: Bem, nós queríamos um menino. Se fosse um menino, ela o teria batizado com meu nome.

TC (pensando: Por que estou aqui? Por que estou almoçando com esse canalha? Ele me aborrece; sempre me aborreceu): E Alice? Como vai Alice?

GEORGE: Alice?

TC: Quero dizer Gertrude.

GEORGE (testa franzida, ar intrigado): Ela está pintando. Sabe que nossa casa fica bem ali no Estreito. Temos nossa prainha. Ela fica trancada no quarto o dia todo, pintando o que vê da janela. Barcos.

TC: Que bom.

GEORGE: Não sei se é bom. Ela estudou em Smith; formou-se em arte. Pintou um pouco antes de nos casarmos. Depois esqueceu tudo isso. Ou parecia ter esquecido. E agora ela pinta o tempo todo. *O tempo todo*. Fica trancada em seu quarto. Garçom, pode mandar o *maître* com o cardápio? E mais uma dose, por favor. Sem gelo.

TC: Isso é muito britânico, não é? Uísque puro, sem gelo.

GEORGE: Estou fazendo um tratamento de canal. Qualquer coisa gelada provoca dor nos meus dentes. Sabe quem me mandou um cartão de Natal? Mickey Manolo. O garoto rico de Caracas. Ele estudou na nossa turma.

(É claro que eu não me lembrava de Mickey Manolo, mas assenti e fingi que sim, sim. Também não teria me lembrado de George Claxton se ele não me mantivesse em seu radar cuidadosamente nos últimos quarenta anos, desde que estudamos juntos em uma escola preparatória especialmente abismal. Ele era um atleta dedicado, filho de uma família de classe média alta da Pensilvânia; nada tínhamos em comum, mas formamos uma aliança porque tínhamos um acordo: eu redigia todos os resumos e relatórios de literatura e todas as composições de inglês e ele fazia a minha lição de álgebra e, nas provas, me passava as respostas. Em virtude disso, passei quatro décadas preso a uma "amizade" que exigia um almoço a cada dois anos, mais ou menos.)

TC: Raramente se veem mulheres neste restaurante.

GEORGE: É o que eu aprecio nele. O ar masculino e confortável. Sabe, acho que nem vou comer. Meus dentes. Mastigar causa uma dor horrível.

TC: Ovos *pochés*?

GEORGE: Há algo que eu gostaria de lhe dizer. Talvez possa me dar algum conselho.

TC: Pessoas que seguem meus conselhos geralmente se arrependem. Mas...

GEORGE: Isso começou no último mês de junho. Logo depois da formatura de Jeffrey – meu filho mais novo. Era sábado e Jeffrey e eu estávamos na praia de casa, pintando um barco. Jeff entrou para pegar cerveja e sanduíches para nós e, enquanto ele estava ausente, eu me despi e fui nadar um pouco. A água ainda estava muito fria. Não se pode nadar de verdade no Estreito muito antes de julho. Mas eu me sentia bem.

Nadei por algum tempo e estava deitado ali, flutuando de costas e olhando para minha casa. É uma casa bem grande – garagem para seis carros, piscina, quadra de tênis; pena você nunca ter ido lá. Enfim, eu flutuava de costas me sentindo muito satisfeito com a vida, quando notei aquela garrafa boiando na água.

Era uma garrafa de vidro transparente, dessas de refrigerante. Alguém a fechara com uma rolha e selara com fita adesiva. Mas era possível ver que havia um pedaço de papel dentro dela, um bilhete. Eu ri; costumava fazer isso quando era criança – enfiar mensagens em garrafas e jogá-las na água: *Socorro! Homem perdido no mar!*

Peguei a garrafa e nadei para a margem. Estava curioso para ver o que havia dentro dela. Bem, era um bilhete datado de um mês antes e fora escrito por uma garota que vivia em Larchmont. Ele dizia: *Olá, Estranho. Meu nome é Linda Reilly e tenho 12 anos de idade. Se encontrou esta carta, por favor, escreva me informando e contando onde a achou. Se escrever para mim, mandarei para você uma caixa de* fudge *caseiro.*

Quando Jeff voltou com os nossos sanduíches, eu não mencionei a garrafa. Não sei por que, mas não disse nada. Agora lamento não ter falado. Talvez então nada houvesse acontecido. Mas era como um segredo que eu queria guardar só para mim. Uma brincadeira.

TC: Tem certeza de que não está com fome? Vou comer só uma omelete.

GEORGE: Tudo bem, uma omelete. É bem macio.

TC: E então, escreveu para essa garota, a srta. Reilly?

GEORGE (hesitante): Sim, escrevi.

TC: O que escreveu?

GEORGE: Na segunda-feira, quando voltei ao escritório, estava procurando alguma coisa na minha pasta e encontrei o bilhete. Digo que o "encontrei" porque não me lembro de tê-lo posto ali. Chegara a pensar em mandar um cartão para a menina – só um gesto simpático, sabe? Mas naquele dia almocei com um cliente que aprecia martínis. Eu não costumava beber na hora do almoço – nem em outro horário, na verdade. Mas bebi dois martínis e voltei ao escritório sentindo a cabeça girar. Então, escrevi para aquela menina uma carta muito longa; não ditei para a secretária, eu mesmo escrevi contando onde morava e como havia encontrado a garrafa, e desejei sorte ou alguma bobagem desse tipo. Embora fosse um estranho, desejei-lhe os votos afetuosos de um amigo.

TC: Uma carta ditada por dois martínis. Qual é o problema, afinal?

GEORGE: Balas de Prata. É como chamam os martínis. Balas de Prata.

TC: E quanto àquela omelete? Não vai comer?

GEORGE: Jesus Cristo! Meus dentes *doem*!

TC: Está muito bom. Para uma omelete de restaurante.

GEORGE: Cerca de uma semana mais tarde, uma grande caixa de *fudge* foi entregue no meu escritório. *Fudge* de chocolate com noz-pecã. Distribuí o doce pelo escritório e disse a todos que minha filha havia feito. Um dos rapazes comentou: "Ah, sei! Aposto que o velho George tem uma namorada secreta!".

TC: E ela mandou alguma mensagem com o *fudge*?

GEORGE: Não. Mas eu escrevi uma nota de agradecimento. Muito breve. Tem um cigarro?

TC: Parei de fumar há anos.

GEORGE: Bem, eu comecei há pouco tempo. Ainda não compro cigarros, porém. Só peço um de vez em quando. Garçom, pode me trazer um maço de cigarros? Não importa a marca, desde que não seja mentolado. E outro Wild Turkey, por favor.

TC: Eu quero café.

GEORGE: Mas recebi uma resposta para a minha nota de agradecimento. Uma longa carta. Aquilo realmente me abalou. Ela anexou uma fotografia. Uma Polaroid colorida. A menina estava na praia, vestindo traje de banho. Podia ter 12 anos, mas parecia ter 16. Linda, com cabelos curtos, negros e encaracolados e os olhos mais azuis que já vi.

TC: Sombras de Humbert Humbert.

GEORGE: Quem?

TC: Nada. Um personagem de romance.

GEORGE: Nunca leio romances. Odeio ler.

TC: Sim, eu sei. Afinal, eu fazia seus resumos literários. Então, o que a srta. Linda Reilly tinha a dizer?

GEORGE (depois de uma pausa de cinco segundos): Foi muito triste. Tocante. Ela disse que morava em Larchmont havia pouco tempo e que não tinha amigos, e que jogara uma dúzia de garrafas na água, mas que eu era a única pessoa que encontrara uma delas e respondera. Contou que era de Wisconsin, mas que o pai havia morrido e a mãe se casara com um homem que tinha três filhas de outro casamento. Nenhuma gostava dela. Era uma carta de dez páginas, sem erros de ortografia. Ela dizia muitas coisas inteligentes. Mas parecia realmente infeliz. Disse que esperava que eu escrevesse novamente e que talvez eu pudesse ir a Larchmont para encontrá-la em algum lugar. Incomoda-se de ouvir tudo isso? Se está aborrecido...

TC: Por favor, continue.

GEORGE: Guardei a fotografia. Na verdade, eu a deixei na minha carteira. Junto com as fotos dos meus filhos. Entenda, por causa daquela carta, comecei a pensar nela como uma das minhas crianças. Não conseguia tirar a carta da cabeça. E naquela noite, quando peguei o trem de volta para casa, fiz algo que só havia feito algumas poucas vezes. Fui ao clube do automóvel, pedi algumas doses e li a carta muitas vezes. Praticamente a decorei. Depois, fui para casa e disse à minha esposa que tinha trabalho para concluir. Tranquei-me no meu escritório e comecei a escrever uma carta para Linda. Escrevi até a meia-noite.

TC: E bebeu em todo esse tempo?

GEORGE (surpreso): Por quê?

TC: Pode ter influenciado o que você escreveu.

GEORGE: Sim, eu estava bebendo, e acho que por isso produzi uma carta tão emotiva. Mas estava incomodado com aquela criança. Queria ajudá-la. Escrevi contando alguns problemas que meus filhos haviam enfrentado. Contei sobre a acne de Harriet e como ela nunca tivera um namorado. Nenhum. Não até fazer a esfoliação de pele. Falei sobre as dificuldades que enfrentei quando estava crescendo.

TC: Ah, sim? Pensei que houvesse apreciado a vida ideal de um ideal jovem americano.

GEORGE: Eu mostrava às pessoas o que queria que elas vissem. Por dentro a história era outra.

TC: Conseguiu me enganar.

GEORGE: Por volta da meia-noite minha esposa bateu à porta. Ela queria saber se havia algo errado e eu lhe disse para voltar para a cama, porque tinha uma carta comercial urgente para terminar e quando a terminasse iria levá-la ao posto do correio. Ela me perguntou por que tudo aquilo não podia esperar até a manhã seguinte, pois já passava da meia-noite. Perdi a cabeça. Depois de trinta anos de casado, ainda podia contar nos dedos quantas vezes perdi a calma com ela. Gertrude é uma mulher maravilhosa. Eu a amo com todo o meu coração e a minha alma. Amo, droga! Mas gritei com ela: Não, isso não pode esperar! Tenho que enviar a carta hoje. É muito importante.

(Um garçom entregou a George um maço de cigarros já aberto. Ele enfiou um na boca e o garçom o acendeu, o que era ótimo, porque seus dedos estavam trêmulos demais para manipular um fósforo sem causar dano a si mesmo.)

E, Jesus Cristo, aquilo *era* importante. Porque eu sentia que, se não mandasse a carta naquela noite, jamais a enviaria. Sóbrio, poderia pensar que era pessoal demais, ou coisa parecida. E lá estava aquela criança infeliz e solitária que me mostrara seu coração: como ela se sentiria se não obtivesse nenhuma resposta minha? Não. Entrei no carro e dirigi até o posto do correio, e, assim que remeti a carta, assim que a enfiei naquela brecha da caixa para as correspondências seladas, senti que estava cansado demais para voltar para casa dirigindo. Dormi no carro. Já amanhecia quando acordei, mas minha esposa dormia e nem percebeu quando eu entrei.

Tive tempo para me barbear e mudar de roupa antes de sair correndo para pegar o trem. Enquanto me barbeava, Gertrude entrou no banheiro. Ela sorria, não mencionou meu descontrole da noite anterior. Mas carregava minha carteira, e disse: "George, vou mandar ampliar a foto da formatura de Jeff para mandar para a sua mãe", e começou a vasculhar todos os retratos. Eu nem me incomodei, até que, de repente, ela perguntou: "Quem é essa menina?"

TC: E era a menina de Larchmont.

GEORGE: Eu devia ter lhe contado a história toda naquele momento. Mas eu... Enfim, disse que era a filha de um dos meus companheiros de transporte público. Disse que ele havia mostrado a foto para os rapazes no trem e a esquecera no bar. Por isso eu a carregava na carteira, para devolvê-la quando o visse novamente.

Garçon, un autre de Wild Turkey, s'il vous plaît.

TC (para o garçom): Dose simples.

GEORGE (com um tom desagradavelmente agradável): Está me dizendo que já bebi demais?

TC: Se precisa voltar ao escritório, sim.

GEORGE: Mas eu não vou voltar para o escritório. Não apareço por lá desde o início de novembro. Todos acreditam que tive um esgotamento nervoso. Trabalho demais. Exaustão. Devo ficar em casa e descansar, receber os cuidados amorosos da minha encantadora esposa. Que está trancada em seu quarto pintando barcos. Um barco. O mesmo maldito barco muitas e muitas vezes.

TC: George, preciso ir ao banheiro.

GEORGE: Vai fugir de mim? Vai fugir do seu velho colega de escola que sempre passou todas as respostas das suas provas de álgebra?

TC: E, mesmo assim, eu ia muito mal! Já volto.

(Eu não precisava ir ao banheiro; precisava organizar as ideias. Não tive coragem de sair dali e ir me esconder em um cinema qualquer, mas certamente não queria voltar para aquela mesa. Lavei as mãos e escovei os cabelos. Dois homens entraram e se posicionaram para urinar. Um disse: "Aquele sujeito que está bêbado lá fora. Por um momento pensei que o conhecia". O amigo dele respondeu: "Bem, ele não é um completo desconhecido. Aquele é George Claxton". "Está brincando!" "Não, eu sei que é ele. Claxton foi meu chefe." "Mas, meu Deus! O que aconteceu?" "Há várias versões." Então, os dois ficaram em silêncio, talvez em deferência à minha presença. Eu voltei ao salão.)

GEORGE: Ah, então não fugiu.

(Na verdade, ele parecia mais contido, menos embriagado. Conseguiu riscar o fósforo e acender um cigarro com razoável competência.)

Está preparado para ouvir o restante da história?

TC: (Em silêncio, mas assentindo encorajador)

GEORGE: Minha esposa não disse nada, apenas guardou a foto de volta na carteira. Continuei me barbeando, mas cortei o rosto duas vezes. Havia muito tempo que eu não tinha uma ressaca de verdade, tanto que até esquecera como era. O suor; meu estômago – era como se meu intestino tentasse expelir lâminas de barbear. Enfiei uma garrafa de Bourbon na pasta e, assim que entrei no trem, segui imediatamente para o banheiro. A primeira coisa que fiz foi rasgar a fotografia e jogar os pedaços no vaso sanitário. Depois me sentei nele e abri aquela garrafa. No início a bebida me causou náusea. E estava quente ali. Como o inferno. Mas, depois de um tempo, comecei a me sentir mais calmo. E me perguntei: Afinal, por que estou tão perturbado? Não fiz nada de errado. Mas, quando me levantei e vi os pedaços da foto ainda boiando na água da bacia, dei a descarga e os pedaços do retrato, braços, pernas e cabeça, começaram a girar. Senti tontura; era como se eu fosse um assassino que a cortara com uma faca.

Quando chegamos ao meu destino, eu soube que não estava em condições de enfrentar o escritório, por isso caminhei até o Yale Club e aluguei um quarto. Telefonei para a minha secretária avisando que iria a Washington e que só voltaria no dia seguinte. Depois liguei para casa e disse à minha esposa que surgira um imprevisto, um problema no trabalho, e que eu passaria a noite no clube. Depois fui para a cama e pensei: Vou dormir o dia todo; vou tomar um bom drinque para relaxar, parar de tremer, e depois vou dormir. Mas não consegui. Não antes de esvaziar a garrafa. Puxa, aí eu dormi! Até as dez da manhã seguinte.

TC: Vinte horas?

GEORGE: Mais ou menos isso. Mas eu me sentia bem quando acordei. Eles têm um excelente massagista no Yale Club, um alemão de mãos fortes como as de um gorila. Aquele sujeito pode pôr você no lugar, sem dúvida. Fiz uma sauna, uma massagem, e passei quinze minutos sob uma ducha gelada. Fiquei para almoçar no clube. Não bebi, mas comi muito. Quatro costeletas de carneiro, duas batatas assadas, espinafre ao molho branco, milho assado, um copo de leite, duas tortas de *blueberry*...

TC: Devia comer um pouco agora.

GEORGE (com um tom surpreendentemente rude): Cale a boca!

TC: (Silêncio)

GEORGE: Sinto muito. Quero dizer, desculpe, eu estava falando comigo mesmo. Como se houvesse esquecido que você estava aqui. E sua voz...

TC: Eu entendo. Enfim, você comeu bem e se sentia muito bem.

GEORGE: Sim, sim. O condenado teve uma refeição fabulosa. Cigarro?

TC: Não fumo.

GEORGE: Ah, é. Você não fuma. Parou de fumar há anos.

TC: Deixe-me acender para você.

GEORGE: Sou perfeitamente capaz de acender um fósforo sem explodir tudo em volta, obrigado.

E agora, onde estávamos? Ah, sim, o homem condenado estava a caminho do escritório, calmo e radiante.

Era quarta-feira, segunda semana de julho, um dia muito quente. Eu estava sozinho no meu escritório quando a secretária ligou dizendo que uma srta. Reilly aguardava na linha. Não fiz a conexão imediatamente e perguntei: Quem? O que ela quer? E minha secretária informou que ela havia dito ser um assunto pessoal. A ficha caiu. Eu disse: Ah, sim. Pode transferir a ligação.

E ouvi: "Sr. Claxton, aqui fala Linda Reilly. Recebi sua carta. É a carta mais encantadora que jamais recebi. Sinto que é realmente um amigo e por isso decidi telefonar. Espero que possa me ajudar, porque aconteceu algo e não sei o que vou fazer se não puder me ajudar." A voz dela era doce, infantil, mas tão ofegante, tão agitada, que tive de pedir para ela falar mais devagar. "Não tenho muito tempo, sr. Claxton. Estou ligando da extensão no segundo andar e minha mãe pode pegar o telefone lá embaixo a qualquer minuto. A questão é que eu tenho um cachorro. Jimmy. Ele tem 6 anos, mas ainda é muito agitado. Eu o tenho desde que era pequena e ele é o cachorrinho mais lindo que já se viu. Mas minha mãe vai ter que colocá-lo para dormir. Eu vou morrer! Simplesmente morrer! Sr. Claxton, por favor, pode vir a Larchmont e me encontrar na frente do Safeway? Vou levar Jimmy comigo e você pode ficar com ele. Esconda-o até pensarmos no que vamos fazer. Não posso falar mais. Minha mãe está subindo a escada. Eu telefono assim que puder. Amanhã. Marcaremos a data do encontro.

TC: E o que *você* disse?

GEORGE: Nada. Ela desligou.

TC: Mas o que você *teria* dito?

GEORGE: Bem, assim que ela desligou, decidi que diria sim quando ela ligasse de volta. Sim, eu ajudaria a pobre criança a salvar seu cachorro. Isso não significava que o levaria para casa. Poderia deixá-lo em um canil, ou coisa parecida. E, se as coisas acontecessem de maneira diferente, eu teria feito exatamente isso.

TC: Entendo. Ela nunca mais ligou.

GEORGE: Garçom, quero outra dessas coisas escuras. E uma taça de Perrier, por favor. Sim, ela telefonou. E o que tinha a dizer foi muito breve: "Sr. Claxton, lamento; invadi a casa da vizinha para telefonar e tenho de ser muito breve. Minha mãe encontrou suas cartas ontem à noite, as cartas que você escreveu para mim. Ela ficou maluca e o marido dela também está muito perturbado. Estão pensando coisas horríveis e hoje de manhã ela saiu levando Jimmy. Não posso falar mais. Vou tentar ligar de novo mais tarde".

Mas nunca mais tive notícias dela – não pessoalmente, quero dizer. Minha esposa telefonou algumas horas mais tarde; acho que eram umas três da tarde. Ela disse: "Querido, por favor, venha para casa o mais depressa que puder", e sua voz era tão calma, que eu soube que ela estava muito nervosa; acho até que sabia por que, embora tenha me fingido de surpreso quando ela falou: "Há dois policiais aqui. Um de Larchmont, outro do vilarejo. Eles querem falar com você. E se recusam a me dizer qual é o assunto".

Eu nem perdi tempo com o trem. Aluguei uma limusine. Uma daquelas limusines com um bar interno. A viagem não é longa, pouco mais de uma hora, mas consegui engolir algumas Balas de Prata. Não ajudou muito; eu estava apavorado.

TC: Por que, pelo amor de Deus? O que você havia feito? Só quis ser o Sr. Bonzinho, o Simpático.

GEORGE: Se ao menos fosse só isso! Se fosse assim, limpo, claro! Quando cheguei em casa, os policiais estavam sentados na sala assistindo à televisão. Minha esposa servia café para eles. Quando ela se ofereceu para sair da sala, eu disse não, disse que queria que ela ficasse e ouvisse tudo, o que quer que fosse. Os dois policiais eram muito jovens e estavam constrangidos. Afinal, eu era um homem rico, um cidadão preeminente, um frequentador da igreja, pai de cinco filhos. Não tinha medo deles. Era Gertrude.

O tira de Larchmont expôs a situação. Seu gabinete havia recebido uma denúncia de um casal, sr. e sra. Henry Wilson. Afirmavam que a filha deles, Linda Reilly, de 12 anos, estava recebendo cartas de "natureza suspeita" de um homem de 52 anos, eu, e os Wilson pretendiam registrar uma queixa se eu não pudesse explicar o que estava acontecendo.

Eu ri. Ah, eu era tão jovial quanto Papai Noel. Contei toda a história. Sobre ter encontrado a garrafa. Disse que só respondera porque queria o *fudge* de chocolate. Eles riram, se desculparam e disseram que, bem, todos sabem como os pais de hoje em dia têm ideias malucas sobre tudo. A única pessoa que não encarava a situação como uma brincadeira boba era Gertrude. De fato, sem que eu percebesse, ela havia deixado a sala antes que eu terminasse de falar.

Depois que os policiais foram embora, eu fui procurá-la. Sabia onde encontrá-la. Naquele quarto, onde ela passa todo o tempo pintando. Estava escuro e ela estava lá sentada em uma cadeira de encosto alto, olhando para a escuridão. Ela disse: "A fotografia na sua carteira. Era daquela menina". Eu neguei, e ela falou: "Por favor, George. Não precisa mentir. Nunca mais vai ter que mentir".

E naquela noite ela dormiu lá, naquele quarto, onde dorme todas as noites desde então. Mantém-se lá, trancada, pintando barcos. Um barco.

TC: Talvez seu comportamento tenha sido um pouco inconsequente. Mas não entendo por que ela precisa ser tão implacável.

GEORGE: Vou lhe dizer por quê. Aquela não foi a primeira visita que recebemos da polícia.

Há sete anos tivemos uma violenta nevasca. Eu dirigia meu carro e, embora não estivesse longe de casa, me perdi várias vezes. Pedi informações a várias pessoas. Uma delas era uma criança, uma menina. Alguns dias mais tarde a polícia foi bater à nossa porta. Eu não estava lá, mas eles falaram com Gertrude. Disseram que na recente nevasca um homem que correspondia à minha descrição e dirigindo um Buick com as placas do meu carro saíra do seu automóvel e se exibira para uma menina. E lhe falara coisas indecentes. A menina dissera ter copiado as placas do automóvel na neve embaixo de uma árvore e, quando a tempestade passara, os números ainda eram visíveis. Não havia como negar que aquela era a placa do meu carro, mas a história não era verdadeira. Convenci Gertrude e convenci a polícia de que a menina mentia ou se enganara com relação aos números.

Mas agora a polícia fora nos visitar pela segunda vez. E o problema era outra menina.

E minha esposa agora fica no quarto. Pintando. Porque não acredita em mim. Ela acredita que a menina que escreveu os números na neve disse a verdade. Sou inocente. Juro por Deus e por meus filhos que sou inocente. Mas minha esposa vive trancada no quarto olhando pela janela. Ela não acredita em mim. E você?

(George removeu os óculos escuros e os limpou com um guardanapo. Eu entendi por que ele os usava. Não era por causa dos olhos de branco amarelado riscado por veias vermelhas e inchadas. Era porque seus olhos eram prismas rachados. Eu jamais vira dor ou sofrimento tão permanentemente implantados, como se a faca de um cirurgião os houvesse deixado para sempre desfigurados. Era insuportável e, quando ele me encarou, eu desviei o olhar.)

Você acredita em mim?

TC (segurando a mão dele sobre a mesa): É claro, George. É claro que acredito em você.

BRAVURA

(1979)

TEMPO: NOVEMBRO DE 1970.
LUGAR: Aeroporto Internacional de Los Angeles.

Estou sentado no interior de uma cabine telefônica. Passa um pouco de onze da manhã e estou sentado aqui há meia hora, fingindo telefonar. Da cabine tenho uma boa visão do Portão 38, de onde deve partir o voo da TWA sem escalas para Nova York. Tenho um assento reservado nesse avião, uma passagem comprada sob um nome falso, mas tenho bons motivos para duvidar de que chegarei a embarcar. Para começar, há dois homens altos parados no portão, homens com ar de durão e chapéus escuros, e eu os conheço. São detetives de San Diego e eles têm uma ordem de prisão para mim. Por isso estou me escondendo na cabine telefônica. O fato é que estou numa situação bem difícil.

A causa da minha dificuldade tem raízes em uma série de conversas que mantive um ano antes com Robert M., um homem alto e esguio de aparência inofensiva, então prisioneiro no Corredor da Morte em San Quentin, onde ele esperava pela execução, condenado que fora por três assassinatos: a mãe dele, a irmã, ambas espancadas até a morte, e um companheiro de prisão, um homem que ele havia estrangulado quando estava preso aguardando julgamento pelos dois homicídios anteriores. Robert M. era um psicopata inteligente; eu o conheci bem e ele discutia sua vida e seus crimes com liberdade quando conversávamos – desde que eu não escrevesse sobre o que ele dizia nem contasse nada daquilo que me contava.

Eu fazia uma pesquisa sobre crimes múltiplos e Robert M. se tornou outro caso nos meus arquivos. Da minha parte, tudo acabava aí.

Então, dois meses antes de eu me ver preso em uma abafada cabine telefônica no aeroporto de Los Angeles, recebi uma ligação de um detetive de San Diego. Ele havia telefonado para mim em Palm Springs, onde eu tinha uma casa. Era cortês e dono de uma voz agradável; dizia saber sobre as muitas entrevistas que eu havia conduzido com assassinos condenados e queria me fazer algumas perguntas. Então, eu o convidei a ir a Springs e almoçar comigo no dia seguinte.

O cavalheiro não chegou sozinho, mas com outros três detetives de San Diego. E, embora Palm Springs fique bem no meio do deserto, havia um forte cheiro de peixe no ar. Porém, eu fingi que não havia nada de errado em ter, repentinamente, quatro convidados em vez de um. Mas eles não estavam interessados na minha hospitalidade; na verdade, recusaram o almoço. Só queriam conversar sobre Robert M. Quanto eu o conhecia? Ele alguma vez admitira ter cometido algum dos assassinatos? Eu tinha registros das nossas conversas? Deixei que eles fizessem as perguntas e evitei responder até que eu pudesse formular a minha pergunta: Por que estavam tão interessados nas minhas conversas com Robert M.?

A razão era esta: devido a uma tecnicalidade legal, um tribunal federal suspendera a condenação e ordenara ao Estado da Califórnia um novo julgamento para Robert M. A data de início havia sido marcada para o final de novembro – em outras palavras, em aproximadamente dois meses a contar daquela visita. Depois de dar essa explicação, um dos detetives me entregou um documento de aparência legal. Era uma intimação para depor no julgamento de Robert M., supostamente como testemunha da promotoria. Muito bem, eles haviam me pegado e eu estava muito zangado, mas sorri e assenti, e eles sorriram e disseram que eu era um bom sujeito e que eles eram gratos por eu ajudar, com o meu depoimento, a mandar Robert M. diretamente para a câmara de gás. O lunático homicida! Eles riram e disseram: "Vemos você no tribunal".

Eu não tinha nenhuma intenção de atender à intimação, mesmo conhecendo as consequências dessa desobediência: seria preso por desrespeito ao tribunal, multado e enviado para a cadeia. Não tinha nenhuma opinião favorável a Robert M. nem queria protegê-lo; eu sabia que ele era culpado dos três assassinatos pelos quais estava sendo julgado, e que era um psicótico perigoso que nunca devia ter de volta a liberdade. Mas também sabia que o estado tinha evidências mais que suficientes para condená-lo novamente sem meu testemunho. Porém, o ponto principal era que Robert M. havia confiado em mim, na palavra que eu havia dado, na promessa que fizera de nunca repetir o que ele havia me contado. Traí-lo naquelas circunstâncias seria moralmente desprezível e teria provado a Robert M., e a muitos outros homens como ele, os que entrevistei, que eles haviam confiado em um informante da polícia, um delator, simplesmente.

Consultei vários advogados. Todos me deram o mesmo conselho: atenda à intimação ou espere pelo pior. Todos entendiam meu dilema, mas nenhum deles conseguia encontrar uma solução – *a menos que eu deixasse a Califórnia*. Desrespeito ao tribunal não era crime extraditável e, quando eu saísse do estado, as autoridades nada poderiam fazer para punir-me. Sim, havia uma coisa: eu nunca mais poderia *voltar* à Califórnia. Essa era, para mim, uma grande dificuldade, embora, por várias razões referentes à propriedade e compromissos profissionais, uma partida assim imediata fosse difícil.

Perdi a noção do tempo e ainda estava em Palm Springs no dia em que o julgamento começou. Naquela manhã minha governanta, uma amiga dedicada chamada Myrtle Bennett, entrou em casa correndo e gritando: "Depressa! Está tudo no rádio. Eles emitiram um mandado de prisão no seu nome. Estarão aqui a qualquer minuto".

Na verdade, vinte minutos depois a polícia de Palm Springs chegou com toda a sua força e algemas a postos (uma cena assustadora, mas, acreditem, a polícia californiana não é uma instituição com a qual se possa brincar impunemente). Porém, apesar de terem desmantelado o jardim e vasculhado a casa de ponta a ponta, tudo o que encontraram foi meu carro na garagem e a leal sra. Bennett na sala de estar. Ela os informou de que eu havia partido para Nova York no dia anterior. A polícia não acreditou nela, mas a sra. Bennett era uma figura formidável em Palm Springs, uma negra que havia sido membro distinto e influente da comunidade por quarenta anos, de forma que eles não a interrogaram mais. Simplesmente enviaram o alarme em todas as direções solicitando minha captura e prisão.

E onde eu estava? Passeando pela estrada no velho Chevrolet azul da sra. Bennett, um carro que fazia setenta quilômetros por hora no dia em que ela o havia comprado. Mas concluímos que seria mais seguro eu usar o carro dela, não o meu. Não que eu estivesse seguro em algum lugar; estava agitado como um peixe com o anzol na boca. Quando cheguei a Palm Desert, que fica cerca de trinta minutos distante de Palm Springs, troquei a estrada por uma via secundária que seguia do deserto para as montanhas San Jacinto. O calor no deserto era intenso, mas, à medida que eu subia as montanhas desoladas, o ar ia se tornando mais fresco, frio, mais frio. O aquecedor do Chevrolet não funcionava e eu só tinha para vestir as roupas que estavam em mim no momento em que a sra. Bennett me expulsara de casa com seus avisos apavorados: sandália, calça de linho branco e uma camisa polo leve. Saí levando apenas a carteira, que continha cerca de 300 dólares e cartões de crédito.

Mas eu tinha um destino em mente, e um plano. No alto das montanhas San Jacinto, entre Palm Springs e San Diego, há um pequeno e quieto vilarejo chamado Idylwyld. No verão, as pessoas do deserto vão para lá fugindo do calor; no inverno, o local se torna uma estação de esqui, apesar da qualidade discutível da neve e das pistas. Mas agora, fora da temporada, essa coleção desolada de motéis medíocres e falsos castelos seria um bom esconderijo, pelo menos até eu poder recuperar o fôlego.

Nevava quando o velho carro terminou de subir a última encosta para Idylwyld: uma dessas neves que embaçam o ar mas se dissolvem ao cair. O vilarejo estava deserto e a maioria dos motéis permanecia fechada. O que encontrei, aquele em que finalmente parei, se chamava Eskimo Cabins. As acomodações eram realmente geladas como iglus. Mas havia ali uma vantagem: o proprietário, aparentemente o único ser humano por ali, era um octogenário quase surdo mais interessado no seu jogo de paciência do que em mim.

Telefonei para a sra. Bennett, que estava muito agitada. "Querido, eles estão procurando por você em todos os lugares! Está na televisão!" Decidi que era melhor não revelar nem a ela meu paradeiro, mas garanti que estava bem e telefonaria novamente no dia seguinte. Depois liguei para um amigo próximo em Los Angeles; ele também estava agitado: "Sua foto está no *Examiner*!". Depois de acalmá-lo, dei-lhe instruções bem específicas: comprar uma passagem em nome de "George Thomas" para um voo sem escalas para Nova York, e me esperar na casa dele por volta das dez horas da manhã seguinte.

Eu estava com muito frio e com fome demais para dormir; parti ao raiar do dia e cheguei em Los Angeles por volta das nove horas. Meu amigo esperava por mim. Deixamos o Chevrolet na casa dele e, depois de devorar alguns sanduíches e beber todo o *brandy* que eu poderia reter no estômago sem pôr em risco minha segurança, fomos no carro dele para o aeroporto, onde nos despedimos e ele me deu a passagem para o voo noturno da TWA.

E foi assim que fui parar naquela maldita cabine de telefone, sentado, contemplando minha situação. Um relógio sobre o portão de embarque marca a hora: 11h35. A área dos passageiros está lotada; logo o embarque será anunciado. E lá, em pé, um de cada lado do portão pelo qual eu teria de passar, os dois cavalheiros que me haviam visitado em Palm Springs, dois detetives vigilantes de San Diego. Pensei em ligar para o meu amigo, pedir-lhe para voltar e me buscar no aeroporto, no estacionamento. Mas ele já havia feito muito por mim e, se fôssemos pegos, ele poderia ser acusado de acobertar um fugitivo. E isso valia para todos os amigos que se dispusessem a me ajudar. Talvez fosse mais sensato me render aos guardas no portão. Caso contrário, o que ia acontecer? Só um milagre poderia me salvar. E não acreditamos em milagres, certo?

De repente, o milagre aconteceu.

Ali, passando diante da minha prisão de vidro, vejo uma linda e altiva amazona negra usando zilhões de dólares em ouro, diamantes e peles, uma estrela cercada por um solícito *entourage* de garotos, coristas vestidos de maneira vulgar. E quem é essa ofuscante aparição cuja plumagem e presença cria tamanha comoção entre os transeuntes? Uma amiga! Uma velha, velha amiga!

TC (abrindo a porta da cabine e gritando): *Pearl*! Pearl Bailey! (Um milagre! Ela me ouve. Todos eles, todo o *entourage*.) Pearl! Por favor, venha aqui...
PEARL (olhando para mim intrigada, depois sorrindo radiante): Ei, querido! O que faz escondido aí?
TC (chamando-a para mais perto; sussurrando): Pearl, escute. Estou numa confusão terrível.
PEARL (imediatamente séria, porque ela é uma mulher muito inteligente e entende imediatamente que, seja qual for minha situação, ela não tem graça): O que é?
TC: Vai embarcar naquele voo para Nova York?
PEARL: Sim, todos nós vamos.
TC: Eu preciso embarcar nele também, Pearl. Tenho a passagem. Mas há dois homens no portão de embarque, esperando para me impedir.
PEARL: Que homens? (Eu os aponto) Como eles podem impedir seu embarque?
TC: Eles são detetives. Pearl, não tenho tempo para explicar tudo isso...
PEARL: Você não precisa me explicar nada.

> (Ela estuda sua trupe de belos rapazes negros; meia dúzia – Pearl, eu lembro, sempre gostou de viajar cercada de companhia. Ela faz sinal para um deles se juntar a nós; o rapaz é um esportista usando um cintilante chapéu amarelo, um moletom com a frase CHUPE DROGA, NÃO SOPRE, um casaco de couro branco com forro de pele, calça vintage jitterbug amarela [da década de 1940].)

Esse é Jimmy. Ele é um pouco maior que você, mas acho que tudo vai servir. Jimmy, leve meu amigo aqui ao banheiro masculino e troque de roupa com ele. Não reclame. Faça o que Pearl-Mae está dizendo. Estaremos esperando aqui. Depressa! Mais dez minutos, e vamos perder o avião.

> (A distância entre os telefones e o banheiro era de uns dez metros. Nós nos trancamos em um banheiro pago e começamos a trocar as roupas. Jimmy achava tudo muito engraçado: ele ria como uma colegial que acabara de fumar seu primeiro baseado. Eu disse: "Pearl! Isso foi mesmo um milagre. Nunca fiquei tão feliz por encontrar alguém. Nunca". Jimmy respondeu: "Oh, a srta. Bailey é espirituosa. Ela é muito generosa, sabe? Toda coração".

Houve um tempo em que eu teria discordado dele, um tempo em que teria descrito Pearl Bailey como uma vadia sem coração. Essa época era quando ela fazia o papel de Madame Fleur, papel principal em *House of Flowers*, uma peça para a qual eu escrevera o livro e, com Harold Arlen, compusera as músicas. Havia muitos homens talentosos ligados a essa produção: o diretor era Peter Brook; o coreógrafo, George Balanchine; Oliver Messel era responsável pela lendária decoração e pelos figurinos. Mas Pearl Bailey era tão forte, tão determinada a fazer tudo a seu modo, que dominara toda a produção, em grande detrimento desta. Porém, vivendo e aprendendo, perdoar e esquecer, e, quando a peça encerrou sua temporada na Broadway, Pearl e eu éramos amigos outra vez. Além de seu talento como atriz, eu passara a respeitar sua personalidade; às vezes era desagradável lidar com ela, mas personalidade não faltava àquela mulher. Todos sabiam quem era ela e qual era a sua posição.

Quando Jimmy tentava entrar na minha calça, que, para meu constrangimento, era apertada demais para ele, e eu vestia sua jaqueta de couro branco, ouvimos batidas nervosas na porta.)

VOZ MASCULINA: Ei, o que está acontecendo aí?

JIMMY: E quem é você?

VOZ MASCULINA: Sou o funcionário. E não brinque comigo. O que está acontecendo aí dentro é contra a lei.

JIMMY: Mentira!

FUNCIONÁRIO: Vejo quatro pés daqui. Vejo roupas no chão. Acham que sou estúpido e não sei o que está acontecendo? É ilegal dois homens se trancarem no mesmo banheiro ao mesmo tempo.

JIMMY: Ah, vá cuidar da sua vida!

FUNCIONÁRIO: Vou chamar a polícia! Eles vão prender vocês por AVP!

JIMMY: Que diabos é AVP?

FUNCIONÁRIO: Atentado violento ao pudor. Sim, senhor. Vou buscar os tiras.

TC: Jesus, Maria e José!

FUNCIONÁRIO: Abram a porta!

TC: Está cometendo um engano!

FUNCIONÁRIO: Sei o que vejo. E eu vejo quatro pés.

TC: Estamos trocando o figurino para a próxima cena.

FUNCIONÁRIO: Que próxima cena?

TC: Do filme. Estamos nos preparando para filmar a próxima cena.

FUNCIONÁRIO (curioso e impressionado): Estão fazendo um filme aqui?

JIMMY (entrando na farsa): Com Pearl Bailey. Ela é a estrela. Marlon Brando também participa.

TC: Kirk Douglas.

JIMMY (mordendo os nós dos dedos para conter o riso): E Shirley Temple. Ela vai voltar.

FUNCIONÁRIO (acreditando, mas desconfiado): Sim, e quem são vocês?

TC: Somos só figurantes. Por isso não temos um camarim.

FUNCIONÁRIO: Não me interessa. Dois homens, quatro pés. É ilegal.

JIMMY: Olhe lá fora. Vai ver Pearl Bailey em pessoa. Marlon Brando. Kirk Douglas. Shirley Temple. Mahatma Gandhi… e ela também participa.

FUNCIONÁRIO: Ela… quem?

JIMMY: Mamie Eisenhower.

TC (abrindo a porta, depois de completar a troca de roupas; minhas coisas não ficaram tão ruins em Jimmy, mas eu desconfiava que o figurino dele, usado por mim, produziria um efeito fantástico, e a expressão do funcionário, um homenzinho baixo e negro, confirmou minha expectativa): Desculpe. Não sabíamos que estávamos fazendo alguma coisa contra as regras.

JIMMY (passando altivo pelo funcionário, que parece estar confuso demais para reagir): Venha conosco, benzinho. Vamos apresentá-lo ao grupo. Você pode pedir autógrafos.

(Finalmente estávamos no corredor e uma Pearl séria me envolveu com seus braços suaves e macios; os rapazes que a acompanhavam nos cercaram formando um círculo protetor. Não havia brincadeiras ou piadas. Meus nervos pareciam ferver, sibilar como um gato atingido por um rato, mas Pearl, e as qualidades que antes me assustavam nela – aquela força, aquela segurança inabalável –, fluíam dela com a força incontrolável de uma catarata.)

PEARL: De agora em diante, fique quieto. O que quer que eu diga, você não diz nada. Puxe o chapéu sobre o rosto. Apoie-se em mim como se fosse fraco e doente. Encoste o rosto no meu ombro. Feche os olhos. Eu vou guiar você.

Tudo bem. Agora estamos nos aproximando do balcão. Jimmy está com todas as passagens. Já fizeram a última chamada para o embarque, por isso não há mais muita gente em volta. Os dois homens no portão de embarque continuam no mesmo lugar, mas parecem cansados e meio aborrecidos. Estão olhando para nós agora. Os dois. Quando passarmos por eles, os garotos vão começar a falar para distraí-los. Aí vem alguém. Chegue mais perto, gema um pouco – é um daqueles funcionários da TWA para passageiros VIP. Veja a mamãe entrando em ação... (muda de voz, assume sua personalidade teatral, fala rouco, devagar) Sr. Calloway? Você é um anjo por nos ajudar. E certamente estamos precisando de ajuda. Precisamos entrar naquele avião o mais depressa possível. Meu amigo aqui – ele é um dos músicos – não está se sentindo nada bem. Ele mal pode andar. Estivemos em Vegas e acho que ele pegou muito sol. Sol pode fazer mal à cabeça e ao estômago, sabe? Ou é a dieta, não sei. Os músicos comem coisas engraçadas. Especialmente os pianistas. Ele raramente come alguma coisa que não seja cachorro-quente. Ontem à noite ele comeu dez. Isso não é saudável, é? Não me surpreende que ele se sinta intoxicado. Está surpreso, sr. Calloway? Bem, não imagino que muitas coisas o surpreendam, trabalhando nesse ramo das companhias aéreas. Toda essa tensão... Criminosos em todos os lugares. Assim que chegarmos em Nova York, vou levar meu amigo a um médico. Vou pedir ao médico para ordenar que ele fique longe do sol e pare de comer cachorro-quente. Oh, obrigada, sr. Calloway. Não, eu fico no corredor. Vamos deixar meu amigo na janela. Ele vai se sentir melhor na janela. Todo aquele ar fresco.

O.k., companheiro. Você pode abrir os olhos agora.

TC: Acho que vou mantê-los fechados. Assim tenho a sensação de que tudo isso é um sonho.

PEARL (relaxada, rindo): Bem, conseguimos. Seus amigos não o viram. Jimmy distraiu um deles e Billy pisou no pé do outro.

TC: Onde está Jimmy?

PEARL: Todos os garotos viajam na classe econômica. A calça dele favoreceu seu traseiro, benzinho. E os acessórios...

COMISSÁRIA: Bom dia, srta. Bailey. Gostaria de uma taça de champanhe?

PEARL: Não, meu bem. Mas talvez meu amigo se beneficie de uma.

TC: Conhaque.

COMISSÁRIA: Lamento, senhor, mas só servimos champanhe até a decolagem.

PEARL: O homem quer conhaque.

COMISSÁRIA: Lamento, srta. Bailey. Não é permitido.

PEARL (num tom suave, mas metálico, um tom que aprendi a conhecer durante os ensaios de *House of Flowers*): Traga o conhaque do homem. A garrafa inteira. Agora.

(A comissária trouxe o conhaque e eu me servi de uma dose generosa com mão trêmula: fome, cansaço, ansiedade, os eventos assustadores das últimas 24 horas, de repente tudo começava a fazer efeito. Eu me servi de uma segunda dose e comecei a me sentir um pouco melhor.)

TC: Acho que preciso explicar o que significa tudo isso.

PEARL: Não necessariamente.

TC: Então, não vou explicar. Assim você terá sua consciência limpa. Direi apenas que não fiz nada que uma pessoa sensata poderia classificar como criminoso.

PEARL (consultando um relógio de diamantes): Devemos estar sobre Palm Springs agora. Ouvi as portas sendo fechadas há eras! Comissária!

COMISSÁRIA: Sim, srta. Bailey?

PEARL: O que está acontecendo?

COMISSÁRIA: Ah, nosso piloto vai falar agora.

VOZ DO PILOTO (pelo sistema de som): Senhoras e senhores, lamentamos o atraso. Decolaremos em breve. Obrigado por sua paciência.

TC: Jesus, José e Maria.

PEARL: Beba mais uma dose. Você está tremendo. Parece até uma primeira noite. Quero dizer, não pode ser *tão* ruim.

TC: É pior. Não consigo parar de tremer – não enquanto não decolarmos. Talvez não até aterrissarmos em Nova York.

PEARL: Ainda mora em Nova York?

TC: Graças a Deus.

PEARL: Lembra-se de Louis? Meu marido?

TC: Louis Bellson. É claro. O maior baterista do mundo. Melhor que Gene Krupa.

PEARL: Nós dois passamos tanto tempo em Vegas trabalhando que fazia sentido comprarmos uma casa lá. Eu me tornei muito caseira. Cozinho bastante. Estou escrevendo um livro de receitas. Viver em Las Vegas é como viver em qualquer outro lugar, desde que você se mantenha longe dos indesejáveis. *Jogadores*. Desempregados. Toda vez que um homem me diz que trabalharia se encontrasse um emprego, eu sugiro que ele procure no catálogo telefônico, na letra G, de gigolô – ele vai encontrar trabalho. Em Vegas, pelo menos. Uma cidade de mulheres desesperadas. Eu tenho sorte; encontrei o homem certo e tive o bom senso de reconhecer essa descoberta.

TC: Vai trabalhar em Nova York?

PEARL: No Persian Room.

VOZ DO PILOTO: Lamento, senhoras e senhores, mas teremos mais alguns minutos de atraso. Permaneçam em seus assentos. Os passageiros que quiserem fumar, podem ficar à vontade.

PEARL (repentinamente tensa): Não estou gostando disso. Estão abrindo as portas.

TC: O quê?

PEARL: *Estão abrindo as portas.*

TC: Jesus, José...

PEARL: Não gosto disso.

TC: Jesus, José...

PEARL: Abaixe-se no assento. Puxe o chapéu sobre o rosto.

TC: Estou com medo.

PEARL (segurando minha mão, apertando): Ronque.

TC: Roncar?

PEARL: Ronque!

TC: Estou sufocando! Não consigo roncar!

PEARL: É melhor começar a tentar, porque nossos amigos estão passando pela porta. Parece que vão revistar tudo aqui. Pente fino, sabe?

TC: Jesus, José...

PEARL: Ronque, seu idiota, ronque!

(Eu ronquei, e ela aumentou a pressão da mão sobre a minha; ao mesmo tempo, ela começou a cantarolar uma doce canção de ninar, como uma dedicada mãe acalmando uma criança assustada. O tempo todo, outro tipo de ruído nos cercava: vozes humanas preocupadas com o que acontecia no avião, o propósito dos dois homens misteriosos que andavam pelo corredor, parando de vez em quando para analisar um passageiro. Minutos passaram devagar. Eu contava: seis, sete. Tictictic. Depois de um tempo, Pearl interrompeu sua canção maternal e soltou minha mão. Em seguida, ouvi a grande porta do avião sendo fechada.)

TC: Eles já foram?

PEARL: Ã-hã. Mas, seja quem for o procurado, eles devem estar muito interessados.

Estavam mesmo. O julgamento de Robert M. terminou exatamente como eu havia previsto, e o júri o declarou culpado por três assassinatos de primeiro grau, mas as Cortes continuaram olhando com dureza minha recusa em cooperar. Eu nem sabia disso; achava que, com o tempo, o assunto seria esquecido. Por isso não hesitei em voltar à Califórnia quando, um ano mais tarde, algo aconteceu e exigiu uma breve visita minha. Pois bem, eu mal havia terminado de me registrar no Bel Air Hotel quando fui detido, levado à presença de um juiz muito severo que me impôs uma multa de 5 mil dólares e me deu uma sentença indefinida na penitenciária de Orange County, o que significava que poderiam me manter preso por semanas, meses ou anos. Porém, logo fui libertado, porque a decisão da minha prisão continha um erro pequeno mas significativo; eu era listado como residente legal da Califórnia, quando era, de fato, morador de Nova York, o que tornou inválida a minha sentença e a minha detenção.

Mas tudo isso ainda era distante, impensado, algo com que eu nem sonhava quando a aeronave prateada levando Pearl e seu amigo fora da lei decolou para aquele etéreo céu de novembro. Vi a sombra do avião pairando sobre o deserto e atravessando o Grand Canyon. Conversamos, rimos, comemos e cantamos. Estrelas e o lilás do crepúsculo dominavam tudo à nossa volta e as Rochosas, vestidas pela neve azul, se erguiam diante de nós, coroadas por uma fatia amarela de lua nova.

TC: Veja, Pearl. Lua nova. Vamos fazer um pedido.
PEARL: O que vamos pedir?
TC: Gostaria de poder ser sempre feliz como sou neste momento.
PEARL: Ah, meu bem, isso é como pedir um milagre. Faça um pedido real.
TC: Mas eu acredito em milagres.
PEARL: Então, tudo o que posso dizer é que você nunca deve se entregar ao jogo.

VOLTAS NOTURNAS

OU COMO GÊMEOS SIAMESES FAZEM SEXO

(1979)

TC: DROGA! COMPLETAMENTE ACORDADO! MISERICÓRDIA, NÃO COCHILAmos nem um minuto. Ou cochilamos? Por quanto tempo, benzinho?

TC: São duas horas. Tentamos ir dormir por volta da meia-noite, mas estávamos tensos demais. Então, você sugeriu que nos masturbássemos, e eu disse que sim, isso nos faria relaxar, sempre nos relaxa, então nos masturbamos e fomos dormir. Às vezes me pergunto: O que faríamos sem a Mãe Mão e seus Cinco Filhos? Eles certamente têm sido nossos amigos ao longo dos anos. Amigos de verdade.

TC: Duas horas, só. Deus sabe quando vamos fechar os olhos outra vez. E não podemos fazer nada sobre isso. Não temos nada daquela coisa em nada. Nem mesmo pílulas para dormir.

TC: Vamos lá. Pare com essa gíria ridícula. Não estou com disposição para Amos 'n' Andy nesta noite.

TC: Você nunca está com disposição para nada. Não queria nem se masturbar.

TC: Seja justo. Alguma vez lhe neguei isso? Quando você quer se masturbar, eu sempre deixo.

TC: Só porque não tem opção. Por isso.

TC: Prefiro a satisfação solitária a algumas coisas que você já me fez aturar.

TC: Por você, jamais teríamos feito sexo com ninguém. Só um com o outro.

TC: Sim, e pense na infelicidade de que isso nos teria poupado.

TC: Por outro lado, nunca teríamos nos apaixonado por ninguém, só um pelo outro.

TC: Há há há há Ho ho ho ho. "Isso é um terremoto, ou só um tremor?" É a verdadeira sopa de tartaruga, ou só uma imitação? É o Lido que vejo, ou Asbury Park?

TC: Você nunca soube cantar. Nem no banho.

TC: Você está amargo esta noite. Talvez possamos passar o tempo trabalhando na nossa Lista de Crueldade.

TC: Eu não chamaria de Lista de *Crueldade*. É mais do que você poderia dizer, uma espécie de Lista de Desgosto Acentuado.

TC: Bem, e quem estamos desgostando acentuadamente nesta noite? Alguém vivo. Não interessa se não é alguém vivo.

TC: Billy Graham
Princesa Margaret
Billy Graham
Princesa Anne
O reverendo Ike
Ralph Nader
Juiz da Suprema Corte Byron "Whizzer" White
Princesa Z
Werner Erhard
A Princesa Real
Billy Graham
Madame Gandhi
Masters e Johnson
Princesa Z
Billy Graham
CBSABCNBCNET
Sammy Davis Jr.
Jerry Brown, Esc.
Billy Graham
Princesa Z
J. Edgar Hoover
Werner Erhard

TC: Um minuto! J. Edgar Hoover está morto!

TC: Não, não está. O velho Johnny foi clonado e agora está em todos os lugares. Eles clonaram Clyde Tolson, também, só para poder prosseguir indefinidamente. O cardeal Spellman, versão clonada, às vezes se junta a eles para uma festinha.

TC: Por que Billy Graham?

TC: Billy Graham, Werner Erhard, Masters e Johnson, princesa Z – todos eles são cheios de cocô de cavalo. Mas o reverendo Billy é ainda mais cheio.

TC: O mais cheio até agora?

TC: Não, a princesa Z é a mais cheia.

TC: Como assim?

TC: Bem, afinal, ela *é* um cavalo. É natural que um cavalo possa conter mais cocô de cavalo que um ser humano. Por maior que seja a sua capacidade. Não se lembra da Princesa Z, aquela égua que corria em Belmont? Apostamos nela e perdemos um bom dinheiro, praticamente tudo o que tínhamos. E você disse: "É exatamente como Tio Bud costumava falar – nunca ponha seu dinheiro em um cavalo chamado Princesa".

TC: Tio Bud era esperto. Não como nosso velho primo Sook, mas esperto. Enfim, de quem gostamos acentuadamente? Esta noite, pelo menos.

TC: De ninguém. Estão todos mortos. Alguns morreram recentemente, outros há séculos. Muitos deles estão em Père-Lachaise. Rimbaud não está lá; mas é espantoso pensar em quem está. Gertrude e Alice. Proust. Sarah Bernhardt. Oscar Wilde. Fico me perguntando onde Agatha Christie está sepultada...

TC: Desculpe interromper, mas deve haver alguém vivo de quem Gostamos Acentuadamente.

TC: É muito difícil. Difícil mesmo. Tudo bem. Sra. Richard Nixon. A imperatriz do Irã. Sr. William "Billy" Carter. Três vítimas, três santos. Se Billy Graham fosse Billy Carter, então, Billy Graham seria Billy Graham.

TC: Isso me lembra uma mulher que se sentou ao meu lado num jantar outra noite. Ela disse: "Los Angeles é o lugar perfeito para se viver... para quem é mexicano".

TC: Tem ouvido outras piadas boas ultimamente?

TC: Não foi uma piada. Foi uma observação social muito precisa. Os mexicanos em Los Angeles têm sua própria cultura e é uma cultura genuína; os outros não têm nada. Uma cidade de Uriah Heeps bronzeados.

No entanto, eu ouvi algo que me fez rir. Alguma coisa que D. D. Ryan disse a Greta Garbo.

TC: Ah, sim. Elas moram no mesmo edifício.

TC: Há mais de vinte anos. Pena não serem boas amigas, porque gostam uma da outra. Ambas têm humor e convicção, mas só trocam amenidades *en passant*, nada mais. Há algumas semanas D. D. entrou no elevador e se viu sozinha com Garbo. D. D. estava vestida daquele jeito fabuloso e costumeiro, e Garbo, como se nunca a houvesse notado antes, disse: "Ah, sra. Ryan, está muito *bonita*!". E D. D., satisfeita, mas realmente tocada, respondeu: "Olhe só quem fala".

TC: É só isso?

TC: *C'est tout.*

TC: Para mim, isso parece meio sem sentido.

TC: Ah, esqueça. Não é importante. Vamos acender a luz e pegar caneta e papel. Começar o artigo para a revista. É inútil ficar aqui discutindo com um idiota como você. É melhor tentarmos ganhar algum dinheiro.

TC: Está falando daquele artigo em que devia entrevistar você mesmo? Responder a suas próprias perguntas?

TC: Isso mesmo. Mas por que não fica aí deitado e quieto enquanto eu faço isso? Preciso descansar da sua cruel frivolidade.

TC: Como quiser, pateta.

TC: Bem, vamos lá.

P: O que o amedronta?

R: Sapos reais em jardins imaginários.

P: Não, na vida real.

R: Eu estou falando sobre a vida real.

P: Vamos colocar de outra maneira. De suas experiências, qual foi a mais assustadora?

R: Traições. Abandonos.

Mas você quer alguma coisa mais específica? Bem, minha mais distante memória da infância é bem assustadora. Eu devia ter 3 anos de idade, talvez um pouco menos, e estava visitando o zoológico St. Louis levado por uma enorme mulher negra que minha mãe havia contratado para me levar lá. De repente houve um pandemônio. Crianças, mulheres, homens, todos gritavam e corriam na mesma direção. Dois leões haviam escapado de suas jaulas! Duas bestas sanguinárias andavam pelo parque. Minha babá entrou em pânico. Ela simplesmente se virou e correu, deixando-me sozinho. E isso é tudo o que eu lembro.

Quando eu tinha 9 anos, fui mordido por uma *cottonmouth*. Estava com alguns primos explorando uma floresta distante uns nove quilômetros da cidade onde morávamos, na zona rural do Alabama. Havia um rio estreito e cristalino que atravessava essa floresta. Um grande tronco de árvore caíra e estava lá, atravessando o rio de uma margem à outra como uma ponte. Meus primos se equilibraram sobre o tronco e passaram correndo para o outro lado do rio, mas eu decidi entrar no riacho. Quando já estava quase alcançando a outra margem, vi uma *cottonmouth* enorme deslizando sinuosa pela superfície da água. Minha boca ficou seca como se contivesse algodão; fiquei paralisado, entorpecido, como se todo o meu corpo sofresse o efeito de injeções de Novocaína. A cobra continuava deslizando, se aproximando de mim. Quando ela estava a centímetros do meu corpo, eu me virei e escorreguei no fundo de cascalho. A cobra me mordeu no joelho.

Tumulto. Meus primos se revezaram para me carregar até uma fazenda próxima dali. Enquanto o fazendeiro ia buscar sua carroça puxada por burros, a mulher dele pegava algumas galinhas, cortava-as vivas e aplicava as aves sangrando sobre o meu joelho. "Extrai o veneno", ela disse. E, de fato, a carne das galinhas se tingiu de verde. Em todo o trajeto para a cidade, meus primos continuaram matando galinhas e as colocando no meu joelho. Quando chegamos em casa, minha família ligou para o hospital em Montgomery, a 150 quilômetros longe dali, e cinco horas depois um médico veio com o soro antiofídico. Eu era um menino doente, e a única coisa boa em tudo isso foi perder dois meses de aulas.

Uma vez, a caminho do Japão, passei uma noite no Havaí com Doris Duke no extraordinário palácio persa que ela construíra sobre um penhasco em Diamond Head. O dia mal havia raiado quando acordei e decidi ir conhecer um pouco o lugar. O quarto onde eu dormia tinha portas francesas que se abriam para um jardim com vista para o oceano. Eu caminhava pelo jardim havia um minuto, mais ou menos, quando uma matilha de *dobermanns* apareceu do nada; eles me cercaram e mantiveram cativo no círculo hostil que formaram. Ninguém havia me avisado que todas as noites, depois de a sra. Duke e seus hóspedes se recolherem, aquela matilha de cães homicidas era solta para deter, e possivelmente punir, intrusos indesejados.

Os cães não tentaram me tocar; apenas ficaram ali, olhando para mim e tremendo com o esforço para conter o impulso furioso. Eu tinha medo de respirar; sentia que, se movesse o pé um milímetro, as bestas atacariam e me rasgariam em pedaços. Minhas mãos tremiam; as pernas também. Meu cabelo estava molhado, como se eu houvesse saído do mar. Não há nada mais exaustivo do que ficar perfeitamente quieto, mas consegui ficar imóvel por mais de uma hora. O resgate chegou na forma de um jardineiro, que, quando viu o que estava acontecendo, apenas assobiou e bateu palmas, e todos os cães do inferno correram para cumprimentá-lo abanando a cauda com simpatia.

Esses são exemplos de terror específico. Porém, nossos medos reais são o som dos passos caminhando no corredor da mente e as ansiedades, os fantasmas flutuantes que eles criam.

P: Cite algumas coisas que sabe fazer.

R: Sei patinar no gelo. Sei esquiar. Sei ler de cabeça para baixo. Sei andar de *skate*. Sei acertar uma lata com um tiro de .38. Já dirigi uma Maserati (ao amanhecer, numa adorável e plana estrada do Texas) a quase 200 quilômetros por hora. Posso fazer um suflê Furstenberg (um truque fabuloso: é uma mistura de queijo e espinafre que requer a imersão de seis ovos *pochés* na massa antes de cozinhar; o truque consiste em deixar as gemas macias e líquidas quando o suflê for servido). Sei sapatear. Sei datilografar sessenta palavras por minuto.

P: Agora, cite coisas que não consegue fazer.

R: Não consigo recitar o alfabeto. Não corretamente, pelo menos, ou completamente (nem mesmo sob hipnose; essa é uma dificuldade que já fascinou diversos psicoterapeutas). Sou um imbecil em matemática – consigo somar, mais ou menos, mas sou incapaz de subtrair, e repeti o primeiro ano de álgebra três vezes, mesmo com a ajuda de um professor particular. Consigo ler sem óculos, mas não dirijo sem eles. Não sei falar italiano, embora tenha morado na Itália durante nove anos. Não consigo falar se for um discurso preparado. Tem que ser espontâneo, "improvisado".

P: Você tem um "lema"?

R: É uma espécie de lema. Eu o anotei em um diário dos meus tempos de escola: *Eu aspiro.* Não sei por que escolhi essas palavras em especial, mas gosto da ambiguidade. Aspiro ao inferno ou ao céu? Seja como for, elas soam inegavelmente nobres.

No inverno passado eu perambulava por um cemitério do litoral perto de Mondicino – um vilarejo da Nova Inglaterra não muito distante do norte da Califórnia, um lugar inóspito onde a água é fria demais para nadar e por onde as baleias passam fazendo aquele ruído característico. Era um cemitério pequeno e encantador e as datas nas lápides de pedra esverdeada pela maresia eram basicamente do século XIX; quase todas elas tinham uma inscrição de algum tipo, algo que revelava a filosofia do ocupante. Em uma delas estava escrito: SEM COMENTÁRIOS.

Então, comecei a pensar no que eu escreveria na minha lápide – mesmo sabendo que nunca terei uma, porque dois videntes muito talentosos, um haitiano, outro um revolucionário indiano que mora em Moscou, me disseram que vou morrer perdido no mar, embora eu ainda não saiba se será um acidente ou uma opção pessoal (*comme ça*, Hart Crane). Enfim, a primeira inscrição em que pensei foi: CONTRA

MEU MELHOR JULGAMENTO. Depois pensei em algo mais característico. Uma desculpa, uma frase que uso relacionada com quase todo compromisso: TENTEI ESCAPAR, MAS NÃO CONSEGUI.

P: Há algum tempo você fez sua estreia como ator de cinema (em *Assassinato por morte*). E?

R: Não sou ator; não quero ser. Aquilo foi uma brincadeira; achei que seria divertido, e foi, mais ou menos, mas também foi um trabalho duro; acordava às seis e nunca saía do estúdio antes das sete ou oito da noite. Os críticos, em sua maioria, me deram um buquê de alho. Mas eu já esperava por isso; todos esperavam – foi o que se pode chamar de reação obrigatória. Na verdade, eu fui adequado.

P: Como lida com o "fator reconhecimento"?

R: Ele não me incomoda nada e é muito útil quando você quer descontar um cheque em algum lugar estranho. Além disso, também pode ter consequências divertidas. Por exemplo, uma noite eu estava sentado com amigos em uma mesa de um bar muito cheio em Key West. Em outra mesa perto da nossa havia uma mulher meio bêbada com um marido muito bêbado. A mulher se aproximou de mim e me pediu para assinar um guardanapo de papel. Aquilo irritou o marido; ele cambaleou até a nossa mesa e, depois de abrir o zíper da calça e pôr para fora seu "equipamento", disse: "Já que está autografando coisas, por que não assina aqui?". As mesas à nossa volta ficaram silenciosas, por isso muita gente ouviu minha resposta, que foi: "Não sei se posso autografar isso aí, mas talvez consiga pôr minhas iniciais".

Normalmente, não me incomodo por dar autógrafos. Mas tem uma coisa que me irrita: sem exceção, todo homem adulto que já se aproximou de mim para pedir um autógrafo em um restaurante ou num avião fez questão de dizer que o queria para a esposa, para a filha ou para a namorada, mas nunca, *nunca* para ele mesmo.

Tenho um amigo com quem sempre dou longas caminhadas pelas ruas da cidade. Frequentemente, algum transeunte que passa por nós hesita, faz aquela cara de "é ou não é", depois para e me pergunta: "Você é Truman Capote?". E eu digo: "Sim, sou eu". Então, meu amigo faz uma cara aborrecida, me sacode e grita: "Pelo amor de

Deus, George! Quando vai parar com isso? Um dia vai se meter em encrenca séria!".

P: Considera a conversa uma arte?

R: Uma arte em extinção, sim. Muitos conversadores renomados – Samuel Johnson, Oscar Wilde, Whistler, Jean Cocteau, Lady Astor, Lady Cunard, Alice Roosevelt Longworth – são adeptos do monólogo, não da conversa de fato. Uma conversa é um diálogo, não um monólogo. Por isso as boas conversas são poucas; devido à escassez, dois conversadores inteligentes raramente se encontram. Da lista que acabei de fornecer, os únicos dois que conheci pessoalmente foram Cocteau e a sra. Longworth. (E retiro o que disse sobre o monólogo com relação a esta última. Ela não é uma artista solo; deixa o interlocutor compartilhar de seu ar.)

Entre os melhores conversadores com quem já falei estão Gore Vidal (se você não for vítima de sua sofisticada e às vezes nada sofisticada inteligência) e Cecil Beaton (que, de maneira nada surpreendente, se expressa quase exclusivamente por imagens visuais – algumas lindas, outras sublimemente maliciosas). A falecida genialidade dinamarquesa, baronesa Blixen, que escrevia sob o pseudônimo de Isak Dinesen, era, apesar de sua aparência diminuta, mas distinta, uma verdadeira sedutora, uma sedutora da *conversação*. Ah, como ela era fascinante sentada ao lado da lareira de sua bela casa em um vilarejo litorâneo dinamarquês, fumando aqueles cigarros pretos com filtro prateado, resfriando a língua vivaz com goles de champanhe e envolvendo as pessoas com assuntos que se sucediam – seus anos de fazendeira na África (certifique-se lendo, se ainda não leu, sua autobiografia, *A fazenda africana*, um dos melhores livros deste século), a vida sob o regime nazista na Dinamarca ocupada ("Eles me adoravam. Nós discutíamos, mas eles não se incomodavam com o que eu dizia; não se importavam com o que *qualquer* mulher dizia – era uma sociedade completamente masculina. Além do mais, eles não tinham ideia de que eu escondia judeus na minha adega, com as maçãs de inverno e minhas caixas de champanhe").

Agora que estamos falando nisso, lembrei outros conversadores que valorizo muito, Christopher Isherwood (ninguém o supera pela candura absoluta, mas expressada com leveza) e a felina Colette. Marilyn Monroe era muito divertida quando se sentia suficientemente relaxada e havia bebido bastante. O mesmo se pode dizer do lamentado cenógrafo do cinema Harry Kurnitz, um cavalheiro incrivelmente acolhedor que conquistava homens, mulheres e crianças com todos os tipos de viagens verbais. Diana Vreeland, a excêntrica Abadessa da Alta Moda e antiga editora da *Vogue*, é encantadora como conversadora. Uma encantadora de serpentes.

Quando eu tinha 18 anos conheci a pessoa cuja conversa mais me impressionou, talvez porque a pessoa em questão tenha sido a que mais me impressionou. Aconteceu assim:

Em Nova York, na rua Setenta e Sete, há um lugar muito agradável conhecido como New York Society Library, e em 1942 eu passei muitas tardes lá pesquisando para um livro que pretendia escrever, mas nunca escrevi. De vez em quando, eu via lá uma mulher cuja aparência me fascinava – especialmente seus olhos: eram azuis, aquele azul brilhante de um céu sem nuvens. Mas, mesmo sem esse traço singular, seu rosto era interessante – queixo firme, bonito, meio andrógino. Cabelos claros divididos ao meio. Sessenta e cinco, mais ou menos. Lésbica? Talvez.

Em um dia de janeiro eu saí da biblioteca ao entardecer e descobri que estava nevando forte. A mulher de olhos azuis, vestindo um belo casaco preto com gola de pele, esperava na calçada. A mão protegida por luva tentava parar um táxi, mas não havia nenhum disponível. Ela olhou para mim, sorriu e disse: "Acha que uma xícara de chocolate quente vai ajudar? Há um Longchamps bem ali na esquina".

Ela pediu o chocolate quente, eu pedi um martíni "muito" seco. Com tom meio sério, ela me perguntou:

– Tem idade suficiente para beber?

– Bebo desde os 14 anos. E fumo, também.

– Não parece ter muito mais que 14 agora.

– Vou completar 19 em setembro.

Contei-lhe algumas coisas. Disse que era de Nova Orleans, que já havia publicado diversos contos, que queria ser escritor e estava trabalhando em um romance. Ela quis saber de que escritores americanos eu gostava.

– Hawthorne, Henry James, Emily Dickinson...

– Não, os vivos.

Ah, bem, vejamos. A rivalidade dificulta a simples confissão de admiração de um autor contemporâneo por outro. Finalmente, eu disse:

– Não Hemingway – um homem realmente desonesto. Nem Thomas Wolfe – todo aquele vômito roxo. É claro, ele não está vivo. Faulkner, às vezes: *Luz em agosto*. Fitzgerald, às vezes: *Diamond as Big as the Ritz, Suave é a noite*. Gosto muito de Willa Cather. Já leu *My Mortal Enemy*?

Sem nenhuma expressão particular, ela respondeu:

– Na verdade, eu escrevi esse livro.

Eu vira fotografias de Willa Cather – fotos antigas, feitas, talvez, no início dos anos 20. Mais suave, receptiva, menos elegante que a mulher com quem eu conversava. Mas soube imediatamente que ela *era* Willa Cather, e aquele foi um dos *frissons* de minha vida. Comecei a falar de seus livros como um colegial – meus favoritos: *A Lost Lady, The Professor's House, Minha Ántonia*. Não que eu tivesse alguma coisa em comum com ela como escritor. Eu jamais teria escolhido esse tipo de assunto, ou tentado imitar seu estilo. Mas eu a considerava uma grande artista. Tão boa quanto Flaubert.

Nós nos tornamos amigos; ela leu meu trabalho e foi sempre uma juíza justa e prestativa. Era cheia de surpresas. Para começar, ela e a amiga de toda uma vida, a srta. Lewis, moravam em um apartamento espaçoso e elegantemente mobiliado na Park Avenue – de alguma forma a ideia de a srta. Cather morar em um apartamento em Park Avenue parecia incoerente com sua infância em Nebraska, com a natureza simples, quase elegíaca de seus romances. Em segundo lugar, seu principal interesse não era a literatura, mas a música. Ela ia constantemente a concertos e quase todos os seus amigos mais próximos eram personalidades do mundo musical, especialmente Yehudi Menuhin e sua irmã Hepzibah.

Como todos os autênticos conversadores, ela era uma excelente ouvinte e, quando era sua vez de falar, nunca era prolixa ou ambígua, mas objetiva e clara. Certa vez me contou que era excessivamente sensível às críticas. A verdade é que ela era mais sensível que eu aos comentários desfavoráveis; qualquer referência desabonadora ao seu trabalho lhe causava depressão. Quando eu lhe disse isso, ela respondeu: "Sim, mas não estamos sempre procurando nossos próprios vícios nos outros e censurando-os por possuí-los? Estou viva. Tenho pés de barro. Definitivamente".

P: Há algum esporte do qual seja fã?

R: Fogos de artifício. Jatos coloridos iluminando o céu noturno. Vi os melhores no Japão – aqueles mestres japoneses podem criar desenhos no ar: dragões rastejantes, gatos explosivos, rostos de divindades pagãs. Italianos, venezianos em especial, conseguem produzir verdadeiros espetáculos explosivos sobre o Grande Canal.

P: Tem muitas fantasias sexuais?

R: Quando tenho alguma, normalmente tento realizá-la – às vezes com sucesso. No entanto, sempre me pego escapando para devaneios eróticos que continuam sendo só isso: devaneios.

Eu me lembro de certa vez ter tido uma conversa sobre esse assunto com o falecido E. M. Forster, na minha opinião o melhor romancista inglês deste século. Ele disse que, quando era um colegial, os pensamentos sobre sexo dominavam sua mente. Disse: "Achava que, quando amadurecesse, aquela febre ia passar, talvez até desaparecer. Mas não foi o que aconteceu; ela perdurou nos meus 20 anos e eu pensei: bem, certamente quando eu tiver 40 anos terei algum alívio para esse tormento, essa busca constante do perfeito objeto amoroso. Mas não foi assim; cheguei aos 40, passei por eles, me aproximei dos 50, e a luxúria continuava à espreita nos meus pensamentos. Completei 50, depois 60, e nada mudou: imagens sexuais sempre giravam em minha mente como figuras de um carrossel. Agora aqui estou eu, com mais de *70* anos, e ainda prisioneiro da minha imaginação sexual. Estou preso a ela, e numa idade em que nada mais posso fazer por ela".

P: Já pensou em suicídio?

R: Certamente. E todo mundo já pensou, exceto, talvez, o idiota do vilarejo. Pouco tempo depois do suicídio do estimado escritor japonês Yukio Mishima, que conheci bem, foi publicada uma biografia dele e, para meu desânimo, o autor afirma que ele disse: "Oh, sim, penso muito em suicídio. E conheço muitas pessoas que, tenho certeza, vão se matar. Truman Capote, por exemplo". Eu não conseguia imaginar o que o levara a essa conclusão. Minhas conversas com Mishima sempre foram alegres, muito cordiais. Mas Mishima era um homem sensível, extremamente intuitivo, não alguém que não se devesse levar a sério. Mas, nessa questão, acho que a intuição o enganou; eu jamais teria coragem para fazer o que ele fez (pedir a um amigo para decapitá-lo com uma espada). Enfim, como já disse antes em algum lugar, muitas pessoas põem fim à própria vida porque, na verdade, querem matar outra pessoa – um marido mulherengo, um amante infiel, um amigo traiçoeiro –, mas não têm coragem para isso; então, se matam. Não eu; qualquer um que despertasse em mim essa vontade acabaria se deparando com o cano de uma pistola.

P: Você acredita em Deus ou em algum poder superior?

R: Acredito em um depois da vida. Ou seja, sou simpático à noção da reencarnação.

P: No seu depois da vida, como gostaria de reencarnar?

R: Como uma ave. Um urubu, de preferência. Um urubu não precisa se preocupar com a aparência ou capacidade de envolver e agradar; ele não tem de afetar ares. Ninguém vai gostar dele, mesmo; ele é feio, indesejado, mal recebido em todos os lugares. Há muito a se dizer do tipo de liberdade que essa posição permite. Por outro lado, eu não me importaria de ser uma tartaruga marinha. Elas podem andar pela terra e conhecem os segredos das profundezas do mar. Vivem muito tempo e seus olhos protegidos acumulam muita sabedoria.

P: Se pudesse ter um desejo realizado, qual seria?

R: Acordar em uma manhã e descobrir que sou, finalmente, uma pessoa madura, vazia de ressentimento, de pensamentos vingativos e de outras inúteis emoções infantis. Descobrir-me, em outras palavras, um adulto.

TC: Ainda está acordado?

TC: Um pouco entediado, mas acordado. Como posso dormir, se você não dormiu?

TC: O que acha do que escrevi aqui até agora?

TC: Bem, já que você perguntou... Eu diria que Billy Grahamcrackers não é o único que conhece cocô de cavalo.

TC: Atacar, atacar, atacar. Reclamar e atacar. É tudo o que você faz, sempre. Nunca tem uma palavra gentil.

TC: Ah, não quis dizer que há alguma coisa *muito* errada. Só algumas coisinhas aqui e ali. Bobagens. Quero dizer, talvez você não seja tão honesto quanto finge ser.

TC: Eu não finjo ser honesto. Eu *sou* honesto.

TC: Desculpe. Não queria expelir gases. Não foi um comentário, foi só um acidente.

TC: Foi uma tática para me distrair. Você me acusa de ser desonesto, me compara com Billy Graham, pelo amor de Deus, e agora está tentando escapar. Fale de uma vez. O que escrevi aqui que é desonesto?

TC: Nada. Bobagens. Como aquele negócio sobre o filme. Fez por brincadeira, não é? Para se divertir, satisfazer aquele seu lado debochado que é tão irritante. Livre-se desse homem. Ele é um cretino.

TC: Oh, eu não sei. Ele é imprevisível, mas gosto dele. É parte de mim – como você. E quais são as outras bobagens?

TC: Bem, o que vou dizer agora... não é uma bobagem. É sobre como você respondeu à pergunta: Acredita em Deus? E você se esquivou. Disse alguma coisa sobre uma pós-vida, reencarnação, voltar como um urubu.

Lamento, meu chapa, mas não tem que esperar pela reencarnação para ser tratado como um urubu; muita gente já o trata desse jeito. Multidões. Mas não é isso que soa tão falso em sua resposta. É o fato de não ser claro e dizer que você *acredita* em Deus. Eu ouvi você, frio como um pepino, confessar coisas que fariam corar um babuíno, mas não admite que acredita em Deus. O que é isso? Tem medo de ser chamado de Cristão Renascido, um Seguidor de Jesus?

TC: Não é tão simples. Eu acreditava em Deus. E depois não acreditava mais. Lembra-se de quando éramos muito pequenos e eu costumava ir para o bosque com o nosso cachorro Queenie e o velho Primo Sook? Íamos procurar flores, aspargos. Pegávamos borboletas e as soltávamos. Pescávamos e devolvíamos os peixes ao riacho. Às vezes encontrávamos cogumelos gigantescos e Sook dizia que era ali que moravam os duendes, sob os belos cogumelos. Sook nos dizia que o Senhor cuidara para que eles vivessem ali, como Ele arranjara tudo o que víamos. O bom e o mau. As formigas e os mosquitos, as cobras, cada folha, o sol no céu. A velha lua e a lua nova, dias chuvosos. E nós acreditávamos nisso.

Mas várias coisas começaram a arruinar essa fé. Primeiro foi a igreja e minha repugnância pelos discursos ignorantes dos caipiras pregadores; depois foram aqueles colégios internos e a capela todas as manhãs. E a própria *Bíblia* – ninguém com um mínimo de bom senso poderia acreditar no que ela quer que aceitemos. Onde estavam os cogumelos? E as luas? E a vida, e finalmente a vida, simplesmente viver, levou embora as lembranças da pouca fé que ainda restava. Não sou a pior pessoa que já atravessou meu caminho, nem de longe, mas cometi alguns pecados bem sérios, entre eles o da crueldade deliberada; e não me incomodou nem um pouco, nunca pensei nisso. Até ser obrigado. Quando a chuva começou a cair, foi uma chuva forte e negra, e ela continuou caindo. Então voltei a pensar em Deus.

Pensei em são Julião. Pensei na história de Flaubert, *St. Julien, L'Hospitalier*. Eu havia lido essa história muito tempo antes, e onde estava, em um sanatório muito longe das bibliotecas, não poderia obter um exemplar. Mas me lembrei (pelo menos pensei que era mais ou menos assim) que na infância Julião amava vagar pelas florestas e amava todos os animais e coisas vivas. Ele morava em uma grande propriedade e seus pais o idolatravam; queriam que ele tivesse de tudo no mundo. O pai comprava para ele bons cavalos, arcos e flechas, e o ensinou a caçar. Matar os mesmos animais que ele amava tanto. E isso foi ruim, porque Julião descobriu que gostava de matar. Ele só ficava feliz depois de um dia de sangrenta caçada. O assassinato de animais e aves tornou-se uma mania e, depois de admirar sua habilidade no início, os vizinhos passaram a odiá-lo e temê-lo por sua avidez por sangue.

Agora vem uma parte da história que é muito vaga na minha cabeça. Enfim, de um jeito ou de outro, Julião matou o pai e a mãe. Um acidente de caça? Alguma coisa assim, algo terrível. Tornou-se um pária e um penitente. Vagava pelo mundo descalço e em trapos, procurando perdão. Envelheceu e ficou doente. Em uma noite fria ele estava à beira de um rio esperando por um barqueiro que o atravessasse. O rio Styx, talvez? Porque Julião estava morrendo. Enquanto esperava, um homem horrível apareceu. Era um leproso e seus olhos eram feridas abertas, a boca era podridão fétida. Julião não sabia, mas aquele homem de aparência repulsiva era Deus. E Deus o pôs à prova para saber se o sofrimento realmente o transformara, modificara o coração selvagem de Julião. Ele disse a Julião que sentia frio e pediu para compartilhar de seu cobertor, e Julião concordou; depois o leproso quis que Julião O abraçasse, e Julião abraçou; depois Ele fez um último pedido – pediu que Julião beijasse Seus lábios doentes e podres. Julião beijou. Então, Julião e o velho leproso, que se transformou em uma visão radiante, ascenderam juntos ao céu. E assim Julião se tornou são Julião.

Então, lá estava eu na chuva e, quanto mais forte ela caía, mais eu pensava em Julião. Rezava para ter a sorte de abraçar um leproso. E foi quando comecei a acreditar em Deus novamente e entendi que Sook tinha razão; tudo é Seu desígnio, a velha lua e a lua nova, a chuva caindo forte, e Ele me ajudaria, se eu pedisse Sua ajuda.

TC: E Ele o ajudou?

TC: Sim. Mais e mais. Mas ainda não sou santo. Sou um alcoólatra. Ou viciado em drogas. Um homossexual. Um gênio. É claro, eu poderia ser tudo isso e ainda ser santo. Mas ainda não sou santo, não sou.

TC: Bem, Roma não foi construída em um dia. Agora, vamos parar de falar e tentar dormir.

TC: Sim, mas antes vamos fazer uma prece. Vamos dizer nossa *velha* prece. Aquela que costumávamos fazer quando éramos realmente pequenos e dormíamos na mesma cama com Sook e Queenie, com os cobertores empilhados sobre nós porque a casa era muito grande e fria.

TC: Nossa velha prece? Tudo bem.

TC e TC: Agora que me deito para dormir, peço ao Senhor que guarde minha alma. E se tiver de morrer antes de acordar, peço ao Senhor que leve minha alma. Amém.

TC: Boa noite.

TC: Boa noite.

TC: Eu amo você.

TC: Também amo você.

TC: Acho bom. Porque, no final das contas, tudo o que temos é um ao outro. Somos só nós. Até o fim. Até o túmulo. E essa é a tragédia, não é?

TC: Você esqueceu. Temos Deus, também.

TC: Sim. Temos Deus.

TC: Zzzzzzz

TC: Zzzzzzzzz

TC e TC: Zzzzzzzzzz

UMA BELA CRIANÇA

(1979)

TEMPO: 28 DE ABRIL DE 1955.
CENA: Capela da Universal Funeral Home em Lexington Avenue, esquina com a rua Cinquenta e Dois, cidade de Nova York. Uma interessante congregação lota os bancos: celebridades, em sua maioria, de uma arena internacional do teatro, cinema, literatura, todos presentes para homenagear Constance Collier, a atriz inglesa que havia morrido no dia anterior aos 75 anos de idade.

Nascida em 1880, a srta. Collier havia começado a carreira como corista de musicais e progredira até se tornar uma das principais atrizes de Shakespeare na Inglaterra (e a eterna noiva de Sir Max Beerbohm, com quem ela nunca se casou, e talvez por isso tenha sido a inspiração para a maliciosamente inacessível heroína da novela de Sir Max, *Zuleika Dobson*). Acabou emigrando para os Estados Unidos, onde se estabeleceu como figura considerável dos palcos de Nova York e dos filmes de Hollywood. Nas suas últimas décadas de vida ela morou em Nova York, onde atuava como professora de teatro de calibre único; aceitava apenas profissionais como alunos e normalmente só profissionais que já fossem "estrelas" – Katharine Hepburn era sua aluna permanente; outra Hepburn, Audrey, também era *protégée* de Collier, como Vivien Leigh e, por alguns poucos meses antes de morrer, uma novata a quem a srta. Collier se referia como "meu problema especial", Marilyn Monroe.

Marilyn Monroe, que eu conheci por intermédio de John Huston quando ele a dirigia em seu primeiro filme com um papel com falas, *O segredo das joias*, havia procurado a proteção da srta. Collier por sugestão minha. Eu conhecia a srta. Collier havia uns seis anos, acho, e a admirava por ser uma mulher proeminente, alguém que se impunha física, emocional e criativamente; e, apesar de seu jeito dominador e da voz de catedral, era uma pessoa adorável, moderadamente travessa, mas muito afetuosa, digna, mas *gemütlich*. Eu adorava ir aos almoços que ela estava sempre organizando em seu sombrio estúdio vitoriano no centro de Manhattan; ela tinha muitas histórias para contar sobre suas aventuras como protagonista do teatro, ao lado de Sir Beerbohm Tree e do grande ator francês Coquelin, seu envolvimento com Oscar Wilde, o jovem Chaplin e Garbo nos silenciosos dias de formação na Escandinávia. Ela era um encanto, realmente, como sua dedicada secretária e companheira, Phyllis Wilbourn, uma solteirona quieta que, depois da morte de sua empregadora, tornou-se, e seguiu sendo, companheira de Katharine Hepburn. A srta. Collier me apresentou a muitas pessoas que se tornaram amigas: os Lunt, os Olivier e especialmente Aldous Huxley. Mas fui eu que a apresentei a Marilyn Monroe, e no início não foi muito fácil; sua visão era falha, ela não vira nenhum dos filmes de Marilyn, e sabia pouco ou nada dela, exceto que era uma espécie de explosão sexual platinada que conquistara fama mundial; resumindo, ela não parecia ser a matéria-prima adequada para a formação clássica proposta pela srta. Collier. Mas eu achava que elas formariam uma combinação estimulante.

E foi o que aconteceu. "Oh, sim", relatou-me a srta. Collier, "há algo ali. Ela é uma bela criança. Não me refiro à beleza em seu sentido óbvio – talvez até óbvio demais. Não creio que ela seja uma atriz, afinal, não no sentido tradicional. O que ela tem – essa presença, essa luminosidade, essa inteligência lampejante – jamais poderia vir à tona no palco. É tudo muito frágil e sutil, só pode ser capturado pela câmera. É como um beija-flor em pleno voo: só uma câmera pode congelar sua poesia. Mas qualquer um que imaginar que essa menina é só mais uma Harlow ou meretriz ou outra coisa qualquer é *maluco*. Falando em loucura, é nisso que estamos trabalhando: Ofélia. Acho que as pessoas ririam da ideia, mas, realmente, ela pode ser a mais excêntrica Ofélia. Eu conversava com Greta na semana passada e falei com ela sobre a Ofélia de Marilyn, e Greta disse que sim, podia acreditar nisso porque vira dois filmes dela, coisas bem ruins e vulgares, mas era possível ver neles as possibilidades de Marilyn. Na verdade, Greta teve uma ideia divertida. Sabe que ela quer fazer um filme sobre *Dorian Gray*? Com ela no papel de Dorian, é claro. Bem, Greta disse que gostaria de ter Marilyn com ela no elenco, como uma das jovens que Dorian seduz e destrói. Greta! Tão incomum! Que talento... e bem parecida com Marilyn, se você parar para pensar. É claro que Greta é uma artista consumada, uma artista do maior controle. Essa bela criança não tem nenhuma noção de disciplina ou sacrifício. Por alguma razão, não acredito que ela vá envelhecer muito. É absurdo dizer isso, mas, de alguma forma, sinto que ela vai nos deixar jovem. Espero, rezo, realmente, para que ela sobreviva por tempo suficiente para dar vazão àquele estranho e adorável talento que a habita como um espírito confinado."

Mas agora a srta. Collier está morta e eu estava no *hall* da Capela Universal esperando por Marilyn; havíamos falado pelo telefone na noite anterior e combinamos nos sentar juntos na cerimônia, que deveria começar ao meio-dia. Ela já estava meia hora atrasada; estava *sempre* atrasada, mas eu havia imaginado que só uma vez, pelo amor de Deus, droga! Então, de repente, lá estava ela, e eu não a reconheci até que ela disse...

MARILYN: Oh, querido, eu sinto muito. Mas eu já estava pronta e de repente decidi que talvez não devesse usar delineador, ou batom, nada, mesmo, e então tive de lavar o rosto para tirar tudo aquilo, e eu não conseguia imaginar o que vestir...

(O que ela imaginara usar teria sido apropriado para a abadessa de um convento em audiência privada com o papa. Seu cabelo era completamente escondido por uma echarpe de chiffon preto; o vestido preto era solto e comprido e dava a impressão de ter sido emprestado; meias negras cobriam o brilho dourado de suas pernas torneadas. Mas uma abadessa, eu tinha certeza, não teria calçado os sapatos de salto fino e alto ligeiramente eróticos que ela escolhera, ou os óculos escuros que davam um tom dramático à palidez de baunilha de sua pele de porcelana.)

TC: Você está ótima.

MARILYN (roendo uma unha já comida até a carne): Tem certeza? Quero dizer, estou insegura. Onde é o banheiro? Se eu pudesse dar uma passada rápida por lá...

TC: Para tomar um comprimido? Não! Shhh. Já podemos ouvir a voz de Cyril Ritchard: ele começou a cerimônia.

(Caminhando na ponta dos pés, entramos na capela lotada e nos esp616ememos em um espaço minúsculo no último banco. Cyril Ritchard concluiu o que tinha para dizer; depois foi a vez de Cathleen Nesbitt, antiga colega da srta. Collier, e finalmente Brian Aherne falou para os presentes. Durante esse tempo, minha acompanhante removeu os óculos periodicamente para enxugar as lágrimas que brotavam de seus olhos azul-acinzentados. Eu a vira sem maquiagem algumas vezes, mas hoje ela me apresentava uma nova experiência visual, um rosto que eu não havia observado antes, e no início não pude perceber por que tinha de ser assim. Ah! Era por causa da echarpe escura em sua cabeça. Com os cabelos escondidos, a pele limpa de todos os cosméticos, ela parecia ter 12 anos de idade, uma virgem na puberdade que acabara de ser admitida em um orfanato e chorava sua sorte. Finalmente a cerimônia terminou e a congregação começou a se dispersar.)

MARILYN: Por favor, vamos ficar aqui. Vamos esperar até todos irem embora.

TC: Por quê?

MARILYN: Não quero ter que falar com as pessoas. Nunca sei o que dizer.

TC: Então, fique aqui sentada e eu vou esperar lá fora. Preciso fumar um cigarro.

MARILYN: Não pode me deixar sozinha! Meu Deus! Fume aqui.

TC: Aqui? Na capela?

MARILYN: Por que não? O que vai fumar? Maconha?

TC: Engraçadinha. Venha, vamos sair daqui.

MARILYN: Por favor. Há muitos fotógrafos lá embaixo. E não quero ser fotografada como estou.

TC: Entendo. Não posso culpá-la por isso.

MARILYN: Você disse que eu estava bem.

TC: E está. Perfeita. Se vai representar o papel da noiva do Frankenstein.

MARILYN: Agora está debochando de mim.

TC: Por acaso estou rindo?

MARILYN: Está rindo por dentro. E esse é o pior tipo de risada. (Franzindo a testa, roendo a unha.) Na verdade, eu poderia ter usado um pouco de maquiagem. Vejo que outras pessoas estão maquiadas.

TC: Eu estou.

MARILYN: Sério. É o meu cabelo. Precisa de coloração. E não tive tempo para isso. Foi tudo muito inesperado. A srta. Collier morrer, e tudo isso. Entende?

(Ela levantou um pouco a echarpe para mostrar uma faixa preta na raiz dos cabelos.)

TC: Pobre de mim, tão inocente. E todo esse tempo pensei que você fosse loira natural.

MARILYN: Eu sou. Mas ninguém é *tão* natural. E, antes que eu me esqueça, foda-se.

TC: Tudo bem, agora que todos já foram embora, vamos sair.

MARILYN: Os fotógrafos ainda estão lá. Eu sei.

TC: Se não a reconheceram quando chegou, não a reconhecerão quando você sair.

MARILYN: Um deles me reconheceu. Mas eu entrei antes que ele pudesse começar a gritar.

TC: Deve haver uma porta nos fundos. Vamos sair por lá.

MARILYN: Não quero ver nenhum cadáver.

TC: E por que veria?

MARILYN: Estamos em uma funerária. Os corpos devem estar em algum lugar. Era tudo de que eu precisava hoje, entrar em uma sala cheia de corpos. Seja paciente. Assim que pudermos sair, iremos a algum lugar e eu comprarei uma garrafa de champanhe para nós.

(Nós nos sentamos e conversamos, e Marilyn disse: "Odeio funerais. Fico feliz por não ter que ir ao meu. Na verdade, nem quero um funeral – joguem minhas cinzas sobre as ondas, ou melhor, deixem que um de meus filhos as joguem, se eu tiver algum. Eu nem teria vindo hoje, não fosse pelo carinho que a srta. Collier teve comigo, com meu bem-estar. Ela era uma avó, uma vovó dura e exigente, mas me ensinou muito. Ela me ensinou como respirar. Fiz bom uso disso, e não só nos palcos. Há outros momentos em que respirar é um problema. Mas quando ouvi falar nisso pela primeira vez, na morte da srta. Collier, a primeira coisa que pensei foi no que ia acontecer com Phyllis! Ela sempre viveu com a srta. Collier. Mas ouvi dizer que agora ela vai morar com a srta. Hepburn. Phyllis tem sorte; agora vai se divertir. Eu trocaria de lugar com ela imediatamente. A srta. Hepburn é uma mulher incrível, sério. Gostaria de ser amiga dela. Para que eu pudesse telefonar de vez em quando e... bem, não sei, apenas telefonar".

Falamos sobre como gostávamos de Nova York e odiávamos Los Angeles ["Embora eu tenha nascido lá, ainda não consigo pensar em uma única coisa boa para dizer sobre a cidade. Se fechar os olhos e imaginar Los Angeles, tudo o que vou conseguir ver é uma grande veia com varizes."]; falamos sobre atores e atuar ["Todo mundo diz que não sei atuar. Diziam a mesma coisa de Elizabeth Taylor. E estavam enganados. Ela estava ótima em *Um lugar ao sol.* Nunca consigo o papel certo para mim, alguma coisa que eu queira de verdade. Minha aparência me prejudica. É muito específica."]; falamos mais de Elizabeth Taylor e ela quis saber se eu a conhecia, e eu disse que sim, e ela me perguntou como ela era, como era *de verdade*, e eu respondi, bem, ela é um pouco parecida com você, não esconde os sentimentos e fala o que quer, e Marilyn me mandou para o inferno e perguntou, bem, se alguém me perguntasse como era Marilyn Monroe, como ela era *de verdade*, o que eu diria, e eu respondi que teria de pensar nisso.)

TC: Agora acha que podemos sair daqui? Você me prometeu champanhe, lembra?

MARILYN: Lembro. Mas não tenho dinheiro.

TC: Você está sempre atrasada e nunca tem dinheiro. Por acaso tem a ilusão de ser a rainha Elizabeth?

MARILYN: Quem?

TC: A rainha Elizabeth. Rainha da Inglaterra.

MARILYN (franzindo a testa): O que ela tem a ver com tudo isso?

TC: A rainha Elizabeth nunca leva dinheiro com ela. Não pode. O lucro sujo não deve profanar as mãos da realeza. É uma lei, ou coisa parecida.

MARILYN: Queria que alguém me obrigasse a cumprir essa lei.

TC: Continue como tem vivido e talvez seu pedido seja atendido.

MARILYN: Ah, bem... Como ela paga pelas coisas que quer? Quando vai às compras, por exemplo?

TC: Suas damas de companhia a seguem com uma bolsa recheada e todas as sacolas.

MARILYN: Sabe de uma coisa? Aposto que ela obtém tudo de graça. Ou em troca de favorecimentos.

TC: É bem possível. Eu não me surpreenderia. Por Indicação de Sua Majestade. Cães Corgi. Todas aquelas guloseimas da Fortnum & Mason. Maconha. Preservativos.

MARILYN: O que ela ia querer com preservativos?

TC: Não ela, tonta. Para aquele idiota que anda sempre dois passos atrás dela. O príncipe Philip.

MARILYN: Ele. Ah, sim. É bonitinho. Tem jeito de ter um pênis bem razoável. Já contei sobre uma vez em que vi Errol Flynn tirar o pênis da calça e tocar piano com ele? Ah, bem, foi há muito tempo. Eu estava começando na carreira de modelo, fui àquela festa meio estúpida, e Errol Flynn, todo cheio de si, tirou o pênis da calça e tocou piano com ele. Bateu nas teclas. Ele tocou *You Are My Sunshine*. Cristo! Todos dizem que Milton Berle tem o maior pênis de Hollywood. Mas quem se *importa*? Escute, você não tem *nenhum* dinheiro?

TC: Umas cinquenta pratas, talvez.

MARILYN: Bem, talvez dê para comprar um pouco de champanhe para nós.

(Do lado de fora, a Lexington Avenue estava vazia, exceto por alguns pedestres inofensivos. Eram duas horas, mais ou menos, de uma agradável tarde de abril: um clima perfeito para andar a pé. Seguimos para a Terceira Avenida. Algumas pessoas se viraram para olhar, não por reconhecerem Marilyn como *a* Marilyn, mas por suas vestes de funeral; ela riu aquela sua risada especial, um som tão tentador quanto os sinos de uma carroça Good Humor, e disse: "Talvez eu devesse me vestir sempre assim. Anônima de verdade".

Quando nos aproximamos do *saloon* de P. J. Clarke, sugeri que aquele podia ser um bom lugar para bebermos alguma coisa, mas ela se opôs: "Está sempre cheio daqueles vermes da publicidade. E aquela vadia, Dorothy Kilgallen, está sempre lá, enchendo a cara. Qual é o problema com esses irlandeses? O jeito como bebem, são piores que os índios".

Senti que deveria defender Kilgallen, que era uma amiga, de certa forma, e lembrei que, em algumas ocasiões, ela era capaz de ser uma mulher muito astuta e divertida. Ela respondeu: "Mesmo assim, ela escreveu coisas horríveis sobre mim. E todos os críticos me odeiam. Hedda. Louella. Sei que temos de nos acostumar com isso, mas eu simplesmente não posso. Dói de verdade. O que foi que eu fiz para essa gente? O único que escreve palavras decentes sobre mim é Sidney Skolsky. Mas ele é homem. Os homens me tratam bem. Como se eu fosse um ser humano, talvez. Ao menos me dão o benefício da dúvida. E Bob Thomas é um cavalheiro. E Jack O'Brien".

Olhamos as vitrinas das lojas de antiguidades; uma delas continha uma bandeja de velhos anéis e Marilyn disse: "É lindo. O de granada e pérolas. Gostaria de poder usar anéis, mas odeio que as pessoas notem minhas mãos. São muito gordas. Elizabeth Taylor tem mãos gordas. Mas, com aqueles olhos, quem vai olhar para as mãos? Gosto de dançar nua diante de espelhos e ver meus seios saltitando. Não há nada errado com eles. Mas preferia que minhas mãos não fossem tão gordas".

Outra vitrina exibia um lindo relógio de parede, que a fez comentar: "Nunca tive uma casa. Não uma de verdade, com toda a minha mobília. Se um dia eu me casar novamente, e ganhar muito dinheiro, vou alugar dois caminhões e descer a Terceira Avenida comprando tudo o que encontrar pela frente. Terei uma dúzia de relógios de parede enfileirados na sala, todos dando as badaladas ao mesmo tempo. Seria bem doméstico, não acha?")

MARILYN: Ei! Do outro lado da rua!

TC: O que é?

MARILYN: Vê aquela placa com a mão aberta? Deve ser uma dessas pessoas que fazem leitura de mão.

TC: Está com disposição para isso?

MARILYN: Bem, vamos dar uma olhada.

(Não era um estabelecimento convidativo. Através de uma vidraça suja pudemos ver um cômodo modesto com uma cigana magrela e cabeluda sentada em uma cadeira de lona sob uma lâmpada de teto vermelha que espalhava uma luminosidade torturante; ela tricotava sapatinhos de bebê, e não correspondeu ao nosso olhar. Mesmo assim, Marilyn começou a abrir a porta para entrar, mas mudou de ideia.)

MARILYN: Algumas vezes quero saber o que vai acontecer. Depois, penso que é melhor não saber. Mas há duas coisas que eu gostaria de saber. Uma delas é se vou emagrecer.

TC: E a outra?

MARILYN: É segredo.

TC: Ei, ei, não podemos ter segredos hoje. Hoje é um dia de sofrimento e pessoas de luto compartilham seus pensamentos mais íntimos.

MARILYN: Bem, é um homem. Há algo que eu quero saber. Mas isso é tudo que vou revelar. É um segredo realmente.

(E eu pensei: Isso é o que você acha. Vou arrancar esse segredo de você.)

TC: Estou pronto para ir comprar aquele champanhe.

(Acabamos na Segunda Avenida em um restaurante chinês de mau gosto e deserto. Mas ele possuía um bar bem variado e pedimos uma garrafa de Mumm's; ela foi servida sem gelo e sem um balde, por isso a bebemos em copos altos com pedras de gelo.)

MARILYN: Isso é engraçado. É quase como estar em uma locação – para quem gosta de locação. Eu não gosto. *Niagara*. Que cheiro horrível. Eca.

TC: Então, vamos falar do seu amante secreto.

MARILYN: (Silêncio)

TC: (Silêncio)

MARILYN: (Risadinha)

TC: (Silêncio)

MARILYN: Você conhece muitas mulheres. Quem é a mais atraente das que conhece?

TC: Barbara Paley, sem dúvida. Com as mãos amarradas.

MARILYN (com a testa franzida): É aquela que eles chamam de "Babe"? Não acho que ela tenha aparência para isso. Já a vi na *Vogue*. É muito elegante. Linda. Olhar para ela me faz sentir uma porca gorda.

TC: Ela poderia se divertir com esse seu comentário. Barbara tem inveja de você.

MARILYN: Ela *me* inveja? Ah, está debochando de mim outra vez.

TC: Não. Ela a inveja, mesmo.

MARILYN: Mas por quê?

TC: Porque uma colunista, Kilgallen, se não me engano, divulgou uma nota que dizia: "Há rumores de que a sra. DiMaggio se encontrou com um poderoso empresário da televisão, e não foi para falar de trabalho". Pois bem, ela leu a nota e acreditou nela.

MARILYN: Acreditou *em quê*?

TC: Ela acha que o marido está tendo um caso com você. William S. Paley. O maior empresário da televisão. E apaixonado por loiras curvilíneas. Morenas, também.

MARILYN: Mas isso é ridículo. Eu nunca encontrei esse homem.

TC: Ah, vamos lá. Pode se abrir comigo. Esse seu amante secreto... é William S. Paley, *n'est-ce pas*?

MARILYN: Não. É um escritor. Ele é um escritor.

TC: Ah, assim é melhor. Agora estamos chegando em algum lugar. Seu amante é um escritor, então. Deve ser horrível, ou não teria vergonha de me dizer o nome dele.

MARILYN (furiosa, frenética): O "S" é de quê?

TC: "S"? Que "S"?

MARILYN: O S de William S. Paley.

TC: Ah, esse S. Não é de nada. Ele só jogou a letra no meio do nome para criar um ar mais pomposo.

MARILYN: Quer dizer que é só uma inicial sem um nome atrás dela? Meu Deus. O sr. Paley deve ser um pouco inseguro.

TC: Ele é bastante nervoso. Mas vamos voltar ao seu escriba misterioso.

MARILYN: Pare com isso! Você não entende. Tenho muito a perder.

TC: Garçom, outra Mumm's, por favor.

MARILYN: Está tentando soltar minha língua?

TC: Sim. Vou lhe dizer uma coisa. Faremos uma troca. Eu lhe conto uma história e, se você achar que ela é interessante, talvez possamos discutir seu amigo escritor.

MARILYN (tentada, mas relutante): Sobre o que é essa sua história?

TC: Errol Flynn.

MARILYN: (Silêncio)

TC: (Silêncio)

MARILYN (odiando-se): Tudo bem, vamos lá.

TC: Lembra-se do que estava dizendo sobre Errol Flynn? Sobre como ele parecia satisfeito com seu pênis? Eu posso confirmar essa sua impressão. Já passamos uma noite muito aconchegante juntos. Se é que você me entende.

MARILYN: Está inventando essa história. Tentando me enganar.

TC: Palavra de escoteiro. Estou sendo completamente honesto. (Silêncio; mas posso ver que ela foi fisgada por isso, depois de acender um cigarro...) Bem, isso aconteceu quando eu tinha 18 anos. Dezenove. Foi durante a guerra. Inverno de 1943. Naquela noite, Carol Marcus, ou talvez ela já fosse Carol Saroyan, oferecia uma festa para a sua melhor amiga, Gloria Vanderbilt. A festa acontecia no apartamento da mãe dela em Park Avenue. Era uma grande festa. Cerca de cinquenta pessoas. Por volta da meia-noite Errol Flynn aparece com seu *alter ego*, um conhecido *playboy* chamado Freddie McEvoy. Os dois estavam bem alterados. Enfim, Errol começou a conversar comigo, e ele era brilhante, nós ríamos muito, e de repente ele disse que queria ir ao El Morocco, e que queria que eu fosse com ele e com seu amigo McEvoy. Eu aceitei o convite, mas McEvoy não queria sair da festa cheia de debutantes, por isso Errol e eu acabamos indo sozinhos. Mas não fomos ao El Morocco. Pegamos um táxi para Gramercy Park, onde eu tinha um apartamento de um dormitório. E ficamos lá até o dia seguinte.

MARILYN: E como você o classificaria? Numa escala de um a dez?

TC: Se não fosse Errol Flynn, acho que nem me lembraria disso.

MARILYN: Não é uma história muito interessante. Não vale a minha. Nem de longe.

TC: Garçom, onde está o champanhe? Estamos sedentos.

MARILYN: E você não me contou nenhuma novidade. Eu sempre soube que Errol corria dos dois lados. Tenho um massagista, ele é praticamente minha irmã, e ele foi massagista de Tyrone Power, e me contou sobre o caso que Errol mantinha com Ty Power. Não, vai ter que oferecer coisa melhor.

TC: Você é dura na negociação.

MARILYN: Estou ouvindo. Vamos ver, qual foi sua melhor experiência? Alguma coisa nesse sentido.

TC: A melhor? A mais memorável? Suponhamos que você responda antes a uma pergunta.

MARILYN: E *eu* sou dura na negociação! Ah! (engolindo champanhe) Joe não é nada mau. Ele é capaz de marcar vários pontos. Se fosse só isso, ainda estaríamos casados. Mas eu ainda o amo. Ele é verdadeiro, sabe?

TC: Maridos não contam. Não nesse jogo.

MARILYN (roendo a unha; pensando): Bem, conheci um homem, ele tem alguma ligação com Gary Cooper. É corretor de ações e não tem nada de excepcional em sua aparência – 65, óculos de lentes grossas... Não sei dizer o que foi, mas...

TC: Pode parar por aí. Já ouvi essa história inteira das outras garotas. O velho é inquieto, pelo visto. O nome dele é Paul Shields. Padrasto de Rocky Cooper. E, pelo que dizem, sensacional.

MARILYN: Ele é. Muito bem, espertinho, sua vez.

TC: Pode esquecer. Não tenho que lhe dizer nada. Porque já sei quem é sua maravilha secreta: Arthur Miller. (Ela baixou os óculos escuros: puxa, se um olhar pudesse matar!) Deduzi assim que você disse que ele era escritor.

MARILYN (gaguejando): Mas como? Quero dizer, ninguém... Quase ninguém...

TC: Pelo menos três, quatro anos atrás, Irving Drutman...

MARILYN: Irving *quem*?

TC: Drutman. Redator do *Herald Tribune*. Ele me contou que você estava envolvida com Arthur Miller. Tinha um caso com ele. E eu, cavalheiro que sou, não mencionei nada antes.

MARILYN: Cavalheiro! Seu bastardo. (Gaguejando outra vez, mas com os óculos escuros no lugar) Você não entende. Isso foi há muito tempo. Acabou. Mas isso agora é novo. É diferente, e...

TC: Não esqueça de me convidar para o casamento.

MARILYN: Se falar sobre isso, juro que mato você. Conheço alguns homens que atenderiam ao meu pedido para espancá-lo.

TC: Não duvido disso.

(Finalmente o garçom chegou com a segunda garrafa.)

MARILYN: Diga a ele para levar de volta. Não quero. Quero sair daqui.

TC: Desculpe se a aborreci.

MARILYN: Não estou aborrecida.

(Mas ela estava. Enquanto eu pagava a conta, ela foi ao banheiro e lamentei não ter um livro para ler; suas visitas ao banheiro podiam demorar tanto quanto a gestação de uma elefanta. Ocioso, na espera de passar o tempo, fiquei me perguntando se ela estava engolindo estimulantes ou tranquilizantes. Tranquilizantes, sem dúvida. Havia um jornal sobre o balcão e o peguei; estava escrito em chinês. Depois de vinte minutos, decidi investigar. Talvez ela tivesse engolido uma dose letal, ou cortado os pulsos. Encontrei o banheiro feminino e bati na porta. Ela respondeu: "Entre". No interior, ela olhava para um espelho mal iluminado. Eu disse: "O que está fazendo?". Ela respondeu: "Olhando para Ela". Na verdade, ela coloria os lábios com batom cor de rubi. E havia removido a echarpe negra da cabeça e penteado os cabelos brilhantes e finos como algodão doce.)

MARILYN: Espero que tenha sobrado dinheiro suficiente.

TC: Depende. Não tenho o bastante para comprar pérolas, se é sua ideia de reparação.

MARILYN (rindo, recuperando o bom humor. Decidi não falar mais em Arthur Miller): Não. Só o suficiente para o táxi.

TC: Aonde vamos? Hollywood?

MARILYN: Inferno, não! Vamos a um lugar que eu aprecio. Você vai descobrir quando chegarmos lá.

(Não tive de esperar muito tempo, porque, assim que conseguimos um táxi, ouvi Marilyn dizer ao motorista que íamos a South Street Pier e pensei: Não é lá que se pega a balsa para Staten Island? E minha conjetura seguinte foi: Ela ficou engolindo pílulas depois de toda aquela champanhe, e agora está maluca.)

TC: Espero que não tenha planejado uma viagem de barco. Não peguei meu Dramin.

MARILYN (feliz, rindo): Só o píer.

TC: Posso perguntar por quê?

MARILYN: Gosto de lá. O cheiro é estranho e posso alimentar as gaivotas.

TC: Com quê? Não tem nada que sirva de alimento para elas.

MARILYN: Sim, eu tenho. Minha bolsa está cheia de biscoitos da fortuna. Peguei no restaurante.

TC (rindo): Ahã. Enquanto você estava no banheiro eu abri um biscoito. O papel dentro dele tinha uma piada suja.

MARILYN: Não! Biscoitos da sorte indecentes?

TC: Tenho certeza de que as gaivotas não vão se incomodar.

(Nossa rota nos levou pelo Bowery. Pequenas lojas de penhores e postos de doação de sangue e dormitórios com vagas a 50 centavos, hotéis sombrios com camas de um dólar e bares para brancos, bares para negros, e mendigos, vagabundos, jovens, velhos, vagabundos sentados na calçada em meio ao lixo, encolhidos nas portas ou em pé como pinguins nas esquinas. Uma vez, quando o táxi parou em um semáforo, um espantalho de nariz vermelho se aproximou e começou a limpar o para-brisa com uma flanela úmida que segurava com a mão trêmula. Protestando, o motorista gritou obscenidades em italiano.)

MARILYN: O que é isso? O que está acontecendo?

TC: Ele quer uma moeda por ter limpado o para-brisa.

MARILYN (escondendo o rosto com a bolsa): Que horror! Não suporto isso. Dê alguma coisa a ele. Depressa! Por favor!

(Mas o táxi já havia arrancado, quase derrubando o velho. Marilyn estava chorando.)

MARILYN: Estou enjoada.

TC: Quer ir para casa?

MARILYN: Agora tudo está arruinado.

TC: Vou levar você para casa.

MARILYN: Só preciso de um minuto. Eu vou ficar bem.

(Seguimos viagem pela South e, quando finalmente vimos a balsa ancorada no píer, com o céu do Brooklyn desenhado do outro lado da água, as gaivotas mergulhando para a superfície azul e as nuvens pairando frágeis como renda, bem, essa paisagem a acalmou. Quando saímos do táxi, vimos um homem com um cão numa coleira, talvez um passageiro, já que ele se dirigia à balsa, e minha acompanhante parou para afagar a cabeça do cachorro, um pequinês.)

O HOMEM (firme, mas não antipático ou hostil): Não devia tocar cachorros desconhecidos. Especialmente os dessa raça. Eles podem morder.

MARILYN: Nenhum cachorro me morde. Só os humanos. Como é o nome dele?

O HOMEM: Fu Manchu.

MARILYN (rindo): Ah, como no filme. Bonitinho.

O HOMEM: Qual é o seu?

MARILYN: Meu nome? Marilyn.

O HOMEM: Foi o que pensei. Minha esposa jamais vai acreditar em mim. Pode me dar um autógrafo?

(Ele encontrou um cartão comercial e uma caneta; usando a bolsa como apoio, ela escreveu: *Deus o abençoe – Marilyn Monroe.*)

MARILYN: Obrigada.

O HOMEM: Eu que agradeço! Espere só até eu mostrar isto no escritório.

(Continuamos caminhando pelo píer na direção da água, ouvindo o ruído das ondas.)

MARILYN: Eu costumava pedir autógrafos. Às vezes ainda peço. No ano passado Clark Gable estava sentado do meu lado no Chansen's e pedi para ele assinar meu guardanapo.

(Apoiada em uma estaca para ancorar barcos, ela mostrava seu perfil: Galateia estudando distâncias ainda não conquistadas. A brisa agitava seu cabelo e ela olhou para mim com uma serenidade etérea, como se a brisa a houvesse soprado.)

TC: E então, quando vamos alimentar as aves? Também estou com fome. É tarde e nós nem almoçamos.

MARILYN: Lembre-se, eu perguntei se alguém indagasse a você como eu sou, como é *realmente* Marilyn Monroe – bem, como você responderia, mesmo? (Seu tom era provocativo, debochado, mas franco, também: ela queria uma resposta honesta.) Aposto que diria que sou uma pateta. Uma *banana split.*

TC: É claro. Mas eu também diria...

(A luz se despedia. Ela parecia desaparecer com ela, misturar-se com o céu e as nuvens, recuar para além deles. Eu queria falar mais alto que os gritos das gaivotas e chamá-la de volta: Marilyn! Marilyn, por que tudo tinha de ser como foi? Por que a vida tem que ser tão miserável?)

TC: Eu diria...

MARILYN: Não consigo ouvi-lo.

TC: Eu diria que você é uma bela criança.

SR. JONES

(1980)

DURANTE O INVERNO DE 1945 EU VIVI POR VÁRIOS MESES EM UMA PENSÃO no Brooklyn. Não era um lugar pobre, mas uma casa agradavelmente mobiliada, antiga e mantida impecavelmente limpa como um hospital, graças às dedicadas proprietárias, duas irmãs solteironas.

O sr. Jones morava em um quarto ao lado do meu. Meu quarto era o menor da casa, o dele era o maior, um cômodo amplo e ensolarado, o que era muito bom, considerando que o sr. Jones nunca saía de lá; todas as suas necessidades, refeições, lavanderia eram supridas pelas duas gentis senhorias de meia-idade. E ele recebia muitos visitantes; em média, meia dúzia de pessoas, homens e mulheres, velhos e jovens, iam visitá-lo todos os dias, do início da manhã até tarde da noite. Ele não era traficante de drogas nem vidente; não, as pessoas iam apenas conversar com ele e, aparentemente, levavam pequenos presentes, modestas quantias de dinheiro por sua atenção e conselho. Sem isso, ele não tinha meios evidentes de sustento.

Nunca conversei com o sr. Jones, uma circunstância que tenho lamentado. Ele era um homem bonito, cerca de 40 anos, esguio, com cabelos negros e um rosto distintivo; um rosto pálido, fino, de faces altas e com uma marca de nascença na face esquerda, uma pequena estrela escarlate. Usava óculos de armação de metal com lentes escuras; era cego e também aleijado – de acordo com as irmãs, não podia contar com as pernas desde a infância, quando sofrera um acidente, e não conseguia se mover sem muletas. Estava sempre vestido com um terno impecável de três peças, preto ou cinza com risca de giz, e usava gravatas discretas, como se estivesse de saída para um dia de trabalho em um escritório de Wall Street.

Porém, como eu já disse, ele nunca saía da pensão. Ou do quarto. Ficava sentado em uma cadeira confortável e recebia visitantes, só isso. Eu não tinha ideia de por que eles iam visitá-lo, aquela gente de aparência comum, ou sobre o que conversavam, e estava ocupado demais com meus assuntos para me preocupar com isso. Quando parei para pensar, deduzi que os amigos o consideravam um homem bom e inteligente, um bom ouvinte em quem confiar e a quem consultar com relação a seus problemas: uma mistura de sacerdote e terapeuta.

O sr. Jones tinha um telefone. Era o único inquilino com uma linha privativa. Ela tocava constantemente, com frequência depois da meia-noite e antes das seis da manhã.

Eu me mudei para Manhattan. Vários meses depois, voltei àquela casa para pegar uma caixa de livros que deixara guardada ali. Enquanto tomava chá e comia bolo com as senhorias em seu "salão" de cortinas de renda, perguntei do sr. Jones.

As mulheres baixaram o olhar. Pigarreando, uma delas disse:

– Está nas mãos da polícia.

A outra acrescentou:

– Nós registramos uma queixa de pessoa desaparecida.

A primeira adicionou:

– No mês passado, há 26 dias, minha irmã foi levar o desjejum do sr. Jones, como sempre. Ele não estava no quarto. Todos os pertences dele estavam lá. Mas o homem havia desaparecido.

– É estranho...

– ... como um homem totalmente cego, um inválido...

Dez anos se passaram.

Agora é uma tarde gelada de dezembro, zero grau, e eu estou em Moscou. Estou em um vagão do metrô. Há poucos passageiros além de mim. Um deles é um homem sentado na minha frente, um homem que usa botas, um casaco longo e grosso e um chapéu forrado de pele, tipicamente russo. Tem olhos brilhantes e azuis.

Depois de um instante de dúvida, eu simplesmente o encaro, porque, mesmo sem as lentes escuras, não havia como não reconhecer o rosto fino e distinto, as faces altas com a estrela escarlate do lado esquerdo.

Eu me preparava para atravessar o corredor e ir falar com ele, quando o trem parou na estação e o sr. Jones, sobre pernas fortes e firmes, levantou-se e desembarcou. A porta se fechou rapidamente atrás dele.

UMA LUZ EM UMA JANELA

(1980)

CERTA VEZ FUI CONVIDADO PARA UM CASAMENTO; A NOIVA SUGERIU QUE EU viajasse de Nova York com outros dois convidados, o sr. e a sra. Roberts, que eu nunca vira antes. Era um dia frio de abril e na viagem para Connecticut os Roberts, um casal de pouco mais de 40 anos, se mostraram simpáticos – ninguém com quem se desejasse passar um final de semana prolongado, mas razoáveis.

Porém, na recepção depois da cerimônia muita bebida alcoólica foi consumida. Um terço dela pelos meus condutores e parceiros de viagem, devo dizer. Eles foram os últimos a deixar a festa – aproximadamente às onze horas – e cheguei a ter medo de viajar com eles; sabia que estavam embriagados, mas não percebera *quanto*. Havíamos percorrido cerca de 30 quilômetros, com o carro ziguezagueando consideravelmente e o casal trocando insultos numa linguagem extraordinária (de verdade, foi um momento extraído de *Quem tem medo de Virginia Woolf?*), quando o sr. Roberts, numa atitude perfeitamente compreensível, entrou em uma rua errada e se perdeu no meio da escuridão de uma estrada da área rural. Eu pedia, implorava para ele parar o carro e me deixar sair, mas eles estavam tão envolvidos na discussão que me ignoravam. No final, o carro parou por conta própria (temporariamente), ao raspar a lateral no tronco de uma árvore. Aproveitei a oportunidade para saltar pela porta de trás e correr para o bosque. O maldito automóvel foi embora, deixando-me sozinho na escuridão gelada. Tenho certeza de que nenhum dos dois sequer percebeu minha ausência. Deus sabe que eu não senti falta deles.

Mas não foi nenhuma alegria ficar ali sozinho e perdido numa noite escura e fria. Comecei a andar, esperando chegar à estrada. Caminhei por meia hora sem encontrar nenhuma habitação. Então, bem perto da trilha, vi um pequeno chalé com uma varanda e uma janela iluminada por uma lâmpada. Entrei na varanda na ponta dos pés e espiei pela janela; uma mulher idosa com macios cabelos brancos e um rosto redondo e agradável lia um livro sentada ao lado da lareira. Havia um gato encolhido em seu colo e vários outros cochilando em torno de seus pés.

Bati à porta e, quando ela abriu, eu disse tremendo:

– Lamento incomodá-la, mas tive uma espécie de acidente; será que posso usar seu telefone para chamar um táxi?

– Ah, querido – ela respondeu sorrindo –, lamento, mas não tenho telefone. Sou muito pobre. Mas, por favor, entre. – Passei pela porta para a sala aconchegante e ela continuou: – Meu Deus, menino, você está congelando! Quer um café? Uma xícara de chá? Tenho um pouco do uísque do meu marido, ainda... Ele morreu há seis anos.

Eu disse que um pouco de uísque seria ótimo.

Enquanto ela ia buscar a bebida, eu esquentei as mãos no fogo e olhei em volta. O lugar era alegre, ocupado por seis ou sete gatos sem raça definida. Olhei o título do livro que a sra. Kelly – esse era o nome dela, conforme descobri mais tarde – estava lendo: era *Emma*, de Jane Austen, uma das minhas escritoras favoritas.

Quando voltou trazendo um copo com gelo e uma empoeirada garrafa de uísque, a sra. Kelly disse:

– Sente-se, sente-se. Não é sempre que tenho companhia. Tenho meus gatos, é claro. Enfim... Vai passar a noite aqui? Tenho um excelente quarto de hóspedes que há muito tempo espera por alguém que o ocupe. Amanhã cedo você pode ir a pé até a estrada e pegar uma carona para a cidade, onde vai encontrar uma oficina para consertar seu carro. São uns oito quilômetros de distância.

Eu tentava entender como ela podia viver tão isolada, sem transporte ou telefone. Ela me explicou que tinha um bom amigo, o carteiro, e ele cuidava de todas as suas necessidades comerciais.

– Albert é muito bom, muito querido e fiel. Mas ele vai se aposentar no ano que vem. Depois disso, não sei o que vou fazer. Mas vou encontrar uma solução. Talvez um novo carteiro generoso. Diga-me, que tipo de acidente você sofreu?

Quando contei a história como havia acontecido, ela reagiu indignada:

– Você fez o que devia fazer, sem dúvida. Eu não entraria em um carro com um homem que houvesse sequer cheirado uma taça de licor! Foi assim que perdi meu marido. Fomos casados por quarenta anos, quatro décadas de felicidade, e eu o perdi porque um motorista bêbado o atropelou. Se não fosse por meus gatos... – Ela afagou um animal alaranjado que ronronava em seu colo.

Conversamos sentados diante do fogo até meus olhos ficarem pesados. Falamos de Jane Austen ("Ah, Jane. Minha tragédia é que li todos os livros dela tantas vezes que já os decorei") e de outros autores que admirávamos: Thoreau, Willa Cather, Dickens, Lewis Carroll, Agatha Christie, Raymond Chandler, Hawthorne, Chekhov, De Maupassant – ela era uma mulher com uma mente boa e variada; inteligência iluminava seus olhos cor de âmbar como o pequeno abajur que brilhava sobre a mesa a seu lado. Falamos dos rigorosos invernos de Connecticut, de políticos, de lugares distantes ("Nunca saí do país, mas, se algum dia tivesse essa chance, o lugar que escolheria seria a África. Algumas vezes sonhei com isso, as colinas verdes, o calor, as lindas girafas, os elefantes andando por lá"), religião ("É claro, fui criada na Igreja Católica, mas agora, chego quase a lamentar pelo que vou dizer, tenho a mente aberta. Leitura demais, talvez"), jardinagem ("Cultivo todos os meus vegetais e preparo conservas com eles; é uma necessidade"). Finalmente:

– Perdoe-me se estou falando demais. Você não tem ideia de quanto isso me dá prazer. Mas já passou da hora de você ir se deitar. Eu sei que a minha hora de dormir já passou.

Ela me acompanhou escada acima e, depois de me acomodar confortavelmente em uma cama de casal sob uma pilha de aconchegantes cobertores, voltou para me desejar boa noite, bons sonhos. Fiquei acordado pensando nisso. Que experiência excepcional – ser uma mulher idosa vivendo sozinha no meio do nada e receber um desconhecido no meio da noite, e não só abrir a porta para ele, mas recebê-lo com alegria e abrigá-lo com conforto. Se nossos papéis fossem invertidos, duvido que eu tivesse essa coragem, sem mencionar a generosidade.

Na manhã seguinte ela me serviu café na cozinha. Café e mingau de aveia quente com açúcar e creme, mas eu estava com fome e achei tudo ótimo. A cozinha era mais modesta que o restante da casa; um fogão, um refrigerador barulhento, tudo parecia prestes a parar de funcionar. Tudo, exceto um objeto grande e moderno, um *freezer* profundo que ocupava um canto do cômodo.

Ela falava sem parar: "Adoro pássaros. Sinto-me culpada por não jogar migalhas para eles no inverno. Mas não posso deixar que se reúnam em volta da casa. Por causa dos gatos. Gosta de gatos?".

– Sim, já tive uma gata siamesa chamada Toma. Ela viveu doze anos e viajávamos juntos para todos os lugares. Pelo mundo todo. E, quando ela morreu, nunca mais tive coragem de arrumar outro gato.

– Então, talvez entenda isto – ela disse, levando-me até o *freezer* e erguendo a tampa. Dentro dele não havia nada além de gatos; pilhas de gatos congelados, preservados – dúzias deles. Aquilo me causou uma sensação estranha. – Todos os meus antigos amigos. Foram descansar. E eu não suportei me despedir deles. *Completamente*. – Ela riu e disse: – Deve estar pensando que sou meio maluca.

Meio maluca. Sim, meio maluca, eu pensei enquanto caminhava sob um céu cinzento na direção da estrada que ela me indicara. Mas radiante: uma luz em uma janela.

HOSPITALIDADE

(1980)

Era uma vez, no Sul rural, fazendas e fazendeiras que punham suas mesas onde quase todos os desconhecidos de passagem, um pregador viajante, um amolador de facas, um trabalhador itinerante, eram bem-vindos para se sentar e comer uma refeição nutritiva no meio do dia. Provavelmente, muitas dessas mulheres ainda existiam. Minha tia existia, com certeza, a sra. Jennings Carter. Mary Ida Carter.

Quando era criança eu vivi por longos períodos na fazenda dos Carter, então pequena, mas hoje uma propriedade considerável. A casa era iluminada por lamparinas a óleo naquele tempo, a água era bombeada de um poço e carregada, e o único aquecimento gerado por lareiras e fogões, o único entretenimento, aquele que nós mesmos inventávamos. À noite, depois do jantar, meu tio Jennings, um homem bonito, viril, tocava seu piano acompanhado pela bela esposa, irmã mais nova de minha mãe.

Eram pessoas trabalhadoras, os Carter. Jennings, com a ajuda de alguns arrendatários, cultivava sua terra com um arado puxado por cavalo. As tarefas de sua esposa eram ilimitadas. Eu a ajudava em muitas delas: alimentar os porcos, ordenhar as vacas, bater o leite para produzir manteiga, debulhar milho, tirar ervilhas das vagens, abrir castanhas – era divertido, exceto por uma atribuição da qual eu tentava fugir e, quando era obrigado a enfrentá-la, sempre fazia isso de olhos fechados: eu simplesmente odiava torcer o pescoço das galinhas, embora certamente não me opusesse a comê-las depois.

Isso tudo aconteceu durante a Depressão, mas havia muito o que comer à mesa de Mary Ida na principal refeição do dia, servida às doze horas, e para a qual seu marido e todos os seus ajudantes eram chamados por um grande sino. Eu adorava tocar o sino; essa era uma tarefa que me fazia sentir poderoso e útil.

Era para essas refeições, para as quais a mesa era coberta com biscoitos quentes e pão de milho, favos de mel, galinha, peixe, vagens, feijão e ervilhas, que os convidados costumavam aparecer, às vezes inesperados, às vezes não.

– Bem – Mary Ida suspirava, vendo um cansado vendedor de Bíblias aproximar-se pela estrada –, não precisamos de mais uma Bíblia. Mas acho melhor pôr mais um lugar à mesa.

De todos os que alimentamos, houve dois que nunca saíram da minha memória. Primeiro, o missionário presbiteriano, que viajava pela área pedindo fundos para seus deveres cristãos em terras profanas. Mary Ida dizia não poder contribuir com dinheiro, mas se sente lisonjeada por poder alimentá-lo em nossa mesa. O pobre homem parece mesmo precisar de uma boa refeição. Vestido com um terno preto empoeirado, velho e amarrotado, sapatos gastos e com a cabeça coberta por um chapéu preto desbotado, ele é magro como uma cana-de-açúcar. Sua camisa vermelha está amassada. Eu o achei agradável, todos nós achamos: ele tinha uma flor tatuada no pulso, seus olhos eram bondosos e a voz era mansa. Ele disse que seu nome era Bancroft (que, descobrimos, era seu verdadeiro nome). Meu tio Jennings lhe perguntou: “Qual é sua linha de trabalho, sr. Bancroft?”.

– Bem – ele elaborou –, estou exatamente procurando alguma coisa. Como quase todo mundo. Sei fazer muitas coisas. Praticamente qualquer coisa. Não tem nenhum trabalho aqui para mim?

Jennings disse:

– Estou precisando de ajuda, mas não posso pagar um salário.

– Eu trabalharia por pouco. Quase nada.

– Sim – disse Jennings. – Mas eu não tenho nada.

De forma imprevisível, porque esse era um assunto raramente abordado naquela residência, a conversa passou a girar em torno de crimes. Mary Ida reclamou:

– Pretty Boy Floyd. E aquele homem, o Dillinger. Andando por aí e atirando nas pessoas. Roubando bancos.

– Oh, eu não sei – disse o sr. Bancroft. – Não tenho pena dos bancos. E Dillinger é bem esperto, é preciso reconhecer. Acabo rindo de como ele invade os bancos e os limpa. – Ele riu de verdade, exibindo os dentes manchados de tabaco.

– Bem – Mary Ida respondeu –, fico surpresa por ouvi-lo dizer essas coisas, sr. Bancroft.

Dois dias mais tarde, Jennings seguiu em sua carroça até a cidade e voltou com pregos, um saco de farinha e um exemplar do *Móbile Register*. Na primeira página estava estampada a foto do sr. Bancroft. Bancroft "Dois Tambores", como ele era conhecido pelas autoridades, havia sido capturado em Evergreen, 50 quilômetros longe dali. Quando Mary Ida viu a foto, ela se abanou rapidamente com o jornal, como se quisesse impedir um desmaio.

– Deus me ajude – gritou. – Ele podia ter nos matado.

Jennings respondeu mal-humorado:

– Havia uma recompensa. E nós a perdemos. Isso é o que mais me incomoda.

Depois disso, houve uma menina chamada Zilla Ryland. Mary Ida a encontrou banhando um bebê de 2 anos de idade, um menino ruivo, em um riacho que cortava o bosque atrás da casa. Como Mary Ida a descreveu:

– Eu a vi antes que ela me visse. Estava nua na água, banhando seu lindo bebê. Na margem do riacho havia um vestido de brim grosso e as roupas da criança, e uma velha mala amarrada com um pedaço de corda. O menino ria, e ela também. Mas, ao me ver, ela se assustou. Ficou com medo. Eu disse: "Bom dia. Mas muito quente. A água deve estar bem agradável". Mas ela pegou o bebê e saiu correndo do rio, e eu insisti: "Não precisa ter medo de mim. Sou só a sra. Carter, moradora da casa logo ali. Venha comigo e descanse um pouco". Foi quando ela começou a chorar; era pequena, não mais que uma criança. Eu perguntei qual era o problema. Mas ela não respondia. Àquela altura, ela já se havia vestido e também vestira o bebê. Eu disse que talvez pudesse ajudá-la, se ela me contasse o que estava acontecendo. Mas a jovem balançou a cabeça e disse que não havia nenhum problema. Insisti, afirmando que ninguém chora por nada. E a convidei novamente para ir comigo até a casa e conversar. Ela concordou.

Sim, ela concordou.

Eu estava no banco da varanda, lendo um exemplar antigo do *Saturday Evening Post*, quando as vi se aproximando, Mary Ida com a mala velha na mão e a menina descalça carregando a criança nos braços.

Mary Ida me apresentou:

– Esse é meu sobrinho, Buddy. E essa... Desculpe, meu bem, não lembro seu nome.

– Zilla – a menina sussurrou de olhos baixos.

– Desculpe, querida, não ouvi.

– Zilla – ela sussurrou novamente.

– Bem – Mary Ida disse animada –, seu nome é bastante incomum.

Zilla deu de ombros:

– Minha mãe o escolheu para mim. Era o nome dela, também.

Duas semanas depois, Zilla ainda estava conosco; ela se mostrou tão incomum quanto seu nome. Os pais haviam morrido, o marido havia "fugido com outra mulher". "Uma gorda, e ele gostava de mulheres gordas, e me acusou de ser magra demais, por isso foi embora com ela, pediu o divórcio e se casou novamente em Atenas, Geórgia." Seu único parente vivo era um irmão: Jim James.

– Por isso vim para Atlanta. Na última vez que ouvi falar nele, Jim estava por aqui em algum lugar.

Tio Jennings fez tudo que pode para localizar Jim James. E ele tinha bons motivos para se empenhar, porque, embora gostasse de Zilla e do bebê, começara a sentir uma marcada hostilidade pela menina. A voz fina o irritava, como seu hábito de cantarolar melodias misteriosas e desafinadas.

Jennings disse a Mary Ida:

– Por quanto tempo ela ainda vai ficar conosco?

Mary Ida:

– Oh, Jennings, fique quieto! Zilla pode ouvi-lo. Pobrezinha! Ela não tem para onde ir.

E Jennings redobrou seu empenho. Ele envolveu o xerife no caso; até pagou para pôr um anúncio no jornal local – e isso era ir longe demais, realmente. Mas ninguém ouvira falar de Jim James até então.

Finalmente, Mary Ida, mulher inteligente, teve uma ideia. A ideia era convidar um vizinho, Eldridge Smith, para jantar conosco. Normalmente, o jantar em nossa casa era uma refeição leve servida às seis horas. Não sei por que ela não havia pensado nisso antes. O sr. Smith não era lá muito bonito, mas era um agricultor que havia ficado viúvo recentemente, um homem de aproximadamente 40 anos e com dois filhos em idade escolar.

Depois daquele primeiro jantar, o sr. Smith passou a aparecer em nossa casa quase todas as tardes. Quando anoitecia, todos nós deixávamos o sr. Smith e Zilla sozinhos, e eles ficavam na varanda balançando no banco, conversando, rindo, falando em voz baixa. Isso estava enlouquecendo Jennings, porque ele não gostava mais de Smith do que gostava de Zilla; a esposa repetia os pedidos aflitos: "Por favor, querido. Espere para ver". Mas isso pouco servia para acalmá-lo.

Esperamos um mês. Até que, finalmente, em uma noite, Jennings chamou o sr. Smith de lado e disse:

– Escute aqui, Eldridge. De homem para homem: quais são as suas intenções com essa moça?

Seu tom era mais de ameaça que de curiosidade.

Mary Ida fez o vestido de casamento em sua máquina de costura Singer com pedal. Era um vestido de algodão branco com mangas bufantes e Zilla usou um laço de seda branca no cabelo, especialmente encaracolado para a ocasião. Ela parecia surpreendentemente bela. A cerimônia foi realizada sob uma árvore numa tarde fria de setembro, com o reverendo sr. L. B. Persons no comando. Depois que todos foram servidos, *cupcakes* e ponche de frutas com um pouco de vinho, os recém-casados partiram na carroça do sr. Smith. Mary Ida usou a bainha da saia para enxugar uma lágrima furtiva, mas Jennings, com os olhos secos como pele de cobra, declarou:

– Obrigado, Senhor. E, já que decidiu nos fazer favores, minha plantação precisa de um pouco de chuva.

PREFÁCIO DE *MÚSICA PARA CAMALEÕES*

(1980)

MINHA VIDA, PELO MENOS COMO UM ARTISTA, PODE SER RETRATADA EXATAmente como uma febre: os altos e baixos, os ciclos bem definidos.

Comecei a escrever quando tinha 8 anos – do nada, sem nenhuma inspiração de um exemplo qualquer. Jamais conhecera alguém que escrevesse; de fato, conhecia poucas pessoas que lessem. Mas o fato era que as únicas quatro coisas que me interessavam eram: ler livros, ir ao cinema, sapatear e desenhar. Então, um dia, comecei a escrever, sem saber que havia acorrentado minha vida a um mestre nobre, mas implacável, destituído de misericórdia. Quando Deus dá um dom ao homem, também põe na sua mão um chicote; e o chicote serve apenas para o autoflagelo.

Mas é claro que eu não sabia disso. Escrevi histórias sobre aventuras, mistérios envolvendo assassinatos, pequenas comédias, contos que me haviam sido relatados por antigos escravos e veteranos da Guerra Civil. Era muito divertido – no início. Deixou de ser divertido quando descobri a diferença entre escrever bem e escrever mal, e depois, quando fiz uma descoberta ainda mais alarmante: a diferença entre escrever muito bem e a verdadeira arte; é sutil, mas selvagem. E, depois disso, o chicote desceu sobre mim!

Como certos jovens praticam piano ou violino por quatro ou cinco horas todos os dias, eu comecei a praticar com meus papéis e minhas canetas. Mas nunca discuti meus textos com ninguém; se alguém me perguntava o que eu fazia em todo aquele tempo, eu respondia que estava fazendo meus deveres de casa. Na verdade, nunca fiz lição de casa. Minhas tarefas literárias me mantinham completamente ocupado: meu aprendizado no altar da técnica, meu ofício; as diabólicas dificuldades da construção de parágrafos, pontuação, a colocação do diálogo. Sem mencionar o grande projeto geral, o grandioso arco composto por começo, meio e fim. Era preciso aprender muito e de muitas fontes: não só dos livros, mas da música, da pintura e simplesmente da observação diária.

De fato, o texto mais interessante que compus nesse período foi o registro em meu diário das simples observações cotidianas. Descrições de um vizinho. Longos relatos literais de conversas ouvidas. Fofocas locais. Uma espécie de relatório, um estilo de "ver" e "ouvir" que mais tarde me influenciaria seriamente, embora eu não tivesse consciência disso então, porque todos os meus textos "formais", as coisas que eu polia e datilografava cuidadosamente, eram mais ou menos fictícios.

Aos 17 anos eu já era um escritor. Se fosse pianista, esse teria sido o momento do meu primeiro concerto público. Decidi que estava pronto para publicar. Enviei histórias aos principais editores, às revistas de circulação nacional, que naqueles dias publicavam a chamada ficção de "qualidade" – *Story*, *The New Yorker*, *Harper's Bazaar*, *Mademoiselle*, *Harper's*, *Atlantic Monthly* –, e histórias escritas por mim surgiram em todas essas publicações.

Então, em 1948, publiquei um romance: *Outras vozes, outros lugares*. O trabalho foi bem recebido pela crítica e também foi sucesso com o público. Devido a uma exótica foto do autor na contracapa, esse trabalho também foi o começo de uma certa notoriedade que me acompanhou de perto nos anos seguintes. De fato, muita gente atribuiu o sucesso comercial do livro à fotografia. Outros o trataram como se fosse um acidente, um acerto aleatório. "Espantoso que alguém tão jovem possa escrever tão bem." Espantoso? Eu só escrevia todos os dias havia 14 anos! Mesmo assim, a novela foi uma conclusão satisfatória para o primeiro ciclo do meu desenvolvimento.

Um outro trabalho, *Breakfast at Tiffany's*, concluiu o segundo ciclo em 1958. Nos dez anos entre um e outro, experimentei todos os aspectos do ofício de escritor, tentei dominar várias técnicas, alcançar uma virtuosidade técnica tão forte e flexível quanto a rede de um pescador. É claro, fracassei em todas as áreas que invadi, mas é verdade que se aprende mais com os erros do que com os acertos. Eu sei que aprendi, e mais tarde pude aplicar esse aprendizado com grande proveito. De qualquer maneira, nessa década de exploração eu escrevi coletâneas de contos (*Tree of Night*, *A Christmas Memory*), ensaios e retratos (*Local Color*, *Observations*, o trabalho contido em *Os cães ladram*), peças (*The Grass Harp*, *House of Flowers*), roteiros para filmes (*O diabo riu por último*, *Os inocentes*) e muitas reportagens factuais, a maior parte delas para o *The New Yorker*.

De fato, do ponto de vista de meu destino criativo, o texto mais interessante que produzi nessa segunda fase foi publicado pelo *The New Yorker* como uma série de artigos e, mais tarde, um livro intitulado *Ouvindo as musas*. Tratava do primeiro intercâmbio cultural da União Soviética com os Estados Unidos: uma turnê realizada em 1955 por uma companhia de negros americanos que foram encenar *Porgy and Bess* na Rússia. Concebi toda a aventura como uma breve "novela de não ficção", uma comédia, a primeira.

Alguns anos antes, Lillian Ross havia publicado *Picture*, seu relato da produção de um filme, *A glória de um covarde*; com seus cortes rápidos, suas transições para passado e futuro, o livro era em si mesmo como um filme e eu imaginei, ao lê-lo, o que aconteceria se a autora abrisse mão de sua dura disciplina linear de relato direto e lidasse com o material como se fosse ficção. O livro teria a ganhar ou a perder? Decidi que, se surgisse algum assunto apropriado, eu tentaria empregar essa técnica: *Porgy and Bess* e a Rússia no auge do inverno me pareceram compor o assunto perfeito.

Ouvindo as musas recebeu críticas muito favoráveis; até mesmo os críticos normalmente hostis ao meu trabalho o elogiaram. Mesmo assim, o livro não atraiu nenhuma atenção especial e as vendas foram moderadas. De qualquer forma, foi um evento importante para mim: enquanto escrevia o livro, percebi que podia ter encontrado a solução para o que havia sido sempre o meu grande obstáculo criativo.

Por vários anos eu me sentia mais e mais atraído pelo jornalismo como uma forma de arte em si mesmo. Havia duas razões para isso. Primeira, não me parecia que qualquer coisa realmente inovadora houvesse acontecido na prosa, ou na escrita de uma forma geral, desde a década de 1920; segunda, o jornalismo como arte era território quase virgem, pela simples razão de que poucos artistas literários haviam escrito jornalismo narrativo, e, quando o faziam, o texto tomava sempre a forma de ensaios de viagem ou autobiografia. *Ouvindo as musas* me fez pensar em linhas totalmente diferentes: eu queria produzir uma novela jornalística, alguma coisa em grande escala que teria a credibilidade do fato, a rapidez imediata do filme, a profundidade e a liberdade da prosa e a precisão da poesia.

Só em 1959 algum instinto misterioso me direcionou para o assunto – um obscuro caso de assassinato em uma parte isolada do Kansas – e só em 1966 consegui publicar o resultado desse interesse, *A sangue-frio*.

Em uma história de Henry James, acho que *The Middle Years*, seu personagem, um escritor à sombra da maturidade, lamenta: "Vivemos no escuro, fazemos o que podemos, o resto é loucura da arte". Ou palavras com esse sentido. Enfim, o sr. James está propondo a questão crucial aqui; ele nos diz a verdade. E a parte mais escura da escuridão, a parte mais louca da loucura, é o jogo incauto envolvido. Escritores, pelo menos aqueles que assumem riscos genuínos, que se dispõem a abrir o peito e caminhar na prancha, têm muito em comum com outro grupo de homens solitários – aqueles que ganham a vida em uma mesa de bilhar ou carteado. Muitas pessoas pensam que sou louco por ter passado seis anos vagando pelas planícies do Kansas; outras rejeitam meu conceito de "romance de não ficção" e o pronunciam indigno de escritor "sério"; Norman Mailer o descreveu como um "fracasso da imaginação" – significando, eu presumo, que um romancista deve escrever sobre algo imaginário, não sobre alguma coisa real.

Sim, foi como jogar pôquer apostando alto; por seis anos angustiantes eu não sabia se tinha ou não um livro. Foram longos verões e invernos gelados, mas eu continuei jogando, fazendo o melhor que podia. Então, descobri que eu *tinha* um livro. Vários críticos se queixaram de que "romance de não ficção" é uma expressão enganosa, um truque, e disseram não haver nada de realmente original ou novo no que eu fizera. Mas havia os que pensavam diferente, outros escritores que percebiam o valor do meu experimento e agiram rapidamente para fazer uso dele – e nenhum foi mais rápido que Norman Mailer, que ganhou muito dinheiro e vários prêmios escrevendo romances de não ficção (*Os exércitos da noite*, *Of a Fire on the Moon*, *A canção do carrasco*), embora tenha tido sempre o cuidado de nunca descrevê-los como "romances de não ficção". Não importa; ele é um bom escritor e um bom homem e sou grato por ter tido alguma utilidade para ele.

A linha sinuosa que traça minha reputação como escritor havia atingido um ponto muito elevado e a deixei descansar nesse patamar antes de me mover para o quarto ciclo, aquele que esperava ser o último. Por quatro anos, de 1968 a 1972, passei a maior parte do meu tempo lendo e selecionando, reescrevendo e indexando minhas cartas, cartas de outras pessoas, meus diários e registros (que continham relatos detalhados de centenas de cenas e conversas) desde 1943 até 1965. Pretendia usar boa parte desse material em um livro que planejava havia muito tempo: uma variação da novela de não ficção. Chamei o livro de *Answered Prayers*, que é uma citação de santa Teresa, que disse: "Mais lágrimas são derramadas por preces atendidas do que por aquelas que não são respondidas". Em 1972 comecei a trabalhar nesse livro escrevendo primeiro o último capítulo (é sempre bom saber para onde vamos). Depois escrevi o primeiro capítulo, "Unspoiled Monsters". Depois o quinto, "A Severe Insult to the Brain". Depois o sétimo, "La Côte Basque". Continuei dessa maneira, escrevendo vários capítulos fora da sequência. Só consegui seguir essa metodologia porque a trama – ou as tramas – era verdadeira e todos os personagens eram reais: não era difícil manter tudo isso em mente, porque eu não havia inventado nada. Mas *Answered Prayers* não foi criado como um *roman à clef* comum, uma forma na qual os fatos são disfarçados de ficção. Minha intenção era o oposto disso: remover disfarces, não manufaturá-los.

Em 1975 e 1976 eu publiquei quatro capítulos do livro na revista *Esquire*. Isso provocou revolta em alguns círculos, em que me acusavam de trair confianças, maltratar amigos e/ou inimigos. Não pretendo discutir esse detalhe; o assunto envolve política social, não mérito artístico. Direi apenas que tudo o que um escritor tem para trabalhar é o material que reúne como resultado de suas empreitadas e observações, e ele não pode ter negado seu direito de usá-lo. Condenem, mas não neguem.

Porém, parei de trabalhar em *Answered Prayers* em setembro de 1977, um fato que não tinha nada a ver com nenhuma reação pública àquelas partes do livro já publicadas. A interrupção ocorreu porque eu estava metido em um terrível problema: estava sofrendo uma crise criativa e uma crise pessoal ao mesmo tempo. Como a última não tem relação, ou tem pouca relação, com a primeira, é necessário apenas comentar o caos criativo.

Agora, por mais que o pensamento me atormente, fico feliz por ter acontecido dessa forma: afinal, isso alterou toda a minha compreensão do que é escrever, minha atitude com relação à arte e à vida, ao equilíbrio entre as duas, e minha compreensão da diferença entre o que é verdade e o que é *realmente* verdade.

Para começar, acho que muitos escritores, até os melhores, exageram ao escrever. Prefiro escrever menos. Ser simples, claro como um riacho no campo. Mas sinto que meus textos estão se tornando densos, que estou enchendo três páginas antes de chegar aos efeitos que deveria obter com um único parágrafo. Muitas vezes leio tudo o que escrevi para *Answered Prayers* e começo a ter dúvidas – não sobre o material ou a minha abordagem, mas sobre a textura da escrita propriamente dita. Reli *A sangue-frio* e tive a mesma reação: havia muitas áreas nas quais eu não escrevia tão bem quanto podia, ou não desenvolvia todo o potencial. Lentamente, mas com alarme crescente, li cada palavra que já havia publicado e decidi que nunca, nem uma única vez em toda a minha vida de escritor, eu havia explorado completamente a energia e a excitação estética que o material continha. Mesmo quando era bom, eu podia ver que nunca havia trabalhado com mais do que a metade, às vezes apenas um terço, dos recursos a meu dispor. Por quê?

A resposta, revelada a mim após meses de meditação, era simples, mas não muito satisfatória. Certamente, ela nada fazia para diminuir minha depressão; de fato, só a piorava. Porque a resposta criava um problema aparentemente insolúvel e, se eu não pudesse resolvê-lo, seria melhor desistir de escrever. O problema era: como um escritor pode combinar com sucesso dentro de uma única forma – digamos, um conto – tudo o que ele sabe sobre todas as outras formas de escrita? Porque essa era a razão pela qual meu trabalho era sempre insuficientemente iluminado; a voltagem estava ali, mas, restringindo-me às técnicas da forma em que eu trabalhava no momento, eu não usava tudo o que sabia sobre escrever – tudo o que aprendera com os roteiros para o cinema, as peças, as reportagens, a poesia, os contos, as novelas, o romance. Um escritor precisa ter todas as suas cores, toda a sua habilidade disponível na mesma paleta para misturar (e, em casos apropriados, aplicar simultaneamente). Mas como?

Voltei a *Answered Prayers*. Removi um capítulo e reescrevi dois outros. Uma melhoria, definitivamente uma melhoria. Mas a verdade era que eu tinha de retornar ao jardim de infância. Lá estava eu, de novo em um daqueles jogos sombrios! Mas estava animado; sentia um sol invisível brilhando em mim. Mesmo assim, os primeiros experimentos foram desconfortáveis. Eu me sentia mesmo como uma criança com uma caixa de lápis de cor.

De um ponto de vista técnico, a maior dificuldade que eu tivera ao escrever *A sangue-frio* era me deixar completamente fora daquilo tudo. Normalmente, o repórter precisa se usar como personagem, como testemunha ocular, para poder manter a credibilidade. Mas eu sentia que era essencial para o tom aparentemente distanciado daquele livro que o autor parecesse ausente. Na verdade, em todas as minhas reportagens, eu havia tentado me manter tão invisível quanto possível.

Agora, porém, eu me colocava no centro do palco e reconstruía, de maneira séria e minimalista, conversas corriqueiras com pessoas do cotidiano: o zelador do meu prédio, um massagista na academia de ginástica, um velho amigo de escola, meu dentista. Depois de escrever centenas de páginas dessas coisas tão simples, consegui desenvolver um estilo. Havia encontrado uma moldura dentro da qual era capaz de assimilar tudo o que sabia sobre escrever.

Mais tarde, utilizando uma versão modificada dessa técnica, escrevi uma não ficção curta (*Caixões feitos à mão*) e vários contos. O resultado é este volume atual: *Música para camaleões*.

E como tudo isso afetou meu outro trabalho em andamento, *Answered Prayers*? De maneira muito considerável. Enquanto isso, estou aqui sozinho na escuridão da minha loucura, sozinho com meu baralho – e, é claro, com o chicote que Deus me deu.

LEMBRANDO TENNESSEE

(1983)

TENNESSEE WILLIAMS MORRE AOS 71.

Assim anunciava a manchete da primeira página do *The New York Times*. Ele havia sufocado, descobriu-se, quando usava a tampa plástica de uma garrafa para tomar barbitúricos; parecia incrível, mas a tampa entalara em sua garganta e o sufocara. Tudo isso havia acontecido no Elysée, um pequeno e curioso hotel localizado na East Fifties. Na verdade, Tennessee tinha um apartamento em Nova York. Mas, quando estava na cidade, ele sempre se hospedava no Elysée. O apartamento, uma pequena coleção de cômodos escassamente mobiliados e "convenientemente" localizado na Rua 42 Oeste, era reservado para o entretenimento de bondosos desconhecidos.

Era um fim estranho para um homem obcecado por um conceito bastante poético da morte. Mesmo quando era jovem, ele acreditava que o dia seguinte seria o último para ele. A única discussão séria que jamais tivemos envolvera sua sensibilidade hipocondríaca relacionada a esse assunto. Na época, ele ensaiava uma peça: *Summer and Smoke*. Jantávamos juntos e, para diverti-lo (eu pensei), comecei a contar histórias que ouvira dos membros do elenco sobre a diretora da peça, uma mulher do Texas. Parecia que, em todos os ensaios, ela reunia o elenco e dizia que esforço os atores teriam de fazer, como tinham de trabalhar duro, "porque essa flor da genialidade é o último trabalho de Tenn. Ele está morrendo. Sim, ele é um homem moribundo com alguns poucos meses de vida. Ele mesmo me disse isso. É claro, ele sempre afirma estar morrendo. Mas dessa vez receio que seja verdade. Até o agente dele acredita nisso".

Longe de divertir meu amigo, eu o irritei com esse relato. Primeiro ele quebrou copos e pratos, depois virou a mesa e saiu do restaurante, deixando-me perplexo – e também com o prejuízo da destruição.

Eu tinha 16 anos quando o conheci. Ele era 13 anos mais velho que eu, um garçom no Greenwich Village Café e pretenso roteirista. Nós nos tornamos grandes amigos – era uma amizade intelectual, embora as pessoas sempre pensassem diferente. Naqueles primeiros dias ele costumava me dar todas as suas peças para ler, trabalhos curtos de um único ato, e nós as encenávamos juntos. Aos poucos, ao longo dos anos, construímos *The Glass Menagerie*. Eu fazia o papel da filha.

Com sua tendência para beber, fazer sexo e se entregar à saciedade física integral 24 horas por dia, Tennessee, que não era um sobrevivente inato, provavelmente não teria durado mais do que quarenta anos, não fosse por Frank Merlo. Frank era um navegador, uma das minhas descobertas dos tempos de guerra. Eu o conhecera cerca de uns cinco anos antes e, quando ele já não estava mais envolvido com a Marinha, Tennessee nos viu almoçando em um aconchegante restaurante italiano. Nunca o vi tão animado, antes ou depois disso. Ele abandonou sua companhia – sua agente Audrey Wood – e rapidamente, sem esperar por um convite, sentou-se à nossa mesa. Depois de ser apresentado ao meu amigo, ele disse:

– Pode jantar comigo hoje à noite?

O convite não me incluía, era evidente. Mas Frank estava constrangido: não sabia o que dizer. Eu respondi por ele.

– Sim, é claro que ele gostaria de jantar com você.

E eles jantaram. E ficaram juntos por 14 anos, e aqueles foram os anos mais felizes da vida de Tennessee. Frank era como um marido, um amante, um empresário para ele. Tinha também um dom fabuloso para festas, o que agradava Tennessee ainda mais. Quando Yukio Mishima, o brilhante escritor japonês – aquele que formou um exército e enfrentou o comando militar do Japão e terminou cometendo haraquiri –, esteve em Nova York em 1952, Tennessee disse a Frank que queria oferecer uma festa em homenagem a Mishima. Então, Frank reuniu todas as gueixas entre Nova York e San Francisco, e não parou por aí. Ele mesmo fantasiou cerca de uma centena de gueixas *drag*! Foi a festa mais fantástica que jamais vi em toda a minha vida. E Tennessee ficou fantástico vestido de gueixa *drag queen*, e eles dirigiram pelo parque a noite toda, até o amanhecer, bebendo champanhe. Aquele foi o primeiro contato de Mishima com o gosto ocidental pela vida e ele anunciou:

– *Nunca* mais vou voltar ao Japão.

Quando Frank morreu de câncer em 1962, Tennessee também morreu um pouco. Eu me lembro muito bem das últimas horas da vida de Frank. Ele as passou em um quarto de hospital em Nova York, onde hordas de amigos entravam e saíam numa procissão constante. Finalmente, um médico austero decretou que todas as visitas deveriam sair, inclusive Tennessee. Mas ele se recusou a deixar o quarto. Ajoelhado ao lado da cama, segurou a mão de Frank e a pressionou no rosto.

Mas o médico insistiu que ele devia sair. De repente, Frank sussurrou:

– Não. Deixe-o ficar. Ele não vai me causar mal algum. Afinal, estou acostumado com ele.

O médico suspirou resignado e os deixou a sós.

Tennessee nunca mais foi o mesmo depois disso. Ele sempre bebeu muito, mas começou a misturar drogas e álcool. E também convivia com pessoas estranhas. Creio que ele viveu suas últimas duas décadas sozinho – com o fantasma de Frank.

Mas agora, quando me lembro de Tennessee, penso nos bons tempos, nos momentos divertidos. Ele era uma pessoa que, apesar da tristeza interior, nunca parava de rir. E sua risada era incrível. Não era rouca ou vulgar, nem mesmo muito alta. Era só um som com um surpreendente sotaque do Mississippi. Era possível saber quando ele entrava em algum lugar, por mais que o ambiente estivesse cheio de gente.

Quanto ao seu senso de humor, normalmente era áspero. Mas, quando ele se enfurecia, parecia oscilar entre dois pontos: ou o humor doente – rir sem parar durante cinco taças de martíni, por exemplo –, ou a profunda amargura, com ele mesmo, com o pai, com a família. O pai jamais o entendera, a família parecia culpá-lo pela insanidade de sua irmã, e o próprio Tennessee – bem, acho que ele não se considerava muito equilibrado. Era possível ver tudo isso em seus olhos, olhos que sofriam alterações constantes, como um carrossel de alegria e amargura.

Isso não quer dizer que não era divertido estar com ele. Costumávamos ir juntos ao cinema e acho que assisti a mais filmes com ele do que com todas as outras pessoas na minha vida. Ele sempre começava a recitar falas, debochar, imitando Joan Crawford. Em pouco tempo, o gerente se aproximava e nos mandava sair.

Minha lembrança mais divertida, porém, é de quatro ou cinco anos atrás, quando eu estava com Tennessee em Key West. Estávamos em um bar tremendamente lotado – devia haver umas trezentas pessoas nele, *gays* e héteros. Havia um casal sentado em uma mesa no canto e os dois estavam bêbados. Ela usava calça comprida e blusa curta e se aproximou da nossa mesa empunhando um lápis de olho. Pediu-me para autografar sua barriga.

Eu sorri e disse:

– Oh, não. Deixe-me em paz.

– Como pode ser tão cruel? – Tennessee me perguntou. Diante dos olhares de todos ali presentes, ele pegou o lápis de olho e escreveu o *meu* nome em torno do umbigo da mulher. Quando ela voltou à mesa, o marido estava furioso. Antes que pudéssemos antecipar o que ele ia fazer, o homem pegou o lápis de olho e se aproximou da nossa mesa, abrindo a calça no caminho e exibindo o pênis. Ele me disse:

– Já que está dando autógrafos, por que não assina o *meu*?

Jamais imaginei que um lugar ocupado por trezentas pessoas pudesse ficar tão silencioso. Eu não sabia o que dizer. Fiquei imóvel, olhando para ele.

Tennessee pegou o lápis da mão do desconhecido furioso.

– Não sei se há espaço para Truman autografar escrevendo o nome inteiro – ele disse –, mas vou pôr as iniciais aqui.

O lugar explodiu em gargalhadas ruidosas.

A última vez que o vi foi semanas antes de sua morte. Jantamos juntos em um local discreto chamado Le Club, e Tennessee estava fisicamente bem, mas triste. Ele disse que não tinha mais amigos, que eu era uma das poucas pessoas em sua vida que realmente o conheciam. E desejou que pudéssemos ser próximos como nos velhos tempos.

Enquanto ele falava e o fogo crepitava na lareira, eu pensei, sim, eu o conhecia. E me lembrei de uma noite havia muitos, muitos anos, quando percebi pela primeira vez que isso era verdade.

Era 1947, noite de estreia de *Um bonde chamado desejo*, um evento fabuloso. Quando as luzes começaram a se apagar na última cena e Blanche DuBois, estendendo a mão na escuridão para se amparar em uma enfermeira e um médico, sussurrou: "Seja você quem for... eu sempre dependi da bondade de estranhos", um silêncio impressionante dominou a plateia. Terror e beleza pareciam ter feito todos os corações pararem de bater. Mesmo depois de as cortinas terem descido, o silêncio permanecia. Então, foi como se uma cascata de balões explodisse. O aplauso magnífico, todos em pé, a reação foi como um ciclone de tirar o fôlego.

As estrelas, Jessica Tandy e Marlon Brando, voltaram dezesseis vezes para agradecer antes de o público exigir o "Autor! Autor!". Ele relutou em subir ao palco, aquele jovem sr. Williams. E corou como se fosse seu primeiro beijo, e um beijo de estranhos. Certamente, ele não se preparara especialmente para a noite (tinha um tremendo medo de dinheiro, um pavor tão severo que nem mesmo uma ocasião como aquela o convencia a comprar um terno novo), e se apresentou vestido com uma calça azul-marinho que brilhava pelo excesso de uso; a gravata estava frouxa; um dos botões da camisa pendia frouxo. Mas ele era atraente: baixo, mas esguio, forte, de coloração saudável. Levantou as duas mãos e aquietou o êxtase geral para dizer:

– Obrigado. Muito, muito, muito obrigado... – com uma voz tão pastosa e sulista quanto seria o som do Mississippi, se fosse possível poluí-lo com gim. O que ele sentia, o que todos sentiam ali, era alegria, não felicidade; alegria é breve como cocaína, mas felicidade tem um langor um pouco mais duradouro.

Tennessee era um homem infeliz, mesmo quando sorria, mesmo quando ria espalhafatoso. E a verdade era que, pelo menos para mim, aquela Blanche e seu criador eram comparáveis; compartilhavam a mesma sensibilidade, a mesma insegurança, a mesma luxúria impetuosa. E de repente, quando se pensava nisso e quando se podia vê-lo curvado em gratidão ao clamor ensurdecedor, ele pareceu desaparecer no palco, sumir atrás das cortinas – levado pelo mesmo médico que havia guiado Blanche DuBois para as sombras indesejáveis.

LEMBRANDO WILLA CATHER

(1984)

Todos os meus parentes são do Sul, ou de Nova Orleans, ou da região rural do Alabama. Pelo menos quarenta homens da família, talvez mais, morreram durante a Guerra Civil, entre eles meu bisavô.

Há muito tempo, quando eu tinha 10 anos, aproximadamente, me interessei por aqueles soldados mortos porque havia lido uma grande coleção de suas cartas enviadas à nossa família dos campos de batalha, missivas que haviam sido preservadas. Eu já me interessava por escrever (na verdade, havia publicado pequenos ensaios e histórias na revista *Scholastic*) e decidi fazer um livro histórico baseado nas cartas desses heróis confederados.

Problemas interferiram e só oito anos mais tarde, quando eu mal conseguia sobreviver como jovem jornalista em Nova York, o assunto dos meus parentes mortos na Guerra Civil ressuscitou. É claro que foi necessário fazer muita pesquisa; o lugar que escolhi para isso foi a New York Society Library.

Por várias razões. Uma delas era o fato de eu ser escritor e aquele lugar especial, limpo e quente e localizado bem perto da Park Avenue, representava um paraíso aconchegante onde podia passar o dia inteiro. Também, talvez por sua localização, os funcionários e os frequentadores se sentiam confortáveis reunidos ali: um grupo de literatos da alta classe, gente de maneiras impecáveis. Algumas pessoas que eu via frequentemente na biblioteca eram mais que isso. Especialmente a dama de olhos azuis.

Seus olhos eram azuis como o amanhecer de um dia claro sobre as pradarias. Havia algo de íntegro e rural em seu rosto, e não era somente pela ausência de cosméticos. Ela era de estatura mediana, mas não de forma muito sólida, embora fosse forte. Suas roupas eram compostas por uma combinação incomum, mas de alguma forma atraente, de tecidos. Ela calçava sapatos baixos e meias grossas e levava no pescoço um lindo colar de turquesa que combinava bem com seus terninhos de *tweed* macio. O cabelo era preto e branco, crespo, de corte quase masculino. O fator surpreendentemente dominante era um casaco de pele que ela quase nunca despia.

Foi bom ela ter estado ali naquele dia da tempestade. Quando saí da biblioteca por volta das quatro da tarde, era como se o polo Norte se houvesse transferido para Nova York. Flocos de neve gigantescos flutuavam no ar gelado.

A dama de olhos azuis com seu casaco de pele estava em pé na porta, perto da calçada. Ela tentava parar um táxi e eu decidi ajudá-la. Mas não havia táxis por ali – na verdade, quase não havia tráfego.

Eu disse:

– Acho que todos os motoristas foram para casa.

– Não tem importância. Não moro muito longe daqui. – Sua voz suave viajou até meus ouvidos flutuando na neve pesada.

Perguntei:

– Posso acompanhá-la até sua casa?

Ela sorriu. Caminhamos juntos pela Madison Avenue até chegarmos ao restaurante Longchamps. Ela me disse:

– Estou precisando de uma xícara de chá. E você?

Eu também estava. Mas, assim que nos sentamos a uma das mesas, pedi um martíni duplo. Ela riu e indagou se eu tinha idade suficiente para beber.

Desse momento em diante, comecei a falar de mim. Minha idade. O fato de ter nascido em Nova Orleans e de ser um aspirante a escritor.

– É mesmo? E que autores você mais admira? (Era evidente que a dama não era nova-iorquina; seu sotaque era do Oeste.)

– Flaubert. Turguêniev. Proust. Charles Dickens. E. M. Forster. Conan Doyle. Maupassant...

Ela riu.

– Ah, seu gosto é bem variado. Mas não aprecia nenhum escritor americano?

– Quem, por exemplo?

Ela não hesitou:

– Sarah Orne Jewett. Edith Warthon...

– A srta. Jewett escreveu um bom livro: *The Country of the Pointed Firs*. E Edith Warthon escreveu outro livro que aprecio muito: *The House of Mirth*. Mas eu gosto de Henry James. Mark Twain. Melville. E adoro Willa Cather. *Minha Ántonia. Death Comes for the Archbishop*. Já leu essas duas novelas maravilhosas, *A Lost Lady* e *My Mortal Enemy*?

– Sim. – Ela bebeu um pouco do chá e deixou a xícara sobre o pires num gesto ligeiramente nervoso. Parecia estar pensando em alguma coisa. – Eu preciso lhe dizer... – Ela parou e depois, com um discurso apressado, mais ou menos cochichando: – Eu escrevi esses livros.

Fiquei aturdido. Como eu podia ter sido tão estúpido? Eu tinha uma fotografia dela no meu quarto. É claro que ela era Willa Cather. Aqueles olhos azuis de céu sem nuvens. O cabelo enrolado; o rosto quadrado com o queixo firme. Eu me sentia entre o riso e o pranto. Não havia uma pessoa viva que eu desejasse mais ter conhecido; ninguém que pudesse ter me impressionado tanto. Nem Garbo, nem Ghandi [*sic*] ou Einstein, Churchill ou Stalin. Ninguém. E ela parecia saber disso, porque estávamos ambos sem fala. Eu sorvi todo o meu martíni duplo de uma vez só.

Mas logo estávamos na rua novamente. Caminhamos pela neve até chegarmos em um endereço caríssimo e antigo em Park Avenue. Ela disse:

– Bem, é aqui que eu moro – e acrescentou de repente – e, se estiver livre para jantar comigo na quinta-feira, estarei esperando você às sete. E, por favor, traga alguma coisa que tenha escrito. Gostaria muito de ler.

Sim, eu estava eufórico. Comprei um terno novo e datilografei novamente três de meus contos. E, na quinta-feira, me apresentei na porta do apartamento pontualmente às sete.

Ainda estava impressionado por pensar que Willa Cather usava casacos de pele e morava em um apartamento em Park Avenue. (Eu sempre a imaginara instalada em uma rua tranquila de Red Cloud, Nebraska.) O apartamento não tinha muitos aposentos, mas eram todos grandes, cômodos que ela dividia com uma companhia muito antiga, alguém de seu tamanho e da sua idade, uma mulher discretamente elegante chamada Edith Lewis.

A srta. Cather e a srta. Lewis eram tão parecidas que se podia ter certeza de que haviam decorado o apartamento juntas. Havia flores em todos os lugares – maços de lilás de inverno, peônias e rosas cor de lavanda. Livros belamente encadernados cobriam todas as paredes da sala de estar.

ÍNDICE

Números de páginas em itálico indicam títulos incluídos integralmente.

Este livro foi composto em Adobe Garamond Pro
para Texto Editores Ltda. em janeiro de 2011.